Stephan · Von der Küche auf den Roten Platz

Basler Studien
zur Kulturgeschichte Osteuropas

Band 13

Herausgegeben von
Andreas Guski, Heiko Haumann und Ulrich Schmid

STALINS REBELLISCHE TÖCHTER
LEBENSWEGE SOWJETISCHER DISSIDENTINNEN DER 1960ER BIS 1980ER JAHRE

DIE ARBEIT ERSCHEINT UNTER DEM TITEL:
VON DER KÜCHE AUF DEN ROTEN PLATZ
LEBENSWEGE SOWJETISCHER DISSIDENTINNEN

DISSERTATION
zur Erlangung der Würde
einer Doktorin der Philosophie

vorgelegt der Philosophisch-Historischen Fakultät der Universität Basel

von:

Anke Stephan
aus Karlsruhe/Deutschland

Druck:

Zürich 2005
Pano-Verlag

Genehmigt von der Philosophisch-Historischen Fakultät der Universität Basel, auf Antrag von Prof. Dr. Heiko Haumann (Referent) und Prof. Dr. Regina Wecker (Korreferentin)

Basel, den 21. Juli 2004   Die Dekanin
                                           Prof. Dr. Annelies Häcki Buhofer

Anke Stephan

Von der Küche auf den Roten Platz

Lebenswege sowjetischer Dissidentinnen

PANO VERLAG
ERNG
LAGO

Zürich

*Allen Frauen, die sich in der Sowjetunion
für Demokratie und Menschenrechte eingesetzt haben*

Autorin und Verlag danken dem Evangelischen Studienwerk Villigst, dem Reisefonds der Universität Basel, dem Dissertationenfonds der Universität Basel, der Christine de Bonjour-Stiftung und dem Max Geldner-Fonds für die großzügige Unterstützung.

Bibliographische Information der Deutschen Bibliothek
Die Deutsche Bibliothek verzeichnet diese Publikation in
der Deutschen Nationalbibliographie;
detaillierte bibliographische Daten sind im Internet über http://dnb.ddb.de abrufbar.
ISBN 3-907576-83-7

© Pano Verlag Zürich 2005
www.pano.ch
Alle Rechte vorbehalten
Satz: Michael Anderau, Belzig
Druck: Erland, Banská Bystrica

Vorwort

Die vorliegende Arbeit wurde im Sommersemester 2004 unter dem Titel „Stalins rebellische Töchter: Lebenswege sowjetischer Dissidentinnen der 1960er bis 1980er Jahre" an der Philosophisch-Historischen Fakultät der Universität Basel als Dissertation angenommen. Das Manuskript wurde für die Drucklegung leicht überarbeitet und gekürzt. Während meiner Forschungen habe ich von vielen Seiten Unterstützung erfahren. Bei allen bedanke ich mich an dieser Stelle ganz herzlich. Insbesondere möchte ich folgende Personen und Institutionen erwähnen:

Mein besonderer Dank gilt Prof. Heiko Haumann, der meine Arbeit in allen Stadien kritisch begleitet hat. Seine Fähigkeit, wissenschaftliche Pflänzchen wachsen zu lassen, wird mir immer vorbildlich sein. Bei Prof. Regina Wecker bedanke ich mich für die Übernahme des Korreferats. Inspirierende Ratschläge und Hinweise, vor allem auf dem Gebiet der Frauen- und Geschlechterforschung in Russland, erhielt ich von Prof. Elisabeth Cheauré (Freiburg) und Prof. Bianka Pietrow-Ennker (Konstanz). Prof. Martin Schulze Wessel danke ich für zahlreiche Anregungen, er hat an seinem Lehrstuhl für Ost- und Südosteuropäische Geschichte an der LMU München eine Atmosphäre des Austauschs und der Diskussion geschaffen, die mir bei der Fertigstellung der Arbeit sehr geholfen hat.

Das Evangelische Studienwerk Villigst hat mir ein Promotionsstipendium gewährt, das mir drei Jahre konzentriertes Forschen ermöglichte. Die Promovierendentreffen in Villigst empfand ich stets als bereichernd. Für die Aufenthalte in Moskau und St. Petersburg erhielt ich einen finanziellen Zuschuss vom Reisefonds der Universität Basel, Druckkostenzuschüsse wurden vom Dissertationenfonds der Universität Basel, der Christine de Bonjour-Stiftung und dem Max Geldner-Fonds bewilligt.

Meine Dissertation wurde 2004 mit dem Klaus-Mehnert-Preis, Nachwuchsförderpreis der Deutschen Gesellschaft für Osteuropakunde, ausgezeichnet und 2005 mit dem Fakultätspreis der Philosophisch-Historischen Fakultät der Universität Basel. Beiden Institutionen bin ich für die Würdigung meiner Arbeit sehr verbunden.

Ein dickes Dankschön geht an Carmen Scheide und Daniela Tschudi für das Gegenlesen des vollständigen Manuskripts, für viele anregende Diskussionen und freundschaftliche Unterstützung. Für Korrekturen und Hinweise danke ich auch Birgit Brandt, Christian Geiselmann, Nicole Kramer, Anne Prior, Benjamin Schenk und Elisabeth Vogel. Ohne ihre große Hilfe wäre die Arbeit an meiner Dissertation sehr viel mühsamer und einsamer gewesen. Sofija Čujkina (St. Petersburg) stellte mir großzügig ihre Interviews mit Leningrader Dissidentinnen zur Verfügung, Jurij Volkov leistete einen großen Beitrag zur Transkription meiner eigenen Interviews und löste so manches Übersetzungsrätsel. Dank schulde ich auch Marina Kudrjačeva und Vladimir Vorob'ev für ein gemütliches Zuhause in Moskau und viele weiterführende „Küchengespräche".

Unvergesslich werden mir die Begegnungen mit den ehemaligen Dissidentinnen bleiben. Ich bedanke mich bei allen Zeitzeuginnen, die sich auf ein Interview eingelassen haben, für ihre Offenheit, ihr Vertrauen und ihre Geduld. Für die Vermittlung der Kontakte danke ich Prof. Wolfgang Eichwede (Bremen), Gabriel Superfin (Bremen), Larissa Lissjutkina (Köln) sowie den Archivarinnen und Archivaren von Memorial in Moskau und St. Petersburg: Tat'jana Chromova, Aleksandr Daniėl', Vjačeslav Dolinin, Venjamin Iofe (†2002), Irina Reznikova und Jana Zykova. In den Archiven von Memorial und an der Forschungsstelle Osteuropa (Bremen) erfuhr ich zudem große Hilfe bei der Materialrecherche.

Bei Marianne Stauffacher bedanke ich mich für die engagierte Betreuung der Drucklegung, bei Michael Anderau für Satz, Gestaltung und Bildbearbeitung, bei Prof. Andreas Guski, Prof. Heiko Haumann und Prof. Ulrich Schmid für die Aufnahme der Arbeit in die Reihe „Basler Studien zur Kulturgeschichte Osteuropas". Den letzten Schliff erhielt das Manuskript durch das Lektorat von Stefan Ulrich Meyer.

Meiner Familie danke ich für ihre Anteilnahme und Unterstützung. Mein Vater Willi Stephan hat das Interesse für Geschichte in mir geweckt und meine Studien über viele Jahre unterstützt. Georg Schultze und Gudrun Schultze-Wagner ermutigten mich in der Anfangsphase, das Projekt „Dissertation" in Angriff zu nehmen, Elfriede Epp las schließlich mit „Adleraugen" große Teile des Manuskripts Korrektur. Mein Mann Christian Epp verhalf mir in unzähligen Gesprächen und Textdiskussionen dank seiner Begeisterungsfähigkeit immer wieder zu neuem Elan und sorgte dafür, dass es auch ein Leben jenseits des Schreibtisches gab.

München im Juli 2005   Anke Stephan

Inhalt

1. Einleitung 11
   1.1 Problemstellung, Forschungsstand, Gliederung 11
   1.2 Definition des Dissidentenbegriffs und Eingrenzung des Themas.. 22
   1.3 Theoretisch-methodische Überlegungen,
       Quellen und Quellenkritik 33

2. Frühe Prägung: Kindheit und Jugend 73
   2.1 Die Erinnerungen Ljudmila Alekseevas (geb. 1927) 73
   2.2 Herkunft und Familiengeschichte der Dissidentinnen 87
   2.3 Selbst- und Weltbilder in Kindheit und Jugend 94
   2.4 Die wichtigsten Bezugspersonen 112
   2.5 Weiblichkeitsentwürfe und Rollenzuschreibungen 124
   2.6 Die „Säuberungen" der dreißiger Jahre 133
   2.7 Die Erinnerung an den
       „Großen Vaterländischen Krieg" (1941–1945) 143
   2.8 Zusammenfassung 149

3. Erste Schritte in den Dissens: die Nachkriegszeit 153
   3.1 Der „Kreislauf des Zweifelns" 153
   3.2 Kritik an einzelnen Maßnahmen – Festhalten am System 180
   3.3 Zusammenfassung 197

4. Stalins Tod und „Tauwetter" 201
   4.1 Stalins Tod 201
   4.2 Der Beginn des „Tauwetters": Kultur und Politik 205
   4.3 Der XX. Parteitag und die Heimkehr der Lagerhäftlinge 216
   4.4 „Zeit des Erwachens" 231
   4.5 (Frauen-) Alltag und Geschlechterrrollen 256
   4.6 Zusammenfassung 262

5. Die Formierung der Dissidentenbewegung 265
   5.1 Politische Prozesse 1965–1968 265
   5.2 Zunehmende Repressionen und ihre Auswirkungen
       auf die Gruppe 311

5.3 Die *Chronik der laufenden Ereignisse* und
    die Weiterentwicklung des *Samizdat* 329
5.4 Zusammenfassung 335

6. Alltag in der Dissidenz 341
   6.1 Tat'jana Velikanova, das Netz der Andersdenkenden
       und die weitere Entwicklung der Bewegung 341
   6.2 Was sind „Dissidenten" und wer gehört dazu? 357
   6.3 Vom Umgang mit Repressionen 366
   6.4 Geschlechterverhältnisse und Dissidentinnenalltag 402
   6.5 Zusammenfassung 408

7. Die „unabhängige Frauenbewegung" in Leningrad 413
   7.1 *Samizdat* von Frauen für Frauen 413
   7.2 Die Entstehung der „unabhängigen Frauenbewegung" 422
   7.3 Ideologische Ansätze und Selbstverständnis
       der Leningrader „Feministinnen" 449
   7.4 Die weitere Entwicklung der Frauenbewegung:
       Aktivitäten, Themen, Reaktionen und Unterdrückung 466
   7.5 Zusammenfassung 476

8. Epilog 483

9. Schluss 491

10. Quellen- und Literaturverzeichnis 507
    10.1 Quellen 507
    10.2 Sekundärliteratur 525

11. Anhang 559
    Glossar und Abkürzungsverzeichnis 559
    Biographische Steckbriefe 568
    Verzeichnis der Tabellen 575
    Abbildungsnachweis 575

12. Personenverzeichnis 579

1. Einleitung
1.1. Problemstellung, Forschungsstand, Gliederung

Am 25. August 1968, um zwölf Uhr mittags, trafen sich sieben Personen vor der Basilius-Kathedrale am Rande des Roten Platzes in Moskau. Unter ihnen waren zwei Frauen: die Sprachwissenschaftlerin Larisa Bogoraz (1929–2004) und die Übersetzerin Natal'ja Gorbanevskaja (geb. 1936). Gorbanevskaja hatte ihren drei Monate alten Säugling dabei. Mit einem Kopfnicken versicherten sich die sieben Freunde ihrer Entschlossenheit, dann schritten sie feierlich zur Mitte des Platzes. Als sie den *Lobnoe mesto* erreichten, den Richtplatz, auf dem die Zaren und Zarinnen einst Gesetze verlasen, Kriege erklärten und Todesurteile verkündeten, zog Gorbanevskaja aus der Babytrage Stoffbahnen und verteilte sie eilig an die Freunde. Die Transparente trugen die Aufschriften: „Hände weg von der Tschechoslowakei!", „Nieder mit den Okkupanten!", „Freiheit für Dubček!" und „Für Eure und für unsere Freiheit!"[1].

Vier Tage zuvor waren die Truppen des Warschauer Paktes in die Tschechoslowakei einmarschiert, um dem Prager Frühling ein brutales Ende zu setzen. Kaum waren die Transparente ausgerollt, stürzte sich ein Dutzend Männer in grauen Uniformen auf die Demonstrantinnen und Demonstranten. Die sieben Regimekritiker wurden verhaftet. Nach mehreren Monaten im Gefängnis wurden sie fast alle strafrechtlich verurteilt, mit Ausnahme Gorbanevskajas, die als Mutter eines kleinen Kindes vorzeitig und ohne Gerichtsurteil aus der Haft entlassen wurde. Ein psychiatrisches Gutachten hatte ihr „Unzurechnungsfähigkeit" diagnostiziert.[2]

---

[1] Letztere Parole erinnerte bewusst an die Aufstände in Polen zwischen 1830 und 1863. Zur Demonstration auf dem Roten Platz, ihren Hintergründen und Folgen siehe die Dokumentation: Natal'ja Gorbanevskaja (Hrsg.): Polden'. Delo o demonstracii 25 avgusta 1968 goda na Krasnoj ploščadi, Frankfurt am Main 1970; dies.: „Možeš' vyjti na ploščad', smeeš' vyjti na ploščad' …". K pjatnadcatiletiju demonstracii na Krasnoj ploščadi 25 avgusta 1968 goda, in: Russkaja mysl' vom 25. August 1983, S. 10–11.

[2] Ebenfalls nicht verurteilt wurde Viktor Fajnberg (geb. 1931). Nachdem er bei der Festnahme geschlagen worden war, fehlten im mehrere Zähne. Ein entstellter Angeklagter sollte der Öffentlichkeit beim Prozess nicht präsentiert werden. Fajnberg wurde statt dessen in einer psychiatrischen Klinik und verschiedenen Krankenhäusern interniert. Nach seiner Entlassung 1974 emigrierte er nach Israel, zog später nach Großbritannien und lebt heute in Frankreich.

Von der Küche auf den Roten Platz

Larisa Bogoraz verbrachte die folgenden vier Jahre als Verbannte in Sibirien. Ihren halbwüchsigen Sohn musste sie allein in Moskau zurücklassen. Ihr Ehemann Julij Daniėl' (1925–1988) war schon 1965 verhaftet und wegen „antisowjetischer Agitation und Propaganda" zu fünf Jahren Lagerhaft verurteilt worden.[3] An ihrem Verbannungsort Čuna, einem Dorf in Ostsibirien, musste Bogoraz Zwangsarbeit in einem Sägewerk leisten, auch bei eisiger Kälte schleppte sie dicke Holzbalken. Sie litt unter Erfrierungen und einem Magengeschwür als Folge der schlechten Ernährung und der harten Arbeit. Als die Verbannungszeit beendet war und sie nach Moskau zurückkehrte, fand sie keine qualifizierte Arbeitsstelle mehr. Sie verdingte sich als Putzhilfe und Nachtwächterin. Doch ihr Engagement für Freiheit, Menschenrechte und Demokratie nahm sie sofort wieder auf, was weitere Repressionen nach sich zog: Ihr Doktorgrad wurde aberkannt, ihre Wohnung häufig durchsucht, die Datscha zerstört. Bogoraz' zweiter Ehemann Anatolij Marčenko (1938–1986) wurde mehrmals verhaftet und starb 1986 im Gefängnis.

Gorbanevskaja, die nach der Demonstration auf dem Roten Platz verschont geblieben war, ließ ebenfalls nicht von ihrem oppositionellen Engagement ab. Ende 1969 wurde sie wegen der Herausgabe einer inoffiziellen Zeitschrift verhaftet und zwei Jahre lang in einer psychiatrischen Klinik interniert. Ihre beiden Söhne blieben bei der Großmutter. Physisch und psychisch schwer angeschlagen, emigrierte sie nach ihrer Entlassung in den Westen und ließ sich in Paris nieder.

Was veranlasste diese beruflich erfolgreichen Frauen, Töchter überzeugter Kommunisten, auf dem Roten Platz zu demonstrieren, sich in der Menschenrechtsbewegung zu engagieren, die Familien zu verlassen, den Beruf aufzugeben und jahrzehntelang am Rande der Gesellschaft zu leben? Woher nahmen sie die Entschlossenheit, für ihre Sehnsucht nach Freiheit und Demokratie solche Opfer zu bringen? Larisa Bogoraz gibt die Antwort:

> Frauen waren zahlreich in unserer Bewegung für Menschenrechte, gerade weil sie sich ihrer primären Sendung bewusst waren: bessere Lebensbedingungen zu schaffen für die folgende Generation. Deshalb waren sie bereit, auf ihre Karriere zu verzichten, während viele Männer sich dazu nicht entschließen konnten.[4]

---

[3] Siehe Kapitel 5.
[4] Russie: Une femme en dissidence. Larissa Bogoraz, hg. von Cécile Vaissié, Paris 2000, S. 120 (im Folgenden: Bogoraz, Une femme en dissidence).

Larisa Bogoraz in der Verbannung in Čuna, ohne Datum, wahrscheinlich Anfang der 1970er Jahre

Von der Küche auf den Roten Platz

In der Tat engagierten sich viele Frauen in der sowjetischen Dissidentenbewegung. Gleichwohl werden mit dieser Bewegung in erster Linie die Namen berühmter Männer verbunden. Insbesondere Andrej Sacharov (1921–1989) und Aleksandr Solženicyn (geb. 1918) stiegen zu Ikonen des Widerstands gegen das Sowjetsystem auf. In der UdSSR verfemt und verfolgt, machten sie in der westlichen Presse Schlagzeilen und wurden in den siebziger Jahren mit Nobelpreisen ausgezeichnet.[5] Seitdem sind über diese beiden gegensätzlichen Persönlichkeiten zahlreiche Biographien erschienen.[6] Ihr Denken und Handeln wird in Quelleneditionen dokumentiert.[7] Frauen, die sich in der Dissidentenbewegung engagierten, erlangten hingegen fast ausschließlich als Ehepartnerinnen der Männer Bekanntheit: Elena Bonnėr (geb. 1923) als Frau Sacharovs, Natal'ja Svetlova (geb. 1936) als Frau Solženicyns und Raisa Orlova (1918–1989) als Frau Lev Kopelev (1912–1997). Über die übrigen „zahlreichen Frauen", von denen Larisa Bogoraz sprach, liefern wissenschaftliche Literatur und publizistische Werke kaum

---

[5] Aleksandr Solženicyn erhielt 1970 den Nobelpreis für Literatur, Andrej Sacharov 1975 den Friedensnobelpreis.

[6] André Martin/Peter Falke: Andrej Sacharow. Friedensnobelpreis 1975. Eine dokumentarische Biographie, Aschaffenburg 1976; Petr Abovin-Egides: Andrej Sacharov (tragedija velikogo gumanista), Paris 1985; V. N. Ročko: Andrej Dmitrievič Sacharov: fragmenty biografii, Moskau 1991; Genadij Gorelik: Andrej Sacharov: nauka i svoboda, Moskau 2000; Ute Baum: Andrej Sacharow. Ein Porträt aus Dokumenten, Erinnerungen und Fotos, Leipzig/Weimar 1991; George Bailey: Sacharow. Der Weg zur Perestroika, Frankfurt am Main/Berlin 1991 (2. Aufl.); Richard Lourie: Sacharow. Biographie, München 2003; Bernd David Burg/George Feifer: Solzhenitsyn, London 1972; Henning Falkenstein: Alexander Solschenizyn, Berlin 1975; Francis Barker: Solzhenitsyn. Politics and Form, London/Basingstoke 1977; Georges Niva: Solženicyn, London 1984; Michael Scammell: Solzhenitsyn. A Biography, New York u.a. 1984; Donald M. Thomas: Solschenizyn. Die Biographie, Berlin 1998; Roj Medvedev: Solženicyn i Sacharov, Moskau 2002.

[7] Beispiele sind: Andrej Sacharow: Furcht und Hoffnung. Neue Schriften bis Gorki 1980, Wien u.a. 1980; Hans Christian Meiser (Hrsg.): A. D. Sacharow. Ausgewählte Texte, München 1986; Nielsen-Stokkeby (Hrsg.): Der Fall Solschenizyn. Briefe, Dokumente, Protokolle, Frankfurt am Main/Hamburg 1970; Reinhold Neumann-Hoditz/Kurt Kusenberg: Alexander Solschenizyn in Selbstzeugnissen und Bilddokumenten, Reinbek bei Hamburg 1974; A.V. Korotkov (Hrsg.): Akte Solschenizyn 1965–1977, geheime Dokumente des Politbüros der KPdSU und des KGB, Berlin 1994.

Einleitung

Informationen. Nur einmal geriet die Situation der Frauen im Dissidentenmilieu für kurze Zeit ins Blickfeld westlicher Medien: als sich Ende der siebziger Jahre in Leningrad eine oppositionelle Gruppe bildete, die sich „unabhängige Frauenbewegung" nannte.

Frauen, die sich in den sechziger, siebziger und achtziger Jahren in der Dissidentenbewegung Moskaus und Leningrads engagierten, stehen im Zentrum dieser Studie. Ihr Engagement in der Opposition wird aus verschiedenen Blickwinkeln betrachtet: aus der Perspektive der Frauen, die es wagten, zur Demonstration zu gehen und in „vorderster Front" zu kämpfen, aus der Perspektive der Ehepartnerinnen bekannter Männer und aus der Perspektive der Leningrader „Feministinnen"[8]. Die Lebenswege und Lebensentwürfe der Frauen werden anhand von Ego-Dokumenten und Selbstzeugnissen[9] nachgezeichnet. Im Vordergrund stehen die Emanzipation vom bestehenden System, der Weg in die Opposition sowie weibliche Selbstbilder und Handlungsmuster im (halb-)öffentlichen politischen Raum.

Welche Rolle spielten Frauen in der Dissidenz? Welches waren ihre Motive, sich der Protestbewegung gegen das Sowjetregime anzuschließen? Wie nahmen sie das System wahr? Wie grenzten sie sich von ihm ab? Gab es dabei Unterschiede zu männlichen Erfahrungen? Wie konstituierte sich die Dissidentenbewegung, wie funktionierte sie? Welchen Anteil hatten Frauen an ihrer Entstehung und Ausprägung? Wie sahen (Frauen-)Alltag und Lebensbedingungen in der Dissidenz aus? Wie gestalteten sich Beziehungen, Handlungsräume, Aktionsfelder und Netzwerke? Welche Werte, Normen und Geschlechterverhältnisse prägten die Bewegung? Weshalb scheinen Frauen auch dort in der zweiten Reihe gewirkt zu haben?

Diese Fragen wurden in der historischen *Forschung* bislang kaum gestellt. Lange Zeit waren Wissenschaft und Publizistik über die sowjetische Dissidenz vom Kalten Krieg geprägt. Die meisten Arbeiten stammen aus den siebziger und achtziger Jahren und wurden von Sozialwissenschaftlern verfasst. Die Faktenbasis der Dissidentenbewegung ist dank der großen Aufmerksamkeit, die ihr im Westen zuteil wurde, zwar gut dokumentiert, ein

---

[8] Die Vertreterinnen der „unabhängigen Frauenbewegung" Leningrads verstanden sich größtenteils nicht als Feministinnen im westlichen Sinne. Daher setze ich diesen Begriff in Anführungszeichen. Zur Frauenbewegung Leningrads siehe Kapitel 7 dieser Arbeit, über das feministische Selbstverständnis insbesondere 7.3.

[9] Zur Definition und Unterscheidung dieser Begriffe siehe 1.3, den Abschnitt „Quellen".

Großteil der Untersuchungen konzentriert sich jedoch auf den Konflikt zwischen Dissidenten und Staatsmacht.[10] Im Zeichen des Ost-West-Gegensatzes neigten westliche Forschende und Publizisten dazu, ein idealisierendes, heroisierendes Bild von den Dissidenten zu zeichnen. Dies gilt selbst für die 1999 erschienene umfassende Darstellung von Cécile Vaissié.[11] Im Westen sind nur wenige historische Abhandlungen zur Dissidentenbewegung erschienen.[12] Die aktuellen russischen Arbeiten entstanden vor

---

[10] Die umfassendste Gesamtdarstellung über die Dissidentenbewegung in der Sowjetunion legte in den achtziger Jahren die im amerikanischen Exil lebende ehemalige Dissidentin und Historikerin Ljudmila Alekseeva vor: Ljudmila Alekseeva: Istorija inakomyslija v SSSR – Novejšij period, Benson, Vermont 1984 (englische Ausgabe: Ludmilla Alexeeva: Soviet Dissent. Contemporary Movements for National, Religious and Human Rights, Middletown, Connecticut 1985). Siehe auch Cornelia Gerstenmeier: Die Stimme der Stummen. Die demokratische Bewegung in der Sowjetunion, Stuttgart 1971; dies.: Die Bürgerrechtsbewegung in der Sowjetunion, Hannover 1976; Borys Lewytzkyj: Politische Opposition in der Sowjetunion 1960–1972. Analyse und Dokumentation, München 1972; Peter Reddaway: Uncensored Russia: Protest and Dissent in the Soviet Union, New York 1972; Rudolf L. Tőkés, (Hrsg.): Dissent in the USSR: Politics, Ideology and People, Baltimore 1975; Sydney Bloch/Peter Reddaway: Dissident oder geisteskrank? Missbrauch der Psychiatrie in der Sowjetunion, München 1978 (englische Ausgabe: Terror. How Soviet Psychiatry is Used to Suppress Dissent, New York 1977); Joshua Rubinstein: Soviet Dissidents: Their Struggle for Human Rights, Boston 1980; Marshall Shatz: Soviet Dissent in Historical Perspective, New York 1980.

[11] Cécile Vaissié: Pour votre liberté et pour la nôtre. Le combat des dissidents de Russie, Paris 1999.

[12] Dietrich Beyrau: Intelligenz und Dissens. Die russischen Bildungsschichten in der Sowjetunion 1917 bis 1985, Göttingen 1993; ders./Wolfgang Eichwede (Hrsg.): Auf der Suche nach Autonomie. Kultur und Gesellschaft in Osteuropa, Bremen 1987; Wolfgang Eichwede/Forschungsstelle Osteuropa an der Universität Bremen (Hrsg.): Samizdat – Alternative Kultur in Zentral- und Osteuropa; die 60er bis 80er Jahre, Bremen 2000 [Dokumentationen zur Kultur und Gesellschaft im östlichen Europa, Bd. 8]. Karl Schlögel: Der renitente Held: Arbeiterprotest in der Sowjetunion 1953–1983, Hamburg 1984. Über die verschiedenen Strömungen und Partikularbewegungen innerhalb der Dissidenz hat Uta-Ulrike Gerlant an der FU Berlin eine Magisterarbeit vorgelegt: Uta-Ulrike Gerlant: Dissidenz in der Sowjetunion. Unveröffentlichte Magisterarbeit, Freie Universität Berlin. Diese Arbeit wird derzeit an der FU Berlin zur Dissertation erweitert.

Einleitung

allem im Umkreis der Bürgerrechtsvereinigung *Memorial*. Sie nehmen Ursprünge, Ideologien und Aktivitäten der Dissidenten sowie staatliche Repressionen in den Blick.[13]

Kulturwissenschaftliche und alltagsgeschichtliche Forschungen zum Dissidentenmilieu stehen noch aus. Mit Ausnahme der russischen Soziologin Sof'ja Čujkina hat bislang noch niemand Frauenrollen und Geschlechterverhältnisse in der Protestbewegung thematisiert.[14] Čujkinas Arbeiten gaben mir

[13] Larisa Bogoraz/Vladimir Golycin/Sergej Kovalev: Političeskaja bor'ba ili zaščita prav? Dvadcatiletnij opyt nezavisimogo obščestvennogo dviženija v SSSR: 1965–1985, in: T. A. Notkina (Hrsg.): Pogruženie v trjasinu. Anatomija zastoja, Moskau 1991, S. 501–544; Larisa Bogoraz/Aleksandr Daniėl': V poiskach nesuščestvujuščej nauki: Dissidentstvo kak istoričeskaja problema, in: Problemy Vostočnoj Evropy, 1993, Heft 37/38, S. 142–161; Dissidentskoe dviženie v SSSR 1950e–1980e gg. Predmet issledovanija. Istočniki. Metodika izučenija. Meždunarodnaja naučnaja konferencija, Moskva, 24–26 avgusta 1992 g. Materialy, Moskau 1992; Aleksandr Daniėl': Dissidentstvo: Kul'tura uskol'zajuščaja ot opredelenija?, in: Semidesjatye kak predmet istorii russkoj kultury, hg. von K. Rogov, Moskau 1998, S. 111–124; Vjačeslav Dolinin: Leningradskij periodičeskij Samizdat serediny 1950–80-ch godov, in: Samizdat. Po materialam konferencii ..., S. 3–21; ders.: Bor'ba za prava čeloveka v Leningrade v 1950–80-e gody, in: Peterburgskij ombudsman, St. Petersburg 1999 [Razvitie instituta upolnomočennogo po pravam čeloveka v rossijskich regionach, Bd. 1], S. 9–23; ders.: Bor'ba za prava čeloveka v Leningrade v 1950–80-e gody, in: Peterburgskij ombudsman, St. Petersburg 1999, S. 9–23 [Razvitie instituta upolnomočennogo po pravam čeloveka v rossijskich regionach, Bd. 1]; Venjamin Iofe: Ideologija političeskogo protesta v SSSR. 1930–1960 gody, in: ders.: Novye ėtjudy ob optimizme. Sbornik statej i vystuplenij, St. Petersburg 1998, S. 45–52; A. A. Korolev: Dissidentstvo kak obščestvenno-političeskij fenomen, in: Problemy političeskoj i ėkonomičeskoj istorii Rossii. Sbornik statej k 60-letiju professora V.V. Žuravleva, Moskau 1998, S. 216–232; Aleksandr Sovel'ev: Političeskoe svoeobrazie dissidentskogo dviženija v SSSR 1950-ch–1970-ch godov, in: Voprosy istorii 1998, Heft 4, S. 109–121; V.V. Žuravlev u.a. (Hrsg.): Vlast' i oppozicija. Rossijskij političeskij process XX stoletija, Moskau 1995.

[14] Sof'ja Čujkina verfasste 1996 an der St. Petersburger European University eine Diplomarbeit über das Leningrader Dissidentenmilieu der sechziger bis achtziger Jahre. Aus dieser Arbeit gingen einige Veröffentlichungen hervor, die die Beteiligung von Frauen in der Dissidenz thematisieren: Sof'ja Čujkina: Učastie ženščin v dissidentskom dviženie (1956–1986). Slučaj Lenigrada, in: Elena Zdravomyslova/Anna Temkina (Hrsg.), Gendernoe izmerenie social'noj i političeskoj aktivnosti v perechodnom periode, St. Petersburg 1996, S. 61–81; Sofia Chuykina,: The Open House and its Hostess. From the History of the Participants of the

einen wichtigen Anstoß für meine Beschäftigung mit der Dissidenz. Ihre Untersuchung beschränkt sich jedoch auf das Leningrader Dissidentenmilieu der siebziger und achtziger Jahre.

Über die „unabhängige Frauenbewegung Leningrads" zwischen 1979 und 1982 erschienen in der westlichen Forschung und Publizistik einige Artikel. Diese Beiträge stammen größtenteils aus den frühen achtziger Jahren, als das Thema in der Presse aktuell war. Aufgrund mangelnder Quellen sind sie jedoch zum Teil unvollständig und fehlerhaft, weshalb sie für die historische Erforschung des Phänomens nur eingeschränkt herangezogen werden können.[15]

Aus der Frauen- und Geschlechterforschung liegen für die Sowjetunion eine Reihe neuerer Untersuchungen vor.[16] Die Zeit der fünfziger bis achtzi-

---

Dissident Movement, in: Feminist Theory and Practice: East – West. Papers presented of international Conference. St. Petersburg, Repino. June 9–12 1995, S. 201–208; Sofia Chuykina: The Role of Women Dissidents in Creating the Milieu, in: Anna Rothkirch/Elina Haavio-Mannila (Hrsg.): Women's Voices in Russia Today, Aldershot u.a. 1996, S. 189–205; Sofia Tchoukina: „Ich war keine Dissidentin": Politische Biographien der antisowjetischen Dissidentenbewegung, in: Ingrid Miethe/Silke Roth (Hrsg.): Politische Biographien und sozialer Wandel, Gießen 2000, S. 205–224.

[15] Ruth Fisher: Women and Dissent in the USSR: The Leningrad Feminists, in: Canadian Woman Studies/Les cahiers de la femme 10 (1989), Heft 4, S. 63–64; Alix Holt: The First Soviet Feminists, in: Barbara Holland (Hrsg.), Soviet Sisterhood. British Feminists on Women in the USSR, London 1985, S. 237–265; Vadim Nečaev: Golosa russkich ženščin. Obzor Samizdatskich žurnalov „Ženščina i Rossija" i „Marija", in: Kontinent 26 (1980), S. 426–431.

[16] Stellvertretend für viele: Lynne Attwood: The New Soviet Man and Woman. Sex-Role Socialisation in the USSR, 1990; dies.: Creating the New Soviet Woman. Women's Magzines as Engineers of Female Identity, 1922–53, Hampshire/London 1999; Susanne Conze: Sowjetische Industriearbeiterinnen in den vierziger Jahren. Die Auswirkungen des Zweiten Weltkrieges auf die Erwerbstätigkeit von Frauen in der UdSSR 1941–1950, Stuttgart 2001; Barbara Evans Clements: Daughters of Revolution. A History of Women in the USSR, Arlington 1994; Wendy Zeva Goldman: Women, the State and Revolution: Soviet Family Policy and Social Life, 1917–1936, Cambridge 1993; Carmen Scheide: Kinder, Küche, Kommunismus. Das Wechselverhältnis zwischen sowjetischem Frauenalltag und Frauenpolitik von 1921 bis 1930 am Beispiel Moskauer Arbeiterinnen, Zürich 2002 [Basler Studien zur Kulturgeschichte Osteuropas, Bd. 3]; Elisabeth Wood: The Baba and the Comrade. Gender and Politics in Revolutionary Russia, Bloomington 1997.

Einleitung

ger Jahre wird aber nur in Überblicksdarstellungen und Analysen offizieller Frauenbilder und staatlicher Frauenpolitik behandelt.[17] Die Erfahrungen, Wahrnehmungsmuster und Handlungsspielräume der Frauen selbst werden für diese Zeit in der Regel nur am Rande beleuchtet.[18]

Diese Studie sucht also zwei Forschungslücken zu schließen: die kulturwissenschaftliche und alltagsgeschichtliche Untersuchung der Dissidentenbewegung sowie die Erforschung von weiblichen Erfahrungen und Geschlechterverhältnissen in der sowjetischen Zeitgeschichte. Daraus ergibt sich folgende *Zielsetzung*: Erstens möchte ich am Beispiel der Frauen Aussagen über die Kultur der Dissidenz der sechziger bis achtziger Jahre treffen. Mit dem methodischen Konzept der „Lebenswelt" werden dissidentische Selbst- und Weltbilder, Organisationsformen und Beziehungsstrukturen untersucht.[19] Dabei wird auch gezeigt, welche Rolle die Kategorie *Gender* bei der Formierung von Opposition und oppositionellem Bewusstsein spielte.[20]

Zweitens dient das Beispiel der Dissidentinnen dazu, Rollenmuster, Identitäten und Weiblichkeitsentwürfe sowjetischer Frauen vor dem Hintergrund der offiziellen Frauenpolitik zu rekonstruieren. Nach der Oktoberrevolution von 1917 wurden Frauen den Männern rechtlich gleichgestellt. Die faktische Gleichheit (*ravenstvo*) sollte durch die Verstaatlichung der Produktionsmittel, die Einbeziehung von Frauen in den Produktionsprozess und die Ersetzung von Hausarbeit und Erziehungsaufgaben durch Dienstleistung

---

[17] Svetlana Ajvazova: Russkie ženščiny v labirinte ravnopravija: Očerki političeskoj teorii i istori. Dokumenty. Materialy, Moskau 1998; Mary Buckley: Women and Ideology in the Soviet Union, New York u.a. 1989.

[18] Eine Ausnahme ist: Anna Köbberling: Das Klischee der Sowjetfrau. Stereotyp und Selbstverständnis Moskauer Frauen zwischen Stalinära und Perestroika, Frankfurt/New York 1997. Die Ergebnisse eines von der Soros Foundation geförderten Interview-Projekts mit Frauen aus verschiedenen Republiken der früheren Sowjetuion konnten in dieser Studie leider nicht mehr berücksichtigt werden: Women's Oral History: Gender Studies, hg. von Andrea Peto u.a., 2 Bde., Bishkek, 2004 und 2005 [Women's Network Program of the Open Society Institute].

[19] Zum Konzept der „Lebenswelt" siehe 1.3, den Abschnitt „Lebenswelt".

[20] Zur Kategorie *Gender* siehe 1.3, den Abschnitt „Frauen- und Geschlechtergeschichte".

erfolgen.[21] Die „neue Frau" war erwerbstätig, finanziell unabhängig und politisch aktiv.[22] Innerhalb der Kommunistischen Partei war von 1918 an eine Frauenabteilung (*ženotdel*) zuständig für Frauenfragen und Frauenpolitik. Die zwanziger Jahre zeichneten sich aus durch lebhafte Debatten über Emanzipation, sexuelle Befreiung, Alltagsleben und die Auflösung der Familie. Für Frauen eröffneten sich neue Handlungsräume. De facto blieben sie jedoch weiterhin für Hausarbeit und Reproduktionsaufgaben verantwortlich.[23] Mit der „stalinistischen Wende" erhielt die Gleichstellungspolitik eine neue Richtung. 1930 wurde die Frauenabteilung geschlossen und die „Lösung der Frauenfrage durch den Sozialismus" propagiert. Die Familie galt wieder als Keimzelle der Gesellschaft. Dem Bild der erwerbstätigen, emanzipierten und politisch aktiven Frau wurde das der fürsorglichen Mutter und Hüterin des Heimes hinzugefügt. Im Zweiten Weltkrieg gerieten diese Frauenbilder durch den Einsatz der Frauen als Soldatinnen und die Abwesenheit von Männern an der „Heimatfront" erneut ins Wanken, konnten sich in der Nachkriegszeit aber wieder verfestigen.[24] Frauen, die den Weg in die Opposition wählten, setzten sich mit offizieller Frauenpolitik und Propagandabildern auseinander. Es stellt sich die Frage, welche Auswirkungen sie für den eigenen Lebens- und Weiblichkeitsentwurf hatten, von welchen Rollenklischees das dissidentische Engagement geprägt war und ob mit der Entwicklung eines oppositionellen Bewusstseins auch eine Auseinandersetzung mit bestehenden Weiblichkeitsbildern verbunden war.

Drittens sucht meine Arbeit durch die Auswertung von Memoiren, Autobiographien und Oral-History-Interviews einen methodischen Beitrag zur Arbeit mit Ego-Dokumenten und Selbstzeugnissen zu leisten. Hierbei wird vor allem der Zusammenhang zwischen individuellem Erleben und kollektivem Erinnern, eigener Erfahrung und herrschenden Diskursen ausge-

---

[21] Diese Prozesse sind am ausführlichsten beschrieben bei Goldman, Women, the State and Revolution; Scheide, Kinder, Küche, Kommunismus; Wood, The Baba and the Comrade.
[22] Siehe auch Attwood, Creating the New Soviet Woman, S. 12.
[23] Hierzu grundlegend: Scheide, Kinder, Küche, Kommunismus.
[24] Attwood, Creating the New Soviet Woman, S. 136–167; Susanne Conze: Sowjetische Industriearbeiterinnen in den vierziger Jahren; dies.: „Weder Emanzipation noch Tradition. Stalinistische Frauenpolitik in den vierziger Jahren", in: Stefan Plaggenborg (Hrsg.): Stalinismus. Neue Forschungen und Konzepte, Berlin 1998, S. 293–320.

Einleitung

leuchtet.²⁵ Es interessiert nicht nur, *was* die Zeitzeuginnen erzählen, sondern auch *wie* sie es tun.

Und viertens ist es mir ein persönliches Anliegen, den Frauen der Dissidentenbewegung als historischen Akteurinnen eine Stimme zu geben. Frauen hinterlassen in der Regel weniger Spuren als „große Männer". Die meisten der ehemaligen Dissidentinnen sind heute zwischen 65 und 80. Viele von ihnen leiden infolge der jahrzehntelangen politischen Verfolgung an körperlichen und seelischen Krankheiten. Einige der Zeitzeuginnen sind in den letzten Jahren verstorben.²⁶ Ich möchte die Erfahrungen und Erinnerungen dieser beeindruckenden Frauen niederschreiben, bevor sie möglicherweise von der Geschichte vergessen werden.

Der *Aufbau der Arbeit* orientiert sich an der Struktur der Lebensgeschichten ihrer Protagonistinnen, von der Kindheit bis in die heutigen Tage. Die Untersuchung setzt zeitlich also weit früher an als beim eigentlichen oppositionellen Engagement zwischen den sechziger und achtziger Jahren. Auf ein hinführendes Kapitel zum Hintergrund und zur Geschichte der sowjetischen Dissidentenbewegung wurde verzichtet, da die politischen Ereignisse und Entwicklungen jeweils aus der Perspektive der Akteurinnen dargestellt werden. Für die einzelnen thematischen Kapitel wurden Leittexte ausgewählt. Sie dienen als Beispiele für mögliche Wahrnehmungsmuster und Handlungsräume des Individuums im Wechselspiel mit vorgegebenen Strukturen.

Die einzige wichtige Lebensphase, die ich nicht untersuche, ist die Emigration. Das Exil dieser sogenannten „dritten russischen Auswanderungswelle" bedarf einer eigenen monographischen Untersuchung. Ich gehe lediglich der Frage nach, auf welche Weise das Exil die Erinnerungen der Zeitzeuginnen prägte, und diskutiere die Auswirkung der Emigration von Leitfiguren der Dissidenz auf die Zurückbleibenden und ihr politisches Handeln.

---

[25] Zu den Begriffen siehe 1.3, den Abschnitt: „‚Erfahrung' und ‚Diskurs', individuelle Erinnerung und ‚kollektives Gedächtnis'"

[26] So zum Beispiel Larisa Bogoraz (1929–2004), Lidija Čukovskaja (1907–1996), Raisa Orlova (1918–1989), Sof'ja Kallistratova (1905–1989) und Raisa Lert (1905–1985).

1.2 Definition des Dissidentenbegriffs und Eingrenzung des Themas

Die Begriffe „Dissident", „Dissidentin", „Dissidentenbewegung"
Etymologisch werden die Begriffe „Dissident" und „Dissidentin" vom lateinischen Verb dissidēre abgeleitet, „Dissens" stammt vom lateinischen dissentire.[27] Dissidēre bedeutet „entfernt sein, nicht übereinstimmen, widersprechen", dissentire „nicht übereinstimmen, in Widerspruch stehen". Während in der Antike dissidēre zur Bezeichnung persönlicher wie politischer Differenzen gebraucht wurde, geht die heutige Verwendung des Terminus „Dissidenten" auf die kirchliche Tradition seit dem Mittelalter zurück. Als *dissidentes* galten zunächst „Häretiker", nach der Reformation wurden im Glauben nicht übereinstimmende Konfessionen *dissidentes in religione* genannt.[28] In England bezeichnete der Ausdruck *dissenters* seit dem 17. Jahrhundert Religionsgemeinschaften, die sich nach der Restauration der Stuarts der Wiedereingliederung in die Kirche von England widersetzten, beispielsweise Baptisten, Methodisten, Presbyterianer, Quäker und Unitarier.[29] Im 20. Jahrhundert wurde die Bedeutung des Dissidentenbegriffs erweitert. Er umfasst nach heutigem Verständnis diejenigen, die innerhalb eines größeren Verbandes, etwa des Staates, der Kirche oder einer Schulrichtung, „eine von der Hauptmeinung abweichende politische, religiöse oder wissenschaftliche Ansicht vertreten"[30].

Im russischsprachigen Raum wurde seit dem 19. Jahrhundert abweichendes Denken als *inakomyslie* (Andersdenken) bezeichnet. In den siebziger Jahren des 20. Jahrhunderts hielten unter dem Einfluss ausländischer Journalisten die westlichen Begriffe Einzug: *dissident* (Dissident), *dissidentka* (Dissidentin), *dissidentskoe dviženie* (Dissidentenbewegung) und *dissidentstvo* (Dissidenz, Dissidententum). Dissident wurde zum Synonym

---

[27] Gerlant, S. 6; Vaissié, S. 11.

[28] Erstmals ist diese Bezeichnung 1573 in der Warschauer Konföderation nachweisbar. Die Protestanten Polens verpflichteten sich als *dissidentes in religione* darin zu gegenseitiger Toleranz. Norbert Brieskorn: Dissidenten, in: Lexikon für Theologie und Kirche, hg. von Walter Kasper, Bd. 3, Freiburg u.a. 1995, Sp. 270 sowie Gerlant, S. 6.

[29] Hans Schwarz: Freikirche, in: Theologische Realenzyklopädie, hg. von Gerhard Krause, Bd. 11, Berlin u.a. 1993, S. 550–563, hier S. 551–554.

[30] Brieskorn, Sp. 270.

Einleitung

für *inakomysljaščij* (Andersdenkender)[31]. Als Zuschreibungen aus dem Westen sind die Termini „Dissident" und „Dissidentenbewegung" problematisch. Nicht alle Teilnehmenden an der Dissidentenbewegung identifizierten sich mit ihnen. Der Prozess, wie aus Fremdzuschreibung Selbstwahrnehmung wurde, entzieht sich dem Blick der Forschenden.[32] Nichtsdestoweniger haben sich die westlichen Begriffe in der Wissenschaft durchgesetzt, um ein spezifisches historisches Phänomen zu beschreiben, für das die Bezeichnung „Andersdenken" zu allgemein wäre. Die sowjetische Dissidentenbewegung entstand als Resultat eines Prozesses, der mit dem Tod Iosif Stalins (1879–1953) und dem folgenden „Tauwetter" seinen Anfang nahm und etwa in der Mitte der sechziger Jahre in eine Protestbewegung mündete, die bis zur *perestrojka*[33] andauerte.

Von vorangegangenen oppositionellen Bewegungen Russlands beziehungsweise der Sowjetunion unterschied sich diese Bewegung durch spezifische Merkmale:[34] Dissidentinnen und Dissidenten agierten gewaltfrei. Eines ihrer zentralen Anliegen war *glasnost'* (Offenheit, Öffentlichkeit), was für ihr eigenes Engagement bedeutete, als Einzelpersonen oder Gruppen offen aufzutreten und an die „Öffentlichkeit" zu appellieren. Zwar verfügte die Dissidentenbewegung mit dem *Samizdat*[35] über eine Art Untergrundpresse zur Verbreitung unzensierter Informationen, aber selbst dort unterzeichneten viele Autorinnen und Autoren ihre Artikel mit Namen und Adressen. Die Bewegung wurde durch lose Strukturen zusammengehalten, ihre Organisationen kannten in der Regel weder Kader noch Satzungen, Programme oder Mitgliedsbeiträge. Das ideologische Spektrum der ein-

---

[31] Vaissié, S. 11.
[32] Siehe Kapitel 6.2.
[33] *Perstrojka* (Re-Strukturierung, Umbau) steht zunächst für die wirtschaftlichen Reformen, die nach der Wahl Michail Gorbačevs zum Generalsekretär der KPdSU (März 1985) einsetzten. Ab 1986/87 wurde der Reformprozess von Demokratisierungsbemühungen begleitet. Zur *perestrojka* siehe auch Kapitel 8.
[34] Bogoraz/Daniėl', O poiskach nesuščestvujuščej nauki; Venjamin Iofe: Političeskaja oppozicija v Leningrade 50–60-ch, in: Zvezda 1997, Heft 7, S. 212–215, hier S. 214f.; Gerlant, S. 10–13 sowie 28–47; Sovel'ev, Političeskoe svoeobrazie dissidentskogo dviženija v SSSR; Daniėl'. Dissidentstvo: Kul'tura uskol'zajuščaja; Vaissié, S. 12.
[35] *Samizdat* („selbstverlegt") bezeichnet im Selbstverlag herausgegebenes nicht zensiertes Schrifttum. Zur Entstehung und Entwicklung des Samizdat-Wesens siehe auch Kapitel 4.2 und 5.3.

zelnen Gruppierungen und Aktivisten reichte von den Neo-Marxisten, über die Anhänger eines „Sozialismus mit menschlichem Antlitz" und die liberalen Demokraten bis hin zu den ultra-rechten Nationalisten und den Monarchisten. Dissidentische Teilbewegungen setzten sich an unterschiedlichen Orten für unterschiedliche Ziele ein: Bürger- und Menschenrechtsvereinigungen existierten vornehmlich in großen Städten wie Moskau, Leningrad, Kiew, Odessa, Tiflis und Vilnius. In der Ukraine, im Baltikum und in den transkaukasischen Republiken entwickelten sich, teilweise religiös geprägte, Nationalbewegungen. Unter Stalin deportierte Völker wie die Krimtataren und Mescheten verlangten die Rückkehr in ihre angestammten Gebiete, Sowjetbürger jüdischer und deutscher Abstammung das Recht auf Emigration aus der UdSSR. Christliche Gruppen, Orthodoxe wie religiöse Minderheiten, forderten die freie Glaubensausübung. Ferner gab es Bewegungen für den Erhalt der Umwelt und des Friedens sowie eine „unabhängige Frauenbewegung" in Leningrad.[36]

Gemeinsam war allen Gruppen und Strömungen, dass sie die zentrale Forderung der Bürger- und Menschenrechtler nach individuellen Rechten und Freiheiten übernahmen, die in der Verfassung der Sowjetunion verankert waren, aber nicht eingehalten oder indirekt außer Kraft gesetzt wurden. Sie bedienten sich ähnlicher Methoden, um auf ihre Anliegen aufmerksam zu machen: Sie schafften eine (Gegen-)Öffentlichkeit durch den *Samizdat*, appellierten an sowjetische Behörden und internationale Organisationen, unterstützten politisch Verfolgte, verfassten Petitionen und organisierten Briefkampagnen. Zu den Mitteln der politischen Auseinandersetzung zählten auch inoffizielle Demonstrationen oder Mahnwachen sowie die Weitergabe von Informationen an ausländische Korrespondenten, die im Westen veröffentlicht oder mittels der Kurzwellensender *Radio Liberty*, *BBC*, *Voice of America* und *Deutsche Welle* in die Sowjetunion gestrahlt wurden.

Eine zusammenfassende Beschreibung des Phänomens „Dissidenz"[37] ist: Die sowjetische Dissidentenbewegung umfasste in ideologischer, ethnischer,

---

[36] Zum Spektrum dissidentischer Bewegungen und Ideologien am ausführlichsten Alekseeva, Istorija inakomyslija sowie Gerlant.

[37] Im Folgenden benutze ich zumeist den Begriff „Dissidenz" als Übersetzung des russischen Begriffs *dissidentstvo* (auch „Dissidententum") anstelle von dem im Westen häufig gebrauchten „Dissens". „Dissens" ist in meinen Augen weiter zu fassen als „Dissidenz", zum Dissens gehören auch diejenigen, die nicht in der Bewegung aktiv waren, aber *Samizdat* lasen oder sich dem Zugriff des Systems auf andere Weise entzogen. Den Begriff „Dissens" gebrauche ich in dieser Arbeit

Einleitung

nationaler und konfessioneller Hinsicht heterogene Gruppen und Strömungen; gemeinsam waren ihnen die Protestformen, das Informationsnetz des *Samizdat*, Gewaltfreiheit, offenes Auftreten, unhierarchische Organisationen sowie die Konzentration auf die Einforderung gesetzlich verbriefter Rechte.

Der genaue zeitliche Rahmen der Dissidentenbewegung ist umstritten. Als Auftakt gilt die Verhaftung der Schriftsteller Julij Daniėl und Andrej Sinjavskij (1925–1997) im Herbst 1965, die zur ersten großen Kampagne für Bürger- und Menschenrechte führte.[38] Einige Autorinnen und Autoren setzen einen früheren Beginn der Dissidentenbewegung an, mit Stalins Tod 1953, dem XX. Parteitag 1956 oder sogar schon in der zweiten Hälfte der vierziger Jahre. Sie beziehen sich darauf, dass der Menschenrechtsbewegung religiöse und nationale Bewegungen sowie Untergrundaktivitäten von Jugendlichen in den fünfziger und frühen sechziger Jahren vorausgingen.[39]

Ich setze den Beginn der Bewegung in der zweiten Hälfte der sechziger Jahre an. Die Bürger- und Menschenrechtsbewegung formierte sich aus Protest gegen politische Prozesse der Jahre 1965 bis 1968. Die vor 1965 existierenden oppositionellen Strömungen der Sowjetunion waren von ganz unterschiedlichen Traditionen beeinflusst. So gingen die baltischen und ukrainischen Nationalbewegungen aus dem Partisanenkampf während und nach dem Zweiten Weltkrieg hervor, studentische Oppositionsgruppen in den fünfziger und frühen sechziger Jahren agierten hochkonspirativ und verstanden sich als Revolutionäre. Unter dem Einfluss der Bürger- und Menschenrechtsbewegung erhielten die bis dahin voneinander isolierten oppositionellen Gruppen und Strömungen ein gemeinsames Informationsnetz. Die charakteristischen Züge wie Gewaltfreiheit und Transparenz prägten mit der Zeit fast alle Teilbewegungen, die Forderung nach Einhaltung der Verfas-

---

dann, wenn das Gewicht weniger auf der Dissidentenbewegung liegt als auf der Nichtübereinstimmung mit bestimmten Dogmen oder Normen des Systems. Welche Möglichkeiten und Erscheinungsformen von Dissens es in der Sowjetunion gab, ist in weiteren Studien noch zu untersuchen.

[38] Siehe beispielsweise Alekseeva, Istorija inakomyslija, S. 194; Bogoraz/Golycin/Kovalev, Politiceskaja bor'ba, S. 505; Bogoraz/Daniėl', O poiskach necuščestvujuščej nauki, S. 145; Iofe, Ideologija politiceskogo protesta, S. 49; Vaissié, S. 12.

[39] Čujkina, Učastie ženščin, S. 62; Viktor Voronkov: Die Protestbewegung der „Sechziger"-Generation. Der Widerstand gegen das sowjetische Regime 1956–1985, in: Osteuropa 43 (1993), Heft 10, S. 939–948, hier S. 940; Gerlant, S. 15f.

sung wurde zum Grundkonsens.⁴⁰ Erst ab diesem Zeitpunkt kann von einer Dissidentenbewegung als zusammenhängendem, das Territorium der Sowjetunion umspannenden Phänomen gesprochen werden.

Schwieriger als die Definition der „Dissidentenbewegung" ist die Frage, wer als „Dissident" zu bezeichnen ist und wer nicht. Die Selbstwahrnehmung als „Dissidenten" bildete sich unter den Trägern der Bewegung erst allmählich aus und galt nie für sie alle. Voraussetzung für die Klassifikation einer Person als „Dissident" war nach übereinstimmender Meinung von Zeitzeugen und Historikern zunächst das „Andersdenken" (*inakomyslie*). „Andersdenken" bedeutete, sich gegen offizielle Doktrinen zu stellen, nicht nur in politischer, sondern auch in ästhetischer, literarischer, künstlerischer oder wissenschaftlicher Hinsicht. Das Andersdenken reichte aber nicht aus, um Dissident zu werden. Aus der Sicht Larisa Bogoraz' und Sergej Kovalevs (geb. 1930) musste man vor allem „anders handeln"⁴¹. Als drittes Kriterium für die Konstitution eines Dissidenten tritt in einigen Definitionen hinzu, dass man infolge des „Andershandelns" Repressionen oder Diskriminierungen erlitt, also teilweise aus der Gesellschaft ausgeschlossen wurde.⁴² Diese drei Kriterien, Andersdenken (*inakomyslie*), Andershandeln (*inakodejstvie*) und Erleiden von Repressionen, um die Zugehörigkeit einer Person zur Dissidentenbewegung zu bestimmen, sind allerdings problematisch. Es bleibt fraglich, ob als Dissidentin oder Dissident auch galt, wer einmal eine Petition unterschrieb, sich sporadisch an Aktionen beteiligte oder zum Leserkreis des *Samizdat* gehörte. Und wie verhielt es sich mit denjenigen, die nicht offen gegen Missstände protestierten, sondern im Verborgenen handelten, die nicht vom KGB entdeckt und „repressiert" wurden? Gehörten sie zur Gruppe der Dissidenten? Wenn nicht, was waren sie dann?

In meiner Studie stelle ich dieser Arbeitsdefinition, Dissident sei, wer anders denke und anders handele, die Selbstwahrnehmung der Akteurinnen und Akteure gegenüber. Dabei wird ersichtlich, wie aus ihrer Perspektive die Begriffe „Dissident" und „Dissidentin" zu definieren sind, welche konkur-

---

[40] Zur Formierung der Dissidentenbewegung siehe Kapitel 5, zum Spektrum dissidentischer Bewegungen und ihren Gemeinsamkeiten siehe Kapitel 6.1.

[41] So schreiben sie in einem Aufsatz: „Die Hauptsache bestand nicht darin, dass die ‚Dissidenten' anders dachten, sondern darin, dass sie anders handelten." Bogoraz/Golycin/Kovalev; Političeskaja bor'ba, S. 532. Siehe auch Čujkina, Učastie ženščin, S. 61; Gerlant, S. 8.

[42] Bogoraz/Daniėl', O poiskach nesuščestvujuščej nauki, S. 150f.

Einleitung

rierenden Bezeichnungen kursierten und welches die Einschluss- und die Ausschlusskriterien zum inneren Kreis der Dissidenten waren.[43] Da Frauen aufgrund ihrer spezifischen Aktionsfelder häufig nicht als „echte Dissidentinnen" wahrgenommen wurden, habe ich für die Auswahl der hier zu Wort kommenden Interviewpartnerinnen und Autobiographinnen folgende Kriterien angelegt: Als Dissidentinnen fasse ich andersdenkende und andershandelnde Frauen, die sich regelmäßig über einen längeren Zeitraum hinweg in der Dissidentenbewegung engagierten und mit ihrem Engagement zum Funktionieren dieser Bewegung beitrugen.

Die Bürger- und Menschenrechtsbewegung in Moskau und Leningrad

Innerhalb der verschiedenen Teilbewegungen der Dissidenz beschränke ich mich auf die Untersuchung von weiblichen Lebenswelten in der Bürger- und Menschenrechtsbewegung. In den Blick genommen werden zudem religiösphilosophische und literarisch-künstlerische Strömungen, da sich diese mit der Bürger- und Menschenrechtsbewegung überschnitten und teilweise in ihr aufgingen. Von besonderem Interesse ist auch die „unabhängige Frauenbewegung" im Leningrad der späten siebziger und frühen achtziger Jahre.[44] Der geographische Schwerpunkt der Untersuchung liegt auf den Metropolen Moskau und Leningrad.

Die Bürger- und Menschenrechtsbewegung (*pravozaščitnoe dviženie*[45]) entwickelte sich in Moskau in der zweiten Hälfte der sechziger Jahre. Von dort griff sie auf Leningrad, die russische Provinz und einige Großstädte in den Sowjetrepubliken über. Mein Untersuchungszeitraum endet mit der *perestrojka* in der zweiten Hälfte der achtziger Jahre. Durch die Reformen unter Michail Gorbačev (geb. 1931) wurden vormals illegale Tätigkeiten zu legalem bürgerrechtlichen Engagement. Menschenrechtsgruppen setzten ihre Arbeit zwar fort und existieren zum Teil noch heute, aber unter ganz anderen Bedingungen. Mit dem Ende der Repressionen löste sich auch die Dissidentenbewegung auf. Die Heterogenität der ideologischen Standpunkte und Interessen trat offen zutage und verhinderte vielfach eine weitere Zusammenarbeit der vormals in der Opposition vereinten Aktivistinnen und Aktivisten.

---

[43] Siehe insbesondere Kapitel 6.2.
[44] Siehe Kapitel 7.
[45] *Pravozaščitnik* heißt wörtlich „derjenige, der das Recht verteidigt".

Von der Küche auf den Roten Platz

Die Moskauer Dissidentenbewegung war von Menschenrechtsaktivitäten geprägt. Die dortigen Menschenrechtler bildeten zwischen Mitte der sechziger und Mitte der achtziger Jahre zudem das Zentrum dissidentischer Aktivitäten in der Sowjetunion, da sie am engsten mit den unterschiedlichen Teilbewegungen des ganzen Landes vernetzt waren und über die besten Verbindungen zu ausländischen Korrespondenten und Medien verfügten. Zu den Organisationen der Menschenrechtsbewegung zählten die 1969 gegründete *Initiativgruppe zur Verteidigung der Menschenrechte in der UdSSR*[46], das *Komitee für Menschenrechte*[47], (1974), die inoffizielle *Sowjetische Sektion von Amnesty International* (1974)[48], die im Anschluss an die KSZE-Schlussakte von Helsinki gegründete *Helsinki-Gruppe* (1976)[49], die *Kommission zur Untersuchung des Missbrauchs der Psychiatrie für politische Zwecke*[50] (1977), die *Initiativgruppe zur Verteidigung der Rechte Behinderter*[51] (Moskau, 1978) sowie diverse Hilfsfonds zur Unterstützung politischer Gefangener und ihrer Familien.[52] Das bedeutendste *Samizdat*-Organ der Bürger- und Menschenrechtsbewegung war das Nachrichten-Bulletin *Chronik der laufenden Ereignisse (Chronika tekuščich sobytij)*. Die *Chronika* informierte zwischen 1968 und 1983 regelmäßig über Menschenrechtsverletzungen und Aktivitäten der Dissidentenbewegung auf dem gesamten Territorium der UdSSR.[53]

---

[46] *Iniciativnaja gruppa po zaščite prav čeloveka v SSSR.*
[47] *Komitet prav čeloveka.*
[48] *Sovetskoe otdelenie Meždunarodnoj amnistii.*
[49] Sie hieß eigentlich *Obščestvennaja gruppa sodejstvija vypolneniju Chel'sinskich soglašenij v SSSR* („Gesellschaftliche Gruppe zur Unterstützung der Umsetzung der Beschlüsse von Helsinki in der UdSSR").
[50] *Rabočaja komissija po rassledovaniju ispol'zovanija psichiatrii v političeskich celjach.*
[51] *Iniciativnaja gruppa zaščity prav invalidov v SSSR.*
[52] Zur Entstehung der Gruppen, Organisationen und Hilfsfonds siehe Kapitel 5 und 6.
[53] In Forschung und Publizistik werden Menschenrechtsbewegung und Dissidentenbewegung bisweilen gleichgesetzt. Ich bin mir des Unterschiedes bewusst, bezeichne die von mir untersuchte Personengruppe gleichwohl häufiger mit dem allgemeinen Begriff „Dissidentinnen" als dem speziellen „Menschenrechtlerinnen". Das liegt daran, dass in vielen Abschnitten der Schwerpunkt auf dem Weg in die Dissidenz, die Entwicklung eines dissidentischen Bewusstseins und der Selbstwahrnehmung als „Dissidentin" liegt. Daher identifiziere ich die Zeit-

Einleitung

Im Vergleich zu den übrigen Dissidentengruppen ist die Moskauer Menschenrechtsbewegung in Presse, Publizistik und Forschung am besten dokumentiert. Das liegt vor allem an der internationalen Medienpräsenz in der Hauptstadt. Bereits über die Dissidenz in Leningrad liegen deutlich weniger Informationen vor, wenngleich sich Forschende aus dem Umfeld der Sankt Petersburger Gesellschaft *Memorial* seit Jahren darum bemühen, Wissenslücken zu schließen.[54] Nach den aktuellen Forschungsergebnissen und Zeitzeugenaussagen war die Leningrader Opposition insgesamt weniger von der Idee der Menschenrechte geprägt, als dies in Moskau der Fall war.[55] Nachdem in den fünfziger Jahren vor allem jugendliche Untergrundgruppen in Leningrad aktiv waren, dominierten seit den sechziger Jahren inoffizielle kulturelle Aktivitäten. Die meisten *Samizdat*-Organe beschäftigten sich mit Literatur, Kunst, Religion, Philosophie sowie den Geistes- und Sozialwissenschaften. Von der Mitte der siebziger Jahre an wurde das unzensierte literarische und freie künstlerische Schaffen auch „Zweite Kultur" (*Vtoraja*

---

zeuginnen eher als „Dissidentinnen" im allgemeinen denn als „Menschenrechtlerinnen" im besonderen. Zur Problematisierung der Gleichsetzung von Dissidenten- und Menschenrechtsbewegung: Daniėl', Dissidentstvo: Kul'tura uskol'zajuščaja, S. 112f.; Gerlant, S. 2f. sowie 121–124.

[54] Genannt seien hier insbesondere die Arbeiten von Vjačeslav Dolinin, Venjamin Iofe und Sof'ja Čujkina sowie die Sammelbände: Boris Ivanov/Boris Roginskij (Hrsg.): Istorija Leningradskoj nepodcensurnoj literatury: 1950–1980-e gody, St. Petersburg 2000; Samizdat. Materialien der Konferenz ‚30 Jahre unabhängige Presse. 1950 – 80er Jahre', St. Petersburg, 25.–27. April 1992, hg. von Vjačeslav Dolinin und Boris Ivanov, Berlin/St. Petersburg 2001. In der vorliegenden Arbeit wird größtenteils die russische Ausgabe zitiert: Samizdat (po materialam konferencii „30 let nezavisimoj pečati. 1950–80 gody". Sankt-Peterburg, 25–27 aprelja 1992 g.), St. Petersburg 1993.

[55] Für allgemeine Darstellungen des Leningrader Dissenses Dolinin, Leningradskij periodičeskij Samizdat; ders., Bor'ba za prava čeloveka v Leningrade; ders., 1970e: rasširenie prostranstva svobody, Vortragsmanuskript, ohne Ort und Datum, http://www.memorial.inc.ru; Iofe, Političeskaja oppozicija v Leningrade, ders.: Leningrad. Geschichte des Widerstandes im Spiegel der Repression 1956–1987, in: Halbjahresschrift für Südosteuropäische Geschichte, Literatur und Politik 8 (1996), Sonderheft 1a: Opposition und Repression im Realsozialismus, S. 79–85; T. Šechter: Neoficial'noe iskusstvo Peterburga (Leningrada) kak javlenie kul'tury vtoroj poloviny XX veka, St. Petersburg 1995.

kul'tura) genannt.[56] Die Grenzen zwischen „Zweiter Kultur" und Menschenrechtsbewegung waren fließend. Da nonkonformistische Künstler und Wissenschaftler ebenso unter Repressionen litten wie Menschenrechtler, begannen sie, sich in der Menschenrechtsbewegung zu engagieren.

Der Umfang der Bürger- und Menschenrechtsbewegung ist schwer zu schätzen. Ljudmila Alekseeva spricht vage von einigen Tausend Mitgliedern[57], Kronid Ljubarskij von etwa 10000, ohne jedoch eine scharfe Grenze zwischen Menschenrechtlern und sonstigen Dissidenten zu ziehen[58]. Aus Moskau und Leningrad sind etwa 500 Personen namentlich bekannt. Rechnet man die Zahl der Sympathisanten und Unterstützerinnen hinzu, kommt man insgesamt auf etwa 5000 bis 10000 Menschen, die diese Bewegung getragen haben.[59] Im Vergleich zu nationalen oder religiösen Bewegungen war die Bürger- und Menschenrechtsbewegung somit sehr klein.[60]

Die Beschränkung auf die Bürger- und Menschenrechtsbewegung hat sowohl arbeitsökonomische als auch inhaltliche Gründe, die sich aus Ziel, Konzept und Methodik meiner Studie ergeben: Erstens ist im Vergleich zu anderen Dissidentengruppen die Quellenlage für die Moskauer Menschenrechtsbewegung verhältnismäßig gut. Die ehemaligen Menschenrechtler engagieren sich heute zum Teil in Nachfolgeorganisationen wie *Memorial*, die wiederum mit westlichen Institutionen wie Stiftungen und anderen Nicht-Regierungs-Organisationen in Kontakt stehen. Da die Aktivitäten von Frauen in den Quellen ohnehin nicht sehr gut dokumentiert sind, war es also nötig, eine Gruppe auszuwählen, die insgesamt eine große Anzahl von Zeugnissen hinterlassen hat. Aus den Kreisen der Moskauer und Leningrader Dissidenten konnten die biographischen Daten von 243 Personen ermittelt werden, darunter 83 Frauen. Das heißt nicht, dass weniger Frauen als Männer an der Bewegung teilnahmen, sondern dass die Frauen in den Quellen weniger präsent sind. Für die Konzentration auf die Bürger- und Menschen-

---

[56] Artikel „Vtoraja kul'tura", in: Chronika tekuščich sobytij, Bd. 49, 14. Mai 1978, S. 79f.

[57] Alekseeva, Istorija inakomyslija, S. 50.

[58] Lubarsky, Cronid: Soziale Basis und Umfang des sowjetischen Dissidententums, Köln 1979 [Berichte des Bundesinstituts für ostwissenschaftliche und internationale Studien 1979, 9], S. 11.

[59] Auskunft von Aleksandr Daniėl' vom NIC Memorial Moskau.

[60] Alekseeva spricht beispielsweise von 130000 Personen, die sich in der Bewegung der Krimtataren engagiert haben, und 70000 Baptisten (Alekseeva, Istorija inakomyslija, S. 19 und S. 28).

Einleitung

rechtsbewegung sprach auch die Möglichkeit, über *Memorial* in Moskau und St. Petersburg in Kontakt mit Interviewpartnerinnen zu treten, was sich für die übrigen dissidentischen Teilbewegungen weitaus schwieriger gestaltet hätte. Der zweite Grund für die inhaltliche Beschränkung auf die Menschenrechtsbewegung liegt darin, dass es Ziel dieser Arbeit ist, Frauen als historische Subjekte in ihrer Lebenswelt zu betrachten. Daher ist es sinnvoll, die Untersuchung auf eine überschaubare Gruppe von Menschen zu begrenzen. Auf diese Weise können ihre Lebensentwürfe, Beziehungen, Netzwerke und Handlungsräume in „dichter Beschreibung"[61] dargestellt werden.

Die Dissidentenbewegung umfasste Vertreterinnen und Vertreter verschiedener Generationen.[62] Eine erste Gruppe bildete die Generation der sogenannten „Sechziger", die zwischen Anfang der zwanziger und Anfang der dreißiger Jahre geboren wurden.[63] Ihre Kindheit stand im Zeichen des „Aufbaus des Sozialismus in einem Lande" und der großen „Säuberungen" von 1936 bis 1938. Als Jugendliche oder junge Erwachsene erlebten sie den „Großen Vaterländischen Krieg" (1941–1944), die Nachkriegszeit und die verschiedenen Terrorwellen des Spätstalinismus. Das „Tauwetter" nach Stalins Tod, vor allem die frühen sechziger Jahre, prägten sie politisch und kulturell. Als sie begannen, sich in der (entstehenden) Dissidentenbewegung zu engagieren, waren sie bereits Mitte dreißig bis Mitte vierzig. Eine zweite große Gruppe von Dissidentinnen und Dissidenten rekrutierte sich aus den Jahrgängen 1935 bis 1945. Im Gegensatz zu den Älteren konnten viele von ihnen aufgrund frühen dissidentischen Engagements die Ausbildung oder das Studium nicht beenden. Frühzeitig gingen sie in der Alternativkultur auf und verdienten sich mit Hilfsarbeiten ihren Lebensunterhalt.

Neben diesen beiden Gruppen gehörten zur Dissidentenbewegung Vertreterinnen und Vertreter einer noch jüngeren Generation. Es handelt sich zum Teil um Kinder der älteren Dissidentengeneration wie Aleksandr

---

[61] Nach Clifford Geertz stellt die „dichte Beschreibung" den methodischen Zugang zu menschlichen Handlungen dar. Alltägliche Praktiken werden mittels ethnographischer Beobachtung erfasst und als „Text" im Hinblick auf symbolische Ordnungen gelesen. Auf diese Weise können gesellschaftliche Konstellationen interpretiert und verstanden werden. Für eine Auswahl seiner ins Deutsche übersetzten Aufsätze: Clifford Geertz: Dichte Beschreibung. Beiträge zum Verstehen kultureller Systeme, Frankfurt am Main 1987.

[62] Zu den Altersgruppen siehe Tabelle 1, S. 32.

[63] Zur Generation der „Sechziger": Voronkov; Petr Vajl'/Aleksandr Genis: 60-e. Mir sovetskogo čeloveka, Moskau 1996.

Von der Küche auf den Roten Platz

Daniėl' (geb. 1951) und Irina Jakir (1948–1999) oder solche, die sehr jung zur Dissidentenbewegung stießen. In der Moskauer und Leningrader Dissidenz waren ferner einzelne Ältere vertreten, so Raisa Lert (1905–1985), Sof'ja Kallistratova (1907–1989), Petr Grigorenko (1907–1987), Lidija Čukovskaja (1907–1996) und Lev Kopelev (1912–1997).

TABELLE 1: ALTERSGRUPPEN UNTER DEN VERTRETERINNEN UND VERTRETERN DER BÜRGER- UND MENSCHENRECHTSBEWEGUNG MOSKAUS UND LENINGRADS[64]

Geboren	Anzahl	in Prozent
Vor 1900	10	4,4 %
1911–1915	8	3,5 %
1915–1920	14	6,1 %
1921–1925	17	7,4 %
1926–1930	39	17,1 %
1931–1935	40	17,6 %
1936–1940	45	19,8 %
1941–1945	17	7,4 %
1946–1950	30	13,2 %
1951–1955	5	2,2 %
1956–1960	2	0,8 %
Gesamt	227	100 %

[64] Die Daten wurden auf Grundlage eines von mir angelegten Personenverzeichnisses erhoben. Zur Quellenbasis siehe 1.3, den Abschnitt „Quellen".

Einleitung

1.3 Theoretisch-methodische Überlegungen, Quellen und Quellenkritik

Frauen- und Geschlechtergeschichte

Frauen stehen im Zentrum meiner Untersuchung zur Dissidentenbewegung. Es geht um die Rekonstruktion ihrer Lebenswege, Erfahrungen, Handlungen, Erinnerungen und Identitäten.[65] Angesichts der derzeitigen Methodendiskussion entsteht der Eindruck, dass die Frauengeschichte überholt sei und durch *Gender Studies* ersetzt werden könne.[66] Gerade in der Osteuropäischen Geschichte sind Frauen- und Geschlechterforschung jedoch vergleichsweise junge Disziplinen. Zwar liegen mittlerweile eine Reihe von Pionierstudien vor, dennoch gibt es Regionen, Gesellschaftsbereiche und Perioden, die aus frauengeschichtlicher Perspektive noch nicht erforscht sind. *Gender Studies* setzen hier also voraus, zunächst Grundlagenforschung

---

[65] Zur Entwicklung von Frauen- und Geschlechtergeschichte siehe insbesondere: Gisela Bock: Geschichte, Frauengeschichte und Geschlechtergeschichte, in: Geschichte und Gesellschaft 14 (1988), S. 364–391; Gunilla-Friederike Budde: Das Geschlecht in der Geschichte, in: Thomas Mergel/Thomas Welskopp, (Hrsg.): Geschichte zwischen Kultur und Gesellschaft, München 1997, S. 125–150; Anne Conrad: Frauen- und Geschlechtergeschichte, in: Michael Maurer (Hrsg.): Neue Themen und Methoden der Geschichtswissenschaft, Stuttgart 2003 [Aufriss der Historischen Wissenschaften, Bd. 7], S. 230–293; Ute Frevert: „Mann und Weib, und Weib und Mann". Geschlechter- Differenzen in der Moderne, München 1995; Renate Hof: Die Entwicklung der Gender Studies, in: Hadumod Bußmann/Renate Hof (Hrsg.): Genus. Zur Geschlechterdifferenz in den Kulturwissenschaften, Stuttgart 1995, S. 3–33; Karin Hausen/Heide Wunder, (Hrsg.): Frauengeschichte – Geschlechtergeschichte, Frankfurt 1992; Joan W. Scott (Hrsg.): Feminism and History, Oxford 1996; dies.: Gender and the Politics of History, New York 1988. Regina Wecker: Frauengeschichte – Geschlechtergeschichte, in: Schweizerische Zeitschrift für Geschichte 41 (1991), S. 308–319; dies.: Zwischen Ökonomie und Ideologie. Arbeit im Lebenszusammenhang von Frauen im Kanton Basel-Stadt 1870–1910, Zürich 1997, S. 9–14.

[66] Zum Verhältnis von Frauen- und Geschlechterforschung siehe insbesondere Wecker, Zwischen Ökonomie und Ideologie, S. 12f.; Ulrike Strasser: Intime Antagonisten: Postmoderne Theorie, Feministische Wissenschaft und die Geschichte der Frauen, in: Traverse 7 (2000), Heft 1, S. 37–50; dies.: Jenseits von Essentialismus und Dekonstruktion: Feministische Geschichtswissenschaft nach der Linguistischen Wende, in: L'Homme 11 (2000), Heft 1, S. 124–129.

über die Lebensverhältnisse und Handlungsräume von Frauen zu betreiben.[67] Durch die Ausrichtung auf Frauenbiographien lässt sich in dieser Studie die „andere" Seite der Dissidentenbewegung erschließen, auf diese Weise verändert sich der Blick auf die „allgemeine" Geschichte der Dissidentenbewegung. So stellt sich etwa die Frage, ob die oben gegebene Definition von „Dissidenten" aufrecht erhalten werden kann oder einer Erweiterung bedarf, wenn man die Aktivitäten und Arbeitsfelder der Frauen einschließt. Konzepte aus der *Gender*-Forschung kommen in der Untersuchung gleichwohl zum Tragen. Ich beleuchte, wie Geschlechtskonstruktionen und Weiblichkeitsentwürfe politisches Handeln prägten. Die Emanzipation vom System wird im Zusammenhang mit der Reflexion von Weiblichkeitsentwürfen und Rollenbildern betrachtet. Die Untersuchung der Dissidentenbewegung im Hinblick auf die Geschlechterverhältnisse beinhaltet eine Analyse, wie in der Dissidenz weibliche politische Rollen, im Gegensatz zu männlichen, definiert wurden, welche Normen und Standards dabei galten. Mein Ziel ist es, einerseits den historischen Beitrag der Frauen an der Dissidentenbewegung aufzudecken und gleichzeitig zu untersuchen, inwieweit der Widerstand gegen das sowjetische System von der Kategorie *gender* geprägt war. Ebenso wie die strukturierenden Faktoren Alter, Klassenzugehörigkeit, Nationalität und Ethnie verstehe ich Geschlecht (*gender*) als eine „grundlegende Kategorie sozialer, kultureller, historischer Realität, Wahrnehmung und Forschung"[68]. Im Gegensatz zu *sex* als biologischem Geschlecht bezeichnet *gender* die kulturell bedingte und historisch wandelbare Vorstellung und Konstruktion von Weiblichkeit und Männlichkeit. Damit wird eine Festschreibung von Mann und Frau auf „naturgegebene" Rollen zurückgewiesen.[69] *Gender* dient als Instrument zur Erklärung von Handlun-

---

[67] Scheide, Kinder, Küche, Kommunismus, S. 20.

[68] Bock, Geschichte, Frauengeschichte und Geschlechtergeschichte, S. 372. Grundlegend: Joan W. Scott: Gender: A Useful Category of Historical Analysis, in: American Historical Review 91 (1986), S. 1053–1075.

[69] Seit den neunziger Jahren werden verstärkt Diskussionen um die Zweigeschlechtlichkeit als kulturelles Konstrukt geführt, womit auch die Trennung von *sex* und *gender* hinterfragt wird: Regine Gildenmeister/Angelika Wetterer: Wie Geschlechter gemacht werden. Die soziale Konstruktion der Zweigeschlechtlichkeit und ihre Reifizierung in der Frauenforschung, in: Gudrun-Axeli Knapp/Angelika Wetterer (Hrsg.): Traditionen, Brüche, Entwicklungen feministischer Theorie, Freiburg 1992, S. 201–254; Andrea Maihofer: Geschlecht als Existenzweise. Einige kritische Anmerkungen zu aktuellen Versuchen zu einem neuen Verständnis

Einleitung

gen, Wahrnehmungsmustern, sozialen Beziehungen, Geschlechterrollen und Machtverhältnissen. Die Geschlechterverhältnisse in der Dissidenz lassen hierbei nicht nur auf Entwicklungen innerhalb der Bewegung schließen. In ihrer Vielfalt und ihren Ambivalenzen zeugen sie auch vom Wandel politischer Verhältnisse.

Lebenswelt

Um Frauen als Subjekte, nicht Objekte der Geschichte – und historischen Forschung – darzustellen, muss eine Perspektive gewählt werden, die der Rolle des Individuums in der Gesellschaft gerecht wird. Die Geschichte der Dissidentinnen wird von „unten" geschrieben, ausgehend von den Akteurinnen in ihrer Lebenswelt.

Das Konzept der „Lebenswelt" verbindet Sozial- und Strukturgeschichte mit Alltagsgeschichte, Historischer Anthropologie, Mentalitätsgeschichte und Kulturwissenschaften.[70] Die Verwendung des aus der phänomenologischen Philosophie stammenden Begriffs „Lebenswelt" in der historischen Forschung geht auf Rudolf Vierhaus und Heiko Haumann in Anlehnung an Habermas' *Theorie des kommunikativen Handelns* zurück.[71] Vierhaus ver-

---

von „Geschlecht", in: Geschlechterverhältnisse und Politik, hg. vom Institut für Sozialforschung Frankfurt, Frankfurt am Main 1994, S. 168–187; zusammenfassend: Wecker, Zwischen Ökonomie und Ideologie, S. 26f.

[70] Auf die Vielzahl der mittlerweile existierenden „Geschichten" soll hier nicht gesondert eingegangen werden. Für einen Überblick siehe Ute Daniel: Clio unter Kulturschock. Zu den aktuellen Debatten der Geschichtswissenschaft, in: Geschichte in Wissenschaft und Unterricht 48 (1997), S. 195–219, 259–278.

[71] Rudolf Vierhaus: Die Rekonstruktion historischer Lebenswelten. Probleme moderner Kulturgeschichtsschreibung, in: Hartmut Lehmann (Hrsg.): Wege zu einer neuen Kulturgeschichte, Göttingen 1995, [Göttinger Gespräche zur Geschichtswissenschaft, Bd. 1], S. 7–28; Heiko Haumann: Lebensweltlich orientierte Geschichtsschreibung in den Jüdischen Studien: Das Basler Beispiel, in: Klaus Hödl (Hrsg.): Jüdische Studien. Reflexionen zu Theorie und Praxis eines wissenschaftlichen Feldes, Innsbruck 2003, [Schriften des Centrums für Jüdische Studien, Bd. 4], S. 105–122; ders.: Utopie einer herrschaftsfreien Gesellschaft und Praxis gewalthafter Verhältnisse. Offene Fragen zur Erforschung der Frühgeschichte Sowjetrusslands (1917–1921), in: Archiv für Sozialgeschichte 34 (1994), S. 19–34, hier S. 28; Heiko Haumann/Martin Schaffner: Überlegungen zur Arbeit mit dem Kulturbegriff in den Geschichtswissenschaften, in: uni nova. Mitteilungen der Universität Basel 70 (1994), S. 18–21.

eint im Lebensweltbegriff strukturanalytische Methoden der Sozialwissenschaft und phänomenologische Ansätze aus den Kulturwissenschaften. Nach Haumann bildet die Kategorie Lebenswelt folglich keinen Gegensatz zum „System", sondern eine Schnittstelle, in der sich individuelle Erfahrungen, Handlungen und Wahrnehmungen sowie gesellschaftliche Strukturen bündeln. Sie stellt eine Verbindung zwischen Mikro- und Makrogeschichte her.[72]

Jeder Mensch ist eingebunden in Strukturen, die er in seiner Lebenswelt vorfindet: materielle und ökonomische Bedingungen, Herrschaftsstrukturen und politische Ordnungen, Geschlechterbeziehungen und Rollenmuster, moralische Werte, Einstellungen und Normen, Sprachsysteme, kulturelle Codes und symbolische Deutungen.[73] Der und die Einzelne sind jedoch nicht passive Objekte dieser strukturellen Bedingungen, sondern sie orientieren sich in ihnen, eignen sie sich an, gestalten und verändern sie.[74] Der Mensch ist derjenige, der die Strukturen „macht" und von ihnen „gemacht wird".[75] Ausgehend von dieser Grundlage hat Alf Lüdtke den Begriff des „historischen Akteurs" geprägt. Er ist sowohl „Objekt" als auch „Subjekt von Welt und Geschichte", er erfährt die Welt und produziert sie dabei gleichzeitig.[76] Geschichte wird geschrieben als „Geschichte von handelnden Menschen, die soziale Wirklichkeit erzeugen und deren Handeln sich als Interaktion in der

---

[72] Hierin unterscheidet sich Haumanns Ansatz von Habermas', der lebensweltliche, kommunikative Handlungen und Systeme als zwei voneinander zu unterscheidende Mechanismen darstellt. Haumann, Lebensweltlich orientierte Geschichtsschreibung, S. 112.

[73] Haumann/Schaffner, Überlegungen zur Arbeit mit dem Kulturbegriff, S. 18f.; Haumann, Lebensweltlich orientierte Geschichtsschreibung, S. 114f.

[74] Alf Lüdtke: Alltagsgeschichte, Mikro-Historie, historische Anthropologie, in: Hans-Jürgen Goertz (Hrsg.): Geschichte. Ein Grundkurs, Reinbek bei Hamburg 1998, S. 557–578, hier S. 562f. Unter Aneignung versteht Lüdtke „die Gleichzeitigkeit des Sich-Einfindens in Vorgefundenes, das dabei immer schon verändert und je Eigenes wird" (S. 563).

[75] Für die Verbindung von Individuum und Strukturen in der praktischen Forschung siehe beispielsweise Scheide, Kinder, Küche, Kommunismus; Daniela Tschudi: Auf Biegen und Brechen. Sieben Fallstudien zur Gewalt im Leben junger Menschen aus dem Gouvernement Smolensk 1917–1926, Zürich 2004.

[76] Lüdtke, Alltagsgeschichte, Mikro-Historie, historische Anthropologie, S. 563.

Einleitung

sozialen Wirklichkeit konstituiert"[77]. Eine lebensweltliche Studie untersucht folglich, vom Menschen ausgehend, das Ineinandergreifen und die gegenseitige Beeinflussung von Individuen und Strukturen.

Bezogen auf meine Studie heißt dies, dass im Mittelpunkt die Dissidentinnen selbst stehen. Aus ihrer Perspektive werden die Wahrnehmung der Umwelt und der sozialen Bedingungen, Weiblichkeitsentwürfe, Geschlechterverhältnisse, Beziehungsnetze, Handlungen und Verarbeitungsmuster betrachtet. Es wird untersucht, wie die Frauen der Dissidenz kulturelle Vorstellungen reflektierten und weiterentwickelten, welche Handlungsräume sie sich eroberten, wie sie mit geschlechtsspezifischen Normen umgingen. Auch Möglichkeiten der Verarbeitung von Erlebtem, Bewältigungsstrategien und Erinnerungsprozesse werden in die lebensweltliche Analyse einbezogen. Auf der strukturellen Ebene kommen hierbei Muster des kollektiven Gedächtnisses, Diskursformationen, Schreib- und Erzähltraditionen zum Tragen.[78]

Meine Arbeit ist *kein* Versuch einer Kollektivbiographie sowjetischer Menschenrechtlerinnen. Kollektive Biographien gehören zum methodischen Instrumentarium der historischen Sozialforschung. Sie ergründen mittels empirischer Daten die soziale Basis einer Personengruppe und ermitteln durch eine vergleichende Analyse der individuellen Biographien kollektive Erfahrungen und Handlungsmuster.[79] Für die Dissidentenbewegung ist es nach derzeitiger Quellenlage kaum möglich, die Gruppe der engagierten

---

[77] Gabriele Rosenthal: Die erzählte Lebensgeschichte als historisch-soziale Realität. Methodologische Implikationen für die Analyse biographischer Texte, in: Alltagskultur, Subjektivität und Geschichte. Zur Theorie und Praxis von Alltagsgeschichte, Münster 1994, hg. von der Berliner Geschichtswerkstatt, S. 125–138, hier S. 128. Siehe auch dies.: Geschichte in der Lebensgeschichte, in: BIOS 1 (1988), Heft 2, S. 3–15.

[78] Siehe hierzu 1.3, die Abschnitte „Quellen" sowie „‚Erfahrung' und ‚Diskurs', individuelle Erinnerung und ‚kollektives Gedächtnis'".

[79] Wilhelm Heinz Schröder: Kollektive Biographien in der historischen Sozialforschung. Eine Einführung, in: ders. (Hrsg.): Lebenslauf und Gesellschaft. Zum Einsatz von kollektiven Biographien in der historischen Sozialforschung, Stuttgart 1985, S. 7–17, hier S. 8. Eine beispielhafte Umsetzung dieses Ansatzes in der russischen Geschichte liefert Beate Fieseler: Frauen auf dem Weg in die russische Sozialdemokratie 1890–1917. Eine kollektive Biographie, Stuttgart 1995 [Quellen und Studien zur Geschichte des östlichen Europa, Bd. 41]. Für einen ersten Versuch, die Dissidentenbewegung mittels kollektivbiographischer Methoden zu untersuchen siehe Voronkov.

Frauen zusammen mit ihren Aktivitäten und prägenden Erlebnissen quantitativ zu erfassen. Mittels einer Kollektivbiographie ließen sich die oben formulierten Fragen zudem kaum beantworten. Zwar können durch die Betrachtung der Lebenserinnerungen Aussagen über die soziale Herkunft und den gemeinsamen Erfahrungshorizont der Teilnehmerinnen an der Dissidentenbewegung getroffen werden. Zur Erklärung ihrer Handlungen und Deutungsmuster sind diese Informationen aber nicht hinreichend. Vermutlich hatten Tausende von Sowjetbürgerinnen ähnliche Lebenswege, wurden aber keine Dissidentinnen. Es gilt also Entscheidungssituationen und Weichenstellungen aufzuzeigen, die den Lebensweg begründeten. Die Beispiele meiner Untersuchung lassen sich keineswegs verallgemeinern. Anhand der Selbstzeugnisse kann ich nur exemplarisch *Möglichkeiten* darlegen, wie Menschen im Rahmen vorgegebener Strukturen handelten und diese gestalteten. Ein besonderer Akzent liegt darauf, wie sich Individuen in Diskurse einfügten, sie weiterführten oder umdeuteten und welche Handlungsmuster sich durch ihre kulturelle Prägung ergaben.[80] So verstanden, ist der lebensweltliche Zugang Teil einer Kulturwissenschaft, die „Kultur" sowohl als System von Sinnstrukturen versteht als auch gesellschaftliche Verhältnisse, soziale Praktiken und Handlungen mit einbezieht, die in „dichter Beschreibung"[81] dargestellt werden können.[82]

Quellen

Hauptquellen meiner Studie sind Ego-Dokumente und Selbstzeugnisse.[83] Sie gehören vornehmlich den Gattungen „Autobiographie", „Memoiren" und

---

[80] Siehe hierzu 1.3, den Abschnitt „‚Erfahrung' und ‚Diskurs', individuelle Erinnerung und ‚kollektives Gedächtnis'".
[81] Zum Begriff der „dichten Beschreibung" siehe Anmerkung 61 in dieser Einleitung.
[82] Zur Diskussion um das Verständnis von „Kultur" in der Geschichtswissenschaft: Haumann/Schaffner, Überlegungen zur Arbeit mit dem Kulturbegriff sowie Hans Medick: Quo vadis Historische Anthropologie? Geschichtsforschung zwischen Historischer Kulturwissenschaft und Mikro-Historie, in: Historische Anthropologie 9 (2001), S. 78–92.
[83] Unter „Ego-Dokumenten" werden die Texte verstanden, „die über freiwillige oder erzwungene Selbstwahrnehmung eines Menschen in seiner Familie, seiner Gemeinde, seinem Land oder seiner sozialen Schicht Auskunft geben" (Winfried Schulze: Ego-Dokumente: Annäherungen an den Menschen in der Geschichte?

Einleitung

„biographisches Interview" an. Zum Teil wurden auch Briefe, Nachrufe, Protokolle von Gerichtsverhandlungen, Porträts, *Samizdat*-Artikel und Zeitungsbeiträge herangezogen.

Zahlreiche autobiographische Texte von ehemaligen Dissidentinnen liegen gedruckt vor. Sie umfassen entweder das ganze Leben oder einzelne Abschnitte, vor allem die Tätigkeiten in der Dissidenz und die Erinnerungen an Lager und Gefängnis. Zum Vergleich wurden Selbstzeugnisse von Männern ausgewertet.[84] Da in westlichen Medien und der russischen Exilpresse die Aktivitäten der Dissidenten aufmerksam verfolgt wurden, liegen Porträts oder Interviews mit Vertreterinnen und Vertretern der Bewegung vor.[85] Im Archiv des Wissenschaftlichen Informationszentrums (NIC) *Memorial* Moskau, im Moskauer Archiv der Sacharov-Stiftung und im Archiv der Forschungsstelle Osteuropa in Bremen gibt es einige Nachlässe und Bestände mit persönlichen Dokumenten.[86] Über eine interessante Sammlung

---

Vorüberlegungen für die Tagung „Ego-Dokumente", in: ders. (Hrsg.): Ego-Dokumente. Annäherungen an den Menschen in der Geschichte, Berlin 1996, S. 11–30, hier S. 28). Der Begriff „Selbstzeugnisse" ist enger gefasst als „Ego-Dokumente". Er umfasst nur autobiographische Quellen, während zu den „Ego-Dokumenten" auch solche Texte zählen, die Auskunft über das Leben eines Menschen geben, ohne dass er selbst Autor dieser Quellen ist, beispielsweise Nachrufe, Verhörprotokolle, Aufzeichnungen von Gerichtsverhandlungen, Besitzgegenstände, Photographien, Urkunden. Zum Begriff „Selbstzeugnisse" siehe Benigna von Krusenstjern: Was sind Selbstzeugnisse? Begriffskritische und quellenkundliche Überlegungen anhand von Beispielen aus dem 17. Jahrhundert, in: Historische Anthropologie 2 (1994), S. 462–471.

[84] Die benutzten Werke werden hier im einzelnen nicht aufgeführt, sondern ich verweise auf das Quellen- und Literaturverzeichnis.

[85] Recherchiert wurde in den Archiven des Südwestrundfunks Baden-Baden, der Badischen Zeitung, Freiburg, im Archiv der Forschungsstelle Osteuropa der Universität Bremen, das ein nach Akteurinnen und Akteuren geordnetes Info-Archiv mit Presseberichten und Interviews enthält, und in den Archiven des Naučno-Informacionnyj Centr (NIC) Memorial Moskau und NIC Memorial St. Petersburg, die ebenfalls Presseartikel zu einzelnen Teilnehmenden oder Gruppen der Dissidentenbewegung sammeln. Das Archiv von *Radio Liberty*, Bestandteil der *Open Society Archives* in Budapest konnte ich nicht besuchen. Ich danke Iris Boysen (Hamburg), die mir aus diesem Archiv einiges Quellenmaterial überstellte.

[86] In allen drei Archiven bestehen die Bestände zum Teil aus Lose-Blatt-Sammlungen oder Kartons mit ungeordnetem Inhalt. Daher können nicht immer die

sowjetischer Selbstzeugnisse verfügt das *Narodnyj Archiv* („Volksarchiv") in Moskau. Aus dem Kreis der Dissidenten sind jedoch nur wenige *Ličnye fondy*, also persönliche Sammlungen oder Nachlässe, vorhanden. Sie stammen ausschließlich aus dem Besitz männlicher Dissidenten.[87] Einige Selbstzeugnisse aus dem literarischen und künstlerischen Dissens werden im Staatlichen Archiv der Russischen Föderation für Literatur und Kunst (RGALI) aufbewahrt. Diese unterliegen jedoch noch der Sperrfrist und werden erst in einigen Jahren für die Forschung zugänglich sein.

Eine weitere zentrale Quelle meiner Arbeit sind biographische Interviews mit Zeitzeuginnen, die ich während eines Forschungsaufenthaltes in Moskau und St. Petersburg im Herbst und Winter 2001/2002 sowie in Paris im Mai 2003 führte. Fünfzehn Interviews von drei- bis zwölfstündiger Länge wurden aufgenommen und transkribiert, vier Gespräche wurden auf Wunsch der Befragten nicht elektronisch aufgezeichnet, sondern von Hand protokolliert.[88] Durch den Kontakt zu den Zeitzeuginnen gelangte ich ferner in den Besitz einiger unveröffentlichter autobiographischer Schriften, die sie mir aus ihren Privatarchiven zur Verfügung stellten.[89]

Neben den eigenen Interviews lag mir eine größere Anzahl von Oral-History-Interviews aus Archiven vor. Zu nennen sind hier die Sammlung von Interviews zum Thema *Samizdat* aus dem Archiv der FSO in Bremen, die Raisa Orlova zwischen 1983 und 1986 führte[90], sowie die Sammlung *Ustnaja Istorija* („Oral History") des *Memorial*-Archivs St. Petersburg.[91]

Nummern der Dokumente oder Blattnummern genannt werden. Im Archiv der FSO in Bremen unterliegen einige Nachlässe noch der Sperrfrist.

[87] Beispiele sind: Fond 286: Vladimir Geršuni, Fond 93: Michail Gefter, Fond 92: Jurij Grimm, Fond 280: Leonard Ternovskij.

[88] Im Unterschied zu den transkribierten Interviews bezeichne ich sie im Anmerkungsapparat und im Literaturverzeichnis als „Gespräch".

[89] Siehe die Auflistung der „unveröffentlichten autobiographischen Schriften und biographischen Interviews aus dem Privatbesitz der Zeitzeuginnen" im Literaturverzeichnis.

[90] Die Interviewsammlung trägt keine Signatur, sie sind in einem Extra-Ordner archiviert.

[91] Archiv NIC Memorial, St. Petersburg, Sammlung *Ustnaja Istorija*. In dieser Sammlung gibt es ein Interview mit Galina Grigor'eva (geführt von Sof'ja Čujkina), St. Petersburg, ohne Datum. Es besteht aus zwei Teilen. Teil II war im Archiv nach einem Umzug nicht mehr auffindbar, muss aber dort vorhanden sein. Freundlicherweise stellte mir die Interviewerin Sof'ja Čujkina den zweiten Teil

Einleitung

Zur Vorbereitung auf die Interviews und zur Vervollständigung der biographischen Informationen diente Datenmaterial über sowjetische Dissidentinnen und Dissidenten. Veröffentlicht sind bio-bibliographische Nachschlagewerke[92], aus dem Bestand russischer Archive existiert ferner eine Zusammenstellung von Personen, die zwischen 1953 und 1991 wegen „antisowjetischer Agitation und Propaganda" verurteilt wurden.[93] Das NIC *Memorial* Moskau legte darüber hinaus eine umfangreiche digitalisierte Sammlung biographischer Daten der gesamten sowjetischen Dissidentenbewegung an, die der Vorbereitung eines bio-bibliographischen Nachschlagewerks über die Dissidenz in ganz Ostmittel- und Osteuropa dient.[94] Die Datenbank umfasst rund zweihundert Biographien von Teilnehmerinnen und Teilnehmern an der Bürger- und Menschenrechtsbewegung, darunter 23 Frauen. Sie wurde mir zur Recherche vorzeitig freigegeben.[95]

Informationen und Fakten aus den mündlichen und schriftlichen Erinnerungen wurden sowohl mit den biographischen Datensammlungen abgeglichen als auch mit weiteren Quellen über die Dissidentenbewegung. Die Faktenbasis, zumindest was die Bürger- und Menschenrechtsbewegung

---

des Interviews zur Verfügung. Da sie ihn mir per E-Mail-Anlage aus St. Petersburg zukommen ließ, stimmt das Format des zweiten Teils nicht mit dem Ausdruck des ersten Teils aus dem Archiv überein. Die Seitenzahlen können von der Archivkopie abweichen. Ebenso stellte mir Sof'ja Čujkina ein Interview mit Natal'ja Lesničenko, geführt in St. Petersburg im April 1994, zur Verfügung. Dieses war im NIC Memorial St. Petersburg ebenfalls verschollen.

[92] Biographical Dictionary of Dissidents in the Soviet Union: 1956–1975, hg. von S.P. De Boer/E.J. Driessen/H.L. Verhaar, Den Haag/Boston/London 1982; Boris Stevanovic/Vladimir Wertsman: Free Voices in Russian Literatur, 1950s–1980s. A Bio-Bibliographical Guide, hg. von Alexander Sumerkin, New York 1987; Samizdat Leningrada, 1950e–1980-e. Literaturnaja ėnciklopedija, hg. von V.E. Dolinin u.a., Moskau 2003.

[93] 58^{10} Nadzornye proizvodstva prokuratury SSSR po delam ob antisovetskoj agitatsii i propagandke. Annotirovannyj katalog mart 1953–1991, hg. von O.V. Ėdel'man, Moskau 1999.

[94] Das Projekt Biografičeskij slovar' „Dissidenty Central'noj i Vostočnoj Evropy" ist beschrieben auf der Website der Gesellschaft Memorial: http://www.memo.ru/history/diss/index.htm. Die benutzten Biographien zitiere ich unter Nennung des Namens sowie „Biographische Datenbank, NIC Memorial Moskau".

[95] Hierfür danke ich Aleksandr Daniėl' und Genadij Kuzovkin, die mir sogar erlaubten, die Daten auf meinen Rechner zu kopieren.

anbelangt, ist bereits gut dokumentiert. Im Zweifel wurden Quellen aus Archiven oder publizierten Materialsammlungen konsultiert. Zu den wichtigsten Quellen über die Dissidentenbewegung zählen *Samizdat*-Schriften. Diese zog ich heran, um die Aktivitäten der Bewegung zu verifizieren. Ferner dienten sie auch der Rekonstruktion von Werten, Normen und Selbstbildern im Dissidentenmilieu. Systematisch ausgewertet wurden die *Chronika tekuščich sobytij*[96], sowie die von *Radio Liberty* unter dem Titel *Archiv Samizdata* (AS) veröffentlichte Dokumentsammlung.[97] Auch für die unabhängige Frauenbewegung sind deren *Samizdat*-Publikationen aufschlussreich: der Almanach *Die Frau und Russland* (Ženščina i Rossija) sowie die Zeitschrift *Marija*. Inoffizielle Schriften von und über Frauen finden sich außerdem in den *Ličnye fondy* des NIC *Memorial*-Archivs in Moskau, beispielsweise in Form von Briefen und Petitionen, biographischen Skizzen und Dokumentationen von Ereignissen, an der die untersuchte Personengruppe beteiligt war.[98] Nach dem Prozess gegen Julij Daniėl' und Andrej Sinjavskij im Frühjahr 1966 wurde es in der Menschenrechtsbewegung zudem üblich, Materialsammlungen über politische Verfolgungen und Prozesse im *Samizdat* und *Tamizdat*[99] herauszugeben.[100]

Ergänzend zum Quellenkorpus wurden literarische Texte und autobiographische Vorbilder herangezogen. Dissidentinnen und Dissidenten waren in der Regel belesen und zum Teil selbst schriftstellerisch tätig. Einige verfassten belletristische Texte, die im Dissidentenmilieu spielen.[101] Auch Schriften aus dem Umkreis der Dissidenz, die sich mit der sowjetischen

---

[96] Eine vollständige Ausgabe der *Chronika tekuščich sobytij* befindet sich im Archiv des NIC Memorial Moskau. Im Internet ist sie mittlerweile veröffentlicht unter http://www.memo.ru/history/DISS/chr.

[97] Archiv Samizdata. Sobranie dokumentov Samizdata, hg. von Radio Liberty, München (ab 1973).

[98] Aufschlussreich sind hier insbesondere Fond 153: Bjulleten' „Chronika tekuščich sobytii", Fond 155: Fond ličnych del des Archivs NIC Memorial Moskau.

[99] *Tamizdat* bedeutet wörtlich „Dortverlag". Der Ausdruck bezeichnet einzelne Werke oder Periodika, die im Westen gedruckt wurden, illegal in die Sowjetunion gelangten und dort verbreitet wurden.

[100] Siehe beispielsweise Aleksandr Ginzburg (Hrsg.): Belaja kniga po delu A. Sinjavskogo i Ju. Danielja, Frankfurt am Main 1967 (deutsche Ausgabe: Weißbuch in Sachen Sinjawskij-Daniel, Frankfurt am Main 1967). Weitere Dokumentationen sind in Kapitel 5.1 beschrieben.

[101] Für eine vollständige Auflistung siehe Literaturverzeichnis.

Einleitung

Geschichte und Gegenwart, vor allem der Stalinzeit, kritisch auseinandersetzten, wurden herangezogen. Die Werke sind zum Teil fiktiv, wenngleich stark autobiographisch geprägt.[102] Bisweilen handelt es sich auch um Erlebnisberichte.[103] Auf diese Weise werden nicht nur Ego-Dokumente der Dissidentinnen selbst zum Gegenstand der Untersuchung, sondern auch autobiographische und fiktionale Werke, die der Beschreibung des eigenen Lebens zur Vorlage gereichten.

Von Seiten des Staates, der Partei und der staatlichen Behörden sind mittlerweile einige Dokumente freigegeben, die das Vorgehen gegen die Dissidenz beleuchten, etwa im Russländischen Staatlichen Archiv für Neueste Geschichte (RGANI[104]) oder in den Beständen der Staatsanwaltschaft im Staatsarchiv der Russländischen Föderation (GARF[105]). Publizierte Archivdokumente betreffen vor allem die Kampagne gegen Aleksandr Solženicyn.[106] Bislang fanden sich in den Archiven jedoch keine Dokumente, die speziell weibliches Engagement in der Dissidentenbewegung thematisieren oder die Aufschluss über geschlechtsspezifische Unterschiede im Umgang mit dem Widerstand erkennen lassen. Anhand der Verhaftungszahlen und aus den Selbstzeugnissen wird ersichtlich, dass der Widerstand von Männern und Frauen durch die Staatsorgane unterschiedlich bewertet wurde. Frauen wurden, vor allem in der Anfangszeit der Bewegung, strafrechtlich weitaus weniger belangt als Männer. Operative Instruktionen aus den Archi-

---

[102] Beispiele sind die Werke von Lidija Čukovskaja, Varlam Šalamov oder Aleksandr Solženicyn.

[103] Siehe beispielsweise die Erinnerungen Evgenija Ginzburgs, Nadežda Mandel'štams und anderer.

[104] *Rossijskij Gosudarstvennyj Archiv novejšej istorii.* Ein relevanter Bestand ist insbesondere der sogenannte Fond 89. Er wurde für die Beweisaufnahme im Prozess gegen die KPdSU 1992 zusammengestellt und freigegeben. Aufschlussreich sind insbesondere die Dokumente über die Kampagnen gegen Aleksandr Solženicyn und Andrej Sacharov. Ferner sind auch einige Dokumente aus den Beständen des Politbüros und des Zentralkomitees zugänglich (Fonds 3, 4, 5, und 11).

[105] *Gosudarstvennyj Archiv Rossijskoj Federacii.*

[106] A. Korotkow (Hrsg.), Akte Solženicyn; V. Denisov (Hrsg.): Kremlevskij samosud: Sekretnye dokumenty politbjuro o pisatele A. Solženicyne, Moskau 1994 (engl. The Solzhenitsyn Files: Secret Soviet Documents Reveal One Man's Fight Against the Monolith, Chicago 1995).

ven der Sicherheitsdienste, die diese Beobachtung erhärtet und diese Praxis begründet hätten, sind jedoch nicht zugänglich.[107]

Im Zentrum der Untersuchung stehen also Selbstzeugnisse. Zusammen mit den biographischen Interviews stammen sie von etwa sechzig Personen, darunter vierzig Frauen. Vorwiegend handelt es sich um Erinnerungstexte. Der Umgang mit solchen Quellen wirft zahlreiche Probleme auf: Das Geschehen wird meist mit großem zeitlichem Abstand wiedergegeben, der menschlichen Gedächtnisleistung sind physiologische und psychologische Grenzen gesetzt, Ereignisse werden vergessen, verdrängt oder umgedeutet. Durch den Erinnerungs- und Schreibprozess ist das Erlebte nachträglicher Reflexion und Sinngebung ausgesetzt. Bei der Textgestaltung kommen fiktionale Elemente und literarische Stilmittel ins Spiel. Schließlich folgt sowohl mündliches als auch schriftliches Erzählen Gattungstraditionen mit spezifischen Strukturen. Bei der Interpretation müssen diese Quellen also zunächst in ihrer Textualität erfasst werden.[108]

Autobiographien und Memoiren in ihrem kulturellen Kontext

Autobiographien und Memoiren nehmen eine Zwitterstellung zwischen Faktenbericht und literarischem Kunstwerk ein.[109] In der Literaturwissenschaft bezeichnet das Genre der Autobiographie eine Unterart der Ich-

---

[107] Daniėl', Dissidentstvo: Kul'tura uskol'zajuščaja, S. 115.

[108] Für Folgendes siehe auch: Anke Stephan: Erinnertes Leben: Autobiographien, Memoiren und Oral-History-Interviews als historische Quellen, in: Virtuelle Fachbibliothek Osteuropa, Digitales Handbuch zur Geschichte und Kultur Russlands und Osteuropas. Themen und Methoden: http://www.vifaost.de/w/pdf/stephan-selbstzeugnisse.pdf (2004, 30 S.).

[109] Zum Genre der Autobiographien und Memoiren exemplarisch: Albrecht Lehmann: Erzählstruktur und Lebenslauf. Autobiographische Untersuchungen, Frankfurt am Main 1983; Jürgen Lehmann: Bekennen – Erzählen – Berichten. Studien zu Theorie und Geschichte der Autobiographie, Tübingen 1988; Bernd Neumann, Identität und Rollenzwang. Zur Theorie der Autobiographie, Frankfurt/M. 1970; James Olney: Autobiography and the Cultural Moment. A Thematic, Historical and Bibliographical Introduction, in: ders. (Hrsg): Autobiography. Essays Theoretical and Critical, Princeton 1980, S. 3–27; Martina Wagner-Engelhaaf: Autobiographie, Stuttgart/Weimar 2000. Für die Verwendung autobiographischer Texte in der Geschichtswissenschaft: Dagmar Günther: „And now for something completely different". Prolegomina zur Autobiographie als Quelle der Geschichtswissenschaft, in: Historische Zeitschrift 272 (2001), S. 25–61.

Einleitung

Erzählung in Prosa. Charakteristisch sind Namensidentität von Protagonist, Autor und Erzähler, es handelt sich um die „Biographie einer Person, von ihr selbst geschrieben"[110]. Der „autobiographische Pakt" zwischen Autor und Leser besteht im Anspruch des Autors, Zeugnis über wahre Begebenheiten abzulegen, und dem Einverständnis des Lesers, die geschilderten Erlebnisse als Tatsachen anzuerkennen sowie die Identität zwischen Autor, Erzähler und Held zu beglaubigen.[111] Diese Definition ist ebenso für Memoiren gültig. In der Literaturwissenschaft werden die beiden Textgattungen insofern unterschieden, als Memoiren den Werdegang einer Person in ihrer gesellschaftlichen Rolle schildern, während im Mittelpunkt der Autobiographie die Entwicklung der individuellen Persönlichkeit steht. Die Autobiographie gibt somit „das Leben eines noch nicht sozialisierten Menschen" wieder, „die Geschichte seines Werdens und seiner Bildung, seines Hineinwachsens in die Gesellschaft"[112]. Memoiren thematisieren dagegen eher die Berufslaufbahn, die politische Karriere, das Künstlerleben und die Kriegserlebnisse einer Person. Ferner umfasst eine Autobiographie in der Regel das gesamte Leben, Memoiren beschreiben oft nur einen bedeutenden Lebensabschnitt.[113]

In westlicher Tradition gehen die literarischen Wurzeln der Autobiographie auf Augustinus' *Confessiones* (397) zurück. Die Blütezeit der Gattung ist eng mit der Herausbildung des Bürgertums im 18. und 19. Jahrhundert verknüpft. Die Autobiographie betonte bürgerliches Selbstbewusstsein gegenüber dem Adel. Sie zeigte, wie der Bürger sich seine Stellung und Bedeutung in der Gesellschaft erarbeitete. Die Betonung der Autobiographie liegt auf dem Ich, der persönlichen Entwicklung, Bildung

---

[110] Definition nach Georges May: L'Autobiographie, Paris 1979, zitiert nach Jane Gary Harris: „Diversity of Discourse: Autobiographical Statements in Theory and Praxis", in: dies. (Hrsg.): Autobiographical Statements in Twentieth-Century Russian Literature, Princeton 1990, S. 3–35, hier S. 26.

[111] Grundlegend: Philippe Lejeune: Le pacte autobiographique, Paris 1975.

[112] Neumann, Identität und Rollenzwang, S. 25.

[113] Siehe beispielsweise Jörg Engelbrecht: „Autobiographien, Memoiren", in: Einführung in die Interpretation historischer Quellen. Schwerpunkt Neuzeit, hg. von Bernd-A. Rusinek/Volker Ackermann/Jörg Engelbrecht, Paderborn u.a. 1992, S. 61–80, hier S. 63f.

und Leistung. Zu den „klassischen" Vorbildern zählen Rousseaus *Bekenntnisse* (1782–1787) und Goethes *Dichtung und Wahrheit* (1811–1833).[114] Viele Texte stellen jedoch Mischformen zwischen Autobiographie und Memoiren dar.[115] Ich verwende die Begriffe synonym. Daneben spreche ich auch von „Lebenserinnerungen", „Lebensgeschichten" oder einfach „Erinnerungstexten", die jeweils mündlich oder schriftlich vorliegen können. Auf die Unterscheidung der Literaturgattungen gehe ich dennoch ein, weil die Begriffe im Russischen anders gebraucht werden. Die literaturwissenschaftliche Definition dient zur Verdeutlichung der unterschiedlichen Traditionen autobiographischen Schreibens: *Avtobiografija* bedeutet im Russischen nicht „Autobiographie", sondern „Lebenslauf". Ausformuliert ist er selbstverständlich in jeder Bewerbung und Personalakte enthalten. Erinnerungstexte heißen dagegen *vospominanija* („Erinnerungen"), *memuary* („Memoiren") oder allgemein *zapiski* („Aufzeichnungen").[116] Es ist bezeichnend, dass im Russischen kein Begriff für die Autobiographie im westlichen Sinne existiert. Die meisten Werke entsprechen eher dem Genre der Memoiren.

Gegenüber der westlichen Tradition liegen aus Russland bis zur zweiten Hälfte des 19. Jahrhunderts nur wenige autobiographische Werke vor.[117] Mit den Napoleonischen Kriegen stieg die Produktion autobiographischer Texte an, zum einen durch verstärktes Interesse an der westlichen Kultur, zum anderen durch die Wahrnehmung der Zeitgenossen, Teilnehmer und Augenzeugen von Ereignissen großer historischer Tragweite zu sein.[118] Zwar

---

[114] Zur Geschichte der Autobiographie im Westen siehe beispielsweise Lehmann: Bekennen – Erzählen – Berichten, Wagner-Engelhaaf, S. 100–200.

[115] Harris, Diversity of Discourse, S. 10.

[116] Einleitung zu Marianne Liljeström/Arja Rosenholm/Irina Savkina (Hrsg.): Models of Self. Russian Women's Autobiographical Texts, Helsinkki 2000, S. 5–14, hier S. 6f.

[117] Zur russischen Autobiographie: Toby Clyman/Judith Vowles: Introduction, in: dies. (Hrsg.): Russia Through Women's Eyes. Autobiographies from Tsarist Russia, Chelsea/Michigan 1996, S. 1–46; Ulrich Schmid: Ichentwürfe: die russische Autobiographie zwischen Avvakum und Gercen, Zürich/Freiburg i.Br. 2000 [Basler Studien zur Kulturgeschichte Osteuropas, Bd. 1].

[118] Isabel Schmidt, Zur literarischen Bewältigung der Lagererfahrung im autobiographischen Text: Evgenija Ginzburgs „Krutoj maršrut". Mit einem Exkurs zu Irina Ratušinskajas „Seryj – cvet nadeždy". Unveröffentlichte Magisterarbeit, Universität Freiburg i. Br., 1999, S. 25. Der Magisterarbeit von Isabel Schmidt

Einleitung

wurden nun verstärkt autobiographische Texte geschrieben, die Abneigung gegen eine individualisierende Darstellung blieb jedoch bestehen.[119] Im Vordergrund der russischen Erinnerungen aus dem 19. Jahrhundert steht also weniger die Entwicklung der individuellen Persönlichkeit, als die Dokumentation der Zeitläufte. Die Textgattung wird neben *memuary* und *vospominanija* daher auch als *dokumental'naja proza* bezeichnet.[120] Diese Tradition des Zeugnisablegens über bedeutende historische Ereignisse setzt sich bis in die offizielle Autobiographik der Sowjetzeit fort. Erinnerungen an die „unvergesslichen Tage" der Revolution, den „Kampf für die Errichtung der Sowjetmacht" und den „Aufbau des Sozialismus" erschienen bis Mitte der dreißiger Jahre in großer Zahl.[121] In der Stalinzeit wurden vor allem „Helden der Arbeit" und Repräsentanten der „Aufsteigergeneration" (*vydvižency*) dazu ermuntert, ihre Memoiren zu verfassen, wobei sie einer streng formalisierten und schematischen Diktion folgten, die das autobiographische Schreiben bis heute prägt.[122]

Neben affirmativen, staatstragenden autobiographischen Texten, existiert in Russland die Tradition der regimekritischen Memoiren, die ebenfalls auf das 19. Jahrhundert zurückgeht. Unter der von Repression und Zensur geprägten Regentschaft Nikolaus' I. (1825–1855) dienten Memoiren als

---

verdanke ich wichtige Hinweise und Anregungen. Leider wird die Studie nicht zur Dissertation erweitert oder als Buch veröffentlicht. Ich danke der Autorin für ihre Erlaubnis, ihre unveröffentlichte Magisterarbeit zu zitieren.

[119] Ein Beispiel sind die Erinnerungen Nadežda Durovas (1783–1866), die, verkleidet als Mann, am Feldzug gegen Napoleon teilnahm. Nadežda Durova: Zapiski kavalerist-devicy, Moskau 1962 (auf Deutsch lautet der Titel etwa „Aufzeichnungen eines jungfräulichen Kavalleristen").

[120] Isabel Schmidt, S. 17.

[121] Yuri Slezkine: Lives as Tales, in: Sheila Fitzpatrick/Yuri Slezkine (Hrsg.): In the Shadow of Revolution: Life Stories of Russian Women from 1917 to the Second World War, Princeton, New Jersey 2000, S. 18–30, hier S. 21.

[122] Zur Tradition des Memoirenschreibens in den dreißiger Jahren und ihrer Weiterentwicklung in den fünfziger und sechziger Jahren: Susanne Schattenberg: Stalins Ingenieure. Lebenswelten zwischen Technik und Terror in den 1930er Jahren, München 2002 [Ordnungssysteme. Studien zur Ideengeschichte der Neuzeit, Bd. 11], S. 23–33. Über den Zusammenhang von Lebenslauf, autobiographischem Schreiben und Identitätsbildung in den dreißiger Jahren: Brigitte Studer/Berthold Unfried: Der stalinistische Parteikader. Identitätsstiftende Praktiken und Diskurse in der Sowjetunion der dreißiger Jahre, Köln u.a. 2001, S. 122–148.

Plattform des Widerspruchs gegenüber der offiziellen Geschichtsschreibung. Sie thematisierten Ereignisse, die durch den Eingriff der Obrigkeit verfälscht dargestellt oder verschwiegen wurden, und fungierten als Forum für politische Kommentare, Polemiken und Gesellschaftskritik.[123] Verfasser autobiographischer Werke waren, abgesehen von wenigen Ausnahmen, zumeist männlich.[124] Seit den Diskussionen über die „Frauenfrage" in sechziger Jahren des 19. Jahrhunderts begannen jedoch mehr und mehr Frauen, Zeugnis über ihr Leben abzulegen. Populär wurden Berufserinnerungen[125] sowie Memoiren von Revolutionärinnen, die größtenteils von 1905 beziehungsweise 1917 an veröffentlicht wurden[126]. Die Augenzeugenberichte aus oppositionellen Strömungen Ende des 19. und Anfang des 20. Jahrhunderts, wie der *narodniki*, Sozialrevolutionäre, Sozialdemokraten und Bolschewiki, dokumentierten die historische Entwicklung bis hin zu den revolutionären Umbrüchen von 1905 und 1917. Geschildert wurden die gesellschaftlichen und politischen Missstände, die eigene Auflehnung gegen sie und die Konsequenzen in Form von Flucht, Exil, Verurteilung und Verbannung.[127] Zu den prominentesten Vertreterinnen der Revolutionären Bewegung gehörten Vera Figner (1852–1943) und Vera Zasulič (1849–1919), deren Memoiren bis heute viel gelesen werden. Fortgesetzt wurde die Tradition der oppositionellen Autobiographie in der späten Stalinzeit. Ende der vierziger Jahre began-

---

[123] Isabel Schmidt, S. 26. Ein Beispiel hierfür wären die Memoiren der Dekabristen und Dekabristenfrauen wie die Erinnerungen Ivan Jakuškin, den Brüdern Bestužev, Sergej Volkonskijs und Marija Vol'konskajas.

[124] Zu den Ausnahmen zählen die Erinnerungen der Fürstin Natal'ja Dolgorukaja (1714–1771), Anna Labzinas (1758–1828) und Nadežda Durovas (1783–1866). Für die ausführliche Besprechung der autobiographischen Werke dieser drei Frauen: Schmid, S. 199–248. Zu den herausragenden Frauengestalten, die Memoiren hinterließen, gehört ferner die Dekabristin Marija Vol'konskaja (1805 oder 1807–1863).

[125] Toby W. Clyman: Women Physicians' Autobiography in the Nineteenth Century, in: dies./Diana Greene (Hrsg.): Women Writers in Russian Literature, Westport/London 1994, S. 111–125.

[126] Beth Holmgren: For the Good of the Cause: Russian Women's Autobiography in the Twentieth Century, in: Toby W. Clyman/Diana Greene: Women Writers in Russian Literature, Westport 1994, S. 127–148; Hilde Hoogenboom: Vera Figner and Revolutionary Autobiographies: the Influence of Gender on Genre, in: Rosalind Marsh (Hrsg.): Women in Russia and Ukraine, Cambridge 1996, S. 78–92.

[127] Siehe auch Isabel Schmidt, S. 27f.

Einleitung

nen die ersten Opfer der stalinistischen „Säuberungen" ihre Erinnerungen niederzuschreiben.[128] Während des „Tauwetters" zirkulierten die Memoiren entlassener Lagerhäftlinge im *Samizdat*, nur einzelne Autorinnen und Autoren brachten es zu einer Veröffentlichung in der offiziellen Presse.

Gemeinsam ist fast allen russischen und sowjetischen Erinnerungstexten, gleichgültig welcher politischer Färbung, dass sich ihre Autorinnen und Autoren in erster Linie als Chronistinnen und Chronisten der Zeit begreifen. So tragen die Lagermemoiren Evgenija Ginzburgs (1906–1977) den Untertitel *Chronik aus der Zeit des Personenkultes*[129]. Ein wichtiges Strukturmerkmal ist also die Schilderung des eigenen Lebens vor dem Hintergrund der politischen und gesellschaftlichen Entwicklung.[130]

Die Struktur russischer Memoiren ist ferner von Heiligenviten geprägt.[131] Gerade revolutionäre Autobiographien weisen parallele Konstruktionsmuster auf. Ähnlich wie in hagiographischen Werken die Entwicklungsstadien der religiösen Gesinnung geschildert werden, erzählen Autorinnen und Autoren aus oppositionellen Bewegungen vom allmählichen Erwachen ihres sozialen Gewissens.[132] Herzstück der Erzählung ist die Konversionsgeschichte. Da die Protagonistinnen und Protagonisten oppositioneller Strömungen des 19. Jahrhunderts oft höheren Gesellschaftsschichten entstammten, erzählen ihre Erinnerungen von einer Kindheit in behüteten Verhältnissen, der frühen Wahrnehmung von Ungerechtigkeit und sozialer Not und einem Bekeh-

---

[128] Beispiele hierfür sind Evgenija Ginzburg, Ol'ga Adamova-Sliozberg und Berta Babina-Nevskaja, siehe den Sammelband Dodnes' tjagoteet. Vypusk 1: Zapiski vašej sovremennicy, hg. von Semen Vilenskij, Moskau 1989 (englische Übersetzung: Till my Tale is Told. Women's Memoirs of the Gulag, hg. von Simeon Vilensky, Bloomington, Indiana 1999).

[129] Evgenija Ginzburg,: Krutoj maršrut. Chronika vremen kul'ta ličnosti, Moskau 1990. (Deutsche Übersetzungen: Marschroute eines Lebens, München/Zürich 1992 sowie Gratwanderung, München/Zürich 1997, 7. Aufl.).

[130] Es stellt sich die Frage, ob autobiographisches Schreiben in Russland neben den Memoiren noch in andere Textgattungen Eingang findet. Beispielsweise weist der Bildungsroman Parallelen zu autobiographischen Werken auf. Ferner können sogenannte „Pseudoautobiographien" wie zum Beispiel Tolstojs *Kindheit* als autobiographische Werke gelesen werden. Andrew Baruch Wachtel: The Battle for Childhood. Creation of a Russian Myth, Stanford 1990. Siehe auch Schmid, S. 388–396.

[131] Holmgren, For the Good of the Cause, S. 129; Hoogenboom, S. 79.

[132] Hoogenboom, S. 79.

rungsprozess, der schließlich im eigenen Kampf gegen die Tyrannei und für das Volk mündete.[133] Der Schwerpunkt der Darstellung liegt auf der Selbstaufopferung oder dem Martyrium im Interesse der „guten Sache".[134]

Die Memoiren der Dissidentinnen sind also im Kontext der Tradition autobiographischen, insbesondere oppositionellen autobiographischen Schreibens in Russland zu lesen. Sie sind Teil einer Literaturgattung mit spezifischen strukturellen Ausprägungen, die bei der Interpretation dieser Texte als Quellen berücksichtigt werden müssen.

Dissidentinnen und Dissidenten schrieben ihre Erinnerungen vornehmlich in zwei Phasen: Diejenigen, die in den siebziger und frühen achtziger Jahren emigrierten, brachten ihre Erinnerungen in der Regel kurze Zeit nach der Ankunft im Exil zu Papier, diejenigen, die im Land blieben, von Anfang der neunziger Jahre an bis heute. Die Autorinnen wollten Zeugnis über den eigenen „Bekehrungsprozess" sowie über die Aktivitäten und Hintergründe der Bewegung ablegen. Sie folgen einer aufklärerischen Intention, wollen die „Wahrheit" über das repressive sowjetische System ans Tageslicht bringen und zugleich den eigenen politischen Kampf oder den eigenen Anteil am gesellschaftlichen Wandel dokumentieren. Die Erinnerungen der Dissidentinnen sind politische Biographien. Leitlinien des Erzählens bilden Ereignisse, denen auch die Historiographie einschneidende Bedeutung beimisst: die „Säuberungen" der dreißiger Jahre, der „Große Vaterländische Krieg", die Nachkriegszeit, Stalins Tod 1953, der XX. Parteitag 1956, die Absetzung Nikita Chruščevs (1894–1871) von seinem Amt als Generalsek-

---

[133] Hoogenboom, S. 80f. Ein bekanntes Beispiel für dieses Konstruktionsmuster sind die Erinnerungen Aleksandr Gercens (Herzens): Aleksandr Gercen: Byloe i dumy, London 1854–1858.

[134] Holmgren, For the Good of the Cause, S. 129 sowie Barbara Alpern Engel: Mothers and Daughters: Women of the Intelligentsia in Nieneteenth-Century Russia, Cambridge 1983, S. 141f., 173 und 181ff. Eine ähnliche Dialektik spiegeln übrigens auch sowjetische Memoiren der zwanziger und dreißiger Jahre unter umgekehrtem Vorzeichen wider: Ihre Protagonisten sind Vertreter der unterprivilegierten Schichten, die sich des ihnen widerfahrenden Unrechts allmählich bewusst werden. Sie schließen sich der Partei der Arbeiterklasse an und verhelfen ihr zum Sieg. Sie schreiben sich ein in den Diskurs über den „Neuen Menschen". Schattenberg, S. 31; Igal Halfin: From Darkness to Light: Student Communist Autobiography During NEP, in: Jahrbücher für Geschichte Osteuropas 45 (1997), Heft 2, S. 210–236; Reginald E. Zelnik: Before Class: The Fostering of a Worker Revolutionary, the Construction of his Memoir, in: Russian History 20 (1993), S. 61–80.

Einleitung

retär der KPdSU 1964, der Prozess gegen Julij Daniėl' und Andrej Sinjavskij 1965 und der Einmarsch der Truppen des Warschauer Paktes in der Tschechoslowakei 1968. Erlebnisse, die eher dem Privatleben zugeordnet werden, treten hinter das öffentliche und politische Leben zurück, beispielsweise die Liebe, die Heirat, die Sexualität, der Körper, die Geburt der Kinder oder der Tod der Eltern.

In ihrer Konzentration auf die soziale Rolle unterscheiden sich die Memoiren russischer Frauen von denen ihrer westlichen „Schwestern".[135] Sie präsentieren sich zumeist als selbstbewusste starke Frauen.[136] Beispielsweise streichen Revolutionärinnen erhobenen Hauptes ihren Anteil an der „gerechten Sache" heraus, so auch die Dissidentinnen, mit denen ich mich beschäftigt habe. Allerdings scheinen die Gattungsgrenzen der russischen Autobiographie wenig Raum für spezifisch weibliche Erfahrungen zu lassen.[137] Die Autorinnen bemühen sich offenkundig um eine möglichst geschlechtsneutrale Darstellung. *Gender* kommt in den Lebensgeschichten nur implizit zum Ausdruck. Bei der Interpretation der dissidentischen Lebensgeschichten stellt sich also das Problem, wie spezifisch weibliche Erfahrungen sowie soziale und kulturelle Geschlechtskonstruktionen erschlossen werden können.[138]

Worin besteht nun der Aussagewert autobiographischer Zeugnisse für die historische Forschung und für welche Probleme können sie herangezogen

---

[135] Sheila Fitzpatrick: Lives and Times, in: Fitzpatrick/Slezkine (Hrsg.): In the Shadow of Revolution, S. 3–17. Zur Tradition weiblichen autobiographischen Schreibens im Westen siehe beispielsweise Katherine R. Goodman: Weibliche Autobiographien, in: Hiltrud Gnüg/Renate Möhrmann (Hrsg.): Frauen Literatur Geschichte. Schreibende Frauen vom Mittelalter bis zur Gegenwart, Stuttgart 1999 (2. Aufl.), S. 166–176, Michaela Holdenried: Autobiographie, Stuttgart 2000, S. 62–78; Mary G. Mason: The Other Voice: Autobiographies of Women Writers, in: Olney (Hrsg): Autobiography, S. 207–235.

[136] Fitzpatrick, Lives and Times, S. 3–9.

[137] Ebenda. Die hier getroffenen Aussagen können nur Zwischenergebnisse der Autobiographieforschung repräsentieren. Es mangelt noch an vergleichenden epochenübergreifenden Forschungen zur russischen Autobiographie im allgemeinen und im besonderen an Arbeiten, die die unterschiedlichen Erzähltraditionen von Männern und Frauen in den Blick nehmen.

[138] Siehe auch Bettina Dausien: Erzähltes Leben – erzähltes Geschlecht? Aspekte der narrativen Konstruktion von Geschlecht im Kontext der Biographieforschung, in: Feministische Studien 19 (2001), S. 257–273, hier S. 269f.

Von der Küche auf den Roten Platz

werden? Zunächst sind autobiographische Zeugnisse wertvolle Quellen für Fakten und Sachinformationen. Damit ist weniger die Datierung und Chronologie von Ereignissen gemeint, denn diese verschwimmen in der Erinnerung und müssen mit weiteren Quellen abgeglichen werden. Dennoch liefern, schriftliche wie mündliche, Lebensgeschichten wichtige Informationen über soziale und materielle Verhältnisse sowie kulturelle Praktiken, etwa über Wohnverhältnisse, Freizeitverhalten, Konsumkultur, Erziehungsstile und Lebensgewohnheiten.[139] Die hier ausgewerteten Erinnerungstexte geben Auskunft darüber, in welchem sozialen Umfeld die Dissidentinnen aufwuchsen, welche Werte in ihren Familien gepflegt wurden, welche Bildungsinstitutionen sie durchliefen, welche Bücher sie lasen, wie ihre Wohnungen aussahen, wie sich das Netz der Oppositionellen herausbildete, welche Tätigkeiten die Frauen in der Dissidenz ausübten. Die Lebenserinnerungen gewähren Einblicke in die Informationskanäle der Dissidenten, ihre Konspirationsregeln, ihre sozialen Beziehungen, ihre Freundschaften und selbst ihr Heiratsverhalten. In den Erinnerungstexten werden Details aus dem Alltagsleben beleuchtet, die durch andere Quellengattungen nicht überliefert sind: Sie erzählen von der List der Frauen, verbotene Waren in Gefängnisse und Lager zu schmuggeln, sie verraten Kochrezepte besonders kalorienreicher Mahlzeiten für heimkehrende Lagerhäftlinge, sie klären darüber auf, wie viel Geld eine *mašinistka*[140] mit dem Abtippen von *Samizdat*-Texten verdienen konnte und welche Bedeutung diese Tätigkeit für das Überleben im Untergrund hatte.

Autobiographien und Memoiren sind ferner zentrale Quellen, um Einblicke in Erfahrungen, Wahrnehmungs-, Deutungs- und Handlungsmuster historischer Subjekte zu gewinnen. Aus autobiographischen Texten lassen sich Wertesysteme, Normen, Mentalitäten und Weltbilder rekonstruieren. Fiktionale Elemente fließen in die Interpretation ebenso mit ein wie Genremerkmale, Erinnerungsstrukturen und Diskurse. Doch der Umgang mit autobiographischen Texten unterliegt zahlreichen Einschränkungen. Keineswegs haben wir es mit der „direkten Umsetzung von individuellem und

---

[139] Siehe beispielsweise Gunilla-Friederike Budde: Auf dem Weg ins Bürgerleben. Kindheit und Erziehung in deutschen und englischen Bürgerfamilien 1840–1914, Göttingen 1994, S. 22–24.

[140] *Mašinistka* bedeutet übersetzt etwa „Schreibkraft, Sekretärin". In der Dissidentenbewegung wird mit diesem Begriff eine Frau bezeichnet, die *Samizdat*-Texte abtippte und vervielfältigte. Zur Rolle der *mašinistka* in der Bewegung siehe Kapitel 5.3.

Einleitung

kollektivem Leben in Literatur"[141] zu tun. Es handelt sich vielmehr um Texte, die einer Interpretation bedürfen. Gegenstand der Interpretation sollte die „narrative Selbstpräsentation"[142] durch den Autor oder die Autorin sein. Die Autobiographie ist ein „Ich-Entwurf".[143] Das Ich ist ohne seine Lebensgeschichte nicht denkbar. Sie dient der Identitätsstiftung. Unter Identität wird hier die „Einheit und Nämlichkeit einer Person" verstanden, „welche auf aktive, psychische Synthetisierungs- oder Integrationsleistungen zurückzuführen ist, durch die sich die betreffende Person der Kontinuität und der Kohärenz ihrer Lebenspraxis zu vergewissern sucht".[144] Die Lebensgeschichte dient also dazu, die Fülle von Erlebtem und Erinnertem zu einem kohärenten Ganzen zusammenzufügen, biographische Ereignisse und Entwicklungen zu integrieren und so die Grundlage für ein intaktes, konsistentes Ich zu schaffen. Das Schreiben und das Erzählen stellt einen Prozess der Subjektkonstitution dar. Dabei wird Vergangenes in der Erinnerung wieder und wieder „umgeschrieben", damit es sich zum eigenen Selbstentwurf stimmig verhält. Die Deutung autobiographischer Texte baut also auf der Untersuchung auf, wie das Ich sich darin präsentiert. Wie verhält es sich beispielsweise gegenüber einer Gruppe oder der Gesellschaft? Korreliert das Selbstbild mit dem Bild, das eine Gruppe von sich aufbaut und mit dem seine Mitglieder sich identifizieren? Was ist dem sprechenden Ich „eigen", was „fremd"? An welche Adressaten ist die Selbstdarstellung gerichtet? Welche Motivation liegt dem autobiographischen Schreiben zugrunde? An welchen Stellen versteckt sich das Ich? Wo tritt es selbstbewusst auf? Auf welchen Weiblichkeitsentwurf lässt der Lebensentwurf schließen? Eine Grundfrage bei der Interpretation autobiographischer Quellen ist also, wie sich das Individuum gegenüber dem Kollektiv, das Subjekt gegenüber der Struktur verhält. Bevor ich auf diese Frage zu sprechen komme, möchte ich zuerst auf Oral-History-Interviews als Quelle eingehen, denn diese sind ebenso wie die Autobiographien Erinnerungstexte, die einen Ich-Entwurf präsentieren. Danach soll beleuchtet werden, wie individuelle Identität von

---

[141] Günther, S. 27.
[142] Schmid, S. 13.
[143] Für Folgendes siehe Schmid, S. 9–17.
[144] Jürgen Straub: Personale und kollektive Identität. Zur Analyse eines theoretischen Begriffs, in: Aleida Assmann/Heidrun Friese (Hrsg.): Identitäten, Frankfurt 1998 [Erinnerung, Geschichte, Identität, Bd. 3], S. 73–104, hier S. 75. Zum Identitätsbegriff siehe auch Jan Assmann, Kulturelles Gedächtnis, S. 130ff.

der Gruppe geprägt ist, „Erfahrung" von „Diskursen" und individuelle Erinnerung von „kollektivem" oder „kulturellen Gedächtnis".[145]

Oral-History-Interviews

Die Verwendung von Oral-History-Interviews als Quellen gleicht in weiten Teilen der Arbeit mit Memoiren und Autobiographien, so dass sich beide Textsorten nebeneinander benutzen lassen. Lange Zeit sah sich die Oral History mit dem Vorwurf konfrontiert, sie arbeite mit „subjektiven" Quellen, deren Aussagen sich nicht verallgemeinern ließen. Mittlerweile setzt sich in der Geschichtswissenschaft immer mehr die Erkenntnis durch, dass kein Text nach den Kriterien „subjektiv" oder „objektiv" beurteilt werden kann. Schließlich sind auch sorgloser benutzte „harte" Quellen wie Chroniken, Polizeiberichte und statistische Untersuchungen nie objektiv, sondern geprägt von einer Ideologie, Intention oder einem bestimmten Blickwinkel. Die methodischen Probleme bei der Arbeit mit Zeitzeugeninterviews gleichen in vielen Punkten also denen der üblichen Quellenkritik.[146]

Der Erkenntnisgewinn der Oral History liegt ebenso wie die Arbeit mit schriftlichen Selbstzeugnissen darin, Informationen über kulturelle Praktiken sowie die subjektive Wahrnehmung und Erfahrung von Individuen oder Gruppen erfassen zu können. Subjektivität bedeutet hier aber nicht, dass im Gespräch die unmittelbare Sicht der Betroffenen zum Zeitpunkt des Geschehens zum Ausdruck kommt. Die erzählten Lebenserinnerungen können nie unmittelbar sein, sondern die Erlebnisse und Eindrücke werden erst in der Erinnerung und Erzählung zu einem Ganzen zusammengefügt. Das Geschehene wird, häufig mit großem zeitlichen Abstand, reflektiert, gefiltert und schließlich vom heutigen Standpunkt aus bewertet. Ebenso wie in schriftlichen Selbstzeugnissen entwirft der Mensch im Interview ein Bild von sich selbst. Die Lebensgeschichte setzt sich aus Ereignissen sowie subjektiv Gedeutetem und nachträglich erworbenem Wissen zusammen. Die Soziologin Gabriele Rosenthal plädiert daher dafür, die verschiedenen

---

[145] Siehe 1.3, den Abschnitt: „Erfahrung" und „Diskurs", individuelle Erinnerung und „kollektives Gedächtnis".

[146] Heiko Haumann: Rückzug in die Idylle oder ein neuer Zugang zur Geschichte? Probleme und Möglichkeiten der Regionalgeschichte, in: Alemannisches Jahrbuch 1984/86 (1988), S. 7–22, hier S. 18; Ronald J. Grele, Ziellose Bewegung. Methodologische und theoretische Probleme der Oral History, in: Niethammer (Hrsg.), Lebenserfahrung und kollektives Gedächtnis, S. 143–161, hier S. 146.

Einleitung

Ebenen des Erinnerungstextes in Ereignis, Erlebnis, Erinnerung und Erzählung aufzugliedern.[147] Die Erzählung ist immer von der gegenwärtigen Lebenssituation des Erzählers bestimmt, die Gegenwartsperspektive prägt den Rückblick auf die Vergangenheit.

Die Präsentation der Erinnerungen richtet sich an ein „Publikum".[148] So wie ein Memoirenschreiber die künftige Leserschaft vor Augen hat, spricht auch der Informant nicht nur zum Interviewer, sondern das Interview hat stets „halböffentlichen Charakter"[149]. Die Gesprächspartner sind geneigt zu erzählen, was ihnen als interessant für die Adressaten erscheint. Das Moment der Selbstpräsentation kommt hier zum Tragen.[150]

Schließlich unterliegen auch mündliche Erzählungen bestimmten „Gattungskonventionen". Biographische Texte, egal ob mündlich oder schriftlich, sind vorstrukturiert und an Formtraditionen gebunden. Hierzu zählen typisierte Lebensläufe, Vorstellungsgespräche, in der Literatur geschilderte Lebensbilder und Autobiographien.[151] Eine mündliche Lebensgeschichte ist also ebenso komponiert und konstruiert wie ein schriftlich abgefasster autobiographischer Text, wenngleich nicht so sorgfältig. Das Interview sollte daher ähnlich gelesen werden wie eine Autobiographie: nicht als Spiegel gelebter Erfahrung, sondern als Versuch, das eigene Leben im Rückblick zu ordnen, zu deuten und ihm einen Sinn zu geben. Gerade in der nachträglichen Sinngebung liegt das subjektive Moment.

Im Gegensatz zu Autobiographien und Memoiren handelt es sich bei Oral-History-Interviews aber um Quellen, die erst durch das Interesse der Forschenden produziert werden.[152] Das Gespräch und damit der Text kom-

---

[147] Rosenthal: Erzählte Lebensgeschichte als historisch-soziale Realität, S. 130, ausführlich in: Rosenthal, Erlebte und erzählte Lebensgeschichte, S. 70–98.

[148] Grele, S. 151.

[149] Kuno Trüeb, Von der merkwürdigen Absenz der Frauen in männlichen Lebensgeschichten, in: Spuhler (Hrsg.), Vielstimmiges Gedächtnis, S. 79–94, hier S. 86.

[150] Gregor Spuhler, Oral History in der Schweiz, in: ders. (Hrsg.), Vielstimmiges Gedächtnis, S. 7–20, hier S. 9.

[151] Herwart Vorländer, Mündliches Erfahren von Geschichte, in: ders. (Hrsg.): Oral History – mündlich erfragte Geschichte, Göttingen 1990, S. 7–28, hier S. 15; Rosenthal, Erlebte und erzählte Lebensgeschichte, S. 100ff.; Ulrike Jureit: Erinnerungsmuster. Zur Methodik lebensgeschichtlicher Interviews mit Überlebenden der Konzentrations- und Vernichtungslager, Hamburg 1999, [Forum Zeitgeschichte, Bd. 8], S. 87.

[152] Vorländer, S. 20.

men erst zustande, wenn sich Zeitzeuginnen und Zeitzeugen bereit erklären, Forschenden Auskunft über ihr Leben zu geben. Um den Gesprächspartnern möglichst viel Gestaltungsfreiheit zu lassen sowie Inhalt und Struktur nicht durch die Fragenden vorzugeben, wird heute in vielen Interview-Projekten die Erhebungsmethode des „narrativen Interviews" angewandt.[153] Das Gespräch gliedert sich in mehrere Teile: Zuerst werden die Zeitzeugen mit einer offenen Frage dazu animiert, ihre Lebensgeschichte zu erzählen, erst dann besteht Raum für Nachfragen und Präzisierungen erzählter Begebenheiten.[154] Selbst wenn nur ein Abschnitt aus der jeweiligen Biographie interessiert, kann die Erzählung das gesamte Leben umfassen, damit erkennbar wird, wie der Autobiograph diesen Abschnitt in den Gesamtzusammenhang seiner Lebensgeschichte einordnet.[155]

In meinem Interviewprojekt ließen sich viele Zeitzeuginnen nicht auf ein narratives Interview ein, sondern forderten mich ausdrücklich dazu auf, von Anfang an Fragen zu stellen. Dies hängt vermutlich damit zusammen, dass zahlreiche ehemalige Dissidentinnen den Umgang mit Medienvertretern gewohnt sind und während ihrer aktiven Zeit oder nach der *perestrojka*

---

[153] Das Konzept des „narrativen Interviews" wurde vom Soziologen Fritz Schütze entwickelt. Fritz Schütze: Die Technik des narrativen Interviews in Interaktionsfeldstudien. Arbeitsberichte und Forschungsmaterialien Nr. 1 der Universität Bielefeld, Fakultät für Soziologie 1977; ders.: Biographieforschung und narratives Interview, in: Neue Praxis 3 (1987), S. 283–294. Zur Umsetzung siehe insbesondere Rosenthal, Erlebte und erzählte Lebensgeschichte, S. 186–207; Jureit, Erinnerungsmuster, S. 60–71; Breckner, Von den Zeitzeugen zu den Biographen; Dorothee Wierling: Oral History, in: Michael Maurer (Hrsg.): Neue Themen und Methoden der Geschichtswissenschaft, Stuttgart 2003 [Aufriss der Historischen Wissenschaften, Bd. 7], S. 81–151, hier S. 105–124. Ein Leitfaden für die Konzeption von Interviews, der sich zwar an Sozialpädagogen richtet, aber auch für die Geschichtswissenschaft eignet, findet sich bei: Hans-Jürgen Glinka: Das narrative Interview. Eine Einführung für Sozialpädagogen, München 1998.

[154] Auch der Frageteil kann nochmals aufgegliedert werden: Im Anschluss an die Ersterzählug können in Form von „narrativem Nachfragen" (Breckner) Anregungen zur weiteren Erzählung gegeben werden, in der dritten Phase ist dann Raum für reine Wissens- und Verständnisfragen. Eine andere Phaseneinteilung nimmt Alexander von Plato vor: Zeitzeugen und die historische Zunft. Erinnerung, kommunikative Tradierung und kollektives Gedächtnis in der qualitativen Geschichtswissenschaft – ein Problemaufriss, in: BIOS 13 (2000), S. 5–29, hier S. 21–23.

[155] Rosenthal, Erlebte und erzählte Lebensgeschichte, S. 198.

Einleitung

Zeitungs-, Radio- oder Fernsehinterviews gegeben haben. Wenn sie den Wunsch äußerten, anhand von Leitfragen interviewt zu werden, respektierte ich dies und versuchte nicht, sie zur Erzählung einer zusammenhängenden Lebensgeschichte ohne Fragen zu überreden. Ich habe mich statt dessen bemüht, offene Fragen zu formulieren, die die Möglichkeit boten, in längeren Phasen zusammenhängend zu erzählen. Abgesehen von lebensgeschichtlichen Interviews wurden darüber hinaus „Experteninterviews" mit Leitfragen geführt.[156]

Selbst wenn das Gespräch durch Fragen gegliedert ist, wahren die Befragten in der Regel eine hohe Eigenständigkeit bei der Gestaltung des Gesagten. Der Schweizer Historiker Kuno Trüeb vergleicht die Interviewsituation mit einem vom Gesprächspartner inszenierten Theaterstück: „Der Erzähler spielt den Hauptpart dieses Stückes und ist gleichzeitig dessen Regisseur."[157] Er habe die Möglichkeit, Personen auf die Bühne zu rufen und sie auch wieder abtreten zu lassen. Die Rolle des Interviewers entspreche der eines aktiven Zuschauers, der sich ab und zu einen Zwischenruf gestatte und hin und wieder Szenenapplaus gebe. Auch der Fragende bitte Darsteller auf die Bühne, „aber es liegt natürlich in der Hand des Regisseurs, diese gleich wieder hinauszuschicken"[158]. Die narrativen Strukturen der erzählten Geschichte lassen das biographische Interview daher in die Nähe der Autobiographie rücken. Manche sprechen von einer „Erzählung in Gesprächsform"[159] oder von „autobiographischen Erinnerungen"[160].

In meinem eigenen Oral-History-Projekt hat sich erwiesen, dass sich die Interviews mit den ehemaligen Dissidentinnen in Aufbau und Struktur nicht gravierend von den untersuchten Autobiographien und Memoiren unterschieden. Verstärkend mag hier hinzukommen, dass es sich um einen befragten Personenkreis handelt, der eine ausgeprägte Schreib- und Lesekultur pflegt. Die Fähigkeit, gut und fesselnd zu erzählen, wird im Dissidentenmi-

---

[156] Interview mit Aleksandr Julevič Daniėl', Moskau, den 7. Februar 2002; Interview mit Vjačeslav Ėmanuilovič Dolinin, St. Petersburg, den 18. Februar und 1. März 2002.
[157] Trüeb, S. 79.
[158] Ebenda, S. 80.
[159] Grele, S. 205.
[160] Daniel Bertaux/Isabelle Bertaux-Wiame: Autobiographische Erinnerungen und kollektives Gedächtnis, in: Lutz Niethammer (Hrsg.), Lebenserfahrung und kollektives Gedächtnis, S. 108–122.

lieu hoch geschätzt. Viele meiner Gesprächspartnerinnen haben Erfahrungen als Publizistinnen oder Schriftstellerinnen. Manch eine trägt sich mit dem Gedanken, Memoiren zu verfassen oder hat dies schon getan. Auch daraus mag die Ähnlichkeit zwischen schriftlichen und mündlichen Quellen resultieren. Nicht zuletzt unterstreicht diese Ähnlichkeit meine Annahme, dass Aufbau und Inhalt der Lebensgeschichten maßgeblich von der Interviewpartnerin selbst, nicht von meinen Leitfragen bestimmt wurden. Die Erzählerin wählte die Themen, über die sie sprechen wollte.

Ebenso wie in den schriftlichen Erinnerungstexten gliederten meine Interviewpartnerinnen ihre Erzählung nach politischen Ereignissen. Privates hatte darin wenig Raum. Die ehemaligen Dissidentinnen präsentierten sich im Interview als tatkräftige selbstbewusste Akteurinnen und erzählten in dem Bewusstsein, „etwas zu sagen zu haben".[161] Sie unterstrichen meist mit Stolz ihren historischen Beitrag und zweifelten nicht daran, eine „geschichtswürdige" Lebensgeschichte zu haben.

Neben Struktur und Inhalt der Erzählung liegt der Erkenntnisgewinn von Oral-History-Interviews in metasprachlichen Äußerungen wie Gestik, Mimik, Lachen, Weinen und Schweigen. Auch Auftreten und Aussehen der Gesprächspartner können aufschlussreich sein. Da ich während meiner Forschungsaufenthalte in Moskau, St. Petersburg und Paris die Zeitzeuginnen zum Interview in der Regel in ihren Wohnungen aufsuchte, erlebte ich sie in ihrer alltäglichen Umgebung, Fotos wurden gezeigt, ich wurde zum Essen eingeladen und durfte mir den Bücherschrank ansehen. Die Interviews dauerten in der Regel mehrere Stunden.[162] Häufig besuchte ich die Zeitzeuginnen mehrmals. Auf diese Weise konnte ich zur „teilnehmenden Beobachterin" der Menschen in ihrem Umfeld werden. Ich erfuhr, wer den Tag über anrief, lernte Familienmitglieder und Freunde kennen und erhielt einen Eindruck von den sozialen Verhältnissen, in denen die Zeitzeuginnen heute leben. Die Beziehung zwischen Forschender und Gesprächspartnerin kann

---

[161] Wie westliche Forschende der achtziger und neunziger Jahre nach Interviews mit Frauen konstatieren, äußern Frauen oftmals Zweifel daran, ob ihre eigene Geschichte Historiker überhaupt interessieren könne. Karen Hagemann, „‚Ich glaub' nicht, dass ich Wichtiges zu erzählen hab' …'. Oral History und historische Frauenforschung", in: Vorländer (Hrsg.), Oral History, S. 29–48; Lehmann, S. 51, Bertaux/ Bertaux-Wiame, S. 155.

[162] Das kürzeste (mit Natal'ja Djukova) dauerte etwa drei Stunden, das längste (mit Natal'ja Sadomskaja) 12 Stunden. Der Mittelwert liegt bei circa fünf bis sechs Stunden.

Einleitung

ebenfalls Gegenstand der Interpretation sein.[163] In manchen Interviews entstand ein besonderes Vertrauensverhältnis, in anderen blieben Fremdheit und Distanz bestehen. Einige Frauen zeigten sich höchst erfreut darüber, dass ihre Perspektive als Frauen gefragt sei, andere fanden es nicht nachvollziehbar, warum Frauen als historische Akteurinnen ein spezielles Interesse hervorrufen. Dieses Interesse ist von meinem eigenen Hintergrund und meiner eigenen Kultur beeinflusst. In der Begegnung zwischen mir als Historikerin und den ehemaligen Dissidentinnen als Zeitzeuginnen trafen unterschiedliche kulturelle Prägungen aufeinander. In unseren verschiedenen Sprachen sind Begriffe unterschiedlich konnotiert, bisweilen gab es Übersetzungsschwierigkeiten. Ebenso wie Beobachtungen zu Umfeld und Auftreten der Zeitzeuginnen hielt ich solche Begebenheiten in einem Arbeitstagebuch fest und versuche, sie in die Interpretation der Quellen mit einfließen zu lassen.

„Erfahrung" und „Diskurs", individuelle Erinnerung und „kollektives Gedächtnis"

Wenn Erinnerungstexte als Quelle dazu dienen, historische Lebenswelten aus der Perspektive des Subjekts zu rekonstruieren, stellt sich die Frage, in welchem Wechselverhältnis Autobiograph und (Text-)Struktur, individuelle und kollektive Deutungsmuster, „Erfahrung" und „Diskurs", individuelles Erinnern und „kollektives Gedächtnis" stehen. Ich versuche, bei der Arbeit mit den Selbstzeugnissen theoretische Ansätze aus Erinnerungsforschung und Diskursanalyse fruchtbar zu machen und eine Synthese aus verschiedenen Zugängen zu formulieren.

Alltagsgeschichte, lebensweltliche Zugänge und Oral History werden häufig mit dem Begriff der *Erfahrung* assoziiert. Dieser Terminus wird in verschiedenen Wissenschaftszweigen kontrovers diskutiert. Maßgeblich beteiligt an den Diskussionen sind Soziologie, Erinnerungsforschung, kognitive Psychologie, Geschichtswissenschaft und Linguistik. Während im alltäglichen Sprachgebrauch „Erfahrung" oft mit „Erlebnis" oder „Wahrnehmung" gleichgesetzt wird, hat sich in den Sozialwissenschaften seit den siebziger Jahren ein Erfahrungsbegriff durchgesetzt, der weit darüber hinaus geht: Zusammenfassend bezeichnet die Historikerin Karin Hartewig Erfah-

---

[163] Florence Weiss: Eine Beziehung als Kontext der Datengewinnung. Ethnopsychoanalytische Gesichtspunkte im Forschungsprozess, in: Spuhler (Hrsg.), Vielstimmiges Gedächtnis, S. 23–47, hier S. 24ff.

rung als „einen Prozess der Sinnkonstruktion, retrospektiven Deutung und Interpretation von Wirklichkeit und zugleich das sprachlich vermittelte Ergebnis dieses Deutungsprozesses"[164]. Allein der Ausspruch, dass der Mensch seine „Erfahrungen macht", impliziert, dass es nicht einfach um die Wahrnehmung von Ereignissen geht (was Gabriele Rosenthal als Erlebnis bezeichnen würde), sondern um die Verarbeitung, Einordnung und nachträgliche Deutung des Erlebten.

Wie verhalten sich aber Erfahrung und *Erinnerung* zueinander? Wie schlägt sich Erfahrung in der Erinnerung eines Menschen nieder? Lange Zeit ging man davon aus, dass das Gedächtnis aus einer Aneinanderreihung von gespeicherten Erfahrungen bestehe, die zwar verdrängt werden oder zu einem bestimmten Zeitpunkt nicht abrufbar sein können, aber prinzipiell erhalten bleiben.[165] Die Ergebnisse aus neurowissenschaftlicher Forschung, kognitiver Psychologie und Gestalttheorie zeigen jedoch, dass Gedächtniscodes ein Leben lang Modifizierungen, Umstrukturierungen, Transformationen und Neuinterpretationen erfahren.[166] Durch den Erwerb neuer Sichtweisen werden alte Darbietungen absorbiert, überformt oder umstrukturiert. Die Einnahme einer früheren Perspektive ist in der Regel nicht mehr möglich.[167]

---

[164] Karin Hartewig: „Wer sich in Gefahr begibt, kommt [nicht] darin um", sondern macht eine Erfahrung! Erfahrungsgeschichte als Beitrag zu einer historischen Sozialwissenschaft der Interpretation, in: Alltagskultur, Subjektivität und Geschichte. Zur Theorie und Praxis von Alltagsgeschichte, hg. von der Berliner Geschichtswerkstatt, Münster 1994, S. 110–124, hier S. 112.

[165] Jureit, Erinnerungsmuster, S. 47, die hier Freuds Vorstellung wiedergibt, sowie Harald Welzer: Das kommunikative Gedächtnis. Eine Theorie der Erinnerung, München 2002, S. 20.

[166] Siehe Rosenthal, Die erzählte Lebensgeschichte als historisch-soziale Realität; dies., Erlebte und erzählte Lebensgeschichte; Jureit, Erinnerungsmuster; Welzer, kommunikatives Gedächtnis.

[167] Rosenthal, Erlebte und erzählte Lebensgeschichte, S. 41–69. Gabriele Rosenthal bezieht sich hier auf die Experimente des Entwicklungspsychologen Jean Piaget. Piaget stellte Kinder vor die Aufgabe, sich die Anordnung von Holzstäbchen zu merken. Kinder, die noch nicht über Kompetenz der Reihenbildung verfügten, konnten sich gar nicht oder nur schlecht an die Anordnung erinnern. Mit der Fähigkeit zur Reihenbildung erwarben sie sich gleichzeitig die Merkfähigkeit. Bezogen auf die Erinnerung heißt dies nach Rosenthal, S. 44: „Mit dem Erwerb neuer ‚Sichtweisen', oder in der Sprache Jean Piagets: neuer ‚Schemata', verändert sich also nicht nur das ehemals Dargebotene in seiner Strukturiertheit, die Veränderung kann auch irreversibel sein. Dies ist immer dann der Fall, wenn sich

Einleitung

In der Begrifflichkeit der Strukturalisten heißt dies: Ein Element im System der Erinnerung erfährt seine Bedeutung in Opposition zu anderen Elementen. Kommt ein neues Element hinzu, verändert sich das gesamte System.[168] Die Konstitution von „Erfahrung" ist demnach aufzufassen als ein dynamischer „Prozess der Strukturierung und Umstrukturierung"[169] von gespeicherten Wahrnehmungen und Erinnerungen. Dabei muss Erfahrung noch nicht einmal „gelebt" worden sein, sie speist sich auch aus Bildern, Fotografien, Lektüre oder Erzählungen.[170] Die Erinnerung eines Menschen kann man sich als Aufschichtung von Erfahrungen vorstellen. Die Erfahrungsschichten liegen jedoch nicht wie ein Stein auf dem anderen, sondern die unten liegenden „Steine" verändern sich, sobald eine neue Schicht aufgelegt wird. Die Gesamtheit an Erfahrungen ist somit anhaltenden Wandlungsprozessen unterworfen, die aus der steten Neuinterpretation gespeicherter Erinnerungssequenzen resultieren. Für die Arbeit mit Erinnerungstexten leitet sich aus diesem Befund die Frage ab, ob ausschließlich die Deutung des Erzählers in der Jetzt-Situation Gegenstand der Interpretation sein kann oder in den Erinnerungstexten auch frühere Wahrnehmungsmuster zutage treten. Es wird mich in meiner Textinterpretation immer wieder beschäftigen, welche Sequenzen mehr und welche weniger von späteren Deutungsmustern überformt sind.

Für die Arbeit mit dem Erfahrungsbegriff in der Geschichtswissenschaft greifen zum einen also Ansätze aus der Erinnerungsforschung. Daneben begannen Historikerinnen und Historiker im Zuge des *linguistic turn*, aus diskursanalytischer Perspektive über Erfahrung zu diskutieren – allerdings weitgehend ohne Kenntnisnahme erinnerungstheoretischer Ansätze. Die

---

ein ehemals wahrgenommenes Chaos zu etwas Geordnetem gestaltet. Ist es einmal gelungen, das Gestalthafte der Darbietung wahrzunehmen, kann das Gestaltlose nicht mehr gesehen werden."

[168] Rosenthal, Erlebte und erzählte Lebensgeschichte, S. 49.

[169] Bernhard Waldenfels: Der Spielraum des Verhaltens, Frankfurt am Main 1980, S. 136, zitiert nach Rosenthal, Erlebte und erzählte Lebensgeschichte, S. 49. Siehe auch Jureit, Erinnerungsmuster, S. 26.

[170] Wie „importierte" Sequenzen, also Episoden aus Fremderlebnissen, Erzählungen oder dem „Familiengedächtnis" in die Erinnerung Einzelner einfließen, zeigt am eindrücklichsten Harald Welzers, Das kommunikative Gedächtnis. Auf die Übernahme von Erinnerungssequenzen aus den Erzählungen anderer geht bereits Maurice Halbwachs ausführlich ein: Maurice Halbwachs, Das kollektive Gedächtnis, Frankfurt am Main 1985, 2. Aufl.

Diskussion wurde maßgeblich von den Beiträgen der US-amerikanischen Historikerin Joan Scott beeinflusst, die zu den profiliertesten Vertreterinnen der feministischen Theorie gehört.[171] Scotts Überlegungen nehmen ihren Ausgang in einer Fundamentalkritik am Umgang der Historiographie mit der Kategorie Erfahrung. Mit dem Erfahrungsbegriff verbänden Forschende automatisch ein autonom handelndes Subjekt, insbesondere diejenigen, die marginalisierten Gruppen wie Frauen, Schwarzen und Homosexuellen eine Stimme geben wollen, deren Erfahrungen von der „allgemeinen Geschichte" übergangen werden. Scott entwickelt ihre Gegenargumentation anhand einer Episode aus den Memoiren des schwarzen schwulen Science-Fiction-Autors Samuel Delany.[172] Hierin beschreibt Delany eine Schlüsselerfahrung beim Besuch eines New Yorker Badehauses Anfang der sechziger Jahre: Beim Betreten des Baderaumes habe er eine Masse nackter Männerkörper wahrgenommen, die sich schemenhaft aus dem bläulichen Dämmerlicht erhob. In diesem Augenblick sei ihm bewusst geworden, dass er mit seinen sexuellen Neigungen nicht allein sei, dass es Hunderte und Tausende von Homosexuellen gebe, die gemeinsam über eine immense politische Kraft verfügten. Die Badehauserfahrung lässt ihn also nicht nur seine eigene Identität erkennen, sondern nimmt bereits seine spätere Teilnahme an der Homosexuellen-

---

[171] Joan W. Scott: The Evidence of Experience, in: James Chandler/Arnold I. Davidson/Harry Harootunian (Hrsg.): Questions of Evidence: Proof, Practise and Persuasion across the Disciplines, Chicago 1994, S. 363–387 (Erstveröffentlichung in: Critical Inquiry 17 (1991), S. 773–797.); dies.: Experience, in: Judith Butler/Joan W. Scott (Hrsg.): Feminists Theorize the Political, London/New York 1992, S. 22–40; dies.: Phantasie und Erfahrung, in: Feministische Studien 19 (2001), Heft 1, S. 74–88. Für die Beiträge, die sich kritisch mit Scott auseinandersetzen: Ute Gerhard: Kommentar zu Joan W. Scott, in: Feministische Studien 19 (2001), Heft 1, S. 89–94; Kathleen Canning: Feminist History after the Linguistic Turn: Historicizing Discourse and Experience, in: Signs 19, 1.2 (1993/94), S. 368–404; dies.: Problematische Dichotomien. Erfahrung zwischen Narrativität und Materialität, in: Historische Anthropologie 10 (2002), S. 163–182; Ute Daniel: Erfahrung – (k)ein Thema in der Geschichtstheorie?, in: L'Homme 11 (2000), Heft 1, S. 120–123 sowie die Beiträge im Sammelband: Marguérite Bos/Bettina Vincenz/Tanja Wirz (Hrsg.): Erfahrung: Alles nur Diskurs? Zur Verwendung des Erfahrungsbegriffs in der Geschlechtergeschichte; Zürich 2004 [Schweizerische Historikerinnentagungen, Band 11].

[172] Samuel R. Delany: The Motion of Light in Water: Sex and Science Fiction Writing in the East Village, 1957–1965, New York 1988, analysiert und diskutiert in: Scott, Evidence of Experience (1994).

Einleitung

bewegung vorweg. Anhand dieser Szene versucht Scott nun zu zeigen, dass es sich um keine „gelebte Schlüsselerfahrung" handeln könne, sondern dass Delanys Erfahrung als diskursives Konstrukt zu begreifen sei. Träger politischer und sozialer Bewegungen, Arbeiter, Frauen, Homosexuelle, Schwarze, beriefen sich auf die gemeinsame Erfahrung als Grundstein ihrer Identität und politischen Handlungen. Erfahrung sei aber nicht Ursprung, sondern Produkt von Bewegungen, denn erst durch die Wirkungsmacht der Diskurse werde Erfahrung zum identitätsstiftenden Moment einer Gruppe.[173] Auf Delany bezogen heißt dies: Erst in dem Moment, als eine Schwulenbewegung entstand, habe er über die Sprache und die Denkstrukturen verfügen können, sein Erlebnis als Schlüsselerfahrung einzuordnen. Im Nachhinein diene die Erfahrung dazu, sein politisches Handeln zu legitimieren. Erfahrung liefere somit keine Erklärung für politisches Verhalten, sondern sei ein selbst zu erklärendes Phänomen.[174] Die Aufmerksamkeit der Geschichtsschreibung müsse sich auf den Prozess richten, wie durch den Diskurs Subjekte konstituiert und Erfahrungen produziert werden.[175] Erfahrung sei ein „sprachliches Ereignis" (*linguistic event*)[176], sie werde durch überindividuelle Diskurse konstruiert und finde nicht außerhalb bestehender Sinnstrukturen statt.

Scott lehnt sich hier an den Diskursbegriff Michel Foucaults an. *Diskurse* sind für Foucault übergeordnete Strukturen von Vorstellungen, Begriffen und Kategorien, die durch die symbolische Ordnung der Sprache konstituiert werden.[177] Diskurse entsprechen demnach keinen bewussten Gedanken oder

---

[173] Siehe auch Joan W. Scott: Only Paradoxes to Offer. French Feminists and the Rights of Man, Cambridge, Mass./London 1996.

[174] Scott, Evidence of Experience (1994), S. 387.

[175] Ebenda, S. 369.

[176] Ebenda, S. 383.

[177] Von den theoretischen Schriften Foucaults wurden hier verwendet: Michel Foucault: Archäologie des Wissens, Frankfurt am Main 1973, insbesondere S. 154–171; ders.: Die Ordnung des Diskurses, Frankfurt am Main 2003 (9. Aufl.). Aus der mittlerweile umfangreichen Literatur zur Diskursanalyse in der historischen Forschung: Philipp Sarasin: Geschichtswissenschaft und Diskursanalyse, Frankfurt am Main 2003; ders.: Subjekte, Diskurse, Körper. Überlegungen zu einer diskursanalytischen Kulturgeschichte, in: Wolfgang Hardtwig/Hans-Ulrich Wehler (Hrsg.): Kulturgeschichte heute, Göttingen 1996, S. 131–164; Achim Landwehr: Geschichte des Sagbaren. Einführung in die historische Dis-

Ideen, sondern sie bilden Systeme von institutionalisierten Redeweisen, die Wahrnehmungen und Handlungen der Zeitgenossen bestimmen. Sprache ist nach Foucault also ein *a priori* des Denkens und des Handelns. Sie besitze keine Wirklichkeitsreferenz, vielmehr werde jede Form von Wirklichkeit durch sie geformt. Das Individuum handle nicht als autonomes Subjekt, wie es seit der Aufklärung impliziert wird, sondern es sei im Netz der Diskurse verankert, in denen es erkennt und spricht.[178] An die Stelle der Autonomie tritt die Bedingtheit des Subjektes. Diskurse sind nach Auffassung Foucaults eng mit Macht verbunden. Ihn interessiert, welchen Beschränkungen und Kontrollmechanismen der Raum des Sagbaren unterliegt. Die Aufgabe der Historiographie bestehe darin, Machtstrukturen mittels einer Untersuchung der Regeln und Strukturen, der Wirkung und Funktionsweise von Diskursen aufzudecken.[179]

Zeitzeuginnen und Autobiographinnen betrachte ich als Teilhaberinnen an verschiedenen Diskursen.[180] In der Annahme, Erfahrung sei durch Diskurse *beeinflusst*, stimme ich Joan Scott zu, allerdings bleibt in ihren Ausführungen unklar, *wie* Erfahrung diskursiv *erzeugt* wird. Der Prozess der Strukturierung und Transformation von Erinnerungen und die Synthetisierung zur „Erfahrung" lässt sich anhand autobiographischer Quellen nicht mehr nachzeichnen. Möglich ist allerdings, in den Texten verschiedene Erinnerungs*schichten* freizulegen. Es bietet sich an, hierbei auf Rosenthals Unterscheidung zwischen Ereignis, Erlebnis, Erinnerung und Erzählung zurückzugreifen und dabei zu beobachten, auf welchen Ebenen des Erlebens, Erinnerns und Erzählens Diskurse wirksam werden.[181] In meiner Untersuchung gehe ich von folgendem Schichtmodell aus:

---

kursanalyse, Tübingen 2001; Patricia O'Brien: Michel Foucault's History of Culture, in: Hunt (Hrsg.): The New Cultural History, S. 26–46.

[178] Foucault, Ordnung, S. 9f., siehe auch Simone Winko: Diskursanalyse und Diskursgeschichte, in: Heinz Ludwig Arnold/Heinrich Detering (Hrsg.): Grundzüge der Literaturwissenschaft, München 1997 (2. Aufl., Originalausgabe 1996), S. 463–478, hier S. 467.

[179] Foucault, Ordnung, S. 35–38; O'Brien: History of Culture, S. 34.

[180] Jureit, Erinnerungsmuster, S. 79.

[181] Im Gegensatz dazu geht Rosenthal davon aus, dass man erlebte und erzählte Lebensgeschichte getrennt voneinander rekonstruieren kann (Rosenthal, Erlebte und erzählte Lebensgeschichte, S. 70). In meinen Augen sind beide Ebenen nicht voneinander zu trennen. Die Quellen erlauben uns nicht, „hinter" der Erzählung eine „wahre" Lebensgeschichte zu erkennen.

Einleitung

Auf der Ebene des *Erlebens* finden sich in den Erinnerungstexten Spuren zeitgenössischer Diskurse. Das heißt es lassen sich Denk- und Wahrnehmungsstrukturen zeigen, die zu dem Zeitpunkt, als ein Ereignis stattfand, das Erleben und dessen Verarbeitung steuerten. Welche zeitgenössischen Diskurse in die Lebensgeschichte einflossen, lässt sich durch den Vergleich mit zeitgenössischen Quellen ermitteln.

Die Ebene der *Erinnerung* ist geprägt von zeitgenössischen und gegenwärtigen Diskursen, in deren Rahmen Ereignisse und Erlebnisse gedeutet, verstanden, kategorisiert und in den Gesamtzusammenhang der Lebensgeschichte eingeordnet werden.

Auf der Ebene der *Erzählung* kommen schließlich Genremerkmale und charakteristische Strukturen biographischen Erzählens zum Ausdruck. Ich bezeichne dies als „autobiographischen Diskurs". Die verschiedenen Traditionsstränge autobiographischen Erzählens in der russischen Kultur wurden bereits skizziert. Sie prägen die Gestalt und Struktur der individuellen Lebensgeschichten. Ebenso wie schriftliche Lebenserinnerungen sind auch Oral-History-Interviews in Diskursstrukturen eingebettet. Sie binden das Interview an soziale Normen und sprachliche Konventionen, die den Ablauf des Gesprächs, die Interaktion der Gesprächspartner und deren Selbstpräsentation beeinflussen. Sowohl für Autobiographien als auch für biographische Interviews gilt: „Nicht alles, was gedacht und erinnert wird, kann und darf zu jeder Zeit auch gesagt werden. Durch die gesellschaftlich konstituierten Ausschlussprinzipien sind Gesprächsgegenstände tabuisiert und werden aus der Kommunikation ausgeklammert."[182]

Auf den verschiedenen Diskursebenen spiegeln Erinnerungstexte gesellschaftliche Diskussionsprozesse wider, die das Erleben, Erinnern und Erzählen des Individuums geformt haben. Alle drei Ebenen, auf denen Diskurse wirksam werden, fließen in das individuelle Erfahrungsreservoir mit ein. Die Erfahrung ist jedoch nicht gleichzusetzen mit der Lebensgeschichte. Letztere enthält bewusste Auslassungen, Ausschmückungen und Beschönigungen. Gleichwohl besteht eine Wechselwirkung zwischen Erfahrung und Erzählung: Die Lebensgeschichte basiert auf Erfahrung und erhebt den Anspruch, diese authentisch abzubilden; der Erzählprozess ist umgekehrt ein Moment der Sinngebung und damit Reorganisation und Reinterpretation von Erfahrung.[183]

---

[182] Jureit, Erinnerungsmuster, S. 79.
[183] Rosenthal, Erlebte und erzählte Lebensgeschichte, S. 88.

Neben Erfahrung, Diskurs und Erinnerung sind weitere Schlüssel zum Umgang mit Selbstzeugnissen das kollektive respektive *kulturelle Gedächtnis*. Ähnlich wie bei diskursanalytischen Zugängen zu Erinnerungstexten geht es hier um das Verhältnis von individuellen und kollektiven Deutungsmustern sowie individuellen und kollektiven Erinnerungsstrukturen. Da Erinnerungsforschung und Diskursanalyse in unterschiedlichen Wissenschaftskulturen beheimatet sind und wenig Austausch pflegen, wurden bislang kaum Versuche unternommen, beide Ansätze miteinander zu verknüpfen. Bevor ich auf diese Möglichkeit zu sprechen komme, möchte ich zunächst kurz skizzieren, was unter kollektivem sowie kulturellem Gedächtnis zu verstehen ist und wie diese Konzepte in meiner Arbeit zum Tragen kommen.

Der Begriff des *kollektiven Gedächtnisses* wurde von Maurice Halbwachs in den zwanziger Jahren geprägt, in Anlehnung an die Vorstellung vom „Kollektivbewusstsein", die von seinem Lehrer Émile Durkheim stammte.[184] Zentral in Halbwachs' Arbeiten über das Gedächtnis ist die These, dass sich jedes individuelle Gedächtnis innerhalb von sozialen Rahmenbedingungen (*cadres sociaux*) ausbilde, die es weitgehend bestimmen.[185] Träger von Erinnerung und Gedächtnis bleibt immer der einzelne Mensch, allerdings in Abhängigkeit zu den Bezugsrahmen, die seine Wahr-

---

[184] Eine intensive Auseinandersetzung der Geschichtswissenschaft mit Maurice Halbwachs fand im Grunde genommen erst ab den achtziger Jahren statt. Halbwachs wurde 1945 im deutschen Konzentrationslager Buchenwald ermordet und konnte seine Forschungen zum „kollektiven Gedächtnis" nicht beenden. Zur Weiterentwicklung des „kollektiven Gedächtnisses": Jan Assmann: Das kulturelle Gedächtnis. Schrift, Erinnerung und politische Identität in frühen Hochkulturen, München 2002, 4. Aufl. (1. Aufl. 1992); Harald Welzer: Das soziale Gedächtnis, in: ders. (Hrsg.): Das soziale Gedächtnis. Geschichte, Erinnerung, Tradierung, Hamburg 2001, S. 9–21.

[185] Die einschlägigen Schriften von Maurice Halbwachs über das Gedächtnis sind: Das Gedächtnis und seine sozialen Bedingungen, Frankfurt 1985, 2. Aufl. (frz. Original: Les cadres sociaux de la mémoire, Paris 1925), Das kollektive Gedächtnis, Frankfurt am Main 1985, 2. Aufl. (frz.: La mémoire collective, Paris 1950). Eine gute Zusammenfassung der Ansätze Halbwachs' sowie seiner Umsetzung bei Pierre Nora, Jan und Aleida Assmann bietet Clemens Wischermann: Geschichte als Wissen, Gedächtnis oder Erinnerung? Bedeutsamkeit und Sinnlosigkeit in Vergangenheitskonzeptionen der Wissenschaften vom Menschen, in: ders. (Hrsg.): Die Legitimität der Erinnerung und die Geschichtswissenschaft, Stuttgart 1996 [Studien zur Geschichte des Alltags, Bd. 15], S. 55–85

Einleitung

nehmung und Erinnerung steuern, beispielsweise Orte, Sprachsysteme, Normen und Sitten. Das individuelle Gedächtnis ist also immer schon ein soziales Phänomen. Halbwachs bezeichnet diese soziale Komponente des Gedächtnisses als „kollektives Gedächtnis".[186] Jedes kollektive Gedächtnis ist an eine zeitlich und räumlich begrenzte Gruppe und an die Kommunikation innerhalb dieser Gruppe gebunden.[187] Die gemeinsame Vergangenheit ist zentral für das Zusammengehörigkeitsgefühl der Gruppenmitglieder und die Identifikation der Einzelnen mit der Gruppe. Da Kollektive selbst kein Gedächtnis haben, findet das Gruppengedächtnis seine Verwirklichung in den individuellen Gedächtnissen. Jedes individuelle Gedächtnis ist somit ein „Ausblickspunkt"[188] auf das kollektive Gedächtnis. Im Gedächtnis erhält sich aber nur, „was die Gesellschaft in jeder Epoche mit ihrem jeweiligen Bezugsrahmen rekonstruieren kann"[189]. Das Bild, das sich eine Gruppe von der Vergangenheit macht, ist demnach eine soziale Konstruktion beziehungsweise kulturelle Schöpfung, deren Beschaffenheit sich aus den Sinnbedürfnissen und Bezugsrahmen der jeweiligen Gegenwarten ergibt.[190]

Vergleicht man Halbwachs' kollektives Gedächtnis mit Foucaults Diskursen, so weisen beide Vorstellungen deutliche Parallelen auf: Ebenso wie individuelle Wahrnehmungen und Erinnerungen durch soziale oder kulturelle Bedingungen geprägt sind, sind sie auch abhängig von sprachlich gegliederten Sinnstrukturen. Auf den Zusammenhang zwischen Sprachstrukturen und Erinnerung verweist Halbwachs selbst in den *Cadres Sociaux de la mémoire*: „Die verbalen Konventionen bilden [...] den zugleich elementarsten wie dauerhaftesten Rahmen des kollektiven Gedächtnisses."[191] „Kollektives Gedächtnis" und „Diskurs" verwende ich daher nebeneinander als zwei sich ergänzende Begriffe: Die individuellen Erinnerungen der Zeitzeuginnen sind auf verschiedenen Ebenen durch Diskurse geformt, ihre Lebensgeschichten geben jeweils Ausblicke auf das kollektive Gedächtnis, also

---

[186] Siehe auch Assmann, kulturelles Gedächtnis, S. 36f.
[187] Halbwachs, Kollektives Gedächtnis, 1985, insbesondere S. 71–76.
[188] Ebenda, S. 31.
[189] Halbwachs, Gedächtnis und seine sozialen Bedingungen, 1985, S. 390.
[190] Allerdings ist jeder Mensch Vertreter verschiedener Gruppen, der Familie, einer Kirchengemeinschaft, politischen Partei, einer Minderheit oder Nation. Insofern kann es zur Interferenz und Konkurrenz verschiedener kollektiver Deutungsmuster kommen. Hierzu Wierling, Oral History, S. 97–99.
[191] Halbwachs, Gedächtnis und seine sozialen Bedingungen 1966, S. 124.

kollektive Wahrnehmungs- und Erinnerungsmuster. Es stellt sich die Frage, *welches* kollektive Gedächtnis die Erinnerungen der Dissidentinnen repräsentierten. Ist es das der Gruppe, des Dissidentenmilieus? Oder finden sich in ihren Erinnerungen auch kollektive Wahrnehmungsmuster aus anderen Gesellschaftsgruppen? Es wird also immer wieder zu klären sein, welche Diskursformationen sich in den dissidentischen Texten wiederfinden und welche Bedeutung sie für die Identität und Selbstwahrnehmung der Dissidentinnen haben.

Wenngleich Halbwachs' Schriften die bahnbrechende Erkenntnis zu verdanken ist, dass das individuelle Gedächtnis von sozialen Kontexten geprägt ist, so bleiben Begriff und Ausformung des kollektiven Gedächtnisses sehr undifferenziert. Nachdem seine Forschungen unvollendet geblieben waren, wurden Halbwachs' Grundgedanken von Jan Assmann aufgegriffen und weiterentwickelt. Assmann verwendet das kollektive Gedächtnis als einen Oberbegriff, den er in ein *kommunikatives* und ein *kulturelles Gedächtnis* unterteilt.[192]

> Unter den Begriff des kulturellen Gedächtnisses fassen wir den jeder Gesellschaft und jeder Epoche eigentümlichen Bestand an Wiedergebrauchs-Texten, -Bildern und -Riten zusammen, in deren ‚Pflege' sie ihr Selbstbild stabilisiert und vermittelt, ein kollektiv geteiltes Wissen vorzugsweise (aber nicht ausschließlich) über die Vergangenheit, auf das eine Gruppe ihr Bewusstsein von Eigenheit und Eigenart stützt.[193]

Unter den Formen kulturell geprägter Erinnerung haben nach Assmann die Sprache, die Schrift, die Verschriftlichung und Kanonisierung von Texten zentrale Bedeutung. Durch die Überlieferung und schriftliche Fixierung entkoppelt sich das kulturelle Gedächtnis einer Gemeinschaft von der „gelebten, kommunizierten Erinnerung"[194] ihrer Mitglieder. Während das kulturelle Gedächtnis bis in die mythischen Ursprünge einer Gemeinschaft zurückreichen kann, umfasst das kommunikative Gedächtnis eine Zeitspanne von maximal drei Generationen, also etwa achtzig Jahren. Es ist gebunden

---

[192] Assmann, kulturelles Gedächtnis, S. 45.

[193] Jan Assmann: „Kollektives Gedächtnis und kulturelle Identität", in: ders./Tonio Hölscher (Hrsg.): Kultur und Gedächtnis, Frankfurt am Main 1988, S. 9–19, hier S. 15.

[194] Assmann, kulturelles Gedächtnis, S. 46.

Einleitung

an die Geschichtserfahrung Einzelner und wird durch Erzählung und Interaktion in der Gemeinschaft vermittelt. Demgegenüber existieren zur Wahrung des kulturellen Gedächtnisses „spezialisierte Traditionsträger"[195], die einer „wissenssoziologischen Elite"[196] angehören. Der Übergang von „gelebter, kommunizierter" zu „institutionalisierter, kommemorierter Erinnerung"[197] vollzieht sich laut Assmann etwa vierzig Jahre nach Stattfinden eines Ereignisses, denn die Zeitzeugen, die das Ereignis als Erwachsene erlebten, treten nach vierzig Jahren in die Lebensphase des Alters ein, „in dem die Erinnerung wächst und mit ihr der Wunsch nach Fixierung und Weitergabe"[198]. Das kulturelle Gedächtnis resultiert demzufolge aus der Entscheidung einer Gruppe und ihrer Mitglieder, Wissen, Erinnerung oder Bräuche zu bewahren und an die Nachwelt zu überliefern.

Ein fundamentaler Unterschied zwischen Diskurs und kulturellem Gedächtnis besteht darin, dass die Formung des kulturellen Gedächtnisses von Intentionalität geprägt ist. Während Diskurse Sinnstrukturen widerspiegeln, derer sich die Menschen meist nicht bewusst sind, erwächst das kulturelle Gedächtnis aus der Erinnerung, die eine Kultur oder Gruppe wahren *will* und die sich folglich in der bewussten Konservierung des Andenkens sowie der Schaffung von Institutionen und Riten niederschlägt. Gleichwohl können Diskurse als *Teil* dieses kulturellen Gedächtnisses betrachtet werden. Sie fließen in die Fixierung, Überlieferung und Erinnerung mit ein. Für meine Arbeit ist das Konzept des kulturellen Gedächtnisses darüber hinaus aus zwei Gründen relevant: Erstens kann man die Erinnerungstexte der Dissidentinnen bereits als Teil eines kulturellen Gedächtnisses betrachten. Die Autobiographinnen schreiben sich mit der Abfassung ihrer Lebensgeschichten in dieses Gedächtnis ein. Umgekehrt prägt das kulturelle Gedächtnis in Formen, Überlieferungen und Traditionen ihre eigene individuelle Erinnerung. Zweitens spielt die Auseinandersetzung mit der Vergangenheit, insbesondere der Stalin-Zeit, eine entscheidende Rolle in den Kreisen der Dissidenten. Assmann betont, dass das kulturelle Gedächtnis in seiner, wie er sagt, „kontrapräsentischen Funktion"[199] auch „eine Waffe gegen Unterdrü-

---

[195] Ebenda, S. 56
[196] Ebenda, S. 55.
[197] Ebenda, S. 46.
[198] Ebenda, S. 51.
[199] Ebenda, S. 85.

ckung"²⁰⁰ sein kann, gerade in einem System, in dem versucht wird, Erinnerung mittels Zensur, Manipulation und Umschreibung zu kontrollieren. Insofern gehört zum Engagement der Dissidentinnen und Dissidenten dazu, Alternativen zur „offiziellen Geschichtsschreibung" zu entwickeln und darüber hinaus die eigenen Erinnerungen und die der Mitstreiter zu konservieren und damit das Andenken an ihre Taten, ihre Ideale und ihre Gemeinschaft zu bewahren.

Diskursformationen, kollektives und kulturelles Gedächtnis sind Teil der Lebenswelt von Individuen und Gruppen. Sie gehören zu den Strukturen, die den Menschen formen und von ihm geformt werden. Lebenswelt ist ein prozesshaftes Konzept, das die wechselseitige Beeinflussung von Individuen und Strukturen betont. Bei der Interpretation der Selbstzeugnisse wird in dieser Arbeit immer wieder die Frage aufgeworfen werden, wie sich in den Lebensgeschichten Subjekt und Diskurs, literarische Konvention und persönliche Deutung, Erzählung und Erlebnis, kollektives und individuelles Gedächtnis zueinander verhalten und miteinander verbinden. Überindividuelle Deutungsmuster werden stets individuell angeeignet und schon dadurch verändert. Bezogen auf den eingangs ausgeleuchteten Erfahrungsbegriff heißt dies, dass Erfahrung nicht ohne ein Subjekt zu denken ist. Untersucht man die Handlungen historischer Akteure, so beschäftigt man sich mit deren Erfahrung. Für das Individuum ist seine Erfahrung „gegenwärtige Vergangenheit. [...] Sowohl rationale Verarbeitung wie auch unbewusste Verhaltensweisen, die nicht oder nicht mehr im Wissen präsent sein müssen, schließen sich in der Erfahrung zusammen."²⁰¹ Die Erfahrung ist Grundlage für die Ich-Konstitution und die Identität des Ichs.

Sein „Erfahrungsschatz" bietet dem Menschen Orientierung. Er stellt die Grundlage seiner Urteilsbildung und Sinnproduktion dar und bestimmt dadurch sein soziales Handeln.²⁰² Der Erfahrungsbegriff umfasst somit auch Handlungsdispositionen, die durch Wahrnehmung, Erinnerung und sozialisationsbedingte verinnerlichte Verhaltensmuster hervorgebracht werden.²⁰³

---

[200] Ebenda, S. 86.

[201] Reinhard Koselleck: Erfahrungsraum und Erwartungshorizont, in: ders.: Vergangene Zukunft: Zur Semantik geschichtlicher Zeiten, Frankfurt am Main 1984, S. 349–375, hier S. 354.

[202] Jureit, Erinnerungsmuster, S. 27; Rosenthal, Erlebte und erzählte Lebensgeschichte, S. 13.

[203] Lutz Niethammer: Fragen – Antworten – Fragen. Methodische Erfahrungen und Erwägungen zur Oral History, in: Lutz Niethammer/Alexander von Plato (Hrsg.):

Einleitung

Handlungen sind also auch Teil einer Erfahrungsgeschichte, nicht nur Wahrnehmungen und Deutungen.

Ich plädiere daher dafür, mit dem Begriff der Erfahrung differenzierter umzugehen als Scott. Meine Interpretation der Lebensgeschichten stellt einen Versuch dar, zu rekonstruieren, auf welchen Ebenen Diskurse und Muster kollektiven und kulturellen Gedächtnisses die Erinnerung und Erzählung prägen, und dabei die Frage zu stellen, inwieweit Erfahrung das Handeln bestimmt hat. Es darf nicht vergessen werden, dass die Lebensgeschichte mit all ihren Konstruktionen, Beschönigungen und literarischen Topoi für das Subjekt „höchste psychische Realität"[204] ist, selbst wenn die Informationen keine objektive Zuverlässigkeit beanspruchen können. Besonders klar drückt dies die ehemalige Dissidentin Elena Bonnèr im Vorwort zu ihren Kindheitserinnerungen aus: „Wenn Sie mich fragen: ‚Ist es so geschehen?' antworte ich: ‚Nein' – ‚Ist es die Wahrheit?' – ‚Natürlich'."[205]

„Wir kriegen jetzt andere Zeiten". Auf der Suche nach der Erfahrung des Volkes in nachfaschistischen Ländern, Berlin/Bonn 1985, S. 392–445, hier S. 428. Niethammer bezieht sich hier auf den Habitusbegriff Bourdieus.
[204] Schmid, S. 15.
[205] Elena Bonnèr (dt. Jelena Bonner): Mütter und Töchter. Erinnerungen an meine Jugend 1923 bis 1945, München/Zürich 1992, S. 7.

Stalin und das Mädchen im Matrosenkleid, 1936

2. Frühe Prägung: Kindheit und Jugend
2.1. Die Erinnerungen Ljudmila Alekseevas (geb. 1927)

> Vor fünf Jahrzehnten saßen künftige Sowjetfunktionäre und künftige Dissidenten in den gleichen Schulräumen und hörten den gleichen Lehrern zu, die die gleichen Standardweisheiten verkündeten. Selbst die Photographie in den Klassenzimmern war die gleiche: Genosse Iosif Vissarionovič Stalin mit einem kleinen Mädchen und einem riesigen Blumenstrauß im Arm. Das kleine Mädchen mit dem runden Gesicht trug ein Matrosenhemd und sah so aus wie eine der Blumen; Genosse Stalin sah väterlich aus. Ich wurde 1927 geboren, drei Jahre, nachdem er an die Macht gekommen war. 1937, als ich zehn war, begannen die Leute aus unserem Moskauer Wohnhaus zu verschwinden. Ich sah darin nichts Falsches und stellte keine Fragen. Ich kannte kein anderes Leben.[1]

So beginnt Ljudmila Alekseeva ihre Autobiographie, die sie zusammen mit dem Journalisten Paul Goldberg in den achtziger Jahren im amerikanischen Exil verfasste. Alekseeva präsentiert ihre eigene Geschichte als stellvertretend für viele ihrer Zeitgenossinnen und Zeitgenossen der „Tauwetter-Generation". Aufgewachsen als naives und unmündiges Kind in einer ideologisierten und von Zwängen bestimmten Gesellschaft, habe sie kein anderes Leben gekannt und die Verhältnisse als gegeben hingenommen. Sie beschreibt, wie sie allmählich anfing zu zweifeln, die Vorgänge in Staat und Gesellschaft zu reflektieren, ihre Gedanken mit anderen zu teilen und sich der entstehenden Dissidentenbewegung anzuschließen. Alekseevas Lebensweg stellt eine kontinuierliche Entwicklung zur mündigen und verantwortungsbewussten Staatsbürgerin dar.[2] Dafür verzichtete sie auf eine angesehe-

---

[1] Ludmilla Alexeyeva/Paul Goldberg: The Thaw Generation. Coming of Age in the Post-Stalin Era, Boston 1990, S. 3 (Übersetzung ins Deutsche von mir). Alle Zitate des Abschnitts „Die Erinnerungen Ljudmila Alekseevas" sind diesem Buch entnommen.

[2] Das im Untertitel gebrauchte *Coming of Age* ist eigentlich ein juristischer Terminus und bedeutet „Erreichen der Volljährigkeit" oder „Mündigkeit". Wie

ne soziale Stellung, nahm einen Parteiausschluss in Kauf, fristete ihr Leben im gesellschaftlichen Abseits und hatte schließlich zwischen Emigration und Straflager zu wählen.

Wie kam es, dass eine junge Frau, der alle Karrierechancen offen standen, von dem Weg abwich, den ihr Eltern und Staat vorgezeichnet hatten? Warum nahm ihr Leben eine andere Wendung als das der „künftigen Sowjetfunktionäre", mit denen sie die Schulbank drückte? Auf diese selbst gestellten Fragen versucht sie, in ihren Erinnerungen Antwort zu geben. Die Grundlage ihrer Entwicklungsgeschichte hin zur „Mündigkeit" bilden die Kindheitserinnerungen.[3]

Frühe Kindheit

Ljudmila Alekseeva wurde 1927 in Ostankino geboren. Heute ein Stadtteil Moskaus, war Ostankino damals eine Arbeitersiedlung aus Holzbaracken weit jenseits der Stadtgrenze (S. 11). Dem Eintrag in ihrem Inlandpass zufolge war Alekseeva Russin, unter ihren Vorfahren fanden sich aber auch Ukrainer, Esten und Juden (S. 46). Ihre Eltern stammten aus Arbeiter- und Seefahrerfamilien und hatten durch die Oktoberrevolution die Chance zum Studium bekommen. Sie dankten den neuen Machthabern mit Engagement im Komsomol[4] und in der kommunistischen Partei. Dafür machten sie Bilderbuchkarrieren. Der Vater erlangte eine Führungsposition im *Centrosojuz*[5], die Mutter erwarb einen Doktorgrad[6] der Mathematik und übernahm die Leitung eines polytechnischen Instituts. Die Eltern, durch die Revolution sozial aufgestiegen, vermittelten ihrer Tochter das Gefühl, vom Schicksal begünstigt zu sein und „in dem besten und fortschrittlichsten Land der Welt"

---

    das Eingangszitat nahelegt, fasst Alekseeva ihr Leben und das ihrer Generation als Reifungsprozess auf.

[3] In der folgenden gerafften Darstellung von Alekseevas Kindheits- und Jugenderinnerungen versuche ich, Sprache und Inhalte möglichst genau wiederzugeben. Der Lesbarkeit wegen habe ich weitgehend darauf verzichtet, ihre Erinnerungen in indirekter Rede zu schildern, sondern weite Teile der Erzählung im Indikativ abgefasst.

[4] *Kommunističeskij sojuz molodeži*: Kommunistischer Jugendbund.

[5] Abkürzung für *Central'nyj sojuz potrebitel'skich obščestv*: Zentralverband der Konsumgenossenschaften.

[6] Die russische Bezeichnung für „Doktor der Wissenschaften" lautet *kandidat nauk*.

Frühe Prägung: Kindheit und Jugend

(S. 3f.) zu leben. 1936 schenkte ihr der Vater eine riesige Weltkarte, hängte sie über dem Kinderbett auf und verfolgte mit seiner Tochter allabendlich den Vormarsch der antifaschistischen Truppen und Internationalen Brigaden im Spanischen Bürgerkrieg. Die rote Baskenmütze auf dem Kopf, begrüßte Alekseeva ihre Spielkameraden auf dem Hof mit einem *¡no passeran!*. In der Kindertheatergruppe durfte sie in der Rolle eines spanischen Mädchens verkünden, es sei besser aufrecht zu sterben, als ein geknechtetes Leben zu führen. Der revolutionäre Elan ihrer Kindheit machte sie selbstbewusst: „Ich wusste, dass nach unserem Sieg die spanischen Kinder genauso glücklich leben würden wie ich. Wenn man acht Jahre alt ist und in dem besten Land der Welt lebt, dann möchte man, dass andere das eigene Glück teilen." (S. 10)

Eine andere Heldengeschichte ihrer Kindheit verstörte sie jedoch. In der Schule wurde Alekseeva wie den meisten Kindern ihrer Generation von Pavlik Morozov erzählt. Nach offizieller Darstellung hatte der junge Pionier seinen Vater an die Sicherheitsbehörden verraten, weil der mit den „Kulaken" konspiriert und Weizen versteckt hatte. Für seine Tat musste der Junge schwer büßen. Nach der Hinrichtung des Vaters wurde er vom „rückständigen" Mob aus Rache gelyncht.[7] Konnte Pavlik ein Vorbild sein? Nein, denn sie hätte ihre Eltern niemals verraten, beschloss die kleine Ljudmila (S. 10f.). Ihre Abneigung gegenüber Morozov ist für Alekseeva eine Konsequenz der Erziehung ihrer Großmutter, die ihr anstelle der Propagandabilder moralische Werte vermittelt habe: „Und manchmal, wie im Falle meiner instinktiven Ablehnung Pavlik Morozovs, widersprachen die alten Werte unmittelbar den neuen Ikonen." (S. 11)

An ihrer Großmutter *(babuška)* hing Alekseeva sehr. Sie schreibt ihr sogar einen größeren Einfluss zu als der Mutter:

> Ich weiß nicht, ob Genosse Stalin begriff, dass der neue sozialistische Mensch – der neue Mensch, der frei sein werde von den Überbleibseln bourgeoisen Individualismus – von einer Legion von Großmüt-

---

[7] Der politische Mythos von Pavlik Morozov entstand zu Beginn der Stalinzeit. Während der *perestrojka* zeigten Untersuchungen, dass der Tat des Jungen in Wirklichkeit eine Familientragödie zu Grunde lag: Aus Eifersucht hatte die Mutter den Sohn angestiftet, den Vater, einen verarmten Mittelbauern, zu denunzieren. Hierzu Svetlana Boym: Common Places: Mythologies of Everyday Life in Russia, Cambridge, Mass. 1994, S. 91. Zur Aufarbeitung von Geschichte und Mythos Pavlik Morozovs: Jurij Družnikov: Donosčik 001, ili voznesenie Pavlika Morozova, Moskau 1995.

tern aufgezogen wurde. Da unsere Mütter ihre Zeit auf der Universität und bei Komsomol-Versammlungen verbrachten, schaukelten die Großmütter sanft unsere Wiegen und sangen uns Lieder, die sie von ihren eigenen Müttern gehört hatten, in jener fernen Zeit, als die Bolschewiki gerade erst geboren wurden. (S. 11)

Großmütter wie ihre, gekleidet in traditionelle Bauerntracht, gehörten laut Alekseeva zum gewohnten Erscheinungsbild einer Siedlung wie Ostankino. Sie wurden von ehemaligen Dorfbewohnern, die in Moskau Arbeit und Wohnraum gefunden hatten, in die Stadt geholt, um auf die Kinder aufzupassen und im Haushalt zu helfen.[8] Aufgewachsen auf der kosmopolitischen Krim, tischte Alekseevas *babuška* die leckersten Speisen verschiedener Kulturen auf: Baba Ghanouj[9], Čebureki[10], gefilte Fisch[11]. Stets glänzte die Wohnung, die Wände wurden zweimal im Jahr gekalkt, die Wäsche wurde gebleicht und gestärkt. Ljudmila habe in ihren frisch gebügelten weißen Kleidchen wie eine „Erscheinung aus der Vergangenheit" ausgesehen (S. 11). Gleichwohl lehnte die Großmutter die Revolution nicht ab. Früh verwitwet, ohne Beruf und festes Einkommen hätte sie es in der Gesellschaft des Zarenreichs schwer gehabt, ihre Familie durchzubringen. Aber bei aller Zustimmung zur neuen Macht, unter der ihre Töchter sogar studieren durften, hielt die Großmutter an alten Prinzipien fest und ebnete ihrer Enkelin damit langfristig den Weg zur Befreiung von gesellschaftlichen Zwängen:

> Ein Kind, das unter der ungeteilten Fürsorge von Anetta Marietta Rozalija Janovna Sinberg [Name der Großmutter, A.S.] aufwuchs, konnte niemals ein Rädchen im Staatsgetriebe werden, noch konnten dies Tausende und Abertausende von anderen Kindern, die unter Aufsicht ihrer Großmütter aufwuchsen. Ganz gleich wie viel Mühe wir uns gaben, in das System zu passen, jeder von uns war nun einmal verschieden. Am Ende ließen wir schließlich die Versuche sein, uns einzupassen und wurden stattdessen wir selbst. (S. 12)

---

[8] Zur Landflucht und der Situation in den davon betroffenen Großstädten: Diane Koenker: Urbanization and Deurbanization in the Russian Revolution and the Civil War, in: Journal of Modern History 57 (1985), S. 424–450.

[9] Auberginenpüree mit Sesam (aus der arabischen Küche).

[10] Fritierte, mit Fleisch gefüllte Teigtaschen (tatarisches Rezept).

[11] Eine Art Fischpastete, Spezialität der jüdischen Küche aus Polen, Südrussland und der Ukraine.

Frühe Prägung: Kindheit und Jugend

Um zu sich selbst zu finden, den kindlichen Glauben an das Sowjetsystem abzulegen und eine „neue Ethik" (S. 5) zu entdecken, mussten die Kinder ihrer Generation eine lange Zeit des Zweifelns, des Suchens und des Schreckens durchleiden. Das Jahr 1937 stand bevor. Es bedeutete für Ljudmila Alekseeva eine tiefe, wenngleich unbestimmte Erschütterung. Ihr kindliches Glücksgefühl wurde verunsichert, ihr Selbstbewusstsein begann zu schwinden. Anfang 1937 zog die Familie samt Großmutter in eine geräumige Wohnung im Zentrum Moskaus. In diesen Jahren war eine eigene Stadtwohnung eine große Ausnahme. Die meisten Familien lebten in Kommunalwohnungen, Baracken oder *izbas,* kleinen bäuerlichen Holzhäusern ohne Bad und Toilette. Die nun zehnjährige Ljudmila fand sich im Luxus wieder. Die Wohnung besaß Parkettböden, eine große Küche, einen Gasherd, eine Zentralheizung, fließendes Wasser und ein WC, sie bot einen wunderbaren Blick über die Dächer Moskaus. Jeden Morgen wurde der Vater von einem Chauffeur zur Arbeit gefahren.

Alekseevas Familie verdankte das neue Zuhause nicht nur der einflussreichen Stellung des Vaters, sondern auch der Verhaftung des vormaligen Mieters, eines hohen Funktionärs und Kollegen des Vaters beim *Centrosojuz.* Er sollte nicht der einzige Bewohner des fünfstöckigen Wohnkomplexes bleiben, der verhaftet wurde. Immer wieder verschwanden Menschen aus der Nachbarschaft, nachts waren dann schwere Schritte zu hören, Schreie und Türenknallen. Einige Tage danach zogen neue Familien ein. Alekseeva erinnert sich nicht, dass ihr das plötzliche Verschwinden der Nachbarn zu denken gegeben hätte. Sie glaubte immer noch, in dem besten Land der Welt zu leben: „Die Zeit war nicht reif, die Wahrheit zu sehen." (S. 13) „Ich muss gespürt haben, dass jeder in Gefahr war und dass Fragen die Gefahr nur näher brachten. Indem ich keine Fragen stellte, schützte ich mich selbst und meine Eltern." (S. 14) Sie erklärte sich die Vorgänge als Teil des Klassenkampfes, dessen Wüten die Menschheit ausgesetzt sei wie den Naturgewalten. Die Zeitungen vermittelten ihr, dass es um die Bekämpfung von Spionen und Verrätern gehe, die im Verbund mit ausländischen Mächten die Errungenschaften des Sozialismus zunichte machen wollten. Alekseeva weiß heute nicht mehr, ob sie auch ihre Nachbarn für solche Spione und Volksfeinde hielt, meint jedoch, es hätte der Verhaftung ihrer eigenen Eltern bedurft, dass sie die Zeitungspropaganda angezweifelt hätte (S. 14). Ihr Vater entkam diesem Schicksal nur knapp. Beim *Centrosojuz* wurden 1937 fast dreihundert Mitarbeiter festgenommen und einer großangelegten Verschwörung angeklagt. Der Leiter der Behörde sagte aus, an der Ermordung

Ljudmila Alekseeva im Alter von elf Jahren

Kirovs beteiligt gewesen zu sein und einen Anschlag auf Stalin geplant zu haben. Ferner sei er als Doppelagent für einen zarentreuen Geheimdienst und Hitlerdeutschland tätig gewesen. Als Chef des *Centrosojuz* habe er sich darüber hinaus der Sabotage schuldig gemacht, indem er dafür sorgte, dass Butter mit Nägeln und Glasscherben verrührt und fünfzig Waggonladungen mit Eiern zerstört wurden (S. 16f.). Alekseevas Vater habe glaubhaft machen können, dass die konspirativen Treffen seiner Kollegen ohne ihn abgelaufen waren. Wegen „mangelnder Wachsamkeit" wurde er lediglich entlassen und aus der KP ausgeschlossen, erhielt jedoch nach zwei Jahren wieder die Parteimitgliedschaft und bekam die Leitung einer Fabrik übertragen.

Wiewohl ihre eigene Familie von den Verhaftungen verschont blieb, bezeichnet Alekseeva jenes Jahr 1937 als das Ende ihrer glücklichen Kindheit. Plötzlich habe sie sich fremd und einsam gefühlt, kein Kind wollte mehr mir ihr reden. „Warum hatte ich keine Freunde? Ich machte mich selbst dafür verantwortlich. Ich war zu groß. Ich war zu unbeholfen. Ich war nicht genug. Ich war zu andersartig. Ich wollte gemocht werden." (S. 15) Mitverantwort-

Ljudmila Alekseeva 1989 in Washington

lich für das Gefühl, nicht geliebt zu sein, ist für Alekseeva die Mutter. Diese redete ihr hartnäckig ein, sie sei hässlich, damit sie nicht aus der Gemeinschaft hervorstach: „Sie versuchte nur, mich bescheiden zu machen. Ein kleines Mädchen, das glaubt, es sei hübscher als alle anderen, würde nicht in das Kollektiv passen." (S. 15). Diese „stalinistische Doktrin des Kollektivismus" (S. 4) überschattete ihre Kindheit. Sie erzählt, sie habe sich alle erdenkliche Mühe gegeben, sich in das Kollektiv zu fügen, mit ihrem kindlichen Verstand habe sie jedoch nie genau verstanden, was mit dem „Kollektiv" gemeint war. Es sei so abstrakt gewesen, dass es sich ihrer Vorstellungskraft entzog (S. 12). Aufschlussreich ist, dass der Anpassungsdruck an das Kollektiv ausgerechnet von der Mutter ausgeht, denn ansonsten taucht die Mutter in den Erinnerungen an die frühe Kindheit kaum auf. Sie wird in erster Linie als abwesendes Familienmitglied geschildert. In der Wahrnehmung der Tochter widmete die Mutter ihre Zeit vor allem dem Beruf und der Partei. Dies habe dazu geführt, dass Alekseeva in der Kindheit keine enge

Beziehung zu ihr hatte: „Da ich von meiner Großmutter aufgezogen wurde, war mir Mutter lange Zeit ein Rätsel." (S. 21) Erst im Krieg, als Mutter und Tochter in eine Kleinstadt östlich der Wolga evakuiert wurden, hätten sie sich näher kennen gelernt (S. 21).

Ihren Vater hingegen beschreibt Alekseeva als denjenigen, der neben der Großmutter maßgeblichen Einfluss auf ihre geistige Entwicklung nahm. Er war es, der die große Weltkarte mit nach Hause brachte und seine Tochter zu imaginären Reisen in ferne Länder einlud, nicht nur zu den Kämpfen in Spanien, sondern auch zu den Beuteltieren und Eukalyptusbäumen Australiens und den Vulkanen, Gletschern und Geysiren Islands (S. 16). Er erzählte ihr Volkssagen und schenkte ihr Bücher. Unter seiner Anleitung lernte sie alle acht Kapitel von Puschkins *Eugen Onegin* auswendig und rezitierte sie gemeinsam mit dem Vater (S. 14). Unter seinem Einfluss entdeckte sie die Literatur und begann, alle Klassiker zu lesen, die ihr in die Hände kamen: *Krieg und Frieden, Anna Karenina, Ivanhoe, Madame Bovary, Die drei Musketiere*. Einen besonderen Eindruck hinterließen Aleksandr Gercens (Herzens) Erinnerungen *Erlebtes und Gedachtes*[12], ebenfalls ein Geschenk des Vaters. Stundenlang führte Gercen sie durch die gewundenen Gassen des Moskauer Arbat-Viertels und ließ vor ihrem inneren Auge die vorrevolutionäre Zeit wiederauferstehen. Sie träumte, wie vor den herrschaftlichen Häusern, die inzwischen unzählige Familien in riesigen Kommunalwohnungen beherbergten, schneidige Offiziere in prächtige Kutschen einstiegen und ihre in Seide und Samt gehüllten Damen zum Ball geleiteten (S. 13). Die wunderbare Welt der Bücher und Geschichten bot Alekseeva eine Möglichkeit, der beängstigenden und unverständlichen Realität zu entfliehen (S. 15). Bezeichnenderweise war dies gleichzeitig auch eine Flucht in die Vergangenheit, in die vorrevolutionäre Zeit.

Diese Erinnerungen an ihre frühe Kindheit stellen in der Autobiographie Ljudmila Alekseevas die Basis für ihren weiteren Lebensweg dar. Schritt für Schritt emanzipiert sie sich nun vom unwissenden, ahnungslosen und angepassten Kind zum freien und selbstbestimmten Individuum.

---

[12] Die Erinnerungen Aleksandr Gercens (1812–1870) *Byloe i dumoe* erschienen in russischer Sprache ab 1854, in vollständiger Ausgabe erstmals 1946. Deutsche Ausgabe: Alexander Herzen: Erlebtes und Gedachtes, Leipzig 1981.

Frühe Prägung: Kindheit und Jugend

Eine Jugend im Krieg

Während für Alekseeva das Jahr 1937 lediglich eine Verunsicherung darstellte, der keine unmittelbare politische Einsicht folgte, verhält es sich mit dem zweiten einschneidenden Erlebnis in ihren Erinnerungen anders. Der „Große Vaterländische Krieg" (1941–1945) wird zu einem ersten Meilenstein in ihrer Entwicklung zur mündigen Bürgerin. Obwohl Alekseevas geliebter Vater fiel – er gehörte der bei Leningrad eingeschlossenen 2. Armee an –, schildert sie den Krieg als Zeit der Selbstfindung, des Lernens und des ersten Verständnisses der Welt. Bald nach Beginn der deutschen Invasion wurde Alekseeva wie viele andere Kinder aus Moskau evakuiert, zunächst nach Kasachstan, später in die Industriestadt Iževsk östlich der Wolga, wohin auch ihre Mutter gebracht worden war. Dort verfolgte sie täglich die Meldungen über den Krieg im Radio. In tiefem Glauben an die Unbesiegbarkeit der Roten Armee aufgewachsen, erwartete sie einen raschen Sieg. Doch weshalb meldeten die Radiosender nur Niederlagen und Rückzüge? Wie konnte es passieren, dass die deutschen Truppen im Oktober 1941 vor Moskau standen? Das erste Mal in ihrem Leben wurde die dreizehnjährige Ljudmila Alekseeva von Zweifeln geplagt:

> Die Rote Armee war doch der Stützpfeiler der fortschrittlichen Welt. Sie war unbesiegbar. Meine Eltern sagten mir das. Ebenso taten dies meine Lehrer und unzählige Lieder, Reden und Filme […] Das erste Mal fragte ich mich, ob es möglich sei, dass meine Eltern, meine Lehrer, die Filme, Lieder und Reden einfach unrecht hatten. Der Sieg war uns nicht sicher. Die sowjetischen Streitkräfte waren nicht unbezwingbar. Alles fiel auseinander. (S. 19)

Es waren produktive Zweifel, die zu Alekseevas Reifung beitrugen. Erstmals fühlte sie sich als selbständig denkendes und verantwortliches Mitglied der Gesellschaft: „Ich hatte zu handeln. Ich hatte als Individuum zu handeln. Unsere Führer hatten sich getäuscht. Sie brauchten uns. Sie brauchten die Öffentlichkeit. Indem wir das begriffen, wurden wir Staatsbürger." (S. 19) Ohne Erlaubnis der Mutter verließ sie die Schule und meldete sich freiwillig beim Komsomol, um zu einer kriegswichtigen Arbeit eingeteilt zu werden. Zusammen mit anderen Schülerinnen und Schülern musste sie einen Verwundetentransport betreuen und die Kranken vom Zug ins Lazarett tragen. Anfänglich wurde sie ohnmächtig vom Gestank des verwesenden Fleisches und den Schmerzensschreien der Verwundeten, aber ihre Überzeugung half ihr, die Aufgabe zu bewältigen. „Ich war eine Staatsbürgerin, und ich hatte Pflichten." (S. 22) Bestärkt wurde sie durch die Kriegspropaganda. Am 27.

Von der Küche auf den Roten Platz

Januar 1942 machte die *Komsomol'skaja Pravda* mit folgender Geschichte auf: „*Tanja, ein neunzehnjähriges Mädchen aus Moskau, wurde nach einem Sabotageakt von deutschen Soldaten gefasst. Sie hatte Telefonleitungen gekappt und Pferdeställe in Brand gesetzt. Doch selbst nach grausamsten Folterungen verriet sie keinen einzigen Kameraden ihrer Guerillatruppe. Vor ihrer Hinrichtung wandte sie sich noch vom Fuß des Galgen aus an die Einwohner des Dorfes: ‚Lebt wohl Genossen! Kämpft, habt keine Angst! Stalin ist mit uns!' Den Deutschen aber rief sie zu: ‚Ihr werdet mich jetzt aufhängen, aber ich bin nicht allein. Wir sind zweihundert Millionen, und Ihr könnt uns nicht alle aufhängen. Mein Tod wird gerächt werden.'*" (S. 20) Neben dem Bericht war eine Fotografie von dem gehenkten, nackten Mädchen abgedruckt. Allmählich drangen mehr Informationen über die Partisanin an die Öffentlichkeit. Tanja war nur ein Deckname, sie hieß eigentlich Zoja Kosmodemjanskaja (1923–1941) und ist jedem ein Begriff, der eine sowjetische Schule besucht hat. Im Gegensatz zu Pavlik Morozov fand Ljudmila Alekseeva aber in Zoja eine Identifikationsfigur.[13] Sie wurde zur Richtschnur ihrer Reflexionen. Voller Bewunderung fragte sie sich, wie sie selbst sich wohl unter der Folter verhalten hätte. Hätte sie die Freunde preisgegeben? Wäre sie bereit gewesen, ihr Leben hinzugeben? Wenn sie allein gewesen wäre wie Zoja, so Alekseeva, dann hätten die Feinde sie vielleicht brechen können, aber in der Gruppe, zusammen mit den Kameraden, wäre sie fest geblieben und hätte niemals aufgegeben (S. 20).

Mit diesen Überlegungen meldete sich Alekseeva zum Fronteinsatz. Als Soldatin durfte sie nicht dienen, da sie noch nicht volljährig war. Statt dessen kehrte sie im Frühjahr 1943 aus der Evakuierung nach Moskau zurück und half beim Bau der Moskauer Metro. In Staub und Dunkelheit schob sie Waggonladungen von Bauschutt aus dem Tunnel. „Es war eine harte Arbeit, aber die Zeiten verlangten nichts weniger. Seltsamerweise hörte ich auf, mich anders zu fühlen. Jeder um mich herum arbeitete genauso hart. Wir waren Staatsbürger, und das erste Mal seit meiner Kindheit hatte ich das Gefühl dazuzugehören." (S. 23)

Die Zeiten des Krieges und des Patriotismus verhalfen Alekseeva demnach, ihren Komplex des Andersseins und der Fremdheit zu überwinden.

---

[13] Für die Konstruktion und Dekonstruktion der Heldin Zoja Kosmodem'janskaja: Rosalinde Sartorti: On the Making of Heroes, Heroines, and Saints, in: Richard Stites (Hrsg.): Culture and Entertainment in Wartime Russia, Bloomington/Indianapolis 1995, S. 176–193. Zur Identifikationsfigur Zojas siehe auch Attwood, Creating the New Soviet Woman, S. 139–144.

Frühe Prägung: Kindheit und Jugend

Trotz des schrecklichen Hungers habe sie nachts wunderbare Träume gehabt, von einer Gemeinschaft junger, gesunder, schöner Menschen, in der sie sich geborgen und aufgehoben fühlte (S. 23). Einstweilen legte sie den Konflikt mit dem Kollektiv bei. Man musste zusammenhalten und seine Bürgerpflicht tun. Zum Tag des Sieges am 9. Mai 1945 notiert sie:

> Jeder von uns hatte einen kleinen Sieg errungen, und zusammen addierten sie sich zu einem großen [...]. Vor dem Krieg waren wir dazu erzogen worden, uns selbst zu hassen, Pavlik Morozov zu verehren und so „sowjetisch" zu sein wie alle andern auch. Aber ein „Kollektiv" von gesichtslosen Menschen hätte den Krieg nicht gewinnen können. Zoja war nicht gesichtslos, und ebenso wenig war es mein Vater. Sie beide handelten als Staatsbürger. Sie brauchten keine Befehle, um ihr Äußerstes zu geben. (S. 28)

Nicht zuletzt wurde der Gegensatz von Individuum und Kollektiv in ihrer Wahrnehmung während des Krieges dadurch gemildert, dass Alekseeva in Form der Poesie neue geistige Nahrung erhielt. Hatten sie als Kind vor allem Erzählungen aus der vorrevolutionären Zeit fasziniert, so war es gerade die Gegenwärtigkeit der Kriegslyrik, die sie nun ansprach. Die Zeitungen waren voll von Gedichten Konstantin Simonovs (1915–1979), Boris Sluckijs (1919–1986), Aleksandr Tvardovskijs (1910–1971) und anderer, die das Leben im Krieg thematisierten. Sie waren mitreißend, patriotisch und handelten von der Realität, von Menschen, nicht von abstrakten Klassenkämpfen (S. 24). Zudem lockerten sich im Krieg die Zensurbestimmungen. Alekseeva schwärmt von langen Streifzügen durch die Moskauer Antiquariate, wo sie Bücher fand, die in den dreißiger Jahren verboten gewesen waren und nun wieder auftauchten. Eines Tages stieß sie auf einen Gedichtband Anna Achmatovas (1889–1966)[14]. Der Name war ihr kein Begriff, die Lyrik sprach ihr aber aus dem Herzen: „Achmatova, wer immer sie war, verstand die Unbeholfenheit meines Lebens. Es kam mir vor, als sei sie zugegen, wenn meine Mutter mir erzählte, ich sei nicht hübsch. Es war, als verstünde sie meine Versuche, jemand anderes zu sein, wie Zoja zu sein." (S. 27)

---

[14] Anna Achmatova hatte schon 1922 aufgrund „bürgerlicher Dekadenz" Publikationsverbot erhalten. Von 1940 an durfte die Lyrikerin wieder veröffentlichen. 1946 gerieten ihre Werke erneut auf den Index. Sie wurde aus dem Schriftstellerverband ausgeschlossen, 1956, im Zuge des „Tauwetters" aber wieder aufgenommen. Nach Stalins Tod durfte sie einen Teil ihrer Werke publizieren.

Von der Küche auf den Roten Platz

Die alten Ängste kehrten zurück, die Gefühle, unbeholfen zu sein, hässlich zu sein und nicht dazuzugehören. Während des Krieges schienen sie aufgehoben, zu seinem Ende hin musste Alekseeva jedoch feststellen, dass sich ihr Verhältnis zur Gesellschaft nicht wie erhofft verändert hatte: Im April 1944, auf dem Weg zu einer Dichterlesung, beobachtete sie zufällig, wie eine Schar deutscher Kriegsgefangener durch Moskau getrieben wurde. Vielleicht befand sich der darunter, der ihren Vater erschossen, vielleicht auch der, der Zoja gefoltert hatte? Alekseeva hatte viele Gründe, die deutschen Soldaten zu verabscheuen. Aber sie empfand keinen Hass, nur Mitleid, denn sie boten einen erbärmlichen Anblick, humpelnd, zerlumpt, verkrüppelt, die Wunden mit schmutzigen Bandagen verbunden. Die Menge hingegen grölte und johlte, verhöhnte die jammervollen Gestalten. Alekseeva verfluchte sich selbst dafür, dass sie den Zorn ihrer Mitbürger nicht teilen konnte und betrachtete ihr Mitgefühl als fehlende Entschlossenheit. „Der Krieg ging seinem Ende zu, und nun, wieder einmal, fühlte ich, dass ich anders war." (S. 26) Ihre Erinnerung an diese Jahre wird erneut von Zweifeln, Selbstzweifeln, Einsamkeit und Isolation dominiert:

> Das Ende des Krieges bereitete unseren Zweifeln kein Ende und milderte nicht unsere vagen Vorstellungen, dass irgend etwas fehlte. Ich war nicht glücklich, und ich kannte niemanden, der es war. [...] Könnte es sein, dass mit unserem System etwas nicht stimmte, oder mit unseren Führern, oder mit mir persönlich? Warum hatte ich solche Gefühle, die ich nicht mit andern teilen konnte? (S. 3f.)

Vorüberlegungen zur Deutung von Kindheitsmustern am Beispiel Alekseevas

Die Kindheitserinnerungen Alekseevas lassen es als logische Entwicklung erscheinen, dass sie, die Tochter aus einem gut situierten parteiloyalen Elternhaus, letzten Endes in den Dissens zum System geriet. Inwiefern war die kleine Ljudmila als Kind von sechs Jahren jedoch tatsächlich in der Lage, im Aufeinandertreffen von Pavlik Morozov und der Großmutter die Kollision zweier Wertesysteme zu erkennen? War sie schon als junges Mädchen davon unterrichtet, welches Schicksal die Belegschaft ihres Vaters 1937 erlitten hatte? Resultierte ihr patriotisches Engagement während des Krieges aus dem Bewusstsein, nicht länger Rädchen im Getriebe, sondern selbständig handelndes Mitglied des Gemeinwesens zu sein? Die Weitsicht der Autorin mutet unwahrscheinlich an.

Die Erinnerungen an die Kindheit werden überformt von späteren Deutungsmustern. Selbst wenn die Verfasserin versucht, ihre kindliche Perspektive wieder einzunehmen, so kann ihr dies aufgrund der nachfolgenden Erfahrungen nicht mehr gelingen. Alekseeva deutet ihre Kindheit mit dem Verstand einer Erwachsenen und projiziert spätere Wahrnehmungsmuster auf die kindliche Welt. In die Erinnerung an das Erlebte mischen sich gelesene und gehörte Informationen. Es ist nicht nachvollziehbar, welchen Episoden ein tatsächliches Erlebnis zugrunde liegt und an welchen Stellen es sich um „importierte"[15] Erinnerungssequenzen handelt.

Die Erinnerung und ihr Aufschreiben oder Erzählen dienen dazu, dem eigenen Leben einen Sinn zu verleihen. Die Geschichte Alekseevas handelt von einer Emanzipation vom System. Sie ist so strukturiert, dass ihre spätere Rolle in der Gesellschaft plausibel wird. Einen Teil ihres Lebens verbrachte die Autorin als loyale Kommunistin. Nach dem Studium der Geschichte wurde sie Parteimitglied und erlangte eine gut dotierte Stellung in einem Wissenschaftsverlag. Dann jedoch wandelte sie sich. Sie schloss sich der Oppositionsbewegung an und trat in Gegnerschaft zum Staat. Ihre Lebensgeschichte spaltet sich also in zwei Teile. In der Mitte steht die „Konversion". Da eine kohärente Lebensgeschichte maßgeblich für die konsistente Identität eines Menschen ist, muss das Vorher mit dem Nachher logisch verknüpft werden.[16] „Gelingt es dem Autobiographen, zwei zunächst getrennte Lebensphasen oder Lebensbereiche in eine biographische Gesamtsicht zu integrieren, bietet sich die erlebte Lebensgeschichte wieder als einheitliche und zusammenhängende dar."[17] In einer typischen Konversionsgeschichte werden Konflikte zwischen der ersten und der zweiten Lebensphase aufgelöst, indem Verbindungslinien zwischen dem Davor und dem Danach gezogen werden. Die Konversion stellt einen „Interpretationspunkt"[18] des zuvor Erlebten dar. Das bedeutet, dass nach Gründen für frühere Überzeugungen und Werte gesucht wird und dass das Leben vor der Konversion so dargestellt wird, als würde es linear auf den Bekehrungsmoment hinführen.[19] Beispielsweise werden spätere Erkenntnisse vorweggenommen oder zurückdatiert.

---

[15] Für den Ausdruck Welzer, kommunikatives Gedächtnis, S. 40.
[16] Rosenthal, Erlebte und erzählte Lebensgeschichte, S. 123–130 sowie S. 158–165.
[17] Rosenthal, Erlebte und erzählte Lebensgeschichte, S. 162.
[18] Ebenda, S. 154.
[19] Ebenda, S. 162–165. Als Beispiel schildert Rosenthal die Geschichte eines überzeugten Anhängers der NSDAP, der sich später der Bekennenden Kirche anschloss.

Von der Küche auf den Roten Platz

Die teleologische Gestaltung der Lebensgeschichte resultiert aber nicht nur aus dem psychologischen Bedürfnis, dem eigenen Leben durch Kohärenz einen Sinn zu verleihen. Die Struktur ergibt sich ebenso aus der Gattungskonvention, denn die Autobiographie Alekseevas weist zahlreiche Parallelen zu russischen Memoiren einer älteren Generation auf. Als Vorlage für ihre eigenen Erinnerungen konnte Alekseeva aus einem Fundus literarischer Vorbilder schöpfen. Sie erwähnt selbst, welch großen Eindruck Aleksandr Gercens Memoiren auf sie machten (S. 13). Die Struktur der Autobiographie Alekseevas lässt sich mit seinem *Erlebten und Gedachten* durchaus vergleichen. Von der privilegierten Tochter aus der gesellschaftlichen Elite wird Alekseeva zur Kämpferin gegen das System, zur politisch Verfolgten und schließlich zur Exilantin. Hier werden die Elemente der hagiographischen Tradition sichtbar.[20] Im Gegensatz zu den Heiligen verläuft Alekseevas Entwicklung allerdings nicht vom Unglauben zur Bekehrung und Verfechtung des Glaubens, sondern umgekehrt: vom Glauben an den Kommunismus über den Zweifel und die Erkenntnis zum politischen Kampf. Die meisten der dissidentischen Lebensgeschichten sind nach diesem Muster strukturiert. So schreibt Raisa Orlova – ebenfalls stellvertretend für ihre Generation: „Im Großen und Ganzen glichen sich unsere Wege, bei Zigtausenden unserer Landsleute war es wohl der gleiche Weg, von der Unwissenheit zum Wissen, vom Glauben zum Zweifel, von der Naivität zur bitteren Nüchternheit."[21] Die Lebensgeschichten der Dissidentinnen spiegeln somit auch die Dialektik der revolutionären Autobiographie in der Tradition des 19. Jahrhunderts wider.[22]

Der Kindheit kommt im Text eine programmatische Funktion zu. Sie dient als Basis für die Konstituierung der Persönlichkeit und ihren späteren Lebensweg. Hier werden die „Weichen gestellt", von hier an entwickeln sich Gerechtigkeitssinn und soziales Gewissen, und möglicherweise regt sich schon erster Protest. Der Kindheit werden deutliche politische Konnotatio-

---

[20] Hoogenboom, S. 83–90. Für die Bedeutung der Hagiographie für die russische Memoirenliteratur siehe auch Kapitel 1.3, den Abschnitt „Autobiographien und Memoiren in ihrem kulturellen Kontext".

[21] Raisa Orlova (deutsche Schreibweise: Raissa Orlowa): Eine Vergangenheit, die nicht vergeht. Rückblicke aus fünf Jahrzehnten, München und Hamburg 1985, S. 321.

[22] Siehe Kapitel 1.3, den Abschnitt „Autobiographien und Memoiren in ihrem kulturellen Kontext".

Frühe Prägung: Kindheit und Jugend

nen eingeschrieben.[23] Ebenso wie ihre literarischen Vorbilder aus dem 19. und frühen 20. Jahrhundert versteht sich auch Alekseeva als Chronistin der Zeit.[24] Sie schildert ihre Geschichte vor dem Hintergrund der historischen Entwicklung. Strukturierende Ereignisse sind der Spanische Bürgerkrieg, das Jahr 1937 – stellvertretend für die stalinistischen „Säuberungsaktionen" zwischen 1936 und 1938 – und der Zweite Weltkrieg. Mit dem Hinweis, sie sei drei Jahre nach Stalins Machtübernahme geboren, stellt sie selbst ihr Geburtsjahr in Bezug zur Zeitgeschichte.

Nach eigener Darstellung reiht sich Alekseeva bewusst in die Tradition des autobiographischen Schreibens in Russland ein. In ihrem Vorwort thematisiert sie einen Konflikt mit ihrem Co-Autor um Inhalt und Gestalt ihrer Autobiographie. In dem Buchprojekt seien zwei unterschiedliche Schreib- und Lesekulturen aufeinander getroffen. Während es in der russischen Tradition üblich sei, die eigene Lebensgeschichte mit philosophischen und historischen Ausführungen anzureichern, erwarteten die amerikanischen Leser, „intime Details"[25] aus dem Privatleben des Autors. Obwohl das Buch auf Englisch erschien und sich vornehmlich an westliche Leser richtete, sträubte sich Alekseeva gegen eine Darstellung des Privaten. Im Spannungsfeld der beiden Kulturen entschied sie sich für die russische Tradition.[26]

2.2 Herkunft und Familiengeschichte der Dissidentinnen

In Inhalt und Struktur ist die Lebensgeschichte Ljudmila Alekseevas den Erinnerungen ihrer Mitstreiterinnen sehr ähnlich. Schon ihrer sozialen Herkunft nach ist ihre Geschichte repräsentativ. Auffällig viele spätere Oppositionelle wurden von loyalen Parteianhängern aufgezogen, die hohe Stellungen in Partei, Wirtschaft oder Wissenschaft besetzten: Iosif Bogoraz (1896–1985), der Vater Larisa Bogoraz', hatte eine leitende Stellung in der Staatlichen Planungskommission (*Gosplan*) der Ukraine inne und unterrichtete politische Ökonomie an den Universitäten Char'kov und Kiew, die

---

[23] Hoogenboom, S. 80.
[24] Siehe Kapitel 1.3, den Abschnitt „Autobiographien und Memoiren in ihrem kulturellen Kontext".
[25] Vorwort zu Alexeyeva, Thaw Generation, S. 2.
[26] Ebenda.

Elena Bonnèr im Alter von 17 Jahren

Mutter Marija Bruchman (1901–1950) wurde Dozentin für Geschichte an der Universität Char'kov. Beide Eltern hatten sich noch vor der Revolution den Bolschewiki angeschlossen und auf ihrer Seite im Bürgerkrieg gekämpft. Aus der Bürgerkriegsgeneration stammten auch die Eltern Elena Bonnèrs. Ihr armenischer Vater Gevork Alichanov (1897–1938)[27] war beteiligt an der Errichtung der Sowjetmacht in Armenien, dann Erster Sekretär des ZK der Kommunistischen Partei Armeniens, Funktionär in verschiedenen Parteiorganen Leningrads und Moskaus, vom Beginn der dreißiger Jahre an schließlich Leiter der Kaderabteilung der Komintern und Mitglied in deren Exekutivkomitee. Die Mutter Ruf (Ruth) Bonnèr (1900–1987), ebenfalls Bürgerkriegsteilnehmerin, arbeitete in den dreißiger Jahren am

---

[27] Genau genommen handelte es sich um ihren Stiefvater. Wie Bonnèr schreibt, habe sie von ihrem leiblichen Vater Levon Kočarov lange nicht gewusst. Sie betrachtete Alichanov stets als ihren Vater und auch er scheint sie als Tochter angenommen zu haben. Bonner, Mütter und Töchter, S. 80.

Elena Bonnėr, Moskau 1991 (Foto: dpa/SV-Bilderdienst)

Marx-Engels-Lenin-Institut in Moskau und im Moskauer Parteikomitee.[28] Auch der Vater Raisa Orlovas hatte verschiedene hohe Staatsämter inne. Als Wirtschaftsfachmann arbeitete er in den Volkskommissariaten für Lebensmittel und Verkehr, später in der Leitung des Staatsverlages.[29] Der Vater Dina Kaminskajas (geb. 1920) war bis zu den stalinistischen Säuberungen Direktor der Industriebank der UdSSR.[30] Irma Kudrovas (geb. 1929) Vater brachte es als Elektroingenieur bis zur Leitung der Leningrader Stadtwerke.[31] Der Vater Sof'ja Sokolovas (geb. 1933), ebenfalls ein Ingenieur, leitete eine Brotfabrik. Die Mutter war Ärztin in Kiew.[32]

Die meisten Dissidentinnen der Generation Alekseevas wuchsen im verhältnismäßig gebildeten städtischen Milieu auf. Auch materiell waren viele der Familien privilegiert. Wenn auch nicht so luxuriös wie Elena Bonnėr, die im berühmten Moskauer Hotel „Lux" in der damaligen Gor'kij-Straße[33] groß wurde, so lebten doch die meisten vergleichsweise komfortabel in eigenen Wohnungen. Die Eltern verfügten häufig über Dienstwagen mit Chauffeur und konnten es sich in der Regel leisten, Haushaltshilfen, Kindermädchen und sogar Köchinnen anzustellen.

Nur ein Teil der späteren Dissidentinnen stammte aus Familien, die bereits vor der Revolution zur akademisch gebildeten und wohlhabenden Schicht gehört hatten. So war der Großvater Tat'jana Velikanovas (geb. 1932) Professor für Römisches Recht an der Moskauer Universität[34], der Großvater Zoja Krachmal'nikovas (geb. 1929) Professor für Medizin an der Universität Char'kov[35]. Die überwiegende Zahl der Eltern verdankte den

---

[28] Bonner, Mütter und Töchter, S. 19. Für weitere biographische Angaben siehe auch die Kurzbiographie Elena Bonnėrs im Archiv der Sacharov-Stiftung, Moskau, Fond 2: Elena Bonnėr, Biografičeskaja spravka, S. 1.

[29] Orlowa, Vergangenheit, S. 31 und 161.

[30] Dina Kaminskaja: Als Strafverteidigerin in Moskau, Weinheim/Basel 1985, S. 27.

[31] Interview mit Irma Viktorovna Kudrova, St. Petersburg, den 1. März 2002.

[32] Interview mit Sof'ja Arnol'dovna Sokolova, St. Petersburg, den 15. Februar 2002.

[33] Heute heißt die Gor'kij-Straße wieder Tverskaja.

[34] Interview mit Tat'jana Michajlovna Velikanova, Moskau, den 6. Dezember 2001.

[35] Interview mit Zoja Aleksandrovna Krachmal'nikova, Moskau, den 1. Februar 2002.

Frühe Prägung: Kindheit und Jugend

sozialen Aufstieg erst der Oktoberrevolution.[36] Eine besonders beeindruckende Karriere gelang den Eltern Larisa Bogoraz':[37] Sie waren beide im jüdischen Ansiedlungsrayon[38] auf ukrainischem Gebiet aufgewachsen. Die Großeltern mütterlicherseits lebten auf dem Land und verdingten sich als Angestellte bei einem polnischen Gutsbesitzer. Durch die Revolution konnte Larisas Mutter, eine gelernte Schneiderin, ein Fernstudium absolvieren und Dozentin für Geschichte werden. Die Familie des Vaters war zwar etwas wohlhabender, aber die Kinder hatten wegen ihrer jüdischen Herkunft nur eingeschränkte Ausbildungsmöglichkeiten. Fast entschuldigend erläutert Bogoraz, dass sich viele junge Juden in der Hoffnung auf Chancengleichheit und soziale Gerechtigkeit vom Marxismus hätten verführen lassen. Im Zuge der anti-jüdischen Pogrome in der Ukraine 1919/20 habe sich der Vater einer jüdischen Selbstschutzorganisation angeschlossen, die später in der Roten

---

[36] Wie wir gesehen haben, entstammten Alekseevas Eltern dem Arbeitermilieu. Die Großeltern Galina Salovas waren Bauern. (Interview mit Galina Il'iniċna Salova, Moskau, den 19. und 22. Januar 2002). Die übrigen Eltern stammten im weitesten Sinne aus dem „Kleinbürgertum". Sie waren Handwerker, Händler oder Kaufleute (beispielsweise die Eltern von Larisa Bogoraz, Dina Kaminskaja, Irma Kudrova, Raisa Orlova, Natal'ja Sadomskaja und Sof'ja Sokolova). Zur sozialen Rekrutierungsbasis der Partei und der politischen Kultur der Aufsteigergeneration: Sheila Fitzpatrick: Education and Social Mobility in the Soviet Union 1921–1934, Cambridge 1979, S. 184–205; dies.: The Cultural Front. Power and Culture in Revolutionary Russia, Ithaca 1992, S. 149–162; Hans-Henning Schröder: Arbeiterschaft, Wirtschaftsführung und Parteibürokratie während der Neuen Ökonomischen Politik. Eine Sozialgeschichte der Bolschewistischen Partei 1920–1928, Wiesbaden 1982 [Forschungen zur osteuropäischen Geschichte, Bd. 31]. Zu den Reflexionen der Dissidentinnen über sozialen Aufstieg und dessen gesellschaftliche Folgen siehe auch die Ausführungen in Kapitel 3.2, im Abschnitt „‚Wer ist schuld?' (*Kto vinovat?*)".

[37] Bogoraz, Une femme en dissidence, S. 17–23.

[38] Der „Ansiedlungsrayon" (*ċerta osedlosti evreev*) geht auf Katharina II. zurück, die 1791 als Antwort auf Klagen Moskauer Kaufleute über die jüdische Konkurrenz verfügt hatte, dass Juden nicht in Innerrussland, sondern nur in den von Polen annektierten Gebieten und dem gerade eroberten „Neurussland" nördlich des Schwarzen Meeres siedeln durften. Formell wurde der Ansiedlungsrayon durch das 1804 erlassene „Statut für die Juden" (*položenie dlja evreev*) festgelegt. Er blieb bis zum Ende des Ersten Weltkrieges bestehen. Heiko Haumann, Geschichte der Ostjuden, S. 80–82; Manfred Hildermeier, Die jüdische Frage im Zarenreich. Zum Problem der unterbliebenen Emanzipation, in: Jahrbücher für Geschichte Osteuropas 33 (1984), S. 321–357, hier S. 330–335.

Armee aufging. Nach dem Sieg im Bürgerkrieg sei der Vater – mit einer Schulbildung von vier Jahren Cheder[39]! – zum Ökonomieprofessor aufgestiegen.[40]

Wie Bogoraz stammten viele spätere Dissidentinnen aus jüdischen Familien.[41] In ihren Erinnerungen thematisieren sie Diskriminierungen, denen ihre Vorfahren im Zarenreich ausgesetzt waren.[42] Aufgrund von Verfolgung und Benachteiligung hätten sie die Revolution begrüßt. Beispielsweise berichtet Sof'ja Sokolova, nach dem Bürgerkrieg und den Pogromen in der Ukraine seien sämtliche Familienmitglieder, glücklich über die Aufhebung des Ansiedlungsrayons, aus der Provinz nach Kiew gezogen und hätten dafür gesorgt, dass die Kinder gute Ausbildungen bekamen. „Und mein Vater wollte [...] gleich in die Partei eintreten, weil er dachte, jetzt wird alles gut."[43]

Die soziale Herkunft der Dissidentinnen unterschied sich nicht gravierend von der ihrer männlichen Mitstreiter. Auch unter den Männern in der Dissidenz gab es zahlreiche Söhne einflussreicher Parteianhänger, unter den prominentesten Petr Jakir (1923–1982), Sohn des 1937 hingerichteten Generals Jona Jakir (1896–1937),[44] und Pavel Litvinov (geb. 1940), Enkel

---

[39] Traditionelle Grundschule im europäischen Judentum, die in erster Linie den Knaben vorbehalten war. Der Lernstoff bestand im wesentlichen aus Thoralektüre, Hebräisch, Rechnen, Gebeten und Religionslehre.

[40] Bogoraz, Une femme en dissidence, S. 20.

[41] Jüdischer Herkunft waren zum Beispiel Elena Bonnėr, Raisa Orlova, geborene Liberson, Dina Kaminskaja, Sof'ja Sokolova geb. Ržavskaja, Zoja Krachmal'nikova, E. (Gespräch mit E., Moskau, den 7. Dezember 2001, die Zeitzeugin wollte ungenannt bleiben), Natal'ja Sadomskaja, Mal'va Landa (Interview mit Mal'va Noevna Landa, Moskau, den 3./4. Februar 2002), Irina Verblovskaja (Interview mit Irina Savel'evna Verblovskaja, St. Petersburg, den 16., 19. und 23. Februar 2002), Maja Ulanovskaja.

[42] Kaminskaja (russische Ausgabe), S. 8; Orlowa, Vergangenheit, S. 14; Bonner, Mütter und Töchter, S. 19; Interview Sokolova.

[43] Interview Sokolova. Zum Engagement von Juden in der revolutionären Bewegung und kommunistischen Partei: Haumann, Geschichte der Ostjuden, S. 190f. Auf die Haltung der späteren Dissidentinnen gegenüber ihrer jüdischen Herkunft wird im Zusammenhang mit der antisemitischen Kampagne in den späten vierziger Jahren ausführlicher eingegangen. Siehe Kapitel 3.1, den Abschnitt „Antisemitismus und jüdische Identität".

[44] Der Altbolschewik und Revolutionär Jona Jakir, militärischer Befehlshaber der Region Kiew, wurde im Frühjahr 1937 zusammen mit dem Vizekommissar für

Frühe Prägung: Kindheit und Jugend

des bekannten Volkskommissars für Auswärtige Angelegenheiten, ZK-Mitglieds und späteren Botschafters in den Vereinigten Staaten Maksim Litvinov (1876–1951). Jurij Orlov (geb. 1924) schildert, wie sein Vater, der in einem Dorf zwischen Moskau und Smolensk aufgewachsen war, erst in der elterlichen Landwirtschaft mitarbeitete, sich dann im Bürgerkrieg den Bolschewiki anschloss, zum Stolz der Familie nach Moskau ging, an einer Arbeiterfakultät (*rabfak*) studierte und Ingenieur wurde.[45] Orlovs Mutter, im Bürgerkrieg zum Straßenkind (*bezprizornik*) geworden, habe nach Bekanntschaft mit seinem Vater zunächst als Näherin in einer Fabrik gearbeitet, dann aber noch bis zum Doktorgrad (*kandidat nauk*) studiert.[46]

Ein Großteil der in diesem Kapitel zu Wort kommenden Dissidentinnen stammte aus der Generation der zwischen Anfang der zwanziger und Mitte der dreißiger Jahre Geborenen, aus Familien, die zur ersten „Aufsteigergeneration" nach der Oktoberrevolution gehörten. Einige unter ihnen erhielten als Juden nach jahrelanger Diskriminierungserfahrung endlich die Chance, den Beruf ihrer Wahl auszuüben oder eine qualifizierte Ausbildung zu absolvieren. Viele Eltern gelangten durch Revolution, Parteiengagement und neue Ausbildungschancen zu ansehnlichen Ämtern und Funktionen und verhielten sich der Partei gegenüber entsprechend loyal. Nach Darstellung der Zeitzeuginnen beeinflusste diese soziale Prägung nachhaltig ihr Weltbild in Kindheit und Jugendalter.

Verteidigung, Marschall Tuchačevskij und sechs weiteren hochrangigen Militärs samt ihren Frauen und Kindern festgenommen. Der damals vierzehnjährige Sohn Petr (1923–1982) verbrachte seine Jugend im Lager (1937–1951) und in der Verbannung (1951–1957). 1957 durfte er nach Moskau zurückkehren. In den sechziger Jahren fungierte er als eine der Schlüsselgestalten in der Dissidentenbewegung. Siehe die Erinnerungen Petr Jakirs an seine Kindheit und Jugend: Petr Jakir: Kindheit in Gefangenschaft, Frankfurt am Main 1972.

[45] Yuri Orlov: Dangerous Thoughts: memoirs of a Russian life, New York 1991, S. 22–40 und S. 59. (Deutsche Ausgabe: Ein russisches Leben, München 1994; russisch: Jurij Orlov Opasnye mysli. Memuary iz russkoj zizni, Moskau 1992). Im Folgenden wird die englische Ausgabe zitiert.

[46] Ebenda, S. 59.

TABELLE 2: BERUFE DER ELTERN[47]

Berufsgruppe	Väter	Anteil in Prozent	Mütter	Anteil in Prozent
Parteifunktionär/-in	24	18,9	6	10,5
Ingenieur/Techniker	24	18,9	7	12,2
Wissenschaft/Universität	22	17,3	11	19,3
Presse/Publizistik/Verlag	13	10,2	11	19,3
Militär	9	7,1	0	0
Lehrer/Lehrerin	7	5,5	5	8,7
Arbeiter/Arbeiterin	7	5,5	4	7
Arzt/Ärztin	6	4,7	2	3,5
Schauspiel/Film	3	2,3	4	7
Handwerker	5	3,9	2	3,5
Eisenbahner	4	3,1	0	0
Bauer/Bäuerin	3	2,4	3	5,2
Hausfrau/Hausmann	0	0	2	3,5
Erfasst	127	100	57	100

2.3 Selbst- und Weltbilder in Kindheit und Jugend

Kommunistische Überzeugung und revolutionäre Begeisterung

Fast alle Zeitzeuginnen betonen, wie enthusiastisch sie in der Kindheit dem Kommunismus sowjetischer Prägung anhingen: „Ich glaube an den Kommunismus."[48] „Ich war […] sehr sowjetisch gesinnt […]. In die Organisation der Jungen Pioniere trat ich mit sehr reiner Seele ein, ich hatte überhaupt

---

[47] Die Daten wurden auf Grundlage des von mir angelegten Personenverzeichnisses mit biographischen Angaben von 243 Akteurinnen und Akteuren erhoben. Zur Quellenbasis siehe 1.3, den Abschnitt „Quellen".
[48] Interview Kudrova.

Frühe Prägung: Kindheit und Jugend

keine Zweifel, das war für mich ein sehr glücklicher Moment."[49] „Ich war während der Schulzeit eine sehr aktive Pionierin und Komsomolzin und sehr überzeugt, das heißt meine Überzeugungen waren völlig kommunistisch. All die Propaganda, die es gab, das war auch die meine."[50] Elena Bonnėr beschreibt, wie sie nicht nur in dem festen Glauben aufwuchs, in dem besten Land der Welt zu leben, sondern auch in der Hoffnung, andere mit dem eigenen System zu beglücken: „Unser Land ist das beste der Welt, die ganze Welt bedarf unbedingt einer Welt-Revolution, ganz gewiss werden wir ‚unsere Welt, die beste aller Welten aufbauen'."[51] Wie bei Alekseeva wohnt dem kindlichen Glauben an den Kommunismus vielfach Schwärmerei und revolutionäre Romantik inne, vermittelt durch Propaganda und Kinderbücher, beispielsweise die Werke Gajdars[52] und *Kleine rote Teufel*, von denen Elena Bonnėr berichtet, sie sei fast eifersüchtig auf die Kinder gewesen, die für die Revolution sterben durften. Sie habe sich sehr gegrämt, damals noch nicht geboren gewesen zu sein und sich nicht mit ihnen für den Sieg der Arbeiterbewegung opfern zu können.[53] Das „Leben für die Sache der Arbeiterklasse hinzugeben" war auch Bestandteil des feierlichen Schwurs der Jungen Pioniere.[54] Außer von den ideologisch geprägten Büchern und den kommunistischen Jugendorganisationen wurde das Weltbild vor allem von den Eltern übernommen, die häufig Revolutions- und Bürgerkriegsmythen an die Kinder weitergaben.[55] Larisa Bogoraz etwa

---

[49] Interview Sadomskaja.
[50] Interview Velikanova. Siehe auch die Schilderungen der kindlichen Überzeugungen bei Bogoraz (Interview und Bogoraz, Une femme en dissidence, S. 30); Bonnėr, Mütter und Töchter, S. 309; Kaminskaja (deutsche Ausgabe), S. 17; Orlowa, Vergangenheit, S. 19, S. 24–26; Ulanovskaja (AS 1467), S. 1; Nina Lisovskaja, Biografičeskaja spravka, Archiv NIC Memorial, Moskau, Fond 101, opis 1, delo 327, Bl. 9; Interviews Krachmal'nikova, Landa, Verblovskaja.
[51] Bonner, Mütter und Töchter, S. 309.
[52] Sadomskaja bezeichnet seine Bücher als „sehr romantisch". Sie hätten die „wirklichen Ideale der Revolution" vermittelt. Interview Sadomskaja.
[53] Bonner, Mütter und Töchter, S. 128.
[54] Mal'va Landa: Avtobiographija, Manuskript ohne Datum (Ende der neunziger Jahre), Gabe der Autorin, eigener Besitz, S. 1.
[55] Das bezeugen: Bogoraz, Bonnėr, Krachmal'nikova, Orlowa, Sadomskaja, Salova. Zur prägenden Wirkung des Bürgerkrieges: Sheila Fitzpatrick: The Legacy of the Civil War, in: D. Koenker/W. Rosenberg/R. Suny (Hrsg.): Party, State and Society in the Russian Civil War: Explorations in Social History, Bloomington 1988;

Von der Küche auf den Roten Platz

war über das Leben ihrer Eltern während des Bürgerkriegs bestens informiert. Sie beschreibt, wie ihre Mutter als „rote Kommandantin" mit Lederjacke und Revolver in der Hand ausgesehen habe.[56] Maja Ulanovskaja (geb. 1932) erinnert sich daran, dass die Eltern zu Hause Revolutionslieder gesungen und abenteuerliche Geschichten von ihrer Zeit in der Revolutionären Bewegung erzählt hätten, von Untergrund, Verbannung, Flucht, Exil und schließlich Oktoberrevolution und Bürgerkrieg.[57] Angesichts des hohen persönlichen Einsatzes der Eltern stimmen die meisten Zeitzeuginnen darin überein, dass es ihnen während der Kindheit und Jugend nicht genug war, Überzeugungen anzuhängen, sondern dass das oberste Ideal der Einsatz für die gute Sache gewesen sei: „Die Revolution freilich [...], das war das Höchste. Die Revolutionäre waren der Inbegriff von mutigen, echten Menschen, und diejenigen, die sich nicht für Politik interessierten, waren Menschen zweiten Grades."[58] Die Zeitzeuginnen betonen, wie „gesellschaftlich aktiv"[59] sie waren und bezeugen, dass sie politisches Engagement als eine Selbstverständlichkeit betrachteten.[60] Neben der Begeisterung für die Revolution finden sich auffällig wenige Anmerkungen über Stalin, der doch als Vaterfigur in jedem Schulzimmer gegenwärtig war. Einzig die Mutter Maja Ulanovskajas erwähnt in ihren Memoiren, sie sei eines Tages von ihrer Tochter gefragt worden, wen die Kinder mehr lieben sollten – Stalin oder die Eltern.[61]

Identifikationsmoment und Grundlage für die weitere Entwicklung ist also die aufrichtige Begeisterung für die Revolution und den sozialistischen

---

Moshe Lewin: The Civil War: Dynamics and Legacy, in: ebenda, S. 399–423. Die Wirkungsmacht der Bürgerkriegsbilder wird ebenfalls von Daniela Tschudi immer wieder konstatiert: Tschudi, Auf Biegen und Brechen.

[56] Bogoraz, Une femme en dissidence, S. 19f.; mehr dazu in 2.4, im Abschnitt „Die Mutter".

[57] Ulanovskaja, S. 2. Ljudmila Alekseeva, die später mit Ulanovskaja gut befreundet war, bestätigt in ihren Erinnerungen, dass in deren Familie fortwährend Geschichten über die Zeiten von Konspiration, Revolution und Bürgerkrieg erzählt wurden. Alexeyeva, Thaw Generation, S. 111f.

[58] Interview Kudrova.

[59] Dieser Begriff wird gebraucht von Orlowa, Vergangenheit, S. 24; Interview Velikanova.

[60] Siehe die Zeugnisse von Bogoraz, Bonnèr, Krachmal'nikova, Kudrova, Landa, Orlova, Sadomskaja, Salova, Velikanova.

[61] Nadežda und Maja Ulanovskaja: Istoria odnoj sem'i, New York 1982, S. 302.

Frühe Prägung: Kindheit und Jugend

Aufbau. Einige Zeitzeuginnen stellen explizit einen Zusammenhang her zwischen dem späteren Leben als Dissidentinnen und ihren in der Kindheit erworbenen Idealen. Als entscheidende Vorprägungen für das Engagement im oppositionellen Milieu werden die frühen moralischen Ansprüche und die Glorifizierung des Einsatzes für eine gerechte Sache betrachtet. Diese Kindheitserfahrung, so Natal'ja Sadomskaja (geb. 1928), habe bewirkt, dass sie ein „aktiveres Leben"[62] lebte als andere. Ebenso führt Irma Kudrova ihr Engagement in der Dissidenz auf ihre Prägungen durch den „Revolutionskult"[63] und die Idealisierung des politischen Aktivismus zurück. In diesem Punkt ähneln sich die oppositionellen Erinnerungen von Männern und Frauen. Andrej Sinjavskij, der Sohn eines adeligen Sozialrevolutionärs, bezeichnet ein Aufwachsen im Geiste der „besten Traditionen der russischen Revolution […], in der Tradition des revolutionären Idealismus" als typisch für die Dissidenten. Sie seien durch ihre Kindheit disponiert gewesen, im Leben nach einem „höheren Sinn" zu suchen, nach Gerechtigkeit zu streben, nicht egoistischen, „bourgeoisen" Interessen zu folgen.[64]

Das Schwinden des Idealismus wird erst in den Erinnerungen späterer Generationen sowjetischer Dissidentinnen und Dissidenten deutlich. Vergleicht man die Lebensgeschichten unterschiedlicher Generationen, lässt sich ein Zusammenhang zwischen Erzählung und Erlebnishorizont erkennen, der vor allem vom Geburtsjahr beeinflusst ist: Raisa Orlova (Jahrgang 1918), die in den zwanziger Jahren Kind und unter Stalin Jugendliche war, fühlte sich länger als andere dem „Aufbau des Sozialismus in einem Lande" verpflichtet. Sie beschreibt ihre Jugend und die Studienzeit in leuchtenden Farben. Auf allem habe „ein Schimmer von Morgenröte, ein Glanz von Hoffnung" gelegen, und sie habe sich unendlich privilegiert geschätzt, der „ersten glücklichen Generation"[65] anzugehören. Die 1934 geborene Galina Salova hingegen teilte nach eigenem Bekunden längst nicht mehr die Begeisterung der „Aufbaugeneration". Sie sei, wiewohl Tochter linientreuer

---

[62] Interview Sadomskaja.
[63] Interview Kudrova.
[64] Alle Zitate stammen aus: Andrej Sinjavskij: Dissidentsvo kak ličny opyt, in: Sintaksis 15 (1986), S. 131–147, hier S. 134. Siehe auch Petr Grigorenko: Erinnerungen, München 1981; Lev Kopelev: Und schuf mir einen Götzen. Lehrjahre eines Kommunisten, München 1981; Sergej Kovolev: Der Flug des weißen Raben: von Sibirien nach Tschetschenien; eine Lebensreise, Berlin 1997; Orlov, Dangerous Thoughts; Andrej Sacharov: Mein Leben, München/Zürich 1990.
[65] Orlowa, Vergangenheit, S. 96.

und überzeugter Parteianhänger, schon als Kind und Jugendliche auf Distanz zu herrschenden Dogmen gegangen:

> Ich weiß nicht, wie ich es beschreiben soll. [...] Angesichts unserer [späteren, A.S.] kritischen Sicht auf die Wirklichkeit, kann ich sagen, dass sie irgendwie damals schon da war, nur vielleicht nicht sehr ausgeprägt, aber sie war auf jeden Fall schon da. Und es gab ein Streben danach auszusprechen, dass Lenin den Kommunismus doch anders ausgedacht hatte [...], dass er jetzt irgendwie verstümmelt ist.[66]

Unterschiedlich schildern die Zeitzeuginnen auch die Abkehr vom System. Bei den Älteren, etwa bei Raisa Orlova, ist es oft ein langer und bisweilen schmerzhafter Abschied von einem festgefügten, sicheren Weltbild:

> Den Glauben an den Kommunismus legte ich, richtiger: lege ich, anders ab, als seinerzeit den Glauben an Gott. Es gab keine plötzliche Erleuchtung. Es gab schwere Jahre, unerbittliche Fragen. Sehr oft hatte ich den Wunsch umzukehren, zurückzukehren aus der Leere, wo es nur Fragen ohne Antworten und gestürzte Idole gab. [...] Ich wäre gern heimgekehrt in die romantische Welt, in der die alten Revolutionslieder gesungen werden und die Revolution für irgend jemanden immer noch siegreich voranschreitet.[67]

Ihr gegenüber gleicht Salovas Weg in die Dissidenz eher einem Hineinwachsen, einer organischen Entwicklung ohne Eruptionen. Ihre Erinnerungen spiegeln Wahrnehmungsmuster wider, die bei Dissidentinnen jüngeren Jahrgangs verstärkt sichtbar sind. So berichten die in der zweiten Hälfte der dreißiger und der ersten Hälfte der vierziger Jahre Geborenen kaum noch von Enthusiasmus für Revolution, Bürgerkrieg und den Aufbau des Kommunismus.[68] Einige erwähnen zwar, bei den Pionieren und im Komsomol

---

[66] Interview Salova.

[67] Orlowa, Vergangenheit, S. 69. Siehe auch die Zeugnisse von Alekseeva, Bogoraz, Kaminskaja, Kudrova, Landa, Velikanova.

[68] Interviews mit Vera Iosifovna Laškova, Moskau, den 16. und 23. Januar 2002, Natal'ja Gorbanevskaja, Paris, den 9. Mai 2003, Arina Žolkovskaja-Ginzburg, Paris, den 10. Mai 2003, Bella Ulanovskaja, St. Petersburg, den 28. Februar 2002; Irina Grivnina, Popytka memuarov, in: Oktjabr' 1993, Heft 7, S. 144–152, hier S. 144f.; Andrej, Amalrik: Aufzeichnungen eines Revolutionärs, Berlin/Frankfurt am Main/Wien 1983, S. 13f. (russische Ausgabe: Andrej Amal'rik: Zapiski dissidenta, Moskau 1991; Vladimir Bukowski: Wind vor dem Eisgang,

Frühe Prägung: Kindheit und Jugend

gewesen zu sein, hätten dies aber ohne innere Überzeugung getan, eher weil es das „Übliche"[69] gewesen sei, wie wenn man von einer Klasse in die nächste versetzt worden wäre.[70] Die Jüngeren bezeichnen ihr Verhältnis zum Staat von Anfang an als distanziert[71], was teilweise mit einer politisch indifferenten oder apolitischen Lebenseinstellung einherging. Während Revolutions- und Bürgerkriegsmythen in den älteren Generationen noch bewahrt wurden, spielen sie bei den Jüngeren kaum eine Rolle. Sie haben die Anfangsphase der Sowjetunion weder selbst erlebt, noch ist diese Erfahrung im kommunikativen und kulturellen Gedächtnis verankert.[72] Demzufolge sprechen sie von einem sanften Weg in die Opposition, etwa Vera Laškova (geb. 1944): „Das geschah alles sehr unbewusst […], leicht, natürlich."[73] Wendepunkte oder Brüche habe es keine gegeben, ihr oppositionelles Engagement sei dem „Strom ihrer Entwicklung"[74] gefolgt.

Maurice Halbwachs postuliert, dass die individuelle Erinnerung stets von dem kollektiven Gedächtnis einer Gruppe geprägt wird. Hier fallen zunächst die generationsabhängigen Unterschiede in der Gestaltung der Kindheitserinnerungen auf. Zwar gehörten die Dissidentinnen spätestens ab Mitte der sechziger Jahre zu *einer* Gruppe, die verhältnismäßig abgeschottet vom Rest der Gesellschaft lebte, die Kindheitserinnerungen scheinen aber weniger vom Gruppengedächtnis als von der Zugehörigkeit zu einer bestimmten Generation abhängig zu sein. Im Vergleich wirken die Erinnerungen einer

---

Berlin 1978, hier S. 48–78 (russische Ausgabe: Vladimir Bukovskij: I vozvraščaetsja vetr ..., New York 1979). Eine exemplarische Lebensgeschichte aus der jüngeren Generation wird in Kapitel 7.2 im Abschnitt „Biographische Zugänge" beschrieben.

[69] Interview Laškova.
[70] Bukowski, Wind vor dem Eisgang, S. 78. Siehe auch die Zeugnisse von Laškova, Bella Ulanovskaja, Žolkovskaja-Ginzburg. Aus der jüngeren Generation berichtet einzig Gorbanevskaja davon, als Kind an den Kommunismus „geglaubt" zu haben. Gleichzeitig habe sie sich als Jugendliche sehr schnell von dem alten Glauben gelöst, leichter als die Vertreterinnen und Vertreter der älteren Generation. Interview Gorbanevskaja.
[71] Amalrik, Revolutionär, S. 13: Interviews Laškova, Žolkovskaja-Ginzburg.
[72] Zum kommunikativen und kulturellen Gedächtnis nach dem Konzept von Jan Assmann siehe Kapitel 1, den Abschnitt „‚Erfahrung' und ‚Diskurs', individuelle Erinnerung und ‚kollektives Gedächtnis'".
[73] Interview Laškova.
[74] Ebenda.

Generation relativ homogen. Der Erfahrungshorizont unterscheidet sich aber deutlich von Generation zu Generation. Anhand der generationsabhängigen Gestaltung der Kindheitserinnerungen wird auf der einen Seite deutlich, in welchem Maße die Erinnerung und Erzählung der Lebensgeschichte nicht nur von *kollektiven* Erinnerungsstrukturen und Diskursen abhängt, sondern auch von *individuellen* Erlebnissen und Prägungen. Auf der anderen Seite zeigt sich im Vergleich der Erinnerungstexte die generationsübergreifende teleologische Ausrichtung der Erzählung. Wird der kindlich-naive Glaube an den Kommunismus als Grundstein für den weiteren Weg geschildert, so ist bereits ersichtlich, dass die Lebensgeschichte auf die Konversion ausgerichtet ist. Damit erste und zweite Lebensphase miteinander in Beziehung stehen, werden frühe Episoden des Zweifelns in die Kindheitserinnerungen eingebettet.

Erste Zweifel

Geschichten, die sich mit Repressionen und Armut auseinandersetzen, belegen die frühen Zweifel. So erzählt Larisa Bogoraz, sie habe noch Erinnerungen an die Hungersnot, von der besonders die Ukraine in Folge der Kollektivierung der Landwirtschaft im Winter 1932/33 heimgesucht wurde.[75] An diesem Beispiel lässt sich nachvollziehen, wie Erinnerungen durch

---

[75] Bogoraz, Une femme en dissidence, S. 23f.; Interview Bogoraz. Die Gebiete, die von der Hungersnot am meisten betroffen waren, umfassten die gesamte Ukraine, einen Teil des Schwarzerdegebiets, die Ebenen des Dons und Kubans, den nördlichen Kaukasus und einen Großteil von Kasachstan. Die Agrarbegiete um Char'kov zählten zu den am stärksten betroffenen Gebieten. Hier lag die Sterblichkeitsrate zwischen Januar und Juni 1933 um das Zehnfache über dem Durchschnitt: 100 000 Todesfälle im Juni 1933 im Vergleich zu 9 000 im Juni 1932. Char'kov verlor innerhalb eines Jahres mehr als 120 000 Einwohner. Die Zahlenangaben nach N. Aralovec: Poteri naselenija v 30-e gody, in: Otečestvennaja istorija 1995, Heft 5, S. 135–145; N. Ossokina: Žertvy goloda 1933. Skol'ko ich?, in: Otečestvennaja istorija 1995/1, S. 18–26; V. Caplin: Statistika žertvy stalinisma, in: Voprosy istorii 1989, Heft 4, S. 175–181. Zum Themenkomplex Kollektivierung und Hungersnot stellvertretend für viele: Robert Conquest: The Harvest of Sorrow. Soviet Collectivization and the Terror-Famine, New York u.a. 1986; Stephan Merl: Die Anfänge der Kollektivierung in der Sowjetunion. Der Übergang zur staatlichen Reglementierung der Produktions- und Marktbeziehungen im Dorf (1928–1930), Wiesbaden 1985 [Veröffentlichungen des Osteuropa-Institutes München, Reihe Geschichte, Bd. 52]; Roman Serbyn/B. Krawchenko

Frühe Prägung: Kindheit und Jugend

späteres Wissen überformt werden: Bogoraz erklärt, dass die Kollektivierung in ihrem Geburtsjahr 1929 stattgefunden habe. Die Sowjetmacht habe die Bauern gezwungen, in Kolchosen einzutreten und jedes Körnchen Getreide abzuliefern.[76] Schon als Kleinkind habe die Zeitzeugin verstanden, dass ein Verbrechen vor sich gehe. Sie habe die verhungernden Menschen gesehen, Bauern, die entgegen der Verordnungen vom Land in die Stadt geflüchtet waren, wo sie in Scharen starben.[77] Tote mit aufgeblähten Bäuchen hätten die Straßen Char'kovs gesäumt.[78] Es habe Kannibalismus gegeben, Plakate hätten verkündet: „Sein Kind zu verspeisen ist ein Akt der Barbarei!"[79] Es ist sehr wahrscheinlich, dass die Hungernden und Toten auf den Straßen ihrer Heimatstadt sich tatsächlich nachhaltig in die Erinnerung des Kindes eingeprägt haben. Aber den Zusammenhang zwischen Hungersnot und Kollektivierung konnte es damals nicht verstehen. Im Alter von zwei Jahren war es weder dazu imstande Plakate zu lesen noch Verordnungen zu kennen. Im Nachhinein wählt Bogoraz diese Situation, um die ersten Zweifel am System auszudrücken und zu erläutern, wie diese ihr damals ausgetrieben wurden: Sie habe gelernt, die Opfer als notwendig zu betrachten, damit das Land erstarke und die Industrialisierung gelinge. Die Mutter habe ihr immer wieder versichert: „Wo gehobelt wird, fallen auch Späne!"[80]

(Hrsg.): Famine in Ukraine, 1932–1933, Edmonton 1986; Mark B. Tauger: The 1932 Harvest and the Famine of 1933, in: Slavic Review 50 (1991), S. 70–90; Osteuropa 54 (2004), Heft 12 (Themenheft: Vernichtung durch Hunger. Der Holodomor in der Ukraine und der UdSSR).

[76] Bogoraz, Une femme en dissidence, S. 23.
[77] Interview Bogoraz.
[78] Bogoraz, Une femme en dissidence, S. 24. Zu den Opferzahlen der Hungersnot Conquest, Harvest of Sorrow, S. 299–307, der von sieben Millionen Opfern spricht. Niedrigere Schätzungen bei Stephen G. Wheatcroft: More Light on the Scale of Repression and Excess Mortality in the Soviet Union in the 1930s, in: J. Arch Getty/Robert T. Manning (Hrsg.): Stalinist Terror. New Perspectives, Cambridge 1993, S. 275–290; Stephan Merl: Wie viele Opfer forderte die „Liquidierung der Kulaken als Klasse"?, in: Geschichte und Gesellschaft 14 (1988), S. 534–550.
[79] Bogoraz, Une femme en dissidence, S. 24. In den Erinnerungen von Dissidentinnen älteren Jahrgangs werde als erste negative Erlebnisse die Revolution respektive der – glorifizierte – Bürgerkrieg und dessen soziale Folgen angeführt. Interview Landa; Gespräch E.
[80] Die russische Variante lautet: *Les rubjat – ščepki letjat* (dt. „Wo man einen Wald fällt, fliegen Späne"), Interview Bogoraz.

Von der Küche auf den Roten Platz

In den darauf folgenden Passagen ihrer Memoiren macht Bogoraz ihre soziale Kritik am Schicksal ihrer Kinderfrau fest, dem ersten Opfer des Stalinismus, mit dem sie in Berührung kam.[81] Diese Kinderfrau, *njanja*, war als Tochter eines vermeintlichen „Kulaken" vor der Kollektivierung in die Stadt geflohen und musste ihre Familie auf dem Dorf zurücklassen. Sie erzählte Bogoraz von den schrecklichen Lebensbedingungen auf dem Land.[82] Auch Kudrova, Sadomskaja und Bonnèr berichten von solchen *njanjas*, durch die sie erstmals eine Ahnung von Repressionen und Armut in der Provinz bekommen hätten. So habe sich Natal'ja Sadomskaja mit ihrer Kinderfrau Wortgefechte über die Kollektivierung geliefert, bei denen sie selbst stets die Ansichten ihrer Mutter vertreten und Stalins Maßnahmen verteidigt habe. Eines Tages jedoch habe sie in der Tischschublade ihrer Kinderfrau einen Haufen krümeliger Zwieback- und Keksreste gefunden. Zur Rede gestellt, habe die *njanja* ihr weinend erklärt, dass sie diese Reste nach Hause schicke. Erst da habe Sadomskaja begriffen, dass es auf dem Land noch nicht einmal Brot gab.[83] Ebenso berichtet Bonnèr, wie sie zufällig davon erfuhr, dass sich die Familie ihrer Kinderfrau in einer Art „Strafsiedlung" oder „Verbannung" befand und dort nicht zuletzt mit der Unterstützung durch die Mutter und Großmutter Bonnèrs überlebte.[84] Gleichzeitig sei sie selbstverständlich mit dem Glauben aufgewachsen, bestimmte Gesellschaftsgruppen dürften zum Wohl des Volkes von den neuen Machthabern „erledigt" werden: „Gnädige", „NÖP-Männer", „Kapitalisten" und „Weißgardisten".[85] Wie Bogoraz und Sadomskaja lässt auch Bonnèr durchblicken, die Legitimität solcher Opfer sei von den Eltern, insbesondere der Mutter, vermittelt worden.

Aber nicht nur die Armut der Repressionsopfer wird in den Erinnerungen angesprochen, auch die eigenen Lebensverhältnisse. Natal'ja Sadomskaja beteuert, sie habe als Kind angefangen, die Lügen vom „guten Leben" zu hinterfragen. Sie und ihre alleinerziehende, beruflich erfolgreiche Mutter hätten für sowjetische Verhältnisse nicht schlecht gelebt, der Lebensstandard sei jedoch allgemein niedrig gewesen. Die Lektüre der russischen Klassiker habe sie das eigene Leben kritisch betrachten lassen. Ähnlich wie Alekseeva

---

[81] Siehe auch 2.4, den Abschnitt „Großmütter und Kinderfrauen"
[82] Bogoraz, Une femme en dissidence, S. 28.
[83] Interview Sadomskaja.
[84] Bonner, Mütter und Töchter, S. 129f.
[85] Ebenda, S. 166.

Frühe Prägung: Kindheit und Jugend

verschlang sie die vorrevolutionäre Literatur. Dort sei von schönen Villen und großzügigen Wohnungen, prächtigen Kleidern und Schmuck erzählt worden. Zwar habe sie immer wieder gehört, dass nur der Adel und die „Kapitalisten" so vornehm lebten, doch habe sie die Frage nicht losgelassen, welcher Lebensstandard wohl vor der Revolution geherrscht habe. Immer wieder habe sie in den Museen und den Klassikern der Literatur nach einer Auflösung des Widerspruches gesucht: Auf der einen Seite beschwor die sowjetische Propaganda den dank der Oktoberrevolution erreichten neuen Wohlstand, auf der anderen Seite lebten die Menschen ärmlich, zusammengepfercht in Kommunalwohnungen.[86]

Auch Larisa Bogoraz interessierte sich nach eigenem Bekunden in der Kindheit sehr für die vorrevolutionären Verhältnisse, die sie mit dem sowjetischen *byt*[87] der dreißiger Jahre verglich. Sie habe ja immer von ihren Eltern gehört, dass diese, aus armen jüdischen Familien stammend, nun zur wohlhabenden und privilegierten Elite gehörten. Eines Tages habe sich in der Küche ihrer Mutter ein kleiner Unfall ereignet, der sie diese Sicht radikal in Frage stellen ließ: Für den Winter habe die Mutter jeden Herbst eine Gans angeschafft. Aus ihren Erzählungen habe Larisa gewusst, dass sie diese Tradition aus ihrer „armen jüdischen Familie" übernommen hatte, die es sich anscheinend aber leisten konnte, jedes Jahr ein gutes Dutzend Gänse zu mästen. Die Mutter hatte aber nur eine einzige Gans. Als sie geschlachtet und verarbeitet wurde, sei der Mutter das heiße Einmachglas mit dem Schmalz aus der Hand gerutscht und in Scherben gegangen. Sie habe bittere Tränen geweint. „Auf einmal stellte sich mir die Frage, wer eigentlich arm, und wer reich ist [...]. Sie hatten zwölf Gänse, wir nur eine. Und diese war so wertvoll, dass es sogar Tränen gab."[88] Weiter führt sie aus, wie glücklich die Mutter über den Erwerb zweier neuer Tassen war, wo doch deren Familie ein wertvolles Porzellanservice besessen hatte. Ein noch größeres Ereignis sei es gewesen, als Larisa Bogoraz vom Großvater zwei Kleider aus echter Wolle geschenkt bekam.[89]

---

[86] Interview Sadomskaja.

[87] Der Begriff *byt* bezeichnet sowohl den Lebensstandard als auch alle Bereiche des Alltagslebens sowie Lebens- und Verhaltensweisen wie Sitten, Gewohnheiten und Bräuche: Scheide, Kinder, Küche, Kommunismus, S. 16f. In dem oben genannten Zusammenhang ist *byt* am ehesten mit „Lebensstandard" zu übersetzen.

[88] Interview Bogoraz.

[89] Ebenda.

Von der Küche auf den Roten Platz

In anderen Quellen ist ebenfalls von der Knappheit die Rede. Die meisten Zeitzeuginnen lebten zwar in vornehmen Wohnvierteln und durften in privilegierten Feriensiedlungen Urlaub machen, aber schöne Möbel, Kleider, Geschirr, Wurst und frisches Obst gab es entweder nicht zu kaufen oder das Geld reichte nicht. Bei Elena Bonnèr musste die Großmutter sogar das Tafelsilber und den Familienschmuck versetzen, um Kleidung für ihre Familie zu kaufen.[90]

Materielle und geistige Werte

Wenn einerseits der Mangel beklagt wird, so lassen die Quellen andererseits ein zwiespältiges Verhältnis gegenüber dem Besitz erkennen. Zwar freute sich die Mutter von Larisa Bogoraz über die neuen Tassen, gleichzeitig lehnte sie nach Aussage der Tochter die Anschaffung von Lampenschirmen und Vorhängen als „spießig" (*meščanski*) ab.[91] Aufhebens um die Wohnungseinrichtung galt auch im Hause Bonnèr-Alichanov als „spießig" und „bourgeois". Die Eltern hätten ausschließlich „beschämende Massenteller, -tassen, -gläser und Gabel und Löffel aus Aluminium"[92] besessen. Schon eine Blume auf dem Fensterbrett sei für die Mutter ein „anstößiges Objekt"[93] gewesen, berichtet Bonnèr, allerdings mit einem Augenzwinkern und lässt durchblicken, dass sie sich selbst auch nichts aus Möbeln, Kleidung und Luxusgegenständen macht.[94] Larisa Bogoraz war zwar glücklich über ihre Wollkleider, betont aber, sie habe nie Wert auf modische Kleidung gelegt und lobt sogar Stalin für die Einführung der Schuluniform, in der alle gleich gut oder schlecht gekleidet gewesen seien.[95] Mit erhobenem Haupt erzählt auch Raisa Orlova, dass es in ihrer Familie üblich war, Kleidung von einer Generation in die nächste zu vererben, so dass ihre jüngere Schwester ihr erstes eigenes Kleid mit zwanzig Jahren bekam.[96] Irma Kudrova nennt als einige der wenigen positiven Aspekte des Sowjetsozialismus „die Gering-

---

[90] Bonner, Mütter und Töchter, S. 294ff.
[91] Interview Bogoraz.
[92] Bonner, Mütter und Töchter, S. 292.
[93] Ebenda, S. 48.
[94] Ebenda S. 353.
[95] Interview Bogoraz.
[96] Orlowa, Vergangenheit, S. 14.

Frühe Prägung: Kindheit und Jugend

schätzung der Verspießerung durch materielle Dinge"[97] (*prezrenie k obrastaniju veščami*), alles in allem habe man doch nur ein „Minimum an Essen, ein Minimum an Wohnungseinrichtung, ein Minimum an Technik"[98] benötigt.

Wird also einerseits unterstrichen, dass der Lebensstandard entgegen der Propagandalügen allgemein niedrig war, so betonen die Zeitzeuginnen andererseits ihre Unabhängigkeit gegenüber materiellen Werten. Während sie sich in politischer Hinsicht später deutlich von ihren Eltern abgrenzen, scheinen sie deren Einstellung zur Lebensweise zu teilen. Dagegen wird der geistigen Betätigung ein hoher Stellenwert eingeräumt. Übereinstimmend betonen die Zeitzeuginnen die Bedeutung der Lektüre für die Herausbildung ihrer Persönlichkeit. Ferner werden intellektuelle Neugier und Wissensdrang unterstrichen.

In vielen Quellen wird ein Gegensatz zwischen materiellen und geistigen Werten aufgebaut, so erzählt Zoja Krachmal'nikova: Während ihre Umgebung großenteils materielle Güter erstrebte, sei sie selbst vor allem an „Werten" interessiert gewesen. „Ich sage jetzt nicht, dass sie besonders hoch gewesen sind, diese Werte. Ich erzähle Ihnen jetzt nicht, dass ich mit zehn Jahren Kant gelesen habe, nein das nicht. Aber es interessierte allgemein das Denken des Menschen, die Gedanken zum Leben des Menschen, zum Sinn des Daseins."[99] Es gab für sie kein ähnlich wichtiges Hobby wie das Lesen.[100] Auch in den übrigen Erinnerungen werden nur wenige andere Freizeitbeschäftigungen angeführt. Bisweilen lernten die Kinder ein Instrument zu spielen.[101] Selten werden sportliche Aktivitäten erwähnt.[102] Am ehesten führen die Zeitzeuginnen neben dem Lesen noch Theater-, Opern-, Konzert- und Museumsbesuche als Freizeitbeschäftigungen an[103], des weiteren Schü-

---

[97] Interview Kudrova.
[98] Ebenda. Zur Geringschätzung materieller Werte siehe auch die Interviews Gorbanevskaja, Laškova, Ulanovskaja.
[99] Interview Krachmal'nikova.
[100] Ebenda. Siehe auch Grivnina, Popytka memuarov, S. 154; Gespräch E.; Interviews Kudrova, Laškova, Sadomskaja, Salova, Velikanova, Bella Ulanovskaja.
[101] Alexeyeva, Thaw Generation, S. 15; Orlowa, Vergangenheit, S. 27; Interviews Sadomskaja, Velikanova, Verblovskaja.
[102] Orlowa, Vergangenheit, S. 24; Gespräch E.; Interviews Gorbanevskaja, Kudrova, Krachmal'nikova, Laškova, Sadomskaja, Salova, Ulanosvskaja, Velikanova.
[103] Bonner, Mütter und Töchter, S. 59.

Von der Küche auf den Roten Platz

lerkreise (*kružki*), in denen man sich zum Beispiel mit Mathematik oder mit Naturwissenschaften beschäftigte[104]. Diese Aktivitäten unterstreichen gleichermaßen Wissensdrang und intellektuelle Neugier. Belesene und rundum gebildete Menschen sind Vorbilder in den Erinnerungen.[105] Einige berichten, sie hätten bereits von der Kindheit an zu den Stammkundinnen der Bibliotheken gehört und ihre Schulferien von morgens bis abends dort verbracht.[106] In der Regel wird ausführlich berichtet, welche Werke gelesen wurden. Neben Kinderbüchern werden am häufigsten genannt: Abenteuerromane, etwa von Fenimore Cooper, Robert Louis Stevenson, Mark Twain, Jack London, Jules Verne und Alexandre Dumas, sozialkritische westliche Autoren, beispielsweise Charles Dickens, Harriet Beecher-Stowe, Victor Hugo, Emile Zola, Guy de Maupassant, sowie russische Klassiker, Puškin, Tolstoi, Dostoevskij und Turgenev. Außer Alekseeva bezeichnet Irma Kudrova Gercens *Erlebtes und Gedachtes* als langjähriges Lieblingsbuch.[107] Des weiteren wird Lyrik geschätzt, insbesondere Puškin, Lermontov, Nekrasov und Blok.

Lektüre gilt in den Kindheitserinnerungen sowjetischer Dissidentinnen als einer der wichtigsten Lebensinhalte. Sie unterstreicht das Streben nach Wissen und Erkenntnis. Es wurde bereits im Abschnitt „Erste Zweifel" darauf verwiesen, dass in der Lektüre Antworten auf gegenwärtige Probleme gesucht wurden. Ferner weisen manche Quellen darauf hin, dass das Lesen eine Flucht aus der unübersichtlichen Realität war. So beschrieb Ljudmila Alekseeva, wie sie sich vor persönlicher Verunsicherung und sozialer Isolation in eine Bücher- und Fantasiewelt zurückgezogen hatte. Natal'ja Sadomskaja bezeichnet ihre damalige Leseerfahrung heute explizit als „Eskapismus".[108] Die Lektüre stellt zudem einen Vergleichsmoment zwischen Gegenwart und Vergangenheit her. Nach Aussagen der Zeitzeuginnen hätten die Klassiker die einzige Möglichkeit geboten, Informationen über die Lebensverhältnisse in der vorrevolutionären Zeit zu erlangen. Auffällig an

---

[104] Interviews Salova, Velikanova.

[105] Orlowa, Vergangenheit, S. 162; Gespräch E.; Interviews Bogoraz, Kudrova, Sadomskaja, Salova, Velikanova.

[106] Gespräch E.; Interview Salova.

[107] Für die Aufzählung der gelesenen Bücher: Orlowa, Vergangenheit, S. 163–166; Bonner, Mütter und Töchter, S. 91f. und S. 233–236; Gespräch E.; Interviews Bogoraz, Krachmal'nikova, Kudrova, Sadomskaja, Salova, Velikanova.

[108] Interview Sadomskaja.

Frühe Prägung: Kindheit und Jugend

den Erinnerungen ist die deutliche Orientierung an der zaristischen Vergangenheit.

Freilich gibt es auch banalere Erklärungen für die große Bedeutung, die der Lektüre beigemessen wird: Aufgrund der Berufstätigkeit der Eltern waren die Kinder häufig den Tag über auf sich gestellt. Es gab kaum andere Freizeitbeschäftigungen, kein Fernsehen, keine teuren und aufwendigen Hobbys.[109] Die Dissidentinnen verbinden den Drang zu lesen aber auch mit ihren Bildungsidealen. Die immer wieder betonte intellektuelle Betätigung unterstreicht die Zugehörigkeit zur *intelligencija* und dient dazu, das Ausscheren aus der Masse des Volkes hervorzuheben.

Indoktrinierung, Anpassungsdruck und Kollektivdenken

Den Auftakt zu den Erinnerungen Ljudmila Alekseevas bildete eine Bemerkung über die Gleichförmigkeit und Eintönigkeit der Stalinzeit. Dort sprach sie das erste Mal über Gleichmacherei und Anpassungsdruck, unter denen sie während ihrer Kindheit und Jugend gelitten habe, was schließlich in den zentralen Konflikt zwischen Individuum und Kollektiv mündete, der sich wie ein roter Faden durch ihre Memoiren zieht. In vielen weiteren Selbstzeugnissen finden sich ebenfalls Auseinandersetzungen mit Gemeinschaftsethos und ideologischem Dogmatismus: Natal'ja Sadomskaja führt an, bei den Pionieren habe sie verunsichert, dass man ständig Rechenschaft ablegen und Selbstkritik üben musste. Diese „gemeinschaftliche Ethik" (*obščaja etika*) sei ihr damals schon aufgestoßen, ständig habe man unter Druck gestanden.[110] Elena Bonnėr beschreibt in ihren Kindheitserinnerungen eine „Säuberung" in der „Roten Ecke"[111] des „Lux", deren Zeugin sie um 1934 wurde. Sämtliche Kominternleute wurden nacheinander auf die Bühne gerufen und ausgefragt über die aktuellen Ereignisse in der Welt, die Grundlagen des Marxismus, Stalins Wirtschaftspläne, ihre Familienverhältnisse, Frauen, Liebschaften, eheliche und uneheliche Kinder. Es sei ein peinliches Schauspiel gewesen, wie gestandene Männer schweißtriefend auf dem

---

[109] Interviews Salova, Sadomskaja.
[110] Interview Sadomskaja.
[111] Die sogenannte „Rote Ecke" war eigentlich ein großer abgetrennter Saal. Hier fanden vorzugsweise Veranstaltungen der Partei statt, Versammlungen, Kulturabende und Feste. Bonnėr, Mütter und Töchter, S. 169.

Von der Küche auf den Roten Platz

Podium standen und examiniert wurden, „aufgeregter als Schüler vor ihren Lehrern"[112]. Selbst ihr eigener Vater habe keine gute Figur abgegeben.[113] In anderen Quellen ist vor allem die Schule ein Hort von Propaganda und Indoktrination. Speziell in Geschichte und Literatur habe nur die Parteilinie gezählt, nie die eigene Meinung.[114] Um den „Geist der Schule"[115] zu unterstreichen, sind die Erzählungen über die Schulzeit gespickt mit Anekdoten, wie der leiseste Widerspruch von Schülern zum politischen Skandal hochgespielt wurde.[116] Tat'jana Velikanova berichtet: 1948, anlässlich der Kampagne gegen „Kriecherei vor dem Westen"[117], versuchte die Physiklehrerin den Schülern weiszumachen, Erfindungen wie die Glühbirne und das Radio seien in Wirklichkeit von Russen gemacht worden. Als die Klasse sich lautstark über „diesen Unsinn"[118] empörte, gab es in der Schule eine Parteiversammlung, zu der die Eltern einberufen wurden. Wie sie vom Vater erfuhr, wurde Velikanova dort als „Agentin der BBC" bezeichnet. Schlimmere Folgen wurden dank des Einsatzes der Eltern gerade noch abgewendet, aber die Begebenheit quälte sie noch lange danach.[119] Bei fast allen ehemaligen Dissidentinnen fallen die Erinnerungen an die Schulzeit negativ aus, zumeist bemängeln sie, dass in der Schule keine Werte vermittelt wurden.[120] Als einzige berichtet Galina Salova enthusiastisch von ihrer Schulzeit.[121] In den übrigen Erinnerungen werden allenfalls einzelne Lehrer geschildert, denen ein Einfluss auf die eigene Entwicklung zugestanden wird. Hierbei heben die Zeitzeuginnen aber hervor, es habe sich um Pädagogen gehandelt, die in irgendeiner Weise die vorrevolutionäre Schule repräsentierten.[122]

Eng verbunden mit Indoktrination und ideologischem Druck ist das Verhältnis zum Kollektiv. Wie bereits aus den Memoiren Alekseevas ersichtlich wurde, ist „Kollektiv" ein ambivalenter Begriff. Einerseits bezeichnet er das

---

[112] Bonner, Mütter und Töchter, S. 172.
[113] Ebenda, S. 169–175.
[114] Hierzu besonders die Interviews mit Velikanova und Bogoraz.
[115] Interview Velikanova.
[116] Ebenda; Interview Bogoraz; Gespräch E.
[117] Zu dieser Kampagne siehe Kapitel 3.1.
[118] Interview Velikanova.
[119] Ebenda.
[120] Interviews Bogoraz, Žolkovskaja-Ginzburg, E., Ulanovskaja, Velikanova.
[121] Interview Salova.
[122] Interview Velikanova; Gespräch E.

Frühe Prägung: Kindheit und Jugend

sozialistische Kollektiv, beispielsweise an der Arbeitsstelle oder innerhalb eines Verbandes. In vielen Erinnerungen wird der Begriff als Synonym für „Masse" und „Volk" verwendet, von denen sich die *intelligencija* abhob. Andererseits ist das Leiden am Ausschluss aus dem Kollektiv mit dem starken Wunsch nach Gemeinschaft verbunden. Durch das in den Kindheitserinnerungen ausgedrückte Streben nach Gemeinschaft wird die Bedeutung des engen Gruppenzusammenhalts der Dissidentenzeit vorweggenommen und in die Kindheit interpoliert, gleichzeitig aber die Abneigung gegen das Kollektiv im Sinne einer ideologisierten Masse ausgedrückt.

Ein Beispiel für die Ambivalenz des Kollektivs liefern neben der Autobiographie Alekseevas die Memoiren Raisa Orlovas. Sie eröffnet ihr Kapitel *Jugendzeit* mit einer Beschreibung des Elternhauses, in dem die Türen für Freunde und Verwandte offen standen: „Ich bin in einem Haus geboren und aufgewachsen, das immer voller Menschen war, stets blieb jemand über Nacht, stets kam jemand zum Mittagstisch, stets wurde wer verarztet, verheiratet, [...] willkommen geheißen oder verabschiedet. Unsere Familie lebte niemals für sich allein."[123] Dieses offene Haus habe ihr die Fähigkeit zu verlässlichen Freundschaften und das ausgeprägte Bedürfnis nach Solidarität vermittelt, „jenes Schulter-an-Schulter-Gefühl, ohne das ich nicht leben könnte"[124]. Sie erfährt es in der Familie, im Freundeskreis, in der Schulklasse, bei den Pionieren, später dann auf der Universität und im Komsomol. Gleichwohl sieht sie eine große Gefahr, von der Gruppe aufgesogen zu werden. Immer umgeben von Menschen zu sein, ständige Gemeinschaftsaktivitäten, Versammlungen, Ausflüge und Diskussionsabende hätten sie davon abgehalten, zu sich selbst zu kommen. Für kritisches Nachdenken sei in der Jugend kein Raum gewesen:[125] „Ich stand, wo die Mehrheit stand. Dort war die Wahrheit."[126] Orlova sagt, das Regime habe sich diese „Sehnsucht nach Gemeinsamkeit, das Verlangen der Mehrheit anzugehören, die Angst vor dem Alleinsein und die verzückte Bewunderung einer siegreichen Macht" zu Nutzen gemacht, um das Individuum den „Bedürfnissen eines

---

[123] Orlowa, Vergangenheit, S. 23. Siehe auch Kaminskaja (russische Ausgabe), S. 13.
[124] Orlowa, Vergangenheit, S. 25. Weitere Lebenserinnerungen, in denen das Gemeinschaftsleben, die Jugendfreundschaften eine große Rolle spielen, sind diejenigen Bonnèrs und Salovas (Interview).
[125] Orlowa, Vergangenheit, S. 23–26.
[126] Ebenda, S. 26.

totalitären Staates zu unterwerfen".[127] Immer wieder gab es Momente in ihrem Leben, in denen sie sich ausgegrenzt fühlte. Sie wurde wegen ihrer „bourgeoisen" Herkunft nicht in den Komsomol aufgenommen. Damals habe sie die Niederlage persönlich genommen, geglaubt, sie sei der Organisation nicht würdig.[128] Durch das Bedürfnis, gegen ihre Minderwertigkeit anzukämpfen, sei sie manipulierbar geworden.

Gleichsam um die Unabhängigkeit von Masse und Macht zu demonstrieren, betonen andere Zeitzeuginnen das Ausscheren aus der Gemeinschaft. Häufig fallen in den Interviews Sätze wie „Ich war nicht wie die anderen"[129], oder „Ich fühlte mich fremd."[130] Alekseeva hatte die Andersartigkeit in Verbindung gebracht mit ihrem, von der Großmutter übernommenen, alternativen Wertesystem. Ein ähnliches Argumentationsmuster klingt auch bei Zoja Krachmal'nikova an. Sie beschreibt sich im Vergleich zu den Altersgenossen als moralisch überlegen. Während ihr innere Werte wichtig waren, seien ihre Kameraden wenig charakterfest, prinzipienlos und fixiert auf Konsumgüter gewesen.[131]

Es fällt auf, dass die meisten Lebenserinnerungen eine isolierte Kindheit schildern.[132] Selten ist die Rede von Freundschaften oder Geborgenheit in der Gemeinschaft. Hier stehen die Erinnerungen der Dissidentinnen in der Tradition autobiographischer Texte von Sozialrevolutionärinnen, die ebenfalls eine einsame Kindheit in Isolation von der Gesellschaft entwerfen.[133] Die Betonung der Andersartigkeit drückt Protest gegen die herrschende Werteordnung aus. Die künftige Paria-Rolle wird vorweggenommen. Gleichzeitig dient die Andersartigkeit dazu, den Wunsch nach einer Gemeinschaft zu unterstreichen, die dem Individuum Entfaltungsmöglichkeiten

---

[127] Ebenda, S. 79.
[128] Ebenda, S. 23. Orlova wurde zur „Regulierung der Kaderentwicklung" während ihrer Schulzeit zunächst nicht in den Komsomol aufgenommen wurde. Dies geschah dann aber doch noch zu Beginn des Studiums.
[129] Gespräch E.
[130] Interview Bogoraz. Siehe auch Interview Verblovskaja: „*Ja* [...] *čuvstvuju sebja beloj voronoj*" („Ich fühle mich wie ein weißer Rabe." Die deutsche Entsprechung wäre etwa „schwarzes Schaf").
[131] Interview Krachmal'nikova.
[132] Alexeyeva, Thaw Generation, S. 14, 28; Grivnina, Popytka memuarov, S. 144; Interviews Bogoraz, Krachmal'nikova, Laškova.
[133] Hoogenboom, S. 85.

Frühe Prägung: Kindheit und Jugend

bietet – ein Wunsch, der sich später im Zusammenschluss gleichgesinnter Vertreter der *intelligencija* gegen das Regime erfüllen sollte.[134] Verstärkt wurden Einsamkeit und Ausgrenzung durch das soziale Stigma, mit dem bestimmte Personen und Gruppen behaftet waren. Raisa Orlova fühlte sich als Tochter aus bürgerlichem Hause minderwertig. Diejenigen, deren Vater oder Mutter den stalinistischen „Säuberungen" zum Opfer fielen, wurden als Kinder von „Volksfeinden" diskriminiert.[135] Larisa Bogoraz beschreibt, wie sie als Kind unter einem doppelten Makel zu leiden hatte: Zum einen war ihr Vater 1936 verhaftet und zu fünf Jahren Lager verurteilt worden, zum anderen sei sie als Kind – noch lange vor der Kampagne gegen „Kosmopolitismus" – mit antijüdischen Ressentiments konfrontiert worden, so dass sie sich gewünscht habe, lieber keine Jüdin zu sein.[136] Sie lehnte ihr Aussehen ab, das sich ihrer Meinung nach von dem der anderen unterschied: schwarzes lockiges Haar, dunkle Augen, hagere Gestalt.[137] Sie hätte lieber ausgesehen wie die „russischen" Mädchen auf den Propagandaplakaten, gesund, kräftig und rotwangig, mit langen blonden Zöpfen.[138]

Wenn auch nicht ausdrücklich im Zusammenhang mit bewusster Ausgrenzung, so schildern sich auffällig viele Protagonistinnen als komplexbehaftet und wenig selbstbewusst.[139] Damit verbunden ist auch die Ablehnung des eigenen Äußeren. Wie Alekseeva und Bogoraz sich als Kind hässlich fühlten, sprechen auch Bonnèr, Kudrova, E. und Sadomskaja davon, als Kind und Jugendliche unter der Vorstellung gelitten zu haben, unansehnlich zu sein. Besonders drastisch urteilt Sokolova über ihr eigenes Erscheinungsbild: „Ich war eine solche Missgeburt, wirklich eine unheimliche Missgeburt! Man hat mir gesagt, dass es mit der Zeit ein wenig besser wurde." Sehr lange habe sie sich in ihrer Entwicklung dann auch nicht als Frau gefühlt, sondern eher als „neutrales Geschlecht", keinen Freund gehabt und erst spät

---

[134] Siehe Kapitel 4.4.
[135] Siehe 2.6 und 2.7.
[136] Zur Auseinandersetzung mit der eigenen jüdischen Herkunft siehe Kapitel 3.1, den Abschnitt: „Antisemitismus und jüdische Identität".
[137] Siehe auch 2.4, den Abschnitt „Die Mutter".
[138] Interview Bogoraz.
[139] Dies ist der Fall bei Kudrova, Bonnèr, Bogoraz, E., Sokolova, Sadomskaja, Krachmal'nikova.

geheiratet.[140] Ähnlich wie bei Bogoraz wird in weiteren Quellen angedeutet, die Mädchen hätten sich als hässlich empfunden, weil sie nicht dem herrschenden Schönheitsideal entsprachen. So verbindet sich das Gefühl der Andersartigkeit mit der Vorstellung, nicht dem herrschenden Schönheitsideal zu entsprechen.

2.4 Die wichtigsten Bezugspersonen

Die Mutter

Die von Ljudmila Alekseeva beschriebene Mutter ist ein Prototyp in zahlreichen Selbstzeugnisse der zwischen 1920 und 1930 Geborenen. Die meisten berichten, dass das Verhältnis zur Mutter eher distanziert gewesen sei.[141] Die Mutter wird als abwesende Person beschrieben, die ihre Kinder schon als Babys im Kindergarten „ablieferte"[142] oder in die Hände von Kinderfrauen oder Großmütter gab, um sich voll ihrem Beruf und (teilweise) der politischen Arbeit zu widmen.[143] Die Töchter monieren, dass Kinder und Haushalt stets hinter die öffentlichen Aufgaben zurücktraten.[144] Charakteristisch ist die Beschreibung Elena Bonnèrs:

> Mutter war nie zu Hause, bis auf die letzten Jahre hatte sie nicht einmal regelmäßige freie Tage. Solange sie beim MK [dem Moskauer Parteikomitee, A.S.] arbeitete, rissen die Besprechungen, Sitzungen,

---

[140] Alle Zitate sind dem Interview mit Sokolova entnommen.
[141] Das tun beispielsweise Bonnèr, Bogoraz, Krachmal'nikova, Salova, Sadomskaja, Sokolova.
[142] Bonner, Mütter und Töchter, S. 63.
[143] Bis auf Salova und Velikanova berichten alle davon, sie hätten Kindermädchen oder Großmütter gehabt, die sie in den ersten Lebensjahren betreuten. Die Mütter Salovas und Velikanovas (die immerhin sieben Kinder zu betreuen hatte) sind auch die einzigen unter den beschriebenen Müttern, die nicht erwerbstätig, sondern Hausfrauen waren. In diesem Sinne schreibt auch Elena Bonnèr, im Bekanntenkreis ihrer Eltern habe es eine einzige Frau gegeben, die nicht berufstätig war. Dafür habe diese immer irgendjemandes Kinder gehütet. Bonner, Mütter und Töchter, S. 51.
[144] Dazu besonders die Zeugnisse von Bogoraz, Bonnèr, Krachmal'nikova, Sadomskaja, Sokolova.

Frühe Prägung: Kindheit und Jugend

Konferenzen, Parteiaktive, Saat- und Ernteeinsätze nicht ab, weshalb ich sie manchmal wochenlang nicht sah.[145]

Ihrer Mutter sei es darüber hinaus gar nicht in den Sinn gekommen, „an den Haushalt zu denken"[146]. Sie „brachte es nicht einmal fertig, einen Grießbrei ohne Klumpen zu kochen"[147]. Die Unfähigkeit der Mutter im Haushalt ist ein verbreitetes Motiv. Irma Kudrova erzählt, in der Küche habe die Mutter allenfalls eine Suppe zustande gebracht, statt die Risse und Löcher in der Kleidung zu stopfen, habe sie sich mit Sicherheitsnadeln beholfen.[148] Zusammenfassend sagt Natal'ja Sadomskaja:

> Meine Mutter war eine emanzipierte Frau [...] sie hat niemals gewaschen, sie hat niemals gekocht, niemals aufgeräumt; sie war nicht fähig, den Fußboden zu schrubben, ging niemals einkaufen [...]. Sie war Parteimitglied. Sie war befreit. Sie war Kommunistin. Und zu Hause hat sie einen Teufel getan.[149]

Sadomskaja habe sich vernachlässigt gefühlt und von einer Mutter geträumt, die ganz für sie da wäre.[150] Statt dessen machte die Mutter Karriere bei *Mosfil'm*[151] und stieg zur stellvertretenden Leiterin der Kinderfilmproduktion auf.[152] Auch die meisten der anderen Mütter in der älteren Dissidentinnengeneration waren beruflich erfolgreich, beispielsweise als Ärztin (Sokolova), als Elektroingenieurin (Kudrova), als Wirtschaftsingenieurin (Krachmal'nikova), als Historikerin und Dozentin für Parteigeschichte (Bogoraz), als Parteifunktionärin und Dozentin für Marxismus-Leninismus (Bonnėr), als Übersetzerin und Journalistin (Ulanovskaja) sowie als Anwältin wie die Mutter Irina Verblovskajas (geb. 1932). Die Töchter zeigen in der Regel großen Respekt vor der Begabung, Bildung und beruflichen Leistung ihrer Mütter, die Attribute lauten: „sehr klug, sehr begabt"[153] „scharfsinnig, ge-

---

[145] Bonner, Mütter und Töchter, S. 292.
[146] Ebenda, S. 63.
[147] Ebenda, S. 126.
[148] Interview Kudrova.
[149] Interview Sadomskaja. Zu den unterentwickelten hausfraulichen Fähigkeiten der Mutter siehe auch die Interviews Kudrova und Sokolova.
[150] Interview Sadomskaja.
[151] *Mosfil'm* ist ein staatliches Moskauer Filmstudio.
[152] Interview Sadomskaja.
[153] Interviews Bogoraz, Kudrova.

bildet"[154], „intelligent, professionell in ihrem Beruf"[155], „sehr ehrgeizig, eine der besten Ärztinnen in der Stadt"[156].

Auf der anderen Seite werden die Mütter für ihre Berufsorientierung scharf kritisiert. Den Kindern gegenüber seien sie „gefühlskalt"[157] gewesen und hätten ihnen zu wenig Aufmerksamkeit, Liebe und Wärme entgegengebracht.[158] Dies habe, so Bonnėr, nicht nur am beruflichen und politischen Engagement gelegen, sondern auch daran, dass es sich eine Frau wie ihre Mutter, als „Frauenarbeiterin, Parteiarbeiterin, Antispießerin und Maximalistin"[159] nicht erlaubte, den Kindern gegenüber zärtliche Gefühle zu zeigen:

> Eine in ihre Kinder verliebte Mutter zu sein, war in ihrer Umgebung vermutlich als reaktionär verpönt. Auf jeden Fall spürte ich später bei ihr eine gewisse Geringschätzung gegenüber ihrer Freundin […], die so eine „verrückte Mutter" war.[160]

Bonnėr vermutet, ihre Mutter habe ihre „natürlichen" mütterlichen Züge bewusst zurückgedrängt, denn sie erwähnt, dass ihre Mutter diese im tiefsten Inneren besaß. Vor einer Operation der Tochter sei die Mutter auf einmal zärtlich geworden, habe das Kind verwöhnt, ihm liebevoll den Kopf gestreichelt, und das erste Mal im Leben sei die kleine Elena nicht vom Kindermädchen, sondern von der Mama gebadet und gekämmt worden.[161] Im Alter habe sich die Mutter dann zu einer „verrückten Großmutter" entwickelt, die für die Enkel sogar nähte und stopfte.[162]

Nicht nur, dass die Töchter in ihren Erinnerungen unter der spröden distanzierten Art der Mütter litten, sie machen diese sogar verantwortlich, ihr Selbstwertgefühl beschädigt zu haben. Wie Alekseeva so konstatiert auch Larisa Bogoraz, ihre Mutter – eine Schönheit – habe ihr immer wieder eingeredet, sie sei hässlich: „Sie war nicht sehr zufrieden mit mir und wie-

---

[154] Interview Sadomskaja.
[155] Interview Krachmal'nikova.
[156] Interview Sokolova.
[157] Bonnėr, Mütter und Töchter, S. 84, Bogoraz; Une femme en dissidence, S. 25.
[158] Siehe die Zeugnisse von Bonnėr, Alekseeva, Bogoraz, Krachmal'nikova, Sadomskaja, Sokolova.
[159] Bonnėr, Mütter und Töchter, S. 109.
[160] Ebenda, S. 56.
[161] Ebenda, S. 84.
[162] Ebenda, S. 109f.

Frühe Prägung: Kindheit und Jugend

derholte in einem fort, ich sei hässlich, so lange bis sich diese Überzeugung bei mir festsetzte."[163] Ganz ähnlich berichtet auch Elena Bonnèr:

> Mama war die schönste Frau von allen, die ich kannte. Sie hatte langes, welliges Haar, das sie mal als Knoten gesteckt, mal als Zopf geflochten trug. Ich wusste nicht, was mir besser gefiel, ich war neidisch auf ihr Haar, neidisch darauf [...], dass alle Mamas Schönheit sahen und bewunderten. Mir dagegen versicherte Mama nachhaltig, ich sei hässlich. Bis zu ihrer Verhaftung hörte ich von Mama ständig: „Du bist hässlich." Als kleines Mädchen glaubte ich das und litt sehr darunter. Hässlich zu sein war ein schlimmes Schicksal.[164]

Nicht nur, dass die Mutter dem Mädchen einredete, unansehnlich zu sein, sie habe ihre Tochter auch noch bewusst in besonders unförmige Kleidung gesteckt, um sie zu „verunstalten"[165]. Wie die Mutter Alekseevas versuchte Bonnèrs Mutter anscheinend, ihrer Tochter jegliche Eitelkeit auszutreiben. Während Alekseeva davon ausging, ihre Mutter wolle sie zu Bescheidenheit und Angepasstheit erziehen, nimmt jedoch Bonnèr an, die ihre habe die Tochter davor bewahren wollen, frühzeitig mit Jungen anzubandeln.[166] Die Mutter selbst hingegen habe ihre Reize nicht verborgen, sondern Wert gelegt auf Kleidung, Toilette und Frisur.[167]

Die schöne, elegante Mutter kommt in den Quellen häufig vor. Der Satz: „Sie war eine Schönheit"[168], wird den Antworten auf die Frage nach der Mutter gerne vorangestellt. Ebenso erwähnen viele deren Erfolg bei Männern, manche erzählen sogar von Liebesaffären.[169] Es ist ein weit verbreitetes Motiv, die Schönheit der Mutter mit der eigenen Hässlichkeit zu kontrastieren.

---

[163] Bogoraz, Une femme en dissidence, S. 25; ähnlich auch im Interview Bogoraz.
[164] Bonner, Mütter und Töchter, S. 60f.
[165] Ebenda, S. 293f.
[166] Ebenda.
[167] Bonner, Mütter und Töchter, S. 60; siehe auch Bogoraz, Une femme en dissidence, S. 25.
[168] Wörtlich bei Krachmal'nikova, Sadomskaja, Sokolova, Verblovskaja, sinngemäß: Interview Bogoraz sowie Bogoraz, Une femme en dissidence.
[169] Interviews Sadosmakaj, Krachmal'nikova.

Von der Küche auf den Roten Platz

Was ihre Stellung in der Familie anbelangt, werden die Mütter als „mächtig"[170] und „sehr dominant"[171] dargestellt. Larisa Bogoraz hebt hervor, dass ihre Mutter einen ausgesprochen „männlichen Charakter"[172] hatte. Sie habe stets den Ton angegeben, versucht, alles zu kontrollieren, und in ihrer Freizeit vorzugsweise Karten und Schach gespielt. Ferner habe sie leidenschaftlich über Politik gestritten.

In den Erinnerungen sind es zumeist die Mütter, die in der Familie die Partei vertreten, unabhängig davon, ob sie von deren Politik überzeugt waren oder nicht.[173] Wie bei Alekseeva geht der Druck, sich an herrschende ideologische Normen anzupassen, häufig von der Mutter aus. Natal'ja Sadomskaja erzählt, ihre Mutter sei eine Kommunistin „leninscher Prägung"[174] gewesen und ihrem Wesen nach wenig fanatisch. Trotzdem habe sie darauf gedrängt, dass die Tochter sich auch unter Stalin linientreu verhalte. Ebenso schreibt Bonnėr, ihre Mutter habe in der Erziehung, die „,Generallinie' […] streng befolgt", während der Vater, wiewohl ein hohes Tier bei der Komintern, die Parteidirektiven eher lax auslegte und die Großmutter sich ihnen energisch widersetzte.[175] Charakteristische Züge der Mütter sind also Parteiloyalität, Ehrgeiz und Karrieredenken.[176] Sie stehen im Gegensatz zur eigenen dissidentischen Persönlichkeit. Besonders deutlich wird dies in den Erinnerungen Krachmal'nikovas, Bogoraz' und Sadomskajas:

Zoja Krachmal'nikova beschreibt ihre Mutter, ähnlich wie Natal'ja Sadomskaja, als eine Frau, die sich zwar als Kommunistin verstanden habe, im Prinzip aber ein wenig ideologisierter Mensch gewesen sei. Ihr Denken und Handeln habe sich in erster Linie an materiellen Interessen orientiert – an Verdienst und Privilegien sowie der Möglichkeit, eine hochrangige soziale Stellung zu erreichen. Selbst nachdem ihr Mann, Zojas Stiefvater, verhaftet

---

[170] Interview Velikanova.
[171] Interview Sokolova.
[172] Interview Bogoraz.
[173] Siehe die Zeugnisse von Alekseeva, Bonnėr, Bogoraz, Krachmal'nikova, Kudrova, Sadomskaja, Salova, Sokolova, Maja Ulanovskaja (AS 1467).
[174] Interview Sadomskaja.
[175] Bonner, Mütter und Töchter, S. 138f.
[176] Das gilt nicht nur für die Mütter selbst. Auch aus den Töchtern sollte etwas werden. Die Mütter ermöglichten ihren Töchtern eine qualifizierte Ausbildung, verlangten aber auch gute Leistungen. Siehe die Interviews Bogoraz, Sadomskaja, Sokolova.

Frühe Prägung: Kindheit und Jugend

worden war, habe sie die Tochter immer noch im kommunistischen Geist erzogen und sich nach dem eigenen Ausschluss aus der Partei hartnäckig darum bemüht, wieder aufgenommen zu werden. Dem Opportunismus ihrer Mutter stellt Krachmal'nikova ihre eigenen Lebensprinzipien gegenüber: Bildung, Humanismus, Philanthropie und christliche Ethik. Als Hauptgrund für die unterschiedlichen Lebensprinzipien von Mutter und Tochter führt sie an, sie selbst habe einer „anderen Generation der russischen *intelligencija*" angehört. Während ihre Mutter zur nachrevolutionären „technischen Intelligenz" gehörte (und damit die sozialen Aufsteiger repräsentierte), habe ihre eigene Generation an die vorrevolutionäre Intelligenz angeknüpft, Kultur und Gesinnungsethik hochgeschätzt.[177]

Noch drastischer kontrastiert Larisa Bogoraz den Lebensentwurf ihrer Mutter mit ihren eigenen Prinzipien. Sie beschreibt die Mutter als Vertreterin der opportunistischen Aufsteiger, die ihre Karriere vorwiegend der Partei verdankten. Schon im Bürgerkrieg habe sich dieser Werdegang abgezeichnet: „Kaum 20 Jahre alt, repräsentierte sie den neuen bolschewistischen Staat. Bekleidet mit einer Lederjacke, den Revolver in der Hand, genoss sie eine Macht, welche die Mädchen ihrer Generation und ihres Milieus immer entbehrt hatten."[178] Die Verbrechen des Kommunismus habe die Mutter hingegen nicht wahrhaben wollen. Im Bürgerkrieg sei sie zwar Zeugin von Plünderungen und Erschießungen geworden, habe darüber aber ohne Gewissensbisse gesprochen. Gegenüber den Hungernden im Winter 1932/33 sei sie kaltherzig geblieben. „Mein Vater verstand, dass die Bauern nichts mehr besaßen, aber meine Mutter zeigte sich weniger großzügig: Sie war eine Göre vom Land geblieben [...] und ihre zur Schau getragenen kommunistischen Überzeugungen änderten nichts daran."[179] Hauptmotiv der Mutter sei der soziale Aufstieg gewesen. „Ohne Zweifel war es meiner Mutter zum Teil ernst um die Sache, aber das materielle Interesse überwog."[180] Und selbst nachdem der Vater Larisas 1936 verhaftet worden war[181], habe sie eisern ihren Weg weiterverfolgt.

---

[177] Interview Krachmal'nikova. Zur Anknüpfung an die Tradition der vorrevolutionären *intelligencija* siehe Kapitel 4.4.
[178] Bogoraz, Une femme en dissidence, S. 20.
[179] Ebenda, S. 27.
[180] Ebenda, S. 26.
[181] Siehe 2.6 und Kapitel 3.1, den Abschnitt „Die Nachkriegszeit in den Erinnerungen Larisa Bogoraz'".

Von der Küche auf den Roten Platz

Meine Mutter träumte seit ihrer Kindheit davon, Karriere zu machen. Wenn sie zugegeben hätte, dass das Regime, das mit ihrer Hilfe errichtet worden war, schlecht ist, dann hätte sie nicht nur ihre zurückliegenden Handlungen überdenken, sondern auch ihrer Zukunft eine Absage erteilen müssen. Sie konnte sich dazu nicht entschließen. Bis zu ihrem letzten Tag tat sie alles, um sozial aufzusteigen.[182]

Mit ihrem ausgeprägten Karrierismus ist die Mutter in den Erinnerungen der Tochter kein Vor- sondern ein Schreckbild. Nicht zuletzt ihr daraus erwachsenes tragisches Schicksal habe Bogoraz veranlasst, einen anderen Weg einzuschlagen: Nach der Verhaftung ihres Mannes wurde die Mutter entlassen und aus der Partei ausgeschlossen. Während des Krieges gelang ihr die Restitution. Sie erlangte wieder eine Stelle an der Hochschule, weil die meisten Männer in die Armee eingezogen wurden. Ihr Lebenstraum einer Hochschullaufbahn schien sich endlich zu erfüllen. Sie schrieb eine Dissertation über die Geschichte der KP in der Ukraine. In der Nachkriegszeit, im Zuge der antijüdischen Kampagne (1948–1952)[183], durfte sie die Arbeit jedoch nicht verteidigen. Sie wurde zum zweiten Mal entlassen und musste erneut als Schneiderin arbeiten. Wegen eines fingierten Vergehens wurde ein Parteiverfahren gegen sie eingeleitet. Daran zerbrach sie, erlitt einen Herzinfarkt und starb im Alter von 49 Jahren. Bogoraz schließt aus dem Schicksal ihrer Mutter, dass deren Opportunismus sich letzten Endes nicht gelohnt hat:

Ihr Leben ist die Geschichte eines verschwendeten Potentials. […] Seitdem [ihrem Tod, A.S.] hatte ich verstanden, dass die Freiheit mir unerlässlich ist und dass ich niemandem erlauben würde, mich ihrer zu berauben. Dieses Bedürfnis war genauso stark wie das Atmen und erklärte alle meine späteren Handlungen.[184]

Bezeichnenderweise ging die Mutter Natal'ja Sadomskajas einen ähnlichen Weg wie die Mutter von Larisa Bogoraz. Dank glänzender Begabung, hervorragender Ausbildung und Parteizugehörigkeit nahm sie in der Film- und Theaterbranche Stufe um Stufe. Sie war schön, hatte zahlreiche Verehrer und liebte es, mit Künstlern und Schauspielern zu verkehren. 1934 wurde ihr früherer Ehemann verhaftet, 1938 sie selbst. Durch glückliche Fügung

---

[182] Bogoraz, Une femme en dissidence, S. 36.
[183] Zur sogenannten „Kampagne gegen Kosmopolitismus" siehe Kapitel 3.1, insbesondere den Abschnitt „Antisemitismus und jüdische Identität".
[184] Bogoraz, Une femme en dissidence, S. 50.

Frühe Prägung: Kindheit und Jugend

kam sie bald frei, verlor aber Parteibuch und Anstellung.[185] Nach einem erfolgreichem Neuanfang endete auch ihre Karriere abrupt im Zuge der Kampagne gegen den „Kosmopolitismus"[186]. Wieder wurde die Mutter entlassen und aus der Partei ausgeschlossen. Wie Bogoraz führt Sadomskaja den frühen Tod der Mutter auf dieses Erlebnis zurück, denn sie erholte sich von dem Schock des Parteiausschlusses nicht mehr und starb 1956 im Alter von 53 Jahren.[187]

In der Verknüpfung des eigenen Schicksals mit dem der Partei finden sich die Mütter in den Erinnerungen ihrer Töchter in einer gesellschaftlichen Doppelrolle als Täterinnen und Opfer wieder. Sie fungieren einerseits als Vertreterinnen des Systems, das ihnen zu sozialem Rang verhalf. Andererseits demonstrieren die Töchter in ihren Erzählungen, wie die Revolution ihre Kinder fraß. Die Opferrolle der Mütter wird jedoch weniger thematisiert. Selten erkennen die Töchter das harte Schicksal ihrer Mütter an oder würdigen deren Leistungen in Zeiten des Terrors und des Krieges. Alekseeva erzählt, dass ihre Mutter im Krieg wie eine Löwin kämpfte, um ihr Kind zu versorgen, und ihm den Großteil der kärglichen Lebensmittelration überließ.[188] Auch Krachmal'nikova, Bogoraz und Sadomskaja thematisieren die schwierigen Lebensumstände und den Einsatz der Mutter für ihre Kinder. Aber diese Erinnerungen treten zurück hinter die Schilderungen der parteiloyalen, ehrgeizigen und letzten Endes auch fehlenden Mutter.

In den Lebensgeschichten der Autobiographinnen der Jahrgänge 1920 bis 1930 fallen lediglich einige wenige Mütter aus dem Rahmen: Die Mutter Raisa Orlovas wird als herzensgute, wenn auch naive Frau geschildert, die immer ein offenes Ohr für die Sorgen der Tochter und selbst deren Freundinnen hatte.[189] Tat'jana Velikanova besaß nach eigenem Bekunden eine häusliche und fürsorgliche Mutter, die ihr Leben hauptsächlich dem Mann und den sieben Kindern widmete und die Tochter stets unterstützte, auch später, als diese schon aktive Dissidentin war.[190] Und auch die Mutter Galina

---

[185] Siehe 2.6.
[186] Siehe auch Kapitel 3.1.
[187] Interview Sadomskaja.
[188] Alexeyeva, Thaw Generation, S. 21f. Siehe auch Bogoraz, Une femme en dissidence, S. 27.
[189] Orlowa, Vergangenheit, S. 17. Eine ähnliche Muttergestalt findet sich auch bei Kaminskaja (russische Ausgabe), S. 8.
[190] Interview Velikanova.

Von der Küche auf den Roten Platz

Salovas hatte nach deren Aussagen ein großes Herz und erzog sie trotz ihrer mangelnden Bildung verhältnismäßig liberal.[191] In den Selbstzeugnissen der älteren Generation dominiert also die distanzierte, wenig gefühlsbetonte Mutter. Fixiert auf ihren Beruf und ihr Engagement in der Partei, bringt sie wenig Zeit für die Kinder auf. Hausarbeit lehnt sie ab. Mit ihrer starken Persönlichkeit beherrscht sie ihr Umfeld. Häufig betrachtet die Tochter sich und ihre Mutter als Antipoden. Die Mutter ist wunderschön, die Tochter hässlich. Für ihre Karriere opfert die Mutter ihre moralische Integrität, die Tochter hingegen sucht nach alternativen Werten. Die Mutter begrüßt das Sowjetsystem und beteiligt sich an seinem Aufbau, die Tochter widmet ihr späteres Leben seiner Unterhöhlung. Zwar genießt die Mutter Anerkennung für ihre berufliche Leistung und ihre intellektuellen Fähigkeiten, wird aber auf der anderen Seite als übermäßig ehrgeizig, opportunistisch und gefühlskalt empfunden. Es ist auffällig, dass es nur zwei Typen von Müttern gibt, die in den Erinnerungen positiv gezeichnet werden: erstens die Hausfrau (Velikanova, Salova) und zweitens die Mutter älteren Jahrgangs, die eher einen vorrevolutionären Frauentyp repräsentiert (Orlova).

In den Erinnerungen der jüngeren Dissidentinnen, der Jahrgänge 1935 bis 1945, unterscheiden sich die Mutterbilder durchweg von denen ihrer älteren Mitstreiterinnen.[192] Die Beschreibungen der Mütter sind weniger politisch aufgeladen. Dies hängt möglicherweise damit zusammen, dass der Ablösungs- und Abgrenzungsprozess von Jugendidealen weniger schmerzhaft verlief und die Mutter nicht als Projektionsfläche für enttäuschte Hoffnungen diente.[193]

Der Vater

Werden die Mütter von ihren Töchter als abwesende Personen geschildert, so gilt dies für die Väter erst recht. Eine Reihe von Zeugnissen belegt, dass die Kinder teilweise oder ganz ohne Vater aufwuchsen oder die Väter selten zu Hause waren. Einige Elternpaare trennten sich früh. Meist blieben die

---

[191] Später habe es allerdings Verwerfungen aufgrund der oppositionellen Haltung der Tochter gegeben, die zu einem Kontaktabbruch führten. Interview Salova.
[192] Interviews Gorbanevskaja, Grigor'eva, Laškova, Bella Ulanovskaja.
[193] Zur Deutung der Mutterbilder siehe 2.5.

Frühe Prägung: Kindheit und Jugend

Kinder bei der Mutter und sahen den Vater nur selten.[194] Mancher Vater war aus beruflichen Gründen nicht oft zu Hause.[195] Viele Familien waren von den Säuberungen, vor allem der dreißiger Jahre, betroffen. Die Väter wurden verhaftet[196], einige hingerichtet[197]. Schließlich trug der Krieg dazu bei, dass Kinder frühzeitig den Vater verloren.[198]

Während das Bild der Mutter trotz ihrer Abwesenheit in den Quellen deutliche Konturen trägt, fällt das des Vaters eher blass aus. Bis auf einige Ausnahmen wirkt seine Persönlichkeit neben der starken und dominanten Mutter schwach.[199] Kudrova beschreibt ihren Vater zwar als tatkräftigen, erfolgreichen Ingenieur, aber seinem Charakter nach als „typischen russischen Mann"[200], fröhlich, gutmütig, naiv und dem Alkohol sehr zugetan. An Intellekt und Bildung sei er der Mutter unterlegen gewesen.[201] Sowohl in der Erziehung als auch in der Ehe hatten nach den Beschreibungen der Dissidentinnen die Mütter das Sagen. Und wenn die Beziehung zwischen den Eltern scheiterte, so waren es die Mütter, die den Schlussstrich zogen und gingen.[202]

Werden die Mütter in den Lebensgeschichten als streng und parteiloyal beschrieben, so gelten die Väter als geduldig und verhältnismäßig liberal.[203] Laut Bonnėr war den Kindern beim Vater alles erlaubt.[204] Auch habe er es

---

[194] Interviews Žolkovskaja-Ginzburg, Gorbanevskaja, Krachmal'nikova, Sadomskaja.
[195] Siehe die Zeugnisse von Bogoraz, Bonnėr, Kaminskaja, Kudrova, Orlova, Sokolova, Bella Ulanovskaja.
[196] Siehe die Zeugnisse von Bogoraz, Bonnėr, Landa, Krachmal'nikova, Sadomskaja, Ulanovskaja.
[197] Siehe die Zeugnisse von Bonnėr, Krachmal'nikova, Landa, Sadomskaja
[198] Alexeyeva, Thaw Generation; Interview Krachmal'nikova. Krachmal'nikova berichtet, dass sie nach dem Verlust ihres ersten Stiefvaters (dem zweiten Mann der Mutter) in der Kriegszeit ihren zweiten Stiefvater (den dritten Mann der Mutter) verlor, weil er aufgrund der prekären Versorgungslage nicht rechtzeitig die notwendigen Medikamenten gegen eine Entzündung erhalten habe.
[199] Im Gegensatz zu den meisten anderen beschreiben Krachmal'nikova, Orlova und Velikanova recht starke Vaterpersönlichkeiten.
[200] Interview Kudrova.
[201] Ebenda.
[202] Siehe die Zeugnisse von Bogoraz, Krachmal'nikova, Sadomskaja.
[203] Siehe die Zeugnisse von Alekseeva, Bogoraz, Bonnėr, Kaminskaja.
[204] Bonner, Mütter und Töchter, S. 290.

Von der Küche auf den Roten Platz

mit der Parteilinie nicht so genau genommen. Zu Hause las er Bücher, die nicht im Einklang mit dem offiziellen Kanon standen, seine Tochter regte er sogar dazu an.[205] Wird das Verhältnis zur Mutter als kühl bezeichnet, so erscheint der Vater als Mensch von Wärme und Zärtlichkeit.[206] Zum Teil ist er auch geistiger Ziehvater.[207]

Großmütter und Kinderfrauen

Da Mütter und Väter außer Haus arbeiteten, waren sie auf eine Betreuung der Kinder angewiesen. Die Erziehung des Nachwuchses wurde oft von Großmüttern oder *njanjas* übernommen. Diese Frauen spielen in den Lebensgeschichten den Widerpart zur Mutter. Charakteristisch ist die Kinderfrau Natal'ja Sadomskajas. Sadomskaja sagt, sie habe sie mehr geliebt als die Mutter. Im Gegensatz zur Mutter habe die *njanja* sie umsorgt und verwöhnt, für sie Kuchen gebacken und ihr Geschichten erzählt. Zwar habe sie nicht die Bildung der Mutter besessen, dafür aber mehr Lebensklugheit, sie habe die Verbrechen des Kommunismus erkannt, sie „sah das wirkliche Leben weitaus realistischer als die Mutter". Entgegen der atheistischen Propaganda habe die Kinderfrau an ihrem Glauben festgehalten und sei in die Kirche gegangen. Das Verhältnis zu ihren Mitmenschen sei geprägt gewesen von christlicher Ethik, Güte und Barmherzigkeit. Alles, was Sadomskaja gelernt habe, habe sie ihrer *njanja* zu verdanken, „die nicht emanzipiert, ungebildet und kein Parteimitglied war". Auch habe ihr die Kindheitserfahrung mit ihrer *njanja* eine grundlegende Erkenntnis über das Wesen der sowjetischen Frauenemanzipation beschert. Bessergestellte Frauen wie ihre Mutter hätten sich befreien und erwerbstätig werden können, weil sie „Frauen vom Lande ausbeuteten", denen die Kollektivierung ihre Existenzgrundlage entzogen hatte. Auf diese Weise habe ihre Mutter

---

[205] Bonner, Mütter und Töchter, S. 91f. So las der Vater zum Beispiel den Dichter Nikolaj Gumilev.

[206] Der Gegensatz ist extrem bei Larisa Bogoraz. Während die Mutter als Schreckbild geschildert wird, beschreibt sie eine zärtlich-liebevolle Beziehung zum Vater, die nach seiner Lagerhaft und Verbannung eine neue Qualität erhält, da er sich wie seine Tochter immer mehr vom Sowjetsystem distanziert. Interview Bogoraz. Weitere Beispiele: Alekseeva, Krachmal'nikova.

[207] Kaminskaja (russische Ausgabe), S. 10f.; Interviews Krachmal'nikova, Laškova, Bella Ulanovskaja.

Frühe Prägung: Kindheit und Jugend

indirekt von den Verbrechen des Kommunismus profitiert.[208] In den Erinnerungen Kudrovas und Bogoraz' treten ganz ähnliche Kinderfrauen auf. Mit ihrem schweren Los verkörpern die *njanjas* das soziale Unrecht des Sowjetsystems. Gleichzeitig bieten sie mit ihren Ansichten, ihrem Glauben und ihrer Häuslichkeit einen alternativen Lebens- und Weiblichkeitsentwurf. Sie sind nicht emanzipiert, aber die „guten Seelen" im Haus. Wie die Großmutter Alekseevas vertreten sie die untergegangene Welt des russischen oder ukrainischen Dorfes vor der Revolution und der Kollektivierung.[209]

Das „Alte Russland" wird aber nicht nur von den einfachen Frauen vom Land verkörpert, sondern auch von Vertreterinnen der vorrevolutionären *intelligencija*, beispielsweise der Großmutter Elena Bonnėrs[210]: Ihre *babuška* Tat'jana, genannt Batanja, lebte in den dreißiger Jahren bei ihrer Tochter (Bonnėrs Mutter) und ihrem Schwiegersohn im „Lux". Nach Darstellung Bonnėrs war sie die einzige Parteilose in ihrer Umgebung.[211] Gegenüber Bonnėrs Eltern habe sie sogar offen gegen das neue Gesellschaftssystem opponiert.[212] Die Stellung des Schwiegersohns habe sie vor allem dazu genutzt, gestrandete „Gestrige"[213] zu unterstützen, die bei Bonnėr-Alichanovs anscheinend ein- und ausgingen. Sie habe bei den Parteigenossen der Eltern vorgesprochen, um ihren aristokratischen oder großbürgerlichen Bekannten Papiere, Bescheinigungen oder Arbeit zu beschaffen. Die üppigen Lebensmittellieferungen an die Familie, seien von ihr an Bedürftige verteilt worden.[214] Batanjas dominierende Charakterzüge seien „Anteilnah-

---

[208] Alle Zitate in diesem Abschnitt stammen aus dem Interview Sadomskaja.

[209] Zur Vermittlung christlichen Kinderglaubens durch die *njanja* siehe auch Orlowa, Vergangenheit, S. 62f.

[210] Siehe auch Grivnina, Popytka memuarov, S. 145, Interview Žolkovskaja-Ginzburg.

[211] Bonner, Mütter und Töchter, S. 53.

[212] So schildert Bonnėr zahlreiche Episoden, in denen die Großmutter hartnäckig mit den Eltern stritt und ihnen immer wieder Vorhaltungen über Missstände im System machte. Bonner, Mütter und Töchter, S. 63, 93, 129f., S. 138.

[213] „Gestrige" (*byvšie ljudi*) stellten im Sprachgebrauch der Bolschewiki den Gegensatz zum „neuen Menschen" dar. Sie repräsentierten die vorrevolutionäre Ordnung und gehörten zumeist zu den Gruppen, die nach der Oktoberrevolution politisch bekämpft wurden, beispielsweise Aristokraten, Vertreter des Wirtschaftsbürgertums oder Priester.

[214] Bonner, Mütter und Töchter, S. 160–169.

me und Güte" gewesen.²¹⁵ Ehemals Vorsteherin eines großen Haushaltes mit zahlreichen Bediensteten, habe sie mit Akribie die Hauswirtschaft überwacht, das Personal eingewiesen und selbst energisch mitangepackt. Da Bonnėrs Mutter keinen Sinn für den Haushalt hatte, habe Elena die Grundfertigkeiten der Haushaltsführung der Großmutter und ihrer Kinderfrau zu verdanken.²¹⁶ Als hätte es die Revolution nicht gegeben, habe die Großmutter weiterhin ihren gewohnten großbürgerlichen Lebensstil kultiviert und Wert gelegt auf regelmäßige Theater- und Opernbesuche, schöne Kleidung, festliche Einladungen und gepflegte Konversation.²¹⁷ In der Kindererziehung hätten ihr die Vermittlung von Bildung und guten Manieren am Herzen gelegen, was in ihren Augen von den Kommunisten sträflich vernachlässigt wurde.²¹⁸

2.5 Weiblichkeitsentwürfe und Rollenzuschreibungen

Für eine Interpretation der Bilder von Mutter, Großmutter und *njanja* ist die Frage wichtig, wofür die Mutter in den Erinnerungen einer Frau stehen kann. Nach psychoanalytischen Ansätzen tritt in den Lebensgeschichten neben der Autobiographin eine zweite Frau als „Andere" auf. Diese „Andere" ist der Spiegel des weiblichen Selbst. Häufig verkörpert durch die Mutterfigur, dient sie als Projektionsfläche für eigene Weiblichkeits- und Rollenmuster, sowohl als Bürgerin in der Gesellschaft als auch als Partnerin und Mutter.²¹⁹ Die Schilderung des Verhältnisses zur Mutter ist in weiblichen Lebenserinnerungen ein Moment der Selbstkonstitution und Selbstentdeckung. Der

---

[215] Ebenda, S. 168.
[216] Ebenda S. 63, 147f., 160, 288.
[217] Ebenda, S. 69, 90ff., 95, 167, 293.
[218] Ebenda, S. 90ff., 167, 170.
[219] Renate Dernedde: Muttergestalten und Mutter-Tochter-Beziehungen in deutschsprachiger Prosa, 1979–1990, New York 1992, S. 63f.; Nancy Chodorow: Das Erbe der Mütter. Psychoanalyse und Soziologie der Geschlechter, München 1990 (3. Aufl., Erstauflage 1985), S. 118–120; Marja Rytkönen: Voicing M/other in Russian Women's Autobiographies in the 1990s, in: Liljeström/Rosenholm/Savkina (Hrsg.): Models of Self, S. 171–184, hier S. 171f.

Frühe Prägung: Kindheit und Jugend

eigene Lebens- und Weiblichkeitsentwurf wird mit dem der „Anderen" verglichen.[220] Die Mütter der Dissidentinnen entsprechen weitgehend dem Bild der „fortschrittlichen Sowjetfrau", wie es in den zwanziger Jahren propagiert wurde.[221] Sie waren emanzipiert, beteiligten sich an der sozialistischen Produktion und dem Aufbau der neuen Gesellschaft. Sie übten Berufe aus, die bis dahin den Männern vorbehalten waren. Haushalt und Kindererziehung wurden delegiert. In ihrer Rolle als Staatsbürgerin wird die Mutter als Verfechterin des Systems charakterisiert und dadurch mit der herrschenden Ordnung identifiziert. Die in den Erinnerungen geäußerte Gesellschaftskritik wird vielfach auf die Mutter projiziert. Durch sie bekommt das bestehende System ein Gesicht. Es wird gezeigt, wie sich die eigene Weltsicht und das eigene soziale Gewissen in Abgrenzung zur Mutter entwickeln. Bei diesem Abgrenzungsprozess helfen Vertreterinnen der „guten alten Zeit". Sie verkörpern die Eigenschaften, die die Mütter mit der Revolution über Bord gekippt zu haben scheinen: ein eher biologisches Frauen- und Mutterbild und „traditionelle" Werte wie Humanität, Kultur und christliche Nächstenliebe.

Es muss vorerst offen bleiben, ob der hier beschriebene Abgrenzungsprozess von Mutterbild und Gesellschaftsordnung als psychologischer Prozess zu verstehen ist oder ob es sich um literarische Symbolik handelt. In den Bildern von Mutter, Vater und *njanja* finden sich zahlreiche Anklänge an Propagandabilder, literarische Topoi, zeitgenössische und historische Diskurse wieder: Die beiden gegensätzlichen Frauengestalten erscheinen als Archetypen eines dualistischen Weiblichkeitsbildes, wie es für patriarchalische Gesellschaften charakteristisch ist.[222] Auf der einen Seite stehen die guten, nährenden, mütterlichen, aber auch abhängigen Kinderfrauen und

---

[220] Rytkönen, S. 172.

[221] Attwood, Creating the New Soviet Woman. S. 23–31; Scheide, Kinder, Küche, Kommunismus, S. 124–128.

[222] Hier verdanke ich Elisabeth Cheauré wichtige Hinweise. Cheauré beleuchtete in einem Ko-Referat zu einem meiner Vorträge Frauenbilder und Weiblichkeitsentwürfe aus literaturwissenschaftlicher Sicht: Elisabeth Cheauré: Ko-Referat zum Vortrag „Larisa Bogoraz (*1929). Streiterin für Menschenrechte und Humanität. Überlegungen zu Weiblichkeitsentwürfen in der sowjetischen Dissidentenbewegung der fünfziger bis achtiger Jahre", gehalten auf der Tagung „*Gender Studies* in der Osteuropaforschung", Basel, den 12./13. Juli 2001, unveröffentlichtes Vortragsmanuskript.

Von der Küche auf den Roten Platz

Großmütter, auf der anderen Seite die starken, unabhängigen, schönen, aber negativ gezeichneten Mütter. In der russischen Memoirenliteratur des 19. Jahrhunderts beschreibt beispielsweise Nadežda Durova (1783–1866) eine „böse", nicht nährende Mutter, deren Schuld darin besteht, ihre Weiblichkeit abgelegt zu haben.[223] In Tolstojs „Pseudo-Autobiographie"[224] *Kindheit* und zahlreichen zeitgenössischen Werken finden sich wiederum Beschreibungen von *njanjas*, die stark an die Schilderungen der Dissidentinnen erinnern.[225] So stellte die *njanja* oft eine Frau von Land vor, ungebildet, aber voller Güte und Volksweisheit, womit sie die besten Traditionen Russlands verkörperte. Für die Autorinnen und Autoren aus den höheren Schichten symbolisierte die *njanja* den ersten Kontakt mit „dem Volk".[226] In der Muttergestalt spiegelt sich ferner der Diskurs über das „Sowjetmatriarchat" wider, der – anknüpfend an Diskussionen in der offiziellen Presse – erstmals in den „feministischen" *Samizdat*-Zeitschriften der späten siebziger und frühen achtziger Jahre auftauchte.[227] Im Zuge der *perestrojka* zog er breitere Kreise und entwickelt sich bis heute.[228] Diesem Diskurs zufolge sei die

---

[223] Nadežda Durova: Zapiski kavalerist-devicy, Moskau 1962.

[224] Zum Begriff Wachtel, Battle for Childhood.

[225] Andrew Wachtel verweist darauf, dass die *njanja* in der russischen Literatur – im Gegensatz zur Gouvernante in der englischen Tradition – immer positiv belegt ist. Wachtel, Battle for Childhood, S. 106.

[226] Ebenda, S. 108.

[227] Natal'ja Malachovskaja: Materinskaja sem'ja, in: Ženščina i Rossija, Paris 1980, S. 31–40; Tat'jana Goričeva: Ved'my v kosmose, in: Marija 1, Leningrad/Frankfurt am Main 1981, S. 9–13; Sof'ja Sokolova: Slabyj pol? Da, mužčiny, in: Marija 1, S. 43–44; Julija Voznesenskaja: Domašnij konclager', in: Marija 1, S. 13–19. Auf die Inhalte dieser Artikel wird im Kapitel 7.3 näher eingegangen.

[228] Vladimir Aristov: Sovetskaja „matriarchatka" i sovremennye gendernye obrazy, in: Anna Al'čuk (Hrsg): Ženščina i vizual'nye znaki, Moskau 2000, S. 3–16; Elena Zdravomyslova: Die Konstruktion der „arbeitenden Mutter"und die Krise der Männlichkeit. Zur Unterscheidung von Öffentlichkeit und Privatheit im Kontext der Geschlechterkonstruktion im spätsowjetischen Russland, in: Feministische Studien 17 (1999), Heft 1, S. 23–34; Larissa Lissjutkina: Matriarchat ohne Feminismus. Ein Essay zu den Rahmenbedingungen der Frauenbewegung im postkommunistischen Russland, Berliner Debatte Initial: Zeitschrift für sozialwissenschaftlichen Diskurs 9 (1998), Heft 2/3, S. 180–188; Sonja Margolina: Russland: Die nichtzivile Gesellschaft, Reinbek bei Hamburg 1994, S. 54–80; dies.: Herrschaft der Frau. Das sowjetische Matriarchat und das Ende des Totali-

Frühe Prägung: Kindheit und Jugend

sowjetische Gesellschaft von einer „Krise der Geschlechterverhältnisse" gezeichnet gewesen, die aus der „Vermännlichung der Frauen" und der „Verweiblichung der Männer"[229] resultierte. Durch das Projekt der sowjetischen Frauenemanzipation habe die Frau im Zentrum der Gesellschaft gestanden. Krieg, stalinistischer Terror und die hohe Zahl an Scheidungen, bei denen die Kinder meist automatisch der Mutter zugesprochen wurden, hätten dafür gesorgt, dass viele Kinder vaterlos aufwuchsen und die Frau faktisch zum Familienoberhaupt aufstieg. Darüber hinaus seien entscheidende Berufssparten und gesellschaftliche Felder von Frauen dominiert worden: Vorschulerziehung, Schulunterricht, medizinische Versorgung, Arbeitskollektive, Gewerkschaften, Gebietskomitees.[230] Da gerade diese Bereiche mit der Vermittlung der Sowjetideologie verknüpft waren, hätten Frauen als Verbündete des Staates und Helferinnen des Unterdrückungsapparates agiert. Während die Frau auf diese Weise übermächtig geworden sei, habe der Mann im Sowjetsystem nur verloren. Er sei seiner wichtigsten gesellschaftlichen Funktionen beraubt worden: der Rolle des Familienernährers und der des Staatsbürgers.[231] Umgekehrt habe es für Frauen keine Alternative zur Doppel- und Dreifachbelastung gegeben. Sie seien zur Erwerbstätigkeit gezwungen gewesen, wobei Kindererziehung und Haushalt weiterhin in ihrer Verantwortung blieben.[232] Langfristig habe dies zu Verantwortungslosigkeit, Charakterschwäche und Trunksucht unter den Männern geführt sowie zu einem Überlegenheitsgefühl und zu Herablassung seitens der Frauen.[233]

Obwohl die Schaltstellen in Staat und Wirtschaft fast ausschließlich von Männern besetzt waren und Frauen hier kaum in Führungspositionen aufstiegen, werden im Diskurs Frauen, insbesondere Mütter, mit dem Sowjet-

---

tarismus, in: Mechthild M. Jansen/Regine Walch (Hrsg.): Frauen in Osteuropa, Wiesbaden 1993, S. 50–88.

[229] Goričeva, Ved'my v kosmose, in: Marija 1, S. 10; Zdravomyslova, Konstruktion der „arbeitenden Mutter", S. 28.

[230] Aristov, S. 7; Margolina, nichtzivile Gesellschaft, S. 65.

[231] Sokolova, Slabyj pol, S. 43f.; Zdravomyslova, Konstruktion der „arbeitenden Mutter", S. 28–31.

[232] Malachovskaja, Materinskaja sem'ja, in: Ženščina i Rossija 1, S. 34–36.

[233] So konstatiert die amerikanische Feministin Francine du Plessix Gray, dass Herablassung gegenüber dem männlichen Geschlecht im heutigen Russland zur weiblichen Sozialisation gehört. Francine du Plessix Gray: Drahtseilakte. Frauen in der Sowjetunion, München 1990, S. 78f.

system identifiziert. Aktuelle literarische Versuche der „Vergangenheitsbewältigung" sind dafür ein gutes Beispiel. Ist es in der deutschen Literatur häufig der „Nazi-Vater", der die Rolle des Täters einnimmt, während die Mutter allenfalls als Unterstützerin vorkommt, so wird in der russischen Gegenwartsliteratur oft mit der arbeitenden „Sowjet-Mutter" stellvertretend für das System abgerechnet.[234] Obgleich auch in den Erinnerungen der Dissidentinnen eher die Väter hohe Ämter innehatten, wofür ein hohes Maß an Loyalität verlangt war, werden in erster Linie die Mütter mit der Partei assoziiert.

Anhand der Beschreibung der Bezugspersonen aus der Kindheit wird ersichtlich, wie kollektive Deutungsmuster und literarische Vorbilder die individuelle Erinnerung prägen können. Das Erinnern und Erzählen ist von zeitgenössischen und gegenwärtigen Diskursen bestimmt. In den Porträts von Mutter, Vater und *njanja* kommen ferner Muster autobiographischer Diskurse zum Ausdruck, beispielsweise in der überraschenden Ähnlichkeit zwischen Kinderfrauen aus der Literatur des 19. Jahrhunderts und denen der Dissidentinnen. Im Aufgreifen und Weiterführen „klassischer" literarischer Sujets schreiben die Zeitzeuginnen das kulturelle Gedächtnis der Nation fort. Der Mutterdiskurs spiegelt den aktuellen Diskurs über das „Sowjetmatriarchat" wider.

Bei aller Diskursivität darf aber nicht vergessen werden, dass den geschilderten Begebenheiten Erfahrungen mit realen Personen zugrunde liegen. Sowohl Diskurse als auch Elemente eines kulturellen Gedächtnisses werden auf diese übertragen und überformen die individuelle Erinnerung. Die Aneignung von kulturellen Deutungsmustern, ihre Weiterführung, Abwandlung und Übertragung auf das eigene Leben ist jedoch jeweils ein individueller schöpferischer Akt, auf dem sich die eigene Identität begründet. Insofern lassen sich mit Hilfe der Erinnerungstexte nicht nur Diskurse rekonstruieren, sondern auch vergangene soziale Konstellationen, beispiels-

---

[234] Für die Nazi-Väter: Susan G. Figge: „Father Books": Memoirs of Children of Fascist Fathers, in: Susan G. Bell u.a. (Hrsg.): Autobiography, Biography and Gender, New York 1990, S. 193–202. Beispiele aus der Literatur sind: Siegfried Lenz: Die Deutschstunde (1968); Bernward Vesper: Die Reise (1977); Ruth Rehmann: Der Mann auf der Kanzel (1979); Peter Härtling: Nachgetragene Liebe; Christoph Meckel: Suchbild. Über meinen Vater (1980); Niklas Frank: Der Vater: eine Abrechnung (1987). Für die Sowjet-Mutter: Larissa Lissjutkina: Mütter-Monster? Auseinandersetzung mit der Vergangenheit in Texten jüngerer russischer Autorinnen, in: Feministische Studien 17 (1999), Heft 1, S. 35–48.

Frühe Prägung: Kindheit und Jugend

weise die Eltern-Kind-Beziehungen. Die Abwesenheit der Mutter infolge von Erwerbsarbeit und politischen Engagements ist eine Tatsache, ebenso wie die Betreuung der Kinder durch Dienstpersonal oder Großmütter sowie der häufig fehlende Vater. Fraglich ist nur, in welchem Verhältnis das damalige Erleben und das heutige Erinnern und Deuten stehen.

Aus den Schilderungen des Mutter-Tochter-Verhältnisses lassen sich, begreift man die Mutter als „die Andere", Rückschlüsse daraus ziehen, wie sich oppositionelle Frauen mit Rollenmustern und Weiblichkeitsentwürfen auseinander gesetzt haben oder es heute noch tun. Die Beschäftigung mit der Mutter ist indirekt auch eine Auseinandersetzung mit dem sowjetischen Modell der Frauenemanzipation. Das Verhältnis der Dissidentinnen zu propagierten Frauenrollen scheint zwiespältig und gebrochen zu sein. Einerseits wird die emanzipierte Mutter wegen ihres „unnatürlichen" Verhaltens kritisiert und mit einer unemanzipierten Frau konfrontiert, andererseits äußern die Töchter Respekt vor dem beruflichen Erfolg der Mütter und bewundern deren Intellekt und Bildung. Sie erwecken damit den Eindruck, als wollten sie hinter bestimmte Errungenschaften der emanzipatorischen Politik doch nicht zurück. In der weiteren Betrachtung ihrer Lebenswege wird daher immer wieder die Frage gestellt, wie sich das „Erbe der Mütter" im eigenen Lebensentwurf niederschlägt.

Ebenso wie das Frauenbild erscheint das Verhältnis zur weiblichen Schönheit gebrochen. Auch in dieser Hinsicht gibt die Mutterfigur Hinweise. Wir haben gehört, dass die Mütter größtenteils Schönheiten waren und große Stücke auf ihr Aussehen hielten, während sie ihren Töchter das Gefühl vermittelten, unansehnlich zu sein. Wie kommt diese Erinnerung zustande, und warum wird dieser Konflikt in den Quellen so oft erwähnt? Eine Erklärung könnte sein, dass es mit dem sozialistischen Gleichheitsideal nicht vereinbar war, wenn sich ein Mädchen als hübsch empfand oder eitel war. Wie Untersuchungen zu Mode und Körperlichkeit in der Sowjetunion belegen, war das äußere Erscheinungsbild von Frauen bestimmten – ungeschriebenen – Regeln unterworfen.[235] Weibliche Reize sollten eher verdeckt als gezeigt werden. So war die Komsomolka in den zwanziger und dreißiger Jahren kurzhaarig, von knabenhafter Figur und ungeschminkt. Als Gegenre-

---

[235] Nadezhda Azhgikhina/Helena Goscilo: Getting under their Skin: the Beauty Salon in Russian Women's Lieves, in: Helena Goscilo/Beth Holmgren (Hrsg.): Russia – Women – Culture, Bloomington/Indianapolis 1996, S. 94–121; Ol'ga Vainshtein: Female Fashion Soviet Style: Bodies of Ideology; in: ebendort, S. 64–93.

aktion auf dieses androgyne Frauenbild begriffen es Frauen etwa ab den späten sechziger Jahren als Form des Protests und des Selbstausdrucks, ihre Weiblichkeit (*ženstvennost'*) zu betonen.[236] Umgekehrt wurde es als Zeichen von Parteiloyalität (*partijnost'*) angesehen, das Streben nach weiblicher Schönheit aufzugeben.[237] Indem die Dissidentinnen ihren Müttern vorwerfen, diese hätten sie hässlich gemacht, reklamieren sie möglicherweise ein „Recht auf Weiblichkeit" gegen eine propagierte Androgynität für sich. Das Bild der schönen und eleganten Mutter kann demzufolge als Wunschbild für die eigene Persönlichkeit gedeutet werden, das die Sehnsucht nach Selbstausdruck und femininem Äußeren symbolisiert.

Das Leiden an der eigenen Hässlichkeit und der Kontrast zur schönen Mutter bieten jedoch weitere Interpretationsmöglichkeiten: In den Erinnerungen der Dissidentinnen unterstreicht die Empfindung, hässlich zu sein, das Gefühl mangelnder Zugehörigkeit zur Gesellschaft. Hässlichkeit ist also etwas Zwiespältiges. Einerseits zeigt das Leiden an der Hässlichkeit den Wunsch nach Schönheit, andererseits dient die betonte Hässlichkeit aber auch dazu, das eigene Anderssein zu manifestieren. Die Vorstellung, sich schon in der Kindheit von der Gesellschaft abgesondert zu haben, nimmt sowohl das spätere Andersdenken als auch das künftige Randgruppendasein der Dissidentinnen vorweg. Das Gefühl von Einsamkeit, Isolation und Ablehnung des Kollektivs in der Kindheit prädestiniert das Individuum, sich aus den Fesseln einer übermächtigen Gemeinschaft zu lösen und seinen Drang nach Individualität und Freiheit zu entdecken. Was an dieser Verbindung zwischen Hässlichkeit und Andersartigkeit auffällt, ist ihre politische

---

[236] In den Memoiren Raisa Orlovas findet die Auseinandersetzung mit femininem Auftreten in die Kriegserinnerungen Eingang. Sie spricht von einer „Demonstration von Weiblichkeit", die ihr auf den Straßen Bukarests begegnet sei, wo sie sich bei Kriegsende längere Zeit als Propagandistin aufhielt. Orlowa, Vergangenheit, S. 196.

[237] Ein aufschlussreiches Beispiel führen Azhgichina und Goscilo an: Sie untersuchten die Reaktionen russischer Leserinnen auf einen Auszug aus dem Buch *The Beauty Myth* der amerikanischen Feministin Naomi Wolf, den die Zeitschrift *Inostrannaja literatura* 1991 veröffentlichte. Die Kernthese Wolfs lautet (stark vereinfacht), dass der Schönheitskult die Selbstbefreiung der Frau hemme, indem er ihre Energie für ökonomische und politische Aktivitäten absorbiere. Russische Leserinnen reagierten darauf mit Empörung. Manche hielten das Buch für eine Propagandaschrift der Partei, die Frauen dazu zwingen wolle, ihr Streben nach Schönheit aufzugeben. Azhgikhina/Goscilo, S. 106.

Frühe Prägung: Kindheit und Jugend

Konnotation. Schließlich ist es für Jugendliche in der Pubertät nicht außergewöhnlich, sich hässlich zu fühlen und zu meinen, die Gruppe der Gleichaltrigen lehne sie ab. Die Jugendzeit ist gekoppelt mit der Suche des Einzelnen nach seinem Platz in der Gesellschaft. Die Dissidentinnen beschreiben also gängige Wahrnehmungsmuster pubertierender Jugendlicher. Auffällig ist nur, wie sie es tun. Die gewöhnlichen pubertären Verunsicherungen erhalten eine politische Komponente, die Autobiographinnen projizieren ihr späteres Lebensgefühl als Dissidentinnen auf die Zeit des Heranwachsens.

Eine weitere Möglichkeit, das Hässlichkeitsempfinden der Dissidentinnen zu deuten, liegt darin, einen Zusammenhang mit der jüdischen Herkunft eines Teils von ihnen zu suchen. Auf den Kindheitsfotos der Dissidentinnen fällt auf, dass sie zumeist dunkelhaarig und dunkeläugig waren. Es ist möglich, dass sie mit ihrem Äußeren auch deshalb unzufrieden waren, weil sie dem Idealbild des kräftigen blonden Mädchens auf den Plakaten nicht entsprachen oder ihr Aussehen als „jüdisch" empfanden.

Die letzte Deutungsvariante hängt mit dem Bildnis der „Revolutionärin" zusammen. Wie gezeigt, betonen die Autobiographinnen ihre Unabhängigkeit von gesellschaftlichen Normen. Das Hässlichsein könnte im Zusammenhang mit der Andersartigkeit ein Symbol dafür sein, dass sich die Dissidentinnen einer (heutigen) Norm entziehen. Einige von ihnen betonen sogar, sie mäßen der Mode, den Schönheitsidealen und – damit verbunden – ihrem eigenen äußeren Erscheinungsbild wenig Bedeutung bei.[238] Diese Behauptung deckt sich mit dem Eindruck, den ich bei den Begegnungen mit den ehemaligen Dissidenten gewann, denn ihr Auftreten deutet tatsächlich darauf hin, dass ihnen Kleidung, Frisur und Kosmetik nicht wichtig sind. Vielleicht reihen sie sich hier, als Widerstandskämpferinnen, in die Tradition der Sozialrevolutionärinnen ein, in deren Kampf um die gerechte Sache kein Platz für Schönheitspflege blieb.[239] In diesem Sinn ist die betonte „Un-Weiblichkeit" Ausdruck der geistigen Unabhängigkeit und der Freiheit von materiellen Gütern.

Auf jeden Fall scheint in Bezug auf die weibliche Schönheit ein Zwiespalt vorzuliegen. Einerseits soll, entgegen der gesellschaftlichen Konventionen (der zwanziger und dreißiger Jahre) die eigene Weiblichkeit gezeigt

---

[238] Interviews Bogoraz, Sokolova.
[239] Zumindest gehörte die Ablehnung von Schönheitspflege und betont weiblichen Attributen zum festen Repertoire der Autobiographien von Sozialrevolutionärinnen, Hoogenboom, S. 85.

Raisa Orlova als Jugendliche, ohne Datum

werden, andererseits weisen die Dissidentinnen als „Revolutionärinnen" und Freidenkerinnen das, im heutigen Russland verbreitete, Streben nach Schönheit zurück. Diese Ambivalenz wird von Raisa Orlova in ihren Erinnerungen an Mädchenträume pointiert dargestellt: Sie habe sich sowohl in wunderbaren Garderoben und bodenlangen Samtkleidern gesehen als auch „an den Rednerpulten aller denkbaren Weltkongresse stehen oder hoch zu Ross in eine im Sturmwind der Revolution befreite Stadt einziehen".[240]

---

[240] Orlowa, Vergangenheit, S. 49.

Frühe Prägung: Kindheit und Jugend

Die Auseinandersetzung mit unterschiedlichen, zum Teil widersprüchlichen Rollenvorstellungen und Weiblichkeitsentwürfen zeigt, wie in den Erinnerungen Propagandabilder, traditionelle Vorstellungen und eigene Erfahrungen verarbeitet werden. In den Köpfen der Frauen existieren verschiedene Vorstellungen nebeneinander, so wie in der Propaganda ein Frauenbild über ein vorher bestehendes gelegt wurde, beispielsweise im Übergang von den zwanziger zu den dreißiger Jahren, zu Beginn des Zweiten Weltkrieges oder in der unmittelbaren Nachkriegszeit.[241] Einige Episoden aus den Erinnerungen der Dissidentinnen setzen sich mit den Vorstellungen ihrer Jugendzeit auseinander, andere mit heutigen Frauenbildern. Auf diese Weise kommen die unterschiedlichen Erinnerungsschichten in den autobiographischen Texten zum Vorschein.

2.6 Die „Säuberungen" der dreißiger Jahre

Die Erfahrungen mit dem sowjetischen Terrorapparat, insbesondere die großen „Säuberungen" *(čistki)* der Jahre 1936 bis 1938 – auch „Großer Terror" oder *Ežovščina*[242] genannt –, sind in fast allen Erinnerungen lebendig.[243] Folgte nach der Kollektivierung von 1929/30 eine Phase der innenpolitischen Entspannung, setzte mit dem Mord am Leningrader Parteisekretär Sergej Kirov am ersten Dezember 1934 eine neue Welle von Repressionen und Verhaftungen ein.[244] Noch Ende 1934 wurden in Leningrad über 6 500

---

[241] Attwood, Creating the New Soviet Woman, S. 14, S. 126–134; Susanne Conze: Weder Emanzipation noch Tradition. Stalininistische Frauenpolitik in den vierziger Jahren, in: Stefan Plaggenborg (Hrsg.): Stalinismus. Neue Forschungen und Konzepte, Berlin 1998, S. 293–320.

[242] Der Name *Ežovščina* stammt vom damaligen Geheimdienstchef Nikolaj Ežov (1895–1938).

[243] In wissenschaftlichen Darstellungen wird zwischen „Säuberungen" und „Terror" unterschieden, da „Säuberungen" im allgemeinen nur Parteimitglieder trafen, der Terror der Jahre 1936 bis 1938 *(Ežovščina)* aber breitere Kreise erreichte. J. Arch Getty: The Origins of the Great Purges. The Soviet Communist Party Reconsidered, 1933–1938, Cambridge 1985, S. 38–57; Jörg Baberowski: Wandel und Terror: Die Sowjetunion unter Stalin 1928–1941, in: Jahrbücher für Geschichte Osteuropas 43 (1995), S. 97–127, hier S. 120f.

[244] Der Kirov-Mord wird in der Historiographie unterschiedlich bewertet. Conquest geht davon aus, dass Stalin ihn als Auftakt einer geplanten und durchdachten Ter-

Menschen hingerichtet.[245] Es folgten „Säuberungen" in der Partei, die ihren öffentlichen Höhepunkt in drei Moskauer Schauprozessen fanden: gegen Zinov'ev und Kamenev im August 1936, gegen Pjatakov, Radek, Sokol'nikov und vierzehn weitere Parteifunktionäre im Februar 1937 und gegen Bucharin, Rykov und neunzehn andere Angeklagte im März 1938. Zunächst richtete sich der Staatsterror in erster Linie gegen die politischen und administrativen Eliten sowie die Führung der Roten Armee. Im Laufe des Jahres 1937 weitete er sich auf breitere Bevölkerungsgruppen aus.[246] Die Furcht vor „Spionen", „Verrätern" und „Volksfeinden" steigerte sich zur Massenhysterie. Die Ursachen und Beweggründe für die großen „Säuberungen" sind in der Forschung umstritten.[247] Zahlenangaben über die Opfer

rorwelle inszenierte: Robert Conquest: Stalin and the Kirov Murder, New York 1989. Neuere Forschungen bestreiten diese Annahme: J. Arch Getty: The Politics of Repression Revisited, in: Getty/Manning (Hrsg.): Stalinist Terror, S. 40–62.

[245] Zu den unmittelbaren Folgen des Kirov-Mordes: Oleg Chlevnjuk: 1937-j: Stalin, NKVD i sovetskoe obščestvo, Moskau 1992, S. 33–45.

[246] Markus Wehner: Stalinismus und Terror, in: Plaggenborg (Hrsg.): Stalinismus, S. 365–390, hier S. 380ff. Laut Barry McLoughlin gehörte die überwiegende Mehrheit der Opfer nicht der Elite an, nach seinen Berechnungen waren etwa neun von zehn Erschossenen Arbeiter oder Bauern. Insgesamt belief sich die Zahl der Opfer aus dem werktätigen Volk auf etwa zwei Drittel. Barry McLoughlin: Die Massenoperationen des NKWD. Dynamik des Terrors 1937/38, in: Wladislaw Hedeler (Hrsg.): Stalinscher Terror 1934–41. Eine Forschungsbilanz, Berlin 2002, S. 33–50, hier S. 34 und 50.

[247] Von Totalitarismustheorien beeinflusste Forscher wie Conquest und Medvedev sehen im Terror eine planmäßige Vernichtung, erwachsen aus dem Machthunger Stalins und dessen Willen zu unumschränkter Herrschaft. Robert Conquest: The Great Terror. Stalin's Purges of the Thirties, London 1968, S. 3–26. In seiner Neuauflage: The Great Terror. A Reassessment, London 1990, hält Conquest im wesentlichen an seinen Thesen fest. Siehe auch Roj Medvedev: Let History Judge. The Origins and Consequences of Stalinism, New York 1989, S. 292–298 und 327–455. Die Gruppe der „Revisionisten" unter den Forschenden lehnt hingegen eine personenzentrierte Erklärung ab und führt vor allem soziokulturelle Faktoren ins Feld. Die „Säuberungen" entstanden demnach aus einem sich verselbständigenden Prozess, in dem rivalisierende Gruppen in Sicherheitsapparat und Partei ihre Konflikte und Machtkämpfe austrugen, begünstigt durch ein Klima von Angst und Denunziation. Sheila Fitzpatrick: New Perspectives on Stalinism, in: The Russian Review (1986), S. 357–373; J. Arch Getty: Origins of the Great Purges, S. 196–200; Gábor T. Rittersporn: Simplifications staliniennes et complications soviétiques. Tensions socials et conflits politiques en U.R.S.S.

Frühe Prägung: Kindheit und Jugend

variieren stark. Nach Archivdaten, die in den neunziger Jahren zugänglich wurden, gab es allein in den beiden Jahren 1937 und 1938 etwa 2,5 Millionen Verhaftungen. Etwa 680 000 Menschen wurden hingerichtet, 1,9 Millionen zu Lagerhaft verurteilt, von denen mehr als 160 000 ihre Haftzeit nicht überlebten.[248] In den Kreisen der Partei- und Wirtschaftsfunktionäre, der städtischen Intelligenz, und des Militärs blieb kaum eine Familie vom Terror verschont.[249] Meistens zog eine Verhaftung die Verfolgung weiterer Familienmitglieder nach sich.[250]

1933–1953, Paris 1988, zusammenfassend in ders.: The Omnipresent Conspiracy: On Soviet Imagery of Politics and Social Relations in the 1930s, in: Getty/Manning (Hrsg.): Stalinist Terror, S. 99–115. Demgegenüber betonen jüngere Sowjethistoriker die Identifikation breiter Teile der Bevölkerung mit dem stalinistischen Wertesystem und die Wirkungsmacht der Ideologie. Jochen Hellbeck: Fashioning the Stalinist Soul. The Diary of Stepan Podlubny, 1931–1939, in: Fitzpatrick (Hrsg.): Stalinism. New Directions, London/New York 2000, S. 77–116; Stephen Kotkin: Magnetic Mountain. Stalinism as a Civilization, Berkely 1995; Robert W. Thurston: Life and Terror in Stalin's Russia. 1934–1941, New Haven u.a. 1996. Schließlich sind die Ursachen des Terrors auch in einer Kultur der Gewalt zu suchen, die die Täter prägte (so zum Beispiel Jörg Baberowski: Der rote Terror. Die Geschichte des Stalinismus, München 2003, S. 204ff.).

[248] J. Arch Getty/Gábor T. Rittersporn/Viktor N. Zemskov: Victims of the Soviet Penal System in the Pre-War-Years: A First Approach on the Basis of Archival Evidence, in: American Historical Review 98 (1993), S. 1017–1049, hier S. 1022. Demgegenüber waren Conquest und Medvedev noch von fünf bis acht Millionen Opfern ausgegangen. Conquest: The Great Terror, S. 532; Medvedev, S. 455. Zur Diskussion des aktuellen Befundes vor dem Hintergrund der vorherigen stark abweichenden Schätzungen siehe Hildermeier, S. 453–456.

[249] Zu den Verlusten in den Familien der urbanen Intelligenz exemplarisch: AS 4507: Elena Kosterina, Zajavlenie v sled. Otdel UKGB SSSR po g. Moskve i Mosk. Obl. Moskau, 10. Oktober 1981. Elena Kosterina führt in diesem offenen Brief an den KGB aus, dass in ihrer Familie neben ihren beiden Eltern in den dreißiger Jahren die beiden Brüder des Vaters sowie zwei enge Verwandte der Mutter inhaftiert wurden und teilweise in Haft umkamen.

[250] Zu den operativen Instruktionen betreffs der Behandlung von Familien Verhafteter: Corinna Kuhr: Kinder von „Volksfeinden" als Opfer des stalinistischen Terrors 1936–1938, in: Plaggenborg (Hrsg.): Stalinismus, S. 391–417, hier S. 398ff. Zu den Auswirkungen der „Säuberungen" auf die Familienstrukturen siehe auch Robert W. Thurston: The Soviet Family During the Great Terror, 1935–1941, in: Soviet Studies 43 (1991), Heft 3, S. 553–574. Die Untersuchung basiert in erster Linie auf Memoiren sowie Zeitzeugenbefragungen, die 1950/51 unter Leitung

135

Von der Küche auf den Roten Platz

In den hier untersuchten Biographien verzeichnet ungefähr die Hälfte die Verhaftung, und teilweise Hinrichtung, eines Elternteils oder beider Eltern. In einem Fall wurden beide Eltern erst Ende der vierziger Jahre verhaftet und zu hohen Freiheitsstrafen verurteilt.[251] Die Eltern Irina Verblovskajas wurden schon 1929, noch vor der Geburt der Tochter, zu je drei Jahren Verbannung verurteilt. Selbst wenn die Terrorwelle die eigenen Eltern nicht unmittelbar betraf, hatte doch fast jede Zeitzeugin nahe Angehörige, Bekannte oder Nachbarn, die von ihr erfasst wurden.[252] Wie Ljudmila Alekseeva beschrieben hatte, bekamen Kinder und Jugendliche mit, wie ihre Eltern tagtäglich die eigene Verhaftung erwarteten und bei jedem Klopfen an der Tür und jedem Knarren auf dem Treppenabsatz mit dem Schlimmsten rechneten.[253] Es gibt wohl niemanden, an dem der Terror ganz vorüberging. Selbst wenn Zeitzeuginnen keine persönlichen Erinnerungen mehr an die „Säuberungen" haben, beispielsweise die Generation der nach 1935 Geborenen, so verweisen sie zumindest auf Angehörige, die davon betroffen waren.[254]

Die Berichte über Repressionen im engeren Umfeld unterscheiden sich stark, was ich darauf zurückführe, dass die betroffenen Personen zum damaligen Zeitpunkt unterschiedlich alt waren[255]. So war Elena Bonnėr, als ihre Eltern verhaftet wurden, vierzehn, Larisa Bogoraz erst sieben. Zwei der

---

    der US Air Force hauptsächlich in Lagern für *Displaced Persons* durchgeführt wurden.

[251] Ulanovskaja (AS 1467).

[252] Siehe, Kaminskaja, S. 18; Interviews Kudrova, Sokolova, Velikanova Verblovskaja. In den seltensten Fälle ist mir bekannt geworden, wie viele und welche Personen aus dem unmittelbaren Umfeld der Zeitzeuginnen von der *Ežovščina* betroffen waren. Lediglich Larisa Bogoraz nennt in einem Beschwerdebrief an den KGB in den siebziger Jahren Zahlen: In ihrer Familie wurden sieben Personen nach Artikel 58 des Strafgesetzbuchs der RSFSR verurteilt, drei davon wurden hingerichtet oder kamen im Lager um. Larisa Bogoraz: Otkrytoe pis'mo predsedatelju komiteta gosudarstvennoj besopasnosti Andropovu Ju. V. vom 9. Mai 1975, Archiv NIC Memorial, Moskau, Fond 101, opis 1, gelo 104, Bl. 9 und 10.

[253] Kaminskaja, S. 18, Orlowa, Vergangenheit, S. 32, S. 74ff.; Interview Sokolova.

[254] Grivnina, Popytka memuarov, S. 145; AS 4027: Natal'ja Malachovskaja, Avtobiographija, Leningrad Mai 1980, S. 1; Interviews Gorbanevskaja, Laškova.

[255] Die verschiedenen Reaktionen decken sich mit den von Corinna Kuhr herausgearbeiteten Verhaltensmustern von Kinder bei der Verhaftung der Eltern. Kuhr, S. 401–409.

Frühe Prägung: Kindheit und Jugend

Autorinnen, Dina Kaminskaja (Jahrgang 1920) und Raisa Orlova (Jahrgang 1918) erlebten die Jahre 1936 bis 1938 bereits an der Grenze zum Erwachsenenalter, während der letzten Schuljahre beziehungsweise zu Beginn des Studiums. Die Generation der nach 1935 Geborenen erlebte den stalinistischen Terror nicht mehr bewusst. Im Familiengedächtnis wurde zwar das Andenken an „repressierte" Verwandte bewahrt, anders als bei den älteren Dissidentinnen und Dissidenten rufen Gedanken an die „Säuberungen" aber weder persönliches Leiden noch Angst oder gar Schuldgefühle in Erinnerung.

Bei den Frauen, die vor 1920 geboren wurden, werden die Jahre der „Großen Säuberungen" vor dem Hintergrund einer persönlichen Schuld und indirekter Beteiligung an den Verbrechen diskutiert.[256] Diese Schuldgefühle werden in den Erinnerungen Orlovas und Kaminskajas an bestimmten Verhaltens- und Reaktionsmustern auf die „Säuberungskampagnen" festgemacht: Reue wird in erster Linie darüber empfunden, selbst in den finsteren dreißiger Jahren eine sorglose Jugend erlebt zu haben.[257] Man habe angesichts der ungeheuren Verbrechen die Rechtmäßigkeit der Verhaftungen nicht in Frage gestellt[258], sondern der Propaganda geglaubt. Wie Raisa Orlovas schreibt, habe sie, als Freunde und Kommilitonen verhaftet wurden, zwar an der Richtigkeit dieser Maßnahmen gezweifelt, die Zweifel in ihrer Identifikation mit dem System jedoch sofort wieder verdrängt. Als sie von ihrem Vater gefragt worden sei, wie sie es aufnähme, wenn er verhaftet würde, habe sie „ohne auch nur einen Augenblick zu überlegen" geantwortet: „'Ich würde meinen, dass es zu Recht geschieht.'" Sie kommentiert diese Antwort mit den Worten: „Ich sprach es aus, und der Boden unter meinen Füßen wankte nicht, kein Feuer, kein Schwefel, nichts. Gott war mir gnädig, Vater wurde nicht verhaftet".[259]

Die Schuldgefühle beziehen sich also darauf, die „Säuberungen" gutgeheißen, sie gedeckt oder unterstützt zu haben. Im Nachhinein wird aber auch darüber Schuld empfunden, ein besseres Los gezogen haben als die Opfer

---

[256] Gerade bei Raisa Orlova ziehen sich Reflexionen über Schuld und Reue über das Geschehene wie ein roter Faden durch ihre Erinnerungen. Sie werden zu einem dominanten Zug der Selbstwahrnehmung.
[257] Kaminskaja, S. 18.
[258] Ebenda sowie Orlowa, Vergangenheit, S. 76f.
[259] Alle Zitate aus: Orlowa, Vergangenheit, S. 76.

und deren Angehörige, die sich, beispielsweise bei Verhaftung der Eltern oder des Ehemannes, öffentlich von diesen lossagen mussten.[260]

Im Gegensatz zu den Zeitzeuginnen der Jahregänge 1915 bis 1920 erlebten die Mitte der zwanziger bis Anfang der dreißiger Jahre Geborenen den Terror zwar bewusst mit, da sie damals aber noch Kinder waren, äußern sie keine Gefühle von Schuld oder Mittäterschaft. Sie begreifen sich ausschließlich als Opfer, selbst wenn die „Säuberungen" sie nicht an ihren politischen Überzeugungen zweifeln ließen. Ein Beispiel sind die Erinnerungen Larisa Bogoraz' (Jahrgang 1929), deren Vater 1936 verhaftet und zu fünf Jahren Lager verurteilt wurde. Bogoraz sagt aus, sie habe über sein Schicksal lange nichts gewusst. Seine Abwesenheit habe sie gegenüber ihren Spielkameraden damit erklärt, dass er im Spanischen Bürgerkrieg kämpfe, bis sie eines Tages zufällig durch ein Nachbarskind von seiner Verhaftung erfuhr. Nach eigenen Angaben ging sie selbstverständlich davon aus, dass der eigene Vater ein „Saboteur" oder „Spion" sei. Wiewohl die Trauer über den Verlust riesig war, habe sie sich geweigert, diesem „Volksfeind" zu schreiben.[261] Sie berichtet davon, dass auch andere Kinder in ihrer Umgebung auf die Verhaftung der Eltern so reagierten.[262]

Bogoraz bezeugt, wie unerschütterlich ihr Glaube an das stalinistische Regime gewesen sein muss. Sie setzt die Verhaftung ihres Vaters in Beziehung zur Entwicklung der eigenen Weltsicht. Interessanterweise nimmt dagegen eine Reihe von Zeitzeuginnen die Verhaftung der Eltern aus der politischen Biographie aus. Sie beschreiben den Verlust als rein persönliche Tragödie ohne politische Einordnung. Natal'ja Sadomskaja (Jahrgang 1928), die von der Verhaftung und Erschießung des Vaters erst in den siebziger Jahren erfuhr[263], musste 1938 die Verhaftung der Mutter erleben, die glück-

---

[260] Ebenda, S. 92. Ebenso: Interview Landa. Über das Schicksal von Landas Vater: Mal'va Landa: Nekotorye svedenija o moem otce Landa Noe Viktoroviče, 20. Februar 1977, AS 2902, S. 1–5.

[261] Bogoraz, Une femme en dissidence, S. 30, Interview Bogoraz.

[262] Bogoraz erzählt, dass alle davon ausgingen, die Eltern seien wohl zu Recht als „Volksfeinde" verhaftet worden. In der Nachbarschaft habe es einen Jungen gegeben, dessen Vater eines natürlichen Todes gestorben war. Er sei von allen beneidet worden, denn wenigstens sei sein Vater ein aufrechter Mensch und kein „Feind" gewesen. Interview Bogoraz.

[263] Sadomskaja erzählt, als Kind sei ihr gesagt worden, der Vater, der nicht mit der Familie lebte, sei an einer Kopfverletzung gestorben. Erst 1974, als sie die Papiere für die Ausreise aus der UdSSR beantragte, habe sie erfahren, dass der Vater

Frühe Prägung: Kindheit und Jugend

licherweise nach einigen Monaten wieder freigelassen wurde.[264] Für sie selbst seien das Verschwinden der Mutter und die Wohnungsdurchsuchung ein Schock und ein traumatisches Erlebnis gewesen. Sie misst diesem aber keine unmittelbare Auswirkung auf ihre politischen Überzeugungen bei.

Ähnlich beschreibt auch Zoja Krachmal'nikova (Jahrgang 1929) die Verhaftung des Stiefvaters als unverständliche Grausamkeit, als Familientragödie, betont aber, dass sie das Geschehen nicht einordnen konnte. Sie habe lediglich registriert, dass in ihrer Nachbarschaft einer nach dem anderen verhaftet wurde. Erst viel später, als sie selbst wegen ihrer oppositionellen Tätigkeit im Gefängnis saß, habe sie an den damaligen Terror gedacht und geschlussfolgert, dass er das Fundament des sowjetischen Staates bilde.[265]

Die „Säuberungen" werden also von einigen Autobiographinnen, die als Kinder Zeuginnen der Verhaftung der Eltern wurden, als „persönliche Tragödie" und Bruch im Leben beschrieben. Bezeichnenderweise lassen die Erzählerinnen aber offen, welche Auswirkungen dieses Ereignis auf die Entwicklung ihres oppositionellen Bewusstseins hatte. Für die Rekonstruktion von Erinnerungsprozessen ist dieser Befund aufschlussreich. Es wurde gezeigt, dass ein wichtiges Strukturierungsprinzip dissidentischer Erinnerungen politische Ereignisse sind. Die Zeitzeuginnen halten an diesem Prinzip sogar so weit fest, dass ihre Erzählungen „Erinnerungen" an historische Geschehnisse aufweisen, die sie selbst gar nicht erlebt haben: die Kollektivierung, den Bürgerkrieg oder die Revolution. In ihren Konversionserzählungen dienen den Autobiographinnen darüber hinaus zahlreiche Begebenheiten aus der Kindheit als Beleg für frühe Zweifel und Kritik am Sowjetsystem. Man würde vermuten, dass in diesem Zusammenhang die Betroffenheit von den stalinistischen „Säuberungen" ein Ereignis ist, dem in der weltanschaulichen Entwicklung größte Bedeutung beigemessen wird. Statt dessen wird die Verhaftung der Eltern als Kindheitstrauma ohne politische Implikationen beschrieben. Sie wird nicht in die Dramaturgie des

---

1935 in der Ukraine als Oppositioneller erschossen worden war. Interview Sadomskaja.

[264] Die Mutter wurde nach Auskunft Sadomskajas als verdächtiges Element verhaftet, weil sie nicht nur ehemalige Frau eines „Volksfeindes", sondern danach auch noch mit einem Amerikaner liiert war. Die Mutter sei nach sieben Monaten Haft Anfang 1939 freigesprochen worden, weil ihr Fall gerade in der Zeit untersucht wurde, in der Ežov als Leiter des NKVD seines Amtes enthoben und durch Berija ersetzt wurde.

[265] Interview Krachmal'nikova.

Von der Küche auf den Roten Platz

Zweifelns und Erkennens eingebaut, die doch sonst für die oppositionelle Biographie charakteristisch ist. Erst an späterer Stelle in der Chronologie der Erzählung, beispielsweise in den Episoden über die fünfziger und sechziger Jahre, wird konstatiert, dass die Auseinandersetzung mit den stalinistischen Repressionen essentiell für die Herausbildung der oppositionellen Haltung gewesen sei.

Wie ist diese fehlende politische Kommentierung der „Säuberungen" zu deuten? Meines Erachtens liegt hier eine Spur „unbearbeiteter" Erfahrung vor. Nach den Erkenntnissen der Erinnerungsforschung ist die Erinnerung an gefahrvolle, emotional belastende oder traumatisierende Situationen in der Regel fragmetarischer als an emotional gleichgültigere Begebenheiten.[266] Dieser Befund deckt sich auch mit den dissidentischen Lebensgeschichten. Die Erzählungen von den „Säuberungen" der Eltern fallen gegenüber anderen Sequenzen weit weniger farbig aus, die Aussagen beschränken sich auf die Nennung der Fakten. Auffällig ist aber, dass die Erzählung dieser bruchstückhaften Erinnerung wenig konstruierte und montierte Bestandteile aufweist. Die Erinnerung an Verhaftung und Verlust der Eltern wird nicht politisch aufgeladen. Sie scheint weniger von späteren Deutungen und Interpretationen überformt zu sein, als dies bei anderen Erinnerungssequenzen der Fall ist. Möglicherweise kommt die Erzählung damit nah an die Erlebnisebene heran: Die Verhaftung der Eltern war ein persönlicher Schicksalsschlag statt ein Moment der Sozialkritik, ein unverarbeitetes Trauma statt einer Stufe in der Entwicklung des politischen Bewusstseins.

Einzig Elena Bonnèr beschreibt, wie die Verhaftung ihrer Eltern ihr Weltbild grundlegend veränderte. Sie erzählt sehr detailliert, wie seit dem Kirov-Mord nach und nach die Bedrohung der Verhaftung in ihre behütete Welt einbrach. Aus dem Freundeskreis der Eltern verschwand einer nach dem anderen. Schließlich erreichte der Strudel der Verfolgung die eigenen Eltern. Ende 1937 wurden beide nacheinander verhaftet.[267] Für Bonnèr ging damit die Kindheit jäh zu Ende. Die Vierzehnjährige blieb mit dem jüngeren Bruder allein bei der Großmutter zurück. Die Familie musste die Wohnung

---

[266] Welzer, kommunikatives Gedächtnis, S. 35–39.

[267] Der Vater Gevork Alichanov erhielt nach damaliger Diktion „zehn Jahre ohne Recht auf Korrespondenz". Er wurde Anfang 1938 standrechtlich erschossen. Diese Information erhielt Elena Bonnèr allerdings erst nach der *perestrojka*. Die Mutter wurde zu acht Jahren Freiheitsstrafe und mehreren Jahren Verbannung verurteilt, siehe die Biographie Elena Bonnèrs (Biografičeskaja spravka) im Archiv der Sacharov-Stiftung, Moskau, Fond 2, S. 1f.

Frühe Prägung: Kindheit und Jugend

räumen. Elena verdiente ihren Lebensunterhalt mit Putzen. Eindrücklich schildert sie, wie sie stundenlang vor den Gefängnissen Schlange stand, auf Nachrichten wartete, der Mutter Päckchen ins Lager schickte und wie sich die Spur des Vaters plötzlich verlor. Unterstützung erfuhr sie kaum, stattdessen Diskriminierung und soziale Ausgrenzung. Freunde und Verwandte wollten aus Angst um die eigene Haut nichts mehr von ihr wissen. Sie wurde aus dem Komsomol ausgeschlossen, Altersgenossen mieden die Tochter eines „Volksfeindes".[268] Wie sie erzählt, sei sie schon zum damaligen Zeitpunkt überzeugt gewesen, weder die Eltern noch deren Freunde seien Feinde des Sowjetsozialismus. Als Feinde habe sie nur die Vertreter des Regimes empfunden: Gefängniswärter, Vertreter des NKVD, Komsomol-Organisatoren und schließlich Stalin selbst.[269]

Auf der anderen Seite gibt es Fälle, in denen von Solidarität und Mitgefühl gegenüber den Kindern Verhafteter berichtet wird. So erzählt Sadomskaja, wie die Tante, die Kinderfrau und die Bewohner der Kommunalwohnung nach der Verhaftung der Mutter gemeinsam für sie sorgten. Der Einsatz ihres Umfeldes habe dazu geführt, dass sie nicht wie viele ihrer Leidensgenossen in ein Kinderheim (*detdom*) eingewiesen wurde, sondern unter Aufsicht der *njanja* in der Wohnung bleiben durfte.[270] Diese Erlaubnis widersprach sogar der operativen Anordnung des Volkskommissariates für Inneres vom August 1937, der zufolge die Kinder Verhafteter grundsätzlich in Heime einzuweisen waren.[271] Hier zeigt sich, dass Individuen bisweilen größere Handlungsspielräume hatten, als dies die herrschenden Verordnungen zuließen. Ebenso berichten Bogoraz und Ulanovskaja von der Unterstützung, die Bekannte und Verwandte unter hohem persönlichen Risiko brachten.[272]

Trotz der Hilfe Einzelner erzählen diejenigen, deren Eltern den Säuberungen zum Opfer fielen, dass sie in der Gesellschaft unter Entfremdung und Isolation zu leiden hatten. Häufig verkehrten sie nur noch mit Altersgenos-

---

[268] Bonner, Mütter und Töchter, S. 351, S. 357f., S. 366f. Zu den alltäglichen Diskriminierungen, denen die Kinder von „Volksfeinden" ausgesetzt waren: Kuhr, S. 394f.

[269] Ebenda, S. 357–365.

[270] Interview Sadomskaja.

[271] Kuhr, S. 399.

[272] Bogoraz, Une femme en dissidence, S. 33, Ulanovskaja (AS 1467), S. 3.

sen, die ihr Schicksal teilten.²⁷³ Manche wurden durch die Säuberung eines Elternteils buchstäblich zu einer „anderen Person", indem sie den Namen wechselten, um nicht mehr mit dem „Feind" assoziiert zu werden. So nahmen Bogoraz, Bonnėr und Sadomskaja nach der Verhaftung des Vaters jeweils den Nachnamen ihrer Mutter an.²⁷⁴

Diejenigen, deren Eltern nicht direkt von den Säuberungen betroffen waren, beteuern, sie hätten die Geschehnisse irgendwann als normal angesehen. Zwar hätten die Vorfälle eine unbestimmte Angst oder Unsicherheit ausgelöst, aber diese sei nicht übermächtig geworden. Letzten Endes habe man sich mit den offiziellen Erklärungen abgefunden, der Kampf gegen Saboteure und Spione erfordere durchgreifende Maßnahmen. Wenn die Verhaftung einen nahen Menschen traf, habe man angenommen, es handle sich um ein Missverständnis.²⁷⁵ Vor allem habe man mit der Zeit gelernt, keine Fragen zu stellen.²⁷⁶ Ins Gedächtnis gegraben haben sich aber Bilder, die für die Zeitzeuginnen die drückende bleierne Zeit symbolisieren. So schildert Alekseeva, wie der Vater, als seine Belegschaft verhaftet wurde, wochenlang bleich und unrasiert auf dem Sofa lag und an die Wand starrte. Ebenso blieb die Mutter Elena Bonnėrs am Sylvesterabend 1936 wie gelähmt auf dem Bett liegen und schaffte es nicht, der Einladung zum Fest bei Anastas Mikojan²⁷⁷ zu folgen.

---

[273] Ulanovskaja (AS 1467), S. 2; Interviews Bogoraz, Sadomskaja.

[274] Die Mutter Larisa Bogoraz' hieß mit Nachnamen Bruchman. Larisa behielt diesen Namen aber nicht lange, im Zuge des aufkommenden Antisemitismus der späten vierziger Jahre wechselte sie wieder zu Bogoraz. Heute heißt sie offiziell Bogoraz-Bruchman. Elena Bonnėr wechselte sogar ihren Vornamen von ihrem armenischen Jungmädchennamen Lusik zu Elena.

[275] Interview Kudrova. Kudrova erzählt auch, wie während der Säuberungen das Spiel „Räuber und Gendarme" (das in Russland „Räuber und Kosaken" heißt) abgelöst wurde von „Miliz und Volksfeinde/Spione". So sehr hätten die Kinder verinnerlicht gehabt, dass die „Volksfeinde" und „Spione" auf jeden Fall die „Bösen" waren.

[276] Siehe die Zeugnisse von Alekseeva, Kudrova, Velikanova, Verblovskaja.

[277] Anastas Mikojan (1895–1978), geb. in Armenien, war Revolutionär und Bolschewik ab 1915. Nach verschiedenen Parteiämtern in der Kaukasusregion, bekleidete er seit Mitte der zwanziger Jahre verschiedene hohe Regierungsämter wie das des Volkskommissars für Handel, des Vorsitzenden des Rats der Volkskommissare, später für ein Jahr auch des Präsidenten des Obersten Sowjets.

Frühe Prägung: Kindheit und Jugend

Offen bleiben muss die Frage, welche langfristigen mentalen Prägungen die „Säuberungen" in der Elterngeneration bei Kindern und Jugendlichen hinterlassen haben. Zu diesem Thema fehlen grundlegende Studien.[278] Das hier untersuchte Quellenmaterial lässt kaum Rückschlüsse zu, ob Repressionserfahrungen in der eigenen Familie eine besondere Disposition zum „Andersdenken" schufen. Die Selbstzeugnisse zeigen, dass in zahlreichen Familien späterer Oppositioneller Opfer der „Säuberungen" zu verzeichnen waren, es lassen sich jedoch keine empirischen Daten ermitteln, die einen Vergleich mit anderen Gesellschaftsgruppen zulassen.

2.7 Die Erinnerung an den „Großen Vaterländischen Krieg" (1941–1945)

Während die Erinnerungen an die Jahre 1936 bis 1938, besonders bei den unmittelbar Betroffenen, Gefühle der sozialen Isolierung, tiefen Verunsicherung und unbestimmten Angst wachrufen, wird der Krieg, wie bei Alekseeva, eher als konsolidierende Lebensphase beschrieben.

Für die Vergleichbarkeit der Kriegserinnerungen gilt ebenso wie für die Erinnerungen an die „Säuberungen", dass der Krieg ein punktuelles, an ein historisches Ereignis gekoppeltes Erlebnis darstellt und kein allgemeines, von unterschiedlichen Generationen geteiltes, wie etwa Schule, die Freizeitbeschäftigungen oder die Lektüre bestimmter Bücher. Die Gruppe der um 1920 Geborenen war bei Kriegsbeginn schon in den Zwanzigern, die Ende der zwanziger bis Anfang dreißiger Jahre Geborenen waren zum Zeitpunkt des deutschen Überfalls auf die Sowjetunion etwa zehn bis vierzehn Jahre alt und bei Kriegsende zwischen vierzehn und siebzehn.[279] Elena Bonnėr wurde zu Kriegsbeginn gerade volljährig. Die jüngere Generation der Dissidentinnen wurde während des Krieges oder in der Nachkriegszeit geboren. Folglich hat sie wenig oder gar keine Erinnerungen an den Zweiten Weltkrieg. Trotz der großen Altersunterschiede sind die Kriegserinnerungen überraschend homogen. Insofern werden die geschilderten Erfahrungen hier gemeinsam besprochen.

---

[278] Die einzige Ausnahme bildet der oben zitierte Aufsatz von Corinna Kuhr.

[279] Siehe die Zeugnisse von Alekseeva, Bogoraz, Krachmal'nikova, Kudrova, Sadomskaja, Sokolova, Ulanovskaja, Verblovskaja, Velikanova.

Von der Küche auf den Roten Platz

Die von Alekseeva angesprochenen Momente finden sich in den meisten Quellen in der einen oder anderen Form wieder: Zweifel an der Weisheit der Staatsführung, Irritationen über die Verluste der Roten Armee, persönliche Entbehrungen und Opfer, aber auch Gefühle von gemeinsamer Kraftanstrengung, Patriotismus und nationalem Aufbruch, die Verehrung von „Helden" wie Zoja Kosmodemjanskaja und die Hoffnung auf politische Liberalisierungen.

Zunächst war der Krieg für die meisten verbunden mit Entbehrungen und Verlusten. Viele beklagten den Tod naher Angehöriger oder Freunde, die an der Front, während der deutschen Bombardements oder infolge von Hunger, Kälte und Krankheiten starben.[280] Raisa Orlova war mit 25 bereits Witwe. Nach der Verhaftung beider Eltern verlor Elena Bonnėr im Krieg auch noch ihren Verlobten und ihre geliebte Großmutter Batanja, die in Leningrad während der Blockade starb. Für die gesamte Bevölkerung stellte der Kriegsalltag auch hinter der Front einen Überlebenskampf dar. Die Zeitzeuginnen berichten von Hunger, Erfrierungen und harter körperlicher Arbeit. Dabei ging es den meisten der hier untersuchten Personen noch vergleichsweise gut. Ein Großteil wurde aus den Großstädten evakuiert, in das Gebiet jenseits des Urals oder nach Zentralasien, und entging so einer deutschen Besatzung, der Belagerung, der Bombardierung und der Shoah. Dennoch war die Versorgungslage auch in den Evakuierungsgebieten schlecht und die Lebensumstände waren schwierig.[281]

Über Trauer und Not dominieren dennoch, wie im Falle Alekseevas, Erinnerungen an die patriotische Kriegsbegeisterung, den Einsatz für den Sieg.[282] Wer alt genug war, meldete sich für Freiwilligendienste beim

---

[280] Bonner, Mütter und Töchter, S. 374, Maja Ulanovskaja (AS 1467), S. 1, Interviews Kudrova, Krachmal'nikova.

[281] Siehe die Zeugnisse von Alekseeva, Bogoraz, Kudrova, Sadomskaja, Velikanova. Zur Sozialgeschichte der Sowjetunion im Zweiten Weltkrieg exemplarisch: Bernd Bonwetsch: Der „Große Vaterländische Krieg": vom deutschen Einfall bis zum sowjetischen Sieg (1941–1945), in: Gottfried Schramm (Hrsg.): Handbuch der Geschichte Russlands, Stuttgart 1984, S. 910–1007; Klaus Segbers: Die Sowjetunion im Zweiten Weltkrieg, München 1987; John Barber/Mark Harrison: The Soviet Homefront, London 1991; Bernd Bonwetsch/Robert W. Thurston (Hrsg.): The People's War. Responses to World War II in the Soviet Union, Urbana/Chicago 2000.

[282] Siehe die Zeugnisse von Alekseeva, Bogoraz, Kaminskaja, Kudrova, Orlova, E., Sadomskaja, Velikanova. Zu Reaktionen auf den Kriegsausbruch, Patriotismus

Frühe Prägung: Kindheit und Jugend

Komsomol oder der Roten Armee.[283] Man eiferte dem Vorbild nach, sich heldenhaft für das Vaterland einzusetzen. Bei der Schilderung von Kriegs- oder Freiwilligeneinsätzen wird allerdings auch Kritik an der sowjetischen Kriegsführung oder stellvertretend an einzelnen verantwortlichen Personen laut.[284] Raisa Orlova berichtet von der Lügenpropaganda, die sie selbst als Mitarbeiterin der *Allunionsgesellschaft für kulturelle Zusammenarbeit mit dem Ausland* (VOKS)[285] täglich verbreiten musste, obwohl sie sich bewusst gewesen sei, dass diese mit der tatsächlichen Lage an der Front nicht übereinstimmte.[286] E. bemängelt die planlose Organisation der Armeeführung und die ungenügende Sicherung der Nachschublinien, ferner das sinnlose Opfer von Menschenleben zur Schonung des Materials. Diese Erlebnisse bezeichnet sie als entscheidende Momente bei der Entwicklung eines oppositionellen Bewusstseins.[287] Andere spätere Dissidentinnen, die nicht an der Front gedient haben, berichten davon, wie sie nach dem Krieg durch Bekannte von Missständen erfuhren. An der Überlegenheit des sowjetischen Systems ließen ferner die Berichte der Kriegsheimkehrer zweifeln. An der Westfront hatten die Soldaten der Roten Armee gesehen, welch hoher Lebensstandard in Deutschland, Polen und der Tschechoslowakei herrschte.

und Bürgergeist siehe Elena Zubkovas umfangreiche Studie über die öffentliche Meinung in der Nachkriegszeit, in der ein einleitendes Kapitel der Kriegserfahrung gewidmet ist: Elena Zubkova: Russia after the War: Hopes, Illusions and Dissappointments, 1945–1957, Armonk/New York 1998, S. 6–16.

[283] In meinem Personenkreis haben lediglich Elena Bonnėr und E. Fronterfahrung. Bonnėr diente als Krankenschwester bei einer Sanitätsdivision, E. sogar als Soldatin (aber sie teilte mir nicht genau mit bei welcher Einheit). Raisa Orlova meldete sich zwar nach eigenen Angaben als Freiwillige, wurde aber nicht genommen. Sie arbeitete zu diesem Zeitpunkt bei der *Allunionsgesellschaft für kulturelle Beziehungen mit dem Ausland* (VOKS) und wurde nach Kriegsbeginn in die Abteilung für Kriegspropaganda eingeteilt, Orlowa, Vergangenheit, S. 125–143.

[284] Bonner, Mütter und Töchter, S. 358–360: Bonners Kritik bezieht sich unter anderem darauf, dass Vorgesetzte die Frauen in ihrer Einheit schamlos ausnutzten und ferner nicht an das Gemeinwohl, sondern nur an die eigenen Privilegien dachten. Bogoraz, Une femme en dissidence, S. 37. Dort berichtet sie von einem sinnlosen Komsomol-Einsatz, den sie beinahe mit dem Leben bezahlt hätte.

[285] Auf Russisch heißt die VOKS: *Vsesojuznoe obščestvo kul'turnogo sotrudničestva*.

[286] Orlowa, Vergangenheit, S. 147.

[287] Gespräch E.

Von der Küche auf den Roten Platz

Besonders der verhältnismäßige Wohlstand ärmerer Schichten sowie der Landbevölkerung hinterließen einen nachhaltigen Eindruck. Die Zeitzeuginnen erzählen, dass viele Soldaten mit prächtigen, nie gesehenen Beutestücken nach Hause zurück gekehrt seien: feinen Stoffen, Uhren, Silberbesteck.[288]

In unmittelbaren Kontakt mit dem Ausland kamen während des Krieges nur Elena Bonnėr und Raisa Orlova. Bonnėr war mit ihrer Sanitätseinheit an der Westfront eingesetzt. Orlova kam über ihre Arbeit in der Amerika-Abteilung der VOKS mit amerikanischen Delegationen zusammen. Das Kriegsende und die unmittelbare Nachkriegszeit verbrachte sie dann als Gesandte der VOKS in Bukarest. In Bukarest habe sie den Widerspruch zwischen Propaganda und Realität in den sowjetischen Zeitungen das erste Mal vor Augen geführt bekommen.[289] Sie habe feststellen müssen, dass selbst in einem „armen" Land, zumindest in seiner Hauptstadt, ein Wohlstand und Lebensstil herrschte, der einer Sowjetbürgerin unbekannt war. Die Frauen hätten bunte luftige Kleider getragen, elegante Schuhe und Hüte. In den Läden habe sie sich mit all der Mangelware eindecken können, die eine Moskauerin in der Heimat unmöglich erwerben konnte, mit Flanellwäsche, Seidenstrümpfen, herrlichen Porzellanpuppen für ihre Töchter und feinem Kaffeegeschirr. In ihren Memoiren notiert sie, der Lebensstandard, den die Rote Armee bei Kriegsende zu sehen bekam, habe tiefe Narben im Bewusstsein von Millionen Menschen in der Heimat hinterlassen.[290] In Bukarest wurde Orlova auch Zeugin, wie Soldaten der Roten Armee Kostbarkeiten, die sie in fremden Städten vorfanden, schamlos an sich rissen und in ganzen Lastwagenladungen abtransportierten. Sie hörte Einheimische von Plünderungen und Vergewaltigungen erzählen, was in ihren Augen mit der historischen Mission der Sowjetunion nicht vereinbar war.[291]

Der Unterschied zwischen den Erinnerungen von Dissidentinnen und Dissidenten liegt oft darin, dass Männer den Krieg als Soldaten erlebt haben. Ebenso wie die hier zitierten Frauen mit Fronterfahrung erzählen die Männer

---

[288] Bogoraz, Une femme en dissidence, S. 43ff.; Interviews Bogoraz, Kudrova, Sadomskaja. Zur kritischen Reflexion der Zeitzeuginnen über die Geschehnisse des Krieges siehe auch Kapitel 3.1.

[289] Orlowa, Vergangenheit, S. 196f.

[290] Ebenda, S. 209.

[291] Ebenda, S. 197.

Frühe Prägung: Kindheit und Jugend

über zwiespältige Gefühle: Kritik an der Militärführung[292], Konfrontationen mit Kriegsverbrechen seitens der Roten Armee[293] und Zweifel an der Überlegenheit des Sowjetsystems angesichts des Wohlstandes im Westen[294]. Gleichzeitig ist das Kriegserlebnis, wie Andrej Sacharov in seinen Memoiren schreibt, aber

> für viele [...] das Tiefste, das Wahrste in ihrem Leben, etwas, das ihnen das Gefühl gab, gebraucht zu werden, das Gefühl der Menschenwürde, die beim Durchschnittsbürger im Alltag so sehr niedergedrückt wird, in einer totalitär-bürokratischen Gesellschaft mehr als in jeder anderen. Im Krieg wurden wir wieder zu einem Volk, was man davor schon fast vergessen hatte und was man heute aufs neue vergisst. [...] Damals waren die Menschen überzeugt, oder zumindest hatten sie die Hoffnung, dass nach dem Krieg alles gut, alles menschlich werden würde.[295]

An diesem Zitat wird ersichtlich, dass sowohl Männer als auch Frauen Zweifel an der Staatsführung hegten, sie im Zuge der nationalen Sammlung zur Rettung des Vaterlandes jedoch beiseite legten und ruhen ließen.[296]

Im Laufe des Krieges wuchs vor allem innerhalb der Intelligenz, aber auch in anderen Bevölkerungsgruppen, die Hoffnung auf eine Liberalisierung der Gesellschaft.[297] Während die Staatsführung zu Kriegsbeginn zunächst die Überwachung verschärft hatte, Verhaftungen und Deportationen wieder zunahmen, so versuchte sie im Verlauf des Krieges immer mehr, die Sowjetbürger durch Zugeständnisse zu mobilisieren.[298] Die Kriegszeit war geprägt von verhältnismäßiger Toleranz gegenüber Kunst, Kultur und Wissenschaft. Indem es Erleichterungen der Religionsausübung und eine

---

[292] Siehe zum Beispiel Orlov, S. 82–84.

[293] Ebenda, S. 79: Orlov berichtet, wie er in Polen von der Erschießung polnischer Offiziere bei Katyn erfuhr.

[294] Ebenda, S. 78.

[295] Sacharow, Mein Leben, S. 67.

[296] Siehe auch Alexseyeva, Thaw Generation; Bonner, Mütter und Töchter, S. 374, Interview Sadomskaja.

[297] Interviews Sadomskaja, Velikanova.

[298] Siehe auch Bernd Bonwetsch: War as a „Breathing Space": Soviet Intellectuals and the „Great Patriotic War", in: Bonwetsch/ Thurston (Hrsg.): The People's War, S. 137–153, Haumann, Geschichte Russlands, 2003, S. 428f.

Von der Küche auf den Roten Platz

institutionelle Stärkung der Kirche gewährte, konnte das Regime sich auch die Unterstützung der orthodoxen Kirche erkaufen. Wie einige Zeitzeuginnen berichten, weckten diese Liberalisierungstendenzen Hoffnungen für die Nachkriegszeit. Nach ihrer Darstellung blickten sie am „Tag des Sieges" stolz und erwartungsvoll in die Zukunft. So berichtet Natal'ja Sadomskaja:

> Das [der ‚Tag des Sieges' am 9. Mai 1945, A.S.] war der glücklichste Tag in meiner ganzen Jugend [...], denn die Einigkeit war riesig [...]. Ich erinnere mich bis heute daran, an das Feuerwerk, das Gefühl der Freiheit, das Gefühl, dass man jetzt alles sagen kann, was man möchte. Und es schien, als würde das jetzt so bleiben. – Frage: Das heißt Sie haben die Befreiung auch als innere Befreiung erlebt? – Ja, wir hatten das Gefühl, dass sich jetzt alles ändert.[299]

Das Gedächtnis an den Krieg setzt sich zusammen aus Zweifeln und Kritik, aber auch Erinnerungen an begeisterte Unterstützung der Truppen, den Freiwilligeneinsatz, das Gefühl, gebraucht zu werden, die hohe Aufopferungsbereitschaft, den Patriotismus und den „Bürgergeist". Insgesamt wird der Krieg als stabilisierende Phase für die eigene Persönlichkeit beschrieben. Der Sieg gilt als großartige Gemeinschaftsleistung, zu deren Gelingen jeder und jede eine eigene Heldentat beisteuerte.

Diese positiven Berichte sind vermutlich nicht nur individuelle Erinnerung, sondern auch Teil der nachträglichen Glorifizierung und Mythisierung des „Großen Vaterländischen Krieges" in der sowjetischen Gedächtniskultur. Sie geben Ausblick auf ein kulturelles Gedächtnis an den Zweiten Weltkrieg, das sich in Heldenepen, Filmen, jährlichen Feiern, Paraden und Denkmälern manifestiert.

Dennoch werden die offiziellen Geschichtsbilder in die Lebensgeschichten und damit ins individuelle Gedächtnis der Dissidentinnen und Dissidenten nicht einfach übernommen. Die Elemente des kulturellen Gedächtnisses zeigen ihre eigene Wirkungsmacht. Einerseits sind sie Teil einer nationalen Erinnerungskultur, andererseits erhalten sie im Gruppengedächtnis der Dissidentinnen und Dissidenten eine weitere Färbung. Sie dienen dazu, die persönliche Disposition zum – heldenhaften – Einsatz für das Gemeinwesen zu untermauern. Auf diese Weise wird das kollektive Gedächtnis zur Stütze einer individuellen Identität und zu einem Identifikationsmoment des Einzelnen mit der Gruppe. Abgewandelt werden die offiziellen Geschichtsbilder

---

[299] Interview Sadomskaja.

Frühe Prägung: Kindheit und Jugend

auch insofern, als die negativen Erinnerungen an den Krieg als Ausdruck erster ernsthafter Zweifel an der Sowjetführung gewertet werden, die sich in den Schilderungen der Nachkriegszeit noch verstärken sollen.[300] In den Lebensgeschichten der Frauen, die den Krieg und die unmittelbare Nachkriegszeit als kleine Kinder erlebten, wird die Kriegszeit weniger mit „staatsbürgerlichen" Gefühlen oder offiziellen Geschichtsbildern assoziiert. Heldenkult und Patriotismus klingen zwar an, dominant sind aber Erinnerungen an Schrecken und Entbehrungen: Bombenangriffe, Hunger, Lebensmittelkarten, Bilder von Toten und Verletzten. Teilweise sind diese Sequenzen überaus persönlicher Natur. So erzählt beispielsweise Gorbanevskaja, ein prägendes Moment ihrer Kindheit sei gewesen, wie es in der Endphase des Krieges plötzlich wieder Eis gegeben habe. Zum Geburtstag habe sie mit ihren Freundinnen in den Zoo gehen und Eis kaufen dürfen.[301] Hier zeigt sich, dass der Zweite Weltkrieg für die Jüngeren kein Element der politischen Biographie darstellt. Ihre Erinnerungen lassen eher persönliches Erleben als kollektive Erinnerungsmuster durchscheinen.

2.8 Zusammenfassung

Die Kindheit liegt in der Chronologie des Lebens am weitesten zurück und wird häufig nur noch bruchstückhaft erinnert. Insofern sind Kindheitserinnerungen besonders anfällig für Begebenheiten, die gar nicht selbst erlebt worden sind. Gedächtnislücken lassen viel Spielraum für Interpretation.[302] Die Erinnerungen der Dissidentinnen reflektieren weniger ihre Empfindungen als Kinder, sondern geben Aufschluss über ihre späteren Wertmaßstäbe und Deutungen als Erwachsene. Im Erinnerungs*text* kommt der Kindheit eine programmatische Funktion zu. Hier werden Grundkonstellationen und frühe Dispositionen beschrieben, spätere Entwicklungen vorbereitet. So manifestieren die Dissidentinnen bereits ihre Zugehörigkeit zur *intelligencija*, ihre Konflikte mit dem Kollektiv, ihr Freiheitsstreben, ihre Bildungsideale, ihre Unabhängigkeit von materiellen Werten, ihre Bewunderung für heldenhafte Selbstaufopferung, aber auch ihre Orientierung an der vorrevolutionären Zeit. Auf der einen Seite geben die Lebensgeschichten Aufschluss

---

[300] Siehe Kapitel 3.
[301] Interview Gorbanevskaja.
[302] Welzer, kommunikative Gedächtnis, S. 31f.

Von der Küche auf den Roten Platz

über kollektive Erinnerungsstrukturen im Dissidentenmilieu, andererseits finden sich in ihnen auch Anklänge an offizielle Geschichtsdiskurse und Propagandabilder, die zeigen, dass dissidentische Erinnerungen mit der offiziellen Erinnerungskultur durchaus im Einklang stehen können.

Die Homogenität der geschilderten Erfahrungen legt die Vermutung nahe, dass sich in den Lebensgeschichten in erster Linie diskursive Strukturen widerspiegeln. In welchem Umfang die Kindheit sich als Projektionsfläche für spätere kulturelle Deutungsmuster darbietet, soll folgendes Beispiel aus der Autobiographieforschung noch einmal verdeutlichen: In den zwanziger Jahren schrieben Beteiligte unterschiedlicher revolutionärer Bewegungen, die vor der Oktoberrevolution aktiv waren, ihre Memoiren: Sozialrevolutionäre, *narodniki*, Bolschewiki. Die Kindheit der meisten Akteurinnen und Akteure fiel in die Zeit der Reformen unter Zar Aleksandr II. Die Sozialrevolutionäre erzählten über ihre Kindheit, wie sich ihr moralisches Empfinden und soziales Gewissen in Empathie *mit* dem Volk herausbildete, um ihre späteren, teilweise gewalttätigen Handlungen, als Opfer *für* das Volk darzustellen. Demgegenüber versuchten die Bolschewiki in ihren Erinnerungen glaubhaft zu machen, dass *sie selbst* das Volk waren.[303]

Dieser Befund verleitet auf den ersten Blick dazu, den in der Einleitung vorgestellten Annahmen Joan Scotts zu folgen und Erfahrung in erster Linie als diskursiven Prozess zu begreifen, der eher das Produkt als den Ursprung politischer Bewegungen darstellt und erst im Nachhinein zum Grundstein von Identität, politischem Handeln und Legitimation der eigenen Geschichte gemacht wird.[304] Auf diese Weise wird die Kindheit zur bloßen Konvention, aus der sich allenfalls spätere Deutungsmuster, aber keine grundlegenden Erfahrungen rekonstruieren lassen. Doch gibt es in den Kindheitserinnerungen der Dissidentinnen auch Anhaltspunkte dafür, dass Scotts Thesen differenzierter zu behandeln sind: Erstens zeigte sich, dass autobiographische Texte Passagen aufweisen, die der zielgerichteten Konstruktion der Lebensgeschichte entgegenstehen. Es gibt Spuren unbearbeiteter Erfahrung, die aber sehr wohl eine Schlüsselerfahrung sein kann. Ein Beispiel dafür sind die Erinnerungen an die „Großen Säuberungen", die zwar bedeutend für die Entwicklung des politischen Bewusstseins waren, aber nicht in die

---

[303] Hoogenboom, S. 78–81.
[304] Scott, Phantasie und Erfahrung, S. 74–78; Evidence of Experience, S. 375–377. Siehe auch Kapitel 1.3, den Abschnitt „,Erfahrung' und ,Diskurs', individuelle Erinnerung und ,kollektives Gedächtnis'".

Frühe Prägung: Kindheit und Jugend

politische Biographie eingebaut werden. Dies ist ein Indiz dafür, dass an dieser Stelle das individuelle Erleben als „gelebte Erfahrung" durchscheint. Zweitens zeigen schon die Kindheitserinnerungen, dass es große Unterschiede in den Lebensgeschichten verschiedener Generationen von Dissidentinnen gibt. So tragen die Lebenserinnerungen von Frauen der Jahrgänge 1920 bis 1930 charakteristische Merkmale, die in der jüngeren Generation nicht mehr vorkommen: feste kommunistische Überzeugungen, die Verherrlichung der Revolution und die Idealisierung des gesellschaftlichen Engagements als Lebensziel. Die Abkehr vom System ist dann ein langsamer und teilweise schmerzhafter Prozess. Demgegenüber lassen die später Geborenen, etwa die Jahrgänge Mitte der dreißiger bis Mitte der vierziger Jahre, kaum noch Enthusiasmus für Revolution, Bürgerkrieg und Aufbau des Sozialismus erkennen. Ihr Weg in die Opposition gleicht einer organischen Entwicklung ohne Brüche. Zum einen weisen die Lebensgeschichten der unterschiedlichen Generationen hier verschiedene Diskurse auf, die das Erleben der Älteren und Jüngeren unterschiedlich steuerten. Zum anderen liegt aber auch die Vermutung nahe, dass die unterschiedliche generationsabhängige Wahrnehmung, Verarbeitung und Erzählung auf unterschiedlichen Erlebnissen und daraus konstituierten unterschiedlichen Erfahrungen basieren. Mitte der sechziger Jahre wurde die entstehende Dissidentenbewegung in erster Linie von der Altersgruppe der damals etwa Dreißig- bis Vierzigjährigen getragen. Diese Gruppe war noch angesteckt vom revolutionären Elan der zwanziger Jahre, wurde aber schon ganz im Geiste des Stalinismus erzogen. Sie hatte die Säuberungen der dreißiger Jahre bewusst erlebt und erlitten, war aber frei von Gefühlen kollektiver Verantwortung für das Geschehene. Durch die Kriegserfahrung erwarb sie sich hohe moralische Ideale, Patriotismus und heldenhafte Aufopferungsbereitschaft. Man kann aus den Handlungen dieser Generation von Dissidentinnen und Dissidenten ablesen, dass die in der Jugend erworbenen Vorprägungen und Wertvorstellungen ihr Handeln bestimmten. Mit dieser handlungsleitenden Komponente des Erfahrungsbegriffs kann Erfahrung sehr wohl als konstitutiver Faktor für das Entstehen sozialer Bewegungen begriffen werden. Die Verherrlichung der Selbstaufopferung im Interesse der Gemeinschaft, des heldenhaften Kampfes und des gesellschaftlichen Engagements sind nicht nur Deutungsmuster, die spätere Werte und Ideale der Dissidentinnen widerspiegeln, sondern auch Dispositionen, die aus dem Herkunftsmilieu und der Erziehung herrühren.

Gemeinsam ist den Selbstzeugnissen jüngerer und älterer Dissidentinnen, dass die Autobiographinnen sich selbst vor allem als öffentliche Person

Von der Küche auf den Roten Platz

beschreiben. Lebensbereiche, die als privat betrachtet werden, finden kaum Eingang in die Lebensgeschichte. Themen wie Sexualität, Aufklärung, Moralvorstellungen und Begegnungen mit dem anderen Geschlecht bleiben in den Kindheits- und Jugenderinnerungen meist ausgespart. Pubertäre Gefühle werden allenfalls im Zusammenhang mit oppositionellem Bewusstsein abgehandelt. Das „Anderssein" gilt als Indiz für frühe Rebellion gegen herrschende Normen. Nur wenige Geschichten beinhalten Andeutungen über das Erleben der Pubertät oder die Entwicklung der Sexualität. Natal'ja Sadomskaja und Elena Bonnèr lassen sich in einzelnen Episoden über die prüden Moralvorstellungen der dreißiger und vierziger Jahre aus.[305] Über die Zeit des Flügge-Werdens spricht einzig Bonnèr. Neben Raisa Orlova schreibt Bonnèr auch als einzige über ihre Jugendliebe.[306]

In der Auslassung von Sexualität und Liebesbeziehungen reihen sich die autobiographischen Texte der Dissidentinnen in die russische Erzähltradition von Lebenserinnerungen ein. Der Schwerpunkt liegt auf dem Politischen, das niemals privat sein kann. In diesem Kontext bemühen sich die Dissidentinnen auch darum, ihre Lebensgeschichte möglichst geschlechtsneutral zu erzählen. Erfahrungen, die sie *als Frauen* gemacht haben, werden ausgeblendet. Anhand der Beschreibung der Bezugspersonen und der Reflexion über Weiblichkeitsentwürfe und Rollenbilder wurde aber ersichtlich, dass ihre Erzählung doch in hohem Maße von der Kategorie *Gender* geprägt ist. *Gender* kann hier als Subtext aus den beschriebenen Personen und Handlungen rekonstruiert werden.

---

[305] So erzählt Sadomskaja, sie habe als Zwölfjährige, nach der Lektüre von Heinrich Manns *Untertan*, die Erwachsenen gefragt, was „Homosexualität" sei und keine Antwort erhalten. (Interview Sadomskaja). Bonnèr beklagt, sie sei nicht aufgeklärt worden und habe bei der ersten Menstruation befürchtet, es handele sich um eine schwere Krankheit (Bonner, Mütter und Töchter, S. 254). Ferner beschreibt Bonnèr, wie sie im Elternhaus Zeugin einer illegalen Abtreibung wurde und dabei erklärt bekam, es gebe „Schurken", die Mädchen Kinder machen, ohne sie zu heiraten (Bonner, Mütter und Töchter, S. 104).

[306] Seit ihrer Schulzeit hatte sie eine enge Beziehung zu Vsevolod (Seva) Bagrickij (1922–1942), dem Sohn des bekannten Dichters Eduard Bagrickij (1895–1934). Seva fiel als junger Soldat im Februar 1942.

3. Erste Schritte in den Dissens: die Nachkriegszeit

Mit großer Euphorie berichten die Zeitzeuginnen vom „Tag des Sieges". Sie sind stolz über die Niederwerfung des deutschen Faschismus. Das Vaterland war befreit, jeder und jede hatte dafür Opfer gebracht, den Tod von Angehörigen betrauert, gelitten, gehungert und gekämpft. Es wurde aber nicht nur die Befreiung vom äußeren Feind gefeiert, der Triumph war auch verbunden mit der Hoffnung auf Veränderungen innerhalb der sowjetischen Gesellschaft. Nach dem Sieg über Hitler-Deutschland herrschte in der Sowjetunion zwar eine hohe Zustimmung zum Regime und Stalin wurde wie ein Gott verehrt, aber die Bevölkerung wollte für ihre Opfer und Strapazen auch entlohnt werden.[1] Allerorten keimten Hoffnungen, dass die Zeiten des Hungers und der Entbehrungen nun vorüber seien und ein sattes, sicheres Leben im Frieden beginnen würde. Teile der Bevölkerung erwarteten wirtschaftliche und politische Reformen, um die drängendsten Probleme des Landes zu lösen.[2] Zudem hatten die Lockerung der Zensur und die Zugeständnisse an die orthodoxe Kirche während des Krieges die Illusion einer beginnenden Liberalisierung geweckt.[3] Die Erwartungen wurden jedoch enttäuscht. Die sozialen Probleme der Nachkriegszeit waren drückend. Auf politischer, kultureller und wissenschaftlicher Ebene zeichnete sich eine Rückkehr zu Repressionen ab.

3.1 Der „Kreislauf des Zweifelns"

Die Nachkriegszeit in den Erinnerungen Larisa Bogoraz'

Als Beispiel für die Entwicklung der Weltsicht in der Nachkriegszeit dienen die Erinnerungen von Larisa Bogoraz.[4] Sie schildert drei Wendepunkte (*perelomnye momenty*), die in ihren Augen eine allmähliche Distanzierung vom Regime einleiteten: die Bekanntschaft mit ihrem späteren Ehemann

---

[1] Zubkova, S. 32f.
[2] Ebenda, S. 89f. und 97f.
[3] Ebenda, S. 34–37 und 56.
[4] Larisa Bogoraz, Une femme en dissidence; Interview Bogoraz.

Von der Küche auf den Roten Platz

Julij Daniėl' während der Kampagne gegen Abweichler in Literatur und Kunst (1946), den Besuch bei ihrem Vater in der Verbannung (1948) und den Tod ihrer Mutter, der im Zusammenhang mit der antisemitischen Kampagne (1949–1953) steht.[5]

Bogoraz' erstes Schlüsselerlebnis fiel mit dem Beginn ihres Studiums zusammen: 1946, im Alter von siebzehn Jahren, legte Larisa Bogoraz in Char'kov/Ukraine als Jahrgangsbeste die Reifeprüfung ab und wurde in die Fakultät für Russische Sprache und Literatur der Universität Char'kov aufgenommen. Sie war stolz, dass sie, die überzeugte und engagierte junge Kommunistin, Kind von Bürgerkriegskämpfern und Parteifunktionären, gleich nach der Immatrikulation zur Leiterin der Komsomol-Gruppe (*komsorg*[6]) ihres Studienjahrganges gewählt wurde. Von der Partei erhielt sie die Aufgabe, eine Komsomol-Versammlung zur Verurteilung der Dichterin Anna Achmatova[7] und des Satirikers Michail Zoščenko[8] zu organisieren.

Der Hintergrund des Auftrags war eine Rede Andrej Ždanovs (1896–1948), des Leiters der Agitations- und Propagandaabteilung der KPdSU, die er im Sommer 1946 vor Leningrader Schriftstellern und Parteigenossen hielt. Wenig später wurde diese Rede in einen formellen ZK-Beschluss umgesetzt.[9] Ždanov warf Achmatova und Zoščenko vor, die „Sowjetordnung und die Sowjetmenschen in widerwärtiger Form zu karikieren"[10]. Die Zeitschriften *Zvezda* und *Leningrad*, in denen Beiträge der beiden Schriftsteller

---

[5] Für die folgende Episode Bogoraz, Une femme en dissidence, S. 40–45 sowie Interview Bogoraz. Die Wendepunkte bezeichnet sie ausdrücklich nur im Interview.

[6] *Komsorg* ist eine Abkürzung für *komsomol'skij organizator*, also Organisator(in)/Leiter(in) einer Komsomol-Gruppe.

[7] Zu Achamatova siehe Kapitel 2.1, Anm. 14.

[8] Michail Zoščenko (1895–1958) gilt als einer der bedeutendsten Satiriker der russischen Literatur. Im Zuge der Kampagne Ždanovs wurde er aus dem Schriftstellerverband ausgeschlossen und mit Publikationsverbot belegt, 1957 rehabilitiert.

[9] Andrej Ždanov: Doklad o žurnalach „Zvezda" i „Leningrad". The Central Committee Resolution and Zhdanov's Speech on the Journals „Zvezda" and „Leningrad" (russisch und englisch), Royal Oak/Michigan 1978.

[10] Ždanov, S. 9.

Larisa Bogoraz in den 1950er Jahren

erschienen waren, bezichtigte er der „antisowjetischen Haltung". Das markierte den Auftakt zu einer Kampagne gegen Kulturschaffende, die in den Augen der Partei zu viel ästhetische Autonomie für sich in Anspruch genommen hatten. Während im Krieg partielle Lockerungen auf kultureller und wissenschaftlicher Ebene der Mobilisierung aller Kräfte gedient hatten, sollten nach Kriegsende Kunst und Wissenschaft wieder rigoros auf Parteilinie gebracht werden. Neben Achmatova und Zoščenko wurden weitere Vertreterinnen und Vertreter der Literatur, der Musik, des Theaters und der bildenden Kunst mit Publikations- und Aufführungsverbot belegt oder verhaftet.[11]

Zu Beginn der Kampagne, die auch unter dem Namen *Ždanovščina* in die Geschichte einging, sollte an der Universität Char'kov eine Versammlung stattfinden, in der die Mitglieder des Komsomol das Dekret gegen Achmatova und Zoščenko „einstimmig" befürworten und die Werke der Autoren verurteilen sollten. Als Bogoraz für die Veranstaltung Plakate klebte, trat ein gutaussehender junger Mann aus ihrem Universitätsjahrgang an sie heran und fragte, ob sie die Werke der Dichterin, die sie diskreditieren wolle, überhaupt kenne. Sie verneinte beschämt und willigte ein, zusammen mit ihm Achmatova zu lesen. Zur Einstimmung lieh ihr der Kommilitone einen Sammelband der Gedichte Boris Pasternaks (1890–1960), den er gerade bei sich trug. Obwohl Larisa Pasternaks Verse nicht verstand, wühlte sie die Lyrik auf. Die Angriffe Ždanovs gegen diese Art von Kunst erschienen ihr auf einmal ungerechtfertigt. Sie schloss Freundschaft mit dem Kommilitonen. Er hieß Julij Daniėl' und sollte ihr erster Ehemann werden. „Im Laufe der nächsten Monate und Jahre kehrte dieser Mann alle meine Werte um."[12] Er war vier Jahre älter als Larisa und hatte im Krieg gekämpft. Bald gehörte sie zu seiner Clique (*kompanija*), die sich hauptsächlich aus jungen Kriegsveteranen und deren Freundinnen zusammensetzte. Sie diskutierten frei über Politik und Kunst, ihre Meinungen waren unorthodox und wichen häufig von der offiziellen Propaganda ab. Der „Große Vaterländische Krieg" erschien Larisa allmählich in einem anderen Licht. Sie hörte von

---

[11] Unter den prominenten, auf einmal verfemten Kulturschaffenden befanden sich unter anderem Vasilij Grossman, Dmitrij Šostakovič, Sergej Prokof'ev, Sergej Ėjzenštejn und Nikolaj Pogodin. Siehe auch Harold Swayze, Political Control of Literature in the USSR, 1946–1959, Cambridge/Massachusetts 1962, S. 36–41.

[12] Bogoraz, Une femme en dissidence, S. 42.

Erste Schritte in den Dissens: die Nachkriegszeit

zahlreichen strategischen Fehlern ihres „weisen Führers", dem sinnlosen Opfern von Menschenleben und von Kriegsverbrechen seitens der Roten Armee. Die ehemaligen Soldaten hatten im Krieg ihren unbedingten Glauben an die „offiziellen Positionen"[13] verloren oder begonnen, diese mit

Julij Daniėl' (links) zusammen mit Boris Zolotarevskij in den 1940er Jahren

Distanz und Humor zu betrachten. Politische Witze und Spottgedichte kamen in Mode. Bogoraz erzählt sie noch heute mit Freude. Die liebste Freizeitbeschäftigung der neuen Freunde war aber die Literatur. Die Gruppe las auch zahlreiche verbotene Autoren, die Bogoraz bis dahin unbekannt waren. Sie tauchte ein in die Welt der Poesie, und jedes Werk, jeder Autor eröffnete ihr neue Facetten des Daseins. Jedes Gedicht erschien ihr individuell. „Die Tatsache, dass man die Vielfalt erkennen konnte, bedeutete schon

---

[13] Interview Bogoraz.

Freiheit."[14] Das erste Mal in ihrem Leben erteilte Bogoraz dem Kollektivismus eine Absage. Ihr neues Umfeld lehrte sie, die Augen zu öffnen: „Ich verstand, dass ich meine eigenen Meinungen entwickeln musste und dass diese möglicherweise von denen der anderen abweichen konnten."[15]

Der zweite Wendepunkt im Leben Bogoraz' war der Besuch bei ihrem Vater Iosif Bogoraz in Vorkuta im Jahr 1948[16], wo er nach seiner fünfjährigen Haftstrafe in der Verbannung lebte, in einer Gemeinschaft ehemaliger politischer Gefangener. Larisa sah, dass weder ihr Vater noch seine Freunde „Volksfeinde" waren. Sie waren nur anders als die Menschen, die sie bislang kannte, nicht nur durch ihre nonkonformen Meinungen, sogar ihre Kleidung und Lebensart fand Larisa im Vergleich zum sowjetischen Durchschnittsbürger auffällig.[17] Die ehemaligen politischen Gefangenen diskutierten offen darüber, ob allein Stalin oder schon Lenin die Lager gebaut und eine auf Gewalt basierende Diktatur errichtet hatte. Nach den Diskussionen, die sie mit ihren Studienfreunden geführt hatte, zog diese Reise Larisa Bogoraz in eine Spirale des Zweifels. Als sie nach Char'kov zurückkehrte, war sie „nicht mehr dieselbe wie vorher"[18]. Sie fragte sich, ob die Sowjetunion tatsächlich das „beste Land der Welt" sei, konnte aber noch nicht so weit gehen, die Parteiführung oder gar das System an sich zu kritisieren. Zwar war sie mittlerweile überzeugt, dass Stalin Verbrechen begangen hatte, aber sie glaubte, „er habe keine andere Wahl gehabt"[19]. Erst im Verlauf der

---

[14] Ebenda.
[15] Ebenda.
[16] Vorkuta liegt in der Republik Komi, westlich des Polaren Urals, 160 km nördlich des Polarkreises. Im Zentrum des Pečora-Kohlebeckens (Steinkohlebergbau) wurde die Stadt ab 1931 von Zwangsarbeitern erbaut, 1941 bis 1945 auch von deutschen Kriegsgefangenen. Bei Vorkuta befand sich bis Mitte der fünfziger Jahre ein berüchtigtes Straf- und Zwangsarbeitslager.
[17] So beschreibt sie die neue Frau ihres Vaters, ebenfalls eine ehemalige politische Gefangene, als „bunten Vogel". Ihre Vorliebe für schrille Kleidung und außergewöhnliche Einrichtungsgegenstände habe Bogoraz erst vor Augen geführt, in welchem Einheitsgrau sie ihr bisheriges Leben verbracht hatte. Interview Bogoraz.
[18] Bogoraz, Une femme en dissidence, S. 47.
[19] Ebenda.

Erste Schritte in den Dissens: die Nachkriegszeit

nächsten Jahre sollte sie dann zuerst Stalin in Frage stellen, danach Lenin und schließlich Marx.

Sobald Larisas kritischer Geist erwachte, begann ihr Studium sie zu langweilen. Fächer wie Parteigeschichte, dialektischer Materialismus und politische Ökonomie bestanden in ihren Augen allein darin, unreflektiert die Positionen Lenins wiederzugeben. Sie beschloss deshalb, so wenig Zeit wie möglich an der Uni zu verbringen, ihr Studium als Fernstudium zu absolvieren und in ihrer Freizeit den Dingen nachzugehen, die sie wirklich interessierten. Sie las Gedichte und beschäftigte sich mit Linguistik, die damals zu den geschmähten Disziplinen gehörte. Sie wollte sich in offiziellen Institutionen nicht mehr politisch engagieren, auch nicht beim Komsomol. Die meiste Zeit verbrachte sie mit den Freunden, die Gedichte rezitierten, diskutierten, schrieben. Sie wusste, dass dieses Leben nicht ungefährlich war. Ihre Clique geriet ins Visier der Staatssicherheit. Schon 1946 wurde Bogoraz' Bekannter Boris Čičibabin (1923–1994)[20], der Verlobte ihrer Freundin Marlena Rachlina (geb. 1925)[21], verhaftet und aufgrund seiner „antisowjetischen" Gedichte zu einer mehrjährigen Haftstrafe verurteilt. Wie konnten die Behörden wegen ein paar harmloser Worte aus der Feder eines Studenten so hart reagieren? Nach der Verhaftung ihres Bekannten stellte sich Bogoraz erstmals die Frage, die im Zentrum ihres zukünftigen Lebens stehen sollte.[22]

Als dritten Wendepunkt bezeichnet Bogoraz den Tod ihrer Mutter. Im Kindheitskapitel wurde bereits auf deren Schicksal eingegangen: Die Mutter starb an einem Herzinfarkt, nachdem sie wegen ihrer jüdischen Herkunft ihre Stelle als Universitätsdozentin verloren hatte. Der Tod der Mutter traf Larisa Bogoraz hart. Sie stand nun allein da. Der Vater lebte in der Verbannung,

---

[20] Boris Čičibabin wurde 1946 verhaftet und wegen „antisowjetischer Aktivitäten" zu mehreren Jahren Freiheitsentzug und Verbannung verurteilt. 1955 wurde er rehabilitiert, arbeitete als Buchhalter und veröffentlichte in den sechziger Jahren einige seiner Gedichtbände. 1971 wurde er wegen seiner Veröffentlichungen im *Samizdat* aus dem Schriftstellerverband ausgeschlossen und erneut mit Publikationsverbot belegt. Siehe: Free Voices in Russian Literature, S. 83, ebenso Julij Daniėl', Kommentar S. 721.

[21] Marlena Rachlina studierte zusammen mit Larisa Bogoraz am Institut für Russische Literatur der Universität Char'kov. In den sechziger Jahren gelang es ihr, mehrere Gedichtbände in der offiziellen Presse Char'kovs zu veröffentlichen.

[22] Bogoraz, Une femme en dissidence, S. 43.

und Julij Daniėl' war inzwischen in seine Heimatstadt Moskau zurückgekehrt. Bogoraz fügt den Tod ihrer Mutter in ihre politische Biographie ein: Er habe sie gelehrt, dass sich ein Engagement für das bestehende System nicht lohne, weil es selbst seine ergebensten Untertanen verschlinge. Von diesem Moment an habe sie für das eigene Leben Freiheit und Unabhängigkeit angestrebt.[23]

Die drei Wendepunkte in Bogoraz' Leben leiten zusammen ihre Konversion ein und teilen ihr Leben in ein Davor und ein Danach. Diese zielgerichtete Konstruktion der Lebensgeschichte entspricht der Gattungskonvention der russischen oppositionellen Autobiographie. Die erste Lebensphase wird mit der zweiten verbunden, indem Erlebnisse, die vor der Konversion stattfanden, neu interpretiert und darauf zugeschnitten werden. Umgekehrt versuchen die Zeitzeuginnen, die Zeit danach inhaltlich und sprachlich mit dem Leben davor zu verbinden: Wie Bogoraz betont, bedeutete ihr Rückzug aus den offiziellen Strukturen nicht, dass sie grundsätzlich die Freude an der „gesellschaftlichen Aktivität"[24] verlor, die ihre Kindheit und Jugend geprägt hatte. Nach der Niederlegung ihres Postens beim Komsomol habe sie nur nicht mehr gewusst, wofür sie sich engagieren solle. Das sei ihr erst im Zuge der entstehenden Dissidentenbewegung klar geworden, als ihre Neigung zum politischen und sozialen Engagement wieder hervortrat, jedoch ein neues Ziel und eine andere Richtung hatte.[25]

Nach Rosenthal gibt es drei verschiedene Typen von Wendepunkten in Lebensgeschichten: erstens „entwicklungspsychologisch relevante", zweitens „sozial typisierte Wendepunkte", drittens „Interpretationspunkte".[26] Ein entwicklungspsychologisch relevanter Wendepunkt bedeutet, dass man in der kognitiven Entwicklung eine neue Stufe erreicht, beispielsweise im Übergang von der Kindheit zur Pubertät oder von der Spätadoleszenz zum jungen Erwachsenenalter. Sozial typisierte Wendepunkte markieren Statusübergänge wie die Einschulung, den Studienbeginn, den Berufseinstieg, die Heirat und die Geburt der Kinder. Interpretationspunkte stellen schließlich

---

[23] Ebenda, S. 50.
[24] Interview Bogoraz.
[25] Ebenda.
[26] Für die Theorie der biographischen Wendepunkte siehe Rosenthal, Erlebte und erzählte Lebensgeschichte, S. 134–144.

Erste Schritte in den Dissens: die Nachkriegszeit

tiefe Einschnitte dar, die dem Leben eine neue Richtung geben. Die von Bogoraz geschilderten drei Wendepunkte sind allesamt Interpretationspunkte, also Schlüsselerlebnisse, die ihre Weltsicht und Lebenseinstellung verändern und ihren Weg in die Dissidenz vorzeichnen. Bezeichnenderweise ereignen sich diese drei Schlüsselerlebnisse zu einer Zeit, da Bogoraz gleichzeitig einen entwicklungspsychologisch relevanten Wendepunkt durchläuft, nämlich die Übergangsphase von der Spätadoleszenz zum Erwachsenenalter, und zudem den sozialen Status von der Schülerin zur Studentin wechselt. Alle drei von Rosenthal skizzierten Wendepunkte fallen also in den Schilderungen von Bogoraz zusammen.

Wie Rosenthal herausarbeitet, zeichnen sich Erinnerungen an entwicklungspsychologische und sozial typisierte Übergangsphasen durch besondere Ausführlichkeit und erzählerische Dichte aus, denn mit Übergangszeiten sind häufig Erlebnisse oder Entscheidungen verbunden, die aus späterer Perspektive als wegweisend interpretiert werden, etwa die Wahl des Studienfaches oder die Entscheidung für einen Lebenspartner. Solche Erlebnisse und Entscheidungen werden aber erst im Nachhinein als Wendepunkte gedeutet:

> Biographische Wendepunkte mit nachträglicher biographischer Relevanz konstituieren sich durch biographische Prozesse, in deren Verlauf sich der Autobiograph zu Re-Interpretationen seiner Lebensgeschichte genötigt fühlt und sich ihm zurückliegende und bisher als wenig relevant betrachtete Erlebnisse als Wendepunkte darbieten[27].

Scheitert beispielsweise eine Ehe, so beginnen die Beteiligten, in ihrer davor liegenden Beziehungsgeschichte nach den ersten Spuren des Verhängnisses zu suchen. Ein als banal angesehener Streit, der schon Jahre zurückliegt, kann nun als Wendepunkt einer vormals glücklichen Beziehung interpretiert werden.[28]

Nun sind Bogoraz' Wendepunkte vermutlich tatsächlich einschneidende Erlebnisse gewesen: die Bekanntschaft mit Julij Daniėl', das Wiedersehen mit dem Vater in der Verbannung und der Tod der Mutter. Welche Auswirkungen diese Ereignisse auf ihr weiteres Leben hatten, können wir aber nicht

---

[27] Ebenda, S. 142.
[28] Ebenda.

wissen. Auffällig ist, dass die Autobiographin ihnen ausschließlich eine politische Bedeutung beimisst: Mit Julij Daniėl' und seiner Clique begann die Loslösung vom System. Sie wurde durch den Besuch in Vorkuta beschleunigt. Der Tod der Mutter erweckte dann endgültig das Freiheitsstreben Larisa Bogoraz'. Der Schwerpunkt der Selbstdarstellung liegt auf dem Politischen, private Erlebnisse erhalten nur dann Raum, wenn sie sich mit dem Politischen verbinden lassen. Die Liebe zu Julij Daniėl' bildet keinen eigenen Erzählstrang. Bogoraz erwähnt mit keinem Wort, dass sie ein Paar wurden. Dies erfährt die Leserin beiläufig in der Schilderung, wie Bogoraz nach dem Tod ihrer Mutter zu Julij Daniėl' nach Moskau zog und sie bald einen Sohn bekamen. Indem sich die Autobiographin in erster Linie als öffentliche politische Person darstellt, fügt sie sich vordergründig in einen autobiographischen Diskurs ein. Gleichzeitig unterläuft sie die Gattungskonvention, denn sie findet durch die Verbindung von privaten mit politischen Ereignissen einen Weg, zumindest zwischen den Zeilen über Themen zu sprechen, die im autobiographischen Erzählen ihrer Kultur keine Tradition haben. Der Kunstgriff, private und politische Wendepunkte in Beziehung zu setzen, hat also durchaus etwas „Subversives". Die Autorin wählt eine Erzählform, die es ihr ermöglicht, gleichzeitig über ihr weibliches Selbst wie auch ihre oppositionelle Entwicklung zu sprechen.

Vergleich mit weiteren Selbstzeugnissen

Stärker als Bogoraz führen ihre Mit-Dissidentinnen ihre ersten ernsthaften Zweifel am Regime auf die Repressivität des Spätstalinismus zurück. Gemeinsam ist den Lebensberichten der vor oder zu Beginn der dreißiger Jahre Geborenen, dass die Nachkriegszeit als Wendezeit im Leben beschrieben wird. Schilderten sie das Kriegsende im Zeichen der Hoffnung auf eine Liberalisierung des kulturellen und politischen Lebens, so ist die Beschreibung der Nachkriegszeit von der Enttäuschung dieser Hoffnung geprägt. Repressionen, die auch während des Krieges nie ganz zum Erliegen gekommen waren, flammten nach Kriegsende mit erneuter Vehemenz auf. Zahlreiche Zeitzeuginnen berichten von eigenen Zusammenstößen mit dem Regime. Sie fanden zumeist an der Universität oder im Komsomol statt.[29]

---

[29] Siehe die Zeugnisse von Alekseeva, Bogoraz, Krachmal'nikova, Kudrova, Sadomskaja, Verblovskaja. Velikanova und Salova erlebten die unmittelbare

Erste Schritte in den Dissens: die Nachkriegszeit

Allgemein wird das Klima an der Uni als drückend geschildert. Es sei geprägt gewesen von ideologischer Kontrolle und Denunziantentum. Kommilitonen wurden wegen „antisowjetischer" Äußerungen verhaftet. Der Komsomol strengte sogenannte *personal'nye* oder *ličnye dela* an. Diese „persönlichen Verfahren" entsprachen in etwa den bei uns bekannten Disziplinarverfahren. Sie wurden wegen „mangelnder Wachsamkeit", „Illoyalität" oder auch rein privaten Angelegenheiten eingeleitet, beispielsweise wenn ein Komsomolze seine Freundin schwängerte oder eine Komsomolka ihren Ehemann betrog. Die Delinquenten wurden in der Regel aus dem Komsomol ausgeschlossen, was die Exmatrikulation zur Folge hatte. Ein Teil der späteren Dissidentinnen musste sich in den vierziger Jahren einem solchen *personal'noe delo* unterziehen[30], manche wurden Zeuginnen davon, wie es ihre Freunde oder Bekannte traf[31]. Ljudmila Alekseeva bekam beispielsweise im Zuge der Ždanov-Kampagne ein Komsomol-Verfahren angehängt, nachdem eine Kommilitonin sie beschuldigt hatte, auf einer Exkursion am Lagerfeuer Achmatova rezitiert zu haben. Zu ihrem Glück konnte Alekseeva Gegenargumente vorbringen und kam mit einer Rüge davon.[32]

Neben der *Ždanovščina* wird in den Lebensbeschreibungen eine Reihe weiterer Kampagnen und „Säuberungsaktionen" geschildert, die in der

---

Nachkriegszeit noch während der letzten Schuljahre. Sie begannen jeweils 1949 und 1951 zu studieren.

[30] Alexeyeva, Thaw Generation, S. 47–55; Interviews Kudrova, Sadomskaja.
[31] Die Zeitgenossinnen nennen hierfür mehrere Beispiele. So schildert Alekseeva den Fall eines Kommilitonen, der bei einer Demonstration aus Versehen ein rotes Banner liegen ließ. Obwohl er sich dafür entschuldigte, habe der Komsomol sein Verhalten als ideologischen Affront aufgefasst und den Studenten ausgeschlossen. Alexeyeva, Thaw Generation, S. 31. Kudrova berichtet von einem Komsomol-Verfahren in ihrem Umkreis im Zusammenhang mit Fremdgehen. Interview Kudrova. Ebenso schildert auch Sadomskaja, wie auf den Komsomol-Versammlungen das Privatleben schonungslos aufgedeckt wurde: Ein Kommilitone hatte eine Affäre mit einer Mitstudentin, wollte sie aber nicht heiraten, als sie schwanger wurde. Interview Sadomskaja.
[32] Alexeyeva, Thaw Generation, S. 47–55; Interview Kudrova. Ebenso berichtet Sadomskaja von eine Komsomol-Verfahren gegen sie selbst und drei enge Freundinnen. Ihnen wurde vorgeworfen, hochmütig zu sein und sich vom Kollektiv abzusondern. Interview Sadomskaja.

Von der Küche auf den Roten Platz

Wahrnehmung der Zeitzeuginnen ihr politisches Bewusstsein in der Nachkriegszeit prägten. 1947 begann eine Kampagne gegen die sogenannte „Kriecherei vor dem Westen" (*nizkopoklonstvo pered zapadom*). Wissenschaftler oder Kritiker, die in der ausländischen Fachpresse publizierten oder den russischen Beitrag zur geistigen und materiellen Evolution der Menschheit nicht genügend würdigten, machten sich einer „antipatriotischen, staatsfeindlichen und antisowjetischen Haltung"[33] verdächtig. Die Angst vor der „kapitalistischen Einkreisung" lebte wieder auf. Das Regime versuchte, ausländische Einflüsse zurückzudrängen. Wie in den Jahren 1936 bis 1938 griffen Spionomanie und Misstrauen gegenüber Ausländern um sich. 1947 wurde die Eheschließung mit Ausländern verboten, ausländische Autoren wurden nicht mehr verlegt und Fremdwörter durch russische Ausdrücke ersetzt: „Baguette" wurde „Stadtbrot", ein „Menü" fortan als *razbljudovka*[34] bestellt. Schulkindern wurde erzählt, bedeutende technische Erfindungen wie die Glühbirne und das Radio seien in Wirklichkeit russischen Wissenschaftlern zu verdanken.[35] Ljudmila Alekseeva präzisiert: Ein gewisser Herr Popov habe das Radio erfunden, Jabloškov die Glühbirne und die Gebrüder Čerepanov die Dampfmaschine.[36] Diese Propaganda zeigt einerseits die Angst des Regimes vor westlichen Einflüssen, andererseits belegt sie das Aufkommen eines offiziellen russisch-sowjetischen Nationalismus, der seit den dreißiger Jahren latent vorhanden war und spätestens mit dem Zweiten Weltkrieg offen zu Tage trat.[37] Die Kampagne gegen ausländische Einflüsse mündete in einer Welle antisemitischer Verfolgung.[38]

---

[33] Zitiert nach Zubkova, S. 119.

[34] Alexeyeva, Thaw Generation, S. 38. *Razbljudovka* kann etwa mit „Zusammenstellung von Gerichten" übersetzt werden.

[35] Interview Velikanova, siehe auch Kapitel 2.3, den Abschnitt: „Indoktrinierung, Anpassungsdruck und Kollektivdenken".

[36] Alexeyeva, Thaw Generation, S. 38f. Weitere Beispiele gibt Yehoshua Gilboa: The Black Years of Soviet Jewry, 1935–1953, Boston 1971, S. 149–151.

[37] Ein bekanntes Beispiel hierfür ist der Toast, den Stalin nach Kriegsende auf die „Gesundheit des russischen Volkes" ausbrachte, in dem er das russische Volk als „die führende Kraft der Sowjetunion unter allen anderen Völkern des Landes" bezeichnete (25. Mai 1945). Siehe beispielsweise Zubkova, S. 29.

[38] Siehe auch 3.1, den Abschnitt „Antisemitismus und jüdische Identität".

Erste Schritte in den Dissens: die Nachkriegszeit

Ein weiterer Stein des Anstoßes ist in den Erinnerungen die Wissenschaftspolitik: In den späten vierziger Jahren wurde die Kontrolle über Forschung und Lehre verschärft. Ideologische Streitigkeiten der dreißiger Jahre kamen wieder ans Tageslicht. In der Biologie feierte Trofim Lysenko[39] seinen endgültigen Triumph. Die Landwirtschaftsakademie erhob im August 1948 seine pseudowissenschaftliche Lehre zur allein gültigen Doktrin, abweichende Auffassungen wie die der Genetiker traf der Bann.[40] Es gab zwar keine großangelegten Schauprozesse gegen politische Gegner mehr, dennoch löste eine „Säuberungsaktion" die nächste ab. Im Zuge der „Leningrader Affäre" wurde fast der gesamte lokale Parteiapparat verhaftet und beschuldigt, eine von ausländischen Nachrichtendiensten gestützte parteifeindliche Gruppe gegründet zu haben. Eine Verhaftungswelle unter Leningrader Kommunisten folgte.[41] Die Hauptangeklagten wurden im Herbst 1950 zum Tode verurteilt und hingerichtet. Ende 1950 fand – unter Vorgabe einer „mingrelischen Verschwörung" – eine „Säuberung" der kommunistischen Partei Georgiens statt.[42] Die politische und ideologische Verfolgung in der

---

[39] Trofim Lysenko (1898–1976) war Agrarbiologe und Agronom, Leiter des Moskauer Instituts für Genetik der sowjetischen Akademie der Wissenschaften. Lysenko entwickelte eine nicht bewiesene Theorie der Vererbung, nach der pflanzliche Erbmasse umweltabhängig und manipulierbar sei (wie auch der „neue Mensch" von seinem sozialistischen Umfeld geformt werde). Wenn man die Lebensbedingungen von Pflanzen verändere, führe das zu ihrer genetischen Anpassung. In der Landwirtschaft könnten so Erträge gesteigert werden. Mit diesen Behauptungen wies Lysenko die Erblehre Mendels zurück, was zur Stigmatisierung der gesamten Genetik als Wissenschaftszweig führte.

[40] Beyrau, Intelligenz und Dissens. S. 102–106; Hildermeier, Geschichte der Sowjetunion, S. 683 sowie 718–724.

[41] Im Zuge der „Leningrader Affäre" schlossen die Behörden zudem im Sommer 1949 das Leningrader *Museum der Verteidigung* sowie das *Blockade-Museum*. Beides waren Symbole der „Heldenstadt", zentrale Gedenkstätten an die Leiden während der Blockade Leningrads im Zweiten Weltkrieg. Bernd Bonwetsch: Die „Leningrad-Affäre" 1949–1951: Politik und Verbrechen im Spätstalinismus, in: Deutsche Studien 28 (1990), S. 306–322.

[42] Es war angeblich Ziel der Verschwörung, Mingrelien, eine Region Georgiens und Heimat des damaligen Geheimdienstchefs und Innenministers Lavrentij Berija, dem türkischen Staatsgebiet zuzuschlagen. Werth, Ein Staat gegen sein Volk, S. 273. Die Säuberung der georgischen KP ist vermutlich als Ausdruck des

Nachkriegszeit nahm ein solches Ausmaß an, dass die Zahl der Lagerhäftlinge Anfang der fünfziger Jahre diejenige der dreißiger Jahre noch überstieg.[43]

Im Gegensatz zu den „Säuberungen" der dreißiger Jahre besteht eine große Übereinstimmung unter späteren Dissidentinnen (und auch Dissidenten), dass die Maßnahmen der späten vierziger und frühen fünfziger Jahre nicht mehr gutzuheißen waren. Im Zuge der diversen Kampagnen habe man den ideologischen Dogmen allmählich keinen Glauben mehr geschenkt und ebenso Propagandaberichte über angebliche Produktionsleistungen und den steigenden Lebensstandard erstmals ernsthaft angezweifelt.[44]

Die Zweifel wurden durch Begegnungen und neue Bekanntschaften in der Nachkriegszeit verstärkt. So ist Bogoraz nicht die einzige Frau, die von der Freundschaft mit jungen Männern berichtet, die während des Krieges an der Front gekämpft und aufgrund dieser Erfahrung begonnen hatten, die Propaganda und Politik im eigenen Land kritisch zu betrachten.[45] In dieser

---

wachsenden Misstrauens Stalins gegenüber Berija zu werten. Haumann, Geschichte Russlands, 2003, S. 433.

[43] Am Vorabend des Krieges waren etwa 2,3 Millionen Sowjetbürgerinnen und -bürger in Straflagern oder Arbeitskolonien inhaftiert. Während des Krieges sank diese Zahl auf etwa 1,2 Millionen trotz 1,8 Millionen neuen Verhaftungen. Viele Häftlinge wurden an die Front entlassen, zudem stieg die Sterblichkeitsrate in den Lagern infolge von Lebensmittelknappheit. Nach dem Krieg erreichte die Zahl der Inhaftierten mit 2,5 Millionen im Jahr 1950 ihren Höchststand seit 1934. Getty/Rittersporn/Zemskov: Victims of the Soviet Penal System, S. 1040 (Diagramm). Verhaftungen während des Krieges betrafen vor allem Bürgerinnen und Bürger der 1940 annektierten Baltischen Staaten sowie der ab 1942/43 von den Deutschen zurückeroberten oder annektierten westlichen Gebiete der UdSSR: weißrussische Partisanen, ukrainische Nationalisten, Moldavier, angebliche oder tatsächliche Kollaborateure. Nach dem Krieg wurden zahlreiche ehemalige sowjetische Kriegsgefangene oder Zwangsarbeiter, die aus Deutschland heimkehrten, im Gulag interniert (etwa 9 Prozent der 4,2 Millionen Repatriierten). Werth, Ein Staat gegen sein Volk, S. 253–256,

[44] Alexeyeva, Thaw Generation, S. 38–57; Kaminskaja (russische Ausgabe), S. 33–41; Sinjavskij, Dissidentstvo kak ličnyj opyt, S. 134f.; Orlov, S. 107–109; Kowaljow, Flug des weißen Raben, S. 24–33; Interviews Kudrova, Sadomskaja, Verblovskaja, Velikanova.

[45] Interviews Kudrova und Sadomskaja.

Erste Schritte in den Dissens: die Nachkriegszeit

Rolle als Aufklärer erinnern die ehemaligen Frontsoldaten an die Dekabristen, die 1825, nachdem sie während der Napoleonischen Kriege den Westen gesehen hatten, den Aufstand gegen die zaristische Autokratie wagten.[46] Wie bei Bogoraz gab es in einigen Fällen auch schon Ende der vierziger Jahre Begegnungen mit ehemaligen Insassen der stalinistischen Lager, die dazu führten, dass sich die Betroffenen erstmals direkt mit den Opfern der „Säuberungen" auseinander setzten.[47] Aber auch ohne Mittlerpersonen tauchen in sämtlichen Quellen Berichte über wachsende Zweifel und Distanz gegenüber dem Regime auf.

In den Interviews werden die Berichte von einer allmählichen Abkehr vom Stalinismus durch Wortwahl, Gestik und Mimik unterstrichen. Beispielsweise berichtet Tat'jana Velikanova über ihr Entsetzen, als sie in der Presse über die Unterwerfung der Vererbungslehre unter die Thesen Lysenkos las: „Das war einfach abstoßend, [...] völlig unwissenschaftlich. [...] Wie kann man an einen solchen Quatsch (*erunda*), an einen solchen Unsinn

---

[46] Die Dekabristen (auch Dezembristen) waren Teilnehmer eines nach dem Tod Alexanders I. im Dezember 1825 versuchten und gescheiterten Militärputsches gegen die Autokratie des Zaren. Ihr schlecht vorbereiteter Aufstand konnte rasch niedergeschlagen werden. Die Dekabristen setzten sich hauptsächlich aus jungen Adeligen und Gardeoffizieren zusammen, die an dem Feldzug gegen Napoleon teilgenommen hatten und aus dem Westen liberale Ideen mitbrachten. Daher ziehen einige Zeitzeuginnen Parallelen zwischen den Dekabristen und den Kriegsveteranen des Zweiten Weltkrieges, die mit der Roten Armee in den Westen vorgerückt waren. Alexeyeva, Thaw Generation, S. 33–35. Wie Zubkova schreibt, waren auch in der übrigen Bevölkerung Vergleiche zwischen Weltkriegsveteranen und Dekabristen nicht selten. Zubkova, S. 208, Anm. 22.

[47] Beispielsweise wurde die Mutter Elena Bonners 1946, nach achtjähriger Haftstrafe, entlassen. Sie kehrte vorübergehend zurück nach Leningrad, erhielt dort aber kein Wohnrecht und zog zu Bekannten nach Luga. Bonner, Mütter und Töchter, S. 376f. Natal'ja Sadomskaja berichtet von der Begegnung mit einer Freundin ihrer Mutter, die ebenfalls in den dreißiger Jahren zu mehreren Jahren im Lager verurteilt und nun entlassen worden war. Interview Sadomskaja. Raisa Orlova erzählt, wie ihr Kommilitone und späterer Ehemann Lev Kopelev 1947 aus dem Gefängnis entlassen und zwei Monate später wieder verhaftet wurde. Vor seiner erneuten Verhaftung traf sich Orlova mehrmals mit ihm. Danach unterstützte sie seine Familie. Orlowa, Vergangenheit, S. 118.

Von der Küche auf den Roten Platz

(*čepucha*) glauben!"[48] Dabei wischt sie mehrmals verächtlich mit der Hand über den Tisch, schüttelt den Kopf, lacht spöttisch. Ein ähnliches Verhalten beobachtete ich auch in anderen Interviews. Die wachsende Distanz zum Sowjetsystem wird durch eine abwehrende Körperhaltung, beißende Ironie oder höhnisches Lachen ausgedrückt.[49] Bezeichnenderweise hatten dieselben Interviewpartnerinnen über ihre Kindheit und Jugend, also die Zeit, in der sie noch an den Kommunismus glaubten oder im Krieg ihre Heimat verteidigten, mit leuchtenden Augen und in schwärmerischem Tonfall von ihrer Begeisterung und dem Engagement für die gerechte Sache gesprochen. Die Übereinstimmung von geschildertem Erlebnis, der Wortwahl und der Körpersprache weist möglicherweise darauf hin, dass es sich bei den jeweiligen Episoden um Erlebnisse handelt, die tiefe Emotionen hervorrufen. Aber auch in diesen Fällen ist nicht klar, ob diese Episoden das damalige Erleben oder die nachträgliche Interpretation wiedergeben. Die hohe Emotionalität könnte aber darauf hinweisen, dass Gefühle widergespiegelt werden, die das Ereignis damals hervorrief.

Im Vergleich zu politisch motivierten Repressionen sowie kultureller und wissenschaftlicher Unfreiheit wird den materiellen Lebensbedingungen der Nachkriegszeit in den Erinnerungen weniger Bedeutung beigemessen. Dabei hatte die Nachkriegsgesellschaft schwerwiegende demographische, soziale und wirtschaftliche Probleme zu bewältigen: Die Kriegsverluste bezifferten sich auf über 26 Millionen Menschen, darunter zwanzig Millionen Männer. Die größten Verluste gab es in der Gruppe der Zwanzig- bis Vierzigjährigen, dem leistungsfähigsten Teil der Bevölkerung. Zwei Millionen Veteranen waren aus dem Krieg als Invaliden heimgekehrt. Viele Menschen hatten Wohnung und Habe verloren. Kinder waren zu Waisen geworden. Zu den drängendsten Problemen gehörten Arbeitslosigkeit, Armut, Wohnungsnot, Obdachlosigkeit, Straßenkinder und Kriminalität. In den Jahren 1946 und 1947 wurde die Sowjetunion von einer Hungerkatastrophe heimgesucht, der etwa zwei Millionen Menschen zum Opfer fielen. Sie ist zurückzuführen auf Dürre, Unwetter und Missernten sowie Arbeitskräftemangel auf dem Land infolge der hohen Kriegsverluste. Brot blieb bis Ende 1947 rationiert. Die ohnehin schon schwach entwickelte Konsumgüterindustrie war durch die

---

[48] Interview Velikanova.
[49] Beispielsweise bei Kudrova, Sadomskaja, Verblovskaja.

Erste Schritte in den Dissens: die Nachkriegszeit

Rüstung fast ganz zum Erliegen gekommen. Durch das geringe Angebot wurde die Inflation angekurbelt, die ihrerseits das Wiederaufbauprogramm gefährdete. Eine Währungsreform Ende 1947 half zwar, die Staatsfinanzen zu stabilisieren, beraubte aber große Teile der Bevölkerung ihrer Ersparnisse.[50] Einzelnen Erinnerungen kann man entnehmen, dass auch für den hier untersuchten Personenkreis die Lebensbedingungen hart waren. So wurden vereinzelt Hunger und virulente Schwierigkeiten in der Versorgungslage thematisiert, die bis in die fünfziger Jahre bestehen blieben.[51] Die Aufhebung des Kartensystems ist manchen als einschneidendes Ereignis in Erinnerung geblieben.[52] Bogoraz schildert die Probleme, die sich aufgrund des Hungers und der schlechten Versorgungslage für sie und andere junge Mütter ergaben. Aufgrund der chronischen Unterernährung war es nicht möglich, die Säuglinge zu stillen. Da es Kuhmilch auch höchst selten zu kaufen gab, wurden die Kinder nur mit Mühe durch die ersten Lebensmonate gebracht. Als Bogoraz wenige Wochen nach der Entbindung schwer erkrankte, konnte ihr Mann nur auf dem Schwarzmarkt die verschriebenen Antibiotika auftreiben.[53] Ein weiteres Thema in den Erinnerungen sind die beengten Wohnverhältnisse. So beschreibt Alekseeva, wie sich ihre Familie mit sechzehn Personen, darunter vier Kleinkinder, eine Drei-Zimmer-Wohnung teilte.[54]

Die schwierigen Lebensbedingungen geben in den Erinnerungen im allgemeinen aber keinen Anlass zur Regimekritik. Sie bilden eher die „Kulisse" für die Auseinandersetzungen mit den politischen Verhältnissen.

---

[50] Zu den materiellen und sozialen Probleme nach der Zweiten Weltkrieg Zubkova, S. 20–42.
[51] Alexeyeva, Thaw Generation, S. 40; Interviews Gorbanevskaja, Velikanova, Verblovskaja.
[52] Interviews Gorbanevskaja, Verblovskaja.
[53] Bogoraz, Une femme en dissidence, S. 57–59.
[54] Alexeyeva, Thaw Generation, S. 70. Siehe auch Bogoraz, Une femme en dissidence, S. 50ff.; Interview Gorbanevskaja.

Von der Küche auf den Roten Platz

Antisemitismus und jüdische Identität

Eine prägende Repressionsmaßnahme der späten Stalinzeit war die Kampagne gegen „Kosmopolitismus" und „Zionismus", die sich an die *Ždanovščina* und die Kampagne gegen ausländische Einflüsse anschloss und zunehmend in eine offen antisemitische Politik mündete.[55] Erstes Ziel war das Jüdische Antifaschistische Komitee. Es hatte sich 1942 als Instrument der Kriegspropaganda gegründet, entwickelte sich in der Nachkriegszeit aber zu einem Repräsentationsorgan der Juden in der Sowjetunion.[56] So setzte es sich beispielsweise dafür ein, über die nationalsozialistischen Verbrechen an den Juden aufzuklären, die in der sowjetischen Öffentlichkeit weitgehend verschwiegen wurden.[57] Im Dezember 1947 wurden mehrere Mitglieder des Komitees verhaftet, sein Leiter Salomon Michoels (1890–1948), der beliebte

---

[55] Zur antisemitischen Kampagne: Joshua Rubinstein (Hrsg.): Stalin's Secret Pogrom: the Postwar Inquisition of the Jewish Anti-Fascist Committee, New Haven u.a. 2001; Arno Lustiger: Stalin und die Juden: die tragische Geschichte des Jüdischen Antifaschistischen Komitees und der sowjetischen Juden, Berlin 1998; Leonid Luks (Hrsg.): Der Spätstalinismus und die „jüdische Frage". Zur antisemitischen Wendung des Kommunismus, Köln u.a. 1998; Benjamin Pinkus: Soviet Campaigns against Jewish Nationalism and Cosmopolitism 1946–1953, in: Soviet Jewish Affairs 2 (1974), S. 53–72.

[56] Das Jüdische Antifaschistische Komitee wurde zusammen mit weiteren antifaschistischen Komitees gegründet, so zum Beispiel dem Komitee der Sowjetfrauen, dem Allslavischen Komitee, dem Komitee der Sowjetischen Jugend und dem der Sowjetischen Wissenschaftler. Über das Jüdische Antifaschistische Komitee Shimon Redlich: Propaganda and Nationalism in Wartime Russia. The Jewish Antifascist Committee in the USSR 1941–1948, Colorado 1982; Archivdokumentation: Genadij Kostyrčenko/Shimon Redlich (Hrsg.) Evrejskij Antifašistskij Komitet v SSSR 1941–1948: dokumentirovannaja istorija (Dokumentsammlung), Moskau 1996 (englische Fassung: War, Holocaust and Stalinism: a Documented Study of the Jewish Antifascist Committee in the USSR, Luxemburg 1995).

[57] 1941, am Vorabend des deutschen Überfalls, lebten etwa 5,1 Millionen Juden auf sowjetischem Territorium, davon 2,1 Millionen in den 1939/40 annektierten Gebieten, 3 Millionen in der „alten" Sowjetunion. Etwa 2,8 Millionen Juden aus der Sowjetunion fielen der Shoah zum Opfer. Gert Robel, Sowjetunion, in: Wolfgang Benz (Hrsg.): Dimension des Völkermords: die Zahl der jüdischen Opfer des NS, München 1991, S. 460–499, Raul Hilberg, Die Vernichtung der europäischen Juden, 2. Aufl., Bd. 2, Frankfurt/M. 1990, S. 304–305.

Erste Schritte in den Dissens: die Nachkriegszeit

Schauspieler und Direktor des hochangesehenen jiddischen Staatstheaters in Moskau, wurde im Januar 1948 durch einen vorgetäuschten Autounfall in Minsk ermordet. Im Laufe des Jahres wurden alle Mitglieder des Jüdischen Antifaschistischen Komitees verhaftet, es selbst wurde aufgelöst, da es zu einem „Zentrum antisowjetischer Propaganda" geworden sei.[58] Sämtliche jiddischen Theater wurden geschlossen, jiddische Publikationen eingestellt. Die Presse startete eine breite „antikosmopolitische" und „antizionistische" Kampagne. Diffamierende Artikel warfen den Juden vor, als „wurzelloses Volk" den „russischen Nationalcharakter" nicht würdig zu vertreten. Zahlreiche Juden wurden entlassen oder degradiert, jüdische Studenten exmatrikuliert. Auch seitens der Bevölkerung kam es zu antisemitischen Ausschreitungen: zu Prügeln, Hetzjagden und verbalen Diskriminierungen.[59] Hunderte jüdischer Intellektueller fielen einer erneuten Verhaftungswelle zum Opfer. Die Anklage lautete zumeist auf „bourgeoisen Nationalismus", „Kosmopolitismus", „Zionismus", „Verschwörung mit dem Weltjudentum" und „Spionage".[60] Der Prozess gegen die Angehörigen des jüdischen Komitees fand

---

[58] Werth, Ein Staat gegen sein Volk, S. 270.

[59] Quellen hierfür sind dürftig. In den Augenzeugenberichten werden antisemitische Diskriminierungen und Ausschreitungen aber häufig erwähnt. Alexeyeva, Thaw Generation, S. 44; Bogoraz, S. 59, Orlov, S. 111; Sacharow, Mein Leben, S. 151f.; Interviews Kudrova, Salova. Eine Dokumentation der Reaktionen auf die Bekanntgabe des „Ärztekomplotts": The Party and Popular Reaction to the „Doctors' Plot". Introduced by Mordechai Altshuler and Tat'iana Chentsova, in: Jews in Eastern Europe 21 (1993), S. 49–65.

[60] In diesen Vorwürfen sind vermutlich, neben antisemitischen Motiven, die Hintergründe der anti-jüdischen Kampagne zu suchen: Die Sowjetführung zweifelte an der Loyalität nicht-russischer ethnischer Gruppen gegenüber der Sowjetunion, was zur Deportation verschiedener Völker im Zweiten Weltkrieg geführt hatte, die vermeintlich oder tatsächlich mit den Nationalsozialisten kollaborierten. Die Juden erregten Misstrauen, da Teile der jüdischen Bevölkerung Verwandte im Ausland hatten, vor allem in den USA. Die Furcht vor einer „fünften Kolonne" verstärkte sich durch die Gründung des Staates Israel im Mai 1948, der die sowjetische Regierung anfangs positiv gegenüber stand. Von dieser Position rückte sie aber alsbald ab, zum einen wegen der Sympathiebekundungen sowjetischer Juden für den neuen Staat, zum anderen wegen der Annäherung Israels an die USA. Soviet Jews and the Establishment of Israel: Letters and Appeals to the Jewish Anti-Fascist Committee. Introduced and annotated by Shimon Redlich, in:

im Juli 1952 statt. Dreizehn Angeklagte wurden zum Tode verurteilt und hingerichtet.[61] Den Höhepunkt der antisemitischen Kampagne bildete die sogenannte „Ärzteverschwörung" (*delo vračej*), die laut *Pravda* vom 13. Januar 1953 in Moskau „enttarnt" worden war.[62] Einer Gruppe von prominenten Kremlärzten, mehrheitlich jüdischer Herkunft, wurde vorgeworfen, eine terroristische Vereinigung gebildet und mehrere hohe Sowjetführer durch falsche Behandlung ermordet zu haben. Unter den Opfern befand sich angeblich auch Andrej Ždanov, der 1948 eines plötzlichen, aber natürlichen Todes gestorben war. Weitere Verhaftungen kündigten sich an. Möglicherweise stand sogar die Deportation der sowjetischen Juden nach Birobidžan bevor, einem unwirtlichen, unfruchtbaren Gebiet im östlichen Sibirien, in dem in den dreißiger Jahren eine autonome jüdische Republik errichtet worden war.[63] Wenn es solche Pläne gab, so wurden sie nicht

---

Soviet Jewish Affairs 21 (1991), S. 73–91; Antje Kuchenbecker: Zionismus ohne Zion. Birobidžan. Idee und Geschichte eines jüdischen Staates in Sowjet-Fernost, Berlin 2000, S. 213.

[61] Insgesamt kam es im Zusammenhang mit der strafrechtlichen Verfolgung des jüdisch-antifaschistischen Komitees zu 125 Verurteilungen, davon 25 zum Tode und 100 Verurteilungen zu Haftstrafen zwischen zehn und 25 Jahren. Siehe die mittlerweile veröffentlichten Prozess-Protokolle: Vladimir Naumov (Hrsg.): Nepravednyj sud: poslednyj stalinskij rasstrel. Stenogramma sudebnogo processa nad členami Evrejskogo Antifašistskogo Komiteta, [Komissija pri Prezidente Rossijskoj Federacii po Reabilitacii žertv političeskich repressij], Moskau 1994.

[62] Die Ärzte wurden bereits im November 1952 festgenommen. Mit der Öffentlichkeitskampagne wartete die KPdSU den in Prag stattfindenden Prozess gegen Rudolf Slansky ab. Slansky, ehemaliger Generalsekretär der tschechoslowakischen KP, wurde zusammen mit 13 weiteren Parteifunktionären der Bildung einer „trotzkistisch-titoistisch-zionistischen Terrorgruppe" angeklagt. Erst nach der Hinrichtung der elf im Slansky-Prozess zum Tode Verurteilten meldeten sowjetische Zeitungen den „Ärztekomplott". Werth, Ein Staat gegen sein Volk, S. 274. Einen Zeitzeugenbericht zur „Ärzteverschwörung" veröffentlichte Jakov Rapoport: Na rubeže dvuch epoch. Delo vračej, Moskau 1988 (engl. Ausgabe: Yakov Rapoport: The Doctors' Plot of 1953, Cambridge/ Mass. 1991).

[63] Aufgrund des fehlenden Zugangs zu den Akten ist nicht bekannt, ob konkrete Pläne zur Massendeportation sowjetischer Juden nach Birobidžan tatsächlich existierten. Die Annahme stützt sich auf die Aussage Nikolaj Bulganins (1895–1975), ehemaliger Verteidigungsminister und Politbüromitglied. Weiterhin lie-

Erste Schritte in den Dissens: die Nachkriegszeit

umgesetzt. Stalins Tod am 5. März 1953 setzte weiteren antisemitischen Maßnahmen ein Ende.

Da sich überproportional viele Jüdinnen und Juden in der Dissidentenbewegung engagierten, stellt sich die Frage, welche Auswirkungen die antisemitische Kampagne auf ihren Lebensweg hatte.[64] Ferner nimmt es wunder, ob es Unterschiede zwischen Jüdinnen und Nicht-Jüdinnen in der Wahrnehmung des Antisemitismus gibt. Die Antwort auf die letzte Frage ist vergleichsweise einfach, denn auch die Nicht-Jüdinnen versichern, den Antisemitismus der Nachkriegszeit abgelehnt zu haben. Einige geben sogar an, dass der Antisemitismus prägend bei der Entwicklung eines oppositionellen Bewusstseins gewesen sei. So erzählt Galina Salova, wie sie Ende der vierziger Jahre Zeugin antisemitischer Restriktionen bei der Aufnahme an die Universität wurde:[65] Bei den Aufnahmeprüfungen habe man begabte und gut vorbereitete Klassenkameraden aufgrund ihrer jüdischen Herkunft bewusst durchfallen lassen, während sie selbst trotz mäßiger Leistung bestanden habe. Zwar habe sie als Vertreterin eines jüngeren Jahrgangs schon zum damaligen Zeitpunkt mehr Misstrauen gegen die Sowjetmacht gehegt als ihre etwas älteren Mitstreiterinnen, aber diese Ungerechtigkeit sei für sie der entscheidende Moment gewesen, die Unfehlbarkeit der Partei in Frage zu stellen.[66]

---

fern verschiedene Darstellungen Indizien für eine geplante Deportation, schriftliche Beweise liegen jedoch nicht vor. Kuchenbecker, S. 215, Anm. 186.

[64] Da in vielen Kurzbiographien und bio-bibliographischen Datensammlungen die „Volkszugehörigkeit" (*nacional'nost'*) nicht verzeichnet ist, konnten hier nur Näherungswerte ermittelt werden. In meinem Personenverzeichnis, das 243 Personen mit den wichtigsten biographischen Daten erfasst, liegt für 143 die Angabe der *nacional'nost'* vor. Demnach sind 68 jüdischer Herkunft, 70 Russinnen und Russen, 5 anderer Volkszugehörigkeit.

[65] Interview Salova. Es gab zwar offiziell keine Einschränkung des Zugangs zu den Hochschulen, aber dennoch begrenzten interne, nicht publizierte Verwaltungsvorschriften den Zutritt von Juden zu bestimmten Fachrichtungen, Fakultäten und Hochschulen oder schlossen sie gänzlich aus. Otto Luchterhand: Die Rechtsstellung der jüdischen Minderheit, in: Georg Brunner/Allan Kagedan (Hrsg.): Die Minderheiten in der Sowjetunion und das Völkerrecht, Köln 1988, S. 77–114, hier S. 100.

[66] Interview Salova. Ein weiteres Beispiel wäre Kudrova (Interview).

Von der Küche auf den Roten Platz

Diejenigen unter den Zeitzeuginnen, in deren Inlandpass „Nationalität: jüdisch"[67] vermerkt war, waren zum Großteil selbst von der antisemitischen Politik betroffen. Sie bekamen nach 1948 keinen Studienplatz mehr oder fanden keine Arbeitsstelle.[68] Auch Eltern, Ehemänner und Freunde verloren ihre Anstellung. Die Mutter von Larisa Bogoraz wurde als überzeugte Kommunistin wegen ihrer jüdischen Herkunft entlassen und starb bald darauf. Die Tochter erfuhr die antisemitischen Diskriminierungen danach am eigenen Leib. Nachdem sie ihr Studium in Char'kov beendet hatte, heiratete sie Julij Daniėl' und bekam 1951 einen Sohn. Da aber beide jüdischer Herkunft waren, fanden sie trotz exzellenter Examina lange keine Anstellung. Die junge Familie litt große Not. Auch Sadomskaja berichtet davon, wie sie und ihr jüdischer Ehemann sich nach dem Studienabschluss mit Gelegenheitsarbeiten über Wasser halten mussten, weil sie aufgrund ihrer „Volkszugehörigkeit" keine Stelle bekamen. Dann wurde ihre Mutter, die das junge Paar finanziell unterstützte, von ihrem renommierten Posten bei *Mosfil'm* entlassen. Für viele jüdische Familien wurde die wirtschaftliche Lage prekär.[69]

Für die Zeitzeuginnen jüdischer Herkunft ist die Auseinandersetzung mit dem Antisemitismus häufig Anlass, sich mit der eigenen kulturellen, ethnischen oder religiösen Identität auseinander zu setzen. Hierbei ist zunächst entscheidend, dass ein Großteil der Zeitzeuginnen aus Familien stammten,

---

[67] Im Inlandpass eines jeden Sowjetbürgers, der 1932 eingeführt wurde, um Landflucht und Migrationsbewegungen zu begegnen, war unter dem berüchtigten „fünften Punkt" (*pjatyj punkt*) die „Volkszugehörigkeit" (*nacional'nost'*) vermerkt. Die Juden hatten dabei den Status einer Volksgruppe. Als jüdisch galten diejenigen, deren Eltern beide Juden waren. Nur wenn ein Elternteil aus einer anderen „Volksgruppe" stammte, durfte man sich für eine der beiden Gruppen entscheiden. Siehe Benjamin Pinkus, The Jews of the Soviet Union. The History of a National Minority, Cambridge u.a. 1988, S. 57.

[68] Interviews Sadomskaja und Sokolova.

[69] So berichtet beispielsweise auch Dina Kaminskaja, dass ihr Ehemann Konstantin Simis (geb. 1920), damals Dozent an der Höheren Diplomatenschule und dem renommierten Moskauer Institut für Internationale Beziehungen, von seinem Arbeitsplatz entlassen wurde. Ihre Schwester, Hochschulassistentin am Institut für Staat und Recht der Akademie der Wissenschaften, erlitt das gleiche Schicksal, blieb für mehrere Jahre arbeitslos und konnte ihre kleine Tochter nur mit Hilfe der Eltern ernähren. Kaminskaja (russische Ausgabe), S. 34

Erste Schritte in den Dissens: die Nachkriegszeit

die als assimiliert galten. Sie erwähnen ausdrücklich, dass in ihrem Elternhaus weder Jiddisch gesprochen noch religiöse Riten gepflegt wurden.[70] Unter den Sowjetbürgern jüdischer Abstammung zählten sich zumeist Parteigenossen, insbesondere die Führungskader zu den Assimilierten.[71] Von den Dissidentinnen jüdischer Herkunft gehörten fast alle Familien dazu. Es liegt auf der Hand, dass die Eltern als loyale Parteimitglieder „gute Atheisten" waren und ihren Kindern keine religiösen Inhalte oder Traditionen vermittelten. Die jüdische Religion und Kultur war diesen daher fremd. In den Erinnerungen begegnen uns lediglich einige bruchstückhafte Reminiszenzen jüdischer Wurzeln: Großeltern, die auch nach der Oktoberrevolution dem jüdischen Glauben verhaftet blieben,[72] Eltern, die Talmud-Schulen besucht hatten,[73] Erinnerungen an den Ansiedlungsrayon, an Diskriminierungen und Pogrome, die durch Eltern und Großeltern vermittelt wurden[74]. Die Zeitzeuginnen machten sich als überzeugte „Internationalistinnen"[75] im Vielvölkerstaat Sowjetunion über ihre Herkunft zunächst kaum Gedanken, sie fühlten sich als „Sowjetbürgerinnen".[76] Erst durch die antisemitische Kampagne, so beispielsweise Dina Kaminskaja, habe sie „gelernt",[77] dass sie Jüdin sei. Es war der offizielle Antisemitismus, der ihr das Bewusstsein vermittelte, jüdisch zu sein. Eine bezeichnende Episode erzählt Larisa Bogoraz. Als wir im Interview erneut auf ihre Kindheit und Jugend kamen, sagte sie plötzlich:

---

[70] Siehe zum Beispiel Bonner, Mütter und Töchter, S. 16f.; Orlowa, Vergangenheit, S. 211; Kaminskaja (russische Ausgabe), S. 35; Gespräch E.; Interviews Bogoraz, Krachmal'nikova, Sadomskaja, Sokolova, Bella Ulanovskaja.

[71] Haumann, Geschichte der Ostjuden, S. 192.

[72] Bogoraz, Une femme en dissidence, S. 18; Bonner, Mütter und Töchter, S. 22; S. 18; Orlowa, Vergangenheit, S. 30, 42, 64.

[73] Bogoraz, Une femme en dissidence, S. 21; Gespräch E.; Interview Bella Ulanovskaja.

[74] Bogoraz, Une femme en dissidence; S. 21f.; Bonner, Mütter und Töchter, S. 19; Orlowa; Vergangenheit, S. 14; Interviews Sokolova, Bella Ulanovskaja.

[75] Orlowa, Vergangenheit, S. 218; Interview Sadomskaja. Siehe auch Bogoraz, S. 53; Alexeyeva, Thaw Generation, S. 46f.

[76] Interview Sadomskaja: „Wir waren Internationalisten. Deswegen waren wir unheimlich überrascht, als man uns sagte, dass wir jüdisches Blut hätten."

[77] Kaminskaja (russische Ausgabe), S. 35.

Von der Küche auf den Roten Platz

Eine wichtige Frage haben Sie mir noch nicht gestellt. […] Ich werde sie daher selbst stellen: Natürlich geht es um das Problem der Volkszugehörigkeit (*problema nacional'naja*): Was bedeutete für mich die Volkszugehörigkeit (*nacional'nost'*)? Was bedeutete es für mich, Jüdin zu sein?[78]

Es gebe da ein komisches (*smešnoj*) Moment in ihrem Leben. Bis zur Verhaftung des Vaters Iosif Bogoraz trug Larisa seinen Familiennamen. Nachdem er verhaftet worden war, manipulierte die Mutter Geburtsurkunde und Pass ihrer Tochter, so dass diese den Familiennamen ihrer Mutter Marija Bruchman bekam, damit sie nicht als dem „Volksfeind" zugehörig identifiziert werde. „Als dann der Antisemitismus entflammte, wusste man nicht, was schlimmer war, die Tochter eines Inhaftierten oder einer Jüdin zu sein." Vorläufig nannte sie sich wieder Bogoraz. „Das wirkte weniger jüdisch."[79] Heute wisse sie gar nicht, welches nun ihr eigentlicher Nachname sei. Nach der Geschichte ihrer mehrfachen Namensänderung folgt eine weitere Episode über antisemitische Ressentiments, die sie während des Krieges in der Evakuierung zu spüren bekommen hatte. Damit ist für Larisa Bogoraz die selbst gestellte Frage nach der Bedeutung ihrer jüdischen Herkunft für ihr Leben beantwortet. Der Zugang zum Judentum erschließt sich für sie allein über den Antisemitismus. Eine positive Erinnerung wird nicht damit verbunden. In ihren Memoiren erläutert sie, dass sie sich eher dem „russischen Volk" und den „russischen Traditionen" verbunden fühle. Daher habe sie sich Anfang der achtziger Jahre auch nach russisch-orthodoxem Ritus taufen lassen.[80]

Diese Verbundenheit mit der russischen Kultur wird in den Selbstzeugnissen jüdischer Menschenrechtlerinnen häufig erwähnt. Damit geht oft eine Distanzierung von der jüdischen Herkunft einher. Beispielsweise schreibt Raisa Orlova:

> Ich lebe in Russland, meine Sprache, meine Kultur, meine Literatur sind russisch. Und viele andere Kulturen der Welt, die französische, amerikanische, italienische und deutsche, stehen mir unvergleichlich

---

[78] Interview Bogoraz.
[79] Ebenda.
[80] Bogoraz, Une femme en dissidence, S. 197.

Erste Schritte in den Dissens: die Nachkriegszeit

näher als die mir unbekannte jüdische. Die Stimme des Blutes habe ich niemals vernommen."[81]

Dina Kaminskaja notiert nach ihrer Emigration in die USA, die antisemitische Kampagne habe sie zwar spüren lassen, dass sie Jüdin sei, aber „nun, da ich die Sowjetunion verlassen habe, bin ich erneut im Zweifel, wer ich bin. Meine Muttersprache – die einzige Sprache, die ich spreche – ist Russisch; meine Kultur ist russisch; die Geschichte, an die ich mich erinnere, ist die russische Geschichte."[82]

In der Auseinandersetzung mit dem Antisemitismus betonen zahlreiche Quellen, dass man zwar unter den staatlichen Maßnahmen gelitten und große Angst vor antisemitischen Ausschreitungen empfunden habe, aber den offiziellen Antisemitismus nicht aufgrund der eigenen Betroffenheit verurteile. Beklagenswert sei gewesen, dass nun, nach dem Bürgertum, den Gläubigen, den Kulaken und Krimtataren eine weitere Gruppe systematisch verfolgt wurde.[83] Man habe die Kampagne abgelehnt, weil sie allgemein „rassistisch" und gegen den propagierten „Internationalismus" und die Gleichberechtigung der Sowjetvölker gerichtet gewesen sei.[84] Zudem sei sie ein weiterer Schritt zur Vernichtung der *intelligencija* gewesen.[85] Raisa Orlova gibt sogar zu, sich – als Jüdin – selbst an der antisemitischen Agitation beteiligt zu haben, weil sie gegen „bürgerlichen Nationalismus" eingestellt gewesen sei.[86]

---

[81] Orlowa, Vergangenheit, S. 211. Siehe auch Gespräch E. und die Interviews Krachmal'nikova, Sokolova.

[82] Kaminskaja (deutsche Ausgabe), S. 31.

[83] Bogoraz, S. 60, Kaminskaja (russische Ausgabe), S. 34.

[84] Kaminskaja (deutsche Ausgabe), S. 31f.; Interview Sadomskaja.

[85] Kaminskaja (deutsche Ausgabe), S. 31f.

[86] Wiewohl sie selbst schon während des Krieges antisemitische Ressentiments ihrer russischen Landsleute zu spüren bekommen hatte und später als Jüdin ihre Dissertation nicht verteidigen durfte, hielt sie auf einer Institutsversammlung eine – wie sie betont, allgemein gehaltene und nicht gegen bestimmte Personen gerichtete – Rede gegen „bürgerlichen Nationalismus". Im Nachhinein seien tiefe Schuldgefühle aus dieser Aktion erwachsen. Sie vermochte auch zum Zeitpunkt der Niederschrift ihrer Memoiren nicht zu erklären, weshalb sie sich mit dieser Rede aktiv an der Kosmopolitenhatz beteiligt und „das Böse" (S. 213) verteidigt

Von der Küche auf den Roten Platz

Erstaunlicherweise geht keine Quelle darauf ein, dass die antisemitische Kampagne nur wenige Jahre nach dem Zweiten Weltkrieg losgetreten wurde, in dem 2,8 Millionen sowjetischer Juden von den Deutschen ermordet worden waren. Persönliche Erinnerungen an die Shoah fehlen in allen Erzählungen über die Kriegs- und Nachkriegszeit, selbst bei den Zeitzeuginnen, die aus den im Krieg besetzten Gebieten der Sowjetunion stammen.[87] Es ist wahrscheinlich, dass zumindest diese bei ihrer Rückkehr aus der Evakuierung mit dem Verlust von jüdischen Bekannten, Verwandten, Nachbarn oder Klassenkameraden konfrontiert wurden. Wie bereits erwähnt, verschwieg die offizielle Presse die Shoah weitgehend. Wenn, dann wurde die Ermordung der Juden in eine Reihe mit den übrigen Kriegsverbrechen der Deutschen gestellt. Es wurde betont, dass sich die deutschen Vernichtungsmaßnahmen stets gegen die *gesamte* sowjetische Bevölkerung gerichtet hätten, nicht aber speziell gegen die Juden. Somit hätten die Juden nicht mehr Leid zu beklagen als alle anderen Sowjetbürger auch[88] Die Erinnerungen der Dissidentinnen folgen dieser Konvention des Verschweigens und Verdrängens.[89] In einem Fall wird sogar explizit die offizielle Lesart wieder-

---

hatte, wiewohl sie die Intention der Kampagne durchschaute (S. 218). Orlowa, Vergangenheit, S. 210–219.

[87] Bogoraz wuchs bekanntlich in Char'kov auf und blieb dort bis Anfang der fünfziger Jahre. Die Kriegsjahre verbrachte sie in der Evakuierung an der Wolga. Sokolova kehrte aus der Evakuierung nach dem Krieg nach Kiew zurück. Die Familie Orlovas stammte ebenfalls aus Kiew. Kaminskaja war in Char'kov aufgewachsen und dann mit ihren Eltern nach Moskau gezogen, ebenso Krachmal'nikova.

[88] Es gab verschiedene Motive, die Ausmaße der Judenvernichtung herunterzuspielen: Zum einen wollte man die Beteiligung von Teilen der lokalen Bevölkerung daran verschweigen, möglicherweise auch unterlassene Hilfeleistungen seitens der Behörden wie zum Beispiel Evakuierungsmaßnahmen. Zum anderen zielten Kriegs- und Nachkriegspropaganda darauf ab, die Leiden des gesamten sowjetischen Volkes zu betonen. Eine besondere Hervorhebung der Opfer jüdischer Sowjetbürger hätte in den Augen der Führung die Leiden der übrigen Bevölkerung relativiert. Kuchenbecker, S. 199.

[89] Wenn über die Shoah überhaupt gesprochen wird, dann lediglich knapp und auf alle Fälle ohne persönliche Erinnerungen daran. Bogoraz, S. 38f.; Interviews Sokolova, Verblovskaja.

Erste Schritte in den Dissens: die Nachkriegszeit

gegeben, nach der sich die Vernichtung der Juden qualitativ nicht von den übrigen Kriegsverbrechen unterscheide.[90]

In meiner Zielgruppe stammten viele Jüdinnen und Juden aus assimilierten Familien und verspürten eine starke Verbundenheit mit der sowjetischen beziehungsweise der russischen Kultur. Der staatliche Antisemitismus versperrte ihnen aber die Möglichkeit, in der sowjetischen Gesellschaft aufzugehen. Sie wurden wider Willen zu Außenseitern. Dieser Umstand mag mit dazu beigetragen haben, dass für einige von ihnen der Weg in die Opposition ein naheliegender war. Die antisemitische Kampagne nimmt in den Erinnerungen an die spätstalinistische Zeit einen wichtigen Platz ein. Auf der Erlebnisebene fungiert sie als Schlüsselerlebnis, das die Abkehr vom System einleitete oder beschleunigte. Auf der Erzählebene bleibt dieses Erlebnis aber seltsam unbearbeitet. Die eigene Diskriminierungserfahrung wird heruntergespielt oder relativiert. In Bezug auf die Shoah wird die offizielle Lesart reproduziert. Eine Zugehörigkeit zum Judentum definiert sich ausschließlich als Fremdzuweisung, über den Passeintrag und den Antisemitismus. Welche Rolle ihre jüdischen Wurzeln sowie ihre Erfahrung des Antisemitismus für die Persönlichkeit und Identität der Dissidentinnen spielten, entzieht sich unserer Betrachtung. Die Zeitzeuginnen scheinen weder über die Sprache noch die Kategorien zu verfügen, diese Frage zu beantworten.

In den Reflexionen über die jüdische Herkunft unterscheiden sich die Erinnerungen der jüdischen Bürger- und Menschenrechtlerinnen von denen der Jüdinnen und Juden, die sich ab der zweiten Hälfte der sechziger Jahre vorrangig in der jüdischen Pro-Emigrationsbewegung engagierten.[91] Diese

---

[90] So schreibt Raisa Orlova, für sie seien „die Öfen von Auschwitz, die Morde in Babij Jar, in Lidice, in Oradour – alles, was die Hitlerleute den Juden und den Ukrainern, Polen, Franzosen, Russen angetan haben", *in gleichem Maße* verabscheuenswürdige Verbrechen. Orlowa, Vergangenheit, S. 211, Hervorhebung von mir.

[91] Die jüdische Pro-Emigrationsbewegung begann sich nach dem Sechstagekrieg von 1967 zu formieren, der zum Abbruch der diplomatischen Beziehungen mit Israel führte und von einer antisemitisch gefärbten Pressekampagne begleitet wurde. Die *Samizdat*-Organe der jüdischen Bewegung, beispielsweise *Ischod* („Exodus") oder *Evrei v SSSR* („Juden in der UdSSR"), beschäftigten sich mit jüdischem Leben und jüdischer Identität in der Sowjetunion und widmeten sich

sogenannten *otkazniki* – Juden, die nach Israel auswandern wollten, denen die Ausreise jedoch verweigert wurde –, bezeichnen den Antisemitismus als Schlüsselerlebnis für das Zugehörigkeitsgefühl zum jüdischen Volk. Die jüdische Herkunft wird somit zum zentralen Moment der politischen Biographie. Die Entdeckung der jüdischen Kultur und Geschichte, die Aufklärung über die Shoah und die Diskriminierung von Juden in der Sowjetunion werden essentielle Bestandteile der jüdischen Bewegung. An den Erinnerungen der Menschenrechtlerinnen wird deutlich, wie sehr sich die Bürger- und Menschenrechtsbewegung, in Abgrenzung von den jüdischen Emigrationswilligen, als „russische" Bewegung definierte. Zentraler Bezugspunkt in den Lebensgeschichten ist die Tradition der russischen *intelligencija*, in die sich die Zeitzeuginnen einschreiben. Ferner ist die Verarbeitung des Antisemitismus ein weiteres Beispiel dafür, dass bestimmte Erlebnis-, Erinnerungs- und Erzähleben in den autobiographischen Texten der Dissidentinnen von einem offiziellen sowjetischen Diskurs geprägt sind. Nur wird dieser offizielle Diskurs im Laufe der Erinnerung und bei der Erzählung der Lebensgeschichte transformiert und vor dem Hintergrund einer späteren Weltsicht und Identität – der einer „russischen" Intelligenzlerin – umgedeutet.

3.2 Kritik an einzelnen Maßnahmen – Festhalten am System

Es wurden von den Zeitzeuginnen sowohl einzelne Maßnahmen als auch ideologische Dogmen als verbrecherisch, fragwürdig oder lächerlich dargestellt. In vielen Fällen endete das Engagement für den Kommunismus mit einem Rückzug aus den offiziellen politischen Organisationen. In den

---

tabuisierten Bereichen jüdischer Geschichte und Gegenwart. Zu den zentralen Forderungen gehörten sowohl das Recht auf Ausreise als auch die Anerkennung der jüdischen Kultur. Staat und offizielle Medien wurden dafür kritisiert, dass sie die Leiden der jüdischen Bevölkerung im Zweiten Weltkrieg verschwiegen. Zur jüdischen Emigrationsbewegung: Kerstin Armborst: Ablösung von der Sowjetunion: Die Emigrationsbewegung der Juden und Deutschen vor 1987, Münster 2001 [Arbeiten zur Geschichte Osteuropas, Bd. 10]; Daniela Bland-Spitz: Die Juden und die jüdische Opposition in der Sowjetunion 1967–1977, Diessenhofen 1980. Siehe auch Kapitel 6.1.

Erste Schritte in den Dissens: die Nachkriegszeit

Lebensgeschichten tauchen stattdessen Episoden von ersten Protesthandlungen oder Akten der Zivilcourage auf, etwa in der Geschichte Velikanovas die laute Empörung der Schulklasse anlässlich der Kampagne gegen „Kriecherei vor dem Westen".[92] Ljudmila Alekseeva und Natal'ja Sadomskaja schildern, wie sie bei Komsomol-Versammlungen Kommilitoninnen, die ausgeschlossen werden sollten, in Schutz nahmen.[93]

Wenn einerseits das politische Engagement und die bedingungslose Unterstützung der Partei ein Ende fanden, beteuern die meisten späteren Dissidentinnen andererseits, in den späten vierziger und frühen fünfziger Jahren noch an das System an sich geglaubt zu haben. Weder der Sozialismus als Gesellschaftsentwurf noch seine sowjetische Spielart wurden in Frage gestellt.[94] In den meisten Fällen ging man davon aus, dass das System im Kern gesund sei und die Probleme lediglich auf einzelne Verfehlungen zurückgingen. So erzählt Tat'jana Velikanova:

> Ich zweifelte nicht am System. Es gab sicher [...] viele Unsinnigkeiten (*mnogo neleposteij*), Dummheiten (*glupostej*) und Lügen (*lži i vranja*). Aber dass dies direkte Folgen des sozialistischen Systems waren, auf diesen Gedanken kam ich noch lange Zeit nicht [...] Es waren Fehler, die im einen oder anderen konkreten Fall passierten. Das heißt, man musste diese Fehler beheben, und nicht das verändern, was im Kern angelegt war.[95]

Wenn sich nur einzelne Fehler in das System einschlichen, dann fragt man sich, welcher Natur sie waren und wie sie in den Augen der Zeitzeuginnen

---

[92] Siehe Kapitel 2.3, den Abschnitt: „Indoktrinierung, Anpassungsdruck und Kollektivdenken".

[93] Alexeyeva, Thaw Generation, S. 43–47. Alekseeva schildert hier, wie sie auf einer Komsomol-Versammlung eine jüdische Studentin verteidigte, die wegen einer unbedachten Äußerung ausgeschlossen werden sollte. Sie habe sich dafür eingesetzt, anstelle des Ausschlusses eine Rüge zu erteilen. Dafür habe sie selbst einen Ausschluss riskiert, sei aber mit einer Rüge davon gekommen. Siehe auch Interview Sadomskaja.

[94] Alexeyeva, Thaw Generation, S. 33, 48 und 56; Orlowa, Vergangenheit, S. 154; Gespräch E.; Interviews Kudrova, Landa, Sadomskaja, Velikanova, Verblovkskaja. Siehe auch die Ausführungen zur Biographie Bogoraz' in 3.1.

[95] Interview Velikanova.

behoben werden konnten. Darüber wird in den Selbstzeugnissen häufig reflektiert. Das vorläufige Ergebnis ihrer Reflexionen präsentiert Ljudmila Alekseeva:

> Was mich betraf, so war das sowjetische System in meinen Augen gesund, der Marxismus-Leninismus war die fortschrittlichste Ideologie der Welt, und alle Probleme Russlands konnten zurückgeführt werden auf die große Anzahl von ‚Karrieristen' die sich der Kommunistischen Partei für ihren persönlichen Vorteil angeschlossen hatten.[96]

Dieses Erklärungsmuster ist charakteristisch. Es wurde weniger die Frage gestellt, welches die Fehler im System waren, sondern eher, welche Personen für die Probleme verantwortlich waren. Die Gedanken kreisen um die Frage: „Wer ist schuld?"

„Wer ist schuld?" (Kto vinovat?)

Wie im Falle Alekseevas lag meist eine einfache Erklärung auf der Hand: Die Kommunistische Partei hatte zu viele unredliche Menschen aufgenommen, die sich nicht vom Gemeinwohl, sondern ausschließlich von ihren persönlichen Vorteilen leiten ließen. Gemäß dieser Interpretation bedienten sich jene „Karrieristen"[97] der Hetzkampagnen, um ihren eigenen Aufstieg voranzutreiben und auf dem Weg nach oben Konkurrenz loszuwerden. Die Zeitzeuginnen glauben, dass so die fähigsten Köpfe des Landes eliminiert und durch loyale, aber häufig unfähige oder unlautere „Parteisoldaten" ersetzt worden seien. Beispielsweise hätten Ende der vierziger Jahre an der Universität viele hochgebildete und talentierte jüdische oder politisch unliebsame Wissenschaftler ihren Platz auf Betreiben der Kollegen räumen müssen. Übrig geblieben sei das linientreue Mittelmaß.[98] Diese Entwicklung

---

[96] Alexeyeva, Thaw Generation, S. 38.

[97] Diese Formulierung taucht auf in den Zeugnissen von Alekseeva, Kudrova, Krachmal'nikova, Orlova, Sadomskaja, Velikanova, Verblovskaja.

[98] Siehe Interview Verblovskaja, die sehr, sehr viele solche Fälle schildert. Beispielsweise erzählt sie eindrücklich über einen Geschichtsdozenten mit Namen Urodkov – laut Verblovskaja schon ein bezeichnender Name (*urod* bedeutet Missgeburt, A.S). Dieser Urodkov habe sich während seiner ganzen Karriere aus-

Erste Schritte in den Dissens: die Nachkriegszeit

hat in den Augen der Zeitzeuginnen aber nicht erst nach dem Krieg eingesetzt, sondern hänge mit der sukzessiven Vernichtung der alten Intelligenz und dem Aufstieg einer „neuen Klasse" (Đilas)[99] zusammen. Über den Elitewechsel und die sozialen Veränderungen in der Machtstruktur der Sowjetunion finden sich in einigen Selbstzeugnissen historische Abhandlungen, die zusammengefasst folgendes Bild ergeben[100]:
Nach der Oktoberrevolution sei eine große Zahl von Vertretern der vorrevolutionären *intelligencija*, Aristokraten oder nicht-adelige Intellektuelle (*raznočyncy*), von ihren Posten in Verwaltung und Wirtschaft entbunden und durch Revolutionäre, Bürgerkriegsteilnehmer und Anhänger der Bolschewiki ersetzt worden. Auf diese Weise seien auch die Eltern der Zeitzeuginnen zu Rang und Würden gekommen. Durch die stalinistischen „Säuberungen" der dreißiger Jahre sei diese aus der Bürgerkriegsgeneration herangewachsene Führungsschicht nun ihrerseits politisch verfolgt worden. Eine neue Elite habe sich gebildet, die *vydvižency*, die „Beförderten".[101]

schließlich mit der Geschichte der Eisenbahn beschäftigt, über die Eisenbahn promoviert, Vorlesungen zur Eisenbahn gehalten, zahlreiche Veröffentlichungen über die Eisenbahn geschrieben. In keinem anderen historischen Gebiet habe er sich ausgekannt, nur bei der Eisenbahn. Und dieser Mensch sei im Zuge der antisemitischen Kampagne Professor geworden! Zum Zusammenhang zwischen dem „Karrierismus" und den „Säuberungen" siehe auch Alexeyeva, Thaw Generation, S. 27–66; Kaminskaja, S. 35; Orlowa, Vergangenheit; S. 154. Interviews Kudrova, Sadomskaja.

[99] Der jugoslawische ehemalige antifaschistische Widerstandskämpfer Parteifunktionär Milovan Đilas (1911–1995) veröffentlichte 1957 in New York seine politische Schrift : Nova klasa. Kritika saremog komunizma, (deutsche Ausgabe: Milovan Djilas: Die neue Klasse. Eine Analyse des kommunistischen Systems, München 1957). Darin bezeichnet er die Parteibürokratie als „neue Klasse", die das Machtmonopol innehabe und über sämtliche Produktionsmittel verfüge. Das Buch gelangte in den späten fünfziger und frühen sechziger Jahren in den sowjetischen *Samizdat* und rief in der sich formierenden oppositionellen Szene große Resonanz hervor.

[100] So zum Beispiel bei Alexeyeva, Thaw Generation, S. 31–33; Kaminskaja (deutsche Ausgabe), S. 15–19; Interviews Krachmal'nikova, Sadomskaja, Sokolova, Verblovskaja.

[101] Zur Klasse der *vydvižency*: Sheila Fitzpatrick: Stalin and the Making of a New Elite. 1928–1939, in: Slavic Review 38 (1979), S. 377–402, hier S. 398–401;

Von der Küche auf den Roten Platz

Diese habe sich zumeist aus der Klasse der Arbeiter und Bauern rekrutiert. Ungeachtet ihrer oft ungenügenden Ausbildung, laut Kaminskaja waren viele „nahezu Analphabeten"[102], seien sie auf führende Posten gehievt worden, um die Herrschaft der Arbeiterklasse zu festigen und zugleich die Kontrolle der Partei über den jeweiligen Berufsstand auszuüben. Mit der Vernichtung der gebildeten Schichten und dem Aufstieg dieser als „Bauerntölpel" charakterisierten Männer sei der moralische Niedergang des Landes verbunden. Es habe das „Lumpenproletariat"[103] regiert, das den Staat ruiniert und die im Kern gute Idee des Kommunismus verraten habe.

So ließen sich denn alle Nöte, alle Störungen und Mängel damit erklären, dass unsere richtige, hochedle Idee von den falschen Leuten verwirklicht wird. Aber freilich, wie Stalin gesagt hatte: Die Kader entscheiden alles. Und es würde genügen, ehrliche, bestens gerüstete, arbeitsfreudige Menschen an die Stelle der Tölpel, Opportunisten und Ignoranten zu setzen, und hoppla! das gute Leben wäre da.[104]

In den Erzählungen über die Nachkriegszeit begegnet man einer neuen Schicht von Parvenüs, die drohte, Partei und Idee des Kommunismus zu zersetzen: Es handelte sich um junge Kriegsheimkehrer, die *frontoviki*. Diese werden zumeist im Zusammenhang mit „Säuberungsmaßnahmen" genannt, derer sie sich in der Wahrnehmung der Zeitgenossinnen zum Vorantreiben der eigenen Karriere bedienten.[105] Wer waren diese *frontoviki*?

Junge Kriegsheimkehrer sind uns in einigen Lebensgeschichten bereits begegnet. Sie erschienen in positivem Lichte, denn einige unter ihnen, wie

---

Schröder, Arbeiterschaft, Wirtschaftsführung und Parteibürokratie; ders.: Industrialisierung und Parteibürokratie. Ein sozialgeschichtlicher Versuch über die Anfangsphase des Stalinismus (1928–1934), Berlin 1988 [Forschungen zur Osteuropäischen Geschichte, Bd. 41], S. 265–279; ders.: Upward Social Mobility and Mass Repression: Communist Party and Soviet Society in: Nick Lampert/Gábor Rittersporn (Hrsg.): Stalinism: its Nature and Aftermath. Essays in Honour of Moshe Lewin, New York 1992, S. 157–183.

[102] Kaminskaja (deutsche Ausgabe), S. 15.
[103] Interview Sadomskaja.
[104] Orlowa, Vergangenheit, S. 154.
[105] Quellen hierfür sind: Alexeyeva, Thaw Generation, S. 29–33, S. 43–45, S. 56–59; Interviews Kudrova, Sadomskaja, Velikanova, Verblovskaja.

Erste Schritte in den Dissens: die Nachkriegszeit

Julij Daniėl', hatten durch ihre Fronterfahrung und den Einmarsch im Westen manche Illusion über das bestehende System verloren. Demgegenüber zeichnen andere Quellen ein konträres Bild von den jungen Kriegsveteranen. Ein Beispiel dafür sind die Erinnerungen Ljudmila Alekseevas. Wie sie erzählt, immatrikulierte sie sich direkt nach dem Krieg an der Staatlichen Universität Moskau im Fach Geschichte.[106] Unter den vierhundert Erstsemestern befanden sich lediglich vierzehn Männer. Von ihren ehemaligen Schulkameraden waren die meisten gefallen. Die Männer, die lebend aus dem Krieg zurückkehrten, waren oft Invaliden. Einer ihrer Kommilitonen hatte ein verbranntes, vernarbtes Gesicht, ein anderer trug eine Augenbinde, ein dritter einen Handschuh, um die Amputationsnarbe zu verstecken. „Wenn man sie alle zusammenfügt, dann bekommt man zehn ganze Exemplare"[107], spottete eine Freundin Alekseevas über die vierzehn Kommilitonen. Sie waren nicht gerade Traumpartien für junge Frauen. Mit der voranschreitenden Demobilisierung wurde die Zahl der männlichen Studenten an der Fakultät nach und nach aufgestockt. Während die Mädchen schwierige Aufnahmeprüfungen bestehen mussten – die Quote betrug laut Alekseeva 1:14! –, wurden *frontoviki* ohne Test aufgenommen. Im Studium genossen sie Förderung in jeglicher Hinsicht, im Komsomol hatten sie die besten Aufstiegschancen. Dagegen wurden junge Frauen, wie Alekseeva betont, systematisch von der Universität und aus Leitungspositionen beim Komsomol verdrängt. So musste auch sie auf Druck der Komsomol-Leitung ihren Posten als *komsorg* zugunsten eines *frontovik* räumen.[108] Um zu reüssieren, mussten die jungen Veteranen weder besonders intelligent noch besonders wissbegierig sein. In der Wahrnehmung Alekseevas studierten an ihrer Fakultät vor allem Karrieristen, „Jungen vom Land, die im Militär Komsomol- und Parteifunktionäre geworden waren"[109]. Sie seien ungebildet gewesen, noch nicht einmal fähig, einen Liebesbrief in korrektem Russisch

---

[106] Für die folgende Schilderung Alexeyeva, Thaw Generation, S. 29–33, S. 43–45, S. 56–59.
[107] Alexeyeva, Thaw Generation, S. 29.
[108] Ebenda, S. 30.
[109] Ebenda.

Von der Küche auf den Roten Platz

zu verfassen.[110] Dafür habe sie der Ehrgeiz und der Willen zu sozialem Aufstieg getrieben:

> Im Krieg hatten sie den Geschmack der Macht kennen gelernt [...] Die meisten von ihnen strebten dieselbe Karriereleiter an: einen Abschluss in der Geschichte der Sowjetunion oder der Kommunistischen Partei, dann eine Funktion irgendwo im Parteiapparat. Sie hatten kein Interesse an Geschichte; sie hatten keine brennenden Fragen. [...] Sie studierten, um Bosse zu werden.[111]

Für den schnellen Aufstieg mussten die frontoviki die universitäre Partei- und Komsomol-Leitung auf sich aufmerksam machen. Dazu hätten sie ihre Kommilitonen denunziert oder *personal'nye dela* gegen sie inszeniert. Besonders die „Antikosmopolitismuskampagne" sei ein willkommener Anlass zur Profilierung gewesen. „Frontoviki waren keine guten Kommunisten, dessen war ich mir sicher. Sie benutzten die Partei für ihren persönlichen Vorteil"[112], schließt Alekseeva.

Der *frontovik* als tölpelhafter Bauernjunge, der, heimgekehrt aus dem Krieg, nach Macht strebt und, obwohl invalide und ungebildet, in die Bildungsinstitutionen eindringt, über alle Maßen gefördert wird und durch Denunziation seine Karriere in die Wege leitet, taucht in mehreren Lebensgeschichten auf.[113] Er wird verantwortlich gemacht für eine vergiftete Atmosphäre an der Universität und wirkt als Prototyp einer verkommenen Moral, die ein intaktes Gesellschaftssystem in den Untergang treibt. Weshalb werden in den Augen der Zeitzeuginnen gerade die jungen Kriegsheimkehrer zu Sündenböcken für soziale Missstände gemacht? Anhand des Beispiels Alekseevas wird erneut ersichtlich, wie Individuen Diskurse und kulturelle Deutungsmuster verarbeiten, indem sie sich diese individuell aneignen, mit dem persönlichen Erlebnishorizont in Verbindung bringen und umdeuten:

---

[110] Alekseeva nennt sogar Beispiele für die sprachlichen Verfehlungen: So habe ihr ein *frontovik* geschrieben, mit ihrer neuen Frisur sehe sie „noch schöner" aus als vorher. Statt des hochsprachlichen *krasivee*, habe er das volkstümliche *krasaviše* verwendet, Alexeyeva, Thaw Generation, S. 31.
[111] Ebenda, S. 30.
[112] Ebenda, S. 56.
[113] Interviews Kudrova, Sadomskaja, Verblovskaja, Velikanova.

Erste Schritte in den Dissens: die Nachkriegszeit

Zu Beginn handelt Alekseevas Erzählsequenz weder von der politischen Rolle der *frontoviki* noch der Frage, „wer schuld" sei. Zunächst berichtet sie lediglich von den Umständen, unter denen die jungen Kriegsheimkehrer in die Universität aufgenommen wurden. Es geht um das Problem der Re-Integration der Veteranen ins zivile Leben. Bei Kriegsende dienten elf Millionen Soldaten in der Roten Armee, von denen bis 1948 über achteinhalb Millionen demobilisiert wurden.[114] Die soziale und ökonomische Wiedereingliederung in die Gesellschaft war schwierig. Die Wirtschaft lag am Boden. Viele Männer kehrten verkrüppelt oder traumatisiert zurück. Insbesondere die jüngsten Rekruten der Jahrgänge 1923 bis 1927 hatten außer dem Kriegshandwerk keinen Beruf erlernt, weil sie unmittelbar nach der Schule eingezogen worden waren. Daher wurden diese Veteranen besonders gefördert oder bekamen einen höheren Sozialstatus zuerkannt, was zu erheblichen sozialen Spannungen führte.[115]

Alekseeva gibt ihre Frustration darüber preis, dass aus ihrem Jahrgang die meisten Männer entweder gar nicht oder nur schwer verwundet aus dem Krieg heimkehrten. Gerade die jüngsten Jahrgänge unter den Soldaten der Roten Armee verzeichneten die höchsten Verluste und Verwundungen.[116] Für Alekseeva und ihre Altersgenossinnen war dies ein gravierendes Problem. Durch den hohen Frauenüberschuss in der Nachkriegszeit sahen viele Mädchen keine Perspektive, jemals einen Partner zu finden und eine Familie zu gründen.[117] Aus Sorge, keinen Mann mehr abzubekommen, stürzte sich Alekseeva mit neunzehn in eine unglückliche Ehe mit einem um etliche Jahre älteren Ingenieur, den sie nicht liebte, der aber zu ihrer Erleichterung

---

[114] Zubkova, S. 22f.

[115] Ebenda, S. 25.

[116] Die hohen Verluste gerade unter den jüngsten Rekruten hingen damit zusammen, dass gegen Kriegsende die Ausbildung der Soldaten immer kürzer und auch immer laxer wurde. Zubkova, S. 23.

[117] Unter den 26,6 Millionen Kriegstoten waren 20 Millionen Männer. 1946 kamen in der Gesamtbevölkerung 96,2 Millionen Frauen auf nur 74,4 Millionen Männer. Besonders drastisch war die Differenz in der Altersgruppe der Frontsoldaten, der 20- bis 44-Jährigen. Hier standen 37,6 Millionen Frauen 24,8 Millionen Männer gegenüber. Das heißt die Quote betrug etwa 2:3, wobei sie unter den Jahrgängen 1923 bis 1927 noch niedriger war. Zahlen nach Zubkova, S. 20–23; siehe auch Attwood, Creating the New Soviet Woman, S. 161.

gut aussah, nicht verkrüppelt war und zudem korrektes Russisch sprach.[118] Die Beziehung ging nach dem zweiten Kind in die Brüche. „Hätte es keinen Krieg gegeben und hätten mehr Männer zur Auswahl gestanden, hätte ich [seinen Heiratsantrag, A.S.] nicht angenommen. Aber die Realität musste berücksichtigt werden."[119] Es ist denkbar, dass Alekseeva an der Figur des *frontovik* nicht nur ihre politische, sondern auch ihre persönliche Enttäuschung über die gescheiterte Ehe abarbeitete. Der Männermangel nach dem Krieg war ein soziales Problem, das jede Frau individuell bewältigen musste. In den Erinnerungen Alekseevas verbindet sich die Geschichte ihrer Ehe mit den Reflexionen über die politischen Verhältnisse und der Formierung ihrer dissidentischen Weltsicht. Der *frontovik* veranlasst sie im Rückblick zu grundlegender gesellschaftlicher Analyse.

In der Darstellung des Veteranen scheint ein Prototyp durch, in dem sich verschiedene stereotype Vorstellungen und Diskurse überlagern: Allein schon die Charakterisierung der Aufsteiger als ungebildete Bauernjungen ruft den Gegensatz zwischen Stadt und Land, Intelligenz und Volk, Rückschritt und Fortschritt in Erinnerung, der im Bewusstsein der russischen *intelligencija* bis heute eine große Rolle spielt.

Besondere Aufmerksamkeit verdienen an dieser Stelle die Abhandlungen über die Probleme des Sowjetsystems, die in den Lebenserinnerungen mit der politischen Rolle der *frontoviki* verknüpft werden: Wie gezeigt, konstatierten die Zeitgenossinnen, dass die Vernichtung der alten Eliten den Aufstieg einer neuen Führungsschicht von „Karrieristen" ermöglichte, die sich aus der Klasse der Arbeiter und Bauern rekrutierte, zu denen in ihren Augen auch die *frontoviki* zählten. Dieser beschriebene Elitewechsel ist mittlerweile gut erforscht.[120] Seit Ende der zwanziger Jahre wurde der Aufstieg (*vydviženie*) junger Leute von der Parteibasis vorangetrieben. Flankierend begannen erste „Säuberungen". Damit sollte der Einfluss oppositioneller und „bürgerlicher" Spezialisten zurückgedrängt und die Verwaltung effizienter werden. Durch ein Rotationssystem in den Apparaten

---

[118] Alexeyeva, Thaw Generation, S. 36.

[119] Ebenda, S. 37.

[120] Fitzpatrick, Stalin and the Making of a New Elite; Schröder, Industrialisierung und Parteibürokratie, S. 265–279; ders: Upward Social Mobility, S. 157–183. Zur Nachkriegszeit James E. Duskin: Stalinist Reconstruction and the Confirmation of a New Elite 1945–1953, Basingstoke u.a. 2001.

Erste Schritte in den Dissens: die Nachkriegszeit

gelangten die *vydvižency* verhältnismäßig schnell in hohe Positionen, für die sie nur unzureichend qualifiziert waren. Mit dem ersten Fünfjahresplan (1929–1932) wurde die Ausbildung neuer Kader vorangetrieben. Der große „Terror" der dreißiger Jahre festigte ihre Stellung in Partei, Verwaltung und Wirtschaft. Beispiele für den rasanten sozialen Aufstieg dieser neuen Klasse sind sowohl Chruščev als auch Brežnev sowie zahlreiche weitere einflussreiche Politiker ihrer Generation.

Die Wahrnehmung der Zeitzeuginnen entspricht also weitgehend den zugrunde liegenden sozialen Fakten. Ihre Problemanalyse wird allerdings verkürzt auf die Frage „Wer ist schuld?" (*Kto vinovat?*), die in Russland (Diskurs-)Tradition hat. *Kto vinovat?* lautete bereits der Titel des 1846 erschienenen Gesellschaftsromans Aleksandr Gercens (Herzens), der darin passive antriebslose Adelige als Symptom der verkommenen zaristischen Gesellschaft beschreibt und mit dieser Darstellung ein Vorbild der „Anklageliteratur" schuf.[121] Die Suche nach Schuldigen erinnert ferner an Argumentationsmuster, die im Zuge der „Säuberungskampagnen" in den dreißiger Jahren anzutreffen waren: „Spione" und „Saboteure" wurden dafür verantwortlich gemacht, dass sich trotz der gigantischen Aufbauleistungen und Industrieprojekte die Lebensverhältnisse im Sowjetstaat nicht verbesserten. Ebenso wie im Diskurs der dreißiger Jahre fragen sich die kritischen Zeitzeuginnen der Nachkriegsgesellschaft im Rückblick weniger, wo die *strukturellen* Ursachen für bestehende Probleme lagen, sondern sie suchen nach verantwortlichen *Personen*. Nach Auffassung der russischen Historikerin Elena Zubkova war dieser Denkstil sowohl in den dreißiger Jahren als auch im Spätstalinismus weit verbreitet. Aufgrund der wenig ausgebildeten Fähigkeit, systemimmanente Probleme zu analysieren, habe es selbst in den Bevölkerungsschichten, die auf Reformen innerhalb des Systems hofften, an konstruktiven Verbesserungsvorschlägen für Wirtschaft und Gesellschaft gemangelt.[122] Die Frage „Woran liegt's?" (*Čto mešaet?*) sei den Menschen fremd gewesen, „Wer ist schuld?" hingegen vertraut. Erstere Frage wäre nach Auffassung Zubkovas nötig gewesen, um Reformansätze zu entwickeln, denn „dies war eine Frage, die Reflexion verlangte, ein Problem, das

---

[121] So beispielsweise Ivan Gončarovs *Oblomov*, erschienen 1859, und Turgenevs *Dvorjanskoe gnezdo* (Das Adelsnest), ebenfalls 1859.

[122] Zubkova, S. 144f.

Von der Küche auf den Roten Platz

nicht einfach gelöst werden konnte, indem man schlechtes Personal durch gutes ersetzte und schlechte Führungskräfte durch gute austauschte. Hier gab es eine Idee, die außerhalb des gewohnten Diskurskontextes stand."[123] Dieser „gewohnte Diskurskontext" bestand darin, herrschende Probleme an einer bestimmten Personengruppe festzumachen, in diesem Fall an den „Karrieristen".

„Karrieristen" für soziale Missstände verantwortlich zu machen, ist nicht nur in den Zeugnissen über die späte Stalinzeit, sondern auch im „Tauwetter" ein verbreitetes Motiv: So wird nach 1953 die Macht der „geistlosen Bürokraten" in literarischen Werken kritisiert, allen voran im 1956 erschienenem Roman Vladimir Dudincevs (1918–1998) *Der Mensch lebt nicht von Brot allein*[124]. Aufschlussreich sind neben den Dissidentinnen auch die Memoiren des Menschenrechtlers und früheren Generals Petr Grigorenko. Grigorenko zitiert in seinen Erinnerungen ans „Tauwetter" eine Rede, die er 1961 auf einer Parteiversammlung hielt. Darin bezeichnete er „Karrierismus", „Prinzipienlosigkeit" und „Amoralität" innerhalb der KP als das zentrale gesellschaftliche Problem. Möglichkeiten zur Reform sah er in der Wiederherstellung von Geist und Moral und im Kampf um die „Reinheit" der Partei.[125] Ferner wird in den Erinnerungen von Dissidentinnen und Dissidenten mit den Abhandlungen über „Aufsteigertypen" der Konflikt „Geist vs. Macht" vorweggenommen, der die späteren Auseinandersetzungen der oppositionellen *intelligencija* mit der Staatsgewalt prägt.

---

[123] Ebenda, S. 144. Als Beispiel nennt Zubkova eine Umfrage, die 1950 in einer Brotfabrik durchgeführt wurde. Die Mitarbeiterinnen und Mitarbeitern wurden gefragt, welche Faktoren ihre eigene Arbeit und die Arbeitsabläufe in der Fabrik behindern (*Čto mešaet?*). Die Befragten hätte auf diese Frage nichts zu antworten vermocht, weil ihnen eine solche Fragestellung fremd gewesen sei.

[124] „Der Mensch lebt nicht von Brot allein *(Ne chlebom edinym*) erschien im Herbst 1956 in der *Novyj Mir*. Die Handlung des Romans spielt in der Stalinzeit. Es geht um einen klugen Erfinder, der gegen die Macht der Vorgesetzten und der mittelmäßigen Bürokratie ankämpft, bis man sich seiner durch Verleumdung entledigt. Zentrales Thema ist die Diskrepanz zwischen der isolierten Schicht der Herrschenden und der Bevölkerung. Siehe auch Kapitel 4.2.

[125] Grigorenko, S. 308f. Mit seiner Kritik ging der General offensichtlich zu weit. Er erhielt eine „strenge Verwarnung", bekam das Mandat als Deputierter entzogen, wurde degradiert und von seiner Stelle an der Militärakademie in den Fernen Osten versetzt.

Erste Schritte in den Dissens: die Nachkriegszeit

Es soll hier nicht bestritten werden, dass es Aufsteiger gab, die zum persönlichen Vorteil denunzierten und „säuberten". Möglicherweise fanden sich solche unter den *frontoviki* besonders häufig. Vielleicht war diese Gruppe aufgrund des jahrelang im Krieg befolgten Prinzips von Befehl und Gehorsam besonders disponiert, für politische Zwecke instrumentalisiert zu werden. Unter Umständen bot das Engagement im Dienste der Partei den jungen Kriegsheimkehrern, die nach Jahren im Feld ihren Platz in der Nachkriegsgesellschaft suchten, die Chance zur Selbstbehauptung und sozialen Anerkennung. Die Wahrnehmung der *frontoviki* durch die Zeitgenossinnen ist aber sicher nicht allein von deren Verhalten geprägt, sondern sie korreliert mit einem „Wer ist schuld?"-Diskurs, der einen in der russisch-sowjetischen Kultur verankerten Denkstil widerspiegelt.

Gleichzeitig ist die Wahrnehmung der *frontoviki* beeinflusst durch die individuelle und kollektive Erfahrung junger Frauen in der Nachkriegszeit. Bezeichnenderweise bildet das genuin weibliche Problem, aufgrund des Frauenüberschusses keinen Partner zu finden, in Lebensgeschichten keinen eigenen Erzählstrang. Wiederum zeigt sich, dass es offenbar die Identität als Dissidentin verbietet, „unpolitischen" Erlebnissen und Erinnerungen in der Erzählung Raum zu geben. Frustrationserfahrungen wie die schwierige Partnersuche nach dem Krieg oder die Verdrängung der Frauen aus gesellschaftlichen Positionen werden aufgearbeitet, indem sie in der Lebensgeschichte mit gesellschaftlicher Analyse verbunden und in die oppositionelle Biographie eingefügt werden. Besonders Alekseevas Darstellung spricht erneut für die „Subversivität" im Umgang mit der Gattungskonvention, die sich bisweilen in den weiblichen Lebensgeschichten findet und die im Zusammenhang mit den Erinnerungen Larisa Bogoraz' schon angeklungen war. Vordergründig fügt sich Ljudmila Alekseeva in die Diskurstradition der oppositionellen Autobiographie ein. Die Leitlinie des Erzählens bildet die Entwicklung ihres sozialen und politischen Gewissens. Hintergründig wird diese Struktur dazu benutzt, Erinnerungen aus dem Privatleben zu benennen, die in der autobiographischen Tradition, in die sich die Autorin stellt, keinen Platz haben.

Von der Küche auf den Roten Platz

„Was tun?" (Čto delat'?)[126]

Ljudmila Alekseeva sah nach eigenen Angaben als Weg aus ihrer politischen Enttäuschung in der Nachkriegszeit zwei Optionen: Entweder musste sie sich dem Zugriff der Partei so weit wie möglich entziehen oder aktives Mitglied werden und sich für innere Reformen einsetzen. Letzteres bot in ihren Augen die Möglichkeit, die „skrupellosen Karrieristen" eines Tages durch „aufrechten Kommunisten zu ersetzen" und die Partei zu den Prinzipien des Marxismus-Leninismus zurückzuführen. Vorerst entschied sie sich wie viele ihrer späteren Mitstreiterinnen für den ersten Weg: Beim Komsomol übernahm sie keine verantwortlichen Aufgaben mehr. Nach dem ersten Studienjahr wählte sie als Schwerpunkt Archäologie, als „apolitischstes"[127] Fach, das an der Historischen Fakultät angeboten wurde. Ihren brennenden Fragen an die Geschichte ging sie nun in ihrer Freizeit nach, in der sie sämtliche Bibliotheken der Stadt aufsuchte, um im Selbststudium die „wahre" russische und sowjetische Geschichte zu erforschen. Sie beschäftigte sich mit den Dekabristen und zog Parallelen zwischen der russischen Gesellschaft nach dem Krieg gegen Napoleon und dem Zweiten Weltkrieg. Als nächstes widmete sie sich den Reform- und Revolutionsbewegungen des 19. Jahrhunderts, schließlich dem Studium des Marxismus-Leninismus, das nach eigener Aussage in der Lektüre von Lenins Gesamtwerk gipfelte.[128]

Neben Alekseeva gibt es zahlreiche weitere Beispiele, in denen die Frage „Was tun?" zunächst mit einem Rückzug in die „innere Emigration" beantwortet wurde. Bogoraz und weitere Zeitzeuginnen legten ihr politisches Engagement in offiziellen Strukturen nieder. Auch wurden die Studienfächer oder inhaltlichen Schwerpunkte nach dem Kriterium „möglichst weit weg von der Politik" ausgewählt. Velikanova gibt beispielsweise an, nach dem Bann der Genetik Mathematik anstelle von Biologie studiert zu haben, weil dieses Fach ideologisch weniger überfrachtet gewesen sei. Sadomskaja erzählt, sich im Geschichtsstudium hauptsächlich mit der Antike und dem

---

[126] Titel des 1863 erschienenen Romans von Nikolaj Černyševskij: *Čto delat'? Iz raskazov o novych ljudjach* (deutscher Titel: „Was tun? Erzählungen vom neuen Menschen"). *Čto delat'?* lautete auch der Titel einer 1902 erschienenen Programmschrift von V. I. Lenin.

[127] Alexeyeva, Thaw Generation, S. 33.

[128] Alexeyeva, Thaw Generation, S. 33–37, 66 und 74.

Erste Schritte in den Dissens: die Nachkriegszeit

Mittelalter beschäftigt zu haben, weil diese Epochen sich nicht mit der Sowjetzeit berührten.[129] Daneben setzte man sich in intensiven extracurricularen Studien mit den Themen auseinander, die wirklich interessierten. In der Regel fanden diese Selbststudien in einem kleinen Kreis von Freunden statt. Besonders beliebt war die Beschäftigung mit Literatur[130], mit russischer und sowjetischer Geschichte[131] sowie mit den Klassikern des Marxismus-Leninismus, die man systematisch studierte, um zu verstehen, wo die Probleme ihren Anfang hatten und wie man eines Tages zum „echten" Kommunismus zurückkehren könne.[132] Lyrik war beliebt. Neben Bogoraz und Alekseeva geben mehrerer Zeitzeuginnen an, sich ab Ende der vierziger Jahre der Dichtung zugewandt, mit Freunden rezitiert und Gedichte von Hand abgeschrieben zu haben. Als Vorlagen dienten meist Publikationen aus den zwanziger Jahren, die unter Stalin nicht mehr aufgelegt werden durften.[133]

Das Ende des politischen Engagements in offiziellen Institutionen ging nach den Selbstzeugnissen einher mit der wachsenden Bedeutung, die dem privaten Glück, der Familie und den Freunden beigemessen wurde. Bonnèr schildert beispielsweise, wie sie versuchte, die Entbehrungen, Traumata und Härten des Krieges in den späten vierziger Jahren zu kompensieren, indem

---

[129] Interviews Velikanova, Sadomskaja.

[130] Alexeyeva, Thaw Generation; Bogoraz, Une femme en dissidence; Interviews Krachmal'nikova, Kudrova; Transskript eines Interviews mit Marija Rozanova und Andrej Sinjavskij, geführt von Raisa Orlova, Paris, den 17.4.1983, Archiv der FSO/Bremen. Rozanova macht ähnliche Erfahrungen wie Bogoraz: Aus ihrer Clique wird ein Freund verhaftet und aufgrund seiner Gedichte zu einer Haftstrafe verurteilt.

[131] Alexeyeva, Thaw Generation; Gespräch E.; Interview Verblovskaja.

[132] Wie Alekseeva so geben einige Zeitzeuginnen und Zeitzeugen an, die Gesamtausgabe entweder von Lenin oder Marx gelesen zu haben, so beispielsweise E. (Marx), Sadomskaja (Marx und Hegel), Kudrova (Lenin); Orlov, S. 62 (Lenin); Interview mit Ljudmila Vasil'evna Klimanova, geführt von Sof'ja Čujkina, St. Petersburg, den 13.3.1994, Archiv des NIC Memorial, St. Petersburg, Fond *Ustnaja istorija*, S. 9 (Leninlektüre).

[133] Interview Sadomskaja, Interview Raisa Orlovas mit Rozanova und Sinjavskij, Archiv der FSO/Bremen, S. 1 sowie S. 7f. Die Abschrift von Gedichten mündete in der „Tauwetterperiode" im *Samizdat*. Siehe Kapitel 4.2.

sie mit Freundinnen und Freunden ein ausgelassenes Leben führte – Tanz, Feste und Literaturabende.[134] Alekseeva bezeichnet ihre frühe Heirat und das Kind, dass sie mit neunzehn Jahren bekam, ausdrücklich als „Flucht" vor der Enttäuschung über die herrschenden Verhältnisse.[135] Die meisten der Zeitzeuginnen heirateten ebenfalls früh und bekamen das erste Kind im Alter zwischen neunzehn und 21 Jahren.[136] Frühes Heiraten und frühe Schwangerschaft hing freilich weniger mit der politischen Lage als mit der Wohnsituation, den gesellschaftlichen Konventionen, den prüden Sexualvorstellungen, dem Mutterkult in der Nachkriegspropaganda und anderen Faktoren zusammen. Interessant ist aber, dass in diesen Episoden wie bei Alekseeva wiederum das Private mit dem Politischen in Verbindung gebracht wird.

Alekseeva lässt ihre Leser bald wissen, dass ihre eigene politische Abstinenz nicht lange andauerte: Nach dem Studium beschloss sie, in die Partei einzutreten und das System von innen zu reformieren. Neben ihrer ersten Stelle als Geschichtslehrerin arbeitete sie als Agitatorin. Dadurch versuchte sie, die einfachen Leute ihres Stadtviertels zu „ehrlichen sozialistischen Bürgern" zu erziehen und einen Beitrag zur Genesung und Reinigung des Systems zu leisten.[137]

Das sinkende politische Interesse, die Entfremdung von der Partei und der Rückzug ins Private sind nach den Ergebnissen neuerer Forschungen ein weit verbreitetes Phänomen unter Jugendlichen und jungen Erwachsenen in der sowjetischen Nachkriegsgesellschaft.[138] Während vor dem Krieg Jugendliche die Ideale des Sozialismus als wichtige Werte betrachteten und Komsomol-Aktivitäten in ihrer Freizeit einen großen Platz einräumten, so beunruhigten Umfragen aus der Nachkriegszeit unter Schülern und Studenten die Behörden. Sie ergaben, dass die jungen Leute statt des Aufbaus des Sozialismus vor allem „persönliche Interessen" als Lebensziele ansahen und

---

[134] Bonner, Mütter und Töchter, S. 377.

[135] Alexeyeva, Thaw Generation, S. 37.

[136] Alexeyeva, Thaw Generation. Siehe auch die Zeugnisse von Bogoraz, Kaminskaja, Krachmal'nikova, Kudrova, Sadomskaja, Velikanova.

[137] Alexeyeva, Thaw Generation, S. 59–65.

[138] Zubkova, S. 110f. sowie Donald Filtzer: Soviet Workers and Late Stalinism: Labour and the Restauration of the Stalinist System after World War II, Cambridge 2002, insbesondere S. 117–157.

Erste Schritte in den Dissens: die Nachkriegszeit

anstelle von Klassenkampf Werte wie Liebe und Freundschaft hochhielten.[139] Der Komsomol verlor drastisch an Zulauf, die Mitgliedszahlen sanken, teilweise hatte die kommunistische Jugendorganisation auch Probleme, die Mitglieder zum aktiven Engagement oder wenigstens zur Zahlung der Beiträge zu motivieren. Verfahren wegen „Verstößen gegen die Disziplin" häuften sich.[140] In einer Untersuchung über die Arbeiterjugend in der Nachkriegszeit konstatiert Donald Filtzer deren apolitische Grundhaltung oder tiefe Entfremdung vom Regime. Er führt diese Einstellung einerseits auf die schlechten Lebens- und Arbeitsbedingungen der jungen Arbeiter nach dem Krieg zurück, andererseits darauf, dass es dem Komsomol, zum Teil wegen fehlender Mittel, immer weniger gelang, Jugendliche über Freizeitangebote wie Sport, Filme und kulturelle Aktivitäten zu erreichen.[141] Dies mag ein Grund sein, weshalb es für junge Menschen merklich einfacher geworden war, sich dem Zugriff des Komsomol zu entziehen und die Freizeit nach eigenem Geschmack zu gestalten. Die späteren Dissidentinnen machten von dieser Möglichkeit regen Gebrauch und gingen meist zusammen mit einer kleinen Gruppe von Freunden eigenen Interessen nach.

Nach Angaben Zubkovas gab es in der Nachkriegszeit zahlreiche Zirkel von Jugendlichen, die sich mit historischen, philosophischen, literarischen, politischen, aber auch unpolitischen Themen beschäftigten. Sie spricht sogar von der „Geburt einer anti-stalinistischen Jugendbewegung"[142]. Die Gruppen selbst waren nicht unbedingt oppositionell eingestellt, wurden aber oft von den Behörden so eingestuft. Das Ministerium für Staatssicherheit sah sich 1947 veranlasst, eine eigene Abteilung zum „Kampf gegen antisowjetische Aktivitäten unter Jugendlichen" zu einzurichten.[143] Aufgedeckt wurden beispielsweise eine *Kommunistische Jugendpartei* (Voronež, 1947), eine *Junge kommunistische Arbeiterpartei* (Leningrad 1950) und eine *Union zum*

---

[139] Zubkova, S. 110.
[140] Ebenda, S. 111.
[141] Filtzer: Soviet Workers and Late Stalinism, S. 117–157.
[142] Zubkova, S. 109.
[143] Aleksandr Daniėl': Istoki i korni dissidentskoj aktivnosti v SSSR, unveröffentlichtes Vortragsmanuskript, S. 4.

Von der Küche auf den Roten Platz

Kampf für die Sache der Revolution (Moskau, 1951).[144] Über letztere Gruppe erfahren wir Näheres aus den Erinnerungen Maja Ulanovskajas, die sich in den sechziger Jahren in der Moskauer Menschenrechtsbewegung engagierte: Ulanovskajas Eltern waren 1948 und 1949 verhaftet und zu hohen Freiheitsstrafen verurteilt worden. Ihre Mutter hatte während des Krieges als Sekretärin eines ausländischen Korrespondenten gearbeitet. Nach der Verhaftung ihrer Eltern bekam Maja Ulanovskaja erst nach vielen Anläufen einen Studienplatz. An der Universität schloss sie Freundschaft mit kritisch denkenden jungen Leuten, deren Eltern sich zum Teil auch in Haft befanden. Die Freunde gründeten einen Philosophiekreis und trafen sich regelmäßig, lasen gemeinsam John Reeds *Zehn Tage, die die Welt veränderten* und führten politische Diskussionen, an die sich Ulanovskaja heute kaum noch erinnert: über Lenin, Stalin, die Neue Ökonomische Politik, die Diktatur und den Staatskapitalismus. Sie kamen zu dem Schluss, dass die Revolution verraten worden war.[145] Daraufhin gründeten sie im Herbst 1950 die *Union zum Kampf für die Sache der Revolution* (*Sojuz bor'by za delo revoljucii*). Die Aktivität der Gruppe beschränkte sich allerdings darauf, die gewohnten Diskussionen zu führen und eine Satzung zu schreiben. Keiner trug sich ernsthaft mit Umsturzgedanken. Nach wenigen Monaten wurde die Gruppe „enttarnt" und ihre Mitglieder verhaftet. Ulanovskaja erhielt wegen „Hochverrats" (Strafgesetzbuch der RSFSU, Artikel 58^{1a}), „Terrorismus" (Artikel 58^8), „antisowjetischer Agitation" (Artikel 58^{10}) und „Gründung einer antisowjetischen Organisation" (Artikel 58^{11}) eine Freiheitsstrafe von 25 Jahren, wurde aber nach dem XX. Parteitag 1956 begnadigt und rehabilitiert.[146] Ihre Freunde Boris Sluckij, Vladlen Furman und Evgenij Gurevič wurden zum Tod verurteilt und erschossen. Die übrigen Mitglieder der Gruppe erhielten zwischen fünf und 25 Jahren Straflager.[147]

---

[144] Venjamin Iofe: Ideologija političeskogo protesta v SSSR. 1930–1960-e gody, in: ders.: Novye etjudy ob optimizme. Sbornik statej i vystuplenij, St. Petersburg 1998, S. 45–52, hier S. 45.
[145] Ulanovskaja. (AS 1467), S. 3f.
[146] Ebenda, S. 15.
[147] Ebenda.

Erste Schritte in den Dissens: die Nachkriegszeit

3.3 Zusammenfassung

Die „revolutionären" Aktivitäten Maja Ulanovskajas bildeten eher eine Ausnahme unter den Verhaltensmustern späterer Dissidentinnen in den späten vierziger und frühen fünfziger Jahren. Zwar beteuern zahlreiche Zeitzeuginnen in ihren Lebensgeschichten eine allmähliche Distanzierung vom Regime, mit alternativen Gesellschaftsentwürfen beschäftigte sich damals aber kaum eine. Anlass zur Kritik waren nach den Erinnerungen vor allem Unfreiheit und Unterdrückung, soziale Probleme spielten eine untergeordnete Rolle. Besonders tiefe Spuren im Gedächtnis hinterließ die antisemitische Kampagne der Jahre 1948 bis 1953. Wer jüdischer Herkunft war, litt oft selbst unter den Maßnahmen. Diese Diskriminierungen wurden von vielen Zeitzeuginnen als besonders schmerzhaft empfunden, weil sie sich nicht als Jüdinnen fühlten, sondern als Russinnen oder Sowjetbürgerinnen. Durch den Antisemitismus wurden sie aus der Gemeinschaft, mit der sie sich identifizierten, ausgeschlossen. Wenn auch das politische Klima zur inneren Abkehr von der Partei führte, so wurde das System als Ganzes nach Darstellung der meisten Zeitzeuginnen noch nicht in Frage gestellt. Die Kritik an den herrschenden Verhältnissen entlud sich in den Lebensgeschichten an gesellschaftlichen Aufsteigern, insbesondere den *frontoviki*, die für Missstände und Repressionen verantwortlich gemacht wurden. Hierbei spiegeln die Lebensgeschichten der Dissidentinnen Wahrnehmungsmuster wider, in denen sich zeitgenössische und gegenwärtige Diskurse sowie soziale und individuelle Probleme brechen.

Am Beispiel der Nachkriegserinnerungen in den autobiographischen Zeugnissen der Dissidentinnen werden die unterschiedlichen Erinnerungsschichten mit ihren unterschiedlichen diskursiven Prägungen sichtbar. Es soll daher nochmals verdeutlicht werden, wie sich übergreifende Diskurse und Muster kollektiven Erinnerns auf den unterschiedlichen Ebenen des individuellen Erlebens, Erinnerns und Erzählens niederschlagen und wie die Interaktion des Individuums mit den herrschenden sozialen und politischen Strukturen in den Lebensgeschichten zum Ausdruck kommt: Auf der Ebene des *Erlebens* finden sich Spuren zeitgenössischer Diskurse wieder. Die Wahrnehmung und Verarbeitung des Antisemitismus in den späten vierziger und frühen fünfziger Jahren war einerseits vom Herkunftsmilieu der Dissidentinnen geprägt, die, wenn sie jüdischer Herkunft waren, aus assimilierten Familien stammten. Zum anderen spiegeln sich *damalige* offizielle Sichtweisen in den Erzählungen über die antisemitische Kampagne wider: Dissidentinnen mit jüdischen Wurzeln fühlten sich durch die Kampagne diskriminiert und litten an existentiellen Problemen. Gleichzeitig ist ihre Wahrnehmung aber insofern von offiziellen Diskursen beeinflusst, als die Zeitzeuginnen keinen Zusammenhang zwischen dem staatlichen Antisemitismus und der Leugnung der Shoah in Politik und Medien erkennen wollten. Vielmehr schließt sich ein großer Teil der Zeitzeuginnen der offiziellen Lesart an, die Shoah sei in eine Reihe mit den übrigen Kriegsverbrechen der Deutschen zu stellen, denn die Verfolgung und Ermordung der Juden unterscheide sich qualitativ nicht von den Leiden der restlichen Sowjetbevölkerung. Auf den Ebenen des *Erinnerns* und *Erzählens* werden diese Deutungsmuster überlagert von einem späteren *intelligencija*-Diskurs, der etwa Anfang der sechziger Jahre einsetzte. Das Gefühl, an die Tradition der *intelligencija* des 19. Jahrhunderts anzuknüpfen, war für die Dissidentinnen und Dissidenten ein Grundstein ihrer oppositionellen Identität. Diese Identität war aber eng an die Zugehörigkeit zur russischen Nation und, teilweise auch, zur orthodoxen Kirche gekoppelt, so dass es jenen Vertreterinnen und Vertretern der Intelligenz, die ursprünglich aus jüdischen Familien stammten, nicht gelang, einen positiven Bezug zum Judentum aufzubauen. Eine Verbindung zu jüdischen Wurzeln ist allein negativ konnotiert, durch Erfahrungen antisemitischer Ressentiments und Diskriminierungen.

Zeitgenössische Diskurse fanden sich auch in den politischen Reflexionen über die späte Stalinzeit, in den „Wer-ist-Schuld-Fragen", wieder. Zur Analyse von politischen und sozialen Problemen wurde nicht nach systemimmanenten Ursachen gesucht, sondern nach „Schuldigen", die für herrschende Missstände zur Verantwortung gezogen werden konnten. Hierin kamen charakteristische Denkstile aus der Zeit der „großen Säuberungen" zum Ausdruck, die sich aber wiederum einbetteten in eine weitaus ältere Diskurstradition, die bis in die „Anklageliteratur" der sechziger Jahre des 19. Jahrhunderts zurückweist. Weitergeführt wurde der Diskurs durch gesellschaftliche Diskussionen der „Tauwetterzeit", in denen die „Entartung der Bürokratie" kritisiert wurde. Zudem nimmt die Darstellung der gewissenlosen und ungebildeten „Karrieristen" die Auseinandersetzung zwischen Geist und Macht, zwischen Dissidenten und KGB vorweg, die seit den späten sechziger Jahren geführt wurden. Anhand der „Wer-ist-Schuld-Frage" wurde schließlich erneut sichtbar, wie sehr die Lebensgeschichten der Dissidentinnen von Erzähltraditionen im russischen *autobiographischen Diskurs* geprägt sind, durch den Informationen vorstrukturiert und selektiert werden. Die Lebensgeschichten sind vorzugsweise nach politischen Ereignissen und Entwicklungen gegliedert. Indem die Dissidentinnen diese Tradition fortsetzen, schreiben sie sich in das kulturelle Gedächtnis der Nation ein. Auch

Erste Schritte in den Dissens: die Nachkriegszeit

individuelle Probleme werden vor dem Hintergrund politischer Entwicklungen diskutiert, beispielsweise erzählen die Dissidentinnen von ihren Schwierigkeiten bei der Partnersuche in der Nachkriegszeit im Zusammenhang mit der Herausbildung eines oppositionellen Bewusstseins. Indem persönliche Erlebnisse durch das Prisma politischer Entwicklungen betrachtet werden, gelingt es den Frauen aber auch, sich im autobiographischen Diskurs Raum für ihre weiblichen Erfahrungen zu schaffen. Im Umgang mit der Gattungskonvention können die Selbstzeugnisse oppositioneller Frauen somit durchaus „subversiv" sein.

Aus den Lebensgeschichten der ehemaligen Dissidentinnen lässt sich aber nicht nur entnehmen, wie Ereignisse erlebt, verarbeitet, erinnert und erzählt werden, sondern auch welche Handlungen die betroffenen Personen daraus ableiteten. In der späten Stalinzeit begannen die späteren Dissidentinnen wie viele andere Jugendliche, nach alternativen Lebensentwürfen zu suchen, sich mit unerlaubter Literatur zu beschäftigen, die verborgenen Schichten der eigenen Kultur und Geschichte zu entdecken. Jenseits von Kollektiv und Komsomol bildeten sich in studentischen Kreisen vertrauliche Zirkel, in denen Themen besprochen wurden, die in die offiziellen Organisationen keinen Eingang fanden. Individuen schufen sich damit Handlungsräume außerhalb der bestehenden Institutionen. Aus den Erinnerungen an die späte Stalinzeit wird ersichtlich, dass in dieser Periode der Boden für das „Tauwetter" nach Stalins Tod bereitet wurde.

4. Stalins Tod und „Tauwetter"

4.1 Stalins Tod

Wenngleich die meisten Zeitzeuginnen angeben, seit Ende der vierziger Jahre starke Vorbehalte gegenüber Partei und Regierung gehabt zu haben, so blieb das Ansehen, das Stalin als väterlicher „Führer" (*vožd'*) auch bei ihnen genoss, noch weitgehend unangetastet. So berichten die meisten von Trauer, Angst und Verzweiflung bei der Nachricht seines Todes am 5. März 1953.[1] Lediglich zwei ehemalige Dissidentinnen beteuern, dass sie sich darüber freuten.[2] Dies bedeutet nicht, dass bei den anderen die Verehrung Stalins noch so ungebrochen war wie in der Kindheit, die meisten konnten sich aber nicht vorstellen, wer den starken Mann an der Spitze von Partei und Staat ersetzen sollte. Ohne Stalin war die Zukunft kaum vorstellbar. „Was soll nun aus uns werden?" (*Čto budet s nami dalše?*)[3], fragten sich viele.

Es war nicht meine Liebe zu Stalin, die mich weinen ließ. Es war die Angst. Ich dachte an die gesichtslosen Funktionäre, die mit ihm während der Paraden auf dem Mausoleum standen. […] Einer von ihnen würde jetzt der „große Führer" werden. Gott sei bei uns![4]

Die Angst vor dem Schlimmsten, nicht etwa die Hoffnung auf bessere Zeiten war weit verbreitet. Trotz der, zum Teil bekannten, Verbrechen wurde Stalin positiv gesehen, als politischer Führer, der die Industrialisierung vorange-

---

[1] Alexeyeva, Thaw Generation, S. 4 und 67f.; Bogoraz Une femme en dissidence, S. 64f.; Orlowa, Vergangenheit, S. 228; Kaminskaja (deutsche Ausgabe), S. 33; Verblovskaja: Ot tjur'my …, S. 3; Gespräch E.; Interviews Kudrova, Krachmal'nikova, Salova, Velikanova, Verblovskaja.

[2] Interviews Sadomskaja und Sokolova.

[3] Diese Frage ist zitiert bei Bogoraz Une femme en dissidence, S. 64 sowie in den Interviews Krachmal'nikova, Kudrova, Velikanova. Sie findet sich in zahlreichen zeitgenössischen Berichten über Stalins Tod, so in den Erinnerungen Il'ja Ėrenburgs: „Ich fragte mich: ‚Was wird nun aus uns werden?', aber ich konnte nicht denken. Ich fühlte wie viele meiner Landsleute in diesen Tagen: Ich war gelähmt." Il'ja Ėrenburg: Sobranie sočineii, 9 Bde, Moskau 1962–1967, Bd. 9, S. 730.

[4] Alexeyeva, Thaw Generation, S. 67.

Von der Küche auf den Roten Platz

trieben, das Bildungswesen ausgebaut und die Deutschen besiegt hatte.[5] Tausende standen in langen Schlangen an, um von seinem Leichnam Abschied zu nehmen, der im Kolonnensaal aufgebahrt war. Viele spätere Dissidentinnen geben an, dort gewesen zu sein, auch die Nicht-Moskauerinnen, die alles daran setzten, in die Hauptstadt zu gelangen. Beispielsweise erzählt Irina Verblovskaja eindrücklich von ihrer zweitägigen Reise in überfüllten Bummelzügen von Leningrad nach Moskau.[6] Zahlreiche Zeitzeuginnen berichten, Stalins Tod schon damals als Epochengrenze wahrgenommen zu haben.[7] Die Erinnerungen an den März 1953 werden meist detailliert geschildert. Die Zeitzeuginnen geben nicht nur Auskunft über die damaligen Gefühle, sondern auch über die Umstände und die Lebenssituationen. So beschreibt Natal'ja Sadomskajas das Zimmer, in dem sie mit ihrem ersten Ehemann lebte. Dann erzählt sie, wie sie dort die Nachricht von Stalins Krankheit ereilte:

> Als im Radio gesendet wurde, dass er schwer krank sei, haben die Nachbarn geweint [...] Mama hat gesagt, dass nun alle Juden verhaftet und deportiert werden. Sie dachte, dass nur er die Juden beschützt. Aber mein Mann schloss die Tür und sagte: „Das ist ein großes Glück, möge er nur krepieren! Das ist eine Befreiung". Wir freuten uns, aber wir verbargen unsere Freude. Im Radio wurde nur klassische Musik gespielt, das *Requiem* von Mozart [...] Aber wir freuten uns.[8]

Ljudmila Alekseeva hingegen erzählt, sie habe dem aufgebahrten Stalin unbedingt die letzte Ehre erweisen wollen. Zusammen mit der Mutter einer Studienfreundin, der Ärztin Mira Malkina, habe sie sich auf den Weg zum Kolonnensaal gemacht. Malkina war eng befreundet mit einem jüdischen Ärztepaar, das wegen der angeblichen „Ärzteverschwörung" im Gefängnis des NKVD saß. Alekseeva fragt sich heute, was Malkina wohl veranlasst habe, von Stalin Abschied zu nehmen, sie habe doch über dessen Verbre-

---

[5] Bogoraz Une femme en dissidence, S. 64f. Zur Wahrnehmung von Stalins Tod in breiteren Schichten: Zubkova, S. 77 sowie 150–154.
[6] Interview Verblovskaja. Siehe auch Interview Kudrova sowie Orlowa, Vergangenheit, S. 128.
[7] Alexeyeva, Thaw Generation, S. 4; Bogoraz Une femme en dissidence, S. 64; Kaminskaja (deutsche Ausgabe), S. 33; Interviews Krachmal'nikova, Kudrova, Sadomskaja, Verblovskaja, Velikanova. Siehe auch Zubkova, S. 151f.
[8] Interview Sadomskaja.

Stalins Tod und „Tauwetter"

chen Bescheid gewusst. Sie selbst sei inspiriert von den Geschichten gewesen, die sie in der Kindheit über Lenins Begräbnis gehört hatte. Sie habe auf die Straße gehen und dabei sein wollen, um ihren Kindern und Enkelkindern von dem historischen Ereignis zu erzählen. Alekseeva war im vierten Monat schwanger und erkannte die Gefahr des großen Menschenauflaufs für sich nicht. Im Gedränge fiel sie in Ohnmacht und wurde nur durch das Eingreifen eines Milizionärs gerettet, während viele andere zu Tode getrampelt wurden.[9]

Wie die Beispiele zeigen, wird die Wahrnehmung von Stalins Tod in den Erinnerungen außergewöhnlich genau beschrieben. Die Berichte enthalten Informationen über die Lebenssituationen der Zeitzeuginnen, Erinnerungen an die Menschen, mit denen das Erlebnis geteilt wurde, und an begleitende Sinneseindrücke wie Musik und Bilder. Der Gedanke an Stalins Tod ruft noch heute starke Gefühle hervor. In der Erinnerungsforschung wird häufig konstatiert, dass die Erinnerung präziser und reichhaltiger ausfällt, wenn ein Ereignis starke Gefühle evoziert.[10] Ereignisse, die als Einschnitte im Leben oder in der Geschichte wahrgenommen werden, können im Gedächtnis detaillierter gespeichert und leichter abgerufen werden als andere, unstrukturierte Erinnerungen ohne klare räumliche und zeitliche Markierungen.[11] Detaillierte und emotionsbehaftete Erinnerung ist jedoch allein kein Anhaltspunkt für ihre Authentizität.[12] Sie kann ebenso Ausschmückungen, importierte Sequenzen oder falsche Informationen enthalten. Aber selbst wenn eine emotional getönte Erinnerung „falsch" ist, enthält sie häufig eine tiefere Ebene, die Aufschluss über die biographische Bedeutung eines Ereignisses gibt. Wenn ein Ereignis emotional erzählt wird, liefert die Erzählung einen Hinweis darauf, dass es eine nachhaltige Wirkung auf die Weltsicht des Erzählers oder seinen weiteren Lebensweg hatte.[13] Stalins Tod ist mit Sicherheit ein Einschnitt, der die Werdegänge der späteren Dissidentinnen prägt. Er ist beim Erinnern und Erzählen heute noch emotional besetzt. Es kann allerdings sein, dass sich die Gefühle gegenüber dem Ereignis mit der Zeit geändert haben: Waren damals, zum Zeitpunkt des Erlebens, viele Zeitzeuginnen vermutlich tatsächlich traurig und ratlos, so

---

[9] Alexeyeva, Thaw Generation, S. 67.
[10] Welzer, kommunikatives Gedächtnis, S. 35.
[11] Ebenda. Siehe auch Rosenthal, Erlebte und erzählte Lebensgeschichte, S. 77.
[12] Welzer, kommunikatives Gedächtnis, S. 34f.
[13] Ebenda, S. 35.

erhielt Stalins Tod für sie später eine andere Bedeutung. Heute gilt das Ende von Stalins Herrschaft als Auftakt zur „Tauwetter"-Periode und damit als Voraussetzung für das Entstehen der Dissidentenbewegung. Die Zeitzeuginnen erzählen, dass ihre Trauer über Stalins Tod nicht lange angehalten habe. Schnell sei man zu der Erkenntnis gekommen, dass das Leben auch ohne ihn weitergehe, selbst wenn noch nicht klar war, ob es an der Parteispitze bei der zunächst angestrebten kollektiven Führung bleiben oder ob einer der potenziellen Nachfolger Stalins den Machtkampf um die Führung der KPdSU für sich entscheiden würde: Lavrentij Berija (1899–1953), Georgij Malenkov (1902–1988), Vjačeslav Molotov (1890–1986) oder Nikita Chruščev. Positionen und Ziele der neuen Führungsriege entzogen sich der Öffentlichkeit weitgehend.[14] Nicht zuletzt den Diadochenkämpfen nach Stalins Tod ist es aber zu verdanken, dass innerhalb der Partei erste vorsichtige Reformideen entwickelt wurden.[15] Eine Teilamnestie für Lagerhäftlinge trat bereits Ende März 1953 in Kraft.[16] Im April 1952 gab die Presse bekannt, dass die der Verschwörung angeklagten Ärzte wieder freigelassen wurden, da die Vorwürfe haltlos und die Geständnisse erzwungen worden seien.[17] Auch die Kampagne gegen „Kosmopoliten" fand ein Ende.[18]

[14] Bogoraz, Une femme en dissidence, S. 65.
[15] Es waren verschiedene Gründe, die nach Meinung der Forschung zum „Ende des Stalinismus" führten. In politischer Hinsicht werden unter anderem genannt: erstens die Überzeugung sämtlicher hoher Funktionäre, dass wirtschaftliche und gesellschaftliche Reformen nötig seien, zweitens der Selbstschutz der politischen Oligarchie, der dazu führte, dass neue „Säuberungsaktionen" verhindert wurden, drittens die Dynamik der Machtkämpfe zwischen Stalins potentiellen Nachfolgern, denn diese versuchten nacheinander, ihre Stellung durch Reformen zu festigen, zuerst Berija, dann Malenkov und schließlich Chruščev. Werth, Ein Staat gegen sein Volk, S. 276f.; Zubkova, S. 154–156.
[16] Siehe den Abschnitt 4.3.
[17] Orlowa, Vergangenheit, S. 229.
[18] Das heißt allerdings nicht, dass mit Stalins Tod sämtliche Diskriminierungen gegenüber Jüdinnen und Juden aufhörten. So berichtet Larisa Bogoraz davon, dass sie in Moskau nach wie vor keine Stelle als Lehrerin für russische Literatur fand, weil solche nur an „Muttersprachler" vergeben wurden. Bogoraz, Une femme en dissidence, S. 67. Auch in den sechziger bis achtziger Jahren hielten antijüdische Maßnahmen an: Bestimmte Berufe und Studiengänge blieben ihnen verschlossen wie zum Beispiel Karrieren in Diplomatie und Militär. Im Rahmen der Antireligionskampagne unter Chruščev wurden fast 400 Synagogen geschlos-

Stalins Tod und „Tauwetter"

Im April 1954 veröffentlichte Il'ja Ėrenburg (1891–1967) seine Novelle *Tauwetter (Ottepel')*[19]. Sie ist heute fast in Vergessenheit geraten, der Titel sollte aber bald die Öffnung des kulturellen und literarischen Lebens nach Stalins Tod bezeichnen und später die gesamte Epoche zwischen 1953 und dem Sturz Chruščevs 1964. In den Erinnerungen der Dissidentinnen wird das „Tauwetter" als zentrale Lebensphase geschildert, in der die Weichen für das spätere Dissidententum gestellt wurden. In dichter Abfolge werden in den Memoiren und Interviews Erlebnisse beschrieben, die einen grundlegenden Wandel des politischen Bewusstseins und des gesellschaftlichen Lebens einleiten, angefangen bei den Liberalisierungen in Literatur und Kunst, über den XX. Parteitag, die Entlassung von Lagerhäftlingen aus dem Gulag bis hin zur Entstehung des *Samizdat* und neuen Formen sozialen Umgangs. Spätestens Mitte der sechziger Jahre stellte sich heraus, dass auf das „Tauwetter" noch lange Zeit kein „Frühling" folgen sollte. Die auf dem XX. Parteitag angekündigte tiefgreifende „Entstalinisierung" blieb aus, ebenso mangelte es an weitreichenden Reformen des Wirtschafts- und Gesellschaftssystems. Dennoch dürfen die Auswirkungen, die die „Tauwetter"-Periode auf die hier zu Wort kommenden Individuen hatte, nicht unterschätzt werden.

4.2 Der Beginn des „Tauwetters": Kultur und Politik

Veränderungen im kulturellen Leben der „Tauwetterzeit" finden in fast alle Erinnerungen Eingang. In der Regel wird auf einen Kanon literarischer Texte verwiesen, der in der Zeit des „Tauwetters" das Bewusstsein besonders prägte, darunter Il'ja Ėrenburgs Essay *Über die Arbeit des Schriftstellers*[20], Vladimir Pomerancevs (1907–1971) *Über die Wahrheit in der Literatur*[21],

---

sen. Die Kampagne war zwar gegen Religion an sich gerichtet, aber sie bekam eine deutlich antisemitische Färbung. Einzelheiten bei Armborst, S. 17f.

[19] Sie erschien in der Zeitschrift *Znamja*.

[20] *Über die Arbeit des Schriftstellers* (*O rabote pisatelja*) erschien im Oktober 1953 in der Zeitschrift *Znamja*.

[21] Das Essay *Über die Wahrheit in der Literatur* (*Ob iskrennosti v literature*) erschien im Dezember 1953 in der *Novyj Mir*. Der Herausgeber der *Novyj Mir*, Aleksandr Tvardovskij wurde aufgrund der Publikation dieses Werkes entlassen, und durch Konstantin Simonov ersetzt. 1958 bis 1970 wurde er aber erneut Herausgeber der *Novyj Mir*. Beyrau, Intelligenz und Dissens, S. 193f. sowie Robert

Von der Küche auf den Roten Platz

Vera Panovas (1905–1973) Roman *Jahreszeiten*[22] sowie Ėrenburgs *Tauwetter*. Mehrheitlich beschäftigten sich diese Texte mit der Frage nach „Wahrheit" oder „Wahrhaftigkeit" in der Kunst. Sie propagierten die Rückkehr zu einem „neuen Realismus". Das Leben sollte ohne Schönfärberei so beschrieben werden, wie es war, nicht wie es sein sollte. Damit einhergehend plädierten die Autorinnen und Autoren dafür, den Menschen als Individuum mit Gefühlen und Bedürfnissen, nicht allein in seiner sozialen Rolle ins Zentrum der Literatur zu stellen. Ferner thematisierten sie die „Entartung der Bürokratie", beispielsweise Vladimir Dudincev in seinem Roman *Der Mensch lebt nicht von Brot allein*[23] und Leonid Zorin (geb. 1924) in seinem Theaterstück *Gäste*[24].

Revolutionär waren die Grundgedanken dieser Werke nicht. Sie gingen kaum über das hinaus, was in den Jahren 1953 bis 1956 auch in der Partei diskutiert wurde.[25] Erst ein Blick in Selbstzeugnisse vermittelt eine Vorstellung von der großen Wirkung bei den Lesern. Denn durch die literarischen Neuerscheinungen wurde eine Diskussion angestoßen, die sich bald auf weitere politische und gesellschaftliche Bereiche ausdehnte und ansatzweise als öffentlich bezeichnet werden kann. Pomerancevs Essay *Über die Wahrheit in der Literatur* brachte einen Stein ins Rollen: Nach heftiger Kritik durch die *Literaturnaja Gazeta*, das Sprachrohr des sowjetischen Schriftstellerverbandes[26], wurde der Text zwar offiziell verurteilt, aber auf Partei- und Komsomol-Versammlungen entbrannten heftige Debatten, nicht nur über das Essay selbst, sondern auch über die allgemeine Frage, inwieweit Litera-

---

Hotz (Hrsg.): Allein der Wahrheit verpflichtet. Alexander Twardowski als Dichter und Literaturmäzen, Bern 1972.

[22] *Jahreszeiten* (*Vremena Goda*) erschien ebenfalls Ende 1953. Panova schildert darin das Leben der kommunistischen Oberschicht vom Jahre 1950, womit sie aber in keiner Weise die sowjetische Gesellschaftsordnung in Frage stellt.

[23] Zum Roman *Der Mensch lebt nicht von Brot allein* siehe Kapitel 3.2, Anm. 124.

[24] *Gäste* (*Gosti*) erschien in der Zeitschrift *Teatr* 1954, Heft 2. Das Stück wurde scharf kritisiert und abgesetzt.

[25] So wurde Ende 1953 eine Kampagne gegen „Bürokratismus" losgetreten. Ebenso rief die Partei selbst dazu auf, die „Schönfärberei des Lebens" zu bekämpfen. Zubkova, S. 158.

[26] Der Schriftstellerverband war die offizielle Vereinigung der sowjetischen Schriftsteller. Er wurde 1934 gegründet und löste sich 1991 auf. Mitgliedschaft im Schriftstellerverband war für Autoren in der Regel die Voraussetzung für die Publikation ihrer Werke.

Stalins Tod und „Tauwetter"

tur und Kunst die Generallinie der Partei vertreten müssten oder auch von ihr abweichende Ansichten wiedergeben dürften.[27] Die Diskussionen setzten sich in Redaktionen, Verlagen, Instituten und Bibliotheken fort. Zeitzeuginnen berichten, dass sie von nun an das Erscheinen der „dicken Zeitschriften" wie *Novyj Mir*, *Znamja*, *Inostrannaja literatura* und *Literaturnaja gazeta* Monat für Monat aufmerksam verfolgten. Die interessantesten Diskussionen über die Neuerscheinungen fanden ihrer Darstellung nach in den Raucherzimmern öffentlicher Gebäude statt, beispielsweise in den großen Bibliotheken Moskaus und Leningrads.[28]

Durch die Teilnahme an öffentlichen oder halböffentlichen Diskussionen gewannen die Menschen das Gefühl, dass ihre Meinung gefragt sei. Die Literatur diente als Katalysator und Medium, um gesellschaftliche Diskussionen in Gang zu bringen. Verdeutlicht wird dieser Prozess in den Lebenserinnerungen Natal'ja Sadomskajas: Ende 1956 erschien in *Novyj Mir* die Erzählung Ljubov' Kabos (geb. 1917) *Schwieriger Feldzug*[29]. Sie handelt von dem gescheiterten Versuch eines jungen Lehrers, sich im Schulunterricht kritisch mit dem Stalinismus auseinander zu setzen. Kabos Erzählung berührte Sadomskaja, weil sie ihre eigene Lebenssituation widerspiegelte. Sie war selbst eine junge Lehrerin, die sich wünschte, die Schule umzugestalten. Bei den „alten Lehrerinnen" rief die Erzählung aber heftigen Widerspruch hervor. Es kam zu einer öffentlichen Debatte im „Haus des Lehrers", die Sadomskaja ebenfalls besuchte. Die „Alten" bezichtigten die Autorin der „Verleumdung der sowjetischen Schule". Da sie diese Aussage so nicht stehen lassen konnte, nahm Sadomsakaja ihren Mut zusammen und trat ans Mikrophon. Sie ergriff Partei für die anwesende Kabo und sagte „die ganze Wahrheit". Die Stimmung im Publikum wandelte sich, die Zuhörer beklatschten Sadomskajas Ausführungen, die „alten Lehrerinnen" standen kompromittiert da. Die Zeitzeugin schließt diese Episode: „So fing es an. Wir fingen an, überall hinzugehen, zu allen Veranstaltungen, zu allen Diskussionen, und nahmen daran teil. Also es war ..., es war herrlich, für uns war es eine herrliche Zeit. Wir dachten, dass sich jetzt alles ändern wird."[30]

---

[27] Vaissié, S. 24f.

[28] Alexeyeva, Thaw Generation, S. 72f.; Interview Kudrova. Siehe auch die Erinnerungen Boris Šragins: Kogda glaza otkrylis', in: Boris Šragin. Mysl' i dejstvie. Filosofija istorii. Estetika. Kritika. Publicistika. Vospominanija. Pis'ma, hg. von Natal'ja Sadomskaja, Moskau 2000, S. 365–372, hier S. 367f.

[29] Der russische Originaltitel lautet *V trudnom pochode*.

[30] Alle Zitate in diesem Abschnitt sind aus dem Interview Sadomskaja.

Später kommt Sadomskaja noch einmal darauf zurück, wie für sie „alles mit Auseinandersetzungen über Kunst angefangen"[31] habe. Sie erzählt von bedeutenden Ereignissen im kulturellen Leben Moskaus wie der Picasso-Ausstellung 1956, der Eröffnung neuer Theater wie des *Sovremennik* oder des *Theaters an der Taganka*. Ihr Interesse habe der Kultur gegolten und nicht der Politik, „weil es Politik nicht gab, aber Kultur, die gab es"[32]. Die Auseinandersetzung mit Kunst und Kultur fungierte in ihrer Wahrnehmung als Ersatz für politische Diskussion. Insofern besaß die Kultur eine Ventilfunktion für das Bedürfnis nach Meinungsaustausch, Kritik und Information. Gleichzeitig stärkte die Teilnahme an kulturellen Diskussionen das politische Bewusstsein der Individuen. Sie bekamen das Gefühl, mitzureden und mitzugestalten.

In den kulturellen Auseinandersetzungen der fünfziger Jahre schlugen die Wellen nach der Veröffentlichung von Dudincevs Roman *Der Mensch lebt nicht von Brot allein* im Herbst 1956 noch einmal hoch. Er rief kontroverse Reaktionen hervor, nicht nur in der Partei und im Komsomol, der Text wurde auch öffentlich debattiert, etwa in den Hörsälen der Universitäten.[33] Für Irma Kudrova hatten die Diskussionen um den Roman weitreichende Folgen:[34] Im November 1956 fand eine Diskussionsveranstaltung in der Aula der Leningrader Universität statt. Sie war von besonderer Brisanz, weil kurz zuvor der Volksaufstand in Ungarn niedergeschlagen worden war, dessen Verlauf Kudrova im Radio über Kurzwellensender verfolgt hatte.[35]

---

[31] Ebenda.

[32] Ebenda.

[33] Interviews Kudrova, Sadomskaja, Verblovskaja. Zur Wirkung des Romans: Beyrau, Intelligenz und Dissens, S. 158.

[34] Interview Kudrova sowie Irma Kudrova: Bol'šoj Dom, verfasst in St. Petersburg, Sommer 2000, Privatbesitz, Gabe der Autorin, S. 2.

[35] Nach einer zum offenen Aufstand angewachsenen Protestkundgebung von Studenten wurde in der Nacht vom 23. auf den 24. Oktober Imre Nagy (1896–1958) als Ministerpräsident der Volksrepublik Ungarn wieder eingesetzt. Er hatte schon von 1953 bis 1955 regiert, war aber wegen seines Reformkurses entlassen worden. Am 1. November verkündete Nagy den Austritt aus dem Warschauer Pakt und die Neutralität Ungarns. Am 4. November brach der Aufstand nach dem Einmarsch sowjetischer Truppen in Budapest und der Bildung einer prosowjetischen Regierung zusammen. Die Diskussion des Romans Dudincevs fand nach Angaben Revol't Pimenovs am 10. November an der Leningrader Universität

Stalins Tod und „Tauwetter"

Die Stimmung bei der Diskussion über den Roman war aufgeheizt, der Saal brechend voll, weshalb sie selbst gar nicht hineingelangte sondern in der Menschenmenge im Korridor stecken blieb. Eine bleibende Erinnerung an die Veranstaltung war der Auftritt des Mathematikdoktoranden Revol't Pimenov (1931–1990), der für Dudincev Partei ergriff und gegen die „herrschende Bürokratie" polemisierte. Beeindruckt von Pimenovs Zivilcourage, sprach Irmas Ehemann den Redner nach der Veranstaltung an und lud ihn zu sich nach Hause ein. Kurze Zeit später erschien er tatsächlich bei Kudrovas in der Kommunalwohnung. Irma und ihr Mann lernten Pimenovs Bekanntenkreis und seine Freundin Irina Verblovskaja kennen. Es formierte sich ein Gesprächskreis, in dem es bald nicht mehr um Fragen der Literatur ging, sondern um die politischen Ereignisse der Gegenwart und jüngsten Vergangenheit, Chruščevs Rede auf dem XX. Parteitag, die „Entstalinisierung", die Vorgänge in Polen und Ungarn. Die Freunde verfassten Diskussionspapiere und erwogen, Flugblätter gegen den Einmarsch in Ungarn zu verbreiten, fanden dies dann aber zu gefährlich. Anfang 1957 erfuhren sie, dass eine Gruppe von Studenten verhaftet worden war, die mit Handzetteln gegen die Invasion protestiert hatte.[36] Dieses Beispiel aus den Erinnerungen Kudrovas zeigt noch einmal, wie eng Politik und Kultur in den Köpfen der Menschen miteinander verwoben waren. Explizit diskutierte man in der Öffentlichkeit über Literatur, implizit über den ungarischen Volksaufstand.

Nicht nur die Literatur, sondern auch die Bildende Kunst galt als Ausdruck staatsbürgerlicher Gesinnung. So wurde im Oktober 1956 im Moskauer Puschkin-Museum eine Picasso-Ausstellung eröffnet. Das erste Mal seit mehr als 25 Jahren war in der Sowjetunion wieder zeitgenössische westliche Kunst ausgestellt. Nach Aussagen der Zeitzeuginnen erfreuten sich die Abstraktionisten in ihren Kreisen seit der zweiten Hälfte der fünfziger Jahre

---

statt. D.I. Zubarev, Revol't Pimenov, in: Biographische Datenbank, NIC Memorial, Moskau.

[36] Interview Kudrova. Die studentische Gruppe um Viktor Trofimov (1934–1994) und Boris Pustyncev, verteilte in im Herbst 1956 in Leningrad Flugblätter mit dem Titel *O Vengrii* („Über Ungarn"). Anfang 1957 wurden die Initiatoren verhaftet und erhielten Haftstrafen von bis zu zehn Jahren. S.P. Roždestvenskij (Pseudonym von Venjamin Iofe): Materialy k istorii samodejatel'nych političeskich ob'edinenij v SSSR posle 1945 goda, in: Pamjat' 5 (Moskau 1981, Paris 1982), S. 226–283, über den Fall Trofimov, S. 249–261. Siehe auch Venjamin Iofe: Političeskaja oppozicija v Leningrade 50–60-ch, in: Zvezda 1997, Heft 7, S. 212–215, hier S. 213.

großer Beliebtheit, denn diese Kunstrichtung trug zuvor den Stempel des offiziell verfemten sogenannten „Formalismus". Im Dezember 1956 war die Picasso-Ausstellung auch in der Leningrader Eremitage zu sehen. Irina Verblovskaja erzählt, wie Studenten versuchten, diesen Anlass für eine Diskussion über abstrakte Kunst zu nutzen:[37] Nachdem die Eremitage sowie andere öffentliche Einrichtungen abgelehnt hatten, ihre Räume für eine solche Veranstaltung zur Verfügung zu stellen, verlegten die jungen Leute das Treffen auf den *Platz der Künste*, wurden dort aber schon von Polizei und Militär empfangen, die den Platz vollständig abgeriegelt hatten. Augenzeugenberichten zufolge kam es zu Tumulten und Verhaftungen. Ohne um Erlaubnis zu fragen, zogen die Studierenden daraufhin zum Gebäude des Leningrader Künstlerverbandes, wo sie mitten in eine offizielle Sitzung hineinplatzten. Zur Verwunderung der staatlich akkreditierten Künstler entbrannten im Saal heftige Wortgefechte. Die Diskussion drehte sich einerseits um die für Sowjetbürger neue und unverständliche Kunst, andererseits um den Zusammenhang zwischen dem Verbot von Kunst, der Unterdrückung öffentlicher Diskussion und der Parteidiktatur. Eine Studentin, die lauthals verkündete, die Ereignisse auf dem *Platz der Künste* hätten ihr das Wesen der Gewaltherrschaft deutlich vor Augen geführt, wurde nach Angaben Verblovskajas umgehend verhaftet.[38]

An diesen Beispielen lässt sich ablesen, wie eng die Debatten um Literatur und Kunst für die Zeitzeuginnen mit politischen und gesellschaftlichen Fragen verbunden waren. Fast könnte man sagen: „Das Kulturelle war Politisch!" Kulturelle Diskussionen waren Aufhänger, Anstoß und Ableitung gesellschaftspolitischer Auseinandersetzungen.[39] So wurde Natal'ja Gorbanevskaja 1977 in einem Zeitungsinterview gefragt, warum sich die junge, politisch interessierte Generation in den Jahren 1956/57 vorzugsweise mit schöner Literatur beschäftigt habe, wo doch diese Jahre vom XX. Parteitag, der Rückkehr von Lagerhäftlingen und der Niederschlagung des ungarischen Aufstandes gekennzeichnet waren. Gorbanevskaja antwortete, die Literatur

---

[37] Folgende Begebenheiten schildert Verblovskaja im Interview mit Čujkina (Interview Sof'ja Čujkinas mit Irina Verblovskaja, St. Petersburg, Mai 1994, Archiv NIC Memorial, SPb, S. 8f.).

[38] Es handelte sich um die Musikstudentin Julija Krasovskaja. Nach Angaben von Venjamin Iofe kam sie nach wenigen Tagen wieder frei. Iofe: Političeskaja oppozicija v Leningrade, S. 213.

[39] Zur Bedeutung der Kultur für die Formierung der späteren Bürgerrechtsbewegung siehe auch Schlögel, renitenter Held, S. 180–183.

Stalins Tod und „Tauwetter"

habe in jener Zeit als „ideologische Plattform"[40] fungiert: „Die Freiheit der Literatur und Kunst und die politische Freiheit waren im Bewusstsein untrennbar miteinander verbunden."[41] In diesem Sinne erzählt auch Irina Verblovskaja, Dudincevs Roman sei in ihren Kreisen immer wieder gelesen, nacherzählt und breit diskutiert worden, „nicht als Buch, sondern als gesellschaftliche Erscheinung"[42]. Die erwähnten Diskussionen sowie die Ereignisse auf dem Platz der Künste zeigen außerdem, dass mit kulturellen Veranstaltungen auch Versuche kritischer Intellektueller verbunden waren, den öffentlichen Raum für Gedankenaustausch und gegenseitige Information zu erobern. Das Leningrader Beispiel verdeutlicht aber auch, in welchem eingeschränkten Maße der öffentliche Raum für solche Zwecke zur Verfügung stand.

Neben der Ventilfunktion der Kultur lassen sich weitere Faktoren aufzählen, die zur immensen Wirkung kultureller Erzeugnisse in der „Tauwetterzeit" beitrugen: Die abstrakte Kunst strahlte auf junge Menschen den Reiz des bisher Verbotenen aus; Bücher, die früher auf dem Index standen, weckten ihre Neugier.[43] In den Erinnerungen wird Kunst und Literatur eine aufklärerische Kraft zugeschrieben und die Fähigkeit, einen gesellschaftlichen Wandel auslösen zu können.[44] Zeitgenössische westliche Kunst war in intellektuellen und studentischen Kreisen beliebt, weil sie, zumindest auf geistiger Ebene, die Isolation hinter dem „Eisernen Vorhang" zu überwinden half.[45] Einen Beitrag hierzu leistete auch das Moskauer Jugendfestival im Sommer 1957:[46] Abstrakte Kunst wurde in drei großen Ausstellungen gezeigt. Musiker aus aller Welt gaben Jazzkonzerte, womit diese jahrelang in den Untergrund verbannte Musik zumindest teilweise rehabilitiert wurde. Jazz, abstrakte Kunst und Poesie, das waren auch Ausdrucksformen eines neuen Lebensgefühls, eines neuen Miteinanders.[47] Der Sozialistische Rea-

---

[40] La Génération de 56. Entretien avec Natacha Gorbanevskaïa, in: Magazine littéraire 125 (Juni 1977), S. 18–21, hier S. 21.
[41] Ebenda. Siehe auch Interview Velikanova, die fast dieselbe Aussage formuliert.
[42] Interview Verblovskaja.
[43] Interview Velikanova.
[44] Orlova, Vergangenheit, S. 162.
[45] Interview Sadomskaja; Interview Čujkinas mit Verblovskaja, Archiv NIC Memorial, SPb, S. 8.
[46] Boris Šragin, S. 365–367.
[47] Siehe dazu 4.4, den Abschnitt „Die Entdeckung des Individuums".

lismus, die offizielle Sprache, Dichtung und Musik schienen nicht mehr angemessen zu sein, um alle Facetten des Lebens auszudrücken.[48]

Schließlich galt die Vorliebe für moderne Kunst und Literatur in bestimmten Kreisen als Erkennungszeichen von Gesinnungsgenossen. So schreibt Raisa Orlova, in der Zeit des „Tauwetters" sei es ihr leicht gefallen, einen fremden Menschen einzuschätzen, je nachdem welche Bücher er las und welche Position er dazu bezog.[49] Die Frage nach literarischen Vorlieben war gegenüber Arbeitskollegen ein Test, ob man mit ihnen frei diskutieren konnte.[50] Wenn man auf der Straße oder im Bus einen Fremden sah, aus dessen Tasche der blassblaue Einband der Zeitschrift *Novyj Mir* lugte, wusste man sofort, dass man es mit einem liberalen Intellektuellen zu tun hatte: „Natürlich fragte man ihn, ob das neue Heft endlich erschienen war. Wenn man sich dann ein paar Minuten unterhielt, stellte man fest, dass man gemeinsame Freunde hatte."[51] Als endgültiger Vertrauensbeweis galt dann die Weitergabe von unveröffentlichter, möglicherweise zensierter Literatur. So beschreibt Irina Verblovskaja, wie sie Revol't Pimenov, kurz nachdem sie ihn kennen gelernt hatte, eine Abschrift von Aleksandr Tvardovskijs Gedicht *Terkin im Jenseits*[52] zeigte. Dies sei der Anfang ihrer Freundschaft, Liebe und aller folgenden politischen Diskussionen und Aktivitäten gewesen.[53]

Nach wie vor herrschte in der UdSSR strenge Zensur. Offene Diskussionen konnten nicht überall stattfinden. Parallel zu den Veränderungen in der offiziellen Kulturwelt verlagert sich ein Teil des kulturellen und politischen Lebens ins Private; die „Küchen", stellvertretend gebraucht für alle privaten Räume und Treffpunkte, wurden zum Ersatz für den fehlenden öffentlichen Raum.

---

[48] Zur Wirkungsmacht insbesondere der Lyrik siehe auch Beyrau, Intelligenz und Dissens, S. 230.
[49] Orlowa, Vergangenheit, S. 161. Ebenso erzählt Irina Verblovskaja, in der Zeit des „Tauwetters" sei es schon sehr offensichtlich gewesen, „auf welcher Seite des öffentlichen Lebens man stand". Interview Verblovskaja.
[50] Interview Velikanova.
[51] Alexeyeva, Thaw Generation, S. 96.
[52] Der russische Originaltitel lautet: *Terkin na tom svete*.
[53] Interview Čujkinas mit Verblovskaja (Archiv NIC Memorial, SPb), S. 4 und 10f.

Stalins Tod und „Tauwetter"

Ebenso wie die „Küchengespräche" so ist auch die Herausbildung des *Samizdat* eine Erscheinung des „Tauwetters".[54] Der Begriff, der in der Übersetzung etwa „Selbstverlag" heißt, ist dem Dichter Nikolaj Glazkov (1919–1979) zu verdanken.[55] Anfang der fünfziger Jahre gab er auf seiner maschinengeschriebenen, handgebundenen Gedichtsammlung als Verlag den Namen *Samsebjaizdat* an („von mir selbst verlegt"). Dieser Ausdruck war gleichsam eine Parodie auf *Gospolitizdat*, das staatliche Verlagshaus. Der *Samizdat* war als Medium und Informationsnetz untrennbar mit der sowjetischen Dissidenz und anderen oppositionellen Bewegungen in den „Volksdemokratien" Ost- und Mitteleuropas seit der zweiten Hälfte der sechziger Jahre verbunden.[56] Schon in den späten vierziger Jahren gingen im engen Freundeskreis Gedichte von Hand zu Hand.[57] Nach Stalins Tod zog das Abschreiben und Verteilen von Literatur breitere Kreise.[58] Alekseeva erzählt, wie sie sich 1954 eigens eine Schreibmaschine kaufte, um ihre Lieblingsgedichte mit Durchschlägen abzutippen und ihren Freunden zu schenken.[59] Gefragt waren in den fünfziger Jahren in erster Linie die Lyrik aus dem „Silbernen Zeitalter"[60], etwa Achmatova, Nikolaj Gumilev (1885–1921), Marina Cvetaeva (1892–1941) oder Osip Mandel'štam (1891–1938), und Gedichte jüngerer Zeitgenossen, die entweder gar nicht oder nur sehr

---

[54] Zur Entstehung des *Samizdats* in der Sowjetunion stellvertretend für viele: Aleksandr Daniėl': Wie freie Menschen. Ursprung und Wurzeln des Dissens in der Sowjetunion, in: Samizdat – Alternative Kultur in Zentral- und Osteuropa, S. 38–51.

[55] Eine originelle Problematisierung des Begriffes findet man bei György Dalos: Archipel Gulasch: Entstehung der demokratischen Opposition in Ungarn; mit vielen Dokumenten, Bremen 1986, S. 7–10.

[56] Aleksandr Daniėl': Dissidentstvo: Kul'tura uskol'zajuščaja, S. 11f.; Beyrau, Intelligenz und Dissens, S. 132f.

[57] Über das Abschreiben von Gedichten in den vierziger Jahren: Alexeyeva, Thaw Generation; Bogoraz, Une femme en dissidence; Interviews Gorbanevskaja, Sadomskaja; Interview Orlovas mit Rozanova und Sinjavskij, Archiv der FSO, Bremen. Siehe auch Kapitel 3.1 und 3.2.

[58] Interview Orlovas mit Sinjavskij, S. 1, Interviews Žolkovskaja-Ginzburg, Gorbanevskaja, Sadomskaja, Bella Ulanovskaja.

[59] Interview Orlovas mit Alekseeva, S. 1f.

[60] Als „Silbernes Zeitalter" gelten in der russischen Kunst und Literatur die ersten beiden Jahrzehnte des 20. Jahrhunderts, der Blütezeit der Avantgarde und künstlerischen Experimente.

Von der Küche auf den Roten Platz

eingeschränkt in der sowjetischen Presse veröffentlichen durften, so zum Beispiel Evgenij Evtušenko (geb. 1933), Iosif Brodskij (1940–1996), Andrej Voznesenskij (geb. 1933), Bella Achmadulina (geb. 1937), Jurij Galanskov (1939–1972) und Natal'ja Gorbanevskaja. Ende der fünfziger Jahre erschienen erste inoffizielle Lyrik-Anthologien.[61] Aus der jugendlichen Dichter-Szene formierte sich Anfang der sechziger Jahre die Vereinigung SMOG.[62] Prosa begann erst nach dem XX. Parteitag zu zirkulieren, beispielsweise die Lagermemoiren Evgenija Ginzburgs (1904–1977) *Krutoj maršrut* („Gratwanderung")[63], politische Texte wie Milovan Đilas' *Die neue Klasse* und unveröffentlichte Romane russischer Autoren wie Michail Bulgakov (1871–1940) und Vladimir Nabokov (1899–1977). Auch Übersetzungen verbotener westlicher Bücher waren sehr beliebt: Kafkas *Prozess*, Hemingways *Wem die Stunde schlägt*, Orwells *Farm der Tiere*. Die Manuskripte gelangten teilweise über die Mitarbeiterinnen und Mitarbeiter offizieller Zeitschriften wie *Novyj Mir* oder *Innostrannaja Literatura* in den *Samizdat*. Mit der Entwicklung der Dissidentenbewegung in der zweiten Hälfte der sechziger Jahre kursierten im *Samizdat* zunehmend Informationen über Repressionen sowie inoffizielle Nachrichten-Bulletins der Protestbewegung. Nach und nach professionalisierte und kommerzialisierte sich die Herausgebertätigkeit.[64] In der zweiten Hälfte der siebziger Jahre verlagerte sich ein beachtlicher Teil der Literatur vom *Samizdat* auf den *Tamizdat* (wörtlich: „Dortver-

---

[61] In Leningrad waren das die Sammelbände *Goluboj buton. Chudožestvennyj i antichudožestvennyj žurnal* („Hellblaue Knospe. Künstlerische und antikünstlerische Zeitschrift"), *Svežye golosa* („Neue Stimmen") und *Eres* („Häresie"). Vjačeslav Dolinin: Die Leningrader Periodika des Samizdat von Mitte der 50er bis 80er Jahre, in: Samizdat. Materialien der Konferenz ..., S. 8–32, S. 14. In Moskau gilt der von Aleksandr Ginzburg herausgegebene Sammelband *Sintaksis* als erste *Samizdat*-Poesie-Zeitschrift. Daniėl', Wie freie Menschen, S. 44.

[62] Die Abkürzung steht wahlweise für *Smelost', mysl', obraz, glubina* („Kühnheit, Gedanke, Bild, Tiefe") oder *Samoe molodoe obščestvo geniev* („Jüngste Gesellschaft von Genies"). Beyrau, Intelligenz und Dissens, S. 182.

[63] Erste russische Ausgabe: Evgenija Ginzburg: Krutoj maršrut, Franfurt am Main 1967. Vollständige Ausgabe: Krutoj maršrut. Chronika vremen kul'ta ličnosti, Moskau 1990. Die deutsche Übersetzung erschien sowohl unter dem Titel Gratwanderung, München/Zürich 1997 (7. Aufl.) als auch Marschroute eines Lebens, München/Zürich 1992. Im Folgenden wird die russische Ausgabe von 1990 zitiert.

[64] Siehe dazu Kapitel 5.3.

Stalins Tod und „Tauwetter"

lag"): Autorinnen und Autoren aus der Sowjetunion schickten ihre Werke über Korrespondenten oder andere Kanäle in den Westen, auf dem gleichen Weg kamen sie frisch gedruckt zurück. Bezeichnenderweise gehen die Autobiographinnen, mit Ausnahme von Alekseeva, nur spärlich auf Entstehung und Entwicklung des *Samizdat* ein. Zwar ist ohne ihn die Dissidentenbewegung nicht vorstellbar, aber für die Zeitzeuginnen scheint er so selbstverständlich gewesen zu sein, dass sein Aufkommen in den Selbstzeugnissen nur beiläufig erwähnt wird. Der *Samizdat* wird gleichsam als „natürliche" Erscheinung der Zeit behandelt, die sich organisch entwickelte. Viele können sich nicht mehr genau an ihre erste Begegnung mit ihm erinnern.[65] So erzählt Vera Laškova: „Er war einfach da." (*On prosto byl*)[66]. In der Regel erwähnen die Zeitzeuginnen nur das Abschreiben von Gedichten; die Reihenfolge weiterer Texte und Werke ist in ihrer Erinnerung nicht mehr präsent. Hier zeigt sich, dass der *Samizdat* in den Lebensgeschichten zu den „unstrukturierten Erinnerungsspuren"[67] zählt. Er gehörte in so hohem Maße zum Alltag der Dissidentinnen und Dissidenten, dass das Erleben in keine sequentielle Ordnung mehr gebracht werden kann. Da Muster ohne klar definierte Grenzen, Anfangs- und Endpunkte im Gedächtnis weniger leicht gespeichert werden können, ist zumeist keine strukturierte Erinnerung an die Entwicklung des *Samizdat*-Wesens vorhanden.[68]

---

[65] Siehe die Interviews im Archiv der FSO der Universität Bremen, die Raisa Orlova in den achtziger Jahren zum Thema *Samizdat* geführt hat. Viele der Zeitzeuginnen und Zeitzeugen räumen zwar dem *Samizdat* eine immense Bedeutung für ihr Leben ein, können sich aber nicht mehr genau erinnern, wie sich der *Samizdat* entwickelte, oder auch nur wann sie den ersten *Samizdat* lasen.
[66] Interview Laškova.
[67] Rosenthal, Erlebte und erzählte Lebensgeschichte, S. 77.
[68] Ebenda.

4.3 Der XX. Parteitag und die Heimkehr der Lagerhäftlinge

Neues Vertrauen in die Mitmenschen

Anders als beim *Samizdat*, der in den autobiographischen Texten kaum Spuren hinterlassen hat, verhält es sich mit den Erinnerungen an den XX. Parteitag und die Entlassung Hunderttausender Häftlinge aus den Lagern. Diese Geschehnisse gelten als zentrale Ereignisse, die in fast allen Autobiographien und Interviews erwähnt werden.

Eine erste Teilamnestie für Gefangene wurde schon am 27. März 1953 verkündet, drei Wochen nach Stalins Tod,[69] doch politische Gefangene waren zunächst davon ausgenommen. Nach einer Reihe von Aufständen und Revolten, insbesondere in den Speziallagern für „Politische"[70], kam es zu weiteren Teilamnestien, so im September 1955, als Häftlinge, die wegen „Kollaboration mit dem Besatzer" verurteilt worden waren, und die bis dahin verbliebenen deutschen Kriegsgefangenen frei kamen. Im Herbst 1955 begannen die Sicherheitsorgane, die zwischen 1937 und 1939 gefällten Urteile zu überprüfen. Schließlich folgte der XX. Parteitag, auf dem Nikita Chruščev als Erster Sekretär der Partei in der Nacht vom 24. auf den 25. Februar 1956 nach dem offiziellen Teil der Zusammenkunft seine berühmte „Geheimrede"[71] hielt. Vier Stunden lang prangerte er Stalins Untaten an, vom Mord an Kirov, den Schauprozessen und den erpressten Geständnissen in den dreißiger Jahren, den Fehlern des „weisen Führers" in den ersten Kriegsmonaten bis hin zur fingierten „Ärzteverschwörung". Chruščev

---

[69] Die erste Amnestie vom 27. März 1953 betraf vor allem Kleinkriminelle, die einem der unzähligen repressiven Gesetze (wie „Vernachlässigung des Arbeitsplatzes") zum Opfer gefallen waren. Nancy Adler: The Gulag survivor: beyond the Soviet system; New Brunswick/London 2002, S. 77ff.; Nicolas Werth: L'Amnistie du 27 Mars 1953. La première grande sortie du Goulag, in: Communisme 42–44 (1995), S. 211–223.

[70] Unter den bedeutendsten Unruhen sind zu nennen: die Aufstände im Speziallager Nr. 2 in Norilsk, Nr. 6 in Vorkuta, Nr. 4 in Karaganda (Kasachstan). Marta Craveri/Nicolai Formosow: La résistance au Goulag. Grèves et révoltes dans les camps de travail soviétique de 1920–1956, in: Communisme 42–44 (1995), S. 197–209, hier S. 203f.; Zubkova, S. 165; Schlögel, Der renitente Held, S. 47–78.

[71] Sie wurde in der Presse nicht veröffentlicht.

nannte erstmals Zahlen der Opfer, machte aber allein Stalin und den „Personenkult" für die Verbrechen verantwortlich. Den Ansatz für Reformen sah er in der Rückkehr zu Lenins Prinzipien.

Über verschiedene Wege erhielten breitere Kreise der Bevölkerung Kenntnis von dieser Geheimrede: Man verlas sie auf Parteiversammlungen, zu denen häufig nicht nur Mitglieder, sondern auch Komsomolzen und Gewerkschafter eingeladen wurden.[72] Diejenigen, die keinen Zugang zu solchen Versammlungen hatten, wurden durch Freunde, Bekannte oder Kollegen von der Chruščev-Rede unterrichtet. Es zirkulierten auch unter der Hand Abschriften.[73]

Während die Nachricht von den Verbrechen für breite Teile der Bevölkerung ein Schock gewesen zu sein scheint, versichern die meisten der ehemaligen Dissidentinnen, der XX. Parteitag habe ihr Weltbild nicht fundamental erschüttert, sondern lediglich Ahnungen bestätigt und Einzelheiten geliefert. Raisa Orlova sagt, die Rede habe eine „Wahrheit" ausgesprochen, die längst bekannt, „aber Jahre hindurch verborgen"[74] gewesen sei. Man diskutierte bereits vor dem XX. Parteitag, sogar vor Stalins Tod, im kleinen Zirkel über die Missstände im Land. Durch regelmäßige politische Gespräche im engsten Freundeskreis, wie sie etwa Irma Kudrova schildert, sei man auf die Enthüllungen des XX. Parteitags „vorbereitet" gewesen und habe „fast nichts Neues"[75] mehr erfahren. Dennoch berichten Zeitzeuginnen, dass die Rede gravierende Auswirkungen auf ihr politisches Bewusstsein hatte. Die erfahrenen Tatsachen bestätigten eigene Analysen, vermittelten Selbstvertrauen in die eigene Urteilsfähigkeit und Skepsis gegenüber dem Anspruch der Partei, „immer Recht zu haben". Wenn Kritik an einem Parteiführer möglich war, so Bogoraz, habe dies auch bedeutet, dass in Zukunft andere

---

[72] Interview Kudrova, die angibt, ihr sei als Komsomolzin erlaubt worden, an der Parteiversammlung teilzunehmen. Siehe auch Alexeyeva, Thaw Generation, S. 76.

[73] Alexeyeva, Thaw Generation, S. 76f.; Bogoraz, Une femme en dissidence, S. 67; Orlowa, Vergangenheit, S. 247; Irina Verblovskaja, K istorii voznikovenija Samizdata 50-ch godov, in: Samizdat. (Po materialam koferencii), S. 32–33, hier S. 32; Interviews Gorbanevskaja, Kudrova, Sadomskaja, Salova, Velikanova, Verblovskaja.

[74] Orlowa, Vergangenheit, S. 247.

[75] Interview Kudrova.

Parteiführer kritisiert werden konnten.[76] Der wie ein Gott verehrte Stalin wurde also offiziell entzaubert.[77] In den Augen der Zeitzeuginnen war die größte Konsequenz des XX. Parteitages aber, dass die Bürgerinnen und Bürger, die in den dreißiger und vierziger Jahren zahlreiche „Säuberungs-" und Repressionswellen erlebt hatten, ihre Angst vor willkürlichen Verhaftungen verloren: „Die Liberalisierung, die auf Stalins Tod folgte, befreite die Menschen allmählich von ihrer Furcht. Sie begannen, nachts wieder ruhig zu schlafen, und sie hörten auf, sich vor späten Telefonanrufen oder vor nächtlichen Schritten auf der Treppe zu ängstigen."[78] Nicht nur die Angst vor Verhaftungen schwand, auch die Angst davor, offen mit seinen Mitmenschen zu sprechen. Besonders eindrücklich schildert dies Ljudmila Alekseeva: Auf einer Parteiversammlung ihres Instituts erfuhr sie von Chruščevs Rede. Anschließend ging sie mit einem Kollegen, den sie zuvor kaum gekannt hatte, auf einen Kaffee. Jeder der beiden habe ein „Geständnis" abgelegt. Sie weihte ihren Kollegen in ihre Zweifel ein, die sie seit langem an der Partei und deren „Karrieristen" hegte. Der junge Mann, ein *frontovik*, sprach offen über sein „früheres Leben". Während des Krieges war er Untersuchungsführer in Strafangelegenheiten gewesen. Er erzählte von den Verhörpraktiken und drakonischen Strafen, an denen er selbst wider Willen mitschuldig war. „Ein paar Wochen früher wären solche Gespräche undenkbar gewesen"[79], konstatiert Alekseeva. „Nun wurden sie gewöhnlich, alltäglich und notwendig."[80]

Es gibt zahlreiche Zeugnisse, die beschreiben, wie die schwindende Angst vor Denunziationen und Spitzeln zu offenerem Umgang, gestiegenem Vertrauen und oft zu regelrechtem Mitteilungsbedürfnis führte. „Überall

---

[76] Bogoraz Une femme en dissidence, S. 68.

[77] Nach den Forschungsergebnissen Zubkovas unterschieden sich die Reaktionen auf den XX. Parteitag in anderen Gesellschaftsschichten gravierend von denen der urbanen Intellektuellen: Man konnte den „Kampf gegen den Personenkult" oft nicht von bisherigen Kampagnen gegen „Volksfeinde" unterscheiden und befürchtete eine neue Repressionswelle. Andere hielten ungebrochen an ihrer Verehrung Stalins fest. Es kam zu Protesten gegen die Demontage von Denkmälern. Zubkova, S. 185–189.

[78] Kaminskaja (deutsche Ausgabe), S. 33.

[79] Alexeyeva, Thaw Generation, S. 77.

[80] Ebenda.

Stalins Tod und „Tauwetter"

spürte man den Wunsch zum vertraulichen Miteinander"[81], schreibt Raisa Orlova über die Zeit nach dem XX. Parteitag. Nun traute man sich, aus dem unmittelbaren Freundeskreis hinauszugehen, neue Bekanntschaften und Freundschaften zu schließen. Menschen erzählten sich gegenseitig ihre Schicksale und stellten fest, dass sie mit ihren Erfahrungen nicht allein waren. Kinder von „Volksfeinden" mussten ihre Eltern nicht länger verleugnen. Man fühlte sich frei zu fragen, was mit verschwundenen Verwandten, Bekannten und Nachbarn passiert war, und tauschte Familiengeschichten aus.

Eine einprägsame Begebenheiten schildert Alekseeva: 1956 habe sie von einer gemeinsamen Freundin die wahre Identität ihrer hübschen Kommilitonin Gelja erfahren, die mit ihr zusammen am Institut für Ökonomie und Statistik promovierte. Gelja, die mit vollem Namen Engelsina Markizova hieß, war das kleine Mädchen im Matrosenhemd auf dem Arm des Genossen Stalin, das einst in jedem Schulzimmer hing! Das Foto war im Frühjahr 1936 entstanden, anlässlich einer Parteiversammlung in der Burjatisch-Mongolischen Volksrepublik, bei der Geljas Vater Ardan Markizov als Volkskommissars für Landwirtschaft eine Auszeichnung erhielt.[82] Der Vater wurde Ende 1937 verhaftet und als „japanischer Spion" zum Tode verurteilt, die Mutter, die ebenfalls 1937 in Gefangenschaft kam, wurde nach zwei Jahren wieder aus der Haft entlassen, starb aber an den Folgen kurze Zeit später, im Alter von 32 Jahren.[83]

Nicht nur in die Erinnerungen Alekseevas, sondern auch in viele weitere Selbstzeugnisse werden die nun bekannt gewordenen Schicksale von Freunden, Bekannten und Verwandten eingeflochten.[84] Schon daran wird ersichtlich, wie hoch das Bedürfnis war, Erfahrungen auszutauschen und Einzelschicksale aufzuklären, die mit dem repressiven System verknüpft waren.

---

[81] Orlowa, Vergangenheit, S. 286.
[82] Das Foto wurde am 1. Mai 1936 auf der Titelseite der *Izvestija* veröffentlicht.
[83] Alexeyeva, Thaw Generation, S. 80–83. Während der *perestrojka* wurde die Geschichte Geljas in einigen sowjetischen Zeitungen veröffentlicht. Gelja Markizova erzählte sie zudem in mehreren Fernsehinterviews, unlängst in der ZDF-Serie *Stalin* anlässlich seines 50. Todestages: Stalin, Teil I: „Der Mythos", 4.3.2003, Teil III: „Der Tyrann", 18.3.2003.
[84] Beispiele hierfür sind die Memoiren Bogoraz', Bonnėrs, Kaminskajas, Orlovas, Orlovs und Sacharows sowie Gespräch E. und die Interviews Gorbanevskaja, Kudrova, Laškova, Sadomskaja, Salova, Ulanovskaja.

Von der Küche auf den Roten Platz

Die Erinnerung an den Gulag

Nach dem XX. Parteitag wurden Sonderkommissionen eingesetzt, die Fälle der noch in Arbeitslagern einsitzenden Gefangenen begutachten sollten. Ein Teil der politischen Häftlinge war schon 1954 und 1955 ohne Maßnahmen von oben entlassen worden,[85] das Gros folgte 1956 und 1957.[86] In der Öffentlichkeit und den offiziellen Medien fand die Entlassung der Lagerhäftlinge allerdings keine Beachtung. Es gab keine öffentlichen Diskussionen über die „Säuberungen", die Verhöre und die Folterungen, die Gefängnisse und die Lager. Verantwortliche wurden nicht zur Rechenschaft gezogen. Die Heimkehrer fanden im öffentlichen Leben kein Forum für ihre Geschichten.[87] Ihren Überlebenskampf im Lager, ihre Trauer über die gestohlenen Lebensjahre, ihren Schmerz über die zerstörte Familie konnten sie allenfalls im privaten Kreis erzählen. So entwickelten sich nicht-offizielle Formen des Gedenkens. Ehemalige Lagerhäftlinge begannen, sich am 5. März eines jeden Jahres zu treffen, um den „Todestag des Tyrannen" zu feiern. So beschreibt Boris Šragin (1926–1990), Kunsthistoriker und späterer Ehemann Natal'ja Sadomskajas, seine erste Einladung zu einem solchen Fest:[88] Die ehemaligen *zeks*[89] kamen teilweise in Häftlingskleidung zu-

---

[85] Das liegt daran, dass mit Stalins Tod die bisherige Praxis eingestellt wurde, die Gefangenen vor Ablauf ihrer Haftzeit immer wieder erneut zu verurteilen, um ihre Entlassung zu verhindern. Stefan Merl: Entstalinisierung, Reformen und Wettlauf der Systeme 1953–1964, in: Handbuch der Geschichte Russlands Band V: Vom Ende des Zweiten Weltkrieges bis zum Zusammenbruch der Sowjetunion, hg. von Stefan Plaggenborg, Stuttgart 2002, S. 175–318, hier, S. 197.

[86] Während 1954/55 etwa 90 000 der nach Artikel 58 Verurteilten entlassen wurden, verließen 1956/57 310 000 die Lager. Am 1. Januar 1959 befanden sich noch 11 000 politische Gefangene in Lagerhaft. Angaben nach Werth, Ein Staat gegen sein Volk, S. 282. Rehabilitiert wurden längst nicht alle entlassenen Lagerhäftlinge, 1956 und 1957, den Jahren, in denen die meisten Rehabilitationen stattfanden, gab es lediglich 60 000, ab 1962 wurde nur noch wenigen Anträgen stattgegeben, 1965 so gut wie gar keinen mehr. Werth, Ein Staat gegen sein Volk, S. 283, Merl, Entstalinisierung, in: Handbuch der Geschichte Russlands Bd. V, S. 198.

[87] Adler, Gulag Survivor, S. 38–42, Irina Sherbakova: The Gulag in Memory, in: Luisa Passerini (Hrsg.): Memory and totalitarism, Oxford 1992, S. 103–115, hier S. 107.

[88] Boris Šragin, S. 367–371.

[89] *Zek* ist im Lagerjargon der Ausdruck für „Häftling".

Stalins Tod und „Tauwetter"

sammen, jedem Gast wurde die sorgfältig abgewogene lagerübliche Ration an Schwarzbrot und Streichhölzern zugeteilt. Die Häftlingsrationen hatten freilich nur Symbolcharakter, das Festmahl war weitaus üppiger, Wodka und Cognac flossen in Strömen. Es wurden Lagerlieder angestimmt und Erinnerungen ausgetauscht. Jeder der Anwesenden erzählte der Reihe nach, wie ihn die Nachricht vom Tod Stalins erreicht hatte. Ebenso wie in den Memoiren Šragins spielt die Begegnung mit ehemaligen Lagerinsassen und die Konfrontation mit deren Geschichten in den Lebenserinnerungen der Dissidentinnen eine zentrale Rolle.[90] Schließlich gab es gerade in den Metropolen kaum jemanden, der nicht Zeuge einer Verhaftung in der Familie oder im Freundeskreis geworden war.[91] In den Kreisen, in denen die späteren Andersdenkenden verkehrten, war nach eigenem Bekunden das Interesse für die Erinnerungen der „Repressierten" außerordentlich groß. Da kein öffentlicher Raum vorhanden war, in dem die Schicksale erzählt werden konnten, entwickelten einige der ehemaligen Häftlinge ein starkes Bedürfnis, die Erlebnisse wieder und wieder im Privaten zu erzählen. So verkehrte Alekseeva in einem Kreis junger Leute, dessen Mitglieder bereits in jungen Jahren in den Lagern interniert worden waren. Sie beobachtet, dass diese, inzwischen Mitdreißiger, fast eine „perverse Nostalgie für die Lager"[92] empfanden und bisweilen über nichts anderes reden konnten. Es wird sogar über ehemalige Gefangene der stalinistischen Lager berichtet, die mit ihren Geschichten regelrechte Vortragstourneen unternahmen.[93] Persönliche Erlebnisberichte waren die einzigen Quellen, um die zeitgeschichtlichen Ereignisse in ihrem ganzen Ausmaß zu ergründen und in die Welt des Archipel Gulag vorzudringen. In den Erinnerungen wird beschrieben, wie allmählich ein Bewusstsein für das Schicksal der unter Stalin Verschwundenen entstand, der Lagerjargon in die Alltagssprache überging und sich das Liedgut aus den Lagern verbreitete. „Die Grenzen zwischen der ‚kleinen Zone', das heißt den Lagern, und der

---

[90] Alexeyeva, Thaw Generation, S. 70ff. sowie S. 86–88; Bogoraz Une femme en dissidence, S. 68–70; Orlowa, Vergangenheit, S. 103ff., S. 110f., S. 239–244, S. 398f.; Gespräch E.; Interviews Gorbanevskaja, Kudrova, Landa, Sadomskaja, Salova, Verblovskaja.

[91] So schreibt der in Moskau geborene und aufgewachsene Andrej Sacharov: „Ich kenne keine einzige Familie, in der es keine Opfer dieser Repressionen gegeben hätte, und meist waren es noch mehr Opfer als in unserer Familie." Sacharow, Mein Leben, S. 45.

[92] Alexeyeva, Thaw Generation, S. 88.

[93] Sherbakova: The Gulag in Memory, S. 106.

Von der Küche auf den Roten Platz

‚großen Zone', also der vorgeblichen Freiheit, verschwammen"[94], schreibt Larisa Bogoraz.

Neben den mündlichen Überlieferungen ehemaliger politischer Gefangener kursierten zunehmend die Manuskripte schriftlicher Augenzeugenberichte im *Samizdat*. Eine der ersten, die ihre Memoiren an die stalinistischen Lager niederschrieb, war Evgenija Ginzburg. Die Journalistin und Dozentin, Mitglied der KPdSU, wurde im Frühjahr 1937 verhaftet und zusammen mit ihrem Mann Pavel Aksenov wegen „Mitgliedschaft in einer trotzkistisch-terroristischen Organisation" zu zehn Jahren Haft und „ewiger Verbannung" verurteilt. Die Haftstrafe verbüßte sie größtenteils an der Kolyma[95]. Nachdem sie 1947 aus dem Lager entlassen worden war, lebte sie in der Verbannung in Magadan, bis sie 1955 nach Moskau zurückkehren durfte. Ende der fünfziger Jahre schrieb sie ihre Memoiren *Gratwanderung* nieder. Sie hatte keine Hoffnung, den Text zu veröffentlichen, und schrieb daher ohne Rücksicht auf die Zensur. Ungeschminkt schildert sie ihre Verhaftung und Verurteilung, die Odyssee durch verschiedene Gefängnisse und Lager sowie ihre innere Entwicklung. Als überzeugte Kommunistin und Anhängerin Stalins gelangte sie in eine Welt, von deren Existenz sie bis dahin nichts gewusst hatte. Dies führte dazu, dass sie mit dem Stalinismus brach. An ihren kommunistischen Idealen hielt Ginzburg jedoch fest. Nach dem XX. Parteitag und ihrer Rückkehr nach Moskau hoffte sie auf Reformen, die den Staat zum „wahren" Kommunismus zurückführen sollten.

Nachdem Evgenija Ginzburg 1962 den ersten Teil ihrer Erinnerungen fertiggestellt hatte, erschien im November desselben Jahres Aleksandr Solženicyns autobiographisch geprägte Erzählung *Ein Tag im Leben des Iwan Denisovič* in der *Novyj Mir*[96], nachdem ihr Herausgeber Aleksandr

---

[94] Bogoraz Une femme en dissidence, S. 69. Die Begriffe „kleine" und „große Zone" entstammen ebenfalls dem Sprachgebrauch der Lagerhäftlinge. Die Tatsache, dass die Häftlinge selbst nach ihrer Entlassung sich immer noch als Insassen einer „Zone" empfanden, zeigt wie tief sie ihren Status als Gefangene verinnerlicht hatten. Adler, Gulag Survivor, S. 36.

[95] Die Kolyma ist ein Fluss im Nordosten Sibiriens. Die Straflager befanden sich zumeist im Gebiet um Magadan, dem Einzugsbereich der oberen Kolyma.

[96] Die Erzählung erschien in der *Novyj Mir* 1962, Heft 11. Deutsche Ausgabe: Ein Tag im Leben des Iwan Denissowitsch, München/Zürich 1963. Die Handlung dieser Erzählung umfasst die Ereignisse eines wahllos herausgegriffenen Tages im Januar 1951 aus der Perspektive des Häftlings Nr. Š 854, des ehemaligen Zimmermanns Ivan Denisovič Šuchov.

Stalins Tod und "Tauwetter"

Tvardovskij elf Monate mit der Zensurbehörde gerungen hatte.[97] Die Publikation stellte einen Tabubruch dar.[98] Ihre Wirkung im In- und Ausland war immens. Sowjetische Leserinnen und Leser konnten kaum glauben, dass ein Werk diesen Inhalts, geschrieben in schnörkelloser Sprache und „ohne inneren Zensor"[99], seinen Weg in die offizielle Presse fand.[100] Ermutigt durch Solženicyns Veröffentlichung, bereiteten weitere Autorinnen und Autoren, die sich kritisch mit der Stalinzeit auseinandersetzten, ihre Werke für den Druck vor, aber sie scheiterten zumeist an der Zensur. Auch Evgenija Ginzburgs Versuch, ihre Memoiren zu veröffentlichen, blieb erfolglos. Das Manuskript, das sie den Zeitschriften *Junost'* und *Novyj Mir* übergeben hatte, kursierte statt dessen im *Samizdat* und stieß in der inoffiziellen Literatur-Szene auf großes Echo.

Aus dem Genre der Lagerliteratur gelangten in den frühen sechziger Jahren auch die *Geschichten aus Kolyma*[101] in den *Samizdat*, in denen der ehemaligen Häftling Varlam Šalamov (1907–1982) ein Panorama des Lagersystems im Nordosten der UdSSR zeichnete.[102] Weitere Manuskripte ehemaliger politischer Gefangener folgten seinem Weg in die Untergrund-Literatur: die Erinnerungen von Ginzburgs Lagergenossinnen Ol'ga Adamova-Sliozberg (1902–1992), Nadežda Grankina (1904–1983) und Elena

---

[97] Beyrau, Intelligenz und Dissens, S. 191.

[98] Zuvor war die Kurzgeschichte des inzwischen in die Vergessenheit geratenen Georgij Šelest *Kolymskie samorodki* in der *Izvestija* erschienen. Sie erlangte aber weitaus nicht die Breitenwirkung des *Ivan Denisovič*. Dariusz Tolczyk: See no Evil. Literary Cover-ups and Discoveries of the Soviet Camp Experience, Diss. Harvard University 1994, S. 160f.

[99] Interview Velikanova.

[100] Siehe auch Sherbakova, The Gulag in Memory, S. 106.

[101] Varlam Šalamov: Kolymskie rasskazy, London 1978, Magadan 1989, (deutsche Ausgabe: Warlam Schalamow: Geschichten aus Kolyma, Frankfurt am Main u.a. 1983).

[102] In zahlreichen Erinnerungen werden Ginzburg, Šalamov und Solženicyn als einflussreichste Autoren der „Lagerliteratur" genannt. Siehe die Interviews Raisa Orlovas im Archiv der FSO/Bremen, in denen sie gezielt nach der Lektüre einzelner *Samizdat*-Werke fragt.

Von der Küche auf den Roten Platz

Sidorkina[103], die Memoiren Nadežda Ioffes (1906–1999)[104] und Ekaterina Olickajas (1900–1977)[105] sowie die Erinnerungen Nadežda Mandel'štams (1899–1980), der Frau des im Lager umgekommenen Dichters Osip Mandel'štam.[106] Neben Erinnerungen kursierten im *Samizdat* auch fiktionale und lyrische Verarbeitungen des Lagerthemas, allen voran Achmatovas *Requiem*.[107] Ginzburgs *Gratwanderung* soll, mit etwa fünftausend Exemplaren im Umlauf, das am häufigsten vervielfältigte Werk der inoffiziellen Presse gewesen sein.[108] Es diente vielen anderen Lagererinnerungen als literarische Vorlage. So schreibt Lev Kopelev, selbst Autor von Lagermemoiren:

> Dieses Buch war das erste in einer Reihe, die sich noch heute fortsetzt und weiter fortsetzen wird. Alle, die seit damals ihre Erinnerungen niedergeschrieben haben und noch schreiben, alle, die unsere Vergangenheit, das tragische Schicksal unseres Landes festhalten und verstehen möchten, sie alle, wir alle folgen ihren Spuren.[109]

---

[103] In Auszügen sind alle drei veröffentlicht in: Dodnes' tjagoteet. Vypusk 1: Zapiski vašej sovremmenicy, hg. von Semen Vilenskij, Moskau 1989 (englische Ausgabe: Till my Tale is Told. Women's Memoirs of the Gulag, Bloomington, Indiana 1999).

[104] Nadeschda Ioffe: Rückblende. Mein Leben. Mein Schicksal. Meine Epoche, Essen 1997.

[105] Ekaterina Olickaja: Moi vospominanija, Bd. 1: Moi memuary, Bd. 2: Zapiski vraga naroda, Frankfurt am Main 1971.

[106] Nadežda Mandel'štam: Vospominanija New York 1970 und Vtoraja kniga, New York 1971. Deutsche Übersetzung: Das Jahrhundert der Wölfe. Eine Autobiographie, Frankfurt am Main 1971; dies.: Generation ohne Tränen. Erinnerungen, Frankfurt am Main 1975.

[107] Anna Achmatova, Requiem, München 1963 (in Russland erstmals erschienen in *Oktjabr'* 1987, Heft 3, S. 130–135). In der Prosa schildert Sergej Dovlatov in seiner Erzählung *Zona* das Lager aus der Perspektive eines Aufsehers, Georgij Vladimov sogar aus der Sicht eines Wachhundes. Sergej Dovlatov: Zona, in: ders.: Sobranie prozy v trech tomach, Bd. 1, St. Petersburg 1993, S. 25–172; Georgij Vladimov: Vernyj Ruslan. Istorija karaul'noj sobaki, Moskau 1989.

[108] Angabe nach Stefan Plaggenborg, „Entwickelter Sozialismus" und Supermacht 1964–1985, in: Handbuch der Geschichte Russlands, Bd. V, S. 319–517, hier S. 356.

[109] Lew Kopelew/Raisa Orlowa: Am Ende der Gratwanderung, Nachwort zu Jewgenija Ginsburg: Gratwanderung, München/Zürich 1980, S. 491–507, hier S. 492.

Stalins Tod und „Tauwetter"

Neben Ginzburg gehörte Aleksandr Solženicyn zu den am meisten rezipierten „Lagerautoren" des *Samizdat*. Viel gelesen wurden außer seinem *Ivan Denissovič* die Romane *Im ersten Kreis der Hölle*[110] und der *Archipel Gulag*.[111] Die hohe Autorität und Vorbildfunktion, die Ginzburg und Solženicyn zukamen, trugen mit dazu bei, dass die Erinnerungen an die Lager „kanonisiert"[112] wurden. Es ist offenkundig, dass sich spätere Erlebnisberichte an ihren Vorlagen orientierten. Mit der Zeit bildeten sich bestimmte Elemente als Genremerkmale der Lagerberichte heraus, die in mündlichen und schriftlichen Selbstzeugnissen wiederkehrten. Irina Šerbakova, die, selbst aus dem Umkreis der Dissidentenbewegung kommend, seit Beginn der siebziger Jahre Interviews mit ehemaligen Lagerhäftlingen auf Tonband aufzeichnete, machte bei ihren Recherchen folgende Beobachtung: Je mehr Geschichten über die Lager kursierten, desto schwieriger wurde es, den Zeitzeuginnen und Zeitzeugen persönliche Erlebnisse zu entlocken, desto

---

[110] Aleksandr Solženicyn: V kruge pervom, London 1968, deutsche Übersetzung: Der erste Kreis der Hölle, Frankfurt am Main 1968. Solženicyn thematisierte in diesem Roman die geistige Zwangsarbeit in der *Šaraška*, einem Spezialgefängnis für politische Gefangene.

[111] Aleksandr Solženicyn: Archipelag Gulag, Paris 1973–1975, 3 Bde., deutsche Ausgabe: Der Archipel GULAG, 3 Bde, Bern 1974/75. Der *Archipel Gulag* ist ein Versuch, eine enzyklopädische Darstellung des gesamten Lagersystems zwischen der Oktoberrevolution und 1956 mit einer literarischen Bewältigung der eigenen Erlebnisse zu verbinden. Als Quellen dienten dem Autor in erster Linie Augenzeugenberichte und sowie persönliche Erfahrungen mit dem Lagersystem.

[112] Jan Assmann bezeichnet als „Kanon" die „normativen und formativen Werte einer Gemeinschaft, die ‚Wahrheit'. Diese Texte wollen beherzigt, befolgt und in gelebte Wirklichkeit umgesetzt werden." (Assmann, Kulturelles Gedächtnis, S. 94). Entscheidend für die Kanonbildung ist, dass anstelle immer wieder neuer Rekonstruktionen eine feste Überlieferung entstehe. „Diese löst sich aus den kommunikativen Lebensbezügen heraus und wird zu einem kanonischen kommemorativen Gehalt." (S. 64). Im Unterschied zum „Code", der die Regeln, beispielsweise der Kommunikation, definiere, stelle der Kanon eine Norm und Werteformation dar (S. 116). Ein Kanon lege die Maßstäbe dessen fest, „was als schön, groß und bedeutsam zu gelten hat." Er definiere universelle, situationsabstrakte, allgemeinverbindliche Regeln, Grenzen und Normen (S. 124). Wenngleich Assmann mit seinem Kanonbegriff vor allem heilige Schriften und Gesetzestexte im Blick hat, knüpfe ich mit dem Begriff „kanonisierte" Erinnerung in Bezug auf die Lager an seine Ausführungen an, denn es gibt einige prominente Werke, die so viel normative Kraft besitzen, dass später erzählte Lagererinnerungen von ihnen beeinflusst und überformt werden.

häufiger wich in den Erzählungen die eigene Erfahrung einem Allgemeinplatz. Beispielsweise hörte sie aus dem Munde zahlreicher Gesprächspartnerinnen den Satz: „Als ich [nach meiner Entlassung aus dem Lager, A.S.] nach vielen Jahren das erste Mal wieder in einen Spiegel schaute, blickte mir meine eigene Mutter entgegen." Dieser Ausspruch fand sich erstmals in den Memoiren Ol'ga Adamova-Sliozbergs. Er wurde in Solženicyns *Archipel Gulag* zitiert und von den Interviewpartnerinnen aufgenommen.[113]

Lagererinnerungen fanden über literarische Vorbilder und mündliche Überlieferung Eingang ins kollektive Gedächtnis der Dissidentinnen und Dissidenten.[114] In ihren Kreisen wurden die Erinnerungen an die Lager und die damit verbundenen Rituale zu einem „Gedächtnisort"[115]. Diejenigen, die poststalinistische Lager erlebten, setzen sich in ihren Lager- und Gefängnisgeschichten stets mit dem „Kanon" auseinander. Beispielsweise streichen sie heraus, welche ihrer Erfahrungen sich von denen Ginzburgs oder Solženicyns unterschieden, was allein von deren Präsenz und Vorbildfunktion zeugt.[116]

Während auf der einen Seite die Trennlinien zwischen „großer und kleiner Zone" durch Erzählungen, Rituale, Lieder und Lagerjargon im Bewusstsein der Zeitgenossinnen und Zeitgenossen verwischten, so bestanden doch Grenzen der Kommunizierbarkeit von Lagererfahrungen.[117] Ginzburg er-

---

[113] Sherbakova, The Gulag in Memory, S. 113. Dies soll nicht heißen, dass die Quellen dadurch wertlos werden. Auch Topoi können aufschlussreiche Erkenntnisse über die Verarbeitung von Lagererfahrung liefern.

[114] Es wäre ein lohnenswerter Gegenstand künftiger Forschung, sich der Frage zu widmen, ob und wie das Lagerthema auch in anderen Gesellschaftsschichten erinnert wurde. Ferner könnte man fragen, auf welche Weise in verschiedenen Regionen und Gruppen versucht wurde, die verschwiegenen und tabuisierten Bereiche der Geschichte aufzuarbeiten und dem Vergessen zu entreißen.

[115] Der Begriff „Erinnerungs- oder Gedächtnisort" (*lieu de mémoire*) geht auf Pierre Nora zurück. Erinnerungsorte sind an das kollektive Gedächtnis einer Gemeinschaft gebunden. Sie können geographisch, zeitlich oder symbolisch sein, die Bandbreite reicht von Denkmälern, Gebäuden, Emblemen, Schriften und Institutionen bis hin zu Heldenfiguren.

[116] Siehe hierzu Kapitel 6.3, den Abschnitt: „‚Hierarchie nach Leidensgrad': Lager und Gefängnis in den Erinnerungen der Dissidentinnen und Dissidenten".

[117] Siehe Isabel Schmidt, S.41–43 sowie 49–60.

wähnt immer wieder ihre Unfähigkeit, das Erlebte mitzuteilen.[118] Sie weist ihre Leser ausdrücklich darauf hin, dass Außenstehende ihre Erfahrung nur begrenzt verstehen können: „*Wir* haben es erlebt. *Ihr* indessen stellt Euch das nur rein verstandesmäßig vor, wir aber *wissen*."[119] Die Unterscheidung zwischen „uns" und „Euch" impliziert das enge Zusammengehörigkeitsgefühl ehemaliger Häftlinge und verweist auf das Problem, sich nach der Entlassung aus dem Lager wieder vollständig in die Gemeinschaft mit denen zu integrieren, die diese Erfahrung nicht gemacht hatten:

> Sogar jetzt, viele Jahr später, da ich diese Erinnerungen aufschreibe, sind wir alle, die wird das „Brot des Leidens" miteinander gegessen haben, Brüder und Schwestern. Sogar Unbekannte [...] werden einem sofort vertraut, sobald man erfährt, dass sie *dort* gewesen sind. Sie

---

[118] So schreibt sie über ihre Konfrontation mit Folteropfern: „Und die Augen ihrer Opfer sah ich auch, sie hatten diesen ganz besonderen Ausdruck ... Nein, ich finde keine Worte, ihn zu beschreiben." E. Ginzburg (russische Ausgabe), S. 102. Den Verständnisgrenzen widmet die Forschung zu Berichten ehemaliger KZ-Häftlinge große Aufmerksamkeit. Michael Pollack: Die Grenzen des Sagbaren. Lebensgeschichten von KZ-Überlebenden als Augenzeugenberichte und als Identitätsarbeit, Frankfurt am Main 1988, Judith Klein: Am Rande des Nichts. Autobiographisches Schreiben von Überlebenden der Konzentrationslager: Jaqueline Saveria und Charlotte Delbo, in: Holdenried (Hrsg.): Geschriebenes Leben, S. 278–286; Birgit Kröhle: Geschichte und Geschichten. Die literarische Verarbeitung von Auschwitz-Erlebnissen, Bad Honnef 1989. Zu den Erinnerungen von Gulag-Überlebenden liegen hier noch wenige einschlägige Forschungsarbeiten vor. Beispiele wären: Sherbakova, The Gulag in Memory; Tolczyk; Joachim Klein: Lagerprosa: Evgenija Ginzburgs „Gratwanderung", in: Zeitschrift für Slawistik 37 (1992), Heft 3, S. 378–389; Karlils Racevskis: The Literary Experience of the Gulag: Loss and Recovery of Identity, in: Germano-Slavica 8 (1994), Heft 2, S. 17–22; Leona Toker: Return from the Archipelago. Narratives of Gulag Survivors, Bloomington u.a. 2000; Meinhard Stark: „Ich muß sagen, wie es war": deutsche Frauen des GULag, Berlin 1999 [Reihe Dokumente, Texte, Materialien/Zentrum für Antisemitismusforschung der Technischen Universität Berlin, Bd. 29], ders.: Frauen im Gulag. Alltag und Überleben; 1936 bis 1956, München/Wien 2003. Die exzellente Magisterarbeit von Isabel Schmidt über die Lagermemoiren Evgenija Ginzburgs ist leider nicht zur Dissertation erweitert worden.

[119] E. Ginzburg, S. 519. Hervorhebung seitens der Autorin.

waren dort ... Das heißt sie kennen das, was für die Menschen, die nicht dort gewesen sind, [...] unbegreiflich ist.[120]

Nicht nur aus der Perspektive Ginzburgs, die das Lager erlebt hatte, sondern auch in der Wahrnehmung derjenigen, die diese Erfahrung nicht teilten, existierten Grenzen des Mitteilbaren. Die Außenstehenden konnten sich die Welt der Lager nur schwer vorstellen, sie blieben für sie in weiter Ferne, „dort" (*tam*), wie Evgenija Ginzburg schreibt; teilweise wird sogar vom „Jenseits" (*tot svet*)[121] gesprochen. Den „Weg ins Jenseits" wiesen nur die Erzählungen der Augenzeugen. Auf diejenigen, die das Lager nicht erlebt hatten, wirkten sie wohl ähnlich wie literarische Reisen in die Unterwelt im Stile Vergils oder Dantes. Assoziationen mit den Höllenfahrten der Literatur drängen sich schon deswegen auf, weil die Autoren des Lagergenres diesen Vergleich selbst ziehen. So impliziert Solžnicyns Roman *Im ersten Kreis der Hölle* einen Gang in die Unterwelt. Nadežda Mandel'štam lässt ihre Leser wissen, dass sie Dantes *Inferno* mitnahm, als sie zum Verhör in das Untersuchungsgefängnis fuhr, in dem ihr Mann gefangengehalten wurde. Und Varlam Šalamov vergleicht den Autor von Lagererinnerungen mit dem Hadesfürsten, der aus der Unterwelt ins Diesseits aufsteigt. Durch die Gleichsetzung mit der Unterwelt entrückten die Lager in der Wahrnehmung der Außenstehenden in eine fast mythische Welt. Zwar bekamen sie durch die Erzählungen und Rituale der ehemaligen Häftlinge einen festen Platz in der Erinnerungskultur der „Tauwetter"-Generation,[122] die Grenzen der Kommunizierbarkeit blieben aber immer bestehen.

Ausbleibende „Entstalinisierung"

Der XX. Parteitag zog schließlich keine umfassende „Entstalinisierung" nach sich. Bereits Ende 1956, spätestens mit dem Einmarsch in Ungarn, wurde spürbar, dass die Pressezensur wieder schärfer wurde, wenngleich es bis 1964 immer wieder Lockerungen gab.[123] Dass die Zeit der Hetzkampag-

---

[120] Ebenda, S. 166.
[121] Orlowa, Vergangenheit, S. 240.
[122] Siehe auch Kapitel 6.3, den Abschnitt: „‚Hierarchie nach Leidensgrad': Lager und Gefängnis in der Wahrnehmung der Dissidentinnen und Dissidenten".
[123] Eine gute Übersicht und Dokumentsammlung zur Literaturpolitik bietet Wolfram Eggeling: Die sowjetische Literaturpolitik zwischen 1953 und 1970. Zwischen Entdogmatisierung und Kontinuität, Bochum 1994. Siehe auch Beyrau, Intelli-

nen unter Chruščev keineswegs vorbei war, zeigte sich bei der Affäre um Boris Pasternak.[124] Auch nach dem XX. Parteitag gab es noch Prozesse wegen „antisowjetischer Aktivitäten", beispielsweise gegen Herausgeber von *Samizdat*-Zeitschriften[125] oder jugendliche „Untergrundgruppen", etwa 1957 den Prozess gegen die marxistisch orientierte Moskauer *Union der Patrioten* um Lev Krasnopevcev (geb. 1930) und Leonid Rendel' (1925–1989),[126] 1957 gegen die bereits erwähnte Leningrader Gruppe um Viktor Trofimov (1934–1994) und Boris Pustyncev, die anlässlich des Einmarsches in Ungarn Flugblätter verteilt hatte[127], im selben Jahr gegen die Gruppe um

---

genz und Dissens, S. 158ff. sowie Edith Frankel: Novyj Mir : a Case Study in the Politics of Literature 1952 – 1958, Cambridge 1981; Dina Spechler: Permitted Dissent in the USSR : Novyj Mir and the Soviet Regime, New York, 1982.

[124] Beyrau, Intelligenz und Dissens, S. 164–168. Eine Chronik bei Robert Conquest: Courage of Genius. The Pasternak Affair: a Documentary Report on its Literary and Political Significance, London 1961. Zum Hintergrund: 1957 veröffentlichte Pasternak in Italien seinen Roman *Doktor Živago*, die *Novyj Mir* hatte das Manuskript abgelehnt. Nachdem ihm diese Veröffentlichung ein Jahr später den Literaturnobelpreis eintrug, musste der Autor in der sowjetischen Presse Beschimpfungen über sich ergehen lassen, die dem Geiste der *Ždanovščina* in nichts nachstanden – sie reichten vom „räudigen Schaf" bis zum „Schwein". Er wurde aus dem Schriftstellerverband ausgeschlossen, sein Werk einhellig verurteilt. Als ihm selbst der Entzug seiner Staatsbürgerschaft drohte, verzichtete er auf den Nobelpreis und erklärte öffentlich, er bereue die Publikation seines Romans. Zwei Jahre später starb er.

[125] Beispielsweise wurde im Juli 1958 in Leningrad Nikolaj Solochin für die Mitarbeit an den inoffiziellen studentischen Literatur-Zeitschriften *Goluboj buton* und *Status quo* verhaftet und zu sechs Jahren Freiheitsstrafe verurteilt. Nikolaj Solochin: Die Schneeglöckchen des Tauwetters, in: Samizdat. Materialien der Konferenz ..., S. 33–42, hier S. 41f. Aleksandr Ginzburg aus Moskau wurde 1960 für die Herausgabe des Lyrik-Almanachs *Sintaksis* verhaftet und musste zwei Jahre im Lager absitzen.

[126] Die Gruppe verteilte 1957 in verschiedenen Stadtbezirken Moskaus Flugblätter, die Chruščev die Beteiligung an den stalinistischen Verbrechen vorwarfen und ihn verantwortlich machten für den Niedergang der Wirtschaft und die schlechten Lebensbedingungen der Arbeiter. Roždestvenskij, (Iofe) Materialy, S. 231–249.

[127] Anfang 1957 wurden die Initiatoren gefasst und zu hohen Haftstrafen verurteilt. S.P. Roždestvenskij (Iofe), Materialy, S. 249–261; Iofe: Političeskaja oppozicija, S. 213.

Von der Küche auf den Roten Platz

Revol't Pimenov[128] sowie später gegen die Organisation *Kolokol* („Die Glocke", 1964/65)[129]. Den ersten Höhepunkt politischer Verfolgung nach dem XX. Parteitag bildete das Jahr 1957. Allein in Leningrad wurden in diesem Jahr fast 2000 Menschen auf Grundlage von Artikel 58 des Strafgesetzbuchs der RSFSR wegen „Konterrevolution", „Terrorismus" oder „antisowjetischer Agitation" verurteilt. 1956 waren es „nur" 384 gewesen. Nach 1957 sank die Zahl der Verurteilungen wieder.[130] 1960 wurde der Artikel schließlich abgeschafft. Von nun an wurden politische Vergehen nach anderen Gesetzen bestraft, so zum Beispiel nach Artikel 64 („Hochverrat"), Artikel 65 („Spionage"), Artikel 66 („Terrorismus"), Artikel 70 („antisowjetische Agitation und Propaganda") und Artikel 72 („organisiertes Staatsverbrechen und Teilnahme an antisowjetischen Organisationen").[131] 1966 wurden dem Strafgesetzbuch die Artikel 190-1 und 190-3 hinzugefügt, die die „Verleumdung der sowjetischen Staats- und Gesellschaftsordnung" sowie „kollektive Aktionen zur Verletzung der öffentlichen Ordnung" unter Strafe stellten. In 90 Prozent der Fälle kam es auf Grundlage der Artikel 70 und 190 zur Verurteilung politischer Vergehen.[132] Bisweilen wurden Andersdenkende auch des Hooliganismus", der „Verbreitung pornographischer Schriften", „Verstöße gegen

---

[128] Erinnerungen: Revol't Pimenov: Vospominanija. Odin političeskij process, in: Pamjat' 2 (Moskau 1977, Paris 1979), S. 160–260; Boris Vajl: Osoba opasny, London 1980; Verblovskaja: Ot zvonka do zvonka. Bospominanija PZK (1957–1962), in: Zvezda 1995, Heft 11, S. 200–212; Kudrova, Bol'šoj Dom; Interviews Kudrova, Verblovskaja. Über den Fall Pimenov: Iofe: Političeskaja oppozicija, S. 213.

[129] Die Gruppe ist benannt nach einer gleichnamigen Zeitschrift, die nach dem Vorbild Aleksandr Gercens gegründet wurde. N. Peskov: Delo „Kolokola", in: Pamjat' 1 (New York, 1976), S. 269–284; Alekseeva, Istorija inakomyslija, S. 185; Iofe, Političeskaja oppozicija, S. 214.

[130] 1958 waren es 1418, 1959 750, 1965 weniger als 20. Siehe Iofe, Političeskaja oppozicija, S. 215. Für Moskau liegen keine genauen Zahlen vor.

[131] V. Baranov/S. Davydov/L. Korolev: Vlast', političeskij sysk i dissidentstvo v SSSR v 60–70-e gg., in: Političeskij sysk v Rossii: istorija i sovremennost'. Sbornik materialov meždunarodnoj naučnoj konferencii „Političeskij sysk v Rossii: istorija i sovremennost'", St. Petersburg 13.–15. Mai 1996, hg. von V. Makosij, S. 215–220, hier S. 217.

[132] Vergehen nach Artikel 70 konnten mit bis zu sieben Jahren Freiheitsentzug und anschließender fünfjähriger Verbannung bestraft werden, Delikte nach Artikel 90 mit bis zu drei Jahren Freiheitsstrafe. Vaissié, S. 46f.

Stalins Tod und „Tauwetter"

das Devisengesetz", „Verletzungen der Passvorschriften" oder der „parasitären Lebensführung" beschuldigt.[133]

4.4 „Zeit des Erwachens"

„Küchengespräche", kompanii, *Netzwerke und die neue* intelligencija

Trotz der „Spätfröste" wird die Chruščev-Zeit von vielen Zeitzeuginnen als „Zeit des Erwachens" (*probuždenie*)[134] beschrieben. Ein Beispiel ist die Lebensgeschichte Natal'ja Sadomskajas[135]: Zur Zeit des XX. Parteitages war sie 28 Jahre alt und arbeitete als Geschichtslehrerin. Für sie waren die Lektüre von Ljubov' Kabos *Schwieriger Feldzug* und ihre Wortmeldung auf einer öffentlichen Diskussion Schlüsselerlebnisse. Diese Erfahrungen sind in ihren Erinnerungen eingebunden in eine Reihe von Episoden, in denen Sadomskaja die Meilensteine ihrer persönlichen und der gesellschaftlichen Entwicklung in der Zeit nach dem XX. Parteitag nachzeichnet. Betrachten wir zunächst den Aufbau der Erinnerungssequenz und die wichtigsten Leitlinien des Erzählens: Anfang der fünfziger Jahre heiratete Sadomskaja kurz vor Abschluss des Studiums ihren Kommilitonen Moisej Tul'činskij. Das Paar bezog ein kleines Zimmer in einer Kommunalwohnung im Moskauer Arbat-Viertel. Als sie dort die Nachricht von Stalins Tod ereilte, freute sie sich. Endlich konnte sie den Schülern von der Gewaltherrschaft Stalins erzählen. Es folgt die schon beschriebene Erinnerung an die Lektüre von Kabos Text. Dann erzählt sie von den verschiedenen Kreisen, in denen sie während des „Tauwetters" verkehrte, den Küchengesprächen, den Bekanntschaften mit künftigen Dissidentinnen und Dissidenten, der Bedeutung von Literatur und Kunst und dem Abschreiben von Gedichten aus dem „Silbernen Zeitalter". An dieser Aufzählung wird deutlich, wie die Leitlinien ihrer Geschichte der bekannten Teleologie und Periodisierung folgen. Sie sind ausgerichtet auf ihre spätere Identität als Dissidentin und spiegeln damit ein kollektives Erinnerungsmuster und einen autobiographischen Diskurs wider.

Es gibt allerdings einige Elemente, die sich nicht in diese Logik des Erzählens fügen: Zunächst ist es auffällig, dass Sadomskaja in den Erinnerun-

---

[133] Alekseeva, Istorija inakomyslija, S. 29, 127, 162; Vaissié, S. 131.
[134] Alexeyeva, Thaw Generation, S. 4; Orlowa, Vergangenheit, S. 230. Siehe auch Interviews Bogoraz, Krachmal'nikova, Kudrova, Velikanova, Verblovskaja.
[135] Interview Sadomskaja.

gen an die „Tauwetterzeit" von ihrer Heirat erzählt, die in den autobiographischen Texten sowjetischer Dissidentinnen selten als strukturierendes Element der Lebensgeschichte auftaucht. In Bezug auf ihre Ehe durchbricht sie das Schema ihrer politischen Biographie ein zweites Mal mit der zusammenfassenden Bemerkung über die Zeit nach Stalins Tod:

> Diese Zeit war für mich sehr glücklich, diese Chruščev-Zeit. Diese Zeit zwischen Stalins Tod und dem Sturz Chruščevs war das beste Jahrzehnt. Ich trennte mich damals von meinem ersten Mann. Ich hatte eine sehr schöne Zeit zwischen meinen beiden Ehemännern. [...] Ich hatte viele Affären ... und überhaupt alles.

Diese Sequenz fällt aus der Chronologie und Thematik ihrer (Haupt-)Erzählung heraus. In die Ausführungen über die „Tauwetterzeit" schleicht sich eine Begebenheit aus ihrem Privatleben. Sadomskaja deutet sie im Zusammenhang mit der kulturellen und politischen Öffnung: Im Zeichen dieser Öffnung habe sie sich die Freiheit genommen, sich von ihrem Mann zu trennen und das Leben nach diesem entscheidenden Schritt zu genießen. Das Ineinanderfließen von Ehegeschichte und politischer Geschichte lässt eine persönliche Erinnerungsschicht zum Vorschein kommen. Man kann daraus den Schluss ziehen, dass für Sadomskaja die Zeit nach dem XX. Parteitag möglicherweise tatsächlich eine bewegte und glückliche Zeit des „Erwachens" war, in der alte Wege verlassen und neue begangen wurden.

Der Ort ihrer ersten Reformversuche war die Schule. Sadomskaja sagt, sie habe sich schon vor dem XX. Parteitag darum bemüht, ihren Schülern im Geschichtsunterricht anhand von historischen Beispielen, vom Alten Rom bis zur Französischen Revolution, Kritikfähigkeit gegenüber diktatorischen Regimen zu vermitteln. Ab dem Frühjahr 1956 fühlte sie sich dann frei, mit den Schülern offen zu sprechen, die Lehrwerke zu kritisieren und Tabuthemen wie die Kollektivierung und den Terror des Jahres 1937 zu behandeln. Sie erzählt mit glänzenden Augen:

> Es wuchs eine Generation heran, die zur Überzeugung kam, dass man etwas selbst in die Hand nehmen kann, die daran glaubte, dass man dieses System von innen verändern kann. [...] Ich erinnere mich, wie ich in der Schule einen Vortrag hielt über die Rolle der Persönlichkeit

Stalins Tod und „Tauwetter"

in der Geschichte. Ich erzählte da etwas über Plechanov[136], vor der ganzen Schule. Und da fing es an zu gewittern, es war Frühling, das Jahr begann. Und ich sagte den Schülern: ‚Dieses Gewitter, dieses Frühlingsgewitter ist der Beginn einer neuen Zeit, wir fangen neu an, jetzt, wo der Personenkult, der Stalinismus vorbei ist. Und ich glaube, dass Euer Leben glücklicher werden wird als unseres.' Und die Kinder verstanden das. Solche Hoffnungen hatten wir.[137]

Hier wird sichtbar, in welcher gesellschaftlichen Rolle sich Sadomskaja sieht: als Aufklärerin, die der Jugend den Weg in eine glücklichere Zukunft wies. Es fällt auf, dass sie in ihrer Ansprache ein Vokabular wählt, das an die Sprache der dreißiger Jahre erinnert. Sie evoziert den Glauben an eine „neue Zeit", eine „neue glückliche Generation" und die Erwartung des „glücklichen Lebens". Solche Formulierungen waren typisch für die Jahre, in denen Sadomskaja selbst jung war. Mit ihnen wurde sie dazu animiert, den „Sozialismus in einem Lande" aufzubauen.[138] In den Erinnerungen an ihre Kindheit erzählt sie von ihrem Glauben an die „lichte Zukunft" im Kommunismus und dem Glücksgefühl beim Eintritt in die Organisation der Jungen Pioniere. Die Parallele zwischen der Begeisterung für den „Aufbau des Sozialismus" und die Liberalisierung im Tauwetter ist charakteristisch für die Lebenserinnerungen von Dissidentinnen und Dissidenten aus der Generation Sadomskajas.[139] Hier kommt die Überzeugung zum Ausdruck, mit Engagement etwas Neues aufbauen zu können. Es zeigt sich, dass die Prägungen der Jugend fortwirkten und in späteres oppositionelles Handeln transformiert wurden.

Ebenso auffällig ist der Schluss von Sadomskajas Ansprache: „Solche Hoffnungen hatten wir." Das kollektive „wir" taucht in zahlreichen Erinnerungen auf. Es steht stellvertretend für die Generation und den Kreis der späteren Dissidentinnen und Dissidenten. Das Tauwetter ist die Zeit der Bekanntschaften, in der erste Netze von Gleichgesinnten geknüpft wurden,

---

[136] Georgij Plechanov (1856–1918) war russischer Revolutionär, Mitbegründer der Sozialdemokratischen Arbeiterpartei Russlands und der Zeitschrift *Iskra*. Nach 1903 schloss er sich zunächst Lenin, später den Menschewiki an.

[137] Interview Sadomskaja.

[138] Siehe auch Kapitel 2.3. Hier berichtet beispielsweise Raisa Orlava, dass sie in der Schule erzählt bekam, zur „ersten glücklichen Generation" zu gehören.

[139] Siehe auch Alexeyeva, Thaw Generation sowie die Zeugnisse von Bogoraz, Krachmal'nikova, Kudrova, Orlova, Velikanova, Verblovskaja.

die sich zur Dissidentenbewegung ausweiteten:[140] Im Frühjahr 1956, wenige Wochen nach dem XX. Parteitag, wurde Sadomskaja von einem Mitarbeiter ihrer Mutter aus der Filmbranche zu einem abendlichen Treffen eingeladen. Zusammen mit seiner Frau führte der junge Mann eine Art „offenes Haus". Jeden Abend kamen Gäste, vorwiegend Künstler und Intellektuelle, um zu reden, gemeinsam zu lesen und zu diskutieren. In dieser Runde lernte Sadomskaja eine Gruppe gleichaltriger junger Männer kennen: Jurij Gastev (1928–1993), Lev Malkin, Nikolaj Vil'jams (geb. 1926), Slava Grabar' und Jurij Cizin. Diese hatten in den späten vierziger Jahren als Studenten der Moskauer Universität eine künstlerisch-literarische „Bruderschaft" gegründet und ihr den ironischen Namen „arme Sybariten"[141] gegeben. Dafür mussten sie als Mitglieder einer vermeintlich „antisowjetischen Organisation" mehrjährige Haftstrafen verbüßen.[142] Sadomskaja verliebte sich in einen der „Sybariten" und hatte eine Affäre mit ihm. Etwa zur gleichen Zeit starb ihre Mutter. Sie hinterließ der Tochter ein geräumiges Zimmer in einer Kommunalwohnung, in dem Sadomskaja nun ihrerseits regelmäßige Treffen ihrer „antisowjetischen *kompanija*"[143] abhielt. Im selben Jahr 1956 lief sie in der Lenin-Bibliothek Ljudmila Alekseeva über den Weg, die sie aus dem Geschichtsstudium flüchtig kannte. Nach kurzem Meinungsaustausch über die jüngsten Ereignisse lud Sadomskaja die frühere Kommilitonin zu einem ihrer Treffen ein. Die beiden wurden enge Freundinnen. Nach und nach stießen weitere Bekannte von der Moskauer Universität zu dem Kreis hinzu. Am Ende umfasste die *kompanija* etwa fünfzig Personen.[144] Auch Alekseeva verliebte sich in einen „Sybariten". Seit langem unzufrieden mit ihrer Ehe, fasste auch sie den Entschluss, ihren Mann zu verlassen, und zog mit ihren beiden Kindern zurück zur Mutter. Allerdings rang sie für diesen Schritt bedeutend länger mit sich als Sadomskaja. Alekseeva brach die Arbeit an

---

[140] Als Ergänzung zum Interview mit Sadomskaja wurden für diesen Abschnitt die Selbstzeugnisse ihres sozialen Umfeldes hinzugezogen (Alekseeva, Bogoraz, Julij Daniėl', Velikanova) sowie Informationen aus der Sekundärliteratur zur Vervollständigung der Daten und Fakten.

[141] Die „Sybariten" entlehnten ihren Namen von den Einwohnern der im 8. Jh. vor Chr. gegründeten griechischen Kolonie Sybaris in Süditalien, am Golf von Tarent, deren Reichtum und Wohlstand sprichwörtlich wurde.

[142] Siehe auch Alexeyeva, Thaw Generation, S. 86ff. sowie Sud'ba „niščich sibaritov" (Verfasser anonym), in: Pamjat' 1, S. 232–268.

[143] Interview Sadomskaja.

[144] Alexeyeva, Thaw Generation, S. 128.

Natal'ja Sadomskaja mit Julij Daniėl', Kaluga 1970 (Foto: AP)

ihrer Dissertation ab und erhielt eine Stelle im Wissenschaftsverlag *Nauka*. Jeden Abend verbrachten die Freundinnen im Kreis der *kompanija*. Entweder trafen sie sich bei Sadomskaja, oder sie besuchten andere Privatwohnungen, in denen sich ebensolche *kompanii* trafen.[145] Neue Bekanntschaften und unkonventionelle Persönlichkeiten waren immer willkommen. Der „Sybarit" Nikolaj Vil'jams, späterer Ehemann Alekseevas, machte die jungen Frauen mit dem Mathematiker Aleksandr Esenin-Vol'pin (geb. 1924) bekannt, den er vor seiner Verhaftung im Studium kennen gelernt hatte.[146]

Esenin-Vol'pin, Sohn des bekannten Dichters Sergej Esenin (1895–1925), war 1949 denunziert und verhaftet worden, nachdem er seine Gedichte im Freundeskreis rezitiert hatte. Er wurde in der Psychiatrie interniert, für „unzurechnungsfähig" erklärt und ein Jahr später, nach Wiederaufnahme des Strafverfahrens, für fünf Jahre ins Gebiet Karaganda (Kasachstan) verbannt. Dort freundete er sich mit den verbannten Poeten Naum Koržavin (geb. 1925) und Jurij Ajchenval'd (1928–1993) an, die sich später auch an Aktivitäten der Bürger- und Menschenrechtsbewegung beteiligen sollten. Die Wohnung Ajchenval'ds war in der „Tauwetterzeit" ebenfalls ein Treffpunkt der Künstler, Literaten und Querdenker. Vol'pin wiederum wurde später zu einer zentralen Figur der Dissidenz. Er organisierte 1965 die erste Demonstration für die Einhaltung der Bürgerrechte.

Ferner fungierte Vol'pin in der späteren Bürger- und Menschenrechtsbewegung als Bindeglied zwischen der älteren und der jüngeren Generation von Dissidentinnen und Dissidenten. Schon in der „Tauwetterzeit" hatte er gute Kontakte zu einer Gruppe junger Poeten und Literaturfreunde, im Durchschnitt zehn bis fünfzehn Jahre jünger als der Kreis um Sadomskaja: Aleksandr Ginzburg (1936–2002), Jurij Galanskov, Natal'ja Gorbanevskaja, Arina Žolkovskaja (später Ginzburg, geb. 1973), Nataša Svetlova (später Solženicyna), Vladimir Bukovskij (geb. 1942) und Vera Laškova. Die jungen Leute verstanden sich als „Opposition zum sowjetischen kulturellen Establishment"[147], zu denen sie sogar Evtušenko und Voznesenskij rechneten. Einige nahmen an den „Happenings" auf dem Majakovskij-Platz in Moskau teil.[148] Dort, am Denkmal des berühmten Revolutionsdichters

[145] Siehe auch Alexeyeva, Thaw Generation, S. 83f.
[146] S. Lukaševskij: Aleksandr Sergeevič Vol'pin, in: Biographische Datenbank, NIC Memorial, Moskau.
[147] Interview Laškova.
[148] Für eine Dokumentation der Ereignisse auf dem Majakovskij-Platz siehe Ljudmila Polikovskaja (Hrsg.): „My – predčuvstvie, predčeta …". Ploščad' Maja-

Stalins Tod und „Tauwetter"

fanden unmittelbar nach der Einweihung 1958 sowie in den Jahren 1960 und 1961 inoffizielle Treffen der jungen kulturellen Avantgarde statt. Regelmäßig kam auf dem Platz eine bunte Menge zusammen, rezitierte Gedichte, diskutierte über Literatur und sang.[149]

Natal'ja Sadomskaja hatte zwar Kenntnis von der jungen Moskauer Lyrik-Kultur, aber sie war nicht persönlich bekannt mit dem Ginzburg-Kreis und nahm auch nicht an den Treffen auf dem Majakovskij-Platz teil. Die ältere Generation der künftigen Dissidentinnen und Dissidenten fühlte sich nach den Aussagen von Sadomskajas Freundin Alekseeva für derlei Aktionen zu seriös.[150] Der einzige der Älteren, der regelmäßig am Majakovskij-Denkmal erschien, war Aleksandr Esenin-Vol'pin. Er wurde von den jungen Dichtern anscheinend verehrt wie ein Guru. Dieses Ansehen verhalf ihm später, anlässlich des Prozesses gegen Daniėl' und Sinjavskij, die junge Generation Andersdenkender zum Engagement in der entstehenden Protestbewegung zu mobilisieren.

Über den umtriebigen Vol'pin lernte Sadomskaja zahlreiche weitere künftige Oppositionelle kennen: Vol'pin machte sie Anfang der sechziger Jahre mit Julij Daniėl' und seiner Frau Larisa Bogoraz bekannt. Mit Daniėl' verband Sadomskaja bald eine enge Freundschaft. Er führte sie in seinen Bekanntenkreis ein. So lernte sie Andrej Sinjavskij und seine Frau Marija Rozanova (geb. 1930) kennen. Sinjavski war damals Dozent für Literatur und Mitarbeiter bei *Novyj Mir*, Rozanova arbeitete als Kunsthistorikerin bei einer Fachzeitschrift. Daniėl' und Sinjavskij schrieben in ihrer Freizeit Erzählungen. Ende der fünfziger Jahre begannen sie, ihre Texte in den Westen zu schicken und dort zu veröffentlichen. Als Vorbild und Lehrer betrachteten sie Boris Pasternak. Es gibt ein Foto, aufgenommen beim

---

kovskogo: 1958–1965, Moskau 1997, darin besonders: Vladimir Bukovskij, „Gajd-park po-sovetski", S. 8–22; siehe auch Anke Stephan: Andersdenkende. Auf den Spuren der Dissidentenbewegung der fünfziger bis achtziger Jahre, in: Monica Rüthers/Carmen Scheide (Hrsg.): Moskau. Menschen Mythen Orte, Köln u.a. 2003, S. 206–222, hier S. 207–210.

[149] Diese inoffiziellen Treffen endeten im Oktober 1961 mit der Verhaftung dreier junger Männer und ihrer Verurteilung zu bis zu sieben Jahren Straflager. Siehe Polikovskaja, S. 240–246.

[150] Alexeyeva, Thaw Generation, S. 163.

Von der Küche auf den Roten Platz

Begräbnis Pasternaks, das zeigt, wie Daniėl' und Sinjavskij den Sarg des verstorbenen Schriftstellers aus seinem Haus in Peredelkino tragen.[151] Unter Vermittlung Julij Daniėl's traf Sadomskaja mit weiteren Protagonistinnen und Protagonisten der späteren Dissidentenbewegung zusammen: mit dem Literaturwissenschaftler Anatolij Jakobson (1935–1978), der Maja Ulanovskaja heiratete, die wegen Mitgliedschaft in der *Union zum Kampf für die Sache der Revolution* von 1951 bis 1955 im Lager inhaftiert gewesen war.[152] Bogoraz und Daniėl' waren seit Anfang der sechziger Jahre außerdem mit der Mathematikerin Tat'jana Velikanova und ihrem Ehemann Konstantin Babickij (1929–1993) befreundet, der wie Bogoraz am neugegründeten Institut für Linguistik promovierte. Velikanovas Geschwister verkehrten ebenfalls in der „Szene". Ihr Bruder wurde aktiv im *Samizdat*-Wesen, ihre jüngeren Schwestern Ksenija, Marija und Ekaterina wuchsen in die Dissidentenbewegung hinein. Katja Velikanova (geb. 1949) heiratete Ende der sechziger Jahre Aleksandr Daniėl', den Sohn Larisa Bogoraz' und Julij Daniėl's, Marija Velikanova ehelichte Andrej Grigorenko (geb. 1942), den Sohn Petr Grigorenkos.

Schließlich kam Sadomskaja in Kontakt mit dem Kreis um Lev Kopelev und Raisa Orlova. Diese Verbindung wurde über den „Sybariten" Slava Grabar' hergestellt, der mit Kopelevs Tochter Lena verheiratet war. Kopelev war im April 1945 als Soldat der Roten Armee aus der Partei ausgeschlossen, verhaftet und zu zehn Jahren Lager verurteilt worden, als seine Einheit nach Ostpreußen vorrückte. Nach eigener Aussage hatte er versucht, sowjetische Soldaten von Plünderungen abzuhalten.[153] Nach seiner Entlassung und Rehabilitierung 1955 arbeitete er als freier Autor bei *Novyj Mir* und anderen Zeitschriften. 1956 heiratete er seine ehemalige Kommilitonin Raisa Orlova, damals Redakteurin bei der Zeitschrift *Inostrannaja Literatura*. Über das Studium am elitären *Institut für Philosophie, Literatur und Geschichte* (IFLI) waren Kopelev und Orlova mit dem *Novyj-Mir*-Herausgeber Tvardovskij bekannt, ebenso wie mit E., Redakteurin bei der Fachzeitschrift *Voprosy Istorii*. Zu den Bekannten Kopelevs und Orlovas gehörten ferner die Schriftstellerin Lidija Čukovskaja (1907–1996) die Journalistin Frida Vigdorova (1915–1965) und Aleksandr Solženicyn, den Kopelev im Lager

---

[151] Veröffentlicht ist das Foto im Bildteil der Arbeit von Vaissié, Pour votre liberté et pour la nôtre.
[152] Siehe Kapitel 3.2, den Abschnitt: „‚Was tun?' (*Čto delat?*)".
[153] Siehe Lev Kopelev: Aufbewahren für alle Zeit, Hamburg 1976.

kennen gelernt hatte. Zudem war Orlova seit der Studienzeit mit dem „Barden" Aleksandr Galič (1919–1977) befreundet, der zusammen mit Bulat Okudžava (1924–1997) und Vladimir Vysockij (1938–1980) in den Moskauer *kompanii* auftrat.[154] Kopelevs jüngere Tochter Maja wurde dann Ende der sechziger Jahre aktive Dissidentin. Sie heiratete Pavel Litvinov, der anlässlich des Einmarsches der Truppen des Warschauer Paktes in der ČSSR zusammen mit Larisa Bogoraz auf dem Roten Platz demonstrierte.

Raisa Orlova und Lev Kopelev, Moskau 1978

Diese Reihe der Bekanntschaften, Freundschaften, Heiratsbeziehungen und persönlichen Vernetzungen ließe sich beliebig fortsetzen. Sie zeigt, wie sich in der „Tauwetterzeit" verschiedene Kreise formierten, die durch freundschaftliche und verwandtschaftliche Bindungen miteinander verwoben waren und ein loses Netz bildeten. Dieses Netz wurde zur sozialen Basis der späteren Dissidentenbewegung. Ort der Zusammenkünfte waren Privatwohnungen oder Zimmer einer *kommunalka*. Die „Küchen", als Ausdruck oft

---

[154] Zu den Barden siehe Sophie Schudel: Das Moskau der Barden. Ein Blick auf Gassen, Hinterhöfe und Anti-Helden, in: Rüthers/Scheide, Moskau, S. 187–195.

stellvertretend gebraucht für alle privaten Räumlichkeiten und Treffpunkte, wurden zum symbolischen Ort der freien Meinungsäußerung.[155] Hauptinhalt der privaten Treffen der *kompanii* war laut Sadomskaja das Gespräch: „Wir redeten, [...] wir redeten. Wir entdeckten (*otkryvali*), wir entdeckten eine neue Wirklichkeit." Die privaten Netze dienten dazu, zensierte Literatur zu verbreiten, nicht zuletzt durch Verbindungen zu Verlagen und Zeitschriftenredaktionen wie *Novyj Mir* und *Inostrannaja Literatura*. Zum Teil entwickelten sich aus den „Küchengesprächen" auch private Seminare, in denen tabuisierte Themen oder wissenschaftliche Disziplinen wie Genetik, strukturelle Linguistik, Theologie und Psychoanalyse gelehrt wurden.[156]

Das Bewusstsein, die Keimzelle einer Bewegung zu sein, existierte in den *kompanii* der „Tauwetterzeit" noch nicht. An eine politische Bewegung, so Sadomskaja, habe in den späten fünfziger und frühen sechziger Jahren noch niemand gedacht. Es habe lediglich ein Netz freundschaftlicher Bindungen gegeben, das 1965 in Aktion trat, nachdem Julij Daniėl' und Andrej Sinjavskij verhaftet worden waren. Aus dem Engagement für Daniėl' und Sinjavskij sei dann die Protestbewegung entstanden, die in erster Linie auf „Freundschaftsethik" basierte. Nach Auffassung Sadomskajas waren Freundschaftsbande in der Sowjetunion stärker als Familienbeziehungen, „denn die Familie teilte nicht immer die gleichen Ansichten, die Freunde suchte man nach ethischen Prinzipien und nach politischen Ansichten aus." Klar definierte politische Ziele habe es nicht gegeben – im Nachhinein sei das als Manko zu werten. Dafür seien ethische Prinzipien entwickelt worden, die für die Gruppe verbindlich wurden, so das Vertrauen auf die Freunde als Schutz vor Denunziation sowie absolute Ehrlichkeit und Integrität als Kontrast zur herrschenden Doppelbödigkeit im Denken und Handeln. Ferner habe man sich Gedanken über das Verhalten im Alltag gemacht: Sollte man sich am Arbeitsplatz offen und ehrlich verhalten oder die eigenen Ansichten besser verbergen? Welche Auffassungen konnte man öffentlich vertreten? Sollte man das Gebot nach Ehrlichkeit in jeder Lebenslage befolgen? Jeden Tag habe man vor neuen Entscheidungen gestanden. Mit der Zeit habe sich

---

[155] Zu den intellektuellen Zirkeln der „Tauwetterzeit" siehe auch Alexeyeva, Thaw Generation, S. 83–115; Orlowa, Vergangenheit, S. 251, 276, 286; Interviews Bogoraz, Gorbanevskaja, Kudrova, Krachmal'nikova, Laškova, Bella Ulanovskaja, Velikanova, Verblovskaja, Žolkovskaja-Ginzburg.

[156] Alexeyeva, Thaw Generation, S. 94f.; Bogoraz Une femme en dissidence, S. 78; Orlowa, Türen, S. 50ff.; Gespräch E.; Interviews Kudrova, Velikanova sowie Kowaljow, Flug des weißen Raben, S. 39.

auf diese Weise eine gültige „Verhaltenslinie" entwickelt.[157] Unmittelbar daran schließt Sadomskaja an:

> Denn im Unterschied zu Amerika und Europa [...] gab es bei uns eine sehr große Zentralisierung, [...] und weil Moskau die Hauptstadt ist, konzentriert sich hier sowohl die künstlerische Intelligenz (*tvorčeskaja intelligencija*) als auch die wissenschaftliche Intelligenz (*akademičeskaja intelligencija*). Diese *intelligencija* war durch Bindungen aus der Kindheit und durch freundschaftliche Beziehungen miteinander verbunden.[158]

Der Sprung von der Entstehung der Dissidentenbewegung über die herrschenden ethischen Normen hin zu Ausführungen über die Moskauer *intelligencija* erfolgt in der Erzählung Sadomskajas auf den ersten Blick überraschend, stellt aber ein in den Quellen häufig wiederkehrendes Motiv dar: In den Zirkeln des „Tauwetters" wurden kritische Diskussionen geführt und eine „neue Ethik"[159] entwickelt, als Gegenkonzept zum vermeintlichen moralischen Niedergang der Sowjetgesellschaft. Zu den wichtigsten Werten zählten Freundschaft, Verlässlichkeit, Ehrlichkeit, intellektuelle Neugier und Kritikfähigkeit. Für den Kreis, dem diese Prinzipien zugeschrieben werden, wird in den Selbstzeugnissen der Begriff *intelligencija* verwendet.[160] Diese Bezeichnung war in Russland um die Mitte des 19. Jahrhunderts aufgekommen und galt zunächst für die nicht zur Geistlichkeit gehörenden Gebildeten, später dann nur noch für jene Angehörigen der Eliten, die sich durch ethische und moralische Prinzipien sowie soziales und politisches Engagement hervortaten.[161] Dazu zählten auch sämtliche radikalen und revolutionären

---

[157] Alle Zitate aus diesem Abschnitt stammen aus dem Interview Sadomskaja.

[158] Ebenda.

[159] Alexeyeva, Thaw Generation, S. 5.

[160] Alexeyeva, Thaw Generation, S. 96; Bogoraz Une femme en dissidence, S. 92; Kaminskaja (deutsche Ausgabe), S. 26; Kowaljow, Flug des weißen Raben, S. 51; Orlov, S. 46 und 133; Orlowa, Vergangenheit, S. 72; Gespräche E. und Uvarova; Interviews Bogoraz, Kudrova, Krachmal'nikova, Landa, Velikanova, Verblovskaja.

[161] Beyrau, Intelligenz und Dissens, S. 9; Klaus von Beyme: Intellektuelle, Intelligenz, in: Sowjetsystem und demokratische Gesellschaft, Bd. 3, Freiburg 1969, S. 186–208; Otto Müller: Intelligencija. Untersuchungen zur Geschichte eines politischen Schlagwortes, Frankfurt am Main 1971; Karl Schlögel: Überdetermination und Selbstbestimmung. Die Intelligencija-Diskussion sowjetischer Dissi-

Gruppen. Nach der Oktoberrevolution änderte sich das Verständnis von *intelligencija* zunehmend. Besonders durch den Ausbau des Bildungs- und Hochschulwesens in den dreißiger Jahren und den Aufbau neuer Kader wurden die alten Bildungsschichten abgelöst durch eine neue „technische Intelligenz" oder „Sowjetintelligenz"[162]. Ein Ingenieurstudium war häufig die Voraussetzung für den Aufstieg in die Führungsschicht.[163] In Folge der oben skizzierten Entwicklung im Tauwetter kristallisierte sich in den kritisch denkenden gebildeten Kreisen ein Selbstverständnis heraus, das an die vorrevolutionäre Intelligenz anknüpfte. Sowjetische Oppositionelle nahmen auf der Suche nach einem alternativen Wertesystem Rekurs auf die idealisierte vorrevolutionäre Zeit. Anknüpfend an die Tradition des 19. Jahrhunderts wurden nun Bildung und Gesinnungsethik als zentrale Gesichtspunkte einer neuen Gruppenidentität miteinander verbunden.[164] Im Gegensatz zur alten Intelligenz, so Alekseeva, habe sich die neue allerdings weder revolutionären Gesellschaftsentwürfen noch der Befreiung des Volkes gewidmet, sondern „entdeckt, was es bedeutet, Menschen zu sein"[165]. In der wiederentdeckten *intelligencija* verbanden sich Individualismus und Gruppengefühl miteinander.

Die Entdeckung des Individuums

Das Konzept der *intelligencija* dient als geistiges Konstrukt dazu, den Konflikt zwischen Individuum und Kollektiv zu überwinden, der sich wie ein roter Faden durch die Lebensgeschichten der Dissidentinnen zieht. In der Erinnerung an Kindheit und Jugend sprechen die Zeitzeuginnen von ihren Schwierigkeiten, sich dem Kollektiv unterzuordnen.[166] In den Erinnerungen an die Nachkriegszeit erzählen sie dann von den *personal'nye* oder *ličnye*

---

denten in den 70er Jahren, Köln 1982 [Berichte des Bundesinstituts für ostwissenschaftliche und internationale Studien, Bd. 23].

[162] Exemplarisch: Schröder, Industrialisierung und Parteibürokratie, S. 268. Siehe auch Kapitel 3.2, den Abschnitt: „,Wer ist schuld?' (*Kto vinovat?*)"

[163] Siehe Schattenberg, Stalins Ingenieure.

[164] Siehe auch Beyrau, Intelligenz und Dissens, S. 10; allgemein zur Rückbesinnung auf die Tradition der russischen intelligencija: Jay Bergman: Soviet Dissidents on the Russian Intelligentsia, 1956–1985: The Search fot a Usable Past, in: Russian Review 51 (1992), S. 16–35.

[165] Ebenda.

[166] Siehe Kapitel 2.3.

Stalins Tod und „Tauwetter"

dela, den „persönlichen Verfahren" im Komsomol oder der Partei, in denen auch private Belange wie Liebesbeziehungen, Kindererziehung und Familienkonflikte jederzeit Gegenstand öffentlicher Diskussion werden konnten. Das System von Verhaltensnormen und Moralvorstellungen, über die Parteikomitees, Gewerkschaften und Arbeitskollektive sorgfältig wachten, war ihnen nach eigenen Aussagen zuwider. Selbst durch einen Rückzug aus offiziellen Strukturen wollte es ihnen nicht gelingen, sich dem Druck des Kollektivs zu entziehen.[167]

Sadomsakaja zufolge konnte sie sich in den fünfziger Jahren zusammen mit ihren intellektuellen Freunden endgültig vom alles beherrschenden Kollektivdenken befreien und den Individualismus für sich entdecken. Ausdruck dieses neuen Gefühls von Individualismus sei zunächst die Lyrik gewesen. Sadomskaja habe die Gedichte Mandel'štams und Achmatovas deswegen geliebt, weil es in ihnen „um den Menschen ging". Es sei „lyrische Poesie" (*liričeskaja poėzija*) gewesen, keine „politische oder sozial engagierte" (*graždanskaja poėzija*). Diese Lyrik habe das Gefühl angesprochen und daran appelliert, „dass der Mensch eine Persönlichkeit ist, dass die Gefühle als Mann und Frau wichtiger sind als die Gefühle als Staatsbürger". Aufgrund des Hungers nach Individualismus seien in ihrer Generation neben der Lyrik besonders die Romane Ernest Hemingways populär gewesen: „Für uns war der Individualismus Revolte, deswegen liebten wir Hemingway." Es sei eine „Entdeckung" der fünfziger Jahre gewesen, dass das private Glück (*ličnoe častie*) nicht zwangsläufig dem „gesellschaftlichen Glück" (*obščestvennoe častie*) entspreche. In der Folge hätten sie und ihre Freunde ein „Recht auf privates Glück" (*pravo na ličnoe častie*) gefordert – und um zu präzisieren zitiert sie aus der amerikanische Unabhängigkeitserklärung: „*pursuit of happiness*".[168] In den Augen Sadomskajas war das Streben nach Individualität eine „oppositionelle Einstellung", die „gegen den Staat" gerichtet war. Diese Auffassung wird von einigen ihrer Zeitgenossinnen

---

[167] Siehe Kapitel 3.1.

[168] Alle Zitate aus diesem Abschnitt stammen aus dem Interview Sadomskaja. Eigentlich ist es ungenau, das hier von Sadomskaja verwendete Wort *ličnoe* mit „privat" zu übersetzen, „persönlich" wäre zutreffender. Es ist in der Forschung vielfach darauf hingewiesen worden, dass der Begriff „privat" in der russischen Sprache fehlt. (Siehe Zdravomyslova Konstruktion der „arbeitenden Mutter", S. 24). Aus den Ausführungen Sadomskajas wird dennoch ersichtlich, dass ihre Verwendung von *ličnoe* das meint, was in unserem Sprachgebrauch unter „privat" verstanden wird: die Privatsphäre als Gegensatz zur öffentlichen Sphäre.

geteilt. Zwar habe sich die Beziehung zwischen Staat und Individuum im „Tauwetter" verändert, so Kudrova, das Privatleben sei weniger beschnüffelt, Ehekrisen seien nicht mehr vor dem *partkom* verhandelt worden, und die *ličnye dela* hätten aufgehört. Dennoch wurden Individuum und Staat oder Gesellschaft als scharfe Gegensätze betrachtet:

> Uns hat man immer erzählt, dass die Unterordnung des Individuums unter den Staat das wichtigste sei. Wir kamen zu dem Schluss, dass das Individuum sich dem Staat nicht unterordnen darf, dass das Individuum wichtiger ist als der Staat [...] Dabei waren wir so gewohnt, dass die gesellschaftlichen [Interessen, A.S.] wichtiger sind als die persönlichen.[169]

Wenngleich die Dissidentinnen ihr Streben nach „privatem Glück" als oppositionell einstufen, so verrät ein Blick in offizielle Publikationen, dass Gedanken über das Verhältnis von Individuum und Kollektiv zur damaligen Zeit nicht allein in den „Küchen" formuliert wurden: Während bis zum Beginn der fünfziger Jahre das Individuum in der Literatur des Sozialistischen Realismus in erster Linie in seiner sozialen Funktion, als Teil des Produktionsprozesses angesehen wurde, so wurde von der Mitte der fünfziger Jahre an unter Kulturschaffenden die Rolle des Individuums (*ličnost'*) in der Gesellschaft häufig diskutiert. Schon Pomerancev forderte in seinem Essay *Über die Wahrheit in der Literatur*, das Primat öffentlicher Interessen in literarischen Werken aufzuheben und den persönlichen Belangen des Menschen Raum zu geben. Eine Umsetzung dieser Forderung findet sich etwa in Ėrenburgs Novelle *Tauwetter* und Panovas Roman *Jahreszeiten*, denn beide Werke thematisieren ausführlich die Liebesbeziehungen ihrer Protagonistinnen und Protagonisten, losgelöst von deren Auswirkungen auf die Gemeinschaft. Der Schriftstellerverband machte 1954 das „Problem des Individuums" zum zentralen Thema des Zweiten Sowjetischen Schriftstellerkongresses.[170] Die Diskussionen setzten sich in den sechziger Jahren fort.[171] In der Literatur manifestierte sich also ein Bedürfnis, den Gefühlen und Empfindungen einzelner Menschen mehr Beachtung zu schenken als in

---

[169] Interview Kudrova.

[170] Zubkova, S. 174.

[171] Siehe beispielsweise den Diskussionsbeitrag von Aleksandr Janov: Čelovek „dlja ljudej" i čelovek „dlja sebja", in: Voprosy literatury 11 (1967), Heft 7, S. 41–64 sowie die Antwort von Igor' Motjašov: „Dlja ljudej" i snačit: „dlja sebja". Neskol'ko vozraženija A. Janovu, ebenda, S. 65–79.

Stalins Tod und „Tauwetter"

den Werken der Stalinzeit, als die Interessen des Einzelnen immer hinter die des Gemeinwesens zurücktreten mussten. Die Erinnerungen der Dissidentinnen weisen in ihren Darstellungen von der „Entdeckung" des Individuums also auch Muster einer offiziellen Diskussion auf.

Nach ihren Schilderungen wurde der Konflikt zwischen Individuum und Kollektiv im eigenen Werdegang allerdings nur in der Gruppe der Gleichgesinnten aufgehoben. Die *kompanii* des „Tauwetters", diese Reinkarnation der alten *intelligencija*, hätten es dem Einzelnen erlaubt, seine persönliche Freiheit auszuleben, ohne in Konflikt mit dem Kollektiv zu geraten. So schreibt Alekseeva: „In einem Kollektiv ordnete jedes Individuum seinen Willen dem Willen der Gruppe unter; in einer *kompanija* gab es nur Leute, die einander mochten."[172] Das Individuum konnte also frei sein und gleichzeitig Rückhalt in der Gruppe finden. Allerdings spiegelt der Katalog dessen, was für die Zeitzeuginnen „Freiheit" und „Individualismus" bedeuteten, in erster Linie wider, welche Werte zu einem späteren Zeitpunkt in der Dissidentenbewegung galten. Es geht um die Befreiung von staatlichen Zwängen (Kudrova), das „Recht auf Einzigartigkeit" (Alekseeva)[173], das Bedürfnis, „nach eigenem Willen zu leben" (E.)[174] oder eine „eigene Lebenslinie" zu entwickeln (Uvarova), nicht länger „ein Schräubchen im Getriebe" zu sein (Orlova)[175], die Freiheit der Kunst und der Wissenschaft[176] sowie die „bürgerlichen Freiheiten" wie Meinungs-, Informations- und Publikationsfreiheit.[177]

Zwar proklamierten die Zeitzeuginnen ein Recht auf Individualität, auffällig ist in ihren Lebensgeschichten jedoch, dass sie häufig das kollektive „wir" benutzen und nicht nur für sich selbst, sondern auch für ihre Gruppe Gleichgesinnter sprechen. Bei der Lektüre der Quellen entsteht ferner der Eindruck, das Leben des Einzelnen habe sich in der „Tauwetterzeit" und

---

[172] Alexeyeva, Thaw Generation, S. 84.
[173] Alexeeva, Thaw Generation, S. 4.
[174] Gespräch E.
[175] Orlowa, Vergangenheit, S. 286; Alexeyeva, Thaw Generation, S. 4.
[176] Gespräch E.; Interviews Bogoraz, Sadomskaja, Velikanova.
[177] So schreibt Alekseeva: „... wir machten geltend, dass Schriftsteller ein Recht darauf hatten, zu schreiben, was sie wollten, dass Leser ein Recht hatten, zu wählen, was sie lesen wollten und dass jeder von uns ein Recht darauf hatte, zu sagen, was er dachte. Wir haben das Streben nach Freiheit nicht erfunden, wir haben es wieder entdeckt für uns selbst und unser Land." Alexeyeva, Thaw Generation, S. 4f.

auch danach hauptsächlich in der Gruppe abgespielt, als ob das kritisierte sozialistische Kollektiv durch ein neues ersetzt worden wäre: Man traf sich jeden Abend mit den Freunden, man setzte sich für gemeinsame Ziele ein, man fuhr gemeinsam in den Urlaub. Sogar die Kinder werden als „gemeinsame Kinder" (*obščie deti*), als „unsere Kinder" (*naši deti*) bezeichnet.[178] Sadomskajas Ausführungen weisen zudem darauf hin, dass die Gruppe immer mehr ethische Prinzipien, Verhaltensnormen und Spielregeln für das Alltagsleben entwickelte. Diese Tendenzen zur Normierung des Wertesystems wurden im Zuge der Entstehung der Dissidentenbewegung, als die Repressionen gegen abweichendes Denken und Handeln zunahmen, immer stärker. Es wuchs der Gruppendruck auf den Einzelnen, sich gemäß bestimmter ungeschriebener Regeln zu verhalten.[179]

Wurde während des „Tauwetters" also die Freiheit des Individuums vom Kollektiv proklamiert, so fällt auf, dass die Gruppe der späteren Dissidenten sich nach Darstellung der Zeitzeuginnen ebenfalls wie ein Kollektiv mit festgeschriebenen Normen und Regeln verhielt. Mit zunehmender Bedrohung und gesellschaftlicher Ausgrenzung wurde die Kontrolle innerhalb der Gruppe immer rigoroser und die Orientierung an Normen strenger. Hier zeigte sich, dass sich die neuen „Individualisten" auf Dauer doch schwer taten, das kritisierte Kollektivdenken abzuschütteln.[180]

Die „Sexuelle Revolution" oder: „Wie politisch ist das Private?"

Im Unterschied zu den meisten Zeitzeuginnen, die bürgerliche und persönliche Freiheiten mit dem Begriff des Individualismus verbinden, geht Natal'ja Sadomskaja in ihrer Definition noch einen Schritt weiter: In ihren Augen war die Freiheit des Individuums auch mit „freier Liebe" und „freiem Sex"[181] verbunden. Für sie glich das „Tauwetter" einer „sexuellen Revolution":[182] Ihre Generation habe die stalinistische Prüderie abgeschüttelt, gegen

---

[178] Zitiert nach Čujkina, Učastie, S. 78.
[179] Siehe die ausführliche Darstellung dieser Regeln in Kapitel 5.2.
[180] Ebenda.
[181] Interview Sadomskaja.
[182] Der Begriff „Sexuelle Revolution" kam – geprägt durch Wilhelm Reich (1897–1957) – in den sechziger Jahren auf. Er bezeichnet die zunehmende Freizügigkeit und Individualisierung von Sexualität und Moralvorstellungen. In Westeuropa und den USA wurden im Zuge der „Sexuellen Revolution" die Grundpfeiler der

Stalins Tod und „Tauwetter"

die restriktive Ehe- und Familiengesetzgebung rebelliert, das „Recht auf Scheidung"[183] für sich beansprucht und außerehelichen Geschlechtsverkehr praktiziert. Man habe an die Freizügigkeit der zwanziger Jahre angeknüpft, in denen es in den Worten Sadomskajas „zuging wie in den sechziger Jahren in Amerika"[184].

Ein Verweis auf den historischen Hintergrund dient der Einordnung:[185] Im Zuge der „Frauenemanzipation durch den Sozialismus" wurde nach der Oktoberrevolution versucht, Beziehungen zwischen Mann und Frau grundlegend neu zu regeln. In der marxistischen Ideologie galt die von kirchlichen Lehren und materiellen Interessen geprägte bürgerliche Ehe als Hauptgrund für die Unterdrückung und Ausbeutung der Frau. Daher sollte die Ehe durch gleichberechtigte partnerschaftliche Beziehungen im sozialistischen Kollektiv ersetzt werden. Eine Reihe von Gesetzen liberalisierten das Ehe- und Familienrecht, allen voran die Trennung von Kirche und Staat und die Gleichstellung von Mann und Frau. Abtreibungen wurden 1920 legalisiert. Das Ehegesetz von 1926 stellte das Zusammenleben ohne Trauschein der standesamtlich registrierten Ehe gleich und hob den unterschiedlichen rechtlichen Status von ehelichen und unehelichen Kindern auf. Ehescheidungen wurden durch die Abschaffung der Gerichtsverfahren erheblich vereinfacht. Die Strafgesetzbücher von 1922 und 1926 stellten darüber hinaus freiwillige homosexuelle Handlungen Erwachsener nicht länger unter Strafe. Beeinflusst von den Theorien Aleksandra Kollontajs (1872–1952)

herrschenden Sexualmoral in Frage gestellt, die Monogamie, die Dauerhaftigkeit und die Heterosexualität partnerschaftlicher Bindungen.

[183] Interview Sadomskaja.

[184] Ebenda.

[185] Für folgende Ausführungen exemplarisch Scheide, Kinder, Küche, Kommunismus, S. 144–162 sowie 215; Attwood, Creating the New Soviet Woman, S. 4–14 sowie S. 80–125; Buckley, Women and Ideology, S. 18–59, 128–138; Eric Naiman: Sex in Public. The Incarnation of Early Soviet Ideology, Princeton, NJ 1997; Igor' Kon: The Sexual Revolution in Russia. From the Age of the Czars to Today, New York 1995, S. 51–106; Shlapentokh, Love, Marriage and Friendship, S. 19–23; Anna Köbberling: Zwischen Liquidation und Wiedergeburt. Frauenbewegung in Rußland von 1917 bis heute, Frankfurt/N.Y. 1993, S. 26–57. Dem Thema widmen sich auch zahlreiche Aufsätze im Sammelband: Joachim S. Hohmann (Hrsg.): Sexualforschung und -politik in der Sowjetunion seit 1917. Eine Bestandsaufnahme in Kommentaren und historischen Texten, Frankfurt am Main u.a. 1990.

propagierten vor allem junge Kommunisten in den zwanziger Jahren sexuelle Freizügigkeit als Bestandteil der neuen Ideologie gegen die überkommene bürgerliche Moral.[186] Demgegenüber standen von Anfang an aber Vertreter einer asketischen proletarischen Sexualmoral. Die freie Liebe wurde von ihnen als Zeichen „bürgerlicher Dekadenz" gewertet. Individuelle Bedürfnisse sollten den Anforderungen des Kollektivs untergeordnet werden, Sexualität nur der Fortpflanzung dienen.[187] Unter Stalin wandelte sich die Familienpolitik etwa ab 1930. Die Propaganda begann, die Familie als Standpfeiler der Gesellschaft zu preisen, die Gesetze zu Ehe und Sexualität wurden restriktiver.[188] Den Auftakt bildete die Kriminalisierung von Homosexualität und Prostitution 1934. Es folgte das Verbot der Abtreibung, die von 1936 an wieder unter Strafe stand, obwohl die Sowjetbürgerinnen und -bürger in der Regel keinen Zugang zu Verhütungsmitteln hatten.[189] Eine

---

[186] Die Sozialistin, Frauenarbeiterin und spätere hohe Diplomatin Aleksandra Kollontaj plädierte für eine neue liberale Sexualmoral und individuelle Freiheiten im Geschlechtsleben. Sie bezeichnete Sexualität als natürlich und notwendig zur Triebbefriedigung. Sexuelle Bedürfnisse könnten genauso wie Durst rasch gelöscht werden, daher auch der Name „Glas-Wasser-Theorie" (Scheide, Kinder, Küche, Kommunismus, S. 149, Anm. 127). Kollontajs Ansätze wurden aber häufig als Aufruf zu Hedonismus und ungezügelter Promiskuität missverstanden. Später verfeinerte sie ihre Theorie dahingehend, dass sie den „geflügelten Eros", die von Liebe geprägte Sexualität, über den „ungeflügelten Eros", die reine Triebbefriedigung ohne Liebe, stellte. Scheide, Kinder, Küche, Kommunismus, S. 146–151, Kon, Sexual Revolution, S. 56f.; Buckley, Women and Ideology, S. 48–53. Eine gute Zusammenstellung und Interpretation der Schriften Kollontajs bei Gabriele Raether: Alexandra Kollontai zur Einführung, Hamburg 1986.

[187] Scheide, Kinder, Küche, Kommunismus, S. 145f.

[188] Die Ursachen für Stalins „konservative Wende" in der Familienpolitik werden gründlich von Wendy Z. Goldman untersucht: Neben materiellen und wirtschaftlichen Schwierigkeiten nennt Goldman die Stimmung in der Bevölkerung als Hintergrund der Neuregelung von Ehe- und Familienangelegenheiten. Gerade Frauen hielten die Ehe- und Familienpolitik der zwanziger Jahre oft für eine Benachteiligung. Sie fühlten sich zum Teil von ihren Männern im Stich gelassen und standen häufig mit den Kindern allein und ohne Alimente da. Goldman, S. 296–335. Siehe auch Buckley, Women and Ideology, S. 128.

[189] Offiziell wurde das Verbot der Abtreibung damit begründet, dass Mütter durch die Errungenschaften des Sozialismus genügend Unterstützung vom Staat bekämen, ihre Kinder aufzuziehen. Gesundheitsschädliche Abtreibungen seien daher nicht mehr notwendig. Attwood, Creating the New Soviet Woman, S. 117–125; Buckley, Women and Ideology, S. 129. Eine Frau, die illegal abgetrieben

Stalins Tod und „Tauwetter"

Änderung des Ehegesetzes führte 1936 hohe Kosten für Scheidungsverfahren und teure Alimente ein, so dass sich nur noch wenige eine Scheidung leisten konnten.[190] Zudem zog die Ehescheidung einen Eintrag im Inlandpass nach sich, was eine zusätzliche Abschreckungsmaßnahme darstellte. 1944 wurde die Ehe ohne Trauschein für illegal erklärt, und die Gerichtsverfahren bei der Scheidung wurden wieder eingeführt. Eine Kampagne für die Stärkung der Familie, die Aufwertung der Mutterschaft und die ewige Liebe und Treue zwischen den Ehegatten begleitete die neuen Familiengesetze.[191] Die Sexualität verschwand fast vollständig aus der Öffentlichkeit. In der Schule gab es keinen Aufklärungsunterricht mehr. Freuds Schriften wurden aus den Regalen der Bibliotheken und Buchhandlungen entfernt. Aufgrund der staatlich verordneten Prüderie und des Mangels an Wohnraum war für Liebende die Heirat die einzige Möglichkeit des Zusammenseins und Zusammenlebens.

Aus diesem Grund schloss auch Natal'ja Sadomskaja mit 21 Jahren ihre erste Ehe, noch während des Studiums. Ihr Bräutigam Moisej Tul'činskij war der erste Mann, mit dem sie eine sexuelle Beziehung hatte. Wie Sadomskaja sagt, habe es für Sex keinen Ort außer dem Wald gegeben. Von Moisej trennte sie sich nach dem XX. Parteitag. Diesen Schritt wertet Sadomskaja als Akt der Befreiung. Er sei einher gegangen mit dem Aufbegehren gegen die „ultrakonservative Einstellungen der Stalinzeit"[192], die Prüderie, den Mutterkult, die staatlich verordnete eheliche Treue und die Regelung von Liebesbeziehungen durch das Parteikomitee. Als Gegenkonzept zur lebenslänglichen Ehe habe man in ihren Kreisen nun die Ansicht vertreten, dass man mit dem Partner nur so lange zusammenleben solle, wie man ihn liebe. Wenn die Liebe erlösche, trenne man sich einfach wieder. Folglich habe es in der „Tauwetterzeit" eine Scheidungswelle gegeben,

---

hatte, wurde mit einer Geldstrafe von bis zu 300 Rubeln bestraft, der durchführende Arzt musste mit ein bis zwei Jahren Freiheitsstrafe rechnen. Buckley, Women and Ideology, S. 129.

[190] Die erste Scheidung kostete 50 Rubel, die zweite 150 Rubel, jede weitere 300 Rubel. Geschiedene Väter wurden verpflichtet, ein Viertes ihres Lohnes an Alimenten für ein Kind zu zahlen, ein Drittel für zwei und die Hälfte für drei oder mehr Kinder. Angaben nach Buckley, Women and Ideology, S. 128.

[191] Shlapentokh, Love, Marriage and Friedship, S. 27f.

[192] Interview Sadomskaja.

(obwohl das Ehegesetz erst 1966 wieder liberalisiert wurde).[193] Die sexuellen Beziehungen seien freier geworden, fortwährend hätten sich neue Liebschaften entsponnen.[194] Sie selbst hatte zahlreiche Affären, wie sie offen erzählt, auch mit verheirateten Männern.[195] Fremdgehen sei nicht als Problem angesehen worden, solange man sich dem Partner gegenüber ehrlich verhielt und die Tat nicht verheimlichte. Einzig der mangelnde Wohnraum sei der „freien Liebe" im Weg gestanden. Deshalb habe es sich eingebürgert, von den Freunden, die Platz hatten, die Schlüssel auszuleihen, um sich mit dem Liebsten in deren Wohnung zu amüsieren. Begünstigt wurde die neue Freiheit durch die Entkriminalisierung der Abtreibung 1955.[196] Da Verhütungsmittel nach wie vor rar waren, wurde die Abtreibung zur gängigen Methode der Familienplanung.[197] Natal'ja Sadomskaja erzählt, sie selbst

[193] Zwar blieben während des Chruščev-Zeit die stalinistischen Ehegesetze in Kraft, wurden in der Praxis aber nicht mehr so streng ausgelegt. Schmitt, Zivilgesellschaft, S. 180.

[194] "Bei uns entspannen sich die ganze Zeit Liebschaften" (*U nas vse vremja romany krutilils'*), berichtet Sadomskaja schmunzelnd im Interview.

[195] Interview Sadomskaja.

[196] Während das Verbot der Abtreibung in den Frauenzeitschriften von 1935/36 breit diskutiert wurde, fand die erneute Legalisierung 1955 wenig Presseecho. Offiziell wurden Abtreibungen wieder zugelassen, um illegale gesundheitsgefährdende Aborte zu verhindern. Buckley, Women and Ideology, S. 156–158.

[197] Erst in der zweiten Hälfte der sechziger Jahre wurden in der Presse spärliche Informationen über Verhütungsmittel verbreitet. Da Pille, Spirale und Kondome aber nach wie vor Mangelwaren blieben und viele Bürgerinnen und Bürger nicht genügend über solche Methoden informiert waren, blieb – neben dem *Coitus interruptus* – die Abtreibung das einzige Mittel der Geburtenkontrolle. (Buckley, Women and Ideology, S. 157, Köbberling, Klischee, S. 124–132). Es liegen keine verlässlichen Zahlen vor, wie viele Abtreibungen eine durchschnittliche sowjetische Frau in der Chruščev- und Brežnevzeit vornehmen ließ, empirische Untersuchungen zu diesem Thema fehlen. Gail Lapidus vermutet, dass in den siebziger Jahren die Anzahl von Schwangerschaftsabbrüchen in einigen Gegenden die Geburtenrate um etwa das Doppelte überstieg. (Lapidus, S. 199). Barbara Holland und Teresa McKevitt gehen für die achtziger Jahre von durchschnittlich vier bis fünf Abtreibungen aus, die eine Frau im europäischen Teil der Sowjetunion im Laufe ihres Lebens vornehmen ließ (Barbara Holland/Teresa McKevitt: Maternity Care in the Soviet Union, in: Holland (Hrsg.), Soviet Sisterhood, S. 145–176, hier S. 152.). Die amerikanische Feministin Francine du Plessix Gray ermittelte in ihren Gesprächen mit Gynäkologen in der *perestrojka*-Zeit, dass auf jede Geburt zwischen zwei und acht Abtreibungen kamen. (Du Plessix

Stalins Tod und „Tauwetter"

habe mehrere Abtreibungen vornehmen lassen, sogar schon in der Stalinzeit, als der Eingriff noch illegal war.

In den übrigen Quellen finden sich zur Frage nach Moralvorstellungen in den fünfziger und sechziger Jahren allenfalls Andeutungen. Erlebte also einzig Sadomskaja eine „sexuelle Befreiung" oder wurde ihre Erfahrung von weiteren Vertreterinnen und Vertretern ihrer Generation geteilt? In den Selbstzeugnissen gibt es nur vereinzelt Hinweise: Raisa Orlova schreibt, dass auch sie die stalinistischen Ehegesetze und das Abtreibungsverbot als Unfreiheit empfand und dagegen aufbegehrte.[198] Unter Stalin habe ein alter Arzt ihr selbst und ihren Freundinnen so manches Mal bei ungewollter Schwangerschaft „aus der Not geholfen"[199]. Verblovskaja und Kudrova konstatieren, dass Beziehungen zwischen Männern und Frauen im „Tauwetter" freier wurden. So traute sich Verblovskaja in den fünfziger Jahren, mit ihrem Freund Revol't Pimenov zusammen zu leben, ohne dass sie verheiratet waren, während es unter Stalin „nur heimliche Liebschaften"[200] gegeben habe. Ferner lässt sich feststellen, dass sich auffällig viele spätere Dissidentinnen und Dissidenten in der „Tauwetterzeit" von ihren Ehegatten trennten und neue Beziehungen eingingen.[201] Einzelne Autobiographinnen lassen durchblicken, dass in den Kreisen der Moskauer und Leningrader Dissiden-

---

Gray, Drahtseilakte, S. 27f., S. 36). Die Abtreibungsraten variierten je nach Region vermutlich stark. In den muslimischen Republiken war die Geburtenrate deutlich höher und die Abtreibungsquote niedriger als in der RSFSR, der Ukraine, Weißrussland oder dem Baltikum. Sexualität, Gynäkologie, Geburtshilfe, Geburtenkontrolle und Abtreibungspraxisist sind ein weites Feld künftiger kulturwissenschaftlicher und empirischer Forschungen zur Sowjetunion.

[198] Orlowa, Vergangenheit, S. 46, 102, 134.

[199] Ebenda, S. 46.

[200] Interview Verblovskaja.

[201] Statistisch lässt sich die Scheidungswelle mangels empirischer Daten leider nicht erfassen. Unter den späteren Dissidentinnen und Dissidenten trennten sich neben Sadomskaja und Alekseeva beispielsweise Bonnėr, Krachmal'nikova, Kudrova, Orlova, Uvarova, Boris Šragin, Sergej Kovalev, Andrej Sinjavskij und Kronid Ljubarski von ihren bisherigen Partnern oder Partnerinnen. Es gab aber sicherlich noch weitaus mehr Scheidungen in den Kreisen der *kompanii*, nur wird darüber selten gesprochen.

ten Seitensprünge als normal angesehen wurden.²⁰² So schreibt Alekseeva über ukrainische Oppositionelle, die sie in den sechziger Jahren in Kiew kennen lernte: „Diese Leute waren ganz anders als die Moskauer *intelligencija*: Sie benutzten keine Vulgärsprache, sie tranken nur mäßig, und ich vermute, die meisten von ihnen schliefen ausschließlich mit ihren Ehepartnern."²⁰³ Von den losen Sitten im Milieu zeugen auch literarische Quellen: So veröffentlichte Maja Zlobina, eine Bekannte Alekseevas, in den siebziger Jahren im *Tamizdat* eine Erzählung, in der sie sowohl die Promiskuität als auch den hohen Alkoholkonsum im oppositionellen Milieu karikierte,²⁰⁴ wofür sie von ihren Gesinnungsgenossinnen und -genossen kritisiert wurde.²⁰⁵ Die junge Autorin Eva Datnova, Kind dissidentischer Eltern, beschreibt in ihrer Erzählung *Dissidentočki* („Kleine Dissidentinnen") die Dissidenten als auf den Sex fixiert.²⁰⁶

Dass es in den fünfziger und sechziger Jahre im Sexualverhalten einen Wertewandel gab, stellt die sozialwissenschaftliche Forschung nicht nur für oppositionelle Kreise fest. Meistens beruhen die Untersuchungen allerdings auf dürftiger Quellengrundlage. Die Soziologie, die sich in den zwanziger Jahren noch großer Beliebtheit erfreute, wurde unter Stalin als „bourgeoise Disziplin" gebrandmarkt. Soziologische Untersuchungen und Befragungen liegen erst wieder ab der zweiten Hälfte der sechziger Jahre vor. Darin wird die Sexualität aber nur am Rande behandelt. Für die Chruščev- und Brežnev-Zeit lässt sich feststellen, dass die offizielle Ideologie in punkto Sexualität nach wie vor von Prüderie gekennzeichnet war: In der Schule gab es keinen Aufklärungsunterricht, Verhütungsmittel waren kaum zu bekommen, litera-

---

[202] Alexeyeva, Thaw Generation, S. 108; Orlowa, Vergangenheit, S. 339; Interview Čujkinas mit Lesničeko (Archiv NIC Memorial, SPb); Interviews Grigor'eva, Sokolova.
[203] Alexeyeva, Thaw Generation, S. 214. Dazu auch Amalrik, Revolutionär, S. 21; Interviews Gorbanevskaja, Žolkovskaja-Ginzburg.
[204] Die Erzählung wurde unter Pseudonym veröffentlicht: Anna Gerc (Maja Zlobina): K vol'noj vole zapovednye puti ..., in: Novyjj Žurnal, 1975, Heft 120, S. 31–77, 1976, Heft 121, S. 25–70, Heft 122, S. 27–77, Heft 123, S. 15–38, Heft 124, S. 45–72.
[205] Rezension von Larisa Bogoraz: Melkie besy, in: Kontinent 12 (1977), S. 213–225. Über den „Skandal", den Zlobinas Erzählung im Milieu lostrat, berichtete mir ausführlich E. im Gespräch.
[206] Eva Datnova: Dissdentočki, in: Literaturnaja učeba 6 (1994), S. 3–71.

Stalins Tod und „Tauwetter"

rische Werke wurden wegen „pornographischer Szenen" zensiert.[207] Es war so gut wie unmöglich, als unverheiratetes Paar eine Wohnung anzumieten, ja sogar ein Hotelzimmer zu nehmen. Dennoch wurde in der Literatur und in der Wissenschaft ab Anfang der sechziger Jahre eine latente Enttabuisierung des Sexuellen spürbar.[208] Die Mentalität der Sowjetbürgerinnen und -bürger scheint sich seit der Stalinzeit gewandelt zu haben. In den siebziger Jahren wurden außereheliche sexuelle Beziehungen von etwa 40% der Sowjetbürger toleriert – während 73% der Amerikaner diese strikt ablehnten.[209] Ohne empirische Belege konstatieren Vladimir Shlapentokh sowie die russische Soziologin Larissa Lissjutkina, dass besonders in den Kreisen der liberalen Intellektuellen freie Sexualität als Protest gegen die offizielle Scheinheiligkeit und Prüderie betrachtet wurde, weshalb dort eine besonders hohe Freizügigkeit herrschte.[210]

Aufgrund des, wenn auch spärlichen, Befundes in Quellen und Sekundärliteratur liegt die Vermutung nahe, dass Sadomskajas Erfahrungen von einem größeren Kreis geteilt wurden. Im Unterschied zu den übrigen Zeitzeuginnen sieht Sadomskaja jedoch einen Zusammenhang zwischen politischer und sexueller Freiheit. Sie betrachtet die freie Liebe als Akt des Protestes gegen individuelle Unfreiheit und konservative Familienmoral. Der „freie Sex" sei für sie ein Akt des Aufbegehrens (*bunt*) gewesen, ein wichtiger Schritt auf dem Weg in den Dissens. Das Private wird für sie politisch. Im Gegensatz zu Sadomskaja werden in den übrigen Erinnerungen diese Erfahrungen des privaten Bereichs, wenn überhaupt erwähnt, so doch auf

---

[207] Beispielsweise fand in den frühen sechziger Jahren eine Auseinandersetzung um Koeppens *Tod in Rom* statt, dessen „pornographische Szenen" die „russische Jugend" gefährden würden.

[208] Shlapentokh, Love, Marriage, and Friendship, S. 28f., S. 31, S. 47–65. So erschienen erste soziolgische Untersuchungen, die sich mit Sexualität auseinandersetzten: Igor' Kon: Sociologija ličnosti, Moskau 1967, S. 155ff. 1980 plädierte Kon in einem Artikel dafür, in der Sexualität mehr Vielfalt und Phantasie zuzulassen. Kon: O Sociologičeskoj interpretacii seksual'nogo povedenija, in: Sociologičeskie issledovanija 1982, Heft 2, S. 113–122.

[209] Shlapentokh, Love, Marriage, and Friendship, S. 116. Es wird allerdings nicht präzisiert, in welchen Regionen die Befragungen durchgeführt wurden. Vermutlich gibt es in Bezug auf Moralvorstellungen gravierende Unterschiede zwischen den einzelnen Regionen sowie zwischen Stadt und Land.

[210] Shlapentokh, Love, Marriage, and Friendship, S. 47 und 53; Lissjutkina, Matriarchat, S. 185.

Von der Küche auf den Roten Platz

keinen Fall in die politische Biographie eingeordnet. Irma Kudrova betont ausdrücklich, die Liberalisierung der Liebesbeziehungen in der „Tauwetterzeit" stehe in keiner Beziehung zum Dissens.[211] Weshalb bricht Sadomskaja also mit der autobiographischen Tradition? Ich sehe hierfür mehrere mögliche Gründe: Zum einen entstand in unserem Interview eine besondere Vertrauensbasis, die möglicherweise das Sprechen über intime Lebensbereiche eher zuließ, als dies in anderen Gesprächen der Fall war. Zum anderen schlagen sich meines Erachtens in Sadomskajas Erinnerungen an die „Tauwetterzeit" spätere Erfahrungen der Zeitzeugin nieder: Sadomskaja emigrierte 1974 in die USA und fühlte sich, im Gegensatz zu vielen anderen russischen Emigranten, in der amerikanischen Gesellschaft wohl. Beruflich hatte sie als Hochschullehrerin Erfolg und fand eine Stelle am Institut für Anthropologie der renommierten *Columbia University* in New York. Schließlich begeisterte sie sich für die amerikanische Frauenbewegung. Nach eigenen Aussagen regten sie ihre Auseinandersetzungen mit dem Feminismus und der Frauenforschung dazu an, eigene Werte zu überdenken und ihren Werdegang in der sowjetischen Gesellschaft in neuem Licht zu betrachten. Die Erinnerungen an die fünfziger und sechziger Jahre lassen Sadomskajas doppelte Identität als sowjetische Dissidentin und amerikanische Intellektuelle erkennen. Vermutlich spiegeln ihre Ausführungen über die „sexuelle Revolution" den amerikanischen Diskurs wider. Dies soll aber nicht heißen, dass ihre Darstellung der freizügigen fünfziger Jahre nur ein vom Erleben losgelöster Diskurs ist. Wie Gabriele Rosenthal in Anlehnung an die kognitiven Theorien Jean Piagets herausarbeitet, ist es möglich, dass ein Individuum mit dem Erwerb neuer Kategorien oder dem Wegfall bisher wirkender psychischer Blockaden die eigenen Erlebnisse vergegenwärtigen und neu einordnen kann: „Das heißt durch Bewusstmachung von verdrängten und verleugneten Erlebnissen oder auch von isolierten Bestandteilen der Erlebnisse kann der Analysand ‚mehr' sehen und wiedererleben als zuvor."[212] Mit Piaget gesprochen hieße dies: Mit dem Erwerb neuer Schemata veränderte sich in der Wahrnehmung Sadomskajas das bisher Dargebotene und bekam eine neue Gestalt.[213] Der amerikanische

---

[211] Interview Kudrova.
[212] Rosenthal, Lebensgeschichte als historisch-soziale Realität, S. 133. Die Annahme beruht auf: Jean Piaget und Bärbel Inhelder: Memory and Intelligence, New York 1973.
[213] Rosenthal, Erlebte und erzählte Lebensgeschichte, S. 44.

Diskurs über die sexuelle Revolution verlieh ihr die Sprache, um über ihre sexuellen Erfahrungen im „Tauwetter" zu erzählen. Dies wäre nicht möglich gewesen, hätte sie das Tabu in der kollektiven Erinnerung respektiert und die Gattungsgrenzen des russischen autobiographischen Diskurses befolgt. Offen bleiben muss allerdings, wie Sadomskaja ihre sexuellen Abenteuer tatsächlich erlebte. Denkbar ist auch, dass sie die Diskussionen westlicher Achtundsechziger einfach auf ihre Erfahrungen in der Sowjetunion projiziert.

Die Erfahrungen in Amerika veranlassen Sadomskaja zur Bemerkung, im Unterschied zur amerikanischen Gesellschaft habe man in Moskau keine Scheu gehabt, unverheiratete Frauen überallhin einzuladen, denn sie seien nicht als Bedrohung für die eigene Ehe und Familie wahrgenommen worden. Dieser Umstand habe die Libertinage noch begünstigt. Allerdings geht sie nicht darauf ein, welche Probleme oder Konflikte die neuen sexuellen Freiheiten für die Menschen nach sich zogen. War es nicht verletzend, wenn der Partner fremd ging, selbst wenn man offen darüber sprach? Welche Konsequenzen hatte es, wenn Kinder aus einer Affäre hervorgingen? Eine Andeutung zu solchen Problemen macht Irma Kudrova: Sie erwähnt, dass sie eine „wunderschöne Liebschaft" mit einem verheirateten Kollegen hatte. Als sie schwanger wurde, habe dieser sie allerdings als „typisch russischer verantwortungsloser Mann" sitzen lassen und keinerlei Verantwortung für das Kind übernommen. Sie erhielt von ihm weder Alimente noch sonst eine Unterstützung. An anderer Stelle im Interview flicht sie im Nebensatz ein, zwar habe sie die früheren Einmischungen des *partkoms* in Ehe-Affären selbstverständlich abgelehnt, aber Frauen hätten auf diesem Weg auch eine Möglichkeit gehabt, Männer zur Verantwortung zu ziehen. Mit dem Abebben der *personal'nye dela* habe „die arme Frau dann niemanden mehr gehabt, bei dem sie sich beschweren konnte".[214] Sie selbst hätte freilich beim Vater ihres Kindes Alimente einklagen können, habe aber von dieser Möglichkeit keinen Gebrauch gemacht weil es, wie sie andeutet, in ihrer Kreise als „politisch nicht korrekt" angesehen wurde, den Staat in private Belange einzuschalten. Diese Episode zeigt, dass die „freie Liebe" durchaus Konflikte hervorrief und Menschen in eine Situation bringen konnte, in der sie dann sehr allein waren.

Insgesamt bleiben Geschichten, die Einblicke ins Privatleben gewähren, sehr spärlich. Zumeist werden Heirat, Trennung, neue Bindung oder die

---

[214] Alle Zitate dieses Abschnitts stammen aus dem Interview Kudrova.

Von der Küche auf den Roten Platz

Geburt der Kinder dann thematisiert, wenn sie mit Schlüsselerlebnissen in der politischen Biographie zusammenfallen. Informationen über den (Frauen-)Alltag, die Kindererziehung oder die Partnerschaften in der „Tauwetterzeit" können wir aus diesen Episoden nur in Bruchstücken rekonstruieren.

4.5 (Frauen-) Alltag und Geschlechterrollen

Während sich Abend für Abend *kompanii* trafen, *Samizdat* lasen, diskutierten, Liedermachern lauschten oder die russische Geschichte aufarbeiteten, steckte in der Regel allen Besucherinnen und Besuchern ein anstrengender Arbeitstag in den Knochen. Meist oblag es den Frauen, daneben noch die Kinder zu versorgen, einzukaufen und den Haushalt zu führen. So beschreibt Ljudmila Alekseeva ihren durchschnittlichen Wochentag der „Tauwetterzeit":[215] Für gewöhnlich arbeitete sie von morgens neun Uhr an in der Bibliothek, während ihre beiden Kinder von ihrer Mutter oder einer Kinderfrau betreut wurden. Um sechs Uhr abends machte sie sich auf den Nachhauseweg, verbrachte dann eine Stunde in den Schlangen der Lebensmittelgeschäfte und eine weitere Stunde am Herd. Nach dem gemeinsamen Abendessen spülte sie das Geschirr und brachte die Kinder zu Bett. Um zehn Uhr abends verließ sie das Haus, fuhr mit der Metro durch halb Moskau, tastete sich durch den dunklen Korridor einer Kommunalwohnung und gelangte in ein überfülltes, verrauchtes Zimmer, wo sich eine *kompanija* traf, *Samizdat* las, Wodka trank, Jazz hörte und bis zum Morgengrauen diskutierte. Ihren Leserinnen und Lesern teilt sie allerdings nicht mit, woher sie die Kraft nahm, dieses Programm zu bewältigen und Beruf, Haushalt, Kindererziehung sowie ihr Sozialprogramm unter einen Hut zu bringen. Larisa Bogoraz erzählt, sie habe im Institut „schlampig gearbeitet" (*chalturila*), sei aber trotzdem fortwährend erschöpft gewesen.[216]

Genau wie in anderen Gesellschaftsschichten hatte das Projekt der sowjetischen Frauenemanzipation auch innerhalb der *intelligencija* dazu geführt, dass Frauen erwerbstätig und gesellschaftlich aktiv waren, von ihren traditionellen Rollen in Haushalt und Kindererziehung aber nicht entlastet wur-

---

[215] Alexeyeva, Thaw Generation, S. 83f.
[216] Interview Bogoraz.

den.[217] Die Zeitzeuginnen profitierten zwar vom umfassenden Kinderbetreuungssystem oder erhielten Unterstützung von ihren Müttern oder Schwiegermüttern, die Verantwortung für Kinder und Haushalt blieb ihnen aber überlassen. Der Dienstleistungssektor war so unterentwickelt, dass tägliche Pflichten kaum delegiert werden konnten. Zudem war die Versorgung mit Lebensmitteln und Konsumgütern schlecht, weshalb die Haushaltsorganisation eine Titanenarbeit blieb. Männer übernahmen hier in den seltensten Fällen Verantwortung. Sie konnten mit größerem Elan ihre beruflichen Ziele verfolgen oder intensiver am inoffiziellen politischen und kulturellen Leben der „Tauwetterzeit" teilnehmen.[218]

Obwohl alle Frauen berufstätig waren, betrachten sie auch heute noch die geschlechtsspezifische Rollenverteilung zu Hause als selbstverständlich. Obwohl sie Doppel- und Dreifachbelastung zu tragen hatten, nahmen sie mit ungeheurer Energie am gesellschaftlichen Leben teil und verbrachten manche Nacht mit der Lektüre von *Samizdat*. In den *kompanii* waren die Frauen zuständig für die Verpflegung der Gäste. Während also die männlichen Vertreter der Reformgeneration hitzig diskutierten, werkelte meist eine Frau am Herd, servierte Tee, Wodka und Piroggen. Das hohe Engagement in allen Bereichen führte dazu, dass die späteren Dissidentinnen, wie Tat'jana Velikanova bemerkte, das typische Leben von „durchschnittlichen sowjetischen Frauen"[219] führten, die immer gehetzt waren und wenig Zeit hatten.[220]

Auch die Dissidentinnen übernahmen also die seit den dreißiger Jahren propagierten Rollenvorstellungen: Die Einbeziehung von Frauen in den Erwerbsprozess befreite sie nicht von den Reproduktionsaufgaben, das Bild von der „neuen Frau" als Arbeiterin und politischen Aktivistin wurde durch ein traditionelle Mutter- und Familienrolle ergänzt. Über eine Ausdehnung der männlichen Wirkungssphäre auf den häuslichen Bereich wurde nicht

---

[217] Bogoraz Une femme en dissidence, S. 61f. und 74; Interviews Sadosmakaja, Velikanova.

[218] So erzählt Tat'jana Velikanova, ihr Mann habe keine Zeit für Haushalt und Kindererziehung gehabt, weil er sich neben seinem Beruf als Radiotechniker seinen Traum verwirklichte und ein Zweitstudium in Linguistik absolvierte. Die drei Kinder zog sie neben ihrer Arbeit als Programmiererin mit Unterstützung der Mutter auf. Interview Velikanova.

[219] Interview Velikanova.

[220] Siehe auch Alexeyeva, Thaw Generation, S. 190: „Ich war immer zu sehr in Eile, hetzte von der Bushaltestelle zur Wohnung und zurück. Es gab nicht die Zeit für einen gemütlichen Stadtbummel."

diskutiert.[221] In den Erinnerungen der Dissidentinnen sind Haushalt und Kindererziehung dem Privaten zugeordnet und damit kein Gegenstand gesellschaftspolitischer Reflexion. Einzig Sadomskaja setzt sich aus später erworbener feministischer Perspektive mit den damaligen Rollenbildern kritisch auseinander. Sie bezeichnet das Rollenverständnis ihrer Generation als zwiespältig: Einerseits habe man die staatlich propagierte Gleichstellung von Mann und Frau verinnerlicht – „Das Ideal war die Gleichheit"[222] –, de facto sei aber die gesamte Alltagsorganisation Frauensache gewesen. In tiefstem Herzen hätten die Frauen dagegen aufbegehrt und ein alternatives Rollenbild entworfen:

> Die Frauen träumten davon, nicht berufstätig zu sein, wenn sie Kinder hatten. Und am meisten träumten sie davon, Toilette zu machen, [von] Make-up, von einer Frauenrolle à la Nataša Rostova[223]. Sie idealisierten die westlichen Frauen, die nicht arbeiteten, sie idealisierten die Frauen der vorrevolutionären Zeit, die nicht arbeiteten und die Schönheiten waren.[224]

Hier klingen Vorstellungen an, die in der Auseinandersetzung mit der Mutterfigur bereits zum Ausdruck gekommen waren: Als Gegenentwurf zur Emanzipation nach sowjetischem Muster wurde ein traditionelles Rollenbild idealisiert, nicht weil die Zeitzeuginnen prinzipiell davon ausgingen, dass Frauen an den Herd gehören, sondern weil sie unter der hohen Arbeitsbelastung litten. Auf der anderen Seite war es für die meisten Frauen, so Sadomskaja, dann doch unvorstellbar, ein reines Hausfrauendasein zu führen:

> Aber de facto wollte man dann auf die Arbeit oder das Studium auch nicht verzichten. [...] Ich hätte weder auf die Ausbildung, noch auf die Arbeit, noch auf die Liebe verzichten können. Ich glaubte, dass ich alles miteinander vereinbaren kann, Familie und Arbeit. Aber in der Realität ist das unglaublich schwierig, wenn der Mann zu Hause nicht hilft.[225]

---

[221] Attwood, Creating the New Soviet Woman, S. 13f., S. 34f., S. 169–173.
[222] Interview Sadomskaja.
[223] Heldin aus Tolstojs *Krieg und Frieden* (1868/69).
[224] Interview Sadomskaja.
[225] Ebenda.

Stalins Tod und „Tauwetter"

In Gestalt der eigenen Mutter wurde das Bild von der berufstätigen, politisch aktiven und emanzipierten Mutter kritisiert. Den Müttern warfen die ehemaligen Dissidentinnen vor, ihre Zeit dem Beruf und (partei-)politischem Engagement gewidmet, Haushalt und Kindererziehung vernachlässigt zu haben. Aus ihrem eigenen Lebensentwurf kann man ablesen, dass sie das Vorbild der Mütter – unter umgekehrtem Vorzeichen – reproduzierten: Sie arbeiteten und waren gleichzeitig gesellschaftlich aktiv, besuchten Veranstaltungen, trafen sich in der *kompanija*, führten politische Diskussionen und lasen alle offiziellen und inoffiziellen Neuerscheinungen. Zwar waren es die Frauen leid, zwischen den Anforderungen hin- und herzuhetzen und träumten von einem weniger überfordernden Hausfrauendasein, im Grunde genommen wollten sie aber weder auf ihren Beruf noch auf ihr gesellschaftspolitisches Engagement verzichten. Einerseits wollten die Frauen laut Sadomskaja, so schön, elegant und feminin sein, wie sie sich die Frauen der gehobenen Kreise der vorrevolutionären Zeit oder westliche Frauen vorstellten. Andererseits wird aus einigen Andeutungen in den Quellen ersichtlich, dass es in der *intelligencija* verpönt war, der „Toilette" allzu viel Aufmerksamkeit zu schenken. So schreibt Alekseeva anlässlich ihrer ersten Begegnung mit Larisa Bogoraz anerkennend: „Sie war groß, dünn und zeigte durch ihr Äußeres, dass zu ihren Lebensinhalten weder Kosmetik noch schicke Kleidung gehörten."[226] Die Theaterwissenschaftlerin Irina Uvarova bezeugt, anders als die ihr bekannten Schauspielerinnen, hätten ihre Freundinnen aus der späteren Dissidentenszene niemals Wert auf ihr Äußeres gelegt. Wichtiger für eine Frau aus der *intelligencija* war es, belesen zu sein und die Diskussion durch kluge Redebeiträge zu bereichern.[227] Eine, die eher auf Äußerlichkeiten bedacht war, wurde abwertend als *fifa* (etwa „Flittchen") bezeichnet.[228] Das Verhältnis zur weiblichen Schönheit blieb also gebrochen. Wenngleich Frauen aus der *intelligencija* insgeheim davon träumten, schön zu sein, so knüpften sie im Auftreten eher an die Tradition der Sozialrevolutionärinnen an und wiesen Kosmetika und modische Kleidung als feminine Attribute zurück.[229]

---

[226] Alexeyeva, Thaw Generation, S. 112. Siehe auch Interview Verblovskaja.

[227] Gespräch Uvarova. Siehe auch Alexeyeva, Thaw Generation, S. 112; Interviews Kudrova, Verblovskaja.

[228] Alexeyeva, Thaw Generation, S. 111.

[229] Wie sich aus Alekseevas Autobiographie entnehmen lässt, liefen die Männer übrigens herum wie eine Mischung aus russischem Sozialrevolutionär und Hemingway: Sie ließen sich lange Bärte wachsen und trugen vorzugsweise Pullover

Von der Küche auf den Roten Platz

Familienleben und Kinder tauchen in den Erinnerungen selten auf. Dabei wurden sie durch das gesellschaftliche Leben des „Tauwetters" durchaus beeinflusst: Die Treffen der inoffiziellen Zirkel, die „Küchengespräche" sowie Produktion, Herausgabe und Verbreitung von *Samizdat* fanden in privaten Räumen statt. In den Erinnerungen werden diese Aktivitäten aber zum „öffentlichen" Bereich gezählt: Die Aktivitäten werden als *publičnye* („öffentlich") bezeichnet, das Netz der *kompanii* gilt als *obščestvennost'* („Öffentlichkeit"), man frequentiert *otkrytye doma* („offene Häuser"), bisweilen ist sogar von *vsja Moskva* („ganz Moskau") die Rede. In der neuen „Halböffentlichkeit"[230], durch die Treffen in der „Küche" dehnte sich das Politische auf das Private aus. Alekseeva merkt lapidar an: „Die Zeiten verlangten, dass die Kinder fähig waren, bei lauten Gesprächen und lauter Musik zu schlafen."[231] Das Leben ereignete sich in der Gruppe. Dass diese mehr und mehr zu einer großen Familie zusammenwuchs, äußert sich in der Sammelbezeichnung *naši deti* („unsere Kinder") für die Kinder der *kompanija*. Thematisiert werden Kinder und Familie dann, wenn es Berührung zum halböffentlichen Bereich gab. Einige der Zeitzeuginnen erzählen, es habe sie die Frage beschäftigt, ob man inoffizielle Aktivitäten wie *Samizdat* vor den Kindern geheim halten solle. In den meisten Fällen beschlossen die Eltern, nichts zu verstecken, obwohl dies das Risiko barg, dass die Kinder in der Schule oder gegenüber ihren Freunden ausplauderten, was zu Hause gelesen und diskutiert wurde.[232] Auch gibt es Hinweise auf Erziehungsprinzipien, die mit einer liberalen Weltanschauung einhergingen: Beispielsweise schreibt Orlova, sie sei im Geiste Rousseaus und Tolstojs gegen den propagierten Behaviorismus[233] davon ausgegangen, dass jedes Kind eine Persönlichkeit

---

mit heidnischen russischen Symbolen, Naturszenen und Motiven abstrakter Kunst, die von ihren Verehrerinnen an den langen Abenden in der *kompanija* gestrickt wurden. Alexeyeva, Thaw Generation, S. 97.

[230] Zdravomyslova, Konstruktion der „arbeitenden Mutter", S. 25.

[231] Alexeyeva, Thaw Generation, S. 85.

[232] Alexeyeva, Thaw Generation, S. 145, Interviews Gorbanevskaja, Salova, Velikanova.

[233] Der Behaviorismus ist eine Verhaltenslehre, begründet auf den Theorien des amerikanischen Psychologen John B. Watson sowie den psychophysiologischen Theorien der russischen Reflexiologen Ivan P. Pavlov und Vladimir M. Bechterev. Nach Auffassung der Behavioristen wird Verhalten durch Erfahrungen und Konditionierung erlernt, und beruht nicht auf angeborenen Fähigkeiten.

Stalins Tod und „Tauwetter"

sei, die sich frei entfalten müsse.[234] Von einer liberalen Einstellung im Elternhaus zeugen auch einzelne Episoden in den Erinnerungen Alekseevas, Bogoraz' und Gorbanevskajas: Bogoraz erzählt, sie habe versucht, ihren Söhnen Werte wie Toleranz, Weltoffenheit und Respekt vor anderen beizubringen.[235] In ihren Entscheidungen seien die Kinder immer frei gewesen.[236] Alle drei Frauen behaupten, in gesellschaftspolitischen Fragen hätten sie niemals versucht, den Kindern die eigene Weltsicht aufzudrücken. Auch hätten die Eltern es ihnen freigestellt, ob sie den Pionieren oder dem Komsomol beitreten wollten.[237] Allenfalls hätten sie den Kindern kritische Fragen gestellt, um ihre eigene Urteilsfähigkeit zu stärken. Ein eindrückliches Beispiel schildert Bogoraz' älterer Sohn Aleksandr Daniėl': Im Alter von zehn Jahren war er begeisterter Pionier. Eines Tages kam er nach Hause und berichtete den Eltern, wie gut ihm die Geschichte von Pavlik Morozov gefallen habe, die nachmittags auf einer Pionier-Versammlung diskutiert worden war.[238] Seinen Eltern gefror das Lächeln. Sie fragten ihren Sohn, wie er selbst sich in der Situation des jungen Pavlik verhalten hätte, ob auch er seinen Vater verraten würde, wenn er den Verdacht schöpfe, dass dieser „antisowjetisch" handele. Auf ihre Fragen vermochte der Sohn nichts mehr zu antworten, er verstrickte sich in widersprüchliche Argumente, bis ihn die Eltern „buchstäblich zur Hysterie"[239] brachten.

Wie im nächsten Kapitel gezeigt wird, war die Frage, wie sich der Sohn verhalte, wenn die Eltern „antisowjetisch" handelten, für Larisa Bogoraz und Julij Daniėl' längst keine theoretische mehr.

---

[234] Orlowa, Vergangenheit, S. 152f.
[235] Bogoraz, Une femme en dissidence, S. 75f.
[236] Ihr Sohn Aleksandr Daniėl' kann dies nur bestätigen: Seine Freiheit sei sogar soweit gegangen, dass er sich jederzeit, ohne zu fragen oder Erklärungen abzugeben, Geld nehmen konnte. Er wusste, wo die Eltern es aufbewahren. Interview Aleksandr Daniėl'.
[237] Alexeyeva, Thaw Generation, S. 142, 145; Bogoraz, S. 75f.; Interview Gorbanevskaja.
[238] Zur Geschichte von Pavlik Morozov siehe Kapitel 2.1, den Abschnitt: „Die Erinnerungen Ljudmila Alekseevas".
[239] Interview Aleksandr Daniėl'.

4.6 Zusammenfassung

Die Jahre des „Tauwetters" nehmen in den Lebenserinnerungen der Dissidentinnen weiten Raum ein. Sie gelten als konstitutiv für die Entstehung der Dissidentenbewegung. Zu den Meilensteinen der politischen wie persönlichen Entwicklung gehören der Tod Stalins, die Öffnung des kulturellen Lebens, das Aufkommen künstlerischer und literarischer Debatten. Diese Debatten ließen eine partielle Eroberung des öffentlichen Raumes zu. Die Kultur diente auch dazu, gesellschaftspolitische Diskussion zu sublimieren. Angesichts der begrenzten Freiheit und Öffentlichkeit, entstand parallel eine Halböffentlichkeit, ein Netz von Freundeskreisen, die als politisch-kulturelle Diskussionszirkel fungierten und mit dem *Samizdat* ein eigenes Presse- und Informationswesen schufen. Diese neue Halböffentlichkeit ist auch der Ort, an dem die „weißen Flecken" in der eigenen Geschichte mit Inhalt gefüllt und das Gedächtnis an die stalinistischen Lager gewahrt wurden. Hier konnten zurückgekehrte Häftlinge ihre Erfahrungen erzählen oder ihre Memoiren im Selbstverlag herausgeben. Diese Lagererinnerungen hatten immense Wirkungsmacht auf das Bewusstsein der kritischen Intellektuellen. Das Lager wurde zum Gedächtnisort im entstehenden Dissens.

Die Entstehung neuer Beziehungsnetze als Basis für die spätere Dissidentenbewegung wurde am Beispiel der Lebenserinnerungen Natal'ja Sadomskajas aus Moskau nachgezeichnet. Ihr von der Mutter geerbtes Zimmer war neben zahlreichen weiteren „offenen Häusern" Treffpunkt einer *kompanija*, die vielfältige Verbindungslinien zu ebensolchen Kreisen unterhielt. Die Träger dieses Netzwerkes entstammten in erster Linie dem gebildeten akademischen Milieu und waren durch Familienbande, Jugendfreundschaften, Heiratsbeziehungen, den Beruf, die Wissenschaft oder die Kultur miteinander verbunden. Sie entwickelten eine Gruppenidentität, die an das vorrevolutionäre *intelligencija*-Konzept anknüpfte und sich von der technisch geprägten Sowjetintelligenz abgrenzte. Die neuen *intelligenty* verstanden sich als Wertegemeinschaft, der es gelang, den Konflikt zwischen Individualismus und Gemeinschaft zu überwinden. Dabei deuten das Gruppenverhalten sowie die Entwicklung einer rigorosen Gesinnungsethik darauf hin, dass der bis dahin scharf kritisierte Druck des Kollektivs innerhalb der *kompanija* fortgesetzt wurde, zumindest nachdem die politische Verfolgung eingesetzt hatte. Hier zeigen sich Vorprägungen durch das Sowjetsystem, die auch in der Dissidenz eine Rolle spielten, denn auch die Andersdenkenden bildeten eine Art Kollektiv, das bestimmte Regeln und Normen entwickelte, die das Individuum zu befolgen hatte, wollte es zur Gemeinschaft gehören.

Stalins Tod und „Tauwetter"

Auch lassen Wendungen wie „lichte Zukunft", „glückliche Generation" und „bessere Welt", die auch von den Zeitzeuginnen aus dem oppositionellen Milieu gebraucht werden, darauf schließen, dass die Dissidentinnen und Dissidenten nicht nur im Habitus, sondern auch im Denkstil durchaus „sowjetisch" geprägt waren.

Anhand der erzählten Entwicklungslinien wird deutlich, wie sehr die Erinnerungen nach späteren Deutungsmustern strukturiert sind. Erzählt werden in erster Linie die Begebenheiten, die für die Entstehung der Dissidentenbewegung von Bedeutung waren. Immer wieder gibt es in den Lebensgeschichten jedoch Episoden, in denen Periodisierungen aufgehoben und die Teleologie durchbrochen wird, womit die Erzählung näher an die Erlebnisebene heranrückt. Ein Beispiel hierfür ist die Verflechtung von Sadomskajas Ehegeschichte mit der politischen und kulturellen Öffnung unter Chruščev. Sadomskajas Erinnerungen sind auch insofern interessant, als in ihnen die aus der Emigrationserfahrung resultierende doppelte Identität einer sowjetischen Dissidentin und amerikanischen Wissenschaftlerin deutlich wird. So fällt es ihr leicht, mit den Tabus des russischen autobiographischen Diskurses zu brechen und von ihrer sexuellen Befreiung des „Tauwetters" zu erzählen. Andere Quellen enthalten allenfalls Andeutungen, die unter Zuhilfenahme der spärlichen Sekundärliteratur auf einen Wertewandel in herrschenden Moralvorstellungen und Sexualverhalten schließen lassen. Offen bleiben muss aber die Frage, ob Sadomskaja und ihre Gesinnungsgenossinnen damals die „freie Liebe" als Mittel zur Rebellion gegen die staatliche Ordnung ansahen. Es ist möglich, dass Sadomskaja amerikanische Diskussionen um die „sexuelle Befreiung" auf ihre eigenen Erfahrung projiziert. Es kann aber auch sein, dass sie durch den amerikanischen Diskurs neue Denkschemata erwarb, die es ihr ermöglichten, ihre damaligen Gefühle und Erlebnisse einzuordnen und zu artikulieren.

Was die Rekonstruktion von Frauenalltag und Geschlechterbeziehungen anbelangt, musste sich die Untersuchung auf einzelne bruchstückhafte Episoden stützen. Der Alltag der späteren Dissidentinnen glich dem einer „durchschnittlichen sowjetischen Frau". Neben Beruf, Kindern und Haushalt hatte die Frau aus der *intelligencija* jedoch noch den Anspruch, belesen, informiert und gesellschaftlich aktiv zu sein. Dass Haushalt und Familie reine Frauenangelegenheiten waren, wurde nicht hinterfragt. Es gab Ansätze, aus der hohen Arbeitsbelastung die Forderung nach der Rückkehr zu traditionellen Frauenrollen vorrevolutionärer gehobener Schichten abzuleiten oder sich an westlichen nicht-arbeitenden Hausfrauen zu orientieren. De facto zogen die Frauen aus Beruf und gesellschaftlicher Aktivität aber Anerken-

Von der Küche auf den Roten Platz

nung und Selbstbewusstsein. Eine Ambivalenz im Weiblichkeitsentwurf zeigte sich auch im Verhältnis zum Äußeren. Hier konkurrierte ein Schönheitsideal, das die Weiblichkeit betonte, mit einem eher geschlechtsnegierenden Auftreten. Die Verhaltensmuster der späteren Dissidentinnen und Dissidenten während der Chruščev-Zeit waren typisch für einen breiteren Kreis von Intellektuellen. Noch war kein Anzeichen für die Entstehung einer oppositionellen Bewegung erkennbar. Sie formierte sich erst Mitte der sechziger Jahre anlässlich der Verhaftung Julij Daniėl's und Andrej Sinjavskijs, als sich abzeichnete, dass Freiheiten zurückgenommen werden würden und neue Repressionswellen zu befürchten waren.

5. Die Formierung der Dissidentenbewegung

5.1 Politische Prozesse 1965–1968

Die Affäre Danièl'-Sinjavskij

Julij Danièl' war in der ersten Hälfte der sechziger Jahre eine zentrale Figur in Moskaus „Küchen". Er galt als Lebemann, als gesellig, klug und humorvoll. Er besaß eine außerordentliche Wirkung auf Frauen.[1] Die Beziehung zu seiner Ehefrau Larisa Bogoraz litt darunter:

> Julij, der bis ans Ende seines Lebens ein großer Verführer blieb, ging immer häufiger fremd. Ich war nicht eifersüchtig, aber die Situation bedrückte mich. Wo auch immer wir eingeladen waren, bildete sich sogleich ein Kreis von Bewunderinnen um ihn, während mir niemand Beachtung schenkte. Selbst wenn ich das gerechtfertigt fand, wünschte ich, dass mir mein Mann mehr Aufmerksamkeit entgegenbrachte. Ich wollte weitere Kinder; Julij wollte keine mehr. Als ich mich in einen anderen Mann verliebte, beschloss ich, meine Ehe zu beenden.[2]

1964 verteidigte Larisa Bogoraz ihre Dissertation und trat an der Fakultät für Linguistik der Universität Novosibirsk eine Stelle als wissenschaftliche Mitarbeiterin an. Sie war noch nicht geschieden, aber ihr Umzug sollte die Trennung besiegeln. Der gemeinsame Sohn Aleksandr blieb bei ihr.[3] Anfang September 1964 begann ihr erstes Semester als Dozentin. Sechs Wochen später, am 14. Oktober, wurde Nikita Chruščev vom Amt des Generalsekretärs der KPdSU enthoben und durch Leonid Brežnev (1906–1982) und Andrej Kosygin (1904–1980) ersetzt.

Ein Jahr später startete Julij einen Versuch, seine Frau zurückzugewinnen. Am 8. September 1965 flog er nach Novosibirsk, um Larisa zu einem Neuanfang zu überreden.[4] Sie wollte dies auf keinen Fall, aber die Ereignisse

---

[1] Alexeyeva, Thaw Generation, S. 110; Bogoraz, Une femme en dissidence, S. 78; Gespräch Botvinik.

[2] Bogoraz, Une femme en dissidence, S. 78f.

[3] Bogoraz, Une femme en dissidence, S. 78f.; Alexeyeva, Thaw Generation, S. 118.

[4] Julij Danièl': „Ja vse sbivajus' na literaturu …". Pis'ma iz zaključenija. Stichi, hg. von Aleksandr Danièl', Moskau 2000, Vorwort von Aleksandr Danièl', S. 14.

Von der Küche auf den Roten Platz

veranlassten sie, ihren Entschluss zu überdenken:[5] Kaum war Daniėl' in Novosibirsk angekommen, wurde er zum KGB gerufen und verhört. Er erfuhr, dass sein Freund Andrej Sinjavskij am Vortag verhaftet worden war, und ahnte, dass auch sein eigener Arrest bevorstehe. Nach Ansicht der Staatsanwaltschaft bestand das Vergehen der beiden darin, unter den Pseudonymen Abram Terc[6] und Nikolaj Aržak[7] Erzählungen im Westen veröffentlicht zu haben, was als „antisowjetische Agitation und Propaganda" nach Artikel 70 des Strafgesetzbuchs der RSFSR eingestuft wurde.[8] In dieser Situation wollte Larisa Bogoraz ihren Mann nicht im Stich lassen. Da sie immer noch offiziell seine Ehefrau war, sei sie die einzige gewesen, die ihn im Falle einer Verhaftung unterstützen, ihm Päckchen schicken und Briefe schreiben konnte.[9] Ihre Freundin Ljudmila Alekseeva kommentiert dies so:

> Ein politischer Gefangener brauchte eine Ehefrau, die einen Anwalt besorgte, den Prozess überwachte, den Freundeskreis über die Fortgänge unterrichtete, Lebensmittelpakete schickte und den Häftling im Lager besuchte. Larisa erklärte sich also einverstanden zurückzukehren.[10]

Als treue Ehefrau begleitete Bogoraz ihren Mann zurück nach Moskau, wo er noch am Flughafen Vnukovo verhaftet wurde. Sie kündigte ihre Stelle in Novosibirsk, kehrte zurück in die gemeinsame Wohnung und suchte sich eine neue Arbeit in Moskau.[11] Für die Zeit der Untersuchungshaft und des

---

[5] Für Folgendes Aleksandr Daniėl', Vorwort, in: Julij Daniėl', S. 14; Alexeyeva, Thaw Generation, S. 117; Bogoraz, Une femme en dissidence, S. 88–91; Interview Sadomskaja.

[6] Siehe beispielsweise Abram Terc (Andrej Sinjavskij): Fantastičeskie povesti, Paris 1961.

[7] Nikolaj Aržak (Julij Daniėl'): Govorit Moskva. Povest', Washington 1962; Iskuplenie, New York 1964 und Čėlovek iz MINAPA, London 1966.

[8] Zum Artikel 70 des Strafgesetzbuchs des RSFSR: Baranov/Davydov/Korolev, S. 217. Siehe auch Kapitel 4.3, den Abschnitt „Ausbleibende ‚Entstalinisierung'".

[9] Bogoraz, Une femme en dissidence, S. 88.

[10] Alexeyeva, Thaw Generation, S. 118.

[11] Nach ihrer Rückkehr nach Moskau fand Larisa Bogoraz sogleich eine Stelle als wissenschaftliche Mitarbeiterin am Institut für Informatik. Kommentar von Aleksandr Daniėl', in Julij Daniėl', S. 726; Alexeyeva, Thaw Generation, S. 119.

Die Formierung der Dissidentenbewegung

Prozesses zog Marija Rozanova, die Ehefrau Andrej Sinjavskijs, zu ihr.[12] Die Frauen waren entschlossen, die bevorstehenden Prüfungen gemeinsam auf sich zu nehmen. Sie wurden zum Verhör geladen und unter Druck gesetzt. Um die Ehefrauen dazu zu bringen, gegen ihre Männer auszusagen, drohten ihnen die Untersuchungskommissare mit Verhaftung oder Entlassung von der Arbeitsstelle und konfrontierten sie mit intimen Details aus ihrem eigenen Privatleben und dem ihrer Männer.[13] Dennoch war es für die Frauen selbstverständlich, ihre Männer bedingungslos zu unterstützen.

Die Verhaftung Daniël's, so Bogoraz, sei für sie der erste bewusste „Zusammenstoß mit dem repressiven sowjetischen System"[14] gewesen. Als 1936 ihr Vater verhaftet worden war, habe sie noch geglaubt, er sei ein „Volksfeind". Nun, als es ihren Ehemann traf, sei sie sicher gewesen, dieser habe nichts Unrechtes getan. Im Gegensatz zur Zeit der stalinistischen „Säuberungen" gab es jetzt für sie kein Wegschauen mehr. Während sich ihre Mutter einst vom Vater lossagen musste, beschloss Larisa, den Kampf gegen die Staatsmacht aufzunehmen:

> Eine wahnsinnige Wut verzehnfachte meine Kräfte und löschte in mir jegliche Angst aus. Ich wollte stärker sein als sie, stärker als der KGB, der Staat, die Macht, diese Ungeheuer, die meinen Vater und meinen Mann verhaftet hatten. Dafür musste ich die Öffentlichkeit informieren und mobilisieren, in der UdSSR und im Ausland.[15]

---

[12] Angabe nach Alexeyeva, Thaw Generation, S. 119.

[13] Davon zeugen die Beschwerdebriefe, die Larisa Bogoraz und Marija Rozanovas an hohe sowjetische Behörden schrieben: AS 204: Marija Rozanova-Kruglikova, Pis'mo Pervomu sekretariju CK KPSS i drugim o protivozakonnom areste Sinjavskogo, 24. Dezember 1965; AS 205: Larisa Bruchman, Pis'mo Pervomy sekretarju CK KPSS, General'nomy Prokuroru i drugim ob areste ee muža, Julija Daniëlja, Dezember 1965; AS 206: Larisa Bogoraz-Bruchman, Pis'mo General'nomu Prokuroru SSSR i Predsedatelju KGB v svjazi s arestom Ju. Daniëlja i pis'mo Predsedatelju Verchovnogo Suda (o tom že), Dezember 1965; AS 207: M. Rozanova-Kruglikova, Zajavlenie Predsedatelju Verchovnogo Soveta SSSR s protestom protiv dejstvij sotrudnikov KGB v svjazi s arestom A. Sinjavskogo, 9. Februar 1966. Die Briefe sind abgedruckt in: Ginzburg (Hrsg.), Belaja kniga, S. 64–67, S. 80–83. Siehe auch Bogoraz, Une femme en dissidence, S. 92f.; Alexeyeva, Thaw Generation, S. 119; Interview Sadomskaja.

[14] Interview Bogoraz.

[15] Bogoraz, Une femme en dissidence, S. 93.

Von der Küche auf den Roten Platz

Der Kampf begann beim Verhör: Sie habe versucht, den Untersuchungskommissaren klar zu machen, dass die Publikationen Daniėl's und Sinjavskijs im Ausland kein Verbrechen darstellten, auch nicht nach dem sowjetischen Strafgesetzbuch. Sie habe begonnen, sich mit den Gesetzen zu beschäftigen. „Diese Haltung, [...] sich auf das Recht, und zwar nur auf das Recht zu stützen, wurde anschließend von der gesamten Dissidenz Russlands übernommen."[16] Unterstützung fand sie bei ihrem Bekannten Aleksandr Esenin-Vol'pin. Dieser hatte sich aufgrund eigener Erfahrungen mit dem Repressionsapparat intensiv mit den Gesetzen beschäftigt und fungierte in den inoffiziellen Zirkeln bereits als Rechtsberater.[17] Er war der Meinung, Sowjetbürger könnten gesellschaftlichen Wandel herbeiführen, indem sie von den Herrschenden verlangten, die in Verfassung und Gesetzen festgeschriebenen Rechte zu respektieren.[18] Zwischen dem Wortlaut des Gesetzes und seiner Auslegung gab es seiner Ansicht nach erhebliche Diskrepanzen: So gewährte die Strafprozessordnung die Öffentlichkeit (*glasnost'*) von Strafverfahren. Tatsächlich fanden politische Prozesse jedoch hinter verschlossenen Türen statt. Die Verfassung schrieb Menschenrechte und bürgerliche Freiheiten wie Versammlungs-, Meinungs- und Pressefreiheit fest, diese wurden aber durch das Strafgesetzbuch, beispielsweise den Artikel 70, indirekt wieder außer Kraft gesetzt. Durch die Affäre Daniėl'-Sinjavskij wurden Vol'pins Ideen zur Grundlage der entstehenden Protestbewegung. Zunächst instruierte er die Frauen der Verhafteten über ihre Rechte im Strafprozess, dann auch deren Freunde und Bekannte. Seine juristischen Ratschläge fasste er später in einem Leitfaden zusammen und publizierte sie im *Samizdat*.[19]

---

[16] Ebenda, S. 92.
[17] Zum Lebenslauf Esenin-Vol'pins siehe Kapitel 4.4, den Abschnitt „'Küchengespräche', *kompanii*, Netzwerke und die neue *intelligencija*". Über Esenin-Vol'pins Rolle in der entstehenden Oppositionsbewegung: Bogoraz, Une femme en dissidence, S. 92; Alexeyeva, Thaw Generation, S. 106–108, S. 119–122; Bukowski, Wind vor dem Eisgang, S. 131–133, S. 188–194; Interviews Sadomskaja, Aleksandr Daniėl'.
[18] Aleksandr Esenin-Vol'pin: Filosofija. Logika. Poėzija. Zaščita prav čeloveka: Izbrannoe, Moskau 1999, S. 336–372.
[19] Aleksandr Esenin-Vol'pin: Pamjatka dlja tech, komu predstojat doprosy, Moskau, *Samizdat*, 1969, veröffentlicht im Internet unter: www.memo.ru/history/DISS/chr sowie www.hro.org/editions/volpin/volpin.htm

Die Formierung der Dissidentenbewegung

Durch die Auseinandersetzungen mit den Untersuchungskommissaren des KGB gewann Larisa Bogoraz nach eigener Aussage an persönlicher Stärke. Auf einmal sei sie zur „Teilnehmerin an einem Kampf" geworden, was ihr „neuen Antrieb für das Leben" verliehen habe. Ihr erwachender Kampfgeist habe an die Erfahrungen der Kindheit angeknüpft: Aufgewachsen mit dem Ideal, „gesellschaftlich aktiv" zu sein und sich für eine „gerechte Sache" einzusetzen, habe ihr Engagement aus politischer Enttäuschung in der Nachkriegszeit Ziel und Richtung verloren. Nun, da sie wieder etwas hatte, für das es sich zu kämpfen lohnte, sei die ihr „eigene Neigung zu gesellschaftlicher Aktivität" wieder erwacht.[20]

Auch Ljudmila Alekseeva erinnert sich an das kämpferische Selbstbewusstsein, das ihre Freundin Larisa Bogoraz nach der Verhaftung Daniėl's an den Tag legte: Die Stimmung in deren Wohnung sei sogar „fröhlich"[21] gewesen. Mit Vergnügen habe Bogoraz vor einem großen Kreis begeisterter Zuhörer ihre Auseinandersetzungen mit dem Untersuchungskommissar Kantov, einem KGB-Offizier, erzählt. Sie habe ihn mit ihrer Unerschrockenheit, Schlagfertigkeit und juristisch fundierten Argumentation aus der Fassung gebracht. Als sie ihm darlegte, dass ihr Mann noch nicht verurteilt sei und daher auch nicht als Verbrecher betrachtet werden könne, „klappte ihm der Unterkiefer herunter"[22]. Was ihr eigenes Engagement anbelangt, so beschwört Alekseeva in ihren Erinnerungen an die Daniėl'-Sinjavskij-Affäre immer wieder das große Vorbild aus ihrer Jugend im Krieg herauf: Zoja Kosmodemjanskaja, das Partisanenmädchen, das der Folter standgehalten und die Kameraden nicht verraten hatte. Zoja wird zur Folie, auf die sie ihre eigenen Handlungen projiziert und auf der sie ihre Standfestigkeit überprüft.[23]

Eine Verbindung zu den Kindheitserinnerungen wird auch von Natal'ja Sadomskaja gezogen. Auch sie beschreibt, wie sie nach der Verhaftung Daniėl's und Sinjavskijs von Kampfgeist beseelt gewesen sei: Als erste Reaktion auf den Arrest der Schriftsteller habe sie ein Gefühl von „Stolz" und „Freude" überkommen. Man habe die ganze Zeit davor darauf gewartet,

---

[20] Alle Zitate dieses Abschnitts sind aus dem Interview Bogoraz.
[21] Alexeyeva, Thaw Generation, S. 118.
[22] Ebenda.
[23] Ebenda, S. 135 und 179. Zu Alekseevas Auseinandersetzung mit Zoja Kosmodemjanskaja siehe Kapitel 2.1, den Abschnitt „Die Erinnerungen Ljudmila Alekseevas".

dass „etwas passiert", davon geträumt, „etwas zu tun". So viele Jahre habe sie ein „eskapistisches" Dasein gefristet, sich mit Alter Geschichte, dem mittelalterlichen Spanien und mit Ethnographie beschäftigt. Nun endlich habe sich die Gelegenheit geboten, den Kampf mit der Staatsmacht aufzunehmen und „den Traum vom Widerstand zu verwirklichen". Hier klingt ein ähnliches Argumentationsmuster an wie bei Bogoraz: In der Kindheit wurde Sadomskaja erzogen, sich für den Aufbau des Sozialismus einzusetzen und das politische Engagement als Ideal zu betrachten. Die Jahre ihres Studiums in der Nachkriegszeit wertet Sadomskaja dann als „Eskapismus". Sie wollte nicht mehr in offiziellen Institutionen politisch aktiv sein, wurde von Zweifeln am Regime geplagt und wusste nicht wohin mit ihren Idealen. Jetzt, mit der Verhaftung Daniėl's und Sinjavskijs, bot sich ein Anlass, sich endlich wieder für eine gerechte Sache zu engagieren.[24]

Der Entschluss wurde bezeichnenderweise von einem Ereignis hervorgerufen, auf das es zu *reagieren* galt. Schon in diesem frühen Stadium der entstehenden Protestbewegung zeigte sich, dass die Aktivitäten eher darauf ausgerichtet waren, sich gegen Staatsverbrechen und politisch motivierte Verfolgung zu *wehren*, als konstruktive Ideen für eine Umgestaltung der Gesellschaft zu entwickeln. Als Triebfeder für den Protest führen neben Bogoraz auch andere die Erfahrungen unter Stalin an: Sadomskaja erzählt, man habe nach dem Sturz Chruščevs einen „Rückfall […] in alte Zeiten" befürchtet. Ihre Generation habe erlebt, wie die Eltern aus nichtigen Gründen verhaftet wurden, „und wir mussten tatenlos zusehen, wie Hammel, wie Schafe"[25]. Nun habe sie „Mut zum Widerstand" verspürt.[26] Aleksandr Esenin-Vol'pin verwies auf die Lehren aus der Vergangenheit, als er im Dezember 1965 dazu aufrief, öffentlich gegen die Verhaftung Daniėl's und Sinjavskijs zu protestieren:

> In der Vergangenheit haben ungesetzliche Maßnahmen Millionen von Sowjetbürgern das Leben und die Freiheit genommen. Die blutige Vergangenheit ruft uns zu Wachsamkeit in der Gegenwart auf. Es ist leichter, einen Tag der Ruhe zu opfern, als jahrelang die Folgen der

---

[24] Alle Zitate dieses Abschnitts stammen aus dem Interview Sadomskaja.
[25] Ebenda.
[26] Ebenda. Siehe auch Rozanova, AS 204, S. 1; Alexeyeva, Thaw Generation, S. 119; Gespräch Uvarova.

Die Formierung der Dissidentenbewegung

Ungesetzlichkeit zu ertragen, die nicht rechtzeitig gestoppt werden konnten.[27]

Die Erinnerungen weisen darauf hin, dass die Furcht vor einer „Re-Stalinisierung" einer der Gründe war, weshalb die Affäre Daniėl'-Sinjavskij im Gegensatz zu früheren Prozessen ein großes Echo hervorrief und zum Ausgangspunkt einer Protestbewegung wurde.[28] Während der gesamten Chruščev-Zeit war es immer wieder zu politischen Prozessen gekommen, die jedoch nur vereinzelte Proteste hervorgerufen hatten.[29] Von Mitte der sechziger Jahre an mehrten sich in der Wahrnehmung der Menschen die Anzeichen für eine endgültige Rücknahme der partiellen Liberalisierungen des „Tauwetters". Chruščevs Besuch einer Avantgarde-Ausstellung beunruhigte die Kulturszene. Der Generalsekretär der KPdSU sparte in seiner Stellungnahme nicht mit Kraftausdrücken, um sein Missfallen an dieser Kunst auszudrücken.[30] Durfte 1962 noch Solženicyns *Ivan Denisovič* erscheinen, so wurde wenige Jahre später die Publikation weiterer kritischer Auseinandersetzungen mit der Stalinzeit verhindert.[31]

---

[27] Aufruf zur Protestdemonstration von Aleksandr Esenin-Volpin, abgedruckt in: Ginzburg (Hrsg.), Belaja kniga, S. 64–67, S. 80–83.

[28] So nennt Ljudmila Alekseeva den Prozess beispielsweise ein „Anzeichen des Kurses der neuen sowjetischen Führung zu einer Re-Stalinisierung". Alekseeva, Istorija inakomyslija, S. 205.

[29] Ein Beispiel hierfür ist der Fall Pimenov, für dessen vorzeitige Begnadigung sich erfolgreich eine Reihe von Wissenschaftlern und Vertretern der *intelligencija* einsetzte. Dolinin, Bor'ba za pravo čeloveka v Leningrade, S. 13.

[30] So verkündete er öffentlich, in Fragen der Kunst ein „Stalinist" zu sein, bezeichnete die ausgestellten Werke als „Hundescheiße", bezichtigte sie der „homosexuellen Tendenzen" und drohte an, die Künstler in Arbeitslager zu schicken. Priscilla Johnson/Leopold Labedz: Khrushchev and the Arts, Cambridge 1965, S. 101–105; Nina Moleva: Manež god 1962, Moskau 1989.

[31] Beispielhaft ist der Kampf Lidija Čukovskajas um die Veröffentlichung ihrer Erzählung *Sof'ja Petrovna*. Das Buch, 1939/40 geschrieben, schildert die Absurdität der stalinistischen „Säuberungen" anhand einer Mutterfigur, die auch nach der Verhaftung ihres Sohnes am Glauben an den Stalinismus festhält. Čukovskaja unterzeichnete Ende 1962 noch einen Vertrag mit dem Verlag *Sovetskij Pisatel'*, um *Sof'ja Petrovna* zu veröffentlichen. Wenig später erfuhr die Autorin, dass „kein Interesse" mehr bestehe, Werke über den Stalinismus zu publizieren. (Sudebnyj process Lidii Čukovskoj protiv izdatel'stva Sovetskij Pisatel', in: Političeskij Dnevnik, 1965, Heft 9, zitiert nach Vaissié, S. 33f.) *Sof'ja Petrovna* erschien 1965 im *Tamizdat* unter dem Titel *Opustelyj dom* („Ein leeres Haus").

Von der Küche auf den Roten Platz

Im Frühjahr 1964 kam es zum Prozess gegen den Leningrader Dichter Iosif Brodskij (1940–1996), der wegen „parasitärer Lebensführung" (*tunejadstvo*) zu fünf Jahren Verbannung verurteilt wurde.[32] Vor allem Kulturschaffende setzten sich mit Briefen an die Behörden für den Angeklagten ein, unter anderem die Dichterin Anna Achmatova, der bekannte Kinderbuchautor Kornej Čukovskij (1882–1969), seine Tochter Lidija Čukovskaja sowie der Komponist Dmitrij Šostakovič (1906–1975). Die Journalistin Frida Vigdorova vefolgte den Prozess im Gerichtssaal und schrieb ein inoffizielles Protokoll, das im *Samizdat* zirkulierte. Der Verhaftung Daniėl's und Sinjavskijs ging die Absetzung Chruščevs voraus. Im Frühjahr 1965 verkündete das ZK öffentlich, es habe keinen stalinistischen „Personenkult" gegeben, vielmehr habe es sich um die „Aufbauphase des Sozialismus" gehandelt. Nun grassierte die Angst vor einer Rehabilitation Stalins und einer Wiederkehr des Stalinismus.

Die „Tauwetter"-Generation sah den Prozess gegen Daniėl' und Sinjavskij als „Schauprozess" an.[33] Er markierte einen Wendepunkt im Umgang mit politischer Verfolgung. Hatten die Menschen unter Stalin Angst, mit der Familie eines „Volksfeindes" zu verkehren, sahen sich die Ehefrauen der verhafteten Schriftsteller nun von einer Welle der Solidarität getragen. Larisa Bogoraz erzählt: „Ein Räderwerk kam in Gang, das Marija (Rozanova) und ich nicht mehr beherrschten. [...] Die Zeiten hatten sich geändert, und ich spürte eine beständige Unterstützung, selbst von Leuten, die ich gar nicht kannte."[34] Larisas Sohn erinnert sich daran, dass sich „die Wohnungstür gar nicht mehr schloss"[35], weil unentwegt Unterstützerinnen und Unterstützer ein- und ausgingen. Es wurde Geld gesammelt, mit dem die Ehefrau-

---

Nach der *perestrojka* wurde das Buch unter seinem ursprünglichen Titel in Russland publiziert. Lidija Čukovskaja: Opustelyj dom, Paris 1965, deutsche Ausgabe: Ein leeres Haus, Zürich 1970. Aktuelle russische Ausgabe: Sof'ja Petrovna. Spusk pod vodu. Povest', Moskau 1988.

[32] Iosif Brodskij hatte seine Gedichte vereinzelt in der offiziellen Presse, vor allem aber im Leningrader *Samizdat* veröffentlicht. Nach seiner Verbannung wurde er im September 1965 aufgrund beharrlicher Proteste aus dem Ausland vorzeitig begnadigt. 1972 emigrierte er in die USA. Er lehrte Literatur an amerikanischen Universitäten, unter anderem in Columbia. 1987 erhielt er den Nobelpreis für Literatur.

[33] Siehe beispielsweise Alekseeva, Istorija inakomyslija, S. 202.

[34] Bogoraz, Une femme en dissidence, S. 94.

[35] Interview Aleksandr Daniėl'.

Die Formierung der Dissidentenbewegung

en kompetente Anwälte engagieren konnten. Laut Sadomskaja spendete ein entfernter Bekannter für den Prozess spontan die stolze Summe von fünfhundert Rubeln, die er als Honorar für eine Publikation im Ausland erhalten hatte.[36]

Ein erster Akt der Auflehnung war die persönliche Auseinandersetzung mit dem KGB. Zahlreiche Personen aus dem Umfeld Daniėl's und Sinjavskijs wurden zum Verhör geladen. Sie mussten über die Angeklagten aussagen, was sie über deren Lebenswandel wussten und ob sie die im Ausland veröffentlichten Erzählungen kannten. Man hatte die Wahl, sich solidarisch zu zeigen und die Schriftsteller zu verteidigen oder gegen sie auszusagen. Aufgrund der historischen Erfahrung war die Vorladung zum KGB gefürchtet. Die Überwindung der Angst und die Aussage zugunsten der Angeklagten stand für manche Zeitzeugin am Beginn des Kampfes mit der Staatsmacht. Sie galt als Wendepunkt, um „eine persönliche Revolution zu vollbringen"[37] und einen „neuen Weg"[38] einzuschlagen. So erzählt Irina Uvarova, Daniėl's spätere zweite Ehefrau, sie habe sich mit Ljudmila Alekseeva getroffen, als diese vom Verhör kam. Nach den Erwartungen Uvarovas hätte Ljudmila niedergeschlagen, ängstlich und verzweifelt sein müssen. Statt dessen habe Uvarova einen „glücklichen Menschen"[39] erlebt, der stolz war über die eigene Standfestigkeit.

Das Verhalten beim Verhör wurde zu einer politischen Manifestation. Natal'ja Sadomskaja berichtet von einer regelrechten „Euphorie", die sie beim KGB überkommen habe: „Ich habe mich als Heldin gefühlt, ich war bereit zu allem, ich war bereit, ins Gefängnis zu gehen." Ihr Widerstand habe darin bestanden, sich nicht einschüchtern zu lassen, sondern auf ihre Rechte zu pochen, das Verhörprotokoll gründlich durchzulesen und darauf zu bestehen, dass die Aussagen korrekt wiedergegeben würden. Außerdem habe Sadomskaja sich über die Vorschriften hinweggesetzt und die Vorgänge beim KGB publik gemacht:

> Ich habe [beim Verhör, A.S.] ein Papier über Geheimhaltung unterzeichnet, also dass ich niemandem etwas erzählen werde. Ich ging hinaus und erzählte sofort allen alles. Sie [der KGB, A.S.] sind Fein-

---

[36] Interview Sadomskaja. 500 Rubel war ungefähr das Doppelte des Monatsgehaltes eines Ingenieurs.
[37] Gespräch Uvarova.
[38] Ebenda.
[39] Ebenda.

Von der Küche auf den Roten Platz

de. Wir sind nicht verpflichtet, ihnen die Wahrheit zu sagen. Das war eine neue Verhaltenslinie. Wir sind nicht verpflichtet, ihre Forderungen zu erfüllen, die sie ohne unsere Zustimmung stellen. Sie forderten von uns, dass wir nicht redeten, und wir forderten von ihnen, dass sie uns nicht verhafteten. Sie erfüllten ihre Pflichten nicht, wir erfüllten unsere Pflichten nicht. Ganz Moskau erzählte ich sofort alles. In diesem Moment verstanden wird, dass es für uns nur Unterstützung gab, wenn alle alles wussten.[40]

Die Angeklagten hatten die Möglichkeit, die Zeugenaussagen einzusehen. Dadurch wurde in der „Szene" bekannt, wer zu ihnen hielt und wer nicht. Zunächst erzeugte Sadomskajas couragiertes Eintreten für Danièl' und Sinjavskij nach eigener Darstellung Misstrauen in der *kompanija*. Es seien Gerüchte aufgekommen, Sadomskaja sei in Wirklichkeit eine Denunziantin. Erst als Danièl' zu seiner Frau gesagt habe: „Bedanke Dich bei Nataša für ihre Zeugenaussage, sie hat uns sehr geholfen!"[41], habe sich der Verdacht gelegt. In diesem Sinne wird der Prozess gegen Danièl' und Sinjavskij von den Zeitzeuginnen als Beginn einer „Spaltung" (*rassloenie*) oder sogar als „Schisma" (*raskol*) innerhalb der Moskauer *intelligencija* bezeichnet.[42] Manche hätten um ihre Karriere gefürchtet und gegen die Angeklagten ausgesagt oder den Kontakt zu deren Familien abgebrochen. Nach Angaben Alekseevas seien am Tag des Prozesses von den ursprünglich rund fünfzig Mitgliedern ihrer *kompanija* nur noch ein knappes Dutzend vor dem Gerichtsgebäude zusammengekommen, um Solidarität mit den Angeklagten zu bekunden.[43]

Meines Erachtens gibt es in den Selbstzeugnissen sprachliche und inhaltliche Hinweise dafür, dass die Entscheidung zur Unterstützung Danièl's und Sinjavskijs eine biographische Weichenstellung auf dem Weg in die Dissidenz darstellte und damit für die Entstehung der Protestbewegung konstitutiv war: Im Vordergrund der Augenzeugenberichte stehen zunächst weniger die Ereignisse, die von der Sekundärliteratur als Meilensteine der Bewegungsbildung betrachtet werden, etwa die Demonstration auf dem Puschkin-

---

[40] Alle Zitate in diesem Abschnitt stammen aus dem Interview Sadomskaja.
[41] Ebenda.
[42] Alexeyeva, Thaw Generation, S. 129; Gespräch Uvarova; Interview Sadomskaja.
[43] Alexeyeva, Thaw Generation, S. 129. Zu Alekseevas und Sadomskajas *kompanija* der „Tauwetterzeit" siehe Kapitel 4.4, den Abschnitt: „‚Küchengespräche', *kompanii*, Netzwerke und die neue *intelligencija*".

Die Formierung der Dissidentenbewegung

platz oder die Briefkampagne, die im Zuge der Affäre Daniėl'-Sinjavskij losgetreten wurde. Statt dessen schildern die Zeitzeuginnen, wie sie ihre eigene Angst vor der Staatsmacht überwanden und die Auseinandersetzung mit ihr auf sich nahmen. Auf diese Weise werden herkömmliche Periodisierungen in der Entstehungsgeschichte der Dissidentenbewegung aufgehoben und durch persönliche Erlebnisse ersetzt. Die Erinnerungen an die Verhöre beim KGB sind genau wiedergegeben, sie zeichnen sich durch plastische Beschreibungen und eine abwechslungsreiche Sprache aus. Die Zeitzeuginnen stellen jeweils dar, welche Bedeutung die Vorladungen beim Geheimdienst für ihre Persönlichkeit hatte und welche Veränderungen sich im Verlauf des Kampfes in ihrem Inneren vollzogen. Aufschlussreich ist beispielsweise der Wechsel von „ich", „wir" und „sie" in der oben angeführten Episode aus dem Interview Sadomskajas, in der sie die Vorschriften der Untersuchungskommissare brach und ihren Freunden vom Inhalt des Verhörs erzählte: „*Ich* ging hinaus und erzählte sofort allen alles. *Sie* sind Feinde. *Wir* sind nicht verpflichtet, ihnen die Wahrheit zu sagen. Das war eine neue Verhaltenslinie […] Ganz Moskau erzählte *ich* sofort alles. In diesem Moment verstanden *wir*, dass es für uns nur Unterstützung gab, wenn alle alles wussten." Hier wird ersichtlich, dass es für Sadomskaja zunächst entscheidend war, die eigene Angst niederzukämpfen und die Vorschriften zu ignorieren. Dies erzählt sie mit dem Personalpronomen „ich". Es hebt sich ab von der „Wir"-Gruppe, die dann die Schlussfolgerungen aus dem Verhör für die entstehende Dissidenz zieht. Aus dieser sprachlichen Gestaltung wird klar, dass sie mit dem „Ich" das eigene Erleben wiedergibt, mit dem „Wir" die späteren allgemeinen Verhaltensregeln, die in der Dissidenz galten. Auf diese Weise kommen zwei unterschiedliche Erinnerungsschichten und Zeitebenen in ihrer Erzählung zum Vorschein. Die persönliche Weichenstellung wird mit dem „Ich" erzählt. Umgekehrt ist das Gegenüber der Protestierenden nun kein abstrakter und entfernter „Staat" mehr, sondern er manifestiert sich in einzelnen Personen: dem Untersuchungsrichter, dem Gefängniswärter oder dem Staatsanwalt. Für die Authentizität dieser Erinnerungen spricht auch, dass die Autobiographinnen unabhängig voneinander ein und dasselbe emotionale Stimmungsbild aus der Zeit nach der Verhaftung Daniėl's und Sinjavskijs zeichnen. Larisa Bogoraz erzählt, die Verhaftung ihres Mannes habe ihr eine kämpferische Kraft verliehen. Darauf Bezug nehmend beschreibt Ljudmila Alekseeva, wie sie ihre Freundin Larisa als Kämpferin erlebte und sich deren Verhalten zum Vorbild für das eigene Verhör nahm. Irina Uvarova bekräftigt wiederum, dass sie Alekseeva nach deren Vorladung zum KGB als starke und entschlossene Persönlichkeit wahrnahm. Es scheint beinahe, als würden die Quellen miteinander kommunizieren und eine Zeitzeugin jeweils die Aussage der anderen belegen. Während die Zeitzeuginnen auf der einen Seite persönliche Momente schildern, die für sie Wendepunkte ihrer Wahrnehmungs- und Handlungsweisen bedeuteten, beziehen sie auch die „allgemeine" Geschichte der Dissidentenbewegung in die Erzählung ein. So gilt die Demonstration auf dem Puschkinplatz, die Aleksandr Esenin-Vol'pin am 5. Dezember 1965 organisierte, als zentrales Moment bei der Entstehung der Protestbewegung. Die Demonstration sollte zur Wahrung der sowjetischen Verfassung und zur Einhaltung der Strafprozessordnung im Falle Daniėl'-Sinjavskij ermahnen.[44] Als Datum wählte Vol'pin den „Tag der sowjetischen Verfassung". Die Meinungen über Vol'pins Initiative waren nach den Zeitzeugenberichten geteilt. Vor allem Studenten, die den Majakovskij-Platz frequentiert hatten, die SMOGisten[45] oder der Kreis um Aleksandr Ginzburg hätten die Idee der Demonstration befürwortet. Nach Darstellung Ljudmila Alekseevas sah die ältere Generation dem Vorhaben Vol'pins jedoch mit Skepsis entgegen. Sie selbst sagt aus, sie habe mit einer „Demonstration" vor allem die gigantischen Aufmärsche zum 1. Mai und 7. November verbunden, daher eine tiefe Abneigung gegenüber Menschenmassen und Spruchbändern empfunden. Zudem seien die Folgen des Vorhabens unabsehbar gewesen.[46] Zusammen mit ihren Freundinnen Natal'ja Sadomskaja und Ada Nikol'skaja (geb. 1936)[47] habe sie vergeblich versucht, Vol'pin von der Idee abzubringen und

---

[44] Der Aufruf zur Demonstration ist abgedruckt in: Ginzburg (Hrsg.), Belaja kniga, S. 61. Nach Angaben aus dem *Weißbuch* wurde das Flugblatt in erster Linie an Moskauer Universitäten und Instituten verbreitet. Siehe auch Aleksandr Daniėl'/Arsenij Roginskij (Hrsg.): Pjatoe dekabrja 1965 goda v vospominanijach učastnikov sobytij, materialach Samizdata, dokumentach partijnych i komsomol'skich organizacij i v zapiskach Komiteta rodudarstvennoj bezopasnosti v CK KPSS, Moskau 1995.

[45] Zu den SMOGisten siehe Kapitel 4.4, den Abschnitt: „'Küchengespräche', *kompanii,* Netzwerke und die neue *intelligencija*".

[46] Alexeyeva, Thaw Generation, S. 120.

[47] Adel' Natanovna Nikol'skaja, Ökonomin, beteiligte sich Ende der sechziger Jahre an Protesten anlässlich der politischen Prozesse sowie an der Unterstützung politischer Gefangener. Danach zog sie sich aus dem „öffentlichen" Engagement zurück, stand der Dissidentenbewegung aber nach wie vor nahe. Sie bewahrte beispielsweise das Archiv der Helsinki-Gruppe bei sich auf. 1977 emigrierte sie in die USA.

Die Formierung der Dissidentenbewegung

ihm vorgeworfen, er gefährde „für einige narzisstische Momente"[48] die Sicherheit zahlreicher Mitmenschen. Konsens habe nur darüber bestanden, dass Larisa Bogoraz und Marija Rozanova auf keinen Fall zur Demonstration gehen dürften. Sie hätten „es sich nicht erlauben können, in eine „Straßenszene verwickelt zu werden", sondern: „Ihre Mission war es, den bevorstehenden Prozess zu überwachen."[49]

Trotz ihres Missfallens an der Aktion konnten Alekseeva, Nikol'skaja und Sadomskaja ihre Neugier nicht bezwingen. Am 5. Dezember kamen sie zum verabredeten Zeitpunkt zum Puschkin-Denkmal, wenn auch nur als Beobachterinnen. Sie bezogen am Rand des Platzes Stellung. Aktiv nahmen etwa ein- bis zweihundert Personen teil,[50] aus der älteren Generation nur Vol'pin.[51] Zusammen mit Valerij Nikol'skij (1938–1978)[52], Adas Mann, hielt er für einige Augenblicke Transparente hoch mit den Aufschriften: „Achtet die sowjetische Verfassung – das Grundgesetz der UdSSR!" und „Wir fordern *Glasnost'* [Offenheit, Öffentlichkeit] des Prozesses gegen Sinjavskij und Danièl'!".[53] Bei der Demonstration selbst wurden etwa zwanzig Personen festgenommen, nach Aufnahme der Personalien aber wieder auf freien Fuß gesetzt.[54]

Die Demonstration auf dem Puschkinplatz wird in einigen Darstellungen der Sekundärliteratur als „Geburtsstunde der Dissidentenbewegung" angesehen.[55] Erstmals wurde hier die Forderung nach Einhaltung der Verfassung öffentlich ausgesprochen, die später zum Grundkonsens zwischen den verschiedenen Gruppen und Grüppchen innerhalb der Oppositionsbewegung

---

[48] Alexeyeva, Thaw Generation, S. 121f.
[49] Ebenda, S. 121.
[50] Die Angaben differieren zwischen 50 und 400. Für die Veranstalter war es unmöglich, Teilnehmende, „Beobachter" und KGB-Leute auseinander zu halten, die ebenfalls in großer Zahl anwesend waren. Alekseeva, Istorija inakomyslija, S. 203; Interview Aleksandr Danièl'.
[51] Alekseeva, Istorija inakomyslija, S. 205.
[52] Valerij Dmitrevič Nikol'skij, Mathematiker, organisierte zusammen mit Vol'pin die Demonstration auf dem Puschkinplatz.
[53] Alekseeva, Istorija inakomyslija, S. 203.
[54] Alexeyeva, Thaw Generation, S. 122–124.
[55] A.B. Bezborodov/M.M. Mejer/E.I. Pivovar: Materialy po istorii dissidentskogo i pravozaščitnogo dviženija v SSSR 50-ch – 80-ch godov, Göttingen 1994, S. 15; Beyrau, Intelligenz und Dissens, S. 188.

Von der Küche auf den Roten Platz

werden sollte. Versammlungen am „Tag der Verfassung" auf dem Puschkinplatz wurden zur Tradition. Alljährlich fand dort am 5. Dezember eine „Schweigedemonstration" (*demonstracija molčanija*) statt. Einige Dutzend Menschen versammelten sich und nahmen um Punkt 18 Uhr ihre Kopfbedeckungen ab, um so gegen die Verletzung von Bürger- und Menschenrechten in der UdSSR zu protestieren.[56] Dennoch blieb die Demonstration in der Dissidenz eine selten ausgeübte Protestform. Abgesehen von den Versammlungen auf dem Puschkinplatz blieben inoffizielle öffentliche Meinungskundgebungen – wie die in der Einleitung beschriebene Demonstration auf dem Roten Platz – die Ausnahme. In Leningrad fand eine erste öffentliche Demonstration sogar erst am 14. Dezember 1975 auf dem Senatsplatz statt. Es handelte sich um eine Erinnerung an den Dekabristenaufstand von 1825.[57]

Zwar beziehen die Zeitzeuginnen die Demonstration vom 5. Dezember 1965 in ihre Entstehungsgeschichte der Dissidentenbewegung mit ein, aber sie nehmen gleichzeitig Abstand von ihr und wohnen ihr nur als Zuschauerinnen bei. Da die Demonstration im Nachhinein als wegweisendes Ereignis gewertet wird, ist es für die Zeitzeuginnen wichtig, ihre Anwesenheit auf dem Platz zu unterstreichen. Gleichzeitig wird ersichtlich, dass die inoffizielle Kundgebung für ihren persönlichen Entschluss zum Widerstand von zweitrangiger Bedeutung war. Wie sie betonen, setzte die ältere Generation in der Anfangsphase der Bewegung eher auf Kommunikation denn auf Konfrontation mit der Staatsmacht. Diese fand einerseits beim Verhör statt, andererseits in der Form schriftlicher Auseinandersetzung. So schreibt Alekseeva:

> Ich glaube, wenn wir ein paar Jahre jünger gewesen wären, dann hätten wir Demonstrationen bevorzugt. Aber mit vierzig verliert es seinen Reiz, auf der Straße Parolen zu brüllen. Außerdem konnte das, was wir zu sagen hatten, nicht auf Parolen verkürzt werden. Es ist nicht leicht, die Konzepte von *glasnost'* und Rechtsstaatlichkeit einer Regierung zu *erklären*, die diese Dinge ignoriert. [...] Wir drückten

---

[56] Beispielsweise Chronika tekuščich sobytij 11, 31. Dezember 1969, Rubrik „Kratkie soobščenija".

[57] Zur Demonstration auf dem Senatsplatz Vjačeslav Dolinin: Desjat' let nazad, in: Demokratija i my 14, Leningrad (Samizdat) 1990, S. 6–7, Archiv NIC Memorial, St. Petersburg.

Die Formierung der Dissidentenbewegung

unseren Protest auf eine Art aus, die angemessen ist für Menschen unseres Alters und unseres sozialen Status: im Schreiben.[58] Es ist aufschlussreich, dass Alekseeva den sowjetischen Behörden die eigenen politischen Konzepte *erklären* möchte. Dies zeigt, dass man im Jahr 1965 noch hoffte, durch Argumente überzeugen zu können. Die Protestierenden der älteren Generation waren längst noch keine Dissidenten, sondern Bürger mittleren Alters, die in etablierten Berufen arbeiteten und sich für gerade verhaftete Freunde oder Bekannte einsetzten. Zur beliebtesten Form der Auseinandersetzung wurden Briefe, Eingaben und Petitionen. Die erste Briefkampagne begann im Dezember 1965. Den Auftakt bildeten die Schreiben der Ehefrauen der Verhafteten, Larisa Bogoraz und Marija Rozanova, an sowjetische Staats- und Presseorgane. Kopien ihrer Briefe zirkulierten im *Samizdat*.[59]

Eine Zusammenfassung des ersten Schreibens von Marija Rozanovas mag eine Vorstellung von Ton und Inhalt der Briefe vermitteln:[60] Rozanova legt dar, sie könne in den Erzählungen Abram Terces nichts „Antisowjetisches" finden. Komposition und Stil seien Fragen des Geschmacks, kein Anlass zur Anklage. Darüber hinaus entspräche das von ihm gezeichnete Gesellschaftstableau der Wahrheit. So karikiere Terc die Zustände in Kommunalwohnungen, mit denen viele Sowjetbürger vertraut seien. Die Verfassung garantiere die Freiheit des Wortes und der Veröffentlichung. Im Ausland zu publizieren, sei kein verbrecherischer Akt. Zahlreiche renommierte Mitglieder des Schriftstellerverbandes hätten von dieser Möglichkeit Gebrauch gemacht. Ferner bezichtigt Rozanova die Behörden der Regelverstöße gegen die Strafprozessordnung: Drohungen, Abhören der Wohnung, Druck auf Zeugen, Vorverurteilung, Ausschluss der Öffentlichkeit vom Verfahren, keine Besuchsgenehmigung für die Ehefrauen und Beschlagnahmung von Büchern bei der Wohnungsdurchsuchung, die nicht als „antisowjetisch" eingestuft seien. Sie warnt vor einem Rückfall in die „Zeiten der Repression", in der auch Familienmitglieder von Angeklagten, Verurteilten oder Verdächtigen diskriminiert, verhaftet oder verschleppt wurden. Nach dem XX. Parteitag habe sie geglaubt, diese Methoden gehörten ein für allemal der Vergangenheit an. Ihr Brief schließt mit einem Appell an die Behörden als hilfsbedürftige und gleichzeitig furchtlose Frau:

[58] Alexeyeva, Thaw Generation, S. 167. Hervorhebung von mir.
[59] Für die einzelnen Briefe siehe Anm. 13 in diesem Kapitel.
[60] AS 204: Rozanova-Kruglikova.

Von der Küche auf den Roten Platz

> Ich bin *nur eine schwache Frau*. Ich besitze weder eine Datscha, noch ein Auto, noch eine Wohnung, noch Möbel [...]. Ich habe niemals prestigeträchtige Stellen besetzt. Derzeit bin ich sogar arbeitslos. Alles, was ich habe, ist das Leben, meinen einjährigen Sohn und meine geliebten Bücher. Sie sehen, ich habe so wenig zu verlieren und so wenig zu befürchten, dass ich – als einer von wenigen Sowjetmenschen – offen meine Meinung sage. Viele denken wie ich. Aber nur sehr wenige sagen es. Die Jahre des Personenkultes haben ihre Wirkung getan: Die Menschen in unserem Land sind eingeschüchtert, und der Fall Sinjavskij und Daniėl' hat alle nur zu gut an die vergangene Angst erinnert. Ich wende mich mit diesem Brief an Sie [...] *mit der Bitte um Hilfe und Unterstützung*.[61]

Das Zitat belegt, dass sich Rozanova zu diesem Zeitpunkt nicht als Speerspitze einer politischen Bewegung verstand, sondern sich als Ehefrau eines, in ihren Augen zu Unrecht, Verhafteten zu Wort meldete. Es ist bezeichnend, dass Rozanova als „schwache Frau" um Unterstützung des Staates bittet. Hierin erinnert ihr Stil an die Bittschriften von Ehefrauen Verhafteter aus der frühen Sowjetunion oder den dreißiger Jahren, in denen Frauen häufig in unterwürfigem Tonfall auf ihre Schwäche und Hilflosigkeit nach der Verhaftung des Familienoberhauptes und -ernährers verwiesen.[62] Im Gegensatz zu den Bittschriften der dreißiger Jahre verrät Rozanova aber auch eine kämpferische Haltung gegenüber den Staatsorganen. Sie kündigt an, sich nicht einschüchtern zu lassen, sondern ihre Meinung offen auszusprechen. In den Briefen der Ehefrauen an staatliche Institutionen ist eine Entwicklung zu beobachten. Verfassten sie anfänglich noch „Bittschreiben" (*prozby*), so wurden daraus allmählich „Erklärungen" (*zajavlenija*), „Beschwerden" (*žaloby*) oder sogar „Forderungen" (*trebovanija*).[63] Trotz ihres

---

[61] AS 204: Rozanova-Kruglikova, S. 4. Hervorhebungen von mir.

[62] Zur Tradition der Bittschreiben: Sheila Fitzpatrick: Suppliants and Citizens: Public Letter-Writing in Soviet Russia in the 1930s, in: Slavic Review 55 (1996), Heft 1, S. 78–105.

[63] Diese Entwicklung wird explizit so im Interview Salova beschrieben. Für eine größere Anzahl von Zeitzeuginnen siehe die beträchtliche Zahl von Eingaben in verschiedenen Beständen des Archiv NIC Memorial, Moskau, beispielsweise Fond 101, opis 1: delo 23 (Gjuzel' Amalrik), delo 104 (Larisa Bogoraz), delo 114 (Elena Bonnėr), delo 141 und 142 (Nina Bukovskaja), delo 165 (Anna Golumbievskaja), delo 189 (Ol'ga Iofe).

Die Formierung der Dissidentenbewegung

couragierten Briefes offenbart Rozanova ein anderes Auftreten gegenüber den Staatsorganen als Alekseeva, Sadomskaja und Bogoraz, die sich jeweils als entschlossene Streiterinnen für Gerechtigkeit beschreiben, nicht nur im Rückblick.[64] Hier werden zwei konkurrierende Weiblichkeitsmuster im oppositionellen Milieu sichtbar, die später noch deutlicher zutage treten sollten: Die einen verstanden sich selbst als Kämpferinnen in vorderster Front, die anderen richteten ihr oppositionelles Wirken auf die Verteidigung und Unterstützung verfolgter und bedrohter Männer aus.

In der Affäre Daniėl' und Sinjavskij schlossen sich zahlreiche Personen der Initiative Bogoraz' und Rozanovas an und verfassten eigene Protestschreiben oder unterzeichneten Kollektivbriefe. Die Briefe wandten sich an Regierungsorgane, das Gericht oder die offizielle Presse und wurden häufig im *Samizdat* verbreitet.[65]

Als weiteren Meilenstein auf dem Weg zur Dissidentenbewegung nennen die Selbstzeugnisse die Gerichtsverhandlung gegen Daniėl' und Sinjavskij im Februar 1966.[66] Personen, die mit den Angeklagten nicht verwandt oder nicht als Zeugen geladen waren, wurden nicht als Zuschauer zugelassen. Als Zeichen der Solidarität versammelten sich die Sympathisanten (*sočuvstvujuščie*) außerhalb des Gerichtsgebäudes. Mit ihnen warteten dort ausländische Korrespondenten, die ebenfalls keinen Zugang zum Gerichtssaal hatten. In den Pausen informierten Larisa Bogoraz und Marija Rozanova über den Fortgang des Prozesses. Während der Verhandlung versuchten die Ehefrau-

---

[64] So klingen Bogoraz' Briefe weitaus bissiger und kämpferischer als die Rozanovas, exemplarisch: AS 205, AS 206.

[65] Im *Weißbuch* sind Briefe von Lidija Čukovskaja, Lev Kopelev und Vladimir Kornilov erwähnt. Ginzburg (Hrsg.), Belaja kniga, S. 84. Veröffentlicht sind die Briefe Ginzburgs (S. 84f.), Levins (S. 95–100), Gerčuks (S. 117–122), Rodnjanskajas (S. 123–125), Jakobsons (S. 148–152), Menikers (S. 153–156), Golomštoks (S. 157–161), Kišlovs (S. 162–166). Die ersten Sammelbriefe erschienen erst nach dem Prozess: Brief von fünf Bürgern (S. 370f.); Brief von 62 Schriftstellern an das Präsidium des 23. Parteitages der KPdSU (S. 385f.); Telegramm von Wissenschaftlern und Schriftstellern an das Präsidium des 23. Parteitages (S. 297f.); Telegramm an den Obersten Sowjet der UdSSR, mit hundert Unterschriften (S. 398f.). Eine genaue Analyse von Stil und Inhalt der Protestbriefe wäre ein lohnenswerter Gegenstand für weitere Forschungsarbeiten. Dabei könnte das Selbstverständnis der entstehenden Protestbewegung noch genauer analysiert werden.

[66] Alexeyeva, Thaw Generation, S. 129–138; Bogoraz, Une femme en dissidence, S. 95f.; Gespräch Uvarova; Interview Sadomskaja.

en, den Wortlaut von Vernehmung, Anklage und Verteidigung mitzuschreiben. Am Ende jeden Prozesstages verglichen sie ihre Notizen und fertigten schließlich ein umfassendes Prozessprotokoll an.[67] Dieses Protokoll wurde die Basis eines Sammelbandes, den Aleksandr Ginzburg unter dem Namen *Weißbuch in Sachen Sinjavskij-Daniėl'* im *Samizdat* und *Tamizdat* herausgab. Neben dem Verhandlungsprotokoll finden sich darin Presseartikel sowjetischer und ausländischer Zeitungen, eine Schilderung des Tathergangs, der Aufruf zur Demonstration und Protestschreiben aus dem In- und Ausland. Gewidmet war es der 1965 verstorbenen Journalistin Frida Vigdorova, die den Brodskij-Prozess für den *Samizdat* protokolliert hatte. Mit dem *Weißbuch* begründete Ginzburg eine Tradition. Es sollte üblich werden, den Verlauf politischer Prozesse im *Samizdat* und *Tamizdat* zu dokumentieren.

Daniėl' und Sinjavskij erhielten hohe Strafen: Sinjavskij wurde zu sieben Jahren Haft in einer „Arbeits-Besserungs-Kolonie strengen Regimes" verurteilt, Daniėl' zu fünf Jahren. Alekseeva berichtet, dass der Ausgang des Prozesses trotz der harten Urteile als Sieg empfunden wurde. Die Angeklagten hätten zu ihren Taten gestanden, keine Reue gezeigt und nicht um Gnade gefleht. Zudem sei der Prozess von Solidaritätsbekundungen im In- und Ausland begleitet gewesen und auf großes Presseecho im Westen gestoßen.[68]

Der Fall Daniėl'-Sinjavskij zog den nächsten politischen Prozess nach sich: Aleksandr Ginzburg, der Herausgeber des *Weißbuchs*, wurde im Januar 1967 wegen *Samizdat*-Aktivitäten verhaftet, mit ihm Aleksej Dobrovol'skij (geb. 1938), Jurij Galanskov und Vera Laškova. Aleksandr Ginzburg hatte seine Verhaftung heraufbeschworen: Nach der erfolgreichen Übersendung in den Westen verteilte er die Kopien seines *Weißbuchs* nicht nur im Freundeskreis, sondern schickte auch ein Exemplar an den KGB.[69] Er erwartete seine Verhaftung, nahm Abschied von seinen Freunden und ersuchte das Standesamt um einen Termin, um vorher noch seine Verlobte Arina Žolkovskaja (geb. 1937) zu heiraten. Fünf Tage vor der geplanten Hochzeit wurde er verhaftet.[70] Der „Prozess der Vier" endete im Januar 1968 mit einem Schuldspruch nach Artikel 70. Gegenstand der Anklage waren das *Weißbuch* und seine Publikation im Westen sowie weitere *Samizdat*-Schriften, an denen die

---

[67] Interview Orlovas mit Rozanova und Sinjavskij, Archiv der FSO, Bremen, S. 10–14; Bogoraz, Une femme en dissidence, S. 96.
[68] Alexeyeva, Thaw Generation, S. 138.
[69] Alexeyeva, Thaw Generation, S. 141, Interview Žolkovskaja-Ginzburg.
[70] Interview Žolkovskaja-Ginzburg.

Vera Laškova in den 1970er Jahren (wahrscheinlich 1972)

vier jungen Leute beteiligt waren. Die Verurteilten erhielten Freiheitsstrafen von bis zu sieben Jahren.[71] Anlässlich dieses neuen „Schauprozesses" nahmen die Proteste größeren Umfang an als in Sachen Daniėl'-Sinjavskij: An der Unterschriftenkampagne beteiligten sich über siebenhundert Personen.[72] Auf dem Puschkinplatz fand noch einmal eine Demonstration statt (22. Januar 1967).[73] Es gab wieder „Prozessberichterstattung" im *Samiz-*

---

[71] Die höchste Strafe bekam Jurij Galanskov mit sieben Jahren Freiheitsentzug, die niedrigste Vera Laškova mit einem Jahr. Im Herbst 1972 starb Galanskov im Alter von 33 Jahren in Folge einer falsch behandelten Krankheit im Lager.

[72] Angabe nach Alekseeva: Istorija inakomyslija, S. 206. Die Zahl lässt sich aus den Unterschriften der vorliegenden Briefe ermitteln.

[73] Pavel Litvinov (Hrsg.): Delo o demonstracii na Puškinskoj ploščadi 22 janvarja 1967 goda. Sbornik dokumentov, London 1968.

dat[74], diesmal durch Pavel Litvinov, Enkel des berühmten Maksim Litvinov, des Altbolschewiken und ehemaligen Volkskommissars für Auswärtige Angelegenheiten. Zusammen mit Larisa Bogoraz verfasste Litvinov eine „Erklärung an die Weltöffentlichkeit".[75] In der Folge sollte es üblich werden, sich mit Protesten nicht nur an sowjetische Behörden, sondern auch an internationale Instanzen zu wenden.[76]

Die Verhaftungen Ginzburgs, Galanskovs, Dobrovol'skijs und Laškovas brachten unmittelbar den nächsten Prozess hervor: Im Zusammenhang mit der Demonstration auf dem Puschkinplatz am 22. Januar 1967 wurden mehrere Beteiligte strafrechtlich belangt: Verhaftet wurden Vladimir Bukovskij und Viktor Chaustov (geb. 1938), beide ehemalige Organisatoren der Treffen auf dem Majakovskij-Platz. Sie wurden im Sommer 1967 zu je drei Jahren Haft verurteilt.[77] In Haft genommen wurden auch die siebzehnjährige Schülerin Julija Višnevskaja und der zwanzigjährige Student Vadim Delone, der aufgrund seines Schuld- und Reuebekenntnisses keine Freiheitsstrafe erhielt.

Die politischen Prozesse der Jahre zwischen 1965 und 1968 legten den Grundstein für die Bürger- und Menschenrechtsbewegung. Man bezeichnete sich damals allerdings weder als „Dissidenten" (*dissidenty*), noch als „Andersdenkende" (*inakomysljaščie*) oder „Bürgerrechtler" (*pravozaščitniki*). Wer sich an Protestaktionen beteiligte, nannte sich zunächst einfach „Unterzeichnerin" und „Unterzeichner" (*podpisantka, podpisant*).[78] Das zeigt, welche Bedeutung dem Brief als Protestform zukam. Ob man zu diesem

---

[74] Pavel Litvinov (Hrsg.): Process četyrech. Sbornik materialov po delu Galanskogo, Ginzburga, Dobrovol'skogo i Laškovoj, Amsterdam 1971.

[75] Larisa Bogoraz-Daniėl'/Pavel Litvinov: K mirovoj obščestvennosti, 11. Januar 1968, in: Litvinov (Hrsg.): Process četyrech, S. 260–263.

[76] In den Augen ihres Umfeldes habe der Brief an die „Weltöffentlichkeit" einen „revolutionären Schritt" bedeutet (Interview Aleksandr Daniėl').

[77] Bukovskij war zu diesem Zeitpunkt infolge seiner inoffiziellen Aktivitäten bereits über anderthalb Jahre, von Mai 1963 bis Februar 1965, in einer psychiatrischen Spezialklinik interniert gewesen. M. Mitrochin: Vladimir Bukovskij, in: Biographische Datenbank, NIC Memorial, Moskau.

[78] Alexeyeva, Thaw Generation, S. 167; Interview Sadomskaja. Sadomskaja erzählt in diesem Zusammenhang eine hübsche Anekdote: Im späten Frühjahr 1968 habe sie mit Freunden und Gesinnungsgenossen am Onegasee in Karelien Urlaub gemacht. Sie erwarben ein Ruderboot mit Hilfsmotor und tauften es auf den Namen „Podpisanka".

Die Formierung der Dissidentenbewegung

Zeitpunkt schon von einer Bewegung sprechen kann, lässt sich im Nachhinein schwer ausmachen. In den Selbstzeugnissen wird zumeist von einer „beginnenden Bewegung" gesprochen.[79] Dennoch lassen sich an den Aktionen einige Charakterzüge ablesen, die typisch für die Bürger- und Menschenrechtsbewegung wurden: Die Bewegung entstand als Reaktion auf vorangegangene Repressionen seitens der Staatsmacht. Die Aktivitäten waren defensiv ausgerichtet. Sie bestanden in der Unterstützung der Angeklagten und ihrer Angehörigen, Zeugenaussagen zu ihren Gunsten, Versammlungen vor dem Gerichtsgebäude als Zeichen der Solidarität, Protestbriefen und Petitionen, in denen die Verfasser versuchten, die Taten der Angeklagten kraft guter Argumente zu verteidigen. Die Briefe dokumentieren ein neues Rechtsbewusstsein: Die Staatsgewalt sollte von der Ungesetzlichkeit der Maßnahmen überzeugt werden. Ein entscheidendes Moment war die Herstellung von „Öffentlichkeit". Es galt, Informationen über die Vorgänge zu verbreiten, durch Mund-zu-Mund-Propaganda, die Veröffentlichung von Protestschreiben im *Samizdat*, die Erstellung von Dokumentationen über politische Prozesse und deren Verbreitung im *Sam-* und *Tamizdat*, die Kontaktaufnahme zu ausländischen Korrespondenten sowie die Nachrichtenübermittlung an Kurzwellensender und westliche Medien. Anlässlich der Prozesse gab es jeweils kleine Demonstrationen

In den Zeitzeuginnenberichten über die Entstehung der Dissidentenbewegung finden sich einerseits sehr persönliche Momente, zum Beispiel die eigene Auseinandersetzung mit der Staatsgewalt bei der Vorladung, andererseits geben die Lebensgeschichten die wichtigsten Etappen der Bewegung wieder, wie sie auch von der Sekundärliteratur nachgezeichnet werden.[80] Es ist unmöglich zu gewichten, welche Personen den größten Anteil an der Mobilisierung des Protestes hatten. Als Ideengeber kommt Aleksandr Esenin-Vol'pin eine Schlüsselfunktion zu, indem er die Einhaltung von Gesetzen, Verfassung und Bürgerrechten zur zentralen Forderung der Dissidenten erhob. Vol'pin wird in einigen Quellen daher auch als „Vater der Bewegung"[81] bezeichnet. Damit aus einer Idee eine Bewegung entstehen konnte, bedurfte es aber vieler Schritte. Auffällig an den Lebensgeschichten

---

[79] Siehe beispielsweise Bogoraz, Une femme en dissidence, S. 95.
[80] Siehe beispielsweise Beyrau, Intelligenz und Dissens; Bezborodov/Mejer/Pivovar; Gerstenmaier 1971 und 1976; Rubinstein, Soviet Dissidents; Vaissié.
[81] Interview Sadomskaja. Siehe auch Bogoraz, Une femme en dissidence, S. 92; Alexeyeva, Thaw Generation, S. 106–108, S. 119–122; Bukowski, Wind vor dem Eisgang, S. 131–133, S. 188–194; Interviews Aleksandr Daniėl', Vera Laškova.

der Frauen ist, dass sie ihren jeweils eigenen Anteil an der Entstehung der Bewegung würdigen. Teilweise widersprechen sich die Selbstzeugnisse sogar bei der Frage, wer eigentlich welchen Beitrag leistete. So erzählt Sadomskaja, sie und ihre Freunde hätten Larisa Bogoraz erst überreden müssen, zur Unterstützung ihres Ehemannes an die Öffentlichkeit zu treten. Der Protest habe sich zunächst ohne die Ehefrauen formiert. Erst nach der Demonstration auf dem Puschkinplatz sei Larisa dazugestoßen.[82] Es sei Sadomskaja es gewesen, die Bogoraz geraten habe, Vol'pin um juristischen Rat zu bitten. Bogoraz beteuert dagegen, es sei ihre eigene Initiative gewesen, die Öffentlichkeit einzubeziehen und sich dabei auf das geltende Recht zu berufen. Auch über die Mobilisierung der Presse erfahren wir von mehreren Seiten. So betonen Alekseeva und Sadomskaja, welcher entscheidende Schritt es für die entstehende Bewegung gewesen sei, Kontakte zu den ausländischen Korrespondenten zu knüpfen. Beide führen die Zusammenarbeit mit der westlichen Presse auf ihre eigenen Verdienste zurück. Sadomskaja habe über einen befreundeten Franzosen eine „Presseerklärung" über die Verhaftung Daniėl's und Sinjavskijs ins Ausland geschickt. Alekseeva sei anlässlich der Gerichtsverhandlung in Kontakt mit westlichen Korrespondenten getreten. Diese Kontakte hätten langfristig dazu geführt, dass die ganze Welt viele Jahre lang bestens über die sowjetischen Dissidenten informiert war.[83] Anhand der Berichte über die Demonstration auf dem Puschkinplatz wird ersichtlich, dass die Frauen, auch wenn sie nicht unmittelbar beteiligt waren, zumindest reklamieren, „dabei" gewesen zu sein. Es ist ihnen wichtig, das eigene Mitwirken an den ersten Auftritten der Bürger- und Menschenrechtsbewegung festzuhalten. Bisweilen verwischt sich dabei die Urheberschaft. So erinnert sich Sadomskaja an den Beginn der Briefkampagnen, zu denen ihr Lebensgefährte Boris Šragin Entscheidendes beitrug:

> Ich weiß, dass die ersten Briefe *von Boris* geschrieben wurden, diese Telegramme. *Wir* schrieben das alles. Das heißt, *ich* schrieb nicht, *Boris* schrieb, er hatte einen guten Stil. Also diese ersten Briefe haben

---

[82] Tatsächlich stammte der erste Protestbrief Bogoraz' von Mitte Dezember 1965, während die Demonstration auf dem Puschkinplatz schon am 5. Dezember 1965 stattfand.

[83] Alexeyeva, Thaw Generation, S 138.

Die Formierung der Dissidentenbewegung

alle *wir* geschrieben. [...] Es gab daraufhin so eine Kette von Briefen. [...] *Wir* hatten immerfort neue Ideen.[84]

Solche Episoden zeugen von Stolz und dem Bewusstsein, einen historischen Beitrag geleistet zu haben. Die Zeitzeuginnen betonen, jeden Schritt zur Dissidentenbewegung persönlich mitgegangen zu sein. Eine Außenansicht auf das Engagement der Frauen in der entstehenden Protestbewegung gibt einzig Irina Uvarova: Sie habe nach eigenem Bekunden nur am Rande mitgewirkt, sei aber mit den Protagonistinnen Alekseeva, Bogoraz und Sadomskaja gut befreundet gewesen. In ihrer Wahrnehmung „kämpften diese Frauen in der ersten Reihe"[85]. Im Zuge des Daniėl'-Sinjavskij-Prozesses hätten sie sich in „politische Aktivistinnen" (*političeskie dejateli*) verwandelt und sich dadurch sogar äußerlich verändert. Sie seien „aufgeblüht" (*razcveli*) und „strahlend, selbstsicher, stark" (*jarkie, samouverennye, sil'nye*) geworden. Bei ihren Aktionen hätten sie überaus weiblich gehandelt, seien „als Frauen aufgetreten" (*očen' po-ženskomu vystupali*). Sie führt nicht weiter aus, was sie darunter versteht. Der Ausspruch kann so gedeutet werden: Den werdenden Dissidentinnen erwuchs ein Selbstverständnis, das an die Beteiligung von Frauen in den revolutionären Bewegungen und am Fronteinsatz im Zweiten Weltkrieg anknüpfte. Sie verstanden sich als Streiterinnen für eine gerechte Sache, wollten es den Männern gleichtun und in vorderster Reihe kämpfen. Gleichzeitig entwickelte sich, wie bereits in den Briefen Rozanovas angedeutet, ein spezifisch weibliches Engagement, das auf männliches Heldentum ausgerichtet war und vor allem unterstützend wirkte.

„Die Lager existieren noch!"

Im Frühjahr 1966 trafen in Moskau erste Nachrichten von Julij Daniėl' aus dem in Mordvinien gelegenen Straflager ein.[86] Da ihm während der Untersu-

---

[84] Interview Sadomskaja, Hervorhebungen von mir.

[85] Gespräch Uvarova.

[86] Julij Daniėl' verbrachte seine fünfjährige Haftstrafe im sogenannten *Dubravlag* in der autonomen Mordvinischen Sowjetrepublik. Mordvinien liegt im östlichen Teil des europäischen Russland, im Einzugsbereich der Flüsse Wolga und Kama. Das dortige Straflager, errichtet 1929, wurde 1948 Speziallager für politische Gefangene. Zwischen 1961 und 1972 war es landesweit das einzige Lager, in dem Verurteilte wegen „besonders gefährlicher Staatsverbrechen" gemäß der Artikel

chungshaft der Briefkontakt zur Familie verboten war, schrieb er, sobald er im Lager ankam:

[2.3.1966] Meine Lieben, Nun hat meine folkloristisch-ethnographische Expedition also begonnen. Heute morgen kam ich hier an und habe mich schon ein wenig mit den Bedingungen vertraut gemacht. Ich muss Euch berichten, dass meine Vorstellungen über derartige Orte hoffnungslos veraltet sind. Ich bin darüber natürlich sehr froh. Es ist alles nicht so schlimm, wie Ihr Euch es vielleicht vorstellt. Ich bin schon in eine Arbeitsbrigade eingeteilt worden. [...] Ich werde Euch zweimal im Monat schreiben; mich hat hier eine Überraschung erwartet: Mir dürfen alle so viel schreiben, wie sie wollen. Wollt Ihr? Wollen die anderen? Wenn Ihr wollt, dann los! Briefe sind eine Möglichkeit, – bis zu einem gewissen Grad – das Moskauer Leben fortzuführen. Es hängt von Euch allen ab, ob dies mehr oder weniger gelingen wird. Und schickt mir Fotos! Wenn ich erfahre, wie es bei Euch steht, teile ich Euch auch mit, wie das mit den Besuchen aussieht. Es gibt einen persönlichen Besuch (*ličnoe svidanie*) im Jahr, drei Tage lang; und einen allgemeinen Besuch (*obščee svidanie*) alle vier Monate, für vier Stunden.[87] Ich denke nicht, dass sich Letzteres lohnt. Die Fahrt hierher dauert über sieben Stunden. [...] Die Leute sind hier sehr verschieden [...] Einstweilen danke ich dem Schicksal für die Möglichkeit, von der alle sprachen: Kontakte zu anderen zu knüpfen. [...] Laron'ka, Pakete darf ich noch nicht bekommen, aber Päckchen. Ich brauche einen Füller, Pasternak, Cvetaeva, einen Ra-

---

64 bis 72 des Strafgesetzbuchs der RSFSR inhaftiert waren. Mitte 1965 waren dort 3816 der Insassen „Staatsverbrecher". Aleksandr Daniėl', Kommentar zum ersten Brief Julij Daniėl's, in: Julij Daniėl', S. 723f.

[87] Wie sich hier zeigt, war Julij Daniėl' über die Besuchspraxis im Lager noch unzureichend informiert. Die Besuche waren nicht garantiert. Nach den Regeln von 1966 wurde einmal im Jahr ein „persönlicher Besuch" (*ličnoe svidanie*) von ein bis drei Tagen gewährt. Zu dem „persönlichen Besuch" durften nur Ehepartner, Kinder oder Eltern kommen. Einmal alle vier Monate gab es einen „allgemeinen Besuch" (*obščee svidanie*), der zwischen 30 Minuten und vier Stunden dauerte. Die Besuchserlaubnis wurde von der Lageradministration erteilt und hing vom Verhalten des Häftlings ab. Die Administration hatte das Recht, dem Häftling die Besuchserlaubnis zu entziehen, was im Falle Julij Daniėl's mehrmals geschah. Aleksandr Daniėl', Kommentar zum ersten Brief, in: Julij Daniėl', S. 724.

Die Formierung der Dissidentenbewegung

sierapparat – eine vollständige Gentelman-Garnitur. Meine Lieben, seid nicht böse, wenn ich diesen Brief jetzt beende. Ich werde in Zukunft andauernd, ausführlich und viel schreiben (was ich mir auch von Euch wünsche). Küsst die Eltern von mir. Seid umarmt, Julij.[88]

Der Brief zeigt, dass die Straflager einen festen Platz in der Erinnerung der „Tauwetter"-Generation hatten.[89] Daniėl' vergleicht seine ersten Eindrücke mit seinen bisherigen Vorstellungen vom Lager und stellt fest, dass diese größtenteils veraltet waren. Die stalinistischen Lager ließen sich mit seinem nicht vergleichen. Lediglich die Erfahrung der vielfältigen Sozialkontakte, die das Lagerleben biete, könne er mit der Vorgängergeneration teilen. Aus der Expeditionsmetapher spricht eine gewisse Neugier dafür, wie das Lager, von dem er viel gehört hatte, tatsächlich von innen aussah.

Gespannt wartete man in Moskau auf Nachrichten von Daniėl'. Seine Zeitgenossinnen und Zeitgenossen brachten Straflager für politische Gefangene ausschließlich mit der Stalinzeit in Verbindung. Die meisten glaubten, nach dem XX. Parteitag seien die Speziallager aufgelöst worden, und die wenigen verbliebenen „Politischen" befänden sich in Lagern für gewöhnliche Kriminelle.[90] Durch Julij Daniėl' bekam nun ein größerer Kreis die Gelegenheit, Details über den Alltag in einem poststalinistischen Lager zu erfahren. Daniėl' hatte viele Freunde und bekam viel Post. Da er selbst aber nur an seine nächsten Angehörigen schreiben durfte, verfasste er Sammelantworten an Frau und Sohn, die sich stets an ein größeres Publikum richteten und von Larisa Bogoraz weitergeleitet wurden. Die Wohnung der Familie Bogoraz-Daniėl' war während des Prozesses zum Treffpunkt des Unterstützerkreises geworden. Nun fanden sich dort Freunde, Bekannte und „neue Gesichter"[91] ein, um Neuigkeiten aus dem Lager zu hören.[92] Bereits

---

[88] Erster Brief Julij Daniėl's aus dem Lager, 2. und 3. März 1966, veröffentlicht in: Julij Daniėl', S. 25–28.
[89] Siehe Kapitel 4.3.
[90] A. Daniėl', Vorwort, in: Julij Daniėl', S. 20; Alexeyeva, Thaw Generation, S. 138f.; Gespräch Uvarova; Interview Sadomskaja. Siehe auch Vaissié, S. 119.
[91] Interview Aleksandr Daniėl'.
[92] A. Daniel', Vorwort zu Julij Daniėl's Briefen, in: Julij Daniėl', S. 7–22, hier S. 16, S. 20. Während Julij Daniėl' im Lager regelmäßig mit einem großen Kreis von Freunden und Bekannten korrespondierte, beschränkten sich die Kontakte Andrej Sinjavskijs in erster Linie auf die Familie. In den Quellen finden sich Andeutungen darüber, dass es zwischen den Frauen der Gefangenen, Larisa Bogoraz

Von der Küche auf den Roten Platz

kurz nach der Ankunft Daniėl's erfuhr die Moskauer *intelligencija* Unerhörtes:

[3.3.1966] Ich komme langsam zur Besinnung nach all dem, was meiner Ankunft hier vorausging: dem Gefängnis, dem Untersuchungsverfahren, dem Gericht, dem Transport und so weiter. Ich bin in eine seltsame Welt [...] geraten. [...] Die neuen Genossen sind nett zu mir, und helfen mir großartig [...]. Gestern habe ich bis über beide Ohren geschmunzelt: Ich habe mir vorgestellt, welch düsteres Bild Ihr zu Hause [...] vom Lagerleben und der kriminellen Umgebung zeichnet. Und ich war in dieser Zeit zum Kaffee eingeladen, unterhielt mich über Sartre und Kafka und war nicht einmal der gebildetste Gesprächsteilnehmer. Natürlich interessieren sich nicht alle für die schöne Literatur. Sich statt dessen über die nationalen Besonderheiten in der Wahrnehmung von Choreographie zu unterhalten, ist doch auch nicht schlecht, oder?[93] Apropos ‚nationale Frage': Gestern haben wir zu sechst gearbeitet, und nicht eine Nationalität war zweimal vertreten.[94]

[15.4.1966] Meine Lieben! Ich lebe ein seltsames Leben. Jeden Tag neue Gesichter und Eindrücke. Ich war sehr naiv, das Lager nur in einer Farbe zu zeichnen. Das Leuchtende und das Trübe, das Tiefgründige und das Leichtsinnige, das Tragische und das Komische, das Hochherzige und das Niederträchtige, alles ist hier wundersam miteinander verbunden. [...] Niemals zuvor im Leben habe ich mich gleichzeitig so reich und so hilflos gefühlt. [...] Am Tag nach Eurer Abfahrt – am Sonntag, dem 10. – war Ostern. Alle haben gefeiert, unabhängig von Nationalität, Religion und Bekenntnis. [...] Das wichtigste war, dass es ein Feiertag ist, und zwar ganz und gar kein offizieller. Gegen vier Uhr nachmittags habe ich mich mit einer inte-

---

und Marija Rozanova, nach dem Prozess eine Meinungsverschiedenheit gab. Während Larisa Bogoraz alle Freunde und Bekannte am Schicksal ihres Mannes teilhaben ließ, seine Briefe vorlas und sich von Freunden und Freundinnen ins Lager begleiten ließ, wünschte Marija Rozanova nicht, dass ihr Mann zu einer „öffentlichen Person" werde. Julij Daniėl', Brief vom 29.3.1966, S. 38, Kommentar dazu: S. 730; Interview Sadomskaja.

[93] Daniėl' war mit dem georgischen Tänzer Anton Nakašidze inhaftiert. Aleksandr Daniėl', Kommentar zum zweiten Brief, in: Julij Daniėl', S. 726.

[94] Aus dem Brief vom 3. März 1966, in: Julij Daniėl', S. 26–28.

Die Formierung der Dissidentenbewegung

ressanten *kompanija* getroffen, wir haben sehr viel gegessen und sehr viel geredet. Über Aleša Karamasov, die Heilige Inquisition, Taras Ševčenko, über Gewissen, Moral, Schuld, Notwendigkeit, die Realität der Kunst, die Irrealität der Kunst, die Revolution, die Evolution, den Technik-Kult [...] und so weiter und so fort. Dann sind wir zu einem anderen Platz weitergezogen. Dort wurde Kaffee getrunken, und es wurden, begleitet von zwei Gitarren, Zigeunerlieder gesungen. [...] Heute ist wieder Sonntag. Die Sportsaison wurde eröffnet. [...] Danach bin ich mit einem Jungen spazieren gegangen. Er erzählte mir seinen Fall, sehr interessant und lehrreich.[95]

Julij Danièl' war überrascht, im Lager nicht von Dieben, Mördern und Falschmünzern umgeben zu sein, sondern in erster Linie von politischen Gefangenen. Der ironisierende Tonfall in den Briefen täuscht bisweilen über die Härten des Lageralltags hinweg. Wegen der scharfen Zensur durfte Danièl' nicht unverschlüsselt über Hunger, Kälte und Krankheiten berichten. Vermutlich sind seine Leichtigkeit und Ironie, die seinem Charakter entsprachen, auch ein Mittel, um sich im Austausch mit den Angehörigen einen Moment der Normalität und Freiheit zu schaffen und die alltäglichen Schikanen und Entbehrungen vorübergehend zu vergessen.[96]

Die Moskauer „Küchen" erfuhren, dass im Lager unterschiedlichste Menschen zusammenkamen, die für Larisa Bogoraz', die „Blüte der *intelligencija*"[97] repräsentierten. Durch Danièl's neue Bekanntschaften habe sich der Horizont der Moskauer beträchtlich erweitert:[98] Sie erfuhren vom bewaffneten Widerstand im Baltikum und in der Westukraine während und nach dem Zweiten Weltkrieg. Vertreter der litauischen Partisanenverbände, der *Ukrainischen Aufständischenarmee* (UPA[99]) und der *Organisation*

---

[95] Aus dem Brief vom 15. April 1966, in: Julij Danièl', S. 40–45.
[96] Zur sprachlichen Gestaltung von Danièl's Briefen siehe Sibylle Kurt: Wortspiel und Chat-ähnliche Merkmale in Julij Danièl's Briefen aus der Haft, in: Patrick Sériot (Hrsg.): Contributions suisses au XIIIe congrès mondial des slavistes à Ljubljana, août 2003/Schweizerische Beiträge zum XIII. Internationalen Slavistenkongress in Ljubljana, August 2003, Bern u.a. 2003, S. 119–142.
[97] Bogoraz, Une femme en dissidence, S. 99.
[98] Ebenda, S. 100.
[99] *Ukrainskaja povstančeskaja armija.*

Von der Küche auf den Roten Platz

ukrainischer Nationalisten (OUN[100]) waren zumeist zwischen 1944 und 1955 verhaftet worden und saßen ihre langen Freiheitsstrafen in Mordvinien ab. Ferner traf Daniėl' im Lager auf Anhänger christlicher „Sekten"[101] und Vertreter jugendlicher Untergrundgruppen, die in den späten fünfziger und frühen sechziger Jahren aktiv gewesen waren, darunter Valerij Ronkin (geb. 1936) aus der Gruppe „Kolokol" und Leonid Rendel' aus der Gruppe um Lev Krasnopevcev.[102] Schließlich gab es unter den Häftlingen immer noch eine beträchtliche Zahl von angeblichen oder tatsächlichen Kollaborateuren aus dem Zweiten Weltkrieg.[103]

Bei einem ihrer ersten Besuche im Lager lernte Larisa Bogoraz Nina Strokata (1926–1998) aus Odessa kennen, die ihren Mann Svjatoslav Karavanskij (geb. 1930) besuchte. Der ukrainische Nationalist war 1965 zum zweiten Mal verhaftet worden, nachdem er als Mitglied einer nationalen Vereinigung bereits die Jahre 1944 bis 1955 im Lager verbracht hatte. Den Anlass zu seiner erneuten Verhaftung gab eine Reihe von Protestbriefen, die er Anfang der sechziger Jahre gegen die Unterdrückung des Ukrainischen in Schule und Hochschule geschrieben hatte.[104] Auf dem Rückweg nach Odessa legte Strokata einen Zwischenhalt in Moskau ein. Bogoraz machte sie mit ihren Freunden bekannt. Strokata erzählte ihnen über aktuelle und

---

[100] OUN bedeutet *Organizacija ukrainskich nacionalistov*. Sie gründete sich 1929 in der Westukraine und richtete sich sowohl gegen die sowjetische als auch gegen die polnische Herrschaft. Nach dem Überfall auf die Sowjetunion proklamierte die OUN unter Stepan Bandera am 30. Juni 1941 einen unabhängigen ukrainischen Staat. Nachdem die OUN-Führung von den Deutschen gefangengenommen und im KZ Sachsenhausen interniert worden war, begann die OUN den Partisanenkampf gegen die deutschen Eroberer und führte diesen Kampf auch nach Kriegsende weiter, nun gegen die Sowjetmacht. Erst Anfang der fünfziger Jahre wurde die OUN zerschlagen.

[101] Als „Sekten" galten alle religiösen Minderheiten, beispielsweise Adventisten, Pfingstler und Zeugen Jehovas. Vaissié, S. 193.

[102] Zu den Gruppen Krasnopevcev und „Kolokol", siehe Kapitel 4.3.

[103] Zum „Publikum" in den Lagern der sechziger Jahre: Aleksandr Daniėl', Kommentar zum Brief vom 2. März 1966, in: Julij Daniėl', S. 725f.

[104] Karavanskij wurde bis 1979 ohne Gerichtsverfahren im Lager interniert und emigrierte danach in die USA. Seine Frau Nina Strokata (auch Strokatova) war in den sechziger und siebziger Jahren eines der aktivsten Mitglieder in den oppositionellen Kreisen Odessas. 1971 wurde sie zu vier Jahren Freiheitsstrafe verurteilt. Nach der Haft engagierte sie sich in der Ukrainischen Helsinki-Gruppe. 1979 emigrierte sie mit ihrem Mann in die USA.

Die Formierung der Dissidentenbewegung

geschichtliche Probleme in der Ukraine, vom Widerstand westukrainischer Bauern gegen die Kollektivierung, die Partisanenkämpfe gegen die deutsche Wehrmacht und die Rote Armee und die Proteste gegen die Russifizierung des kulturellen und politischen Lebens. Beim nächsten Besuch fuhr Strokata wieder über Moskau und brachte ukrainischen *Samizdat* mit.[105] Der Kontakt zwischen den Ehefrauen der politischen Gefangenen war ein zentrales Moment zur Vernetzung verschiedener Oppositionsgruppen in der UdSSR.[106] Immer mehr Frauen machten auf dem Weg vom und zum Lager in Moskau Station. Dort empfing man sie herzlich und tauschte Informationen aus. Für die Oppositionellen aus den nicht-russischen Republiken und entlegenen Provinzen des riesigen Imperiums wurde Moskau zur Anlaufstelle, um Korrespondenten zu treffen, Nachrichten an die Kurzwellensender weiterzugeben und Materialien in den Westen zu schicken. In Moskau bildete sich auf diese Weise der Mittelpunkt eines lockeren Netzes von Gruppen und Grüppchen verschiedenster Richtungen, Ideologien und Zielen.[107] Vertreterinnen und Vertreter verschiedener Partikularbewegungen begannen, sich an Aktionen der Moskauer Bürger- und Menschenrechtler zu beteiligen und umgekehrt. Schon 1966/67 stammte ein Fünftel der Unterzeichnerinnen und Unterzeichner der Petitionen gegen den Galanskov-Ginzburg-Prozess aus der Ukraine. Moskauer Menschenrechtler unterstützten ihrerseits Ukrainer, Krimtataren, Litauer, Georgier und Mescheten[108].

---

[105] Alexeyeva, Thaw Generation, S. 139f.; Julij Daniėl', Brief vom 30.7.1966, S. 80; Brief vom 16.11.1966, S. 143.

[106] Siehe auch Anke Stephan, Von Dissidenten, Ehefrauen und Sympathisantinnen: Das Entstehen und Funktionieren dissidentischer Netzwerke in der Sowjetunion der 1960er bis 1980er Jahre, in: Christian Giordano/Klaus Roth (Hrsg.): Soziale Netzwerke und soziales Vertrauen in den Transformationsländern, Münster 2005. Im Druck

[107] Die Entwicklung der Kontakte nach Moskau über die Ehefrauen der politischen Gefangenen schildern in den hier untersuchten Quellen vor allem die Vertreterinnen und Vertreter der Leningrader Opposition. Siehe die Gespräche mit Natal'ja Botvinik und Familie Roginskij; Interview Dolinin, Interview Klimanova, geführt von Sof'ja Čujkina, Archiv NIC Memorial, SPb. Bezüglich der Moskauer Perspektive: Interview Aleksandr Daniėl'; Gespräch Uvarova; Gespräch E.

[108] Die Mescheten oder Mes'chen (türkisch Misket) waren ursprünglich ein georgischer Stamm aus dem Kleinen Kaukasus. Sie sprachen einen Dialekt des Georgischen und waren orthodoxe Christen. Ab dem 16. Jahrhundert begann ein Prozess der Turkisierung, in der die Mehrheit der Mescheten den sunnitischen Islam und die türkische Sprache annahm. Das Siedlungsgebiet der Mescheten, Adscharien,

Von der Küche auf den Roten Platz

Vor allem die Frauen der Verhafteten knüpften zunächst das des Netz der Oppositionellen.

In Moskau war die Neugier groß, die Welt Daniėl's auch persönlich kennen zu lernen. Bei ihren Besuchen im Lager wurde Larisa Bogoraz von ihren Freundinnen begleitet.[109] Diese Fahrten wurden zu einprägsamen Erlebnissen. Zwar war es nur der Ehefrau und den Kindern erlaubt, den Häftling zu sehen, aber die Begleiterinnen fanden es schon eindrücklich genug, das Lager zu erleben: Natal'ja Sadomskaja erinnert sich daran, dass sie mit Bogoraz in der Nähe des Lagers auf einer Anhöhe saß und die Häftlinge von den Schlafbaracken zur Arbeit gehen sah; sobald die Frauen inmitten eines Pulks Gefangener Julij Daniėl' entdeckten, riefen sie ihm zu und winkten. Er blieb stehen und rief den Frauen auf der anderen Seite des Zaunes die Namen seines neuen Bekannten zu.[110] Die Lagerinsassen waren von dem Damenbesuch anscheinend begeistert. So schrieb Daniėl' nach Larisas und Natal'jas Abreise: „Nataška [Sadomskaja] – alle haben sie gesehen, als sie zur Arbeit gingen, – hat allen meinen Freunden den Kopf verdreht, den dritten Tag schon reden sie über nichts anderes als über sie: ‚Was für eine Frau!'"[111] Als wenig später auch Ljudmila Alekseeva mit zum Lager fuhr, ließ Daniėl' sich darüber aus, wie angenehm es doch sei, attraktive Frauen im Freundeskreis zu haben. Larisa möge ihrer Freundin ausrichten, dass ihr Besuch sehr geschätzt werde.[112]

Zwischen der „kleinen" und der „großen Zone"[113] wurde nach Darstellung der Zeitzeuginnen heftig geflirtet: „Sie sagten uns, wir seien Schönheiten, […] und wir ihnen, sie seien Helden! Es gab damals noch Romantik"[114], erzählt Sadomskaja. Den Gefangenen haftete auch in der Erinnerung Alek-

---

wurde im 19. Jahrhundert dem Zarenreich eingegliedert. 1944 ließ Stalin etwa 200 000 turkisierte Mescheten nach Usbekistan und Kasachstan deportieren. Bis heute bemühen sie sich erfolglos um ihre Rückkehr nach Südwest-Georgien, wo der nicht islamisierte Teil des Volkes nach wie vor lebt.

[109] Alexeyeva, Thaw Generation, S. 142–145; Gespräch Uvarova; Interview Sadomskaja.
[110] Interview Sadomskaja.
[111] Brief vom 29.4.1966, in: Julij Daniėl', S. 49.
[112] Brief vom 11.9.1966, in: Julij Daniėl', S. 101.
[113] Zur Erläuterung der Begriffe siehe Kapitel 4.3 sowie das Stichwort *zona* im Glossar.
[114] Interview Sadomskaja.

Die Formierung der Dissidentenbewegung

seevas etwas „Heroisches"[115] an. Während Larisa mit ihrem Sohn in die Besucherbaracke geführt wurde, konnte sich Alekseeva umsehen und zum nahe gelegenen Dorf spazieren, in dem die Frauen ein Gästehaus bezogen hatten. Sie kletterte auf das Dach eines Schuppens, um einen Blick auf das Lager zu werfen. Sie sah Hunderte von Sträflingen mit kahlrasierten Schädeln. In der Nacht lag sie wach, die Suchscheinwerfer und das Gebell der Wachhunde raubten ihr den Schlaf. Bilder von Stacheldraht, Maschinengewehren, Wachtürmen und Schäferhunden geisterten ihr durch den Kopf. Unwillkürlich musste sie an die Dekabristen und an Aleksandr Gercen denken. Das Schicksal Daniėl's und Sinjavskijs reihte sich in ihren Augen in die russische Tradition ein:

> Seit meiner Kindheit war ich mir der Gefängnisse bewusst. Die Welt hinter dem Stacheldraht war niemals fern; dorthin verschwanden meine Nachbarn 1937. Dies war auch der Ort, an den Julik[116] und Andrej nach ihrem Prozess geschickt wurden. Sie waren in eine andere Welt gegangen. [...] Ich wusste nichts von dieser Welt, und kein Augenzeugenbericht, nicht einmal ein großer Haufen *Samizdat*-Manuskripte konnte sie mir beschreiben. Um eine Vorstellung zu bekommen, musste man die Wachtürme sehen und das Jaulen der Hunde hören. Dabei musste man sich bewusst machen, dass die Menschen, die hier von Zone zu Zone geschickt wurden, nicht anders waren als man selbst; wenn überhaupt, dann waren sie besser.[117]

Dies verdeutlicht, wie tief die Erinnerungen an Lager und Gefängnis im Gedächtnis der Dissidenten verankert waren. Und es spiegelt die Auffassung wider, das moralisch „bessere Russland" befinde sich sowieso hinter Gittern. Die Gefangenen wurden immer mehr zu Helden und Märtyrern. Die Zahl der Brieffreundschaften Daniėl's wuchs von Monat zu Monat. Hatte er in seiner Moskauer Zeit bereits einen großen Kreis Verehrerinnen um sich geschart, so schrieben jetzt viele der Frauen regelmäßig an ihn.[118] Seinen

---

[115] Alexeyeva, Thaw Generation, S. 144.
[116] Julik ist die Kurzform für Julij (Daniėl').
[117] Alexeyeva, Thaw Generation, S. 145.
[118] Von den etwa 60 regelmäßigen Korrespondentinnen und Korrespondenten Daniėl's waren 40 weiblich. Die Zahl beruht auf einer Auswertung der namentlich genannten Korrespondentinnen und Korrespondenten Daniėl's im Anhang zu seinen Briefen. Julij Daniėl', S. 702–723.

Von der Küche auf den Roten Platz

Mithäftlingen vermittelte er Brieffreundinnen aus Moskau, die ihnen Fotos von sich und ihren Freundinnen, Bücher und Gedichte schickten.[119] Alekseeva behauptet, diese Korrespondenzen hätten bisweilen zu Romanzen und sogar Eheschließungen geführt.[120] Sie selbst habe begonnen, an Leonid Rendel' zu schreiben, der ihr „soziales Engagement prompt als romantisches Interesse missverstand".[121]

Organisierte Hilfe für politische Gefangene

Angesichts des Helden-Images der politischen Gefangenen darf die Realität der Lager nicht übersehen werden. Von den Schrecken des Alltags zeugen nicht nur Augenzeugenberichte der ehemaligen Häftlinge, sondern auch die Eingaben ihrer Frauen und Mütter, die zunehmend im *Samizdat* kursierten. So beschwert sich Larisa Bogoraz im Juni 1967 bei der Parteiführung, der Staatsanwaltschaft und dem Präsidenten des Obersten Sowjets über die Brutalität, mit der gegen ihren Mann vorgegangen worden sei, nachdem dieser sich geweigert habe, eine „verbotene" Salbe gegen Mückenstiche an einen Wärter auszuhändigen: Daniėl' sei zu Boden geworfen, geschlagen und für ein halbes Jahr mit herabgesetzter Essensration in den feuchten, kalten Strafisolator[122] gesperrt worden. Da er im Krieg schwer verwundet worden war, sei sein Gesundheitszustand ohnehin labil, und Bogoraz mache sich ernsthaft Sorgen, ob er unter diesen Umständen seine Haftzeit überlebe.[123] Auch ohne solche Strafen war der Lageralltag ein Überlebenskampf. Larisa Bogoraz konnte in Moskau berichten, wie die Häftlinge in zugigen und kalten Baracken hausten, die wenig Schutz boten, wenn die Temperaturen im Winter auf bis zu dreißig oder vierzig Grad unter Null fielen. Die Nahrung war unzureichend und einseitig, Vitamine gab es so gut wie nie. Dabei mussten die Gefangenen körperlich schwer arbeiten. Bei Vergehen

---

[119] Alexeyeva, Thaw Generation, S. 140; Gespräch Uvarova; Interview Sadomskaja.

[120] Sie nennt hier allerdings keine konkreten Beispiele. Alexeyeva, Thaw Generation, S. 140. Siehe auch Gespräch Uvarova; Interviews Čujkinas mit Grigor'eva und Lesničenko, Archiv NIC Memorial, SPb.

[121] Alexeyeva, Thaw Generation, S. 140.

[122] Der Strafisolator entspricht dem Karzer im Gefängnis.

[123] AS 231: Larisa Daniėl' (Bogoraz-Bruchman): Obraščenie k rukovoditeljam partii i pravitel'stva, a takže v drugie instancii o protivozakonnych dejstvijach administracii lagerja, gde soderžitsja Ju. Daniėl', 15. Juni 1967, S. 2–3.

Die Formierung der Dissidentenbewegung

gegen die Disziplin oder Nicht-Erfüllung der Arbeitsnorm drohten, nach Ermessen der Aufseher, Strafisolator oder das Verbot, Päckchen, Briefe und Besuch zu empfangen. Larisa erzählt, dass sie einige Male mit ihrem Sohn an den Ort des Lagers fuhr und unverrichteter Dinge mit ihren Lebensmittelpaketen wieder abreisen musste, weil Daniėl' kurzfristig die Besuchserlaubnis entzogen worden war.[124]

Das Bedürfnis der Moskauer Freunde und Bekannten, die Häftlinge im Lager zu unterstützen, war groß. Besonders Frauen engagierten sich „wohltätig" (*blagodarno*)[125]. Sie sammelten im Bekanntenkreis Geld und standen Schlange, um warme Kleidung, Hartwurst, Lebensmittelkonserven, Schokolade, Kaffee, Milchpulver, Bücher und Zeitschriften zu erwerben. Diese Kostbarkeiten schickten sie in die Lager.[126] Je mehr in Moskau über Daniėl's Mitinsassen bekannt wurde, desto größer wurde der Kreis derer, die von den Paketen profitierten. Die Frauen achteten darauf, dass sie für die Häftlinge besonders nahrhafte und vitaminreiche Kost erwarben. So kochte Irina Uvarova regelmäßig eine Suppe aus Fleisch und Gemüse, die gehaltvoll und leicht verdaulich war, denn viele Häftlinge litten unter Magenproblemen. Die Suppe gab sie dann den Ehefrauen mit.[127] In der Besuchsbaracke des Lagers befand sich zumeist eine Herdplatte, auf der Speisen aufgewärmt werden konnten.[128] Nadežda Vasil'evna Bucharina[129], eine ältere Dame aus dem Bekanntenkreis der Familie Ginzburg, begann, „serienmäßig"[130] mächtige, kalorienhaltige Kekse zu backen, die im oppositionellen Milieu frei nach dem Untersuchungsgefängnis den Markennamen „Lefortovo-Ge-

---

[124] Bogoraz, Une femme en dissidence, S. 100.

[125] Gespräch Uvarova.

[126] Alexeyeva, Thaw Generation, S. 140; Gespräch Uvarova; Interviews Aleksandr Daniėl', Laškova, Sadomskaja, Salova.

[127] Gespräch Uvarova; Interviews Aleksandr Daniėl', Sadomskaja.

[128] Für eine detaillierte Beschreibung einer Besuchsbaracke: Komarova, S. 184f.

[129] Nadežda Vasil'evna war nicht verwandt mit dem 1938 im Schauprozess zum Tode verurteilten und hingerichteten hohen KP-Funktionär und „Rechtsabweichler" Nikolaj Bucharin (1888–1938). Auskunft von Tat'jana Michajlovna Chromova, Archiv NIC Memorial, Moskau. Über Bucharina: Gespräch Uvarova; Interviews Aleksandr Daniėl', Laškova.

[130] Interview Aleksandr Daniėl'.

bäck"[131] erhielten. Das Rezept ist nicht überliefert, der Teig bestand nach Angaben Aleksandr Daniėl's aus Butter, Walnüssen und Honig. Auf jeden Fall seien die Plätzchen so gehaltvoll gewesen, dass man sich nach dem Genuss eines einzigen Stücks „für den restlichen Tag satt fühlte"[132]. Da es verboten war, Selbstgebackenes ins Lager zu schicken,[133] habe man die Regel so umgangen: Im Laden wurden abgepackte Pralinen gekauft, nach Möglichkeit einzeln in Silberpapier gewickelte. Die Schachtel wurde sorgfältig geöffnet und das Konfekt durch das eingewickelte Gebäck ersetzt. Es folgte ein Etikett mit Stempel und Verpackungsdatum.[134] Ebenfalls verboten war es, den Häftlingen Vitamine zu schicken. Natal'ja Sadomskaja kam auf die Idee, Ascorbinsäure (Vitamin C) mit Zucker zu verrühren, denn Zucker durfte ins Lager geschickt werden.[135] Bücher wiederum dienten dazu, den Gefangenen illegal Geld zukommen zu lassen. Die Buchdeckel wurden mit Wasserdampf abgelöst, die Rubelnoten zwischen Rücken und Bindung gesteckt, dann wurde das Buch wieder sorgfältig zusammen geleimt.[136] Durch Austauschen der Buchdeckel konnte auch Literatur ins Lager gelangen, die ansonsten möglicherweise der Zensur anheim gefallen wären,

---

[131] Bogoraz, Iz vospominanij, S. 94. Das Lefortovo-Gefängnis war eines der Moskauer Untersuchungsgefängnisse, in dem vorzugsweise politische Gefangene inhaftiert wurden.

[132] Interview Aleksandr Daniėl'.

[133] Galina Salova (Ljubarskaja) bestätigt diese Information in einer Broschüre, die sie Anfang der achtziger Jahre für eine Amnesty-Kampagne verfasste. Galina Lubarskaja: Wie können Sie helfen? Zur Betreuung politisch Verfolgter in der Sowjetunion, hg. von Amnesty International, Sektion Bern, Bern 1981, S. 32f.

[134] Zu dieser Technik des Verschickens von Selbstgebackenem siehe auch Interview Salova.

[135] Für ihren vitaminhaltigen Zucker erhielt Sadomskaja von Julij Daniėl' folgende Rückmeldung: „Meine Lieben, wisst Ihr, dass die ‚beleidigende' Säure mit Zucker durchaus essbar ist? Natürlich nur, wenn man sie nicht mit dem Löffel essen muss, wozu Ihr mich zwingen wolltet, sondern wenn man sie in den Tee tut." (Brief Julij Daniėl's vom 15.6.1966, S. 45) Die „beleidigende Säure *(oskorbitel'naja kislota)* ist ein ironisches Tarnwort für „Ascorbinsäure" *(askorbinaja kislota)*. Siehe auch Aleksandr Daniėl', Kommentar, in: Julij Daniėl', S. 732. Galina Salova erzählt, wie sie später auf die Idee kam, Vitamintabletten mit Lebensmittelfarbe anzumalen und sie so als gewöhnliche Bonbons zu verschicken. Interview Salova.

[136] Alexeyeva, Thaw Generation, S. 140f.

Die Formierung der Dissidentenbewegung

Werke Achmatovas und Cvetaevas etwa.¹³⁷ Versteckt im Buchrücken konnten auch Nachrichten an die Häftlinge übermittelt werden. Schwieriger war es, Texte aus der „Zone" hinauszuschmuggeln. Da bestimmte Informationen aus den Lagern nicht nach außen gelangen durften, ersannen die Häftlinge und ihre Angehörigen Möglichkeiten, die Zensur zu umgehen:¹³⁸ Die Gefangenen schrieben in winziger Schrift auf dünnes Zigarettenpapier, das sie zusammengefaltet in Folie wickelten oder in Plastikkapseln steckten. Diese sogenannten *ksivy* oder *puly* konnten beim Besuch den Ehefrauen unmerklich zugeschoben werden. Diese versteckten oder verschluckten sie oder transportierten sie in einer Körperöffnung aus dem Lager hinaus.¹³⁹ Da den Wärtern solche Methoden bekannt waren, mussten sich die Frauen vor Betreten des Lagers und auf dem Weg nach draußen Leibesvisitationen und gynäkologischen Untersuchungen unterziehen, die häufig ohne Desinfektion der Bestecke und Handschuhe durchgeführt wurden.¹⁴⁰ Dennoch gelangten immer wieder Informationen in die Freiheit, was sich allein an der detaillierten Beschreibung von Hungerstreiks oder Unruhen in den Lagern ablesen lässt, die später in der *Chronik der laufenden Ereignisse* veröffentlicht wurden.¹⁴¹ Je mehr die Verhaftungen zunahmen, desto häufiger vereinbarten

---

[137] Interview Orlovas mit Rozanova, Archiv FSO, Bremen, S. 10f.

[138] Konfisziert wurden Briefe aus den Lagern, die nicht zur Veröffentlichung bestimmte Informationen enthielten, beispielsweise die Standortverteilung der Lager, Erkrankungen und Epidemien, antisowjetische Äußerungen, geographische Karten oder pornographische Zeichnungen. Lubarskaja, Wie können Sie helfen, S. 45. Hier zitiert die Autorin aus einer „geheimen Instruktion bezüglich der Gefängnis- und Lagerzensur". Die Quelle dieser Instruktion verrät sie allerdings nicht.

[139] In Interviews und schriftlichen Augenzeugenberichten werden solche Methoden selten beschrieben, da sie aus konspirativen Gründen geheim gehalten werden mussten. Meine Ausführungen über die verschiedenen Kanäle, verbotenes Material in die Lager hinein und hinaus zu schmuggeln, stützen sich auf wenige Augenzeugenberichte sowie Andeutungen.

[140] Andrej Amalrik, Unfreiwillige Reise nach Sibirien, Hamburg 1970, S. 70; ders.: Revolutionär, S. 265f.

[141] Siehe auch Mal'va Landa, Avtobiografija, unveröffentlichtes Manuskript, Gabe der Autorin, S. 2: Landa beschreibt hier ihre Arbeit für die *Chronik der laufenden Ereignisse*, für die sie schlecht lesbare Informationen aus Lagern und Gefängnissen entzifferte. Dazu auch Gespräch E.; Interview Laškova.

potentielle Opfer Codes oder Geheimsprachen mit ihren Ehepartnern und Angehörigen, so dass eine unzensierte Kommunikation möglich war.[142] Über inoffizielle Informationskanäle wurde der Freundeskreis verständigt, wenn ein Mithäftling frei kam und Betreuung brauchte. Schon bald nach ihrer Bekanntschaft mit Julij Daniėl' hatten einige seiner neuen Freunde ihre Strafe verbüßt.[143] Da manch einer keine Unterstützung bei seiner eigenen Familie fand, war der Besuch bei den Moskauer Bekannten die erste Station in der Freiheit. In Moskau wurden die Heimkehrer „wie Staatsgäste empfangen"[144]. Irina Uvarova kochte ihre Suppe. Außerdem erstand sie bei einer Brauerei größere Mengen an Bierhefe, die sowohl gegen den Vitaminmangel als auch gegen Verdauungsprobleme half. Bei schlimmeren Krankheiten holte sie sich in der benachbarten Poliklinik medizinischen Rat oder versuchte, eine Krankenschwester zu überreden, den entlassenen Häftling zu betreuen.[145] E., die sich ebenfalls in der Gefangenenbetreuung engagierte, berichtet, ihre Einzimmerwohnung sei zu einem regelrechten „Zentrum" für Heimkehrer geworden. Zum Teil habe sie dort mehrere Personen gleichzeitig beherbergt, so dass diese auf dem Fußboden, in der Küche und sogar im Badezimmer schlafen mussten.[146] Stets fanden sich

---

[142] Bogoraz, Une femme en dissidence, S. 205f.; Komarova, S. 309; Orlov, S. 221.

[143] Als erster wurde im November 1966 Anatolij Marčenko entlassen. Briefe Daniėl's vom 1. und 15.11. 1966, in: Julij Daniėl', S. 131 und 142; Alexeyeva, Thaw Generation, S. 144 und 147–151; Bogoraz, Une femme en dissidence, S. 101ff.; Gespräch Uvarova, Interview Sadomskaja. Es folgten Leonid Rendel' im August 1967 und Anatolij Futman Anfang 1968; Julij Daniėl', Brief vom 13.7.1967, S. 243; Gespräch Uvarova,

[144] Gespräch Uvarova.

[145] Gespräch Uvarova.

[146] Gespräch E. Auch Vera Laškova berichtet über ein solches „Zentrum" für Heimkehrer, das ihre Bekannte Irina Karsonskaja betrieb. Diese habe eine Dreizimmerwohnung besessen, in der sie mit ihrem Mann, zwei Kindern und der Schwiegermutter lebte. Für sowjetische Verhältnisse sei die Wohnung als groß und geräumig angesehen worden. Wer aus dem Lager heimkehrte oder auf Durchreise zu einem Lagerbesuch Station in Moskau machte, habe bei Karsonskaja Aufnahme gefunden. Laškova erinnere sich an keinen Tag, an dem niemand dort übernachtet habe. Der Kühlschrank sei sogar in zwei Hälften unterteilt gewesen: links die Lebensmittel für die Familie, rechts die Verpflegung für Lagerhäftlinge, Schokolade, Wurst, Obst und andere Mangelwaren. Die gesamte Familie, selbst die Kinder, hätten sich – diszipliniert – nur aus der linken Kühlschrankhälfte bedient. Interview Laškova.

Die Formierung der Dissidentenbewegung

Freiwillige, die halfen, für den ehemaligen *zek* eine Wohnung und eine Arbeitsstelle zu finden. Wenn die Heimkehrer aus den Metropolen Moskau, Leningrad, Kiew oder Odessa stammten, verloren sie – manchmal auch nur für einige Zeit – ihre Aufenthaltsgenehmigung (*propiska*).[147] Sie mussten sich hundert Kilometer außerhalb niederlassen und dafür eine Genehmigung der lokalen Miliz einholen.[148] Bevorzugt wurden Wohnorte, die eine gute Bahnverbindung zu den Großstädten hatten, um den Kontakt zu den Freunden und der Familie zu halten. So zogen die Heimkehrer aus Moskau gerne nach Tarusa, Kaluga und Vladimir, die Leningrader nach Petrozavodsk oder Luga.

Der erste Häftling, der auf Vermittlung Julij Daniėl's in Moskau Aufnahme und freundschaftliche Unterstützung fand, war Anatolij Marčenko. Er sollte in der entstehenden Protestbewegung eine bedeutende Rolle spielen und zu einer der zentralen Figuren der Moskauer Dissidenz werden. Marčenko stammte aus Barabinsk, einem kleinen Ort im Gebiet Novosibirsk.[149] Er hatte acht Jahre Schulbildung und arbeitete zunächst im Bergbau, dann in der Ölindustrie. 1958 wurde er in Folge einer Schlägerei in einem Arbeiterwohnheim, an der er nach eigenen Angaben nicht teilgenommen hatte, festgenommen und zu zwei Jahren Freiheitsentzug verurteilt. Nach einem Jahr gelang ihm die Flucht aus dem Lager. Er verdingte sich als Tagelöhner ohne Papiere und versuchte im Winter 1960 die Grenze zum Iran zu überqueren. Er wurde gefasst und wegen Hochverrats nach Artikel 64 des Strafgesetzbuchs der RSFSR zu sechs Jahren verurteilt. Im November 1966 endete seine Haftstrafe. Daniėl' vermittelte ihm den Kontakt zu seiner Familie in Moskau. Alekseeva, Bogoraz und Sadomskaja empfingen ihn

---

[147] In der Sowjetunion herrschte – wie in der heutigen Russischen Föderation – keine Freizügigkeit. Vor allem der Zuzug in die industriellen Zentren war streng reglementiert. Eine Moskauer oder Leningrader Aufenthaltsgenehmigung (*propiska*) erhielt nur, wer entweder dort geboren war, mit einem Moskauer oder Leningrader verheiratet war, zur politischen, technischen oder wissenschaftlichen Elite gehörte oder einen wirtschaftlich gefragten Beruf ausübte.

[148] Alexeyeva, Thaw Generation, S. 150.

[149] G. Kuzovkin/D. Zubarev: Anatolij Marčenko, in: Biographische Datenbank, NIC Memorial, Moskau; Anatolij Marčenko: Moi pokazanija, Paris 1969 (deutsche Ausgabe: Meine Aussagen. Bericht eines sowjetischen Häftlings, Frankfurt am Main 1969), ders.: From Tarusa to Sibiria, Royal Oak, Michigan 1980, ders.: Živi kak vse, Vilnius 1993 (englische Ausgabe: To Live Like Everyone, New York 1998).

eines Abends feierlich.[150] Bis zum Morgengrauen löcherten sie ihn mit Fragen über den Lageralltag und folgten seinen Geschichten. Ermutigt durch das Interesse der Moskauer *intelligencija*, beschloss Marčenko ein Buch über seine Lagererfahrung zu schreiben. Zuerst musste er aber Wohnung und Arbeit finden. Vorübergehend kehrte er zu seinen Eltern nach Barabinsk zurück. Er hielt Briefkontakt mit Larisa. Da ihre Post überwacht wurde, ließ er ihr die Briefe über die Mittelsleute Konstantin Babickij und Tat'jana Velikanova zukommen. Auf diesem Weg erhielt Bogoraz die fertigen Kapitel seines Buches zum Gegenlesen. Da Marčenko wenig geübt war im Schreiben, waren Larisas redaktionelle Fähigkeiten eine unersetzbare Hilfe. Im Sommer 1967 zog er nach Aleksandrov, das etwa zwei Zugstunden außerhalb Moskaus lag. Larisa Bogoraz besuchte ihn nun regelmäßig, um „zusammen zu arbeiten"[151]. Dass sie nicht nur für die Endredaktion von Marčenkos Buch zu ihm fuhr, sondern dass die beiden längst ein Paar waren, können wir aus ihren Lebenserinnerungen nur andeutungsweise entnehmen. Erst an späterer Stelle erzählt Larisa davon, dass sie sich nach Entlassung Daniėl's aus der Haft endlich von ihm scheiden ließ, Marčenko heiratete und im März 1973, im Alter von 43 Jahren, den gemeinsamen Sohn Pavel zur Welt brachte.[152]

Im Herbst 1967 beendete Anatolij Marčenko die Arbeit an seinem Buch. Bogoraz und eine Handvoll Moskauer Freunde tippten das Manuskript innerhalb kürzester Zeit ab und veröffentlichten es unter dem Titel *Meine Aussagen* (*Moi pokazanija*) im *Samizdat*.[153] Ein Exemplar schickten sie über

---

[150] Über die Bekanntschaft mit Marčenko und seine Rolle in der sich entwickelnden Dissidentenbewegung: Alexeyeva, Thaw Generation, S. 147–151, 158–161; Bogoraz, Une femme en dissidence, S. 101–106; Interview Sadomskaja.

[151] Bogoraz, Une femme en dissidence, S. 102; siehe auch Alexeyeva, Thaw Generation, S. 159.

[152] Bogoraz, Une femme en dissidence, S. 140–148.

[153] Nach Aussagen Bogoraz' wurden *Meine Aussagen* innerhalb einer einzigen Nacht in vier Exemplaren abgetippt. Mit von der Partie seien ihr Sohn Aleksandr, Anatolij Jakobson, Maja Ulanovskaja, Gerčuks, Pavel Litvinov und einige weitere Personen gewesen. Bogoraz, Une femme en dissidence, S. 104. Alekseeva erzählt, sie selbst sei auch an der Entstehung des Buches beteiligt gewesen. Allerdings habe die Abschrift nicht eine Nacht, sondern drei volle Tage in Anspruch genommen. Man habe gleichzeitig auf vier Schreibmaschinen geschrieben. Die Schreibkräfte hätten sich abgewechselt und im Turnus getippt und geschlafen, während eine Person in der Küche für die Verpflegung der Mannschaft zuständig war. Am Ende seien sechs Exemplare fertig gewesen, von denen drei in

Die Formierung der Dissidentenbewegung

Korrespondenten in den Westen, wo Marčenkos Lagermemoiren großes Echo hervorriefen und in mehrere Sprachen übersetzt wurden.[154] Dem Erscheinen von *Meine Aussagen* wird in der Entwicklungsgeschichte der Dissidentenbewegung eine große Bedeutung beigemessen.[155] Das Buch war das erste schriftliche Zeugnis über die poststalinistischen Lager. Die Leser erfuhren, wer dort gefangen gehalten wurde, wo sie sich in etwa befanden und wie die Haftbedingungen waren. Marčenko schrieb über den Hunger, der die Häftlinge quälte, das schlechte, halb verfaulte Gemüse, aus dem die Suppe bestand, die Misshandlungen durch die Aufseher, die den Gefangenen die Zähne ausschlugen und sie bis zur Bewusstlosigkeit prügelten, die langen Nächte im eiskalten Karzer und die schwere, aber stupide Zwangsarbeit, die den Gefangenen die letzten Kräfte raubte. Gleichzeitig malte der Autor ein farbiges Bild der Häftlingsgemeinschaft. Er beschrieb ihre Überlebensstrategien und ihre Bemühungen, auch im Lager menschenwürdig zu leben, indem sie Gedichte rezitierten, Sprachen lernten und Sport trieben.[156]

Meine Aussagen veranlassten weitere Sympathisanten dazu, sich für politische Gefangene zu engagieren. Bei Larisa Bogoraz trafen immer mehr Spenden ein. Hatte ihr Umfeld zunächst nur Daniėl' und Sinjavskij unterstützt, so war das Geld nun für die Unterstützung von Gefangenen aus Daniėl's neuem Bekanntenkreis im Lager bestimmt.[157] Am Institut für Russische Sprache, Larisas früherer Arbeitsstelle, hätten ihre ehemaligen Kollegen am Tag, an dem die Gehälter ausgezahlt wurden, eine Liste herumgehen lassen, damit sich jeder, der wollte, und fast alle sollen gewollt haben, als Spender eintragen konnte.[158] In den Augen Bogoraz' sei die spontane Hilfe Ausdruck einer „traditionellen Sympathie der Russen"[159] mit den Opfern der Staatsgewalt gewesen. Die Spenden wurden zur finanziellen Grundlage eines kleinen Hilfsfonds für politische Gefangene, der auch

den *Samizdat* wanderten und eines in den Westen geschickt wurde. Alexeyeva, Thaw Generation, S. 158–161.

[154] 1969 erschienen gleichzeitig die russische, englische, deutsche und französische Ausgabe.

[155] Vaissié, S. 121; Interview Aleksandr Daniėl'.

[156] Marčenko, Moi pokazanija.

[157] Bogoraz, Une femme en dissidence, S. 100; Alexeyeva, Thaw Generation, S. 138.

[158] Bogoraz, Une femme en dissidence, S. 100.

[159] Ebenda.

"Rotes Kreuz" (*Krasnaja krest'*) genannt wurde.[160] Zunächst verwaltete ihn Larisa Bogoraz, unterstützt von Ljudmila Alekseeva, Natal'ja Sadomskaja und Flora Litvinova, der Mutter Pavel Litvinovs. Nachdem Bogoraz im August 1968 bei der Demonstration auf dem Roten Platz verhaftet worden war,[161] übernahm Ljudmila Alekseeva die Leitung des „Roten Kreuzes".[162] Ihre erste Aufgabe bestand darin, das Chaos zu beseitigen, denn Larisa besaß in den Augen ihrer Freundin kein Händchen für Finanzen. Als nächstes habe Alekseeva versucht, die Spender zu überreden, anstelle der spontanen Zuwendungen regelmäßig zu zahlen, damit das Budget kalkulierbar sei. Innerhalb eines Jahres sei es ihr gelungen, die monatlichen Einnahmen zu verdoppeln.[163] Um die Gelder gerecht zu verteilen, hätte es einer Liste der Empfänger und der Summen bedurft, die aus Vorsicht aber nicht angelegt werden konnte. Alekseeva habe versucht, die wichtigsten Informationen im Kopf zu behalten. Nach einigen Monaten sei sie von Schlafstörungen heimgesucht worden. Ihr Engagement habe sie psychisch mehr und mehr belastet. Scharenweise hätten Frauen und Mütter politischer Gefangener an ihrer Tür geklingelt und ihre tragischen Geschichten erzählt: von Krankheit, Armut, Diskriminierung und der Unmöglichkeit, die Besuchsfahrten ins Lager zu finanzieren.[164] Sie habe nicht alle angemessen unterstützen können und sich dadurch im oppositionellen Milieu unbeliebt gemacht. Gerüchte seien kursiert, sie bevorzuge ihre eigenen Freunde.[165] Im Frühjahr 1970 sei ihre Wohnung durchsucht worden. Als sie daraufhin in eine Depression fiel, habe sie die Arbeit des „Roten Kreuzes" auslaufen lassen.[166]

Dies ist einer der seltenen Berichte, in denen eine Zeitzeugin offen von den psychischen Belastungen spricht, die das oppositionelle Engagement

---

[160] Zum „Roten Kreuz": Alexeyeva, Thaw Generation, S. 140 sowie S. 246–250; Interviews Aleksandr Daniėl', Laškova.
[161] Zur Demonstration auf dem Roten Platz siehe Kapitel 1.1.
[162] Alexeyeva, Thaw Generation, S. 246; Interview Aleksandr Daniėl'.
[163] Alexeyeva, Thaw Generation, S. 246: Die Einnahmen hätten sich von 300 auf 600 Rubel gesteigert. Daneben habe es Einzelspenden von bis zu 1200 Rubeln gegeben. Wie viel 300 Rubel wert waren, lässt sich daran ermessen, dass das Durchschnittsgehalt eines Ingenieurs in etwa 250 Rubel betrug. Der gesetzliche Mindestlohn in der Sowjetunion betrug 70 Rubel pro Monat.
[164] Alexeyeva, Thaw Generation, S. 248.
[165] Ebenda, S. 247.
[166] Ebenda, S. 249f.

Die Formierung der Dissidentenbewegung

hervorrief. Es ist außergewöhnlich, dass sie ihre Probleme explizit als „Depressionen" bezeichnet. Dieses Wort taucht nur in einem weiteren Zeugnis auf.[167] Die übrigen Zeitzeuginnen erwähnen „Schwierigkeiten" oder „Probleme", so drastisch wie Alekseevas Schilderung fällt aber keine weitere aus. Mein Eindruck ist, dass die Bezeichnung „Depression" dem Sprachgebrauch entspricht, den sich Alekseeva im amerikanischen Exil aneignete. Die Zeitzeuginnen, die die UdSSR bis zur *perestrojka* nicht verließen, tun sich offenbar schwerer als sie, ihre persönlichen Belastungen in Worte zu fassen. Eher drücken sie psychische Anspannungen in einer Symbolsprache aus. So schildern sie körperliche Krankheiten, die mit dem oppositionellen Engagement in Verbindung gebracht werden, oder auch Müdigkeit und Kraftlosigkeit.[168]

Neben dem „Roten Kreuz" entstand ein zweiter Hilfsfonds für politische Gefangene, der weitaus länger und professioneller arbeitete.[169] Er bildete sich im Zusammenhang mit dem Prozess Galanskov-Ginzburg. Ginzburgs Verlobte Arina Žolkovskaja spielte nach seiner Verhaftung eine ähnliche Rolle wie Larisa Bogoraz in der Affäre Daniėl'-Sinjavskij. Bei ihr traf man sich, beriet über Aktionen, ihr wurden Spenden für die Angeklagten übergeben. Schnell sprach es sich herum, dass ein weiterer Fonds existierte, und auch zu Žolkovskaja kamen zahlreiche Bedürftige. Anfänglich besaß der Fonds eine ähnlich lose Organisation wie das „Rote Kreuz". Im Frühjahr 1974 wurde er reorganisiert: Aleksandr Solženicyn, der 1970 den Literaturnobelpreis erhalten hatte, stellte die Honorare zu Verfügung, die er für

---

[167] Sof'ja Sokolova berichtet darüber, wie sie nach ihrer Emigration nach Frankreich in eine Depression gefallen sei. Interview Sokolova.

[168] Es gibt zahlreiche Beispiele für das häufige Erwähnen von Krankheiten im Zusammenhang mit oppositionellem Engagement: Nina Komarova (geb. 1937) schreibt über ihre Stimmungen nach den mehrmaligen Verhaftungen ihres Mannes Viktor Nekipelov (1928–1989). Elena Bonnėr schreibt über die Zeit der Verbannung Sacharovs nach Gorkij (Jelena Bonner: In Einsamkeit vereint: meine Jahre mit Andrei Sacharow in der Verbannung, München 1991, russische Ausgabe: Elena Bonnėr: Postskriptum: kniga o gor'kovskoj ssylke, Moskau 1990).

[169] Über die Anfänge des Fonds: Gespräch E.; Interview Žolkovskaja-Ginzburg. Über seine Arbeit erzählen zahlreiche Zeitzeuginnen und Zeitzeugen: Interviews Aleksandr Daniėl', Laškova, Salova, Velikanova, Žolkovskaja-Ginzburg. Siehe auch die Broschüre Pomošč politzaključennym SSSR, Moskau, *Samizdat*, 1977, Archiv NIC Memorial, Moskau, Fond 161, opis 1. Siehe auch eine allgemeine Beschreibung der Arbeits des Fonds: Archiv NIC, Memorial, Moskau, Fond 161, opis 1, Bl. 1.

Von der Küche auf den Roten Platz

seinen *Archipel Gulag* erhielt. Bevor Solženicyn im April 1974 ausgewiesen wurde, bat er Aleksandr Ginzburg, der mittlerweile aus der Haft entlassen war, die Leitung des Fonds in der Sowjetunion zu übernehmen. Präsidentin der Stiftung im Ausland wurde Solženicyns Frau Natal'ja Svetlova, die ihrem Mann ins Exil folgte. Offiziell nannte sich die Stiftung „Russischer gesellschaftlicher Fonds zur Unterstützung politischer Gefangener" (*Russkij obščestvennyj fond pomošči politzaključennym*). Sie wird häufig schlicht als „Solženicyn-Fonds" bezeichnet. Zusätzlich zu den Geldern Solženicyns wurden Spenden gesammelt. E. erzählt, sie habe als freie Journalistin und Redeschreiberin beim Institut für Sozialwissenschaften der Akademie der Wissenschaften gearbeitet. Da sie seit Mitte der sechziger Jahre pensioniert war, verfügte sie über ein festes Einkommen und konnte ihre Honorare an den Fonds weiterleiten.[170] Der Solženicyn-Fonds bestand bis 1984, danach musste er seine Arbeit einstellen, weil die meisten seiner Mitarbeiterinnen und Mitarbeiter inhaftiert, verbannt oder emigriert waren. In der Zeit seines Bestehens gab er etwa 360 000 Dollar aus, ein Viertel dieser Summe bestand aus Spenden, der Rest wurde aus Solženicyns Vermögen aus dem Westen überwiesen.[171] Zahlreiche Personen sollten im Laufe ihrer „Dissidentenkarriere" am Solženicyn-Fonds mitwirken: Aleksandr Ginzburg leitete ihn von 1974 bis 1977, ihm folgten von Februar bis November 1977 Tat'jana Chodorovič (geb. 1921), Mal'va Landa (geb. 1918), und Kronid Ljubarskij (1934–1996). Von Ende 1977 bis Februar 1980 standen Arina Žolkovskaja und Sergej Chodorovič (geb. 1941) dem Fonds vor. Ab 1983 übernahm Andrej Kistjakovskij (geb. 1936) die Leitung.

Ab Anfang der siebziger Jahren entstanden weitere Initiativen zur Unterstützung politischer Gefangener: Vladimir Al'brecht (geb. 1933) organisierte inoffizielle Benefizkonzerte, etwa mit Aleksandr Galič, deren Erlös den Kindern „Repressierter" zugute kam.[172] Des weiteren initiierte er eine Arbeitsbrigade, die die Wohnungen Verhafteter renovierte.[173] Elena Bonnèr gründete 1974 eine Stiftung für die Kinder politischer Gefangener. Die finanzielle Grundlage bildete eine Prämie, die Andrej Sacharov für den mit

---

[170] Gespräch E.

[171] Für die Beträge: Pomošč politzaključennym SSSR, Archiv NIC Memorial, Moskau, Fond 161, opis 1. Bl. 1.

[172] G. Kuzovkin/D. Zubarev: Vladimir Al'brecht, in: Biographische Datenbank, NIC Memorial, Moskau. Siehe auch Alexeyeva, Thaw Generation, S. 250.

[173] Vaissié, S. 160.

Die Formierung der Dissidentenbewegung

50 000 französischen Franc dotierten Cino-del-Duca-Preis erhalten hatte.[174] Annemarie Böll, die Frau Heinrich Bölls, erklärte sich bereit, die Gelder im Westen zu verwalten.[175] In Leningrad wurde kurz nach Einrichtung des Solženicyn-Fonds eine „Zweigstelle" gegründet.[176] Die Verwaltung übernahm zunächst Valerija Isakova (geb. 1939) und nach ihrer Emigration 1979 Valerij Repin (geb. 1951). Mittlerinnen zwischen Moskau und Leningrad waren die Zwillingsschwestern Noèmi und Natal'ja Botvinik (geb. 1944), von denen die eine in Moskau, die andere in Leningrad lebte.[177] Neben den Hilfsfonds organisierten einzelne Dissidenten immer wieder Sammlungen für Projekte und Anschaffungen. Als Larisa Bogoraz vom Winter 1968/69 an in der Verbannung in Čuna (Sibirien) lebte, sammelten ihre Freunde 1600 Rubel, damit sie sich eine Blockhütte (*izba*) kaufen konnte. Am Ende ihrer Verbannung verkaufte Bogoraz sie gewinnbringend für 2400 Rubel, was zwei weiteren nach Sibirien Verbannten zugute kam.[178]

Mit der Affäre Daniėl'-Sinjavskij und den folgenden politischen Prozessen wurde der Grundstein für ein System von gegenseitiger Unterstützung gelegt, das im Falle der Verfolgung „Andersdenkender" tragfähig werden sollte. Männer und Frauen übernahmen gleichermaßen Organisations- und Leitungsaufgaben in einem der Fonds. Die alltäglichen Arbeiten hingegen blieben vor allem Frauen überlassen: Kochen und Backen, Einkäufe, Päckchenpacken, Kontaktaufnahme mit bedürftigen Häftlingen und die psychologische und materielle Unterstützung der Familien.[179] Einige Frauen nähten und strickten für Häftlinge und deren Familien.[180] Nach Auskunft von Zeitzeuginnen und Zeitzeugen hätten auch Geldgeschäfte zu den typischen Frauenarbeiten gehört: Spendensammeln, Geldtransfers aus dem Westen,

---

[174] Elena Bonnėr, Presseerklärung vom 24. September 1974, Archiv der Sacharov-Stiftung, Fond 2.

[175] Brief Elena Bonnėrs an Annemarie Böll, 7. Oktober 1974, Archiv der Sacharov-Stiftung, Fond 2.

[176] Vjačeslav Dolinin: Bor'ba za prava čeloveka v Leningrade v 1950–80-e gody, in: Peterburgskij ombudsman, St. Petersburg 1999, [Razvitie instituta upolnomočennogo po pravam čeloveka v rossijskich regionach, Bd. 1] S. 9–23, hier S. 14f.

[177] Gespräch mit Natal'ja Botvinik.

[178] Alexeyeva, Thaw Generation, S. 230f.

[179] Gespräche Botvinik, E.; Interviews Aleksandr Daniėl', Laškova, Salova.

[180] So erzählt Galina Salova, sie habe eigens eine Strickmaschine erworben, mit der sie für Häftlinge und deren Kinder Wintersachen anfertigte. Interview Salova.

Von der Küche auf den Roten Platz

Verteilung der Mittel.[181] Unter meinen Interviewpartnerinnen waren zwei mit Geldtransfers betraut, Galina Salova aus Moskau und Natal'ja Botvinik aus Leningrad.[182] Beide geben, wenngleich zögerlich, Auskunft darüber, wie das Geld vom Konto der Solženicyns in der Schweiz zu den Bedürftigen in der Sowjetunion gelangte:[183] Zunächst wurde es in Dollars oder Schweizer Franken auf ein sowjetisches Bankkonto überwiesen. Das Problem bestand darin, die Devisen, die ein Sowjetbürger nicht besitzen durfte, in Rubel oder Waren einzutauschen. Auf der Bank wollte man nicht wechseln, denn der vorgeschriebene Umtauschkurs war schlecht. Zum Teil tauschten die Frauen deshalb auf dem Schwarzmarkt.[184] Zum Teil ließen sie sich die Devisen in Form von Bezugsscheinen für Devisenläden („Berezka-Läden") auszahlen. Da Durchschnittsbürger für gewöhnlich dort nicht einkaufen durften, versuchten sie, die Unterstützung befreundeter Ausländer oder von Sowjetbürgern mit entsprechender Lizenz zu gewinnen. Erklärten diese sich bereit, die Einkäufe zu übernehmen, konnten Gefangene begehrte Westprodukte und Defizitwaren wie Brühwürfel, gute Seife und Instantkaffee bekommen. Der Transfer von Devisen war gefährlich. Zwar war die Überweisung legal, dennoch liefen die Frauen Gefahr, wegen Verstoßes gegen das Devisengesetz belangt zu werden. War ihnen der Umtausch in Rubel oder Waren glücklich gelungen, machten sie sich daran, Geld und Waren gerecht zu verteilen, was eine undankbare Aufgabe war. Im Solženicyn-Fonds waren zahlreiche Frauen damit betraut. Sie besuchten die Familien, ermittelten den Grad der Bedürftigkeit und stellten Bezugslisten zusammen. Zu den aktivsten Mitarbeiterinnen zählten Elena Armand, die Enkelin Inessa Armands (1874–1920), Tat'jana Chromova (geb. 1949), Irina Jakir, Vera Laškova, Nina Lisovskaja (geb. 1917), E., Galina Salova und Tat'jana Velikanova. Von den Zeitzeuginnen gaben alle bis auf die „Feministinnen" Leningrads

---

[181] Gespräch Botvinik; Interviews Aleksandr Daniėl', Salova. Nach Auffassung Aleksandr Daniėl's waren Geldgeschäfte deshalb Frauenaufgaben, weil durchschnittliche Sowjetbürger davon ausgingen, Geld sei in ihrer Hand besser aufgehoben, da Männer es nur versaufen würden.

[182] Gespräch Botvinik; Interview Salova.

[183] Wie bereits erwähnt, geben die Zeitzeuginnen konspirative Regeln nur ungern preis. Die folgenden Informationen sind daher lückenhaft. Vollständig konnte ich das Funktionieren des Geldtransfers nicht entschlüsseln.

[184] Über den Umtausch auf dem Schwarzmarkt wollten Botvinik und Salova keine Details erzählen.

Ein Bezugsschein für einen Devisenladen

Arina Žolkovskaja-Ginzburg mit ihren Söhnen Aleksandr und Aleksej, Moskau 1978

an, zeitweilig oder über viele Jahre hinweg in der Gefangenenhilfe aktiv gewesen zu sein.

Nach Auffassung einiger Zeitzeuginnen entsprach die „Wohltätigkeit" einer traditionellen Frauenrolle.[185] Tat'jana Chromova, während der siebziger Jahre Mitarbeiterin im Solženicyn-Fonds, heute Archivarin bei Memorial, ist der Auffassung, die Arbeit beim „Roten Kreuz", das Bild von der „barmherzigen Schwester" (*sestra miloserdija*) seien seit dem Ersten Weltkrieg Teil eines positiv besetzten Frauenbildes gewesen.[186] Zudem sei die Organisation des Alltags (*byt*) in Russland immer Frauensache. Daher wäre es beispielsweise undenkbar gewesen, dass ein Mann ins Kaufhaus *Detskij Mir* („Kinderwelt") ging, um dort Spielzeug und Kleidung für die Kinder eines politischen Häftlings zu kaufen.[187]

Der große Anteil von Frauen in der Gefangenenarbeit hing auch damit zusammen, dass die Staatssicherheit in den sechziger und siebziger Jahren deutlich mehr Männer als Frauen verhaftete. Aus der Moskauer Menschenrechtsbewegung wurden zwischen 1968 und 1978 lediglich neun Frauen verhaftet, zwei davon erhielten Freiheitsstrafen[188], die übrigen wurden verbannt[189] oder für „unverantwortlich" erklärt und in der Psychiatrie interniert[190]. Über die Gründe der geschlechtsspezifischen Verhaftungspraxis kann nur spekuliert werden. In keinem Archiv fanden sich bislang operative Instruktionen, die Aufschluss darüber geben, mit welchen Strategien gegen die Dissidenz vorgegangen wurde. Es liegt auf der Hand, dass die Sicherheitskräfte die Bewegung durch Elimination der Führungspersonen auszutrocknen versuchten. Wahrscheinlich ging der KGB davon aus, dass die Anführer in erster Linie Männer waren. Wie schon in der Stalinzeit hatte man offenbar die Vorstellung, Frauen seien leichter zu disziplinieren, weshalb gegen sie weniger hart vorgegangen werden musste.[191] Zudem scheuten

---

[185] Siehe beispielsweise Gespräch Uvarova; Interviews Laškova, Salova.

[186] Auskunft Tat'jana Chromovas, Archivarin bei Memorial, Moskau, 7. Februar 2002. Die gleiche Ansicht vertritt auch Vera Laškova. Interview Laškova.

[187] Auskunft Chromovas.

[188] Vera Laškova und Irina Belogorodskaja.

[189] Larisa Bogoraz, Nadežda Emel'kina, Mal'va Landa.

[190] Natal'ja Gorbanevskaja, Ol'ga Iofe, Valerija Novodvorskaja, Julija Višnevskaja. (Die Angaben stammen aus Alekseeva, Istorija inakomyslija, S. 278 sowie S. 298, Amn. 365.

[191] Kuhr, S. 409f.

Die Formierung der Dissidentenbewegung

die Staatsorgane anscheinend davor zurück, Frauen ins Lager zu sperren, besonders wenn sie kleine Kinder hatten. Eine Mutter im Straflager hätte möglicherweise zu viel Aufsehen in der westlichen Presse erregt.[192] Kinder, die von den Müttern zurückgelassen wurden, oder inhaftierte Frauen, deren Männer bereits verhaftet worden waren, hätten außerdem Assoziationen mit der *Ežovščina* der Jahre 1936 bis 1938 hervorgerufen.[193] Nach Angaben von Zeitzeuginnen und Zeitzeugen hätten Mitarbeiter des Sicherheitsdienstes immer wieder bekräftigt, die Repressionen gegenüber der Dissidentenbewegung stellten keine Wiederholung der stalinistischen „Säuberungen" dar.[194] Mit Blick auf die westliche Öffentlichkeit vermied es die Staatsgewalt nicht nur, Frauen zu verhaften, sondern auch Senioren und Kriegsinvalide oder Menschen, die schon während der Stalinzeit „repressiert" worden waren.

5.2 Zunehmende Repressionen und ihre Auswirkungen auf die Gruppe

Die politischen Prozesse lösten eine Kettenreaktion aus. Ins Visier der Sicherheitsdienste geriet jeweils der Unterstützerkreis, zunächst Sinjavskijs und Daniėl's, dann Ginzburgs, Galanskovs, Laškovas, Bukovskijs und Chaustovs. Die Konsequenzen für Protestierende waren nicht abzusehen. Ginzburg wurde für das *Weißbuch* und andere illegale Publikationen verhaftet, Aleksandr Esenin-Vol'pin blieb nach der Demonstration auf dem Puschkinplatz in Freiheit. Es war unklar, was mit den Hunderten von *podpisanty* geschehen würde, welche Bestrafung denen blühte, die sich an der Unterstützung der Gefangenen beteiligten oder regelmäßig ausländische Korrespondenten trafen.

---

[192] Čujkina, Učastie ženščin, S. 72. Es sei daran erinnert, dass Natal'ja Gorbanevskaja 1968 nach der Demonstration auf dem Roten Platz in Moskau im Gegensatz zu den anderen Demonstranten nicht zu einer Freiheitsstrafe verurteilt, sondern für „unmündig" erklärt wurde. Gorbanevskaja (Hrsg.): Polden', S. 121. Nina Komarova erzählt, nach der Verhaftung ihres Mannes hätten ihr die KGB-Offiziere beim Verhör erklärt, nur aufgrund ihrer zwei Kinder, zwölf und sieben Jahre alt, sei sie von der Verhaftung verschont geblieben, Komarova, S. 271.
[193] Zur *Ežovščina* der Jahre 1936 bis 1938 siehe Kapitel 2.6.
[194] Siehe beispielsweise Interviews Aleksandr Daniėl', Salova.

Diejenigen, die sich an Briefkampagnen beteiligten, taten dies öffentlich. Natal'ja Sadomskaja erzählt, wie sie zusammen mit vierzig weiteren Personen eine Petition gegen den Ginzburg-Prozess mit Name, Beruf, Angabe des Arbeitsplatzes und Adresse unterzeichnete. Eine Kopie hätten sie an den KGB geschickt, eine ans ZK und eine *Radio Liberty* übergeben. Als daraufhin im Rundfunk der Brief mit allen Unterzeichnerinnen und Unterzeichnern verlesen wurde und sie laut und deutlich „Natal'ja Sadomskaja, Ethnographin, Institut für Ethnographie, Pogodinka, Haus 2/3, Wohnung 91" vernahm, habe sie sich vor Angst im Schrank verkrochen. Nun habe „ganz Moskau"[195] gewusst, dass sie und ihr Mann den Brief unterschrieben hatten. Ihre Situation sei ohnehin schwer genug gewesen: Šragin war gerade bei ihr eingezogen, musste Alimente für seinen Sohn aus erster Ehe zahlen, das Geld war knapp. Nach jener Radiosendung rechnete sie damit, umgehend entlassen zu werden und ihre Dissertation nicht verteidigen zu dürfen.[196]

Ljudmila Alekseeva schildert, wie sie versuchte, vor der Unterzeichnung ihrer ersten Petition die Konsequenzen abzuwägen. Sie habe mit einer Entlassung aus ihrem Wissenschaftsverlag gerechnet und nicht gewusst, wie sie zukünftig ihre Kinder ernähren könnte. Ausschlaggebend für ihre Unterschrift sei dann eine Zeitungsannonce gewesen: „Die Bol'ševička-Textil-Fabrik sucht Näherinnen." Sie habe sich ausgerechnet, dass ihr und der Familie im Ernstfall das Gehalt einer Textilarbeiterin reichen würde.[197]

Die staatlichen Reaktionen auf die Briefkampagnen ließen nicht lange auf sich warten: Spätestens nach der Affäre Galanskov-Ginzburg, deren Fall im Frühjahr 1968 verhandelt wurde, kam es zu einer großen Zahl von Entlassungen und anderer außergerichtlicher Repressionen. Boris Šragin, Natal'jas Ehemann, wurde wegen Verfassens und Unterzeichnens von Protestbriefen aus der Partei ausgeschlossen, was eine Kündigung nach sich zog. Alekseeva traf das gleiche Schicksal. Die *Chronik der laufenden Ereignisse* vom Juni 1968 listet mehr als neunzig Fälle von Entlassungen, Suspensionen von den Universitäten, beruflichen Degradierungen und Ausschlüssen aus Partei- und Komsomol auf, die zumeist mit Arbeitsplatzverlust verknüpft waren.[198] Im Februar 1968 wurden Natal'ja Gorbanevskaja und Aleksandr

---

[195] Interview Sadomskaja.
[196] Ebenda.
[197] Alexeyeva, Thaw Generation, S. 168.
[198] Chronika tekuščich sobytij 2 (30. Juni 1968), Rubrik 1: „Vnesudebnye političeskich represii 1968 goda", Rubrik 2: „Neskol'ko èpisodov kampanii osuždenija podpisavšich pis'ma".

Die Formierung der Dissidentenbewegung

Esenin-Vol'pin in psychiatrische Kliniken eingewiesen.[199] Gorbanevskaja, im sechsten Monat schwanger, lag zu diesem Zeitpunkt im Krankenhaus, weil die Wehen vorzeitig eingesetzt hatten. Ohne ihre Einwilligung verlegte man sie in die Psychiatrie. Nach zahlreichen Protesten kam sie bald wieder frei. Vol'pin wurde ebenfalls im Laufe weniger Wochen wieder entlassen, nachdem seine Wissenschaftskollegen gegen seine Internierung protestiert hatten.

Ab Frühjahr 1968 war es also klar, dass sich die Repressionen nun gegen diejenigen richteten, die sich an Protesten gegen Repressionen beteiligten. Aus dieser Situation ergaben sich für die *podpisanty* mehrere Möglichkeiten: Erstens konnten sie sich entscheiden, ob sie sich weiterhin an öffentlichen Protesten beteiligten oder nicht. Zweitens erhielten die Betroffenen vor der Entlassung, dem Parteiausschluss, manchmal sogar vor der Verhaftung die Gelegenheit, Reue zu zeigen, öffentlich Abstand zu nehmen oder die Unterschrift unter einem Sammelbrief zurückzuziehen.[200] Diejenigen, die davon Gebrauch machten, wurden in der Regel nicht „repressiert", eine Garantie gab es aber nicht. Parteimitglieder erhielten meist eine „strenge Verwarnung", durften aber ihre Mitgliedschaft und ihre Stelle behalten. Ein Rückzug von öffentlichen Protesten bedeutete nicht zwingend den Bruch mit den *podpisanty*, es sei denn man hatte jemanden denunziert. Viele unterstützten die Strukturen der entstehenden Bewegung weiter, spendeten Geld, kauften Lebensmittel, beherbergten Heimkehrer, gaben Informationen weiter oder versteckten Material. Solange sie nicht an die Öffentlichkeit traten wurden sie meist in Ruhe gelassen.

Es war eine bewusste Entscheidung, sich weiterhin an öffentlichen Protesten zu beteiligen und die Konsequenzen zu tragen. Die Zeitzeuginnen nennen dafür unterschiedliche Motive: Erstens sei es ein „rein menschlicher, freundschaftlicher"[201] Reflex gewesen, Verfolgten zur Seite zu stehen.[202] Zweitens habe es als Zeichen von Moral, Gesinnungsethik und Vorbildhaftigkeit gegolten, standhaft zu bleiben. So erzählt Sadomskaja: „Uns schien es, als könnten wir das Land durch unser persönliches Beispiel (*ličnym primerom*), durch unser persönliches Verhalten (*ličnym povedeniem*)

---

[199] Chronika tekuščich sobytij 2 (30. Juni 1968), Rubrik 1: „Vnesudebnye političeskich represii 1968 goda".
[200] Siehe beispielsweise Alexeyeva, Thaw Generation, S. 177; Šragin, S. 373–378.
[201] Interview Laškova.
[202] Siehe beispielsweise die Interviews Bogoraz, Laškova, Sadomskaja, Velikanova.

verbessern."[203] Man habe ein Vorbild an „Sittlichkeit" (*nravstvennost'*)[204] abgeben wollen. Das Engagement sei eine „Frage der Ehre" (*vopros česti*)[205] gewesen. Daher habe man ein hohe Bereitschaft zur „Selbstaufopferung" (*žertvennost'*) besessen. „Moral" und „sittliches Verhalten" werden in zahlreichen Quellen als Motive genannt.[206] Bisweilen ist sogar von der „Rettung der Seele" (*spasenie duši*)[207] die Rede. Einige Frauen geben zudem an, sich um ihrer Kinder willen engagiert zu haben: Sie hätten ihnen später aufrecht ins Gesicht sehen oder ihnen eine freiere und leichtere Zukunft schaffen wollen.[208] Drittens wollte man durch die Auseinandersetzung mit der Partei und den Sicherheitsbehörden einen gesellschaftlichen Wandel herbeiführen. So erzählt Alekseeva, sie habe die Vorladung zum Bezirkskomitee der Partei, auf der ihr Ausschluss und die Entlassung von ihrer Arbeit beschlossen wurden, genutzt, um ihre Position klar zu machen und die Behörden damit zu einem Dialog zu zwingen:

> Als auch andere *podpisanty* in die Personalabteilungen und Regionalkomitees zitiert wurden, erreichte *glasnost'* die nächste Stufe. Aus der *kompanija* gelangte die Idee in die Büros der Parteifunktionäre. Es war nicht einfach ein emotionaler Ausbruch, der uns veranlasste, zu sagen, was wir dachten. Es war die […] Erkenntnis, dass wirkliche Veränderungen nur durch *sie* kommen würden. Die politische Macht war in *ihrer* Hand. Wir waren zu enttäuscht von der letzten Revolution, um eine neue auch nur zu erwägen. Anstelle zu den Waffen zu greifen oder Untergrundzellen zu organisieren, luden wir die Behörden dazu ein, einen Dialog mit uns zu beginnen. Um diesen Dialog zu

---

[203] Interview Sadomskaja.
[204] Ebenda.
[205] Ebenda.
[206] Bogoraz, Une femme en dissidence, S. 111; Gespräch E.; Interviews Laškova, Velikanova.
[207] Interview Raisa Orlovas mit Ljudmila Alekseeva, Archiv der FSO, Bremen, Kassette 22, Seite B, S. 4, Kassette 23, Seite A, S. 1. In ihrer Autobiographie spricht Alekseeva vom „Kampf um ihre Seele" (Alexeyeva, Thaw Generation, S. 179). Siehe auch Interviews Krachmal'nikova, Laškova.
[208] Alexeyeva, Thaw Generation, S. 168; Bogoraz, Une femme en dissidence, S. 106f., S. 120; Interviews Gorbanevskaja, Žolkovskaja-Ginzburg.

Die Formierung der Dissidentenbewegung

initiieren, mussten wir offenlegen, wer wir waren, und was wir wollten.[209] Die Wahrnehmung Alekseevas ist sicher durch die Erfahrung der *perestrojka* beeinflusst. In ihren Augen ist der Erfolg der Überzeugungsarbeit daran abzulesen, dass sich Michail Gorbačev die Ideen der Dissidenten, allen voran *glasnost'*, zu eigen machte. Es klingt aber auch in den zeitgenössischen Quellen an, dass in der Anfangsphase der Dissidentenbewegung auf Dialog und „Bekehrungsarbeit" gesetzt wurde: So versuchten die Protestbriefe durch Argumente zu überzeugen. Die Gerichtsverhandlung diente als Forum, um den eigenen Standpunkt zu erläutern, für Rechtsstaatlichkeit, Pressefreiheit und künstlerische Unabhängigkeit einzutreten. So bezeichnet Larisa Bogoraz ihren Auftritt vor Gericht als „zweite Demonstration"[210] nach der Demonstration auf dem Roten Platz. Die Angeklagten seien als Sieger hervorgegangen, denn es sei ihnen gelungen, ihre staatsbürgerliche Haltung zu manifestieren.[211] Ihre Schlussworte vor Gericht glichen laut Bogoraz einer „propagandistischen Rede" (*propagandistskaja reč'*)[212], die mit der feierlichen Erklärung schloss: „Ich habe mein ganzes Leben wie ein Sklave gelebt. Frei fühlte ich mich fünf Minuten lang, am 25. August (1968) auf dem Roten Platz."[213] Im selben Tenor schreibt Vladimir Bukovskij, auf seine Verhandlung „wie auf einen Festtag"[214] gewartet zu haben: „Einmal im Leben würde ich Gelegenheit haben, meine Meinung öffentlich auszusprechen."[215]

Die Repressionen gegen die *podpisanty* trafen Personen, die bis dahin innerhalb des Systems zum „Establishment" gehörten: Die Älteren arbeiteten

---

[209] Alexeyeva, Thaw Generation, S. 180.
[210] Interview Bogoraz.
[211] Ebenda.
[212] Bogoraz, Iz vospominanij, S. 86.
[213] Ebenda. Das Gedächtnisprotokoll der vollständigen Rede: Poslednee slovo Larisy Bogoraz, in: Polden', S. 310–323. Siehe auch die Reden der Angeklagten bei weiteren politischen Prozessen: Poslednee slovo Andreja Sinjavskogo, in: Ginzburg (Hrsg.), Belaja kniga, S. 301–306; Poslednee slovo Julija Danielja, in: Ginzburg (Hrsg.), Belaja kniga, S. 319–327; Poslednee slovo Galanskogo, in: Process četyrech, S. 238–240; Poslednee slovo Ginzburga, in: Process četyrech, S 240–243; Poslednee slovo Pavla Litvinova, in: Polden', S. 328–331.
[214] Bukowski, S. 237.
[215] Ebenda.

Von der Küche auf den Roten Platz

in angesehenen Berufen, an der Universität, in wissenschaftlichen Instituten, bei renommierten Publikationsorganen oder Verlagen. Die Jüngeren studierten und bereiteten ihre Karriere vor. Einige künftige Dissidentinnen und Dissidenten waren noch Mitglieder der Partei oder des Komsomol. Nun wurden diese Menschen wider Willen zu Außenseitern der Gesellschaft. Ihr Leben begann, einem „Tanz auf dem Vulkan"[216] zu gleichen. Sie wurden entlassen, degradiert, ihnen wurden Titel, Auszeichnungen und Rentenansprüche aberkannt, sie durften nicht mehr publizieren und nicht mehr als Künstler auftreten. Ihre Wohnungen wurden verwanzt, die Telefone abgehört, die Post überwacht. Pressekampagnen sorgten für die Diffamierung von Personen und Gruppen.[217] Es kam vor, dass Eigentum zerstört wurde, so beispielsweise die Datscha Larisa Bogoraz' und Anatolij Marčenkos.[218] Das Damoklesschwert der Verhaftung bestimmte den Alltag und das Familienleben.

Infolge der Represssionen veränderten sich die *kompanii*. Alte Freundschaften zerbrachen. Bekannte hatten plötzlich Angst, *podpisanty* zu sich einzuladen; die, die ihre Beziehungen mit der geschmähten Gruppe aufrechterhielten, entwickelten immer weniger Verständnis für das oppositionelle Engagement ihrer alten Freunde.[219] Familien zerfielen. Teilweise brachen Eltern und Geschwister den Kontakt zu *podpisanty* ab.[220] Andere hielten zwar zu ihren Angehörigen, wollten aber von deren oppositionellen Aktivitäten nichts wissen.[221] Infolgedessen mussten die wenigen verbleibenden

---

[216] Interview Sadomskaja.
[217] Besonders hart angegriffen wurden Aleksandr Solžnicyn sowie Andrej Sacharov mit seiner Frau Elena Bonnėr. Siehe insbesondere Bonnėr, Postskriptum, sowie die Dokumentsammlung: Akte Solžhenicyn, hg. von A. Korotkow,.
[218] Bogoraz, Une femme en dissidence, S. 192.
[219] Ihre Freundschaften und ihre neue Paria-Rolle reflektiert ausführlich Alexeyeva, Thaw Generation, S. 192–200.
[220] So sagten sich beispielsweise der Bruder und die Mutter Žolkovskajas von ihr los (Interview), der Bruder Šragins brach den Kontakt zu Šragin und Sadomskaja ab (Interview Sadomskaja), der Bruder Gorbanevskajas und die Geschwister Nekipelovs wollten ebenfalls nicht mehr mit ihren „andersdenkenden" Verwandten zu tun haben (Interview Gorbanevskaja; Komarova, S. 354 und 405). Siehe auch Interview Salova, die erzählt, die Eltern hätten sie wegen politischer Differenzen veranlasst, aus der Wohnung auszuziehen.
[221] Beispielsweise die Mutter Alexeyevas, Thaw Generation, S. 201f., die Mutter Gorbanevskajas (Interview Gorbanevskaja).

Die Formierung der Dissidentenbewegung

Protestierenden fester zusammenhalten, was sich zwangsläufig auf die Beziehungen der Gruppenmitglieder untereinander auswirkte. Man vertraute nur noch den engsten Freunden; Menschen wurden in die Kategorien „unsere Leute" (*svoi*) und „fremde Personen" (*čužie*) eingeteilt. War es in der Zeit nach dem XX. Parteitag noch üblich, neue Bekannte in die *kompanija* einzuführen, so wuchs jetzt das Misstrauen gegenüber „Fremden".[222] Auch im Umgang mit den Freunden sank die Offenheit. Je mehr ein anderer wusste, desto größer war die Gefahr, dass er das Wissen an wenig vertrauenswürdige Personen weitergab. So schreibt Alekseeva von einem stillen Einverständnis mit Larisa Bogoraz, über „heikle Themen"[223] nur dann zu sprechen, wenn eine von beiden Hilfe brauche. Damals hätten die Freundinnen begonnen, sich als Cousinen auszugeben, um im Falle einer Verhaftung das Besuchsrecht geltend machen zu können. Da Larisas Mann im Lager saß und Alekseeva geschieden war, hätte es niemanden gegeben, der sie in der Haft unterstützen konnte.[224] Die *podpisanty* sahen sich mit wachsender Ausgrenzung konfrontiert: „Isoliert von der Gesellschaft, lebten wir immer mehr in einer Art Ghetto."[225]

Als Reaktion auf Isolierung und Repressionen entwickelten sich im Dissidentenmilieu charakteristische Verhaltensmuster, Normen, Werte und Rituale: Schon von Ende der sechziger Jahre an, seit der Niederschlagung des Prager Frühlings, lässt sich beobachten, dass die Dialogbereitschaft der Protestierenden mit der Staatsmacht abnahm und sich allmähliche Resignation breit machte. Die Briefkampagnen dienten nun weniger dazu, den eigenen Standpunkt zu erläutern, als das Überleben der Freunde zu sichern.[226]

---

[222] So berichtet Ljudmila Alekseeva, sie habe einen ihrer Bekannten zur Abendeinladung bei Tat'jana Chodorovič mitgebracht. Die Gastgeberin sei empört gewesen, dass ein „Fremder" (*čužoj čelovek*) zu ihr ins Haus gelangte und machte Alekseeva Vorwürfe. Diese hielt die Vorwürfe für ungerechtfertigt, denn der „Fremde" sei ein engagierter *Samizdatčik* gewesen. Interview Orlovas mit Alekseeva, Archiv der FSO, Bremen, Kassette 23, Seite A, Transkript S. 6.

[223] Alexeyeva, Thaw Generation, S. 159. Alekseeva lässt hier offen, ob sie mit „heiklen Themen" Männer oder politische Aktivitäten meint. Der Kontext lässt beide Möglichkeiten zu. Zu der Frage, was man Freunden erzählt, siehe auch Alexeyeva, Thaw Generation, S. 246.

[224] Alexeyeva, Thaw Generation, S. 158.

[225] Ebenda, S. 244.

[226] Siehe beispielsweise Alexeyeva, Thaw Generation, S. 234f.; Komarova, S. 259f.; Interview Salova.

Von der Küche auf den Roten Platz

Wie Komarova schreibt, habe man nicht mehr „mit dem System gespielt", sondern „sein [eigenes] Leben verteidigt"[227]. Die Briefe wurden knapper formuliert. Aus den „Bitten" wurden „Erklärungen", „Beschwerden" und „Forderungen".[228] Bei den Verhören und vor Gericht verweigerten die Angeklagten die Aussage.[229] Anfang siebziger Jahre setzte sich die Haltung durch, dass es „sich nicht gehöre, mit ihnen [dem KGB] überhaupt zu reden"[230]. Wenn man redete, so Aleksandr Daniėl', dann habe man als „wenig standfester Mensch" (*ne očen' stoikij čelovek*)[231] gegolten. Eine aktive Teilnahme an Verhör oder Untersuchung bedeutete eine indirekte Anerkennung der „Rechtswidrigkeit".[232]

Allmählich begannen Andersdenkende, sich aus etablierten sozialen Strukturen zurückzuziehen: Sie bemühten sich nicht mehr darum, eine Arbeit in ihrem Beruf zu finden, sondern verdienten ihren Unterhalt mit wenig qualifizierten Tätigkeiten, die Freiraum für die Arbeit im Untergrund ließen, als Gärtnerin, Nachtwächter, Heizer oder Putzhilfe. Oppositionell Eingestellte verzichteten auf Privilegien, manche erklärten von sich aus ihren Austritt aus sowjetischen Institutionen.[233] Es gab sogar Personen, die um die Aberkennung ihrer Titel, ja ihrer Staatsbürgerschaft baten.[234]

Auch die Dialogbereitschaft der Staatsmacht, sofern etwas davon vorhanden war, schwand mit der Zeit. Dies ist nicht nur an der Zunahme der Repressionen abzulesen, sondern auch an kleinen Gesten und Verhaltensweisen. Ein Beispiel gibt Larisa Bogoraz: Als sie 1965 mit Julij Daniėl' aus Novosibirsk zurückkehrte und Daniėl' auf dem Flughafen verhaftet wurde, fuhren sie zwei KGB-Männer zu ihrer Moskauer Wohnung, um diese zu durchsuchen. Am Hauseingang fiel Larisa ein, dass sie keine Zigaretten mehr hatte. Also lief einer der KGB-Leute los, um ihr ein Päckchen *Belomor*

---

[227] Komarova, S. 259.
[228] Siehe Kaptitel 5.1.
[229] Ein Beispiel hierfür ist der Prozess gegen Tat'jana Velikanova vom 27.–29. August 1980, bei dem sie jede Stellungnahme verweigerte. In ihrem Schlussplädoyer sagte sie lediglich: „Die Farce ist vorüber!". Chronika tekuščich sobytij 58 (1980), S. 13.
[230] Interview Aleksandr Daniėl'.
[231] Ebenda.
[232] Kowaljow, Flug des weißen Raben, S. 94.
[233] Vaissié, S. 262.
[234] Vaissié, S. 264.

Die Formierung der Dissidentenbewegung

zu kaufen, während der andere ihren schweren Koffer trug. „Damals waren sie noch ziemlich höflich. Im Laufe der Zeit wurden sie immer ungezogener."[235]

Während sich die Auseinandersetzung verhärtete, wurde der Normierungsdruck innerhalb des oppositionellen Milieus größer. So konstatieren Zeitzeuginnen und Zeitzeugen, dass die Andersdenkenden häufiger darüber diskutierten, wie man sich verhalten solle (*kak vesti sebja*), was „sich gehöre" (*čto prilično*) und was „anständig" (*prinjato*) sei.[236] Die Diskussionen drehten sich zumeist um ethische Grundsätze: Beim Verhör durfte man keine Namen nennen, Gruppenentscheidungen mussten im Konsens getroffen werden, selbst gegenüber Gleichgesinnten plauderte man nicht aus, wer eine Aktion plane oder sich an einer konspirativen Tätigkeit beteilige.[237] Mit der Zeit wurden diese Regeln „kanonisiert" (*kanonisirovany*)[238], teilweise sogar schriftlich fixiert. Im *Samizdat* kursierten „Benimmschriften", die Anweisungen gaben, wie man in einer bestimmten Lage handeln sollte, beim Verhör, im Zeugenstand und bei der Wohnungsdurchsuchung.[239] Zu den obersten Prinzipien gehörte es, nicht zu lügen und nicht „in der Lüge zu leben" (*žit' ne po lži*), wie es Aleksandr Solženicyn formuliert hatte. Umstritten blieb allerdings, ob man den KGB anlügen durfte.[240]

Auch die Regeln für den Alltag wurden rigoroser. So war es verpönt, sich im Arbeitskollektiv zu engagieren und an Gewerkschaftsversammlungen, *subbotniki* und *voskresniki*[241], teilzunehmen. Wahlen waren zu boykottieren.[242] Man durfte keinen beruflichen Ehrgeiz entwickeln und keine

---

[235] Bogoraz, Une femme en dissidence, S. 90.

[236] Interview Aleksandr Daniėl'; Gespräch E.

[237] Alexeyeva, Thaw Generation, S. 250; Interviews Aleksandr Daniėl', Laškova, Sadomskaja.

[238] Interview Aleksandr Daniėl'.

[239] Siehe beispielsweise Esenin-Vol'pin: Pamjatka dlja tech, komu predstojat doprosy; Leonid Pljušč: Etičeskaja ustanovka, in: Chronika tekuščich sobytij, 18 (1971), S. 76; Vladimir Al'brecht: Kak vesti sebja na obyske, Moskau, *Samizdat*, 1976, Archiv NIC Memorial, Moskau, Fond 155: Fond ličnych del, unter „Vladimir Al'brecht", ders.: Kak byt' svidetelem, Paris 1983 [Sonderausgabe der Zeitschrift A-Ja], Valerij Čalidze: Inostranec v Sovetskom Sojuze: Juridičeskaja pamjatka, New York 1980.

[240] Alexeyeva, Thaw Generation, S. 108; Interview Laškova.

[241] Arbeitseinätze an Samstagen und Sonntagen.

[242] Komarova, S. 234.

Von der Küche auf den Roten Platz

Karriere verfolgen, wenn dazu politische Zugeständnisse nötig waren. Das Streben nach Besitz wurde verachtet, Geiz, wenn man um Geld gefragt wurde, ebenfalls. Statt dessen herrschte ein „Armutskult" (*kul't bednosti*)[243]. Der Sozialistische Realismus war abzulehnen.[244] Pro-kommunistische Dinge zu schreiben oder zu sagen, war undenkbar.[245] Mit Verfolgten hatte man solidarisch zu sein, auch wenn man ihre Ansichten nicht teilte. Es war tabu, religiöse Standpunkte zu kritisieren, da die Religionsausübung eingeschränkt war und man mit allen Unterdrückten zu sympathisieren hatte.[246] Auch habe die Gruppe Druck auf Zögernde zur Teilnahme an bestimmten Aktionen oder Protesten ausgeübt, so dass das Prinzip der Freiwilligkeit eingeschränkt wurde.[247]

Mit der Zeit entwickelten sich für den Alltag auch Konspirationsregeln: Da die *podpisanty* vermuteten, ihre Wohnungen würden abgehört, begannen sie, wenn sie in der „Küche" saßen und das Gespräch auf „antisowjetische" Aktivitäten kam, Zettel auszutauschen, damit kein Auswärtiger etwas mitbekam. Eine Möglichkeit für ein offenes Gespräch war, sich ins Badezimmer zurückzuziehen, die Wasserhähne aufzudrehen und leise zu sprechen.[248] Teilweise wurde die Datscha zum Ort ungestörten Meinungsaustausches. Wenn man ganz sicher sein wollte, musste man jedoch im Wald und auf freiem Feld spazieren gehen. Wollte man sich bei einer Freundin den *Archipel Gulag* ausleihen, so fragte man am Telefon nach Stevensons *Schatzinsel*[249], und wenn man wissen wollte, ob die *mašinistka* den neuesten *Samizdat*-Bestseller schon abgetippt habe, fragte man, ob der „Schokoladenkuchen" fertig sei.[250] Verspürte man den Wunsch, die Machthaber lauthals zu kritisieren, so lästerte man über die entfernte Verwandte Sof'ja Vlasovna, die personifizierte „Sowjetmacht" (*sovetskaja vlast'*).

Zur Feier des 5. März wurden von Ende der sechziger Jahre an Toasts auf die inhaftierten Freunde ausgebracht. Bei jeder Einladung hob man sein Glas „auf den Erfolg unserer hoffnungslosen Mission" (*za naše beznadežnoe*

---

[243] Interview Sadomskaja.
[244] Interview Aleksandr Daniėl'.
[245] Ebenda.
[246] Interview Sadomskaja.
[247] Interviews Aleksandr Daniėl', Sadomskaja.
[248] Orlowa, Vergangenheit, S. 407.
[249] Interview Orlovas mit Pokrovskaja, Archiv der FSO, Bremen, S. 5.
[250] Alekseeva, Thaw Generation, S. 155.

Die Formierung der Dissidentenbewegung

delo). Wenn ein Bekannter verhaftet wurde, hängte man sein Foto in der eigenen Wohnung auf. Wurde eine Wohnung durchsucht, versuchten die Betroffenen, noch rasch jemanden zu informieren, dadurch kam eine Telefonkette in Gang. Wer verfügbar war, kamen so schnell als möglich vorbei. Bei Wohnungsdurchsuchungen durften Besucher das Haus nicht verlassen. Deshalb konnte der KGB nicht verhindern, dass während der Razzien Dutzende von Gästen eintrafen, Kuchen, Salate und Wodka mitbrachten und sich alle Mühe gaben, die für den „Gastgeber" unangenehme Situation in ein fröhliches Fest zu verwandeln.[251]

Veränderungen innerhalb der Gruppe machten sich im Zuge der zunehmenden Repressionen auch hinsichtlich der Geschlechterbeziehungen bemerkbar. Hatte es in den späten fünfziger und frühen sechziger Jahren viele Scheidungen, Partnerwechsel und Liebschaften gegeben, so tendierte man in der zweiten Hälfte der sechziger Jahre zu fester Bindung und Heirat. Zahlreiche Dissidentenpaare heirateten Ende der sechziger oder Anfang der siebziger Jahre: Ljudmila Alekseeva und Nikolaj Vil'jams, Natal'ja Sadomskaja und Boris Šragin, Maja Ulanovskaja und Anatolij Jakobson, Irina Jakir und Julij Kim (geb. 1936), Irina Belogorodskaja (geb. 1938) und Vadim Delone (1947–1983), Maja Kopeleva und Pavel Litvinov. 1971 heirateten Andrej Sacharov und Elena Bonnėr, 1973 schließlich Larisa Bogoraz und Anatolij Marčenko. Angesichts von Bedrohung und Verunsicherung griff man auf die Formen des Zusammenlebens zurück, denen zuvor eine partielle Absage erteilt worden war. So begründet Ljudmila Alekseeva, die zuvor mehrmals geschrieben hatte, sie habe sich die Ehe als Lebensform nicht mehr vorstellen können, weil sie „ein Spiel" sei, „bei dem man nicht gewinnen kann"[252], ihre Heirat pragmatisch:[253] Nachdem sie entlassen worden war, zeichnete sich ab, dass sie sehr schwer eine neue Stelle finden würde. Nach vier Monaten ohne Beschäftigung drohte einer Sowjetbürgerin eine Anklage wegen „Parasitismus" (*tunejadstvo*). Da machte ihr Nikolaj Vil'jams, der zwei gescheiterte Ehen hinter sich hatte, einen Heiratsantrag. Er überredete sie mit dem Argument, sie könne als seine Ehefrau das offizielle Dokument über einen gesicherten Lebensunterhalt vorweisen und müsse daher nicht befürchten, wegen eines Verstoßes gegen das Arbeitsrecht

---

[251] Siehe beispielsweise Alexeyeva, Thaw Generation, S. 245; Interviews Aleksandr Daniėl', Salova, Velikanova.
[252] Alexeyeva, Thaw Generation, S. 142.
[253] Ebenda, S. 187.

gerichtlich verfolgt zu werden. Gleichzeitig stellte Vil'jams klar, dass die Heirat ihrer beider Freiheit nicht einschränken sollte. Man wollte weiterhin getrennt wohnen, über eigene Finanzen verfügen, den jeweiligen Familiennamen behalten. Diesen „unromantischsten Heiratsantrag, den man sich vorstellen kann"[254], nahm Alekseeva an. Es gab „keine Blumen, keinen Empfang, keine Kapelle"[255]. Bald nach der Eheschließung wurde Nikolaj Vil'jams vom Institut für Mathematik entlassen, fand aber kurze Zeit später wieder eine Arbeit als Programmierer. Das Gehalt reichte nicht für zwei, aber es gelang ihm, seiner Frau eine Pro-Forma-Stelle als Sekretärin zu vermitteln. Sie versuchte, das Familieneinkommen aufzubessern, indem sie gelegentlich von Freunden Schreibarbeiten übernahm und gegen Entlohnung *Samizdat* abtippte.[256] Aus dem Vorsatz, sich trotz Heirat die Unabhängigkeit zu bewahren, wurde nichts. Alekseeva und Vil'jams waren angesichts der Alltagsnöte schneller aufeinander angewiesen, als ihnen lieb war. Ähnlich erging es auch anderen Paaren. Natal'ja Sadomskaja erzählt, es sei ihr gelungen, den Arbeitsplatz zu behalten, weil der Direktor des Instituts für Ethnographie sie zur unersetzbaren Spezialistin erklärte. Dafür sei Šragin entlassen worden. Er habe versucht, durch Gelegenheitsarbeiten ein Zubrot zu verdienen, durch Übersetzungen, Texte für den *Tamizdat* und Nachhilfestunden. Trotzdem habe ihm die Untätigkeit das Selbstwertgefühl geraubt. Er habe zu trinken begonnen. Die Situation sei unerträglich geworden; sie habe ihn aber auch nicht im Stich lassen können.[257]

Aufeinander angewiesen waren vor allem Partner, die Gefahr liefen, inhaftiert zu werden. So bemühten sich besonderes diejenigen, schnell zu heiraten, denen eine Verhaftung drohte: Ol'ga Timofeeva und Jurij Galanskov vermählten sich kurz vor seiner Festnahme. Arina Žolkovskaja und Aleksandr Ginzburg hatten im Frühjahr 1967 einen Termin beim Standesamt, den sie infolge der Verhaftung Ginzburgs aber nicht wahrnehmen konnten. Žolkovskaja, damals Dozentin an der Staatlichen Universität Moskau, kämpfte über zwei Jahre mit den Behörden, um Ginzburg im Lager heiraten zu dürfen. Der KGB setzte sie unter Druck, sich von Ginzburg loszusagen und drohte ihr mit der Entlassung. Ihr wurde jedoch lediglich die Lehrerlaubnis entzogen, der Leiter des Instituts setzte sich für ihre Weiterbe-

---

[254] Ebenda.
[255] Ebenda.
[256] Ebenda, S. 197, S. 201. Siehe auch Kapitel 5.3.
[257] Interview Sadomskaja.

Die Formierung der Dissidentenbewegung

schäftigung in der Bibliothek ein. Nachdem Ginzburg 23 Tage lang einen Hungerstreik ausgehalten hatte, erhielt das Paar schließlich die Genehmigung zur Trauung. Žolkovskaja reiste ins Lager und heiratete dort.[258] Sie wurde zum Vorbild für weitere Frauen, die eine „Lagerehe" schlossen.[259] In der Anfangszeit der Dissidentenbewegung wurden vor allem Männer verhaftet. Die Ehefrau des Häftlings war oft die Einzige, die ihn im Lager besuchen, Briefe empfangen und Päckchen schicken durfte – daher auch die Ansicht, ein „politischer Gefangener brauche eine Frau". Allmählich entwickelte sich eine feste Vorstellung über Verhalten und Aufgaben der Ehefrau eines „Politischen": Sie leistete Unterstützung, sorgte für den Informationsfluss, ihre Wohnung wurde zum temporären Zentrum der „Szene". Bei ihr liefen die Fäden zusammen. Von der Ehefrau eines Gefangenen wurde erwartet, dass sie ihm während der Haft treu blieb. Einzig Bogoraz wurde nicht kritisiert, als sie, noch während Daniėl' im Lager saß, eine neue Liaison einging.[260] Schließlich genoss sie in ihren Kreisen hohes Ansehen, da sie trotz der Trennung und Daniėl's häufigem Fremdgehen nach seiner Verhaftung zu ihm zurückgekehrt war.[261] Ferner sollte sich die Ehefrau eines Gefangenen nach Möglichkeit mit öffentlichen Aktionen zurückhalten. So sollten Larisa Bogoraz und Marija Rozanova nicht zur Demonstration auf dem Puschkinplatz gehen, weil sie ihre Aufgaben beim bevorstehenden Prozess zu erfüllen hatten. Eine Episode aus den Memoiren Raisa Orlovas unterstreicht diese Regel: Sie erzählt, wie sie nach der Verhaftung Pavel Litvinovs im Sommer 1968 ihre Stieftochter Maja Kopeleva, die gerade wenige Monate mit Pavel liiert war, zu einem Gespräch unter Frauen bat und ihr den mütterlichen Rat erteilte:

---

[258] Interview Žolkovskaja-Ginzburg. Von ihrer „Lagerheirat" erzählt Žolkovskaja sehr bewegend: Sie reiste mit einem weißen Kleid und üppigen Essvorräten ins Lager. Die Moskauer Freundinnen und Freunde gaben ihr reichlich Kuchen, Kaviar und Geschenke mit. Ginzburg wartete mit einem riesigen Blumenstrauß auf sie, den seine Mithäftlinge für ihn gepflückt hatten. In der Besucherbaracke durfte sie dann drei Tage mit ihrem Bräutigam verbringen. Das ganze Lager feierte die treue Frau, die zäh für ihre Heirat mit einem Häftling gekämpft hatte.

[259] Siehe beispielsweise Interview Čujkinas mit Lesničenko, S. 10–15; Irina Curkova, Tjur'mologija, in: Vestnik „Memoriala", St. Petersburg 1995, Heft 4/5, S. 57–79.

[260] Interview Sadomskaja.

[261] Interview Orlovas mit Rozanova, Archiv der FSO, Bremen, S. 14, Interview Sadomskaja.

Jetzt musst du wählen, wie die Frau von Sinjavskij oder wie die Frau von Daniėl'. Willst du deinem Mann helfen, zu ihm fahren, ihm einen Rückhalt schaffen, dann bist du verpflichtet, gesund zu bleiben, zu arbeiten. Und auch vorsichtig zu sein. Oder willst du selbst mittun, dann lässt du ihn ohne Hilfe allein, [...] ich selbst hielte es wie Marija Sinjavskaja.[262]

Hier wird sichtbar, dass sich in der entstehenden Dissidentenbewegung unterschiedliche Verhaltensnormen für Männer und Frauen entwickelten. Dies resultierte zum einen aus der geschlechtsspezifischen Verhaftungspraxis des KGB, zum anderen schienen sich mit dem Auftreten und der Artikulation der Protestierenden als Bewegung die Geschlechterrollen zu verfestigen: Auftritte in der öffentlichen Sphäre entsprachen eher einer männlichen Rolle, das Wirken im „Schatten"[263] des Mannes und die Sorge für den *byt* einer weiblichen.[264] Um die Männer zu unterstützen, willigten manche Frauen sogar ein, fiktive Ehen mit ihnen zu schließen.[265]

Ein Ergebnis der politischen Prozesse und Repressionen war auch, dass sich in einer Gruppe Menschen unterschiedlicher Generationen, Hintergründe, Interessen und Neigungen zusammenfanden, die zuvor wenig gemein hatten. Allein die Altersunterschiede waren gravierend: Bogoraz, Alekseeva, Sadomskaja, Vol'pin und Jakobson waren um die vierzig, Bukovskij, Litvinov und Laškova zehn bis fünfzehn Jahre jünger. Julija Višnevskaja (geb. 1949), Irina Kaplun (1950–1980) und Ol'ga Ioffe (geb. 1950) gingen noch zur Schule. So sinniert Larisa Bogoraz darüber, wie sich durch den gemeinsamen Gegner eine enge Freundschaft zwischen ihr und Pavel Litvinov entwickeln konnte, obwohl er elf Jahre jünger war und sie eher „wie eine ältere Tante behandelte"[266].

Die Beziehungen zwischen den Generationen waren nicht frei von Spannungen. Allein die Werdegänge unterschieden sich gewaltig. Die Lebensläufe der Älteren waren geprägt von der Stalinzeit. Sie wuchsen mit Idealen auf

---

[262] Orlova, Vergangenheit, S. 407f.
[263] Aleksandr Daniėl'.
[264] Interviews Aleksandr Daniėl', Sadomskaja, Salova, Gespräch Chromova. Siehe auch Čujkina, Učastie ženščin, S. 71–76.
[265] Siehe beispielsweise Interview Čujkinas mit Lesničenko, Archiv NIC Memorial, SPb, S. 20, Interview Čujkinas mit Grigor'eva, Archiv NIC Memorial, SPb, Teil II, S. 28.
[266] Bogoraz, Une femme en dissidence, S. 96.

Die Formierung der Dissidentenbewegung

und wurden in den dreißiger Jahren politisiert. Die Jüngeren erlebten ihre Jugend während des „Tauwetters". Ihr Hauptinteresse galt der Kunst und Literatur, viele von ihnen waren enttäuscht von der offiziellen Politik und entwickelten eine apolitische Grundhaltung. Die Älteren hatten die „Säuberungen" größtenteils im eigenen Umfeld erlebt und waren ihnen zum Teil selbst zum Opfer gefallen. Aufgrund ihrer Erfahrung kostete es sie Überwindung, die Angst vor dem KGB abzulegen. Die Jüngeren waren wagemutiger. Sie kannten den stalinistischen Terror nur aus Erzählungen. Etliche Ältere lehnten Demonstrationen als Protestform ab, während die Jüngeren sie guthießen. In den Quellen gibt es Andeutungen über weitere Differenzen, die aus den unterschiedlichen Lebenserfahrungen resultierten: So polemisiert Andrej Amal'rik, dass die Älteren auf Rang, Titel und berufliche Leistungen fixiert seien und diese in Artikeln der *Chronika* und in Protestschreiben gerne anführten.[267] Die Dissidenten seiner Generation hatten in der Regel nicht die Möglichkeit, auch nur ein Studium zu beenden. Vladimir Bukovskij spottet in seinen Erinnerungen an die Haftentlassung über Eltern, die wegen der Kinder zu wenig Zeit für dissidentisches Engagement hätten.[268] Wahrscheinlich spricht ein gewisser Neid aus ihm: Während die Älteren fast alle Familie hatten, gab es unter den Jüngeren einige, die nach einer frühen Verhaftung keinen Lebenspartner fanden und kinderlos blieben.[269]

Zum Zirkel um Bogoraz stießen neben den jungen Leuten auch Vertreter der Elterngeneration: Der siebzigjährige Schriftsteller und Alt-Bolschewik Aleksej Kosterin (1896–1968), der Generalmajor Petr Grigorenko, die Rechtsanwältin Sof'ja Kallistratova und die Journalistin Raisa Lert. Zu den Prominentesten unter den Älteren der Dissidentenbewegung zählte General Grigorenko. Er hatte im September 1961 eine Rede bei einer Parteiversammlung des Moskauer Lenin-Rajons gehalten, in der er vor einer Re-Stalinisierung der Gesellschaft warnte und demokratische Strukturen in der Partei forderte. Daraufhin wurde ihm das Mandat entzogen, er erhielt eine Parteirüge, wurde strafversetzt und degradiert. Zwei Jahre später gründete er einen *Kampfbund für die Wiederbelebung des Leninismus* und schrieb Flugblätter. Das führte im Frühjahr 1964 zu seinem Parteiausschluss, seiner Verhaftung und zur Einweisung in eine psychiatrische Klinik. Dort lernte er

---

[267] Amalrik, Revolutionär, S. 42. Siehe auch ebenda, S. 38.
[268] Bukowski, Wind vor dem Eisgang, S. 182f.
[269] Zu ihnen zählen beispielsweise Vladimir Bukovskij, Vera Laškova, Natal'ja Lazareva und Julija Višnevskaja.

ihrer Dissertation ab und erhielt eine Stelle im Wissenschaftsverlag *Nauka*. Jeden Abend verbrachten die Freundinnen im Kreis der *kompanija*. Entweder trafen sie sich bei Sadomskaja, oder sie besuchten andere Privatwohnungen, in denen sich ebensolche *kompanii* trafen.[145] Neue Bekanntschaften und unkonventionelle Persönlichkeiten waren immer willkommen. Der „Sybarit" Nikolaj Vil'jams, späterer Ehemann Alekseevas, machte die jungen Frauen mit dem Mathematiker Aleksandr Esenin-Vol'pin (geb. 1924) bekannt, den er vor seiner Verhaftung im Studium kennen gelernt hatte.[146]

Esenin-Vol'pin, Sohn des bekannten Dichters Sergej Esenin (1895–1925), war 1949 denunziert und verhaftet worden, nachdem er seine Gedichte im Freundeskreis rezitiert hatte. Er wurde in der Psychiatrie interniert, für „unzurechnungsfähig" erklärt und ein Jahr später, nach Wiederaufnahme des Strafverfahrens, für fünf Jahre ins Gebiet Karaganda (Kasachstan) verbannt. Dort freundete er sich mit den verbannten Poeten Naum Koržavin (geb. 1925) und Jurij Ajchenval'd (1928–1993) an, die sich später auch an Aktivitäten der Bürger- und Menschenrechtsbewegung beteiligen sollten. Die Wohnung Ajchenval'ds war in der „Tauwetterzeit" ebenfalls ein Treffpunkt der Künstler, Literaten und Querdenker. Vol'pin wiederum wurde später zu einer zentralen Figur der Dissidenz. Er organisierte 1965 die erste Demonstration für die Einhaltung der Bürgerrechte.

Ferner fungierte Vol'pin in der späteren Bürger- und Menschenrechtsbewegung als Bindeglied zwischen der älteren und der jüngeren Generation von Dissidentinnen und Dissidenten. Schon in der „Tauwetterzeit" hatte er gute Kontakte zu einer Gruppe junger Poeten und Literaturfreunde, im Durchschnitt zehn bis fünfzehn Jahre jünger als der Kreis um Sadomskaja: Aleksandr Ginzburg (1936–2002), Jurij Galanskov, Natal'ja Gorbanevskaja, Arina Žolkovskaja (später Ginzburg, geb. 1973), Nataša Svetlova (später Solženicyna), Vladimir Bukovskij (geb. 1942) und Vera Laškova. Die jungen Leute verstanden sich als „Opposition zum sowjetischen kulturellen Establishment"[147], zu denen sie sogar Evtušenko und Voznesenskij rechneten. Einige nahmen an den „Happenings" auf dem Majakovskij-Platz in Moskau teil.[148] Dort, am Denkmal des berühmten Revolutionsdichters

---

[145] Siehe auch Alexeyeva, Thaw Generation, S. 83f.

[146] S. Lukaševskij: Aleksandr Sergeevič Vol'pin, in: Biographische Datenbank, NIC Memorial, Moskau.

[147] Interview Laškova.

[148] Für eine Dokumentation der Ereignisse auf dem Majakovskij-Platz siehe Ljudmila Polikovskaja (Hrsg.): „My – predčuvstvie, predčeta …". Ploščad' Maja-

Die Formierung der Dissidentenbewegung

Geheimprojekten entbunden. Er arbeitete nun als leitender Wissenschaftler am Institut für Physik der Akademie der Wissenschaften. Zwar war er ab Anfang der siebziger Jahre Schikanen, Pressekampagnen und Hausdurchsuchungen ausgesetzt, vor allem nach Erhalt des Friedensnobelpreises 1975, aber seine Prominenz sollte ihn bis Anfang der achtziger Jahre vor einer Verhaftung bewahren.[273] Neben Sacharov suchte auch Nina Lisovskaja Kontakt zur entstehenden Bewegung. Die wissenschaftliche Mitarbeiterin am Institut für Biochemie der Akademie der Wissenschaften, las in der Zeitung von den Prozessen Daniėl'-Sinjavskij und Galanskov-Ginzburg. Die Berichterstattung habe sie an die stalinistischen Hetzkampagnen erinnert. Sie habe mehrere Leserbriefe geschrieben; als diese aber ohne Resonanz blieben, sei sie mit den Familien der Angeklagten in Kontakt getreten und auf diese Weise in die Gruppe der späteren Dissidenten aufgenommen worden.[274] Mal'va Landa erzählt, wie sie Mitte der sechziger Jahre über die Moskauer Gerüchteküche von der Existenz einer Verfassungsbewegung hörte. Es habe sie einige Mühe gekostet, den Kontakt zu den Aktivisten herzustellen. Erst 1969 sollte ihr es gelingen. Anfangs habe man ihr misstraut, es sei ihr aber bald gelungen, Vertrauen zu erwerben. Sie empfand es als große Ehre, dass ihr die neuen Freunde bald *Samizdat* weiterreichten und ihr eine Mitarbeit in der Redaktion der *Chronik der laufenden Ereignisse* anboten.[275]

Eine besondere Rolle im Untergrund spielten ältere Frauen, die in der Szene auch als *staruški*[276] bezeichnet wurden. Sie nahmen meist nicht persönlich an den Aktivitäten teil, unterstützten die Bewegung aber ideell. In

---

[273] 1980 wurde Sacharov in die geschlossene Stadt Gorkij verbannt, wo er bis zum Beginn der *perestrojka* festgehalten wurde. Siehe auch Kapitel 6.1.

[274] Nina Lisovskaja. Biografičeskaja spravka, Archiv NIC Memorial, Moskau, Fond 101, opis 1, gelo 327, Bl. 9–10.

[275] Landa, Avtobiografija, S. 2, dies.: O stanovlenii moego otnošenija k kommunistam i kommunističeskoj vlasti; o bor'be za prava čeloveka v SSSR, ob učastii v dejatel'nosti pervoj Chel'sinskoj gruppy, Privatbesitz, Gabe der Autorin, S. 4; Interview Landa. Ebenso wie Landa schildert auch Jurij Orlov, dass er initiativ wurde und die Dissidenten, von denen er gehört hatte, aufsuchte. Nachdem er jahrelang in Erevan gearbeitet hatte, gelang ihm der Kontakt bei seiner Rückkehr nach Moskau 1973. Als Physiker und Mitglied der Armenischen Akademie der Wissenschaften habe er Andrej Sacharov aufgesucht, den er vom Sehen kannte. Dieser habe ihn dann mit seinen Freunden bekannt gemacht. Orlov, S. 160–162.

[276] *Staruška* bedeutet in etwa „Mütterchen", „alte Frau".

der Kontinuität der „Tauwetterzeit" führten sie offene Häuser. Sie dienten oft als Bindeglied zwischen den Generationen, den aktiv an der Protestbewegung Teilnehmenden und dem Sympathisantenkreis aus der *intelligencija*. Ihre Wohnungen wurden in ihrer Funktion als „geistiges und kulturelles Zentrum"[277] mit den Salons des 19. Jahrhunderts verglichen. Die Herrin (*chozjajka*) eines solchen Salons war häufig eine Verwandte oder Mutter der Dissidentinnen und Dissidenten, teilweise auch eine in der Stalinzeit „Repressierte", die nach dem XX. Parteitag nach Moskau oder Leningrad zurückgekehrt war. Mit der Hausherrin wurden bestimmte Attribute verbunden: Zumeist war es, wie der Spitzname *staruška* impliziert, eine ältere Frau, sie stammte aus der *intelligencija*, war kultiviert, gebildet, meist gebürtige Moskauerin oder Leningraderin.[278] Sie lebte in einer eigenen Wohnung, nicht in einer *kommunalka*, vorzugsweise im Zentrum. Die Wohnung diente als Treffpunkt, *Samizdat*-Bibliothek oder bot Räume für kulturelle Veranstaltungen.[279] Die Gastgeberin sorgte für eine angenehme Atmosphäre, bewirtete die Gäste und bereicherte die Unterhaltungen. Sie lud *Samizdat*-Schriftsteller und nonkonforme Künstler ein. Beliebte *chozjajki* eines Salons waren Ljudmila Il'inična Ginzburg (1907–1981), Aleksandr Ginzburgs Mutter, die „wunderbaren Kaffee" gekocht und immer den „neuesten dissidentischen Klatsch"[280] gewusst habe, sowie Alla (Ol'ga) Grigor'evna Zimina (1903–1086), die Stiefmutter Larisa Bogoraz'. In der Wohnung der ehemaligen Sängerin und Schauspielerin verkehrten vor allem Künstler und Musiker. Bei der Moskauerin Elena Il'zen-Grin (1918–1991), selbst politische Gefangene unter Stalin, versammelten sich zum Todestag Stalins etwa vierzig ehemalige Häftlinge. Varlam Šalamov schrieb in ihrer Wohnung einen Teil seiner Erzählungen, regelmäßig trat Aleksandr Galič dort auf. Bei Il'zen-Grin wurden Protestbriefe unterschrieben und die *Chronik der laufenden Ereignisse* verteilt.[281] In Leningrad war ein beliebter Treffpunkt bei

---

[277] Interview Aleksandr Daniėl'.
[278] Chuykina, The Open House and its Hostess, S. 206f.
[279] Zur Funktion der verschiedenen Typen „offener Häuser": Čujkina, Učastie ženščin, S. 74–76; Chuykina, The Open House and its Hostess, S. 202–206. Meiner Meinung nach kann man jedoch nicht so klare Grenzen ziehen, wie Čujkina postuliert.
[280] Interview Aleksandr Daniėl'.
[281] Archiv NIC Memorial, Moskau, Fond 125, Elena Il'zen (Grin). Er enthält eine kurze Biographie sowie 15 Nachrufe.

Die Formierung der Dissidentenbewegung

Elena Borisova, der Mutter Vladimir Borisovs (geb. 1943), die auch den Spitznamen „unsere dissidentische Mama" (*naša dissidentskaja mama*)[282] trug. Die „Salons" sind ein weiteres Beispiel dafür, dass Frauen in der Dissidentenbewegung das Netz der Oppositionellen knüpften und pflegten. Ihre privaten Räume dienten dazu, Öffentlichkeit herzustellen.

5.3 Die *Chronik der laufenden Ereignisse* und die Weiterentwicklung des *Samizdat*

Im Frühjahr 1968 diskutierten die verbleibenden *podpisanty* erstmals über die Gründung einer Organisation, beispielsweise einer Demokratischen Partei.[283] Diese Diskussion sollte mehrere Jahre andauern. Befürworter einer Parteigründung waren Petr Grigorenko, Petr Jakir und Viktor Krasin (geb. 1929). Die Mehrzahl der Oppositionellen verwarf die Idee aber einstweilen. Nach den Aussagen Bogoraz' und Alekseevas habe sich niemand einer Parteidisziplin oder Satzung unterordnen wollen.[284] Die Bewegung habe aus einer Summe individueller Aktionen bestanden. Mitgliedsausweisen und Hierarchien habe man misstrauisch gegenübergestanden. Man habe die „persönliche Unabhängigkeit"[285] wahren wollen und nur dann an Aktionen teilgenommen, wenn es *javočnym porjadkom* („aus eigener Initiative", „aus eigener Überzeugung") geschah.[286]

Statt einer Organisation wurde das Nachrichtenbulletin *Chronika tekuščich sobytij* (*Chronik der laufenden Ereignisse*), abgekürzt *Chronika*, gegründet. Nachrichten über Repressionen und Protestaktionen sollten aus der gesamten UdSSR zusammengetragen und regelmäßig veröffentlicht werden.

---

[282] Voznesenskaja, Zapiski iz rukava, S. 175.

[283] Alexeyeva, Thaw Generation, S. 246; Amalrik, Revolutionär, S. 78f.; Bogoraz, Une femme en dissidence, S. 110; Kowaljow, Flug des weißen Raben, S. 56–60.

[284] Alexeyeva, Thaw Generation, S. 246; Bogoraz, Une femme en dissidence, S. 110.

[285] Alexeyeva, Thaw Generation, S. 250; Bogoraz, Une femme en dissidence, S. 111. Siehe auch Vaissié, S. 88.

[286] Dieses Grundprinzip der Dissidenten wird in zahlreichen Selbstzeugnissen beschrieben: Alexeyeva, Thaw Generation, S. 250; Bogoraz, Une femme en dissidence, S. 111; Grigorenko, Erinnerungen, S. 404; Interviews Aleksandr Daniėl', Velikanova.

Von der Küche auf den Roten Platz

Diese Aufgabe nahm die Übersetzerin und Journalistin Natal'ja Gorbanevskaja auf sich:[287] Die Idee, ein zentrales Informationsorgan für *podpisanty* und ihre Sympathisanten zu schaffen, „lag in der Luft"[288]. Seit dem Prozess gegen Daniėl' und Sinjavskij kursierten immer mehr Nachrichten über Menschenrechtsverletzungen. Die Repressionen nahmen zu. 1968 erklärte die UNO zum „Jahr der Menschenrechte". Die Moskauer *podpisanty*

Natal'ja Gorbanevskaja mit Venjamin Iofe, Leningrad 1975

diskutierten darüber, nach dem Vorbild der Krimtataren, die 1966/67 ein „Informationsbulletin" herausgegeben hatten, einen Sammelband über die Verletzung von Bürger- und Menschenrechten in der UdSSR zu erstellen. Niemand sah sich jedoch in der Lage, dies zu übernehmen. Anfang April

[287] Zur Gründung der Chronika tekuščich sobytij: Pervyj redaktor. Interv'ju s Natalej Gorbanevskoj, in: Express-Khronika 19.–26. April 1993, Heft 17; Natal'ja Gorbanevskaja: Ira Jakir i ‚Chronika tekuščich sobytij', in: Zvezda 1999, Heft 9, S. 182–183: Interview Gorbanevskaja. Siehe auch Alexeyeva, Thaw Generation, S. 206; Bogoraz, Une femme en dissidence, S. 111.

[288] Interview Gorbanevskaja.

Die Formierung der Dissidentenbewegung

1968 befand sich Gorbanevskaja im gesetzlichen Mutterschutz. Mitte Mai sollte ihr zweites Kind zur Welt kommen. Wiewohl sie alleinerziehende Mutter war, hatte sie nun „mehr Zeit [...] als die anderen"[289], und wurde Herausgeberin. Der *Chronika* ging kein offizieller Beschluss voraus, lediglich eine Beratung zwischen Gorbanevskaja und anderen *podpisanty*, darunter Pavel Litvinov, Julij Kim und Irina Jakir. Zehn Helferinnen und Helfer gingen ihr in der folgenden Zeit zur Hand, das Material zu systematisieren und zu ordnen. Am 30. April 1968 erschien das erste Heft der *Chronika*. Auf der Titelseite befand sich ein Ausschnitt aus der UNO-Menschenrechtserklärung. Der Band beinhaltete eine Dokumentation des Galanskov-Ginzburg-Prozesses und Nachrichten über außergerichtliche Repressionen in Moskau und Leningrad. Eine Meldung stammte aus der Ukraine. Am 14. Mai 1968 saß Gorbanevskaja nachmittags bei Litvinovs und tippte die zweite Nummer der *Chronika*, als die Wehen einsetzten. Sie fuhr in die Geburtsklinik, am selben Tag kam ihr zweiter Sohn zur Welt. Als Gorbanevskaja ein paar Wochen nach der Geburt die Litvinovs besuchte, stand die Schreibmaschine mit dem eingespannten Blatt der *Chronika* immer noch am selben Platz.[290] Niemand hatte sich um die Fertigstellung gekümmert. Sie machte sich also wieder an die Arbeit und veröffentlichte die zweite Nummer am 30. Juli 1968. Bis zu ihrer Verhaftung Ende 1969 blieb sie im Mutterschaftsurlaub und widmete sich energisch der *Chronika*. Ihre beiden Kleinkinder zog sie allein auf, auf ihrem Esstisch stand die Schreibmaschine, an die sie sich jede freie Minute zwischen Babybrei und Kinderwindeln setzte und redigierte.[291]

Mit der Zeit erhielt die *Chronika* feste Rubriken: Verhaftungen, Prozesse, außergerichtliche Repressionen, Nachrichten aus den Gefängnissen und Lagern, Neuigkeiten aus dem *Samizdat* und Kurzmitteilungen. Hinzu kamen immer mehr Nachrichten über verschiedene Gruppen von Verfolgten und Oppositionellen, Gläubigen, Krimtataren, Litauern, Ukrainern. Gorbanevskaja jagte nach Informationen, fuhr nach Tartu, Vilnius und Riga. In Heft fünf richtete sie einen Aufruf an die Leser:

---

[289] Ebenda.

[290] Nach Aussagen Bogoraz' und Alekseevas war Litvinov zwar ein kluger Kopf, aber ein wenig faul und schlampig. Bogoraz, Une femme en dissidence, S. 96; Alexeyeva, Thaw Generation, S. 164.

[291] Siehe die Schilderung Kovalevs in: Kowaljow, Flug des weißen Raben, S. 72.

Von der Küche auf den Roten Platz

Die *Chronika* kann im Gegensatz zu anderen Zeitschriften keine Postadresse auf der letzten Seite bekannt geben. Nichtsdestotrotz kann jeder, der Interesse daran hat, die sowjetische Öffentlichkeit über die Ereignisse im Land zu informieren, auf leichtem Weg [...] Informationen an die *Chronika* weiter geben. Erzählen Sie sie dem, von dem sie die *Chronika* bezogen haben, dieser wird sie dem erzählen, von dem er die *Chronika* bekommen hat etc. Versuchen Sie nur nicht, die Kette bis zu ihrem Ende zu verfolgen. Dann wird man Sie für einen Spitzel (*stukač*) halten!²⁹²

Dem Vorbild der *Chronika* folgten weitere *Samizdat*-Bulletins, der *Ukrainskij Vilnik* („Ukrainischer Bote"), die jüdische *Samizdat*-Zeitschrift *Ischod* („Exodus"), das russlanddeutsche Organ *Re-Patria* und die *Chronika litovskoj katoličeskoj cerkvi* („Chronik der litauischen katholischen Kirche"). Später gaben die einzelnen Gruppen eigene Bulletins heraus, die Helsinki-Gruppe, die Psychiatriekommission und die freie Gewerkschaft SMOT.²⁹³ Natal'ja Gorbanevskaja leitete die *Chronika* bis zu ihrer Verhaftung im Dezember 1969. Von 1970 bis 1972 wurde sie von Anatolij Jakobson herausgegeben, bis ihr Erscheinen infolge einer Verhaftungswelle unterbrochen wurde. Nach der Wiederaufnahme 1974 überlebte die *Chronika* bis 1983.²⁹⁴

In der Organisation der *Chronika* übten Männer wie Frauen Leitungsfunktionen aus. Was die Rollenverteilung im Alltag anbelangt, sind jedoch Unterschiede erkennbar: Abgesehen von wenigen exponierten Frauen wie Gorbanevskaja, Velikanova und Chodorovič, beteiligten sich in erster Linie Männer an der Organisation und Redaktion des Blattes. Die Weiterleitung von Informationen und insbesondere das Abtippen des Materials oblag größtenteils den Frauen. So standen Gorbanevskaja für die Schreibarbeiten eine Reihe von *mašinistki*²⁹⁵ zur Seite. Überbringen von Nachrichten und Recherche waren häufig von Frauen ausgeübte Tätigkeiten.

Es wirkte begünstigend auf die Verbreitung und Vervielfältigung der *Chronika*, dass sich das *Samizdat*-Wesen in den sechziger Jahren entwickel-

---

[292] Chronika tekuščich sobytij 5 (Dezember 1968), Rubrik: „God prav čeloveka prodolžaetsja".

[293] Zu den einzelnen Gruppen siehe Kapitel 6.1.

[294] Zur Geschichte der *Chronika* und ihrer wichtigsten Herausgeber siehe auch Kapitel 6.1.

[295] *Mašinistka* heißt „Maschinenschreiberin", „Stenotypistin".

Die Formierung der Dissidentenbewegung

te, professionalisierte und teilweise auch kommerzialisierte. In der Szene traten immer mehr *samizdatčiki*[296] auf, die als „Verleger" fungierten und zum Teil auch mit *Samizdat* handelten. Ihr Kundenkreis bestand aus *podpisanty* und deren Sympathisanten.[297] Es gab zahlreiche Liebhaber der *Sam-* und *Tamizdat*-Literatur, die zu Hause große Bibliotheken einrichteten.[298] Die repressiven Verhältnisse verhinderten in der Sowjetunion jedoch, dass sich ein unabhängiges Verlagssystem herausbildete, wie es in den siebziger Jahren beispielsweise in Polen der Fall war.[299] Das Verlegen blieb auf ein Minimum beschränkt und umfasste etwa folgende Aufgaben: Wenn ein *samizdatčik*, meist ein Mann[300], Solženicyns *Im ersten Kreis der Hölle* herausgeben wollte, musste er sich zuerst die Romanvorlage besorgen. Dann nahm er Bestellungen entgegen. Von den Subskribenten ließ er sich einen Vorschuss für Papier und Matrizen geben. Er beauftragte *mašinistki* mit dem Abschreiben. Die Blätter band er und brachte sie den Kunden.[301] In der Regel ließen sich *samizdatčiki* und *mašinistki* ihre Arbeit bezahlen.[302] Nach Aussagen Velikanovas verdiente eine *mašinistka* pro Seite mit sieben oder acht Durchschlägen zwischen fünfzehn und dreißig Kopeken. Welcher Gewinn dem *samizdatčik* übrig blieb, ließ sich nicht ermitteln. Einzig Ljudmila Alekseeva, die als selbständige *mašinistka* arbeitete, rechnet vor, wie viel sie einnehmen konnte: Für eine Seite mit sieben Durchschlägen habe sie zwanzig Kopeken verlangt. Pro Seite kam sie also auf 2,5 Kopeken.[303] Ein Exemplar des etwa siebenhundert Seiten starken *Im ersten Kreis der Hölle* kostete bei ihr fünfzehn Rubel. Wenn sie alle Kopien eines Satzes verkaufte, brachte ihr Solženicyns Werk Einnahmen von 120 Rubeln, abzüglich der

---

[296] *Samizdatčik* lässt sich ungefähr mit „*Samizdat*-Herausgeber" übersetzen.

[297] Nach Aussagen Alekseevas waren dies zumeist Wissenschaftler. Interview Orlovas mit Alekseeva, Archiv der FSO, Bremen, Seite B, S. 6.

[298] Beyrau, Intelligenz und Dissens, S. 236.

[299] Ebenda.

[300] Die einzige Frau, die mir als *Samizdat*-Herausgeberin bekannt wurde, ist Galina Salova, die diese Aufgabe von ihrem verhafteten Mann Kronid Ljubarskij 1974 übernahm.

[301] Über die Arbeit von *Samizdatčiki* siehe Interview Orlovas mit Alekseeva, Archiv der FSO, Bremen; Interviews Salova, Velikanova.

[302] Nach Aussagen der Interviewpartnerinnen gab es aber auch *samizdatčiki* und *mašinistki*, die unentgeltlich arbeiteten.

[303] Interview Orlovas mit Alekseeva, Archiv der FSO, Bremen, Seite B, S. 5.

Von der Küche auf den Roten Platz

Materialkosten. Den *Archipel Gulag* habe sie zu einem Freundschaftspreis von siebzehn Kopeken pro Seite getippt und für den ersten Band, der etwa sechshundert Seiten umfasst, zehn Rubel verlangt.[304] Die Qualität der Exemplare sei höchst unterschiedlich gewesen, je nachdem, ob es sich um den ersten oder den siebten Durchschlag gehandelt habe. Im Gegensatz zu anderen *Samizdat*-Herausgebern habe Alekseeva die Abschriften alle zum gleichen Preis verkauft und in Absprache mit den Kunden das Los entscheiden lassen, wer welches Exemplar bekomme.[305] Das zeigt, dass der *Samizdat* durchaus eine Verdienstmöglichkeit war. Alekseeva begann das Tippen gegen Geld nach dem Verlust ihres Arbeitsplatzes. Im Laufe eines Sommers sei es ihr gelungen, ihren Sohn mit Hilfe der Auftragsarbeiten zum Studienbeginn für dreihundert Rubel neu einzukleiden. Gegen Bezahlung wurde in der Regel nur Literatur abgetippt. Für die *Chronika* und weitere Informationsbulletins arbeiteten die *mašinistki* unentgeltlich. Die *Chronika*, so Alekseeva, sei in ihren Augen eine „heilige Sache" (*svjatoe delo*)[306] gewesen, an der sie sich ausschließlich zur „Rettung der Seele" (*spasenie duši*)[307] beteiligte. Auch für die Abschrift und Verbreitung von Protestbriefen, ideologischen Traktaten oder Marčenkos *Meine Aussagen* nahm sie kein Geld.

Die *mašinistka* war ein typischer „Frauenberuf" (*ženskaja professija*)[308] in der Dissidentenbewegung. Als *mašinistki* arbeiteten in der Regel Frauen, die sich wenig an offenen Protesten beteiligten, denn die Kanäle der Untergrundliteratur durften nicht gefährdet sein. So erzählt Alekseeva, sie habe während ihrer Arbeit bei der *Chronika* darauf geachtet, sich nicht öffentlich zu profilieren.[309] Sobald sie durch ihr oppositionelles Engagement, beispielsweise in der Helsinki-Gruppe, zu exponiert wurde, habe sie aufhören müssen, *Samizdat* zu tippen.[310]

Im *Samizdat*-Wesen wird wieder ein Schema deutlich, das auch in den übrigen Arbeitsfeldern und Sphären der Dissidentenbewegung zum Ausdruck kommt: Viele der typischen Tätigkeiten von Frauen fanden eher im

---

[304] Ebenda, Seite B, S. 9.

[305] Ebenda, Seite B, S. 5. Andere hätten bei der Verteilung der fertiggestellten Exemplare „Günstlingswirtschaft" (*blat*) betrieben.

[306] Ebenda, Seite B, S. 4f., Seite A, S. 1.

[307] Ebenda.

[308] Interview Aleksandr Daniėl'. Siehe Auch Čujkina, Učastie ženščin, S. 73.

[309] Alexeyeva, Thaw Generation, S. 252, Interview Djukova.

[310] Interview Orlovas mit Alekseeva, Archiv der FSO, Bremen, Seite A, S. 6.

Die Formierung der Dissidentenbewegung

Hintergrund statt. Daneben gab es aber einige prominente Frauengestalten wie Natal'ja Gorbanevskaja, die leitende Aufgaben übernahmen und damit zu Integrationsfiguren der Dissidenz wurden.

5.4 Zusammenfassung

Das Beispiel Natal'ja Gorbanevskajas zeigt, dass Frauen, die in der entstehenden Dissidentenbewegung aktiv wurden, sich heute ihres historischen Beitrags durchaus bewusst sind. Die *Chronika tekuščich sobytij* erschien bis auf eine Unterbrechung von anderthalb Jahren fünfzehn Jahre lang regelmäßig. Sie war das zentrale Informationsorgan der Dissidentenbewegung. Gorbanevskaja betrachtet die *Chronika* als ihren wichtigsten Beitrag zur Bürger- und Menschenrechtsbewegung. Stolz erzählt sie, der oppositionelle Priester Sergej Želudkov habe sie einmal als „Mutter der *Chronika*" (*mat' Chroniki*) bezeichnet.[311]

In ihren Lebensgeschichten legen die Dissidentinnen Wert darauf, ihren eigenen Anteil an den dissidentischen Aktivitäten sichtbar zu machen, auch wenn sie an weniger exponierter Stelle tätig waren als Gorbanevskaja: ihren Mut beim Verhör, ihre persönliche Auseinandersetzung mit dem KGB, das Verfassen und Unterzeichnen von Protestbriefen, das Tippen von *Samizdat*, ihre Unterstützung für politische Gefangene, und sei es auch nur das Entwerfen von Rezepten oder das Päckchenpacken. Selbstwahrnehmung und Fremdzuschreibung korrelieren allerdings nicht immer. Das Engagement von Frauen in der Dissidentenbewegung wird häufig als „Wirken in der zweiten Reihe" dargestellt. Zum Teil liegt das daran, dass viele Frauen, auch aus konspirativen Gründen, tatsächlich weniger in der Öffentlichkeit auftraten als Männer. Zum Teil hängt dies aber auch damit zusammen, dass Männer schneller und öfter für ihr Tun „repressiert" wurden als Frauen und damit in ihren Kreisen den Status des Widerstandskämpfers und Märtyrers zuerkannt bekamen. Zudem setzten sich in der Dissidentenbewegung unterschiedliche Standards für das Verhalten von Frauen und Männern durch. Während männliches Engagement der öffentlichen Sphäre zugeordnet wurde, spielte sich weibliches eher im Hintergrund ab.

Die Geschlechterverhältnisse in der Dissidenz waren aber bei weitem nicht so einfach und eindimensional. Es zeichnet sich bereits im frühen

---

[311] Interview Gorbanevskaja.

Von der Küche auf den Roten Platz

Stadium der Dissidentenbewegung ab, dass die Handlungsräume von Frauen in der Opposition durch zwei konkurrierende Weiblichkeitsbilder beeinflusst wurden: Neben der wohltätigen Helferin im Schatten des Mannes existierte das Bild von der Kämpferin in vorderster Front. Für beide Muster gibt es historische Vorbilder: Dekabristinnen wie Marija Volkonskaja (1805 oder 1807–1863) opferten sich für die aufklärerischen Ideale ihrer Ehemänner und folgten ihnen in die Gefangenschaft.[312] Frauen in verschiedenen Phasen der russischen und sowjetischen Geschichte schrieben ihre eigenen Biographien als Biographien ihrer berühmten Ehemänner und verfolgten dabei das Ziel, die Erinnerung an den Mann zu wahren und ihm ein Denkmal zu setzen. Zu den Vertreterinnen dieser „Witwenliteratur" zählen Anna Dostoevskaja (1846–1918)[313], Anna Larina Bucharina (1914–1996)[314], Trockijs Ehefrau Natal'ja Sedova (1882–1962)[315] und Nadežda Mandel'štam. Das Bild von der Frontkämpferin wird durch die Erinnerungen von Revolutionärinnen wie Vera Figner[316] und Vera Zasulič transportiert, aber auch durch Figuren wie Zoja Kosmodemjanskaja, die Partisanin aus dem „Großen Vaterländischen Krieg".[317] Es existierten in der Tradition also zwei „oppositionelle" Frauenbilder nebeneinander, die jeweils in die Rollenmuster der Dissidentinnen aufgenommen und in ihren Erinnerungen rezipiert werden.

Was die Funktion von Frauen in der Dissidentenbewegung anbelangt, so wird anhand der Entstehungsgeschichte sichtbar, dass Frauen maßgeblich für

---

[312] Zapiski knjagini M. N. Volkonskoj, hg. von B. G. Kokoško, Moskau 1960 (deutsche Ausgabe: Fürstin Maia Wolkonskaja: Erinnerungen, hg. von Lieselotte Remané, Berlin 1979).

[313] Anna Grigor'evna Dostoevskaja: Vospominanija, hg. von S. V. Belov, Moskau 1971 (deutsche Ausgabe: Anna Grigorjewna Dostojewski: Erinnerungen. Das Leben Dostojewskis in den Aufzeichnungen seiner Frau, hg. von Friedrich Eckstein und René Fülöp-Miller, München 1980)

[314] Anna Larina Bucharina: Nezabyvaemoe, Moskau 1989 (deutsche Ausgabe: Nun bin ich schon weit über zwanzig. Erinnerungen, Göttingen 1989).

[315] Sedova stellte ihre Erinnerungen an Trockij Viktor Serge für seine Biographie zur Verfügung: Viktor Serge: Leo Trotzkij. Leben und Tod, München 1981. Diesen Hinweis verdanke ich Jürg Ulrich (Basel).

[316] Vera Figner: V bor'be. „Zapečatlennyj trud" v sokraščenii, Moskau 1934 (deutsche Ausgabe: Nacht über Russland. Lebenserinnerungen einer russischen Revolutionärin, Reinbek bei Hamburg 1988).

[317] Siehe Kapitel 2.1, den Abschnitt „Die Erinnerungen Ljudmila Alekseevas".

Die Formierung der Dissidentenbewegung

den Aufbau und den Erhalt der persönlichen Beziehungen verantwortlich waren, die aus den verstreuten Grüppchen Andersdenkender ein soziales Netz machten. Über die Lagerbesuche der Ehefrauen lernten sich Oppositionelle aus allen Teilen der Sowjetunion kennen. So gelangten Informationen nach Moskau, die von dort in den Westen weitergeleitet wurden. Frauen leisteten auch einen wichtigen Beitrag, die „Infrastruktur" der Bewegung aufzubauen und aufrecht zu erhalten. Sie tippten Berge von *Samizdat* und sorgten für den Informationsfluss. Sie engagierten sich karitativ und verrichteten vor allem die alltäglichen Arbeiten, etwa die Beschaffung von Lebensmitteln für politische Gefangene und das Sammeln und Verteilen von Spenden. Tat'jana Chromova umschreibt diese Tätigkeitsfelder der Frauen mit den Worten: „Zwieback, Kekse, Fonds" (*suchariki, pečen'e, Fond*). Trotz der offenkundigen Hierarchisierung der Tätigkeiten von Männern und Frauen greifen Frauen diese Hierarchisierung jedoch selten auf und bewerten ihre eigenen Leistungen nicht geringer als die der Männer.[318]

Die Dissidentenbewegung entwickelte sich aus einer Kettenreaktion auf die politischen Prozesse der Jahre 1965 bis 1968 und die wachsende Zahl von Repressionen. Es entstand ein Bewusstsein, dass das Lager nicht der stalinistischen Vergangenheit angehörte, sondern der Archipel Gulag das Land wie eine Krake weiterhin umspannte. Die Protestbewegung konzentrierte ihre Aktivitäten darauf, den Unrechtscharakter des Regimes zu enthüllen und sich gegen Repressionen der eigenen Leute zur Wehr zu setzen. Die Ideologie bestand im Minimalkonsens, sich auf Verfassung, Gesetz, bürgerliche Freiheiten und Menschenrechte zu berufen. Einen radikalen Systemwandel ersehnten die wenigsten. Zumindest bis zur Niederschlagung des Prager Frühlings im August 1968 teilten die meisten Aktivistinnen und Aktivisten eine sozialistische Grundüberzeugung.

Durch die harschen Reaktionen des Regimes auf politischen Protest und *podpisantstvo*, durch Verhaftungen, Parteiausschlüsse, Entlassungen und Suspensionen aus den Bildungsinstitutionen wurden Menschen, die bislang innerhalb und nicht außerhalb des Systems wirken wollten, in ein Randgruppendasein gedrängt. Hier zeigt sich, dass aus späterer Perspektive die Zuge-

---

[318] Auf die Ausnahmen von diesem Erzählmuster, das heißt die Frauen, die ihre Lebensgeschichte vor allem im Hinblick auf ihre berühmten Ehemänner schreiben, komme ich im nächsten Kapitel zu sprechen. Siehe Kapitel 6.3, den Abschnitt: „Die Situation der Ehefrauen politischer Gefangener".

hörigkeit zur Dissidenz von außen, durch Bestrafung und Ausschluss aus der Gesellschaft konstituiert wurde.[319]

In den vorangegangenen Kapiteln wurden die wichtigsten Stationen im Leben der Dissidentinnen und Dissidenten skizziert: der soziale Hintergrund, die Bildung, die eigenen Erfahrungen mit Repressionen, „Säuberungen" oder Antisemitismus, die Bekanntschaft mit zensierter Literatur, die „Küchengespräche", die Auseinandersetzungen zwischen Individuum und Kollektiv, die Konstitution einer neuen *intelligencija*. Diese Erfahrungen wurden von Hunderten und Tausenden Sowjetbürgerinnen und Sowjetbürgern geteilt. Sie allein führten nicht in die Dissidenz, sondern begründeten allenfalls eine gewisse Disposition zum „Andersdenken". Damit aus dem „Andersdenken" auch „Andershandeln" wurde, musste der Einzelne eine Entscheidung zum Protest treffen. In der Konsequenz hieß dies, auf das Studium, den Beruf der Wahl, die Karriere und manche Privilegien zu verzichten. Einerseits wurde die Entscheidung, wer als oppositionell definiert wurde und wer nicht, durch die Staatsmacht bestimmt, andererseits hatte das Individuum eine Wahlmöglichkeit, wie es auf die Bedrohung reagieren mochte. Meistens gab es die Offerte zum „Widerrufen". Schließlich muss auch berücksichtigt werden, dass sich mit dem partiellen Ausschluss aus der Gesellschaft neue Handlungsräume eröffneten. So entwickelten die späteren Dissidentinnen Kreativität, um den de facto bestehenden Arbeitszwang zu umgehen, sie wurden professionelle *mašinistki* und Herausgeberinnen von *Samizdat* oder erschlossen Berufsfelder für sich, mit denen sie nie zuvor in Berührung gekommen waren.

Durch die zunehmende Isolierung entwickelte die Gruppe der *podpisanty*, aus denen später die Dissidenten wurden, eine eigene Dynamik. Träumten die Angehörigen des Milieus von Individualismus und Liberalität, so zeigte sich, dass ihre eigenen Normen und Standards sowohl im Alltag als auch in der politischen Auseinandersetzung mit steigendem Druck von außen immer starrer wurden. Misstrauen und gegenseitige Kontrolle nahmen zu. Der Regelkatalog für korrektes dissidentisches Verhalten wuchs. Gleichzeitig radikalisierte sich die Bewegung insofern, als die Distanz zur Staats-

---

[319] Siehe auch Kapitel 6.2. Zur Konstituierung der Dissidenz durch Fremdzuschreibung siehe auch Sofia Tchouikina: Anti-Soviet Biographies: The Dissident Milieu and its Neighbouring Milieux, in: Robin Humphrey/Robert Miller/Elena Zdravomyslova (Hrsg.): Biographical Research in Eastern Europe. Altered Lives and Broken Biographies, Aldershot u.a. 2003, S. 129–139, hier S. 131.

Die Formierung der Dissidentenbewegung

macht größer wurde.[320] Während Protestierende in der Affäre Daniėl'-Sinjavskij noch versuchten, mit den Machthabern in Dialog zu treten und sie zu überzeugen, während anfänglich Angeklagte die Gerichtsverhandlung als Plattform für *glasnost'* zu nutzen versuchten, nahm die Verhandlungsbereitschaft der Andersdenkenden mit der Zeit ab. Sie begannen in Verhören und Gerichtsverfahren hartnäckig zu schweigen, zogen sich aus angesehenen Berufen zurück und richteten sich mehr und mehr in ihrer Subkultur ein. Diese war jedoch ständig durch Verhaftungen und Repressionen bedroht.

Der Weg in die Dissidenz war nicht nur von materiellen Schwierigkeiten begleitet, sondern auch vom Auseinanderbrechen bisheriger sozialer und familiärer Bindungen. Infolgedessen rückten die verbleibenden Widerspenstigen enger zusammen. Der gemeinsame Gegner vereinte Menschen unterschiedlichster Altersgruppen, Überzeugungen und Wertvorstellungen und ließ sie zu einer verschworenen Gemeinschaft werden. Die gesellschaftliche Außenseiterrolle bewirkte, dass Freundschaften, Familienbande und Partnerschaften immer wichtiger wurden. Angesichts der äußeren Bedrohung entwickelten sich innerhalb der Gruppe klare Regeln des Zusammenlebens und Zusammenhaltes. Gab es im „Tauwetter" eine Tendenz zur „freien Liebe", so wurde in den späten sechziger Jahren die Ehe wieder zum Fundament der Beziehungen. Damit einhergehend entstand auch eine bestimmte Vorstellung, wie sich die „Ehefrau eines Verhafteten" zu verhalten habe.

---

[320] Siehe auch Kapitel 4.4, den Abschnitt „Die Entdeckung des Individuums".

6. Alltag in der Dissidenz

6.1 Tat'jana Velikanova, das Netz der Andersdenkenden und die weitere Entwicklung der Bewegung

Die Mathematikerin Tat'jana Velikanova war 1968 36 Jahre alt, verheiratet mit dem Radioingenieur und Linguisten Konstantin Babickij und Mutter von drei Kindern im Alter zwischen zehn und fünfzehn Jahren.[1] Die Familie lebte in Moskau, Velikanova arbeitete als leitende Programmiererin im Rechenzentrum der städtischen Behörde für Transport und Verkehr. Seit dem „Tauwetter" las sie alle Neuerscheinungen des *Samizdat*. Sie gehörte zum Unterstützerkreis der sich formierenden Protestbewegung. Über ihren Mann, den ehemaligen Kollegen Larisa Bogoraz', stand sie in Kontakt mit vielen *podpisanty*. Velikanova und Babickij sammelten Geld für die politischen Gefangenen und versteckten eine Kopie von *Meine Aussagen* bei sich zu Hause, bis das Buch im *Tamizdat* erschien.[2] Im Januar 1968 unterzeichnete Velikanova im Zusammenhang mit dem Galanskov-Ginzburg-Prozess erstmals einen Protestbrief. Durch die Vorgänge in der Tschechoslowakei im Frühjahr 1968 gewannen ihre Hoffnungen auf Reformen im eigenen Land Aufwind. Sie und ihr Freundeskreis verfolgten gebannt den Verlauf des Prager Frühlings. Die Übersetzerin Natal'ja Gorbanevskaja versorgte ihre Bekannten mit Informationen aus tschechischen Zeitungen. Zu dieser Zeit hielt Velikanova, wie das Gros der späteren Dissidentinnen und Dissidenten, ideologisch noch an einer sozialistischen Grundüberzeugung fest.[3] Sie wünschte den Ansätzen der Prager KP-Führung Erfolg, durch Wirtschaftsreformen, Selbstverwaltung und kulturelle Liberalisierung einen „Sozialismus mit menschlichem Antlitz" zu schaffen. Ljudmila Alekseeva, die diese

---

[1] Für die biographischen Angaben zu Tat'jana Velikanova siehe Interview Velikanova sowie Komitet zaščity Tat'jany Velikanovoj (Informacionnyj bjulleten' Nr. 1), in: Vol'noe Slovo. Samizdat. Izbrannoe. Bd. 38, S. 73–75; Tat'jana Velikanova, in: Marija 1, S. 49–52; Aleksandr Daniėl': Tat'jana Velikanova, in: Biographische Datenbank, NIC Memorial, Moskau.

[2] Bogoraz, Une femme en dissidence, S. 104. Interview Velikanova.

[3] Siehe auch Alekseeva, Istorija inakomyslija, S. 240f.; Alexeyeva, Thaw Generation, S. 209; Bogoraz, Une femme en dissidence, S. 111; Sacharow, Mein Leben, S. 307–317; Interviews Kudrova, Sadomskaja.

Von der Küche auf den Roten Platz

Hoffnungen teilte, glaubte, die Sowjetregierung werde dem tschechoslowakischen Beispiel folgen.[4]

Die Hoffnungen zerschlugen sich jedoch, als am 21. August 1968 die Truppen des Warschauer Pakts in der Tschechoslowakei einmarschierten. Die *intelligencija* war schockiert, Proteste gegen die Invasion gab es jedoch kaum. Neben Larisa Bogoraz, Natal'ja Gorbanevskaja und Pavel Litvinov gehörte auch Velikanovas Ehemann Konstantin Babickij zu den sieben Personen, die am 25. August um 12 Uhr mittags auf dem Roten Platz demonstrierten.[5] Tat'jana Velikanova war als Zuschauerin anwesend. Sie hatte mit ihrem Mann abgesprochen, dass wegen der Kinder nur einer von beiden an der Demonstration teilnehmen werde. Wie erwartet, wurden die Demonstrantinnen und Demonstranten umgehend verhaftet und, nach vier Monaten Untersuchungshaft, zu Strafen zwischen drei Jahren Verbannung und drei Jahren Lagerhaft verurteilt. Da Babickij sich vor der Demonstration auf dem Roten Platz nicht an öffentlichen Aktionen beteiligt hatte, erhielt er eine vergleichsweise milde Strafe und wurde für drei Jahre in die Republik Komi verbannt, wo ihn seine Frau und die Kinder besuchen konnten.

Während des Prozesses übernahm Velikanova die üblichen Aufgaben einer Ehefrau: Sie besuchte die Verhandlung, machte Notizen, fertigte ein Stenogramm an und gab die Informationen an Natal'ja Gorbanevskaja weiter. Gorbanevskaja veröffentlichte sie in der *Chronik der laufenden Ereignisse* und stellte unter dem Titel *Polden'* (*Zwölf Uhr mittags*) in der Tradition des *Weißbuchs* einen Dokumentationsband über die Demonstration und den Prozess zusammen.[6] Sie war nach der Demonstration als Mutter eines drei Monate alten Säuglings nicht verurteilt worden und fungierte weiterhin als Herausgeberin der *Chronika*. Nach dem Prozess erhielt sie Unterstützung von Tat'jana Velikanova, die sich nun mehr und mehr in der Bürger- und Menschenrechtsbewegung engagierte.

Velikanova wurde Gründungsmitglied der ersten inoffiziellen Bürgerrechtsorganisation. Diese *Initiativgruppe zur Verteidigung der Menschenrechte in der UdSSR*[7] entstand im Mai 1969 mit einem Brief an die Ver-

---

[4] Alexeyeva, Thaw Generation, S. 209–211.
[5] Zur Demonstration auf dem Roten Platz siehe Kapitel 1.1.
[6] Gorbanevskaja (Hrsg.): Polden'.
[7] *Iniciativnaja gruppa po zaščite prav čeloveka v SSSR*.

Tat'jana Velikanova in den 1970er Jahren

einten Nationen, der von fünfzehn Personen unterschrieben worden war.[8] Neben Velikanova unterzeichneten auch Gorbanevskaja, Tat'jana Chodorovič, Anatolij Jakobson und Sergej Kovalev. Der Brief enthielt eine Bestandsaufnahme der Bürger- und Menschenrechtslage in der UdSSR, er machte auf die andauernden politischen Prozesse und die Missachtung der Meinungsfreiheit aufmerksam. Die Verfasserinnen und Verfasser klagten die Verfolgung bestimmter Gruppen und Nationalitäten an, wie der emigrationswilligen Juden und der Krimtataren, die aus den Verbannungsorten in Usbekistan und Kasachstan ihre Heimkehr auf die Krim forderten.[9] Der Name „Initiativgruppe" war ebenfalls der Bewegung der Krimtataren entlehnt, die sich seit Mitte der sechziger Jahre in „Initiativgruppen" zusammenschlossen.[10] Man trat nach außen hin als Gruppe auf, um dem Schreiben größeres Gewicht zu verleihen. Ein Gruppengefühl entstand nach Aussage Velikanovas erst allmählich.[11] Die Aktivität der Moskauer Initiativgruppe unterschied sich zunächst nicht wesentlich von den bisherigen Aktivitäten ihrer Mitglieder: Man klärte über Menschenrechtsverletzungen auf und schrieb Protestbriefe.[12] Die Gruppe war kaum organisiert, gab sich keine Satzung, hatte keine Sprecher, verteilte keine Ämter und Funktionen. Dennoch traf ihre Gründung einen Nerv. Sie war die erste Vereinigung im Kerngebiet Russlands außerhalb der offiziellen Parteistrukturen, die nicht im Untergrund existierte, sondern öffentlich auftrat und damit einen Anspruch auf Legalität erhob. Die Staatsorgane reagierten mit verschärften Repressionen, die

---

[8] Chronika tekuščich sobytij 8, 20. Juni 1969, Obraščenie v Komissiju po pravam čeloveka OON.

[9] Ebenda.

[10] Alekseeva, Istorija inakomyslija, S. 215; Beyrau, Intelligenz und Dissens, S. 247.

[11] Wie Alekseeva berichtet, habe die Gruppe als solche nur fortbestanden, nachdem sie selbst zusammen mit Gorbanevskaja einen Protestbrief gegen eine Haftzeitverlängerung Marčenkos im Sommer 1969 verfasst hatte. Da Ferienzeit war, seien alle Unterzeichnerinnen und Unterzeichner des ersten Briefes der Initiativgruppe im Urlaub oder auf der Datscha gewesen. Ohne deren Wissen hätten sie und Gorbanevskaja ihren Brief mit „Initiativgruppe" unterzeichnet. Diese eigenmächtige Handlung sei auf großes Missfallen – besonders bei Velikanova – gestoßen, habe aber das Fortbestehen der Gruppe besiegelt. Alexeyeva, Thaw Generation, S. 251–254. Tat'jana Velikanova erzählt diese Episode in ihrer Lebensgeschichte nicht.

[12] Eine Dokumentation zu den Aktivitäten der Initiativgruppe: Iniciativnaja Gruppa po zaščite prav čeloveka v SSSR. Sbornik dokumentov, New York 1976.

Alltag in der Dissidenz

ausländischen Kurzwellensender verfolgten aufmerksam die Aktivitäten der Gruppe. Zwischen 1969 und 1974 wurden neun ihrer fünfzehn Mitglieder verhaftet. Diese harsche Reaktion beeinflusste in den Augen Velikanovas das Fortbestehen der Initiativgruppe. Je schärfer die Verfolgung wurde, desto mehr wuchs der Zusammenhalt.[13]

Der Initiativgruppe folgten weitere offen agierende Zusammenschlüsse: 1970 gründete sich in Moskau ein *Komitee für Menschenrechte*[14], um Rechtsberatung zu leisten und über Bürger- und Menschenrechte aufzuklären.[15] Das *Komitee* unterschied sich von späteren Menschenrechtsgruppen, da es sich eine Satzung gab, in der Organisationsstrukturen und Funktionen festgelegt wurden.[16] 1973 entstand in Moskau eine *Sowjetische Sektion von Amnesty International*[17]. Im Mai 1976 trat schließlich auf Initiative Jurij Orlovs die Helsinki-Gruppe[18] auf den Plan. Die Gruppe bezog sich auf die Schlussakte der KSZE in Helsinki. Auch die Sowjetunion hatte das Abkommen über Abrüstungs- und Sicherheitsmaßnahmen inklusive des Passus über die Respektierung der Menschenrechte und bürgerlichen Freiheiten unterzeichnet. Die Helsinki-Gruppe machte es sich zur Aufgabe, die Einhaltung dieser Selbstverpflichtung zu kontrollieren und auf Verstöße aufmerksam zu machen.[19] Nach dem Vorbild Moskaus formierten sich Helsinki-Gruppen auch in anderen Sowjetrepubliken wie der Ukraine, Litauen,

---

[13] Interview Velikanova.
[14] *Komitet prav čeloveka*.
[15] Principy Komiteta prav čeloveka, in: Dokumenty Komiteta prav čeloveka, hg. von der International League for the Rights of Man, New York 1972, S. 13–15.
[16] Leiter des *Komitees für Menschenrechte* waren die drei Physiker Valerij Čalidze (geb. 1938), Andrej Tverdochlebov (geb. 1940) und Andrej Sacharov, als beratende „Experten" fungierten Aleksandr Esenin-Vol'pin und Boris Cukerman (geb. 1927), Aleksandr Galič und Aleksandr Solženicyn bezeichneten sich als „korrespondierende Mitglieder". Das Komitee wurde Mitglied der *Internationalen Liga für Menschenrechte*.
[17] *Sovetskoe otdelenie Meždunarodnoj amnistii*.
[18] Eigentlich: *Obščestvennaja gruppa sodejstvija vypolneniju Chel'sinskich soglašenij v SSSR* („Gesellschaftliche Gruppe zur Unterstützung der Umsetzung der Beschlüsse von Helsinki in der UdSSR").
[19] Siehe die Dokumentation: Obščestvennaja gruppa sodejstvija vypolneniju Chel'sinskich soglašenij. Sbornik dokumentov, Nr. 1, 2 und 3, New York 1977.

Armenien und Georgien.[20] An Organisationen gingen aus der Menschenrechtsbewegung ferner hervor: die *Kommission zur Untersuchung des Missbrauchs der Psychiatrie zu politischen Zwecken*[21], die *Initiativgruppe zur Verteidigung der Rechte Behinderter*[22] und die Gruppe SMOT, die sich als „freie Gewerkschaft" verstand[23]. Im Juni 1982 wurde in Moskau ein *Komitee zum Schutz des Friedens*[24] gegründet, das sich für eine Verständigung zwischen der UdSSR und den USA einsetzte, weitere Friedensgruppen entstanden in Leningrad, Odessa und Novosibirsk. Tat'jana Velikanova beteiligte sich außer an der Initiativgruppe an keiner der genannten Organisationen. Dafür engagierte sie sich mehr und mehr für die *Chronik der laufenden Ereignisse*. Eine großangelegte Aktion gegen die Bürger- und Menschrenrechtler, deren Auftakt der Arrest Gorbanevskajas darstellte, erschwerte die Arbeit der *Chronika*.[25] Im Sommer 1972 gelang den Sicherheitsbehörden mit den Verhaftungen Petr Jakirs und Viktor Krasins der folgenreichste Schlag gegen die Bewegung und ihr zentrales Publikationsorgan. Als Söhne von „Volksfeinden" hatten Jakir und Krasin ihre Jugend in stalinistischen Straflagern verbracht. Ihre Angst vor erneuter Verhaftung war groß, dennoch ließen sie von ihrer oppositionellen Tätigkeit

---

[20] In Leningrad wurde die Gründung einer Helsinki-Gruppe diskutiert, aber wieder verworfen. Nach Aussagen Vjačeslav Dolinins habe man das Abkommen von Helsinki für kein geeignetes Druckmittel auf den Staat gehalten, sondern habe ohnehin nicht mehr daran geglaubt, dass die Sowjetunion internationale Verpflichtungen einhalte. Interview Dolinin.

[21] Der russische Name lautet: *Rabočaja komissija po rassledovaniju ispol'zovanija psichiatrii v političeskich celjach*, Moskau und Leningrad 1977.

[22] *Iniciativnaja gruppa zaščity prav invalidov v SSSR*, Moskau 1978.

[23] SMOT steht für: *Svobodnoe mežprofessional'noe ob"edinenie trudjaščichsja* („Freie interprofessionelle Vereinigung von Werktätigen"), gegründet in Moskau und Leningrad 1978. Zu Vorgängerorganisationen und der unabhängigen Gewerkschaftsbewegung: Alekseeva, Istorija inakomyslija, S. 312–324; Arnold Schwendtke: Arbeiter-Opposition in der Sowjetunion. Die Anfänge autonomer Gewerkschaften. Dokumente und Analyse, Reinbek 1980; Schlögel, Der renitente Held, S. 148–172 (über SMOT) sowie S. 173–206 (über das Verhältnis von Dissidententum und „Arbeiterfrage"); ders.: Opposition sowjetischer Arbeiter heute. Berichte des Bundesinstituts für ostwissenschaftliche und internationale Studien (BIOst), Heft 1/81, Köln 1981.

[24] *Komitet zaščity mira*.

[25] Alekseeva, Istorija inakomyslija, S. 230–232; Bezborodov/Mejer/Pivovar, S. 34–38.

Alltag in der Dissidenz

nicht ab.[26] Traumatisiert durch ihre Lagererfahrungen, waren sie gegenüber den Drohungen des KGB empfänglich. Nachdem ihnen die Untersuchungskommissare die Todesstrafe wegen Hochverrats angedroht hatten, begannen Jakir und Krassin zu kooperieren. Sie verrieten mehr als zweihundert Namen und gaben Informationen über die Arbeitsweise der *Chronika* preis. Aus dem Untersuchungsgefängnis kontaktierten sie Andrej Sacharov und Jakirs Tochter Irina: die Bürger- und Menschenrechtsbewegung möge ihre Aktivitäten einstellen. Schließlich sagten sie vor Gericht aus, durch die *Chronika* „diffamierendes Material" gegen die UdSSR verbreitet und an den Westen weitergegeben zu haben. Als sie dieses Geständnis vor Fernsehkameras wiederholten, wurden ihre Haftstrafen in Verbannung umgewandelt und beide kurz darauf begnadigt.[27]

Neben den Versuchen, die Bewegung durch Verhaftungen auszutrocknen, gingen die Sicherheitsorgane ab Sommer 1973 dazu über, „unliebsame Elemente" aus der Sowjetunion auszuweisen und ihnen die Staatsbürgerschaft zu entziehen, beispielsweise die Zwillingsbrüder Roj und Žores Medvedev (beide geb. 1925), Valerij Čalidze (geb. 1938) und Aleksandr Solženicyn. Teilweise wurden Dissidenten auch vor die Wahl zwischen Emigration und Verhaftung gestellt. Führende Köpfe der Bürger- und Menschenrechtsbewegung verließen das Land: Aleksandr Esenin-Vol'pin, Jurij Mal'cev (geb. 1932), Anatolij Jakobson, Maja Ulanovskaja, Natal'ja Sadomskaja und Boris Šragin. Verhaftungen und Emigrationen schwächten die Bewegung in der ersten Hälfte der siebziger Jahre empfindlich. Von den fünfzehn Mitgliedern der Initiativgruppe befanden sich Mitte 1974 noch vier in Freiheit und im Lande. Das Komitee für Menschenrechte löste sich auf. Die *Chronika* hatte ihr Erscheinen schon 1972 eingestellt.

---

[26] Alexeyeva, Thaw Generation, S. 261. Hier erzählt Alekseeva von Jakirs Verfolgungswahn und seiner panischen Angst vor einer Verhaftung.

[27] Über den Fall Jakir-Krasin: Alekseeva, Istorija inakomyslija, S. 232–235; Julij Kim: Delo Petra Jakira, in: Zvezda 1997, Heft 3, S. 190–203; Vaissié, S. 303–307. Jakir und Krasin wurden nach ihrer vorzeitigen Entlassung von ihren früheren Freunden geschnitten. Sie konnten in den Kreisen der Bürger- und Menschenrechtler nicht mehr Fuß fassen. Krasin emigrierte 1975 in die USA und versuchte dort, die Scham über sein Verhalten literarisch zu verarbeiten, indem er Erinnerungen an Verhaftung und Gericht verfasste. Viktor Krasin: Sud, New York 1983. Jakir blieb in Moskau, wurde heftiger Trinker und starb 1982 infolge eines Unfalls.

Von der Küche auf den Roten Platz

Tat'jana Velikanova trug in hohem Maße dazu bei, dass die Menschenrechtsbewegung wieder neuen Schwung erhielt. Im Frühjahr 1974 gab sie zusammen mit Tat'jana Chodorovič und Sergej Kovalev (geb. 1930) über den *Samizdat* bekannt, die *Chronik der laufenden Ereignisse* wieder aufleben zu lassen. Die drei erklärten, die alleinige Verantwortung für das Blatt zu übernehmen, und versuchten damit, weitere Mitarbeiterinnen und Mitarbeiter, die im Verborgenen arbeiteten, zu schützen. Eine Gefährdung des Blattes wie 1972/73 war unbedingt zu vermeiden.[28] Im Mai 1974 erschienen gleichzeitig die Hefte 29, 30 und 31, rückdatiert auf ihre ursprünglich geplanten Erscheinungsdaten.

Mit einer öffentlichkeitswirksamen Aktion meldete sich zudem die Initiativgruppe zurück: Am 30. Oktober 1974 gaben Velikanova und Kovalev zusammen mit Valentin Turčin (geb. 1931) von der Moskauer Amnesty-Gruppe in der Wohnung Andrej Sacharovs eine Pressekonferenz für ausländische Korrespondenten.[29] Anlass war ein Hungerstreik politischer Gefangener in Mordvinien, Perm' und Vladimir. Die Häftlinge wollten auf die unmenschlichen Haftbedingungen aufmerksam machen und verlangten eine Anerkennung des Status als politische Gefangene. Die Initiativgruppe war im Vorfeld über die Aktion informiert und begleitete sie mit ihrer Pressekonferenz, einer für die Menschenrechtsbewegung neuen Aktionsform, die von nun an häufiger, vor allem in der Wohnung Sacharovs, praktiziert werden sollte. Der Hungerstreik begründete die Tradition des „Tags des politischen Gefangenen", der seit 1974 am 30. Oktober jeden Jahres begangen wurde. Velikanova, Kovalev und Turčin waren gut informiert über die Vorgänge in den Lagern. Kronid Ljubarskij, Insasse des mordvinischen Lagers und Initiator der Aktion, hatte seine Frau Galina Salova benachrichtigt, die ihrerseits Velikanova von dem geplanten Hungerstreik in Kenntnis setzte.[30]

Unter Tat'jana Velikanovas Mitwirkung sollte der zweite Anlauf der *Chronika* zum Erfolg werde. Für die ersten Nummern unter dem neuen Redaktionskollektiv hatte zunächst Sergej Kovalev die informelle Stellung des Chefredakteurs inne. Als er an Weihnachten 1974 verhaftet wurde, stieg Velikanova zur „wichtigsten Koordinatorin" (*glavnyj koordinator*)[31] auf. Sie

---

[28] Siehe auch Kowaljow, Flug des weißen Raben, S. 87.
[29] Chronika tekuščich sobytij 33, 10. Dezember 1974, Rubrik: „Den' politzaključennogo v SSSR".
[30] Interview Salova.
[31] Interview Velikanova.

Alltag in der Dissidenz

war der „Motor"[32] des Projektes, ihr Spitzname lautete „Direktor"[33]. Dank ihrer „kolossalen organisatorischen Fähigkeiten"[34] erschien das Bulletin in den nächsten fünf Jahren trotz erschwerter Bedingungen regelmäßig und nahm an Umfang zu. Velikanova sammelte und systematisierte das Material, verteilte die Aufgaben, erstellte einen Arbeitsplan und organisierte konspirative Wohnungen. Die Endredaktion durfte bei keinem der bekannteren Dissidenten stattfinden.[35] Nach Auskunft Aleksandr Daniėl's soll Velikanova akribisch auf den Zeit- und Arbeitsplan geachtet haben. Sie habe sich nicht nur um Beschaffung und Aufbereitung des Materials gekümmert, sondern auch alle Utensilien für die Endredaktion besorgt: Papier, Matrizen, Schreibmaschinen, Kaffee, Tee und Brötchen.[36]

Für die *Chronika* pflegte Velikanova den Kontakt zu den ausländischen Korrespondenten und den verschiedenen oppositionellen Teilbewegungen[37]: Vor der Bürger- und Menschenrechtsbewegung gab es bereits Traditionen des Protests und Widerstands in einzelnen Sowjetrepubliken, etwa in der Ukraine und im Baltikum, sowie unter den zwangsumgesiedelten Völkern der Krimtataren und Mescheten. Seit Beginn der sechziger Jahre formierten sich daneben Protestbewegungen unter den nicht-orthodoxen christlichen Minderheiten, die in der Sowjetunion pauschal als „Sekten" bezeichnet wurden, beispielsweise den Baptisten, Adventisten, Pfingstlern, Zeugen Jehovas und anderen kleineren Gemeinden.[38] In der russisch-orthodoxen Kirche ging der Protest gegen die Kontrolle der Kirche durch den Staat zunächst von einzelnen Priestern und Gläubigen aus.[39] 1976 wurde in Mos-

---

[32] Interview Aleksandr Daniėl', siehe auch Interviews Laškova, Salova

[33] Interview Aleksandr Daniėl'

[34] Ebenda.

[35] Interview Velikanova.

[36] Interview Aleksandr Daniėl' sowie ders.: Tat'jana Velikanova, in: Biographische Datenbank, NIC Memorial, Moskau.

[37] Für die folgende Übersicht über die verschiedenen Teilbewegungen: Alekseeva, Istorija inakomyslija; Vaissié, S. 183–245; Gerlant, S. 59–116.

[38] Besonders aktiv waren die Baptisten. Sie gründeten im Frühjahr 1960 eine Initiativgruppe, 1962 wurde daraus ein Komitee und 1965 ein unabhängiger Kirchenrat. 1964 riefen sie außerdem eine Gruppe für die Beratung und Unterstützung der Angehörigen politischer Gefangener ins Leben. Alekseeva, Istorija inakomyslija, S. 143–147.

[39] Ebenda, S. 180f.; siehe auch Soprotivlenie religioznym presledovanijam. Vol'noe slovo 24, Frankfurt am Main 1976. Zur Rechtslage der Kirche in der UdSSR:

kau ein *Christliches Komitee zur Verteidigung der Rechte Gläubiger*[40] gegründet. Im gleichen Jahr begann Zoja Krachmal'nikova die inoffizielle Zeitschrift *Die Hoffnung. Christliche Lektüre*[41] zu publizieren. In Leningrad entstand das christliche Seminar *Obščina* („Die Gemeinde"), das von 1977 an eine gleichnamige Zeitschrift herausgab.[42] Wer in Leningrad an Fragen der Religion interessiert war, konnte darüber hinaus an einem religiösphilosophischen Seminar teilnehmen, das Tat'jana Goričeva (geb. 1947) in ihrer Wohnung organisierte.[43] Die russisch-orthodoxe Bewegung verfügte über enge Kontakte zur Menschenrechtsbewegung, sie überschnitt sich zum Teil aber auch mit nationalistischen Strömungen innerhalb der Dissidenz. Im Gegensatz zur liberalen und demokratisch-pluralistischen Gesinnung der Bürger- und Menschenrechtler, vereinte die russische Nationalbewegung Weltanschauungen, die von christlich-sozial bis autoritär, faschistoid und monarchistisch reichten.[44] Eine jüdische Bewegung formierte sich nach dem Sechstagekrieg von 1967, der zum Abbruch der diplomatischen Beziehungen zwischen der Sowjetunion und Israel führte und von einer antisemitisch

---

Ferdinand Feldbrugge: Die Rechtslage der Kirche in der UdSSR. Das Pressegesetz und der *Samizdat*, in: Kirche im Osten 19 (1976), S. 29–36.

[40] *Christianskij komitet zaščity prav verujuščich.*

[41] *Nadežda. Christianskie čtenija.*

[42] Christianskij seminar. Vol'noe slovo, Bd. 39, Frankfurt am Main 1980.

[43] Tatjana Goritschewa: Von Gott zu reden ist gefährlich: meine Erfahrungen im Osten und im Westen, Freiburg 1984.

[44] Frank Golczewski/Gertrud Pickhan: Russischer Nationalismus. Die russische Idee im 19. und 20. Jahrhundert. Darstellung und Texte, Göttingen 1998, S. 99. Zum Spektrum russisch-nationaler Ideen siehe auch den Sammelband: Alexander Solschenizyn (Hrsg.): Stimmen aus dem Untergrund. Zur geistigen Situation in der UdSSR, Frankfurt am Main/Berlin/Wien 1976, der verschiedene Strömungen und Ansichten vereint. Ab Herbst 1973 entspann sich anlässlich eines Briefes Solženicyns an die Machthaber der UdSSR eine ideologische Debatte zwischen Andrej Sacharov und Aleksandr Solženicyn, die sehr stark polarisierte und sich bis weit über die Ausweisung Solženicyns im Jahr 1974 hinzog. Die wichtigsten Streitpunkte waren das Verhältnis zwischen dem russischen Volk und anderen Völkern innerhalb der Sowjetunion, die Beziehungen zum Westen und die Frage, ob die Sowjetunion reif für ein demokratische System sei. Die Debatte zwischen Sacharov und Solženicyn ist dokumentiert bei Vaissié, S. 224–236.

Alltag in der Dissidenz

gefärbten Pressekampagne begleitet wurde.[45] Ab 1979 versuchte die Gruppe *Pravo na ėmigraciju* („Recht auf Emigration") alle zu vertreten, die aus der UdSSR auswandern wollten, auch die deutsche Minderheit.

Im Rahmen ihrer Tätigkeit bei der *Chronika tekuščich sobytij* unterhielt Tat'jana Velikanova Kontakte zu all diesen Bewegungen und Gruppen. Die *Chronika* hatte den Anspruch, über die Verletzung von Bürger- und Menschenrechten zu berichten, unabhängig von den jeweiligen ideologischen Standpunkten. Für den Austausch von Informationen gab es mehrere Wege: Die Lager waren ein Ort der Begegnung Oppositioneller verschiedener Herkunft und Couleur. Eine Schlüsselrolle bei der Überbringung solcher Nachrichten spielten die Ehefrauen, seltener die Ehemänner, politischer Gefangener. Ein weiteres wichtiges Moment zum Austausch von Nachrichten war der Besuch von Vertreterinnen und Vertretern oppositioneller Bewegungen in Moskau. Dort übergaben sie Beschwerden und hielten manchmal kleinere Kundgebungen ab. Sie reichten Informationen an die *Chronika* weiter und trafen sich mit Moskauer Bürger- und Menschenrechtlern. Nach der ersten Pressekonferenz der Initiativgruppe vermittelte Velikanova Kontakte zwischen ausländischen Korrespondenten und Krimtataren, Baptisten und Litauern. Umgekehrt unternahmen die Moskauer Reisen in die Sowjetrepubliken und Provinzen, um sich vor Ort zu informieren. Im Rahmen ihres Engagements bei der *Chronika* besuchte Velikanova Oppositionelle der litauischen Nationalbewegung in Vilnius und reiste nach Volgograd, wo es eine aktive Baptistengemeinde gab.[46] Irina Jakir, ebenfalls aktiv bei der *Chronika*, war Moskaus „Verbindungsfrau" in die Ukraine.[47]

---

[45] Innerhalb der jüdischen Bewegung gab es zwei Strömungen: Die einen traten für eine Wiederbelebung der jüdischen Kultur und die Aufarbeitung der jüdischen Geschichte in der Sowjetunion ein. Die anderen forderten, nach Israel auswandern zu dürfen. Anfang der siebziger Jahre entstanden jüdische Komitees zur Auswanderung aus der UdSSR. Parallel dazu erschienen die ersten jüdischen Untergrundzeitschriften *Izchod* („Exodus) und *Evrei v SSSR* („Juden in der UdSSR"). Als Bindeglied zwischen der jüdischen Bewegung und den *pravozaščitniki* fungierte das Mitglied der Moskauer Helsinki-Gruppe Anatolij (Nathan) Ščaranskij (geb. 1948), bis vor kurzem Vorsitzender der israelischen Immigrantenpartei *Alija* und Minister ohne Geschäftsbereich des Staates Israel. Aus Protest gegen den Rückzug aus dem Gaza-Streifen trat er im Mai 2005 von seinem Ministerposten zurück.

[46] Interview Velikanova.

[47] Natal'ja Gorbanevskaja: Ira Jakir i „Chronika tekušich sobytij", in: Zvezda 1999, Heft 9, S. 182–183, hier, S. 182.

Von der Küche auf den Roten Platz

Die Bürger- und Menschenrechtsbewegung strahlte stark auf andere oppositionelle Gruppen aus. Selbst die ukrainischen und baltischen Nationalbewegungen, die ihre Wurzeln nicht im „Tauwetter", sondern im Partisanenkampf des Zweiten Weltkrieges hatten, begannen, die in der Verfassung verankerten Rechte einzufordern: Meinungsfreiheit, Versammlungsfreiheit, Pressefreiheit, das Selbstbestimmungsrecht der Völker und kulturelle Autonomie. Christliche Gruppen verwiesen auf die gesetzliche Trennung von Staat und Kirche; Krimtataren, Mescheten und andere unter Stalin deportierte Völker beanspruchten das Recht auf Freizügigkeit, jüdische und deutsche Interessengruppen die Freiheit aus der UdSSR auszureisen. Seit den sechziger Jahren wiesen die unterschiedlichen Bewegungen zahlreiche Parallelen auf. Während es bis in die fünfziger Jahre in der Ukraine und im Baltikum bewaffneten Widerstand gab, wirkten Oppositionelle seit den sechziger Jahren vorwiegend gewaltfrei. Briefkampagnen, *Samizdat* und kleinere Demonstrationen wurden in allen Gruppen die bevorzugten Mittel des Selbstausdrucks. Die *Chronik der laufenden Ereignisse* war Vorlage für andere *Samizdat*-Bulletins. In den Republiken entstanden Fonds zur Unterstützung politischer Gefangener und auch Helsinki-Gruppen.[48] Im Unterschied zu den dissidentischen Gruppen in Moskau und Leningrad erreichten Nationalbewegungen in den nichtrussischen Sowjetrepubliken jedoch einen weitaus größeren Umfang. Beteiligten sich an der Petitionskampagne im Galanskov-Ginzburg-Prozess etwa achthundert Personen, schickten 1972 über 17 000 litauische Katholiken ein Memorandum über die Verletzung der Rechte Gläubiger an den Generalsekretär der KPdSU. Ihre Petitionen zur Rückgabe konfiszierter Kirchen waren von bis zu 150 000 Menschen unterschrieben.[49] In Moskau und Leningrad blieben die Gruppen und Organisationen sehr klein, es waren Zusammenschlüsse innerhalb des Freundes- oder Bekanntenkreises. In der Amnesty-Gruppe engagierten sich elf Personen, in der Moskauer Helsinki-Gruppe fünfzehn und in der Organisation *Recht auf*

---

[48] Die verschiedenen Teil- und Nationalbewegungen innerhalb der sowjetischen Dissidenz sind bis auf die umfangreiche Untersuchung Alekseevas und die Monographie Kerstin Armborsts über die Emigrationsbewegungen der Juden und Deutschen bislang noch wenig erforscht. Uta Gerlant präsentiert in ihrer umfangreichen Magisterarbeit neue Materialien und Erkenntnisse über einzelne Teilbewegungen. Ihre Arbeit wird derzeit zur Dissertation erweitert und lässt insbesondere im Hinblick auf die verbindenden Elemente und Zusammenhänge der verschiedenen Strömungen interessante Ergebnisse erwarten.

[49] Alekseeva, Istorija inakomyslija, S. 45f.

Emigration zehn. Am religiös-philosophischen Seminar in Leningrad nahmen fünfzig bis einhundert Interessierte teil. Dennoch stand die Bürger- und Menschenrechtsbewegung, insbesondere Moskaus, im Zentrum oppositioneller Aktivitäten, da die Hauptstadt auch das geographische Zentrum war und die Menschenrechtler über die besten Kontakte zu ausländischen Korrespondenten verfügten. Die Anwesenheit westlicher Journalisten bot für Moskauer einen gewissen Schutz vor Repressionen, zumindest lassen sich in der Provinz und in den nichtrussischen Sowjetrepubliken wesentlich härtere Maßnahmen gegen Oppositionelle beobachten. So wurden in der Ukraine zahlreiche Frauen verhaftet, während dies in Moskau, zum Teil auch in Leningrad, mit Rücksicht auf westliche Medien bis zum Ende der siebziger Jahre weitgehend vermieden wurde.

Zurück zum Lebenslauf Velikanovas: Um sie von ihren oppositionellen Aktivitäten abzuhalten, setzten Sicherheitsdienste gegen sie zunächst außergerichtliche Repressionen ein. Ihre Wohnung wurde mehrmals durchsucht, ihr Telefon abgehört, schwarze Volgas parkten vor ihrer Haustür und verfolgten sie auf Schritt und Tritt. Als sie im Frühjahr 1975 zum Prozess gegen Sergej Kovalev nach Vilnius fahren wollte, nahm man sie einige Tage in Präventivgewahrsam. 1976 verlor sie ihre Stelle als Programmiererin. Sie lebte fortan von Gelegenheitsarbeiten, arbeitete als Nachhilfelehrerin und Erzieherin in einem Kinderkrankenhaus. Finanziell wurde sie von ihren Kindern unterstützt, dafür hütete sie die Enkel.

Allmählich beteiligte sich Velikanovas gesamte Familie an der Dissidentenbewegung. Ihr Ehemann war ein Gesinnungsgenosse, ihre Brüder betätigten sich als *samizdatčiki* (Herausgeber von *Samizdat*), ihre Schwester Ksenija (genannt Asja, 1936–1987) führte mit ihrem Mann Sergej Mjuge (geb. 1925) ein „offenes Haus", in dem sich Dissidenten und Sympathisanten jeden Donnerstag zu Asjas „Empfangstag" trafen.[50] Katja Velikanova, Tat'janas jüngste Schwester und Ehefrau Aleksandr Daniėl's, engagierte sich ebenfalls in der Bewegung. Die Kinder Tat'janas gehörten zu den *podpisanty*. Selbst Velikanovas alte Mutter Natal'ja Aleksandrovna trug ihren Teil bei: Wenn die Endredaktion der *Chronika* bevorstand, stellte sie ihre geräumige Wohnung zur Verfügung. Obwohl sich die Mutter im Sommer am liebsten auf der Datscha aufhielt, kehrte sie für die Endredaktion der

---

[50] Komarova, S. 90.

Von der Küche auf den Roten Platz

Chronika nach Moskau zurück, um die Redakteurinnen und Redakteure zu bekochen und ungebetene Gäste an der Tür abzufangen.[51] Neben der *Chronika* engagierte sich Velikanova in der Initiativgruppe, und im Solženicyn-Fonds. Diese Aktivitäten wurden beschwerlicher, weil die Dissidentenbewegung infolge zahlreicher Verhaftungen immer mehr Kräfte verlor. Auch stieg die Zahl der Ausreisen aus der UdSSR unvermindert an. Beispielsweise siedelten Andrej Amal'rik (1938–1980), Ljudmila Alekseeva, Tat'jana Chodorovič, Natal'ja Gorbanevskaja, Dina Kaminskaja, Pavel Litvinov, Kronid Ljubarskij und Galina Salova in den Westen über. Aus der Familie Velikanovas emigrierten zwei Brüder und eine Schwester. Velikanovas Schwager Sergej Mjuge wurde schon Anfang der siebziger Jahre aus der UdSSR ausgewiesen. Nach langem Ringen entschloss sich seine Frau, Velikanovas Schwester Asja, in Moskau zu bleiben.[52] Aus den Reihen der Moskauer Menschenrechtsbewegung wurden Vladimir Bukovskij und Aleksandr Ginzburg, der 1977 zum vierten Mal verhaftet worden war, im Gefangenenaustausch ausgewiesen.[53] Insgesamt verließ etwa die Hälfte der öffentlich bekannten Dissidentinnen und Dissidenten der sechziger Jahre das Land oder wurde ausgebürgert.[54] Unter den verbleibenden Dissidenten wurde die Frage „Bleiben oder gehen?" viel diskutiert. Für Velikanova war die Emigration jedoch keine Alternative.

Ende der siebziger, Anfang der achtziger Jahre holten die Sicherheitsorgane zum entscheidenden Schlag gegen die Dissidentenbewegung aus. Anlässlich des Einmarsches sowjetischer Truppen in Afghanistan im Winter 1979/80 und einer Säuberungswelle vor den Olympischen Spielen im Sommer 1980 in Moskau kam es zu Verhaftungen und Ausweisungen im großen Stil. Tat'jana Velikanova war eines der ersten Opfer. Sie wurde am 1. November 1979 verhaftet, als vorletztes sich in Freiheit befindendes Mit-

---

[51] So erzählt Velikanova, der KGB habe Handwerker zur Mutter geschickt, die unter dem Vorwand, in der Wohnung müssten Reparaturen vorgenommen werden, ausfindig machen sollten, ob in ihren Räumlichkeiten oppositionelle Aktivitäten stattfänden. Interview Velikanova.

[52] Komarova, S. 93. Ksenija Velikanova starb 1987 an Krebs, nachdem ihre Schwester Tat'jana gerade aus der Verbannung zurückgekehrt war. Velikanovas Tochter emigrierte 1982 mit ihrer Familie nach Frankreich.

[53] Siehe Bukowski, Wind vor dem Eisgang, S. 332–339; Chronika tekuščich sobytij 53, 1. August 1979; Interview Žolkovskaja-Ginzburg.

[54] Schlögel, Der renitente Held, S. 186. Nach Schlögel waren dies insgesamt etwa 400 bis 500 (Angabe für die Zeit bis 1983).

glied der Initiativgruppe. Als letztes kam Aleksandr Lavut (geb. 1929) im Frühjahr 1980 an die Reihe. Im Januar 1980 wurde Andrej Sacharov, Träger des Friedensnobelpreises von 1975, auf der Fahrt zu einem wissenschaftlichen Seminar festgenommen und nach Gorkij verbannt.[55] Hatten die Sicherheitsorgane in den sechziger und siebziger Jahren vornehmlich männliche Dissidenten zu einer Lagerhaftstrafe verurteilt, so ging die Staatsmacht seit dem Arrest Velikanovas dazu über, mehr und mehr Frauen in Gewahrsam zu nehmen und zu hohen Haftstrafen zu verurteilen.[56] So wurde Tat'jana Osipova (geb. 1949), mit 31 Jahren das jüngste Mitglied der Helsinki-Gruppe, im Frühjahr 1981 zu fünf Jahren Lager und fünf Jahren Verbannung verurteilt. Irina Ratušinskaja (geb. 1954) aus Odessa erhielt für ihr Engagement in der Menschenrechtsbewegung im Herbst 1982 sieben Jahre Lager und fünf Jahre Verbannung. Strafrechtlich belangt wurden nun auch ältere Menschen. Zoja Krachmal'nikova wurde im August 1982, zwei Wochen nach der Geburt ihrer Enkeltochter, im Alter von 54 Jahren verhaftet und zu einem Jahr Gefängnis und fünf Jahren Verbannung verurteilt. Mal'va Landa musste 1980 als Rentnerin von 62 Jahren für fünf Jahre in die Verbannung nach Kasachstan.[57] Tat'jana Velikanova war zum Zeitpunkt ihrer Verhaftung schon mehrfache Großmutter und mit knapp fünfzig ebenfalls nicht mehr jung. Sie erhielt im August 1980 gemäß Artikel 70 StGB vier Jahre Lager und fünf Jahre Verbannung.

Verhaftung und Verurteilung trafen Velikanova nicht unvorbereitet. Im Interview erzählt sie, sie habe lange vorher damit gerechnet. Ihre Haftzeit bewertet sie als „interessante Erfahrung". Im Untersuchungsgefängnis habe

---

[55] Sacharow, Mein Leben, S. 607.

[56] Alekseeva, Istorija inakomyslija, S. 278.

[57] Wenige Jahre zuvor hatten die Behörden versucht, sie unter einem Vorwand von ihren Dissidentenaktivitäten abzubringen: 1976 brach in Landas Zimmer in der Kommunalwohnung während ihrer Abwesenheit ein Brand aus, infolgedessen ihr Zimmer mit fast all ihrer Habe ausbrannte. Daraufhin wurde sie festgenommen und wegen „mutwilliger Beschädigung sozialistischen Staatseigentums" zu zwei Jahren Verbannung verurteilt, aber nach acht Monaten begnadigt. Über den Wohnungsbrand und den folgenden Prozess: AS 2901: Mal'va Landa: Delo o pažare, ili delo o tekstach „protivozakonnogo soderžania", v dvuch častjajach, ohne Ortsangabe, 17.–20. Februar und 7.–8. April 1977; Chronika tekuščich sobytij 46, 15. August 1977, S. 5–9; Erklärung Landas nach der Rückkehr aus der Verbannung: Mal'va Landa: Zajavlenie, 20. März 1978, Archiv NIC Memorial, Moskau, Fond 101, opis 1, delo 301, Bl. 241–242.

sie erst einmal ausgeschlafen und sich von den Strapazen des Dissidentinnen-Alltags erholt. Der Aufenthalt im Gefängnis habe ihr darüber hinaus Einblicke in Milieus ermöglicht, mit denen sie bislang keine Berührung hatte. Sie habe in der Zelle Bekanntschaft mit einer Prostituierten gemacht, mit einer der Unterschlagung angeklagten Fischhändlerin und mit einer Ärztin, die illegal mit Betäubungsmitteln gehandelt habe. Im Lager sei es dann „total interessant" (*sovsem interesno*) gewesen. Man habe die Zeit in angenehmer Gesellschaft mit den „eigenen Leuten" (*svoi ljudi*) verbracht und in einer verschworenen Gemeinschaft gleichgesinnter „politischer" Frauen gelebt.[58] Im Falle Velikanovas waren dies: die Menschenrechtlerinnen Tat'jana Osipova und Irina Ratušinskaja, die Leningrader „Feministin" Natal'ja Lazareva (geb. 1948)[59], Raisa Rudenko aus der Kiewer Helsinki-Gruppe und Galina Barac, Angehörige der Religionsgemeinschaft der Pfingstler.[60] Die „Politischen" hätten sich im Lager eine Baracke mit Gemeinschaftsschlafraum, Küche und Abstellkammer geteilt, ferner habe es einen Arbeitsraum mit Nähmaschinen gegeben, in dem die Frauen im Akkord Fausthandschuhe produzieren mussten. Über die Härten des Lageralltags erzählt Velikanova wenig. Die Arbeit sei stumpfsinnig, aber nicht schwer gewesen. Im Gegensatz zu anderen habe sie wenig Zeit in Isolationshaft verbringen müssen.[61] Nach dem Ende ihrer Haft lebte Velikanova vier Jahre lang im Gebiet Magnyšlak im Westen Kasachstans, bevor sie Ende 1987 im Zuge einer Amnestie politischer Gefangener unter Gorbačev begnadigt wurde.

Velikanova war eines der angesehensten Mitglieder der Dissidentenbewegung. Auch heute noch genießt sie unter ihren früheren Mitstreiterinnen und Mitstreitern Hochachtung. Sie gilt als Vorbild für Mut (*smelost'*), Tapferkeit (*mužestvo*), Standfestigkeit (*stojkost'*), innere Festigkeit (*tver-*

---

[58] Alle Zitate entstammen dem Interview Velikanova.
[59] Siehe Kapitel 7.
[60] Zur Gemeinschaft der Frauen in Velikanovas Lager siehe auch Ratuschinskaja. Eine Gemeinschaftserklärung der Frauen aus dem mordvinischen Lager findet sich im *Archiv Samizdata*: AS 5081: Schreiben von weiblichen politischen Gefangenen an die Regierungen der 35 Unterzeichner-Staaten des Helskinki-Abkommens, Mordvinien, Lager 3–4, 7. September 1983, unterzeichnet von Galina Barac, Ladviga Bieliauskiene, Natal'ja Lazareva, Tat'jana Velikanova, Tat'jana Osipova, Irina Ratušinskaja, Raisa Rudenko.
[61] Interview Velikanova.

Alltag in der Dissidenz

dost'), Kompromisslosigkeit (*beskompromisnost'*) und sittliche Überlegenheit (*nravstvennaja vysota*).[62]

6.2 Was sind „Dissidenten" und wer gehört dazu?

Tat'jana Velikanova erzählt, sie habe sich seit der Gründung der Initiativgruppe 1969 als „Dissidentin" (*dissidentka*) gefühlt, wenngleich dieser Begriff erst später aufgekommen sei.[63] Bis Ende der sechziger Jahre gab es lediglich die Selbstbezeichnungen *podpisant* und *podpisantka*. Velikanova kann sich nicht daran erinnern, wann und wie *dissident* und *dissidentka* in ihre Kreise vordrangen. Natal'ja Sadomskaja beteuert hingegen, das Aufkommen des Begriffs unmittelbar verfolgt zu haben: Als Julij Daniėl' 1970 aus dem Lager entlassen wurde, habe der *Stern* ein Interview mit ihm geführt und ein großes Foto von Daniėl' und Sadomskaja veröffentlicht. In diesem Artikel sei das erste Mal der Begriff „Dissident" aufgetaucht.[64] Umgehend habe Sadomskaja ihre Freunde davon unterrichtet: „Wisst Ihr was? Wir sind anscheinend ‚Dissidenten'. Uns nennt man ‚Dissidenten'." Anfänglich hätten sie den Begriff komisch gefunden: „Wir haben so darüber gelacht. [...] Wir nannten uns selbst nicht Dissidenten, wir wussten nicht einmal, was dieses Wort bedeutet."[65] 1972 sprach die offizielle sowjetische Presse erstmals von „Dissidenten", um zu suggerieren, dass die Träger der Protestbewegung mit dem Westen kollaborierten, klang doch *dissident* ähnlich wie *diversant* („Saboteur").[66]

Es lässt sich aus den Selbstzeugnissen nicht nachzeichnen, wie aus Fremdzuschreibung Selbstwahrnehmung wurde. Der Begriff *dissident* ging Anfang bis Mitte der siebziger Jahre in den Sprachgebrauch der Oppositio-

---

[62] Siehe beispielsweise Daniėl': Tat'jana Velikanova, in: Biographische Datenbank, NIC Memorial, Moskau; Tat'jana Velikanova, in: Marija 1, S. 49; Komarova, S. 264; Interviews Laškova, Salova.

[63] Interview Velikanova.

[64] Das Interview mit Julij Daniėl' nebst dem Foto mit Sadomskaja ist veröffentlicht unter dem Titel: „Ich habe meine Meinung nicht geändert", in: Stern 1970, Heft 41, 4. Oktober 1970, S. 79–80. Der Begriff „Dissidenten" wurde auf S. 80 gebraucht.

[65] Interview Sadomskaja.

[66] Vaissié, S. 11.

nellen über und wurde zum Synonym für *inakomysljaščie* („Andersdenkende"), einem Ausdruck, der in Russland seit dem 19. Jahrhundert die Abweichler von der herrschenden Meinung in politischen oder religiösen Ansichten bezeichnete. Einen ersten schriftlichen Hinweis auf die Selbstwahrnehmung als „Dissidenten" gibt ein Transparent, das auf einer Demonstration in Leningrad anlässlich des 150. Jahrestages des Dekabristenaufstandes am 14. Dezember 1975 getragen wurde. Darauf stand geschrieben: „Die Dekabristen waren die ersten russischen Dissidenten" (*Dekabristy – pervye russkie dissidenty*).[67] Dennoch ist es nicht nachvollziehbar, ab wann sich die Vertreterinnen und Vertreter der Protestbewegung mehrheitlich selbst als „Dissidenten" bezeichneten. Aleksandr Daniėl' und Larisa Bogoraz berichten, die Teilnehmer an der Oppositionsbewegung hätten selbst regelmäßig Diskussionen darüber geführt, ob sie sich als Dissidenten begriffen und was darunter zu verstehen sei.[68] Eine inoffizielle Umfrage unter Moskauer Oppositionellen Anfang der siebziger Jahre habe ergeben, dass sich die meisten Akteure selbst nicht als Dissidenten begriffen, zumeist aber ihre Gesinnungsgenossen als solche bezeichneten.[69] Unter meinen Interviewpartnerinnen nennen sich heute die meisten „Dissidentinnen" oder „Teilnehmerinnen an der Dissidentenbewegung", zumindest die Moskauerinnen.[70] Einige bevorzugen den Ausdruck *pravozaščitniki*[71], der ebenfalls in den siebziger Jahren aufkam und sich auf die Bürger- und Menschenrechtler beschränkte. *Pravozaščitniki* waren in den Augen Velikanovas eine Unterkategorie der *dissidenty*.[72]

Wenn Velikanova sagt, sie habe sich seit Gründung der Initiativgruppe als Dissidentin gefühlt, so meint sie vermutlich, seit diesem Zeitpunkt habe sie *aktiv* an der Bewegung mitgewirkt, die später als „Dissidentenbewegung" bekannt wurde. Das Bewusstsein, einer Bewegung anzugehören, entstand spätestens Ende der sechziger Jahre. Nach Angaben Aleksandr Daniėl's

---

[67] Alekseeva, Istorija inakomyslija, S. 268.

[68] Bogoraz/Daniėl', V poiskach, S. 142.

[69] Aleksandr Daniėl': Dissidentstvo: Kul'tura uskol'zajuščaja, S. 123.

[70] Da die meisten der interviewten Leningrader Dissidentinnen aus der kulturellen Bewegung, der sogenannten „Zweiten Kultur" hervorgingen, stehen sie dem Begriff „Dissidentin" etwas distanzierter gegenüber.

[71] *Pravozaščitniki* bedeutet wörtlich „diejenigen, die das Recht verteidigen".

[72] Beispielsweise Alekseeva, *Istorija inakomyslija*; Interviews Aleksandr Daniėl', Velikanova.

Alltag in der Dissidenz

begannen die *podpisanty* sich seit 1968/69 als „demokratische Bewegung" (*demokratičeskoe dviženie*) zu bezeichnen. Meist benutzten sie die Kurzformen *demdviženie* oder *demdviž*.[73] Die „demokratische Bewegung" verfügte über ein Programm, das 1969 von oppositionellen Russen, Ukrainern und Balten verfasst wurde.[74] Nach Aussagen Andrej Amal'riks haben einige Aktivisten mit dieser demokratischen Bewegung eine politische Partei assoziiert, was aber mehrheitlich abgelehnt wurde. Mit der Zeit habe sich daher die Bezeichnung Bürger- und Menschenrechtsbewegung (*pravozaščitnoe dviženie*) durchgesetzt, die ihrerseits Teil der Dissidentenbewegung war.[75]

Wenngleich Velikanova selbstverständlich von einer Bewegung spricht, so streitet sie jedoch vehement deren politischen Charakter ab.[76] Diese Auffassung teilt die Mehrheit der Bürger- und Menschenrechtler. Sie sind der Ansicht, ihr Handeln sei unpolitisch gewesen, denn es sei ihnen nicht um Macht, sondern um Menschenrechte gegangen.[77] Nur einige wenige verstehen sich selbst als politische Akteure[78], die übrigen sprechen von einer „moralischen", keiner „politischen Bewegung".[79] Unter den russischen Intellektuellen existierte ein enggefasster Begriff des Politischen.[80] Während sich im Westen seit den sechziger Jahren ein Politikverständnis durchsetzte,

---

[73] Amalrik, Revolutionär, S. 75; Aleksandr Daniėl', Dissidentstvo: Kul'tura uskol'zajuščaja, S. 121; Interview Aleksandr Daniėl'.

[74] „Programm der demokratischen Bewegung der Sowjetunion", in: Lewytzkyj, S. 136–175.

[75] Amalrik, Revolutionär, S. 76, S. 111.

[76] Interview Velikanova. Siehe auch Bogoraz/Daniėl', V poiskach, S. 149.

[77] Gerlant, S. 36. Über die Akzentverlagerung von einer sozialistisch orientierten hin zu einer dezidiert a-ideologischen Bürgerrechtsbewegung siehe auch Schlögel, Der renitente Held, S. 185.

[78] Eine der wenigen Ausnahmen ist beispielsweise Vladimir Bukovskij.

[79] Amalrik, Revolutionär, S. 76; Bogoraz, Une femme en dissidence, S. 99; Bogoraz/Golycin/Kovalev; AS 2995: Tat'jana Chodorovič: Čelovek roždaetsja svobodnym, Juni 1977, S. 1; Gorbanevskaja 1977, S. 21; Interview Čujkinas mit Lesničenko, Archiv NIC Memorial, SPb, S. 17; Komarova, S. 278; Interviews Krachmal'nikova, Landa, Laškova, Velikanova. Siehe auch Vaissié, S. 287ff.

[80] Siehe Kapitel 4.2. Für folgende Betrachtung verdanke ich der unveröffentlichten Magisterarbeit Uta Gerlants wichtige Hinweise: Gerlant, S. 36–38.

das die gesamte Sphäre der öffentlichen Angelegenheiten einbezog[81] und seit den siebziger Jahren proklamiert wurde, dass auch das Private politisch sei, begrenzte sich für die Dissidentinnen und Dissidenten die Politik auf die Staatsgeschäfte und das Streben nach Macht und Machterhalt.[82] In der Tradition der russischen *intelligencija* des 19. Jahrhunderts wollten sie die Distanz zu Autorität und Staat wahren.[83] Sie lehnten es ab, Konzepte für eine grundlegende Reformierung des Systems auszuarbeiten oder auf einen Machtwechsel abzuzielen. Eine seltene Ausnahme waren Sacharovs Schriften, in denen er sich mit künftigen Gesellschaftsformen auseinander setzte.[84]

Moralisches Handeln umfasste in den Augen der Dissidentinnen und Dissidenten: die Verteidigung der individuellen Rechte und Freiheiten, die in der sowjetischen Verfassung und in internationalen Übereinkommen zwar garantiert, aber durch die Paragraphen gegen „antisowjetische Agitation" de facto außer Kraft gesetzt wurden, ferner die Wahrung der persönlichen Integrität und Würde[85], ein Leben in Wahrheit, nicht in Lüge (*žit' ne po lži*)[86]. Man sorgte sich um die „geistige Entwicklung des Landes" (*duchovnoe razvitie strany*)[87] und wollte sie durch persönliches Vorbild positiv beeinflussen.[88] Es ist freilich fraglich, inwiefern ein Andersdenken gegenüber einem Regime, dessen Kontrolle sich bis ins Privatleben erstreckt,

---

[81] Hannah Arendt: Vita activa oder Vom tätigen Leben, München/Zürich 1996 (8. Aufl., Erstauflage Stuttgart 1960), S. 34ff.

[82] Ihr Politikverständnis entspricht also in etwa der Definition Max Webers, nach dem Politik die „Leitung oder die Beeinflussung der Leitung eines politischen Verbandes, heute also: eines Staates" bedeute sowie das „Streben nach Machtanteil oder nach Beeinflussung der Machtverteilung". Max Weber: Politik als Beruf, in: Gesammelte politische Schriften, hg. von Johannes Winckelmann, Tübingen 1971 (3. Aufl.), S. 505–560, hier S. 505f. Für den Begriff des Politischen: Volker Sellin: Politik, in: Geschichtliche Grundbegriffe, hg. von Otto Brunner/Werner Conze/Reinhart Koselleck, Bd. 4, Stuttgart 1978, S. 789–874.

[83] Vaissié, S. 287ff.

[84] Beispielsweise seine *Gedanken über Fortschritt, friedliche Koexistenz und geistige Freiheit*.

[85] Komarova, S. 259; Grigorenko, Erinnerungen, S. 419; Amalrik, Revolutionär, S. 77.

[86] Komarova, S. 279; AS 2295: Chodorovič, S. 1.

[87] Komarova, S. 278; AS 2295: Chodorovič, S. 1

[88] Amalrik, Revolutionär, S. 77; AS 2295: Chodorovič, S. 1; Interviews Krachmal'nikova, Laškova, Sadomskaja.

Alltag in der Dissenz

apolitisch sein kann.[89] In der Selbstwahrnehmung der Dissidentinnen und Dissidenten finden sich hier Widersprüche. Sie erkannten sehr wohl den politischen Charakter der Verfolgung, begriffen sich im Fall einer Verhaftung als politische Gefangene (*politzaključennye*) und kämpften um die Anerkennung als solche.[90] Die offene Auseinandersetzung mit dem System war für sie „staatsbürgerliche Pflicht" (*graždanskij dolg*)[91], ihr Selbstverständnis als Staatsbürger (*graždanie*) zeigt Verantwortungsgefühl für das Gemeinwesen.[92] Ihre Aktivitäten bezeichneten sie als Widerstand (*soprotivlenie*), als Opposition (*oppozicija, protivostojanie*) und Protest (*protest*). Galina Grigor'eva (geb. 1948) geht sogar soweit, nonkonformistische Bewegungen wie Hippies und Rocker explizit als „unpolitisch" zu bezeichnen, um sie von den „Dissidenten" zu unterscheiden.[93]

Durch den offenen Protest gegen Menschenrechtsverletzungen und Lügenpropaganda hob sich die Dissidentenbewegung auch von der „Zweiten Kultur" (*vtoraja kul'tura*) ab. So wurde seit Mitte der 1970er Jahre die literarische und künstlerische Bewegung genannt, deren Aktivistinnen und Aktivisten die ideologischen Vorgaben des sowjetischen Staates bewusst negierten.[94] De facto existiert jedoch ein fließender Übergang zwischen

---

[89] Gerlant, S. 36.

[90] Ebenda.

[91] Komarova, S. 278.

[92] Siehe auch Alexeyeva, Thaw Generation, S. 108.

[93] Interview Grigor'eva.

[94] Katja Claus: Die Entstehung der *Zweiten Kultur* in Leningrad am Beispiel der Zeitschrift „Časy" (1976–1990), Forschungsstelle Osteuropa Bremen. Arbeitspapiere und Materialien Nr. 58 – März 2004, hier S. 8f. Der Begriff „Zweite Kultur" wird unter Forschenden zur sowjetischen Dissidenz unterschiedlich definiert. Er bezieht sich im engeren Sinne auf die Szene nonkonformer Künstler, Literaten, Musiker und Wissenschaftler, im weiteren Sinne auf alle alternative Lebens- und Gemeinschaftsformen, von der Hippie- und Rockkultur bis zu esoterischen Zirkeln. Für einen breitgefassten Begriff: Dietrich Beyrau: Sowjetische Intelligenz und Dissens, in: ders./Eichwede (Hrsg.), Auf der Suche nach Autonomie, S. 21–52, hier S. 21f. Für eine engere Definition: Vjačeslav Dolinin: Nepodcenzurnaja literatura i nepodcenzurnaja pečat', Leningrad 1950–1980-ch godov, in: Boris Ivanov/Boris Roginskij (Hrsg.): Istorija Leningradskoj nepodcensurnoj literatury: 1950–1980-e gody. Sbornik statej, St. Petersburg 2000, S. 10–16, hier S. 14. Zur „Zweiten Kultur" siehe auch den Artikel Vtoraja kul'tura, in: Chronika tekuščich sobytij 49 (1978); Beyrau, Intelligenz und Dissens, S. 243f.; Gerlant, S. 103–107; Tchouikina, Anti-soviet Biographies, S. 134. Neben „Zweiter Kul-

„Zweiter Kultur" und Dissidentenbewegung. Infolge von Repressionen gegen Kulturschaffende beteiligten sich diese an Protestkampagnen oder wurden aktiv in der Menschenrechtsbewegung. Umgekehrt pflegten die Dissidenten enge Kontakte zur „Zweiten Kultur" und besuchten die inoffiziellen Ausstellungen, Lesungen, Konzerte und Seminare.[95] Aufschlussreich ist, dass sich gerade Vertreterinnen und Vertreter der Leningrader Dissidenz zunächst nicht als Dissidenten bezeichneten, weil sie eher in der kulturellen als in der Menschenrechtsbewegung wurzelten. Sobald sie politisch verfolgt wurden, fühlten sie sich aber der Dissidenz zugehörig.[96]

Was den Grad des Engagements anbelangt, so unterscheiden Dissidentinnen und Dissidenten zwischen *dissidenty* und *sočuvstvujušie*, also „Dissidenten" und „Sympathisanten". Velikanova erläutert den Unterschied: Die beiden Gruppen der Andersdenkenden akzeptierten zwar zentrale Prinzipien des Staates nicht, die „Dissidenten" waren jedoch „bereit, aktiv Widerstand zu leisten oder ihre Freiheit zu verteidigen", „Sympathisanten", hätten dabei „geholfen", etwa durch Geld, Mitarbeit im Fonds und die Weitergabe von Informationen. Konstitutiv für Dissidenten sei erstens, „sich selbst zu erklären" (*o sebje zajavit'*), also öffentlich aufzutreten, Petitionen zu unterschreiben und Presseerklärungen abzugeben, zweitens „Verantwortung für die eigenen Handlungen zu übernehmen" (*otvečat' za svoju dejatel'nost'*), also Konsequenzen zu tragen und Repressionen in Kauf zu nehmen. Freilich seien die Übergänge von der einen in die andere Kategorie fließend gewesen. Aus der Mitte der Sympathisanten seien im Laufe der Zeit einige in

tur" kursierten die Begriffe „nonkonformistische Kultur", „inoffizielle Kultur" oder „zweite literarische Wirklichkeit".

[95] Über die Überschneidungen zwischen kultureller Bewegung und Menschenrechtsaktivitäten in Leningrad siehe besonders Dolinin, Bor'ba za prava čeloveka v Leningrade, S. 14ff.

[96] Ein Beispiel für die Entwicklung einer Kulturschaffenden zur Dissidentin ist die Leningrader Dichterin Julija Voznesenskaja (geb. 1940). In ihren Hafterinnerungen beschreibt sie, wie sie durch den Kampf um freie Kunst und Literatur von der Künstlerin zur Menschenrechtlerin wurde. Der Staat habe sie in ihren Augen dazu gezwungen, die bürgerlichen Freiheiten höher zu schätzen als die künstlerischen. Julija Voznesenskaja, Zapiski iz rukava, in: Poiski 1979, Heft 1, S. 149–206, hier S. 168. Siehe auch Interviews Grigor'eva, Dolinin. Zum Teil protestierten Künstler und Literaten auch in Petitionen gegen künstlerische Unfreiheit oder ersuchten internationale Organisationen wie den Pen-Club um Unterstützung. Für Beispiele siehe den Artikel Vtoraja kul'tura, in: Chronika tekuščich sobytij 49 (1978).

Alltag in der Dissidenz

„aktiveres Engagement hineingezogen" worden und hätten begonnen, „offen Widerstand" zu leisten.[97] Die Unterscheidung *dissident – sočuvstvujuščij* wird von zahlreichen Vertreterinnen und Vertretern der sowjetischen Dissidenz getroffen.[98] Ausschlaggebend für die Kategorie „Dissident" sind häufig die beiden von Velikanova genannten Kriterien: offener Widerstand und Erleiden von Repressionen infolge des Engagements.[99] Die „Sympathisanten" zeichnete hingegen aus, dass sie im Hintergrund wirkten, gerichtlich nicht belangt wurden, und ihre Tätigkeit eher unterstützend war. Häufig kommt als drittes Differenzierungskriterium die Häufigkeit und Intensität des Engagements hinzu: Die einmalige Unterzeichnung einer Petition, eine Geldspende, das Verstecken von *Samizdat* oder die Unterbringung eines ehemaligen Lagerhäftlings machten jemanden nur zum Dissidenten, wenn dies über einen längeren Zeitraum andauerte.[100] Diejenigen, die sich heute selbst als Dissidenten betrachten, sahen in der Dissidentenbewegung ihren Lebensmittelpunkt. Dissidentische Aktivitäten wurden mit der gleichen Intensität wie professionelle ausgeübt. Infolge von Berufsverboten und Entlassungen war das oppositionelle Engagement oft ein Berufsersatz.[101] Für Larisa Bogoraz war Dissidenz ein „Mittel der Selbstverwirklichung" (*sposob samorealizacii*)[102], nachdem ihr durch die Entlassung aus ihrem Institut die geliebte wissenschaftliche Arbeit verwehrt war. Hier zeigt sich, dass sich die Zugehörigkeit zur Dissidenz auch durch den Ausschluss aus der Gesellschaft definierte.[103]

---

[97] Alle Zitate sind aus dem Interview Velikanova. Siehe auch Komarova, S. 261; Interview Aleksandr Danièl'.

[98] Interview Aleksandr Danièl'; Gespräche E., Roginskaja, Uvarova.

[99] Zum Prinzip der „Offenheit" siehe auch Alekseeva, Istorija inakomyslija, S. 13 und 285.

[100] Bei Ljudmila Alekseeva heißt es hingegen, jeder gelte als Dissident, der sich einmal offen gegen die offizielle Ideologie oder den Staat ausgesprochen habe. Alekseeva, Istorija inakomyslija, S. 13. Diese Definition lässt sich angesichts der Selbstzeugnisse und ihrem Verständnis von „Dissidenz" nicht aufrecht erhalten.

[101] Tchoukina, Anti-Soviet Biographies, S. 133, Tchoukina, „Ich war keine Dissidentin", S. 209f.

[102] Interview Bogoraz. Siehe auch Interview Djukova: „Wir […] versuchten, uns selbst zu verwirklichen …"

[103] Siehe auch Kapitel 5.2 sowie Tchoukina, Anti-Soviet Biographies, S. 131.

Von der Küche auf den Roten Platz

Oft scheint nicht nur die Repression selbst, sondern auch der Grad der politischen Verfolgung ausschlaggebend dafür zu sein, ob man sich und andere eher als Dissident oder als Sympathisant wahrnahm. Wer verhaftet und zu Lager oder Verbannung verurteilt wurde, galt als Dissident, ebenso diejenigen, die in eine psychiatrische Spezialklinik eingewiesen wurden. Da viele Frauen von der Verhaftung verschont blieben, sehen sie sich heute oft nicht als „richtige" Dissidentinnen. Der Satz: „Ich war keine Dissidentin. Ich bin nicht gesessen (*ja ne sidela*)", fiel in Unterredungen mit ehemaligen Aktivistinnen der Dissidenz häufig.[104]

Für Frauen, die in der Bewegung engagiert waren, existierten nicht nur die Bezeichnungen Dissidentinnen und Sympathisantinnen. Eine weitere Kategorie war die „Ehefrau eines Dissidenten" (*žena dissidenta*) oder „Ehefrau eines politischen Gefangenen" (*žena politzaključennogo*).[105] Sehr selten gab es übrigens den „Ehemann einer Dissidentin".[106] Frauen, die unabhängig von ihren Männern in der Dissidenz aktiv waren, werden heute bisweilen als „selbständige Dissidentinnen" (*samostojatel'nye dissidentki*) oder „selbständige Aktivistinnen" (*samostojatel'nye dejateli*) bezeichnet. Manche Frauen waren „Dissidentinnen" und „Ehefrauen", etwa Larisa Bogoraz, Galina Salova und Arina Žolkovskaja-Ginzburg.[107]

---

[104] So beispielsweise Dina Kaminskaja, Irina Uvarova, Elena Zaks, Tat'jana Chromova, Natal'ja Botvinik, Natal'ja Roginskaja. Siehe auch Tchoukina: „Ich war keine Dissidentin".

[105] Dieser Terminologie bedienten sich einige Interviewpartnerinnen, beispielsweise Laškova, E., Salova, Velikanova. Zudem wurde die Unterscheidung zwischen den verschiedenen Kategorien der Frauen in der Dissidenz seitens der Archivarinnen und Archivare der Dissidentenbewegung getroffen. Da diese zumeist selbst aus der Bewegung stammen, waren die Gespräche mit ihnen sehr aufschlussreich. Auskünfte von Aleksandr Daniėl' und Tat'jana Chromova, Archiv NIC Memorial, Moskau, von Venjamin Iofe und Irina Reznikova, Archiv NIC Memorial, St. Petersburg, von Gabriel Superfin, Archiv der FSO, Bremen.

[106] Nach Auskunft Aleksandr Daniėl's und Boris Belenkins wurde in einem einzigen Fall von einer „Dissidentin und ihrem Ehemann" (*dissidentka i ee muž*) gesprochen. Es habe sich um Valerija Isakova und Georgij Davydov gehandelt. Als jedoch Davydov verhaftet wurde, nicht sie, habe sich diese Wahrnehmung geändert. Auskunft Aleksandr Daniėl', Archiv NIC Memorial, Moskau, Boris Belenkin, Bibliothek NIC Memorial, Moskau.

[107] Als ich Gabriel Superfin vom Archiv der FSO in Bremen darum bat, für mich einen Kontakt zu Arina Žolkovskaja-Ginzburg herzustellen, antwortete er mir, ich solle sie im Interview sowohl als „selbständig Handelnde" (*samostojatel'no*

Alltag in der Dissidenz

Tat'jana Velikanova erfüllte nach der Verhaftung ihres Mannes zunächst die „klassischen" Aufgaben der „Ehefrau eines politischen Gefangenen". Schon bald stieg sie aber zu einer „selbständigen Dissidentin" auf. Im Rahmen ihrer Mitarbeit bei der Initiativgruppe trat sie öffentlich auf, unterzeichnete Erklärungen, gab Pressekonferenzen. Sie übernahm eine leitende, keine unterstützende Funktion bei der *Chronika tekuščich sobytij*. Die Dissidentenbewegung war Velikanovas Lebensmittelpunkt. Bis 1977 hatte sie noch einen bürgerlichen Beruf. Nach ihrer Entlassung entwickelte sich die Aktivität in der Dissidenz zu einer Vollzeitbeschäftigung. Schließlich wurde Velikanova verhaftet und zu einer Freiheitsstrafe verurteilt. Es wurden ihr in der Dissidentenbewegung hoch angesehene Werte zugeschrieben.

Neben Velikanova gab es weitere weibliche Autoritäten in der Dissidentenbewegung: Larisa Bogoraz, Natal'ja Gorbanevskaja, Tat'jana Goričeva, Julija Voznesenskaja (geb. 1940). Im Gegensatz zu ihnen kämpften viele Frauen jedoch nicht in der ersten Reihe. Sie waren *mašinistki*, Mitarbeiterinnen in den Fonds, Quartiersgeberinnen für Heimkehrer, Hausherrinnen eines „Salons", Nachrichtenübermittlerinnen, Anwältinnen, Köchinnen oder „Ehefrauen eines politischen Gefangenen". Obwohl sie über Jahre hinweg in der Dissidentenbewegung mitwirkten und maßgeblich zu ihrem Funktionieren beitrugen, galten viele von ihnen nicht als Dissidentinnen. Ihre Aktivitäten blieben den Sicherheitsorganen häufig verborgen, und sie wurden seltener verhaftet als Männer. Die in der Einleitung zitierte Definition Larisa Bogoraz' und Sergej Kovalevs, Dissident sei, wer anders denke und anders handele (*inakomyslie* und *inakodejstvie*)[108], ist für die Selbstwahrnehmung des inneren Kreises der Dissidentinnen und Dissidenten somit zwar grundlegend, aber nicht hinreichend. Zahlreiche aktive Frauen fallen durch das Raster. Indem sie *Samizdat* tippten, Informationen über die Lager weiter gaben und sich um Repressionsopfer kümmerten, handelten sie zwar regelmäßig „anders", aber um als vollwertiges Mitglied der Dissidentenbewegung wahrgenommen zu werden, fehlten die Kriterien des offenen Auftretens und der Repression. So erklärt sich, dass in der computergestützten Datenbank bei *Memorial* unter zweihundert Kurzbiographien der Dissidenz in der ehemaligen RSFSR nur 23 Frauen verzeichnet sind. In der Unterscheidung

---

dejstvovaščej) als auch als „Ehefrau eines Dissidenten" (*žena dissidenta*) befragen. Email von Gabriel Superfin, 13. März 2003.
[108] Siehe 1.2, den Abschnitt: Die Begriffe „Dissident", „Dissidentin" und „Dissidentenbewegung"; Bogoraz/Golycin/Kovalev, S. 532.

zwischen „Dissidentin", „Ehefrau" und „Sympathisantin" drückt sich eine gewisse Hierarchisierung aus. Abgesehen von wenigen Ausnahmen nahmen Frauen in der informellen Rangordnung in der Dissidentenbewegung niedrigere Ränge ein.[109]

Neben der Offenheit des Protestes und dem Grad des Engagements spielen Repressionen eine besondere Rolle in der Selbstwahrnehmung der Dissidentinnen und Dissidenten. Die Repressivität des Systems bestimmte ihren Werdegang und machte sie zu Parias. Reflexionen über Lager und Gefängnis ziehen sich als roter Faden durch ihre Lebensgeschichten. Unter Stalin wurden die Eltern verhaftet, unter Brežnev und Andropov die eigenen Freunde oder man selbst. Die Aktivitäten der Bürger- und Menschenrechtsbewegung waren größtenteils darauf ausgerichtet, über Repressionen aufzuklären und den Opfern zu helfen. Man lebte in ständiger Bedrohung. Verhaftungen, Verhöre und Durchsuchungen gehörten zum Alltag.

6.3 Vom Umgang mit Repressionen

„Hierarchie nach Leidensgrad": Lager und Gefängnis in der Erinnerung der Dissidentinnen und Dissidenten

Wenn man sein Leben unter der Bedrohung der Artikel 70 und 190 verbringt, beginnt man, die Bedrohung durch das Strafrecht als selbstverständlich zu erachten. Das Prinzip ist einfach: Wenn alle Freunde nach Paris fahren, dann findet man es nicht außergewöhn-

---

[109] Es muss darauf verwiesen werden, dass es in der Dissidentenbewegung keine formellen Hierarchien gab. Im letzten Kapitel wurde beschrieben, dass die Dissidentinnen und und Dissidenten, sich noch 1968 gegen die Gründung einer Organisation sträubten, weil sie sich keiner Gruppendisziplin unterordnen wollten, sondern großen Wert darauf legten, jede Entscheidung in eigener Verantwortung zu treffen. Die späteren Organisationen verzeichnen keine geregelte Struktur. Einige Zeitzeugen betonen, dass ihre Bewegung keine „Anführer" (*lider*) hervorbrachte (Alexeyeva, Thaw Generation, S. 246; Grigorenko, Erinnerungen, S. 404). Hierarchien waren also informeller Natur. Es gab Personen, die bei ihren Gesinnungsgenossen sehr hohes Ansehen genossen und deren Einfluss in der Bewegung außerordentlich groß war.

Alltag in der Dissidenz

lich, nach Paris zu fahren. Wenn alle Freunde ins Gefängnis gehen, dann findet man es nicht außergewöhnlich, ins Gefängnis zu gehen.[110]

Aktive Bürger- und Menschenrechtler lebten täglich mit dem Risiko, verhaftet, verbannt oder ins Lager gesperrt zu werden. Über die Zustände in den Lagern und Gefängnissen waren sie durch Lektüre und Erzählungen hinreichend informiert. Insofern trafen sie Vorsorgemaßnahmen für den Ernstfall: Ljudmila Alekseeva rechnete im Sommer 1968 mit einer Verhaftung. Als sich ein Backenzahn entzündete, ließ sie ihn sofort ziehen, obgleich er noch zu retten gewesen wäre. Sie glaubte, keine Zeit mehr für die Wurzelbehandlung zu haben.[111] Bevor Larisa Bogoraz zur Demonstration auf den Roten Platz ging, bereitete sie sich gut vor: Sie kaufte sich eine gefütterte Hose, die erste lange Hose ihres Leben, denn sie wusste von ihrer Freundin Maja Ulanovskaja, dass Frauen in den Gefängnissen die Strümpfe abgenommen wurden, um sie von Selbstmordversuchen abzuhalten.[112] Diese Erniedrigung wollte sie sich ersparen. Vor der Demonstration schrieb sie Notizzettel an Angehörige und Freunde, übergab den Wohnungsschlüssel einer Freundin und bat sie, sich während ihrer Abwesenheit um den Sohn zu kümmern. Sie schaffte verbotene Literatur aus der Wohnung. Kėri, den Irischen Setter der Familie, brachte sie zu Freunden.[113] Die Anwältin Sof'ja Kallistratova

---

[110] Alexeyeva, Thaw Generation, S. 282.

[111] Ebenda, S. 213. Alekseeva wurde nicht verhaftet, sondern emigrierte 1977 in die USA.

[112] Ebenso schildert Valerija Novodvorskaja, dass ihr im Gefängnis der Gürtel, die Strümpfe und der Reißverschluss ihres Kleides weggenommen wurden. Mit einem Reißverschluss könne man sich zur Not die Pulsadern aufsägen. Novodvorskaja, Po tu storonu otčajanija, in: Karta 1997, Heft 19/20, S. 37–45, hier S. 42.

[113] Bogoraz, Une femme en dissidence, S. 118; ausführlicher in: dies.: Iz vospominanij, S. 88–90. Im Nachhinein seien ihre Vorbereitungen völlig unzureichend gewesen. Sie habe vieles vergessen und nicht beachtet: die Tatsache, dass nach der Verhaftung gewöhnlich eine Wohnungsdurchsuchung stattfand und sie dafür den Schlüssel brauchte, das Einpacken von Zahnbürste, Seife, Zucker und Zigaretten. Des weiteren habe sie sich vor Stolz über den Hosenkauf nicht klargemacht, dass nicht nur Strümpfe, sondern auch Hosen mit Reißverschlüssen verboten waren – auch dies eine Maßnahme zur Verhinderung eines Selbstmordversuchs. Als sie darauf bestand, ihre neue Hose weiterhin tragen zu dürfen, ließ die Gefängnisleitung, anstelle des Reißverschlusses, Knöpfe anbringen. Der Familienhund starb übrigens wenige Monate nach ihrer Inhaftierung.

verließ das Haus auch im Hochsommer nur im Wintermantel, um gegebenenfalls für Sibirien gerüstet zu sein.[114] Viktor Nekipelov (1928–1989) steckte jeden Tag Zahnbürste, Zahncreme, Seife, einen elektrischen Rasierapparat, die Bibel und ein englisches Wörterbuch in seine Aktentasche. Das Wörterbuch sollte im Lager dazu dienen, sich durch das Erlernen einer Fremdsprache die Zeit zu vertreiben und geistig rege zu bleiben.[115]

Wurde man tatsächlich verhaftet, so war die erste Station das Untersuchungsgefängnis, in Moskau das *Lefortovo* oder das *Butyrki*-Gefängnis, in Leningrad das *Kresti*-Gefängnis oder das *Bol'šoj Dom*, die KGB-Zentrale. Dort blieben die Häftlinge bis zum Prozess mehrere Monate.[116] In dieser Zeit durften sie keinen Besuch empfangen und sich mit den Angehörigen allenfalls über den Anwalt austauschen. Die Urteile verbanden oft mehrere Formen des Freiheitsentzuges, oder eine Haftstrafe wurde durch Verbannung ergänzt. Nach dem Prozess wurden die Häftlinge in speziellen Gefangenenwaggons, den berüchtigten „Stolypins"[117], an den Ort des Lagers oder der Verbannung transportiert. Der Transport, auch „Etappe" (*ètap*) genannt, dauerte mehrere Tage. Meistens litten die Gefangenen in den überfüllten und schlecht isolierten Waggons unter Hitze oder Kälte, Hunger und Durst. Am Bestimmungsort kamen sie völlig entkräftet an. Unter den Lagern gab es vier Typen, die sich je nach Haftbedingungen, Verpflegung, Schwere der Zwangsarbeit und Restriktionen von Korrespondenz und Besuch unterschieden. Die Bandbreite reichte vom Lager „gewöhnlichen Regimes" (*obščego režima*), über das „verschärfte" (*usilennyj*), das „strenge" (*strogij*) bis hin zum „Sonderregime" (*osobyj režim*), gemein war ihnen, dass alle Insassen

---

[114] Zastupnica, S. 77.

[115] Komarova, S. 257. Zur inneren Vorbereitung auf die Haft siehe auch das Gedicht *Ždu arresta* („Ich warte auf die Verhaftung"), das Galina Grigor'eva im September 1980 verfasste, als sie sich von einer Verhaftung wegen ihrer Aktivitäten in der unabhängigen Frauenbewegung bedroht sah. Galina Grigor'eva: Ždu arresta, Archiv NIC Memorial, St. Petersburg, Sammlung *Ženskoe dviženie*, Nachlass Grigor'eva.

[116] Die Untersuchungshaft konnte bis zu einem Jahr dauern, so beispielsweise beim „Prozess der Vier" im Frühjahr 1968.

[117] Die „Stolypins" waren benannt nach dem zaristischen Innenminister und Ministerpräsident Petr Stolypin (1862–1911), der die revolutionäre Bewegung durch rücksichtslosen Polizeieinsatz zu unterdrücken versuchte. Es handelte sich um mit Holzpritschen ausgestattete Viehwaggons.

Alltag in der Dissidenz

Häftlingskleidung tragen und Zwangsarbeit leisten mussten.[118] Mitte der siebziger Jahre existierten nach Angaben von *Amnesty International* etwa 330 Lager- und Gefängnisorte in der Sowjetunion.[119] „Politische" waren zumeist in den Lagern Mordviniens und Perm's inhaftiert sowie in den Gefängnissen von Čistopol' und Vladimir.

Die poststalinistischen Lager sind noch nicht hinlänglich untersucht,[120] deshalb kann ich im Folgenden nur schemenhaft skizzieren, wie eine politische Gefangene Lager und Gefängnis wahrnahm, wie sie die Erlebnisse verarbeitete und welchen Stellenwert die Hafterfahrung in ihrer dissidentischen Biographie einnimmt. Als Leittext dienen die Erinnerungen Julija Voznesenskajas.[121] Zum Vergleich werden weitere Lager- und Gefängniserinnerungen hinzugezogen.[122]

[118] Gerlant, S. 49; Vaissié, S. 131f.

[119] Politische Gefangene in der UdSSR. Ihre Behandlung und ihre Haftbedingungen, hg. von Amnesty International, Bonn 1977, S. 48. Die Zahl der politischen Gefangenen schätzte Amnesty 1975 auf mindestens 10 000 für das Gebiet der gesamten Sowjetunion: Ebenda, S. 48ff. Siehe auch Gerlant, S. 49.

[120] In Bezug auf die poststalinistischen Lager fehlt es sowohl an Untersuchungen über Art und Umfang des Strafvollzugs als auch an Forschungsarbeiten über die Verarbeitung von und Erzählung über Lager und Gefängnis. Es wäre wünschenswert, bei solchen Arbeiten erinnerungstheoretische und diskursanalytische Ansätze einzubeziehen und danach zu fragen, welche Mechanismen des Erinnerns und Vergessens sichtbar werden, welche Tabus und Topoi hierbei existieren. Einen ersten Versuch, Erinnerungen an stalinistische und poststalinistische Lager zu vergleichen, unternimmt Isabel Schmidt in ihrer unveröffentlichten Magisterarbeit über die Memoiren Evgenija Ginzburgs. In einem anschließenden Exkurs vergleicht sie die Erinnerungen Ginzburgs mit denen Irina Ratušinskajas, Isabel Schmidt, S. 102–113.

[121] Julija Voznesenskaja: Zapiski iz rukava, in: Poiski 1979, Heft 1, S. 149–206; dies.: Romaška belaja, in: Poiski 1982, Heft 4, S. 153–182, Fortsetzung in: Poiski 1983, Heft 5–6, S. 303–335; dies.: Ženskij lager' v SSSR, in: Grani 1980, Heft 117, S. 204–231. Zur Biographie Voznesenskajas siehe auch: Julie Curtis: Iuliia Voznesenskaia: A Fragementary Vision, in: Rosalind Marsh (Hrsg.), Women and Russian Culture. Projections and Self-Perceptions, New York/Oxford 1998, S. 173–187; A. Reznikova/A. Papovjan: Julija Voznesenskaja, in: Biographische Datenbank, NIC Memorial, Moskau.

[122] Beispielsweise Amalrik, Revolutionär; Bogoraz, Iz vospominanij und Une femme en dissidence; Bukowski, Wind vor dem Eisgang; die Briefe Julij Daniėl's; Grivnina, Levortovskie sobesedniki; Interview mit Natal'ja Gorbanevskaja, geführt von Ljudmila Al'pern, Paris 9. Oktober 2002, Gabe Gorbanevskajas;

369

Von der Küche auf den Roten Platz

Julija Voznesenskaja wurde 1964 als 24-jährige Studentin der Theaterwissenschaften das erste Mal verhaftet und wegen Widerstands gegen die Staatsgewalt zu einem Jahr Zwangsarbeit in einer Fabrik verurteilt. Sie hatte einen Polizisten beleidigt. Seit Mitte der sechziger Jahre wirkte sie in Leningrads inoffizieller Kunst- und Literaturszene, schrieb Gedichte für den *Samizdat*, organisierte Seminare, Kunstausstellungen und Liederabende in ihrer Wohnung. Sie galt als Organisationstalent, die über jede Veranstaltung Buch führte und die Informationen archivierte.[123] In den siebziger Jahren arbeitete sie an der Herausgabe des Almanachs *Lepta*[124] mit, einem Versuch, Werke von Poeten und Autoren des Untergrunds in der offiziellen Presse zu veröffentlichen. Nach dem Scheitern des Projektes widmete sie sich dem *Samizdat*, schrieb für die Zeitschrift *Časy*[125], gab den Gedichtband *Mera Vremeni*[126] und die Satirezeitschrift *Krasnyj dissident*[127] heraus. Voznesenskaja initiierte die Demonstration auf dem Leningrader Senatsplatz am 14. Dezember 1975 anlässlich des 150. Jahrestages des Dekabristenaufstandes. Auf dem Weg dorthin wurde sie festgehalten und für einige Tage in Präventivgewahrsam genommen. Ihre Verhaftung folgte im Dezember 1976. Sie wurde verdächtigt, zusammen mit Julij Rybakov (geb. 1946) im Frühjahr und Sommer 1976 Straßenbahnen und öffentliche Gebäude, darunter die Peter-und-Pauls-Festung, mit antisowjetischen Parolen beschmiert zu haben: „Freiheit für die politischen Gefangenen!", „Die Partei ist ein Feind des Volkes!" und „Ihr unterdrückt die Freiheit!". Auf Grund ihrer beiden minderjährigen Kinder im Alter von zwölf und sechzehn Jahren fiel ihre Strafe verhältnismäßig mild aus; sie erhielt fünf Jahre Verbannung. Da sie nach wenigen Monaten heimlich den Verbannungsort Vorkuta verließ und illegal

---

Komarova (über die Erfahrungen Viktor Nekipelovs); Kowaljow, Flug des weißen Raben; Zoja Krachmal'nikova: Slušaj, tjur'ma!, Moskau 1995; Novodvorskaja, Otčajanie; Orlov; Ratuschinskaja; Verblovskaja, Ot zvonka do zvonka; Interviews Laškova, Velikanova, Verblovskaja, Žolkovskaja-Ginzburg (über die Erfahrungen Aleksandr Ginzburgs).

[123] Anna-Natal'ja Malachovskaja: O zaroždenii russkogo feminističeskogo al'manacha Ženščina i Rossija (Inter'vju s Mariej Zav'jakovoj), in: Solanus 14 (2000), S. 68–90, hier S. 75; Curtis, S. 174.

[124] *Lepta* heißt etwa „Scherflein"; „Obolus".

[125] *Časy* heißt „die Uhr" oder auch „die Stunden".

[126] Die deutsche Übersetzung lautet: „Maß der Zeit".

[127] „Der rote Dissident".

Julija Voznesenskaja 1986 in München

nach Leningrad fuhr, wurde ihre Verbannung in eine zweijährige Lagerhaftstrafe umgewandelt. 1979 kehrte sie aus dem Frauenlager Mordviniens nach Leningrad zurück und engagierte sich in der „unabhängigen Frauenbewegung" um die Zeitschriften *Die Frau und Russland* und *Marija*. Den Auftakt zu Voznesenskajas Erinnerungen an Gefängnis und Lager bilden ihre Verhaftung und Einlieferung ins Leningrader *Kresti*-Gefängnis.[128] Man habe sie abgeholt, als sie gerade am Frühstückstisch saß. Noch nicht einmal ihren Tee habe sie austrinken dürfen. Dafür habe sie im Gefängnis eine übelriechende Hafergrütze erhalten, der Tee sei in die leergegessene Schüssel gegossen worden. „Ich kenne keinen Hund, der für das Trinken keine eigene Schüssel will"[129], schreibt sie in ihren Gefängniserinnerungen. Aus Protest sei sie sogleich in den Hungerstreik getreten, den sie fünfzig Tage durchgehalten habe.[130] Trotz dieser Umstände vertritt Voznesenskaja die Auffassung, sie habe „Glück gehabt", das Gefängnis kennen lernen zu dürfen, denn diese Erfahrung sei für sie „notwendig"[131] gewesen. Die Schilderung ihrer ersten Tage in der Zelle überschreibt sie bezeichnenderweise mit dem Titel *Kreščenie* („Taufe")[132]. Im Vergleich mit den Erinnerungen weiterer an Gefängnis und Lager ist dies nichts Außergewöhnliches. Häufig wird die Inhaftierung als eine Art Initiationsritus beschrieben: Vera Laškova erinnert sich an den „überwältigenden Eindruck"[133], den das alte Gebäude des *Lefortovo*-Gefängnisses auf sie machte. Ihre nächtliche Ankunft schildert sie als „feierlichen" Moment. Zutiefst „ergriffen" habe sie der Anblick der prächtigen, unter dem Sternenhimmel glänzenden Glaskuppel aus der Zeit Katharinas II., die den Aufgang zu den Zellen überragte. Obwohl ehemalige Häftlingen aus der Stalinzeit von den Schrecken des *Lefortovo* berichtet hatten,[134] habe sie keine Angst, sondern Neugier empfunden. Larisa Bogoraz beschreibt ihre Verhaftung als „natürliche Entwicklungsstufe" (*estestvennyj moment razvitija*)[135] in ihrem Lebensweg. Die Existenz von Lagern und Gefängnissen sei ihr von Kindesbeinen an bewusst

---

[128] Voznesenskaja, *Zapiski iz rukava*, S. 150–152.
[129] Ebenda, S. 152.
[130] Ebenda, S. 180.
[131] Ebenda, S. 153.
[132] Ebenda, S. 154.
[133] Für dieses und die folgenden Zitate: Interview Laškova.
[134] Das *Lefortovo* war in der Stalinzeit als Foltergefängnis berüchtigt.
[135] Bogoraz, Iz vospominanij, S. 89.

Alltag in der Dissidenz

gewesen. Durch die Erzählungen anderer habe sie sich auf die eigene Verhaftung innerlich vorbereiten können. Nun sei endlich die Gelegenheit gekommen, „die Theorie mit der Praxis zu verbinden"[136]. Auch Voznesenskaja schreibt, die Auseinandersetzungen mit Lagererinnerungen, besonders mit Solženicyns Werken, habe in ihr das Verlangen geweckt, Lager und Gefängnis selbst zu erfahren: „Ich habe den *Archipel Gulag* bis zur letzten Seite gelesen. Das Buch legte ich mit dem Wunsch weg: ‚Es wäre besser, ich würde das alles selbst erleben.'"[137] Entsprechend neugierig sei sie beim Antritt ihrer Strafe gewesen. Ein ähnliches Motiv war in den Briefen Julij Daniėl's angeklungen: Man hatte so viel über die Lager gehört und gelesen, dass man seine Haftstrafe fast mit Neugier antrat, um die Strafvollzugsanstalten mit eigenen Augen zu sehen.[138]

Angesichts einer solchen Erwartung nimmt die Haft mit all ihren Schrecken und Traumata sowohl in weiblichen als auch in männlichen Lebensgeschichten die Stellung einer „Feuertaufe", eines „Ritterschlags" oder zumindest einer wichtigen Selbsterfahrung ein.[139] Anatolij Krasnov-Levitin (1915–1991) schreibt gar, er habe sich niemals so gut gefühlt wie zu der Zeit, als er in einer Baracke im Lager lebte.[140] Allgemein wird die Haft als „nützliche und positive Erfahrung"[141] charakterisiert. Selbst die Bemerkung Sergej Kovalevs: „Mir erschien das Lager sehr viel langweiliger und gewöhnlicher, als ich erwartet hatte"[142], zeugt von einer erwartungsvollen Spannung. Die Haft unterstrich die moralische Integrität der Betroffenen. Wer bereit war,

---

[136] Ebenda, S. 87.
[137] Voznesenskaja, Zapiski iz rukava, S. 184.
[138] Siehe Kapitel 5.1, den Abschnitt: „‚Die Lager existieren noch!'".
[139] Siehe auch Bukowski, Wind vor dem Eisgang; Orlov, S. 233f.; Komarova, S. 323; Ratuschinskaja, S. 147.
[140] AS 2040: Anatolij Levitin-Krasnov: Pis'mo redaktoru žurnala „Veče" V. N. Osipovu, in: Veče 9, 19. Dezember 1973, S. 180–190, hier S. 181f. Ebenso bezeichnet Andrej Sinjavskij das Lager als die „interessanteste und glücklichste Zeit" (zitiert nach Vaissié, S. 142). Siehe auch Il'ja Bokštejn: Ploščad' Majakovskogo – Tel' Aviv, in: Zvezda 1996, Heft 4, S. 154–168, hier S. 163.
[141] Zitat bei Bogoraz, Une femme en dissidence, S. 140. Siehe auch die Aussagen von Vladimir Bukovskij und Aleksandr Ginzburg im Interview mit Cécile Vaissié, die fast die gleiche Formulierung wählen (Vaissié, S. 142), ebenso: Orlov, S. 233f.; Komarova (über Nekipelov), S. 323; Ratuschinskaja, S. 147; Voznesenskaja, Zapiski iz rukava, S. 184; Interviews Dolinin, Krachmal'nikova.
[142] Kowaljow, Flug des weißen Raben, S. 100. Siehe auch Orlov, S. 234.

Von der Küche auf den Roten Platz

für seine Überzeugungen ins Gefängnis zu gehen, verkörperte die in der Dissidenz hochgehaltenen Werte Standhaftigkeit (*stojkost'*), Kompromisslosigkeit (*beskompromisnost'*), innere Festigkeit (*tverdost'*), Mut (*smelost'*) und sittliche Überlegenheit (*nravstvennaja vysota*). Ein wahrhaftiger Dissident ging unerschrocken ins Gefängnis:

> Uns interessierte der Prozess, wie wir die Untersuchungshaft erleben würden, ob wir die Verhöre durchstehen und ob wir standhalten würden. Wir waren, oder zumindest war ich es, von einem solchen Urbild der Dissidentenbewegung infiziert, dass ich durch das alles durchgehen wollte, um mich als Mensch zu fühlen.[143]

Der Konflikt zwischen Individuum und System spitzte sich im Lager zu. Zeitzeuginnen und Zeitzeugen sehen sich in der Rolle der Frontkämpfer und Märtyrer. Der „Ritter ohne Furcht und Tadel" (*rycar' bez stracha i upreka*) ist eine Figur, mit der sich die Dissidenten gerne identifizierten.[144] Metaphern von Krieg und Revolution tauchen in zahlreichen Erinnerungen auf. Voznesenskaja spricht von einem „Krieg gegen Andersdenkende"[145], dem sie sich selbst entschlossen stellte. Aus ihren Aufzeichnungen klingt Stolz, den Strapazen und Erniedrigungen mit *tverdost'* und *smelost'* begegnet zu sein[146], im Gefängnis nicht „eine Träne vergossen"[147] und fünfzig Tage ihres Hungerstreiks „ruhig und gelassen"[148] durchgestanden zu haben. Hungerstreiks werden in zahlreichen Hafterinnerungen als Ausdruck des Kampfes beschrieben. Um eine konfiszierte Gemeinschaftsbibel zurückzuerlangen, verweigerte Tat'jana Velikanova vier Tage lang nicht nur Essen, sondern auch Trinken, was ihr die Bewunderung ihrer Mithäftlinge eintrug.[149] Häufig war der Hungerstreik eine Waffe im Kampf gegen überhöhte Arbeitsnormen, gegen den Entzug der Besuchserlaubnis, gegen verdorbenes Essen und für

---

[143] Zitiert nach Čujkina, Učastie ženščin, S. 72.
[144] Voznesenskaja, Romaška belaja, in: Poiski 1983, Heft 5/6, S. 313; Zastupnica, S. 48; Interview Orlovas mit Goriceva, S. 12.
[145] Voznesenkskaja, Zapiski iz rukava, S. 188.
[146] Ebenda, S. 179f.
[147] Ebenda, S. 180.
[148] Ebenda.
[149] Ratuschinskaja, S. 50, S. 329.

Alltag in der Dissidenz

eine bessere medizinische Versorgung.[150] Es wurde üblich, an bestimmten Tagen zu hungern, am 31. Oktober, dem „Tag des politischen Gefangenen"[151], dem „Tag der sowjetischen Verfassung" am 5. Dezember[152] und dem „Internationalen Tag der Menschenrechte" am 10. Dezember[153]. Die Strafen waren drakonisch: Karzer, *Šizo*[154], PKT[155] und Zwangsernährung. So beschreibt Ratušinskaja, dass Hungernde, die ohnehin leicht froren, vorzugsweise in sehr kalte Isolationszellen gesperrt wurden. Setzten sie ihren Hungerstreik fort, wurden sie nach einiger Zeit zwangsernährt: Den Gefangenen wurde dabei ein Eisen zwischen die Zähne geschoben, „auch wenn diese dabei splitterten"[156]. Dann wurde mit einem Schlauch flüssige Nahrung eingeführt. Wenn die betroffene Person lange nichts gegessen hatte, führte dies zu furchtbaren Magenkrämpfen.[157]

Über die alltäglichen Härten in einem Frauenlager schreibt Julija Voznesenskaja ausführlich. Abgesehen von den extremen Temperaturen Mordviniens, den heißen Sommern und kalten Wintern, der chronischen Unterernährung, den beengten Baracken und der raschen Verbreitung von Krankheiten, litten die Häftlinge unter der schweren Arbeit. Voznesenskaja beziffert die Arbeitsnorm auf täglich zwölf bis sechzehn Stunden, in der Landwirtschaft oder einer Textilfabrik. Konnten die Frauen die vorgegebe-

---

[150] Amalrik, Revolutionär, S. 172, 272, 322; Orlov, S. 255, S. 259; Ratuschinskaja, beispielsweise S. 65f., 110, 114; Orlov, S. 255, 259.

[151] Zum „Tag des politischen Gefangenen" siehe Kapitel 6.1; Ratuschinskaja, S. 247.

[152] Interview Al'perns mit Gorbanevskaja, Manuskript, S. 8.

[153] Orlov, S. 237, S. 261, Ratuschinskaja, S. 247.

[154] Der *Šizo* (Abkürzung für *Štrafnyj izolator*, deutsch: „Strafisolator") war vergleichbar mit dem Karzer im Gefängnis. Die Strafe bestand nicht nur aus Einzelhaft, sondern auch aus Reduzierung der Nahrung, Kälte, Verbot von Decken, Zusatzkleidung und Büchern. In den Strafisolator konnte man bis zu zwei Wochen gesperrt werden. Amalrik, Revolutionär, S. 216 und 306; Ratuschinskaja, S. 58, 80, 113–136, 200–206, 215–231; Interview Velikanova.

[155] Das *PKT* (*pomeščenie kamernogo tipa*, deutsch: „zellenartiger Raum") war ebenfalls eine Maßnahme zur Isolierung eines Lagerinsassen. Es unterschied sich vom *Šizo* dahingehend, dass der Häftling Kleidung und Bücher mitnehmen durfte. Dafür konnte die Inhaftierung im *PKT* bis zu einem halben Jahr dauern.

[156] Ratuschinskaja, S. 122.

[157] Ratuschinskaja, S. 122ff.

nen Leistungen nicht erfüllen, drohten *Šizo* und PKT.[158] Das kontinentale Klima bescherte im Sommer oft anhaltende Trockenheit und Wasserknappheit. Es reichte allenfalls zum Trinken, selten zum Waschen. Den Frauen fiel es schwer, ein Minimum an Hygiene einzuhalten.[159] Zur Arbeit durften die Gefangenen nur in vorgeschriebener Kleidung erscheinen. Häufig war sie zu warm oder zu kalt. Verstöße gegen die Vorschriften wurden streng geahndet. Im Sommer durften die Frauen beispielsweise nur dünne Kleider tragen. Legte eine Gefangene bei einem plötzlichen Kälteeinbruch eine Wolljacke an, konnte sie dafür – ohne Jacke – in den kühlen *Šizo* gesteckt werden.[160] Harte Bestrafung folgte auch auf Widerstand gegen die Schikanen und Erniedrigungen, denen die Häftlinge täglich ausgesetzt waren: gegen das Scheren der Haare, die Leibesvisitationen und gynäkologischen Untersuchungen vor männlichem Personal, gegen die bewusste Zusammenführung von politischen und kriminellen Häftlingen, gegen das Abfangen von Päckchen und das Verbot, sich in den Arbeitspausen zum Essen hinzusetzen.[161]

Im Falle einer Krankheit wurden Häftlinge meist nicht ausreichend versorgt. Voznesenskaja zog sich in der Haft eine schwere Augenkrankheit zu, die sie fast erblinden ließ, und wäre um ein Haar an einer Blutvergiftung gestorben.[162] Die meisten der Häftlinge trugen dauerhafte gesundheitliche Schäden davon. Sowohl männliche als auch weibliche Gefangene berichten von chronischen Krankheiten[163], Magengeschwüren infolge der schlechten Ernährung[164], Harnwegsinfekten und Nierenschäden wegen Wassermangels[165], Herzbeschwerden[166], Lungenentzündungen und Meningitis, die durch die Kälte im Strafisolator hervorgerufen wurden[167], und von jahrelan-

---

[158] Voznesenskaja, Ženskij lager', S. 205.
[159] Ebenda, S. 207.
[160] Ebenda, S. 211.
[161] Ebenda, S. 210; dies., Zapiski iz rukava, S. 152, S. 154f.; siehe auch die zahlreichen Beschreibungen der alltäglichen Schikanen und Erniedrigungen bei Ratuschinskaja; Interview Al'perns mit Gorbanevskaja.
[162] Voznesenskaja, Zapiski iz rukava, S. 186, S. 198f.
[163] Bukowski, Wind vor dem Eisgang, S. 34.
[164] Bogoraz, Iz vospominanij, S. 119; Amalrik, Revolutionär, S. 281; Bokštejn, Ploščad' Majakovskogo, S. 165; Novodvorskaja, Otčajanie, in: Karta, S. 43.
[165] Orlov, S. 266.
[166] Amalrik, Revolutionär, S. 268; Ratuschinskaja, S. 220.
[167] Amalrik, Revolutionär, S. 218; Orlov, S. 269.

Alltag in der Dissidenz

gen Schlafstörungen nach der Entlassung[168]. Bei den Frauen kamen Eierstockentzündungen hinzu, die zur Unfruchtbarkeit führen konnten.[169] Junge Frauen wurden mit dem möglichen Verlust der Fruchtbarkeit erpresst.[170] Besonders perfide gingen die Sicherheitskräfte gegen Tat'jana Osipova vor: Die damals 31-Jährige unterzog sich zum Zeitpunkt ihrer Verhaftung im Mai 1980 einer Behandlung gegen Unfruchtbarkeit. Gezielt versuchte der KGB, sie mit ihrem Kinderwunsch unter Druck zu setzen. Vor die Wahl gestellt, entweder das oppositionelle Engagement zu unterlassen oder eine Freiheitsstrafe in Kauf zu nehmen, was zwangsweise den Abbruch der Behandlung bedeutete, entschied sie sich für die Fortsetzung ihrer dissidentischen Aktivitäten. Ihre Strafe betrug fünf Jahre Haft plus fünf Jahre Verbannung.[171] Auch wird berichtet, dass Frauen infolge einer Lagerhaft besonders lange und schwierige Geburten durchleiden mussten.[172] Infolge der körperlichen und seelischen Belastungen blieb während der Haftzeit oft die Monatsblutung aus.[173] Nach Angaben Voznesenskajas setzten bei weiblichen Häftlingen die Wechseljahre früher ein als gewöhnlich.[174] Es ist davon auszugehen, dass Frauen im Lager und im Gefängnis sexuellen Übergriffen ausgesetzt waren,

---

[168] Orlov, S. 300; Ratuschinskaja, S. 250.
[169] Ratuschinskaja, S. 177.
[170] So schreibt Ratušinskaja über einen Aufseher, der mit Strafisolator drohte: „Und dann schlägt er auf die empfindlichste Stelle einer Frauenseele: ‚Glauben Sie, sie können noch Kinder bekommen, wenn Sie im SCHISO gesessen haben?'". Ratuschinskaja, S. 80.
[171] Vaissié, S. 131. Osipova wurde im März 1987 im Zuge einer Amnestie für politische Gefangene unter Gorbačev begnadigt. Einen Monat später emigrierte sie mit ihrem Ehemann Ivan Kovalev (geb. 1954) in die USA, wo sie doch noch Kinder bekam. Sie lebt heute mit ihrer Familie in New York.
[172] Interview Čujkinas mit Lesničenko, Archiv NIC Memorial, SPb.
[173] Bogoraz, Iz vospominanij, S. 133; Interview Al'perns mit Gorbanevskaja, Manuskript, S. 5.
[174] Voznesenskaja, Ženskij lager', S. 228.

wenn sie darüber auch nur selten berichten.[175] Mütter litten unter der Trennung von den Kindern.[176] Stets drohte ihnen der Entzug des Sorgerechts.[177] Es ist bezeichnend, dass Voznesenskaja über den Hunger, die Krankheiten, die harte Arbeit, das Heimweh und die Sehnsucht nach der Familie zwar detailliert, aber nüchtern und unpersönlich berichtet. In ihrer Darstellung ist es zumeist nicht sie selbst, die im Lager friert, hungert, bis zur Erschöpfung arbeitet und die Kinder vermisst, sondern es sind vor allem ihre weiblichen Mithäftlinge. Möglicherweise überschreiten bestimmte Extremerfahrungen die „Grenzen des Sagbaren", so dass die Autorin das Leiden anderer stellvertretend für das eigene beschreibt. In diesem Fall ist die Schilderung fremden Leids eine Projektion der eigenen Erfahrung und bewahrt die Autorin davor, die Schrecken des Lagers beim Erinnern und Erzählen nochmals durchleben zu müssen. Die Übertragung eigener Erfahrung auf andere ist also einerseits ein Abwehrmechanismus, andererseits bietet er aber die Möglichkeit, die Erlebnisse trotzdem zu erzählen. Ein weiteres Mittel des Selbstschutzes sind Verdrängen, Vergessen und Verschweigen.

Um sich als Forschende diesen ungesagten und verdrängten Erfahrungen anzunähern, ist es nötig, die Texte auf ihre Symbolik, auf Andeutungen, Assoziationen und sprachliche Besonderheiten hin zu untersuchen. Auffällig an den Lager- und Gefängniserinnerungen von Frauen ist die besondere Bedeutung der Haare. So schreiben Frauen häufig von ihrer Haarpflege in Gefängnis und Lager, für die sie selbst Shampoos herstellten.[178] Das Haar und allgemeiner die sorgfältige Körperpflege ist ein Symbol für die Wahrung der Weiblichkeit und Menschlichkeit in einer unmenschlichen Situation. Das erzwungene Kurzschneiden oder Abrasieren des Haares wird dem-

---

[175] Meistens berichten die Frauen von der Erniedrigung, sich vor männlichem Aufsichtspersonal splitternackt ausziehen und durchsuchen lassen zu müssen. Bogoraz, Iz vospominanij, S. 119, Ratuschinskaja, S. 15, 197, 257; Interview Al'perns mit Gorbanevskaja, Manuskript, S. 2; Interview Čujkinas mit Klimanova, Archiv NIC Memorial, SPb, S. 22. Aus Andeutungen können wir entnehmen, dass die sexuellen Übergriffe weit darüber hinausgingen. Ratuschinskaja, S. 15, 343.

[176] Interview Al'perns mit Gorbanevskaja, Manuskript, S. 10; Voznesenskaja, Ženskij lager', S. 229. Erstaunlicherweise wird die Trennung von der Familie in männlichen Erinnerungen nicht thematisiert.

[177] Grivnina, Lefortovskie sobesedniki, S. 199; Voznesenskaja, Ženskij lager', S. 229.

[178] Siehe Bogoraz; Ratuschinskaja; Voznesenskaja.

Alltag in der Dissidenz

gegenüber als Gewaltakt dargestellt. Auf diese Weise wird das Haar zum Symbol für intakte oder verletzte Weiblichkeit.[179] Über besonders schmerzhafte Erlebnisse wird häufig ganz geschwiegen. So kommen die Kinder in Voznesenskajas Erinnerungen fast gar nicht vor, die Sehnsucht nach ihnen taucht nur in der Projektion auf andere auf.[180] Aus anderen Quellen erfahren wir jedoch, dass sie aus ihrer Verbannung deswegen widerrechtlich nach Leningrad zurückkehrte, weil ihr Sohn erkrankt war und sie sich Sorgen um ihn gemacht hatte.[181] Eine weitere Möglichkeit zur Darstellung traumatischer Erlebnisse besteht darin, das eigene Ich in den Texten hinter formelhaften Wendungen und Anlehnungen an die literarischen Vorlagen zu „verstecken". Daher kann man anhand von Wortwahl und Bildern, die von den literarischen Beispieltexten abweichen, darauf schließen, dass die entsprechende Schilderung dem Ich möglicherweise näher ist als andere, eher floskelhaft anmutende Passagen. So schreibt Voznesenskaja an einer einzigen Stelle über ihre schwere Krankheit, eine Blutvergiftung, auf der Etappe. Sie erzählt, wie sie in ihren Fieberphantasien von Todesangst heimgesucht wurde und ihre Gedanken um die Frage kreisten, ob es nicht besser gewesen wäre zu emigrieren. Es habe sie die Vorstellung geplagt zu sterben, ohne etwas von der Welt gesehen zu haben, ohne jemals in Paris gewesen und über die Champs-Elysées flaniert zu sein.[182] Diese Episode unterscheidet sich deutlich von anderen Schilderungen über Krankheit und Todesfurcht, die eher von Härte, Widerständigkeit und Kampfgeist geprägt sind.

Dem Leiden im Lager verliehen die ehemaligen Insassinnen in ihren Erinnerungen vor allem dadurch einen Sinn, dass sie die Haft als Teil des politischen Kampfes betrachteten. So war trotz der Härten und Strafen jeglicher Kompromiss undenkbar. Auch im schwächsten Zustand war es wichtig, sich an den Hungerstreiks zu beteiligen. Jegliche Zugeständnisse, insbesondere Zeichen von Reue und Bitten um Milde, galten als moralische

---

[179] Über die Sprache und Symbolik von Lagererinnerungen liegen bislang noch wenig Untersuchungen vor. Einen ersten Zugang präsentiert Toker. Siehe auch die unveröffentlichte Arbeit von Isabel Schmidt.

[180] In ihren Gefängniserinnerungen erwähnt Voznesenskaja ihre Söhne nur ein einziges Mal, als diese nämlich bei der Gerichtsverhandlung zuhören. Voznesenskaja, Zapiski iz rukava, S. 179.

[181] Curtis, S. 177.

[182] Voznesenskaja, Zapiski iz rukava, S. 186.

Schwäche.[183] Nach Aussagen Irina Ratušinskajas wurde selbst das Tragen der Erkennungsmarke, die jeder Häftling auf die Kleidung aufnähen musste, zur „Gewissensfrage"[184]. Da ihrer Meinung nach die Zugehörigkeit zu einer Abteilung oder Organisation grundsätzlich eine freiwillige Entscheidung sei, habe man es selbstverständlich abzulehnen, die Marke zu tragen.[185] Eine Dissidentin, die die Erkennungsmarke bei Antritt ihrer zweiten Lagerhaftstrafe anlegte, weil sie „aus dem Gleichgewicht geraten"[186] war, habe herbe Kritik ihrer Genossinnen einstecken müssen.[187] Hier lässt sich erahnen, wie groß der Gruppendruck gewesen sein muss, moralische Prinzipien in jeder Lebenslage, bis hin zur Extremsituation, geltend zu machen; es zeigt sich, dass die Dissidentinnen auch im Lager die direkte Konfrontation mit der Staatsmacht suchten und sich nicht in eine Opferrolle fügten. Man versuchte, sich auch im Lager Handlungsspielräume zu bewahren.

Doch gerade die unglaublichen Härten führen zu der Auffassung, dass man im Lager zwar äußerlich unfrei sei, in der Gefangenschaft aber ein höheres Maß an innerer Freiheit erreicht werden könne als in der Außenwelt, wo jeder Zugeständnisse an die Machthaber machen müsse.[188] Für viele, so Kovalev, sei das Lager ein Ort, „wo der Geist und die innere Freiheit über die rohe und dumpfe Gewalt triumphieren, eine Einrichtung, die einen lediglich um die äußere Freiheit bringen kann."[189] Il'ja Bokštejn (geb. 1937) vertritt sogar die Auffassung, ein würdiges Mitglied der *intelligencija* könne sich eigentlich nur hinter Gittern befinden.[190] Einige Quellen beschrieben die Gefangenschaft als „Läuterung", als Weg zu einer „reinen Seele" und zu „innerer Freiheit".[191] Vera Laškova spricht von einem Moment der „Buße

---

[183] Voznesenskaja, Zapiski iz rukava, S. 180; Grivnina, Lefortovskie sobesedniki, S. 188; Ratuschinskaja, S. 271f.; Orlov, S. 258f.
[184] Ratuschinskaja, S. 45.
[185] Ebenda.
[186] Ebenda, S. 58.
[187] Ebenda.
[188] Siehe beispielsweise Orlova, S. 399, die einen Bekannten zitiert, der behauptet, die wahre Kultur könne nur im Gulag überleben.
[189] Kowaljow, Flug des weißen Raben, S. 100.
[190] Bokštejn, Ploščad' Majakovskogo, S. 162.
[191] Orlov, S. 259; Interviews Krachmal'nikova; Laškova. AS 1466: Nachruf Natal'ja Gorbanevskajas an Jurij Galanskov, 11. November 1972.

Alltag in der Dissidenz

und Umkehr"[192]. Im Gefängnis habe sie den christlichen Glauben ihrer Kindheit wieder gefunden, der durch den staatlich propagierten Atheismus verdrängt worden war. Konversionserfahrungen scheinen im Lager nicht selten gewesen zu sein.[193] Das Motiv der Läuterung taucht bereits in Erinnerungen an die stalinistischen Lager auf.[194] Einerseits handelt es sich dabei um eine literarische Tradition, andererseits gibt es auch Hinweise, dass bei einigen Häftlingen das Lager tatsächlich zu einer Neuordnung im Wertesystem führte. Ein sprachliches Merkmal dafür ist wiederum das Schweigen. So erzählt Vera Laškova im Interview zunächst sehr formelhaft über ihre Bekehrung zum Christentum im Gefängnis. Sie bedient sich der oben zitierten Phrasen: „Reinigung der Seele" und „Läuterung". Als ich sie an späterer Stelle darum bat, etwas ausführlicher zu berichten, welche Erfahrung sie im Gefängnis zum christlichen Glauben zurückführte,[195] antwortete sie, das wolle sie nicht erzählen, denn das sei eine intime Erfahrung, die sie nicht mit Außenstehenden teilen möchte.[196] Es ist aufschlussreich, dass die Zeitzeugin ihr persönliches Erlebnis verschweigt und statt dessen in der Erzählung auf Allgemeinplätze beziehungsweise formelhafte Wendungen aus der Literatur zurückgreift. Durch diese Formeln stellt Laškova einen Bezug zum kollektiven Gedächtnis ihrer Gruppe und der Vorgängergenerationen von politi-

---

[192] Interview Laškova.

[193] So berichtet Vladimir Osipov (geb. 1939) davon, wie er sich nach seiner Verhaftung auf dem Majakovskijplatz im Frühjahr 1960 im Lager vom überzeugten Komsomolzen und Atheisten zum Christen und russischen Nationalisten wandelte. Vladimir Osipov: Ploščad Majakovskogo, stat'ja 70-ja, in: ders.: Tri otnošenija k rodine. Stati, očerki, vystuplenija, Frankfurt am Main 1978, S. 80–84; Il'ja Bokštejn, der jüdische Wurzeln hatte, berichtet über seine Taufe nach russisch-orthodoxem Ritus im Lager, Bokštejn, Ploščad' Majakovskogo, S. 164. Auch Jurij Galanskov scheint im Lager zum Christentum gefunden zu haben, Ėduard Kuznecov zum Judentum. Vaissié, S. 141.

[194] Sherbakova, The Gulag in Memory, S. 115.

[195] Vera Laškova war im Gegensatz zu anderen Dissidentinnen nicht in einem atheistischen Elternhaus aufgewachsen, sondern ihr Vater war gläubiger Christ und Sänger im Kirchenchor. Die Zeitzeugin berichtet, dass sie in ihrer Jugend den Glauben des Vaters aber nicht teilte, sondern sich zur überzeugten Atheistin entwickelte. Im Gefängnis habe sie dann zum Glauben ihres Vaters und Großvaters zurückgefunden. Interview Laškova.

[196] Interview Laškova.

schen Gefangenen her. Häufig reihen sich die Dissidentinnen und Dissidenten mit ihren Berichten aus der Gefangenschaft in die „russische Tradition" ein, die von den Dekabristen über die Revolutionäre bis zu den Stalinopfern reichte.[197] So schreibt Julija Voznesenskaja, Solženicyn und andere Autoren seien ihre „Lehrmeister"[198] gewesen. Die Erfahrung russischer Oppositioneller in Haft und Verbannung gehe aber noch weiter zurück. Sie verweist zum Beispiel auf die in der Sowjetunion viel gelesenen Memoiren der Sozialrevolutionärin Vera Figner.[199] In diesem Sinne erwähnen auch Bogoraz und Gorbanevskaja ihr „literarisches Wissen" (*knižnye znanija*)[200], ihre „literarische Erfahrung" (*knižnyj opyt*)[201], ja sogar die Vorkenntnisse „aus der Folklore" (*po folkloru*)[202] über die Verhältnisse in Haft und Verbannung. Der häufigste Bezugspunkt in den dissidentischen Erinnerungen sind die stalinistischen Lager und Gefängnisse.[203] Wie Voznesenskaja, so knüpfen Dissidentinnen und Dissidenten an das Diktum Solženicyns an, wonach man das System in seiner ganzen Tragweite erst verstehen könne, wenn man die Gefängnisse kennen gelernt habe.[204]

Den Erzählungen über Lager und Gefängnis ist anzumerken, dass sie sich stets mit den literarischen Vorbildern auseinander setzen. Dissidentische Lagererinnerungen weisen nicht nur untereinander eine erstaunliche Homogenität auf, sondern auch frappierende Parallelen mit den Memoiren von Häftlingen aus der Stalinzeit, sowohl in der Struktur als auch in der Auswahl der Themen. Auch die Listen der Tabus, des Vergessenen und Verdrängten gleichen sich. So ähneln sich dissidentische und stalinistische Erinnerungen an die Sexualität im Lager. Ehemalige Häftlinge berichten über die in ihrem Milieu ungewohnten homosexuellen Beziehungen, die im allgemeinen als

---

[197] Zur Einordnung der Lagerliteratur in die literarischeTradition: Isabel Schmidt, S. 19f. sowie Elisabeth Ann Cole: Towards a Poetics of Russian Prison Literature: Writings on Prison by Dostoevsky, Chekhov und Solzhenitsyn, Diss. Yale University 1991.

[198] Voznesenskaja, Zapiski iz rukava, S. 153.

[199] Ebenda, S. 187.

[200] Bogoraz, Iz vospominanij, S. 88.

[201] Interview Al'perns mit Gorbanevskaja, Manuskript, S. 2.

[202] Bogoraz, Iz vospominanij, S. 91.

[203] Amalrik, Revolutionär, S. 158; Bogoraz, Iz vospominanij, S. 87ff.; Grivnina, Lefortovskie sobesedniki, S. 184; Ratuschinskaja, S. 15.

[204] Interview Krachmal'nikova, Vaissié, S. 143.

Alltag in der Dissidenz

"widernatürlich" abgelehnt werden.[205] In der Wahrnehmung der "Politischen" finden sexuelle Begegnungen ausschließlich in der Welt der Kriminellen (*blatnye*) statt. Sie selbst zeichnen sich durch Reinheit und Enthaltsamkeit aus.[206] In den Erinnerungen von Frauen ist es wie zu Zeiten Evgenija Ginzburgs tabuisiert, über sexuelle Übergriffe, gar Vergewaltigungen zu sprechen. Sie werden, wie durch die Haarmetapher, allenfalls angedeutet. Von Verletzungen der weiblichen Scham und verbalen Diskriminierungen ist allerdings häufig die Rede. Dissidentische Frauen berichten sogar, dass sie sich dank des Vorwissens aus der Literatur dagegen wappnen konnten. So seien sie darauf vorbereitet gewesen, sich zur Leibesvisitation nackt ausziehen oder vor johlenden Gefängniswärtern austreten und duschen zu müssen, was Voznesenskaja als "kostenlosen Striptease" (*besplantyj striptiz*) bezeichnet.[207]

Die persönlichen Eindrücke werden oft mit der Literatur verglichen. Larisa Bogoraz kontrolliert Punkt für Punkt, ob ihr eigener Gefängnisalltag mit dem Gelesenen übereinstimmt.[208] Das scheint ihr Sicherheit zu geben. Die Lektüre von Lager- und Gefängnismemoiren diente als Vorbereitung auf die eigene Haft. So gehörte es zum Wissensschatz eines Gefangenen, mit den Insassen der Nachbarzellen durch Klopfzeichen kommunizieren zu können.[209] Auf der "Etappe" war man gewarnt, wenn eine "trockene Ration"

---

[205] Ratuschinskaja, S. 331; Amalrik, Revolutionär, S. 236f., 256, 283ff.; Orlov, S. 248ff.; Evgenija Ginzburg, Krutoj maršrut (russische Ausgabe), S. 246 und 279.

[206] Bogoraz, Iz vospominanij, S. 128ff.; Ratuschinskaja, S. 211ff.; Voznesenskaja, Romaška belaja, in: Poiski 1983, Heft 5/6, S. 317; Amalrik, Revolutionär, S. 283ff.; Orlov, S. 248. Orlov schreibt hier, er habe noch nie etwas von einem homosexuellen "Politischen" gehört. Zur Parallele in Erinnerungen an die stalinistischen Lager: Evgenija Ginzburg, Krutoj maršrut (russische Ausgabe), S. 279; Isabel Schmidt, S. 64–67.

[207] Julija Voznesenskaja: Pis'mo iz Novosibirska, in: Ženščina i Rossija, S. 71–80, hier, S. 75. Siehe auch Bogoraz, Iz vospominanij, S. 120; Interview Al'perns mit Gorbanevskaja, Manuskript, S. 2; Ratuschinskaja, S. 15.

[208] Bogoraz, Iz vospominanij, S. 91.

[209] Bogoraz, Iz vospominanij, S. 112; Bukowski, Wind vor dem Eisgang, S. 40; Ratuschinskaja, S. 35; Voznesenskaja, Zapiski iz rukava, S. 157, Interview Al'perns mit Gorbanevskaja, Manuskript; Interview Verblovskaja. Bereits Evgenija Ginzburg erwähnt die Möglichkeit, über die Heizrohre zu kommunizieren. Sie selbst habe dieses Wissen von Vera Figner übernommen, deren Erinnerungen sie vor der eigenen Verhaftung gelesen hatte.

(*suchoj paek*) verteilt wurde, das heißt Brot mit Zucker oder marinierte Heringe. Wie Ginzburg und Solženicyn gelehrt hatten, wurde Wasser nur einmal innerhalb von 24 Stunden ausgeschenkt. Um keinen qualvollen Durst zu leiden, durfte man die salzigen Heringe daher auf keinen Fall essen.[210] In einigen Details sind die Übereinstimmungen so auffällig, dass man von literarischen Topoi ausgehen kann. Beispielsweise berichten ehemalige Insassen des *Lefortovo*-Gefängnisses, es habe dort eine großartige Gefängnisbibliothek aus konfiszierten Büchern politischer Gefangener gegeben.[211] Larisa Bogoraz dagegen glaubt, die Geschichte der Bibliothek aus beschlagnahmten Werken sei eine typische „Gefängnislegende" (*tjuremnaja legenda*)[212], die immer wieder kolportiert werde. Sie selbst habe im *Lefortovo* keine interessanten Bücher gefunden.[213] Ein häufig wiederkehrendes Motiv, in Erinnerungstexten an stalinistische wie poststalinistische Gefängnisse, sind die Dialoge beim Verhör, die an absurdes Theater erinnern und damit die geistige Überlegenheit der *intelligencija* gegenüber den Handlangern des Regimes dokumentieren.[214] Was die Verhältnisse im Lager betrifft, so berichten die Zeitzeuginnen und Zeitzeugen der sechziger bis achtziger Jahre nach dem Vorbild Ginzburgs von einer engen Solidargemeinschaft der politischen Gefangenen, die versuchte, der Rohheit und Misshandlung mit Humanität und gegenseitigem Respekt entgegen zu treten, was sich bereits im Siezen der Mithäftlinge ausdrückte.[215] Menschlichkeit und Würde werden

---

[210] Bogoraz, Iz vospominanij, S. 119; Interview Al'perns mit Gorbanevskaja, Manuskript, S. 9; Martschenko (deutsche Ausgabe), S. 21; Ratuschinskaja, S. 15; Voznesenskaja, Zapiski iz rukava, S. 185; sowie dies., Romaška belaja, in: Poiski 1983, Heft 5/6, S. 323.

[211] Amalrik, Revolutionär, S. 297: „Wodurch sich jedoch das *Lefortovo*-Gefängnis von allen anderen Gefängnissen angenehm unterschied, war die Bibliothek, die aus beschlagnahmten Büchern zusammengestellt war"; Orlov, S. 217: „Es war eine gute Bibliothek, voll von russischen Klassikern, die von Intellektuellen in den dreißiger Jahren konfisziet wurde." Ebenso: Grivnina, Lefortovskie sobesedniki, S. 185, Novodvorskaja, Otčajanija, in: Karta, S. 42.

[212] Bogoraz, Iz vospominanij, S. 96.

[213] Ebenda.

[214] Amalrik, Revolutionär, S. 163; Grivnina, Lefortovskie sobesedniki, S. 187–192; Sherbakova, The Gulag in Memory, S. 111.

[215] Briefe Julij Daniėl's; Orlov, S. 233f.; Interview Dorutinas mit Lazareva, Archiv NIC Memorial, SPb, S. 2; Interviews Velikanova, Žolkovskaja-Ginzburg. Ratušinskaja betont beispielsweise ausdrücklich, dass die Frauen im mordvinischen

Alltag in der Dissidenz

auch durch geistige Betätigung, das Lernen von Fremdsprachen, heimliche wissenschaftliche Arbeit, die Lektüre, das Zeichnen und Schreiben bewahrt. Voznesenskaja erwähnt Bibel- und Literaturseminare im Lager.[216] Zum Erhalt der Gesundheit betrieben die Häftlinge Morgengymnastik und übergossen sich zur Abhärtung mit kaltem Wasser.[217] In den Erinnerungen von Frauen hat die Bewahrung der Weiblichkeit durch die Betonung von Schönheitspflege und Hygiene einen hohen Stellenwert.[218]

In zahlreichen Quellen findet sich die Auffassung, Lager und Gefängnis seien schon deshalb bereichernd für die Persönlichkeitsentwicklung, weil dort Menschen aus verschiedenen Schichten und Gruppen zusammen treffen, Oppositionelle unterschiedlicher Richtungen, Intelligenz und „Volk", „Politische" und Kriminelle. Da die Haft als Erfahrung von allen Milieus geteilt werde, biete ein Lager oder Gefängnis einen Querschnitt durch die Gesellschaft, aus dem man über den wahren Zustand des Landes schließen könne.[219] Julija Voznesenskaja beschreibt ausführlich die verschiedenen Häftlingsgruppen, als ob es sich um eine ethnographische oder soziologische Studie handele.[220]

Lager alle per Sie seien. Die höfliche Distanz unterscheide die Welt der „Politischen" von den Kriminellen und erleichtere den respektvollen Umgang miteinander, wenn Menschen auf engstem Raum zusammen gepfercht seien. Ratuschinskaja, S. 42. Zu den Erinnerungen an stalinistische Lager: Evgenija Ginzburg, Krutoj maršrut, S. 225; Isabel Schmidt, S. 77–79; Sherbakova, The Gulag in Memory, S. 115.

[216] Zitiert nach Curtis, S. 177f.

[217] Amalrik, Revolutionär, S. 160, S. 167, S. 281; Bukowski, Wind vor dem Eisgang, S. 25f.; Orlov, S. 239, S. 254; Voznesenskaja, Romaška belaja, in: Poiski 1983, Heft 5/6, S. 317–319.

[218] Bogoraz, Iz vospominanij, S. 110; Ratuschinskaja, S. 51; Voznesenskaja, Romaška belaja, in: Poiski 1983, Heft 5/6, S. 316f. sowie Curtis, S. 177f. Zum Vergleich mit Evgenija Ginzburg: Isabel Schmidt, S. 67–70.

[219] Beispielsweise Amalrik, Revolutionär, S. 229–236, S. 254; Bogoraz, Une femme en dissidence, S. 140; Bukowski, Wind vor dem Eisgang, S. 252; Ratuschinskaja, S. 266; Interview Al'perns mit Gorbanevskaja, Manuskript, S. 8; Interview Velikanova.

[220] Voznesenskaja, Ženskij lager', S. 220–230. Bereits Julij Daniėl' hatte seinen Aufenthalt im Lager als „folkloristisch-ethnographische Expedition" bezeichnet, erster Brief Julij Daniėl's aus dem Lager, 2. und 3. März 1966, veröffentlicht in: Julij Daniėl', S. 25–28, hier S. 25. Siehe auch Kapitel 5.1, den Abschnitt: „‚Die Lager existieren noch!'".

Von der Küche auf den Roten Platz

Durch die Auseinandersetzung mit der Stalin-Generation und die Übernahme von Elementen aus ihren Memoiren, schreiben sich Dissidentinnen und Dissidenten in die Tradition ein. Die Erzählung der Haft ist vom autobiographischen Diskurs beeinflusst. Die schriftlichen Zeugnisse der hier untersuchten Erinnerungstexte wurden noch vor der *perestrojka* verfasst. Sie sollten einerseits über die Verhältnisse im Strafvollzug aufklären, andererseits die Gefängnisse und Lager im kulturellen Gedächtnis bewahren helfen. Anhand der dissidentischen Erinnerungen wird erneut ersichtlich, dass das Gedächtnis an die Lager einer „kanonisierten"[221] Erinnerung gleichkommt. Es werden die Momente hervorgehoben, die den großen Vorbildern, Ginzburg, Solženicyn oder Šalamov, entsprechen. Deren Werke haben insofern eine normative Funktion, als später erzählte Lagererinnerungen von ihnen beeinflusst und überformt werden. In weiteren Forschungsarbeiten über poststalinistische Lagermemoiren wäre im Detail zu klären, in welchen Punkten von den Vorlagen abgewichen wird, welche Erinnerungsschichten zum Vorschein kommen, in welchen Episoden das Ich spricht und in welchen es hinter einen Allgemeinplatz zurücktritt. Hierdurch könnte man einen vertieften Einblick in Erinnerungsprozesse erhalten. Es könnte herausgefiltert werden, welche Passagen mehr und welche weniger von Stilisierungen und Erinnerungen aus zweiter Hand geprägt sind, welche Erlebnisse vorzugsweise erzählt oder verschwiegen werden, welche kollektive und individuelle Symbolik in den Texten verwendet wird und was sie ausdrückt, wie sich der Lagerdiskurs zwischen stalinistischer und poststalinistischer Zeit verändert hat und welche Rückschlüsse daraus auf die Identität und Selbstwahrnehmung der Dissidentinnen und Dissidenten zu ziehen sind.

Ein fundamentaler Unterschied zu den Erinnerungen an die Stalinzeit besteht darin, dass die politischen Gefangenen der sechziger, siebziger und achtziger Jahre das Risiko der Verhaftung bewusst eingingen und vorsätzlich „antisowjetisch" handelten:

> Zur Zeit der stalinistischen Repressionen hat man, wie Sie wissen, die Leute einfach so verhaftet. […] Wir haben aber bewusst gehandelt, überzeugt, und auf jeden Fall hatten wir ein Ziel. Deswegen haben wir uns nicht als Verbrecher betrachtet. Man kann nicht behaupten, dass wir nicht wussten, wofür wir saßen. Wir wussten, dass wir für das im Gefängnis waren, was wir gegen die Sowjetmacht getan oder gesagt hatten. Unter Stalin war das nicht so. Damals verhaftete man

---

[221] Zum Kanonbegriff in Bezug auf die Lagererinnerungen siehe Kapitel 4.3.

Alltag in der Dissidenz

Millionen von Leuten, und häufig wusste der Betroffene nicht warum…[222]
Unter Stalin wurden überzeugte Kommunisten und Befürworter des Regimes zu Opfern der Repressionen. Sie dachten, im Falle ihrer Verhaftung handele es sich um einen Irrtum.[223] Gefängnis, Verurteilung und Lager waren ein totaler Bruch in ihrem Leben und stellten das Wertesystem oft radikal in Frage. Lagererinnerungen von Stalinopfern verfolgten somit häufig die Intention, die Hafterfahrungen in den Lebensweg zu integrieren und ihnen einen Sinn zu verleihen. Die Memoiren Evgenija Ginzburgs stellen nicht zuletzt deswegen eine „Gratwanderung"[224] dar, weil die Autorin einerseits über die stalinistischen Verbrechen aufklären möchte, andererseits aber versucht, den Konflikt mit der Partei in eine Bahn zu lenken, die ihre kommunistische Überzeugung unangetastet lässt.[225] Ihres Glaubens an die Überlegenheit des sowjetischen Systems beraubt, kämpft sie um die Wahrung einer intakten Identität.[226] Politische Gefangene aus dem Dissidentenmilieu müssen dagegen den Sinn ihrer Hafterfahrung nicht belegen. Ihre Verhaftung resultierte aus der Opposition zum repressiven System. Lager und Gefängnis unterstrichen ihr Selbstbild als Kämpfer und Märtyrer für die gerechte Sache. Sie waren Zeichen ihrer Gesinnungsethik und gehörten zu einer „vollständigen" Dissidentenbiographie. Die Anknüpfung an die Memoiren aus der Stalinzeit ist in den Erinnerungen der Dissidentinnen und Dissidenten Teil der Sinnstiftung. Sie ordnen sich ein in eine lange Reihe politisch Verfolgter der Sowjetmacht, teilweise sogar des zaristischen Russland. Ihre kollektive Identität konstituierte sich auch durch das Leiden am System, woraus sie Motivation für den weiteren Kampf bezogen.

Was die Stellung eines Verhafteten in der Gruppe der Dissidenten anbelangt, lässt sich beobachten, dass die Hafterfahrung das Ansehen einer

---
[222] Interview Laškova.
[223] Sherbakova, The Gulag in Memory, S. 104, 109.
[224] *Gratwanderung* ist der Titel einer deutschen Ausgabe von *Krutoj maršrut*.
[225] Isabel Schmidt, S. 71. Zur Biographie Ginzburgs siehe Kapitel 4.3.
[226] Isabel Schmidt, S. 47, S. 72–77.

Person erhöhte.[227] Natal'ja Sadomskaja spricht sogar von einer „Hierarchie nach Leidensgrad"[228]:

> Wer mehr litt, der stand höher, wie im Christentum. […] Den ersten Rang hatte, wer länger saß, den zweiten, wer kürzer saß, den dritten, wer in die Verbannung geschickt wurde, den vierten, wer von der Arbeit entlassen wurde, den fünften, wer nicht veröffentlichen durfte.[229]

In diesem Sinne führt Andrej Amal'rik aus, dass eine Verurteilung nach Artikel 190 des Strafgesetzbuchs der RSFSR „weniger gilt"[230] als nach Artikel 70, ebenso wie eine Inhaftierung im Moskauer *Butyrki*-Gefängnis höher angesehen sei als im *Lefortovo*.[231] Bisweilen wirkt es so, als ob die Dissidentinnen und Dissidenten in den Repressionen eine staatliche Anerkennung und Aufwertung ihrer Aktivitäten sehen, als würde ihnen durch die Verurteilung Rang oder Titel verliehen: je höher die Strafe, desto größer die Verdienste um die gerechte Sache. So kommentiert Irina Ratušinskaja ihre Verurteilung zur Höchststrafe nach Artikel 70, sieben Jahre Lager mit anschließender fünfjähriger Verbannung, mit den Worten: „Meine Verdienste für die Heimat wurden hoch bewertet."[232] Diese Wertung verrät eine Haltung der Dissidenten gegenüber dem Staat, der in Analysen zur Dissidentenbewegung bislang wenig Aufmerksamkeit galt: Der Staat wurde einerseits dafür bekämpft, dass er das Leben seiner Bürger zerstörte und die kleinste freie Äußerung im Keim erstickte, andererseits zogen die Dissidenten aus dieser Repression eine gewisse Anerkennung und Legitimation,

---

[227] Daneben waren ausschlaggebend für die Stellung einer Person in der Gruppe: die Persönlichkeit und moralische Autorität, Rang und Ansehen, die jemand in der Sowjetgesellschaft erworben hatte, beispielsweise wissenschaftliche Titel oder schriftstellerischer Ruhm, sowie der Grad der Aktivität und des Engagements für die Bewegung.

[228] Sie gebraucht den russischen Ausdruck *ierachija po stepeni stradanija*, Interview Sadomskaja.

[229] Ebenda.

[230] Amalrik, Revolutionär, S. 157.

[231] Ebenda. Vergehen nach Artikel 190 StGB der RSFSR wurden in der Regel mit einer Strafe von einem Jahr Verbannung bis drei Jahren Haft bestraft, nach Artikel 70 mit einer Haftstrafe zwischen fünf und sieben Jahren plus anschließender Verbannung. In einzelnen Fällen, zum Beispiel bei Wiederholungstätern, konnte die Freiheitsstrafe nach Artikel 70 bis zu zehn Jahren betragen.

[232] Ratuschinskaja, S. 14.

Alltag in der Dissidenz

womit sie das destruktive Denken teilweise übernahmen. Genauso wie der Staat im offiziellen gesellschaftlichen Leben Auszeichnungen, Orden und Titel verlieh und damit den sozialen Status seiner Bürger definierte, verteilte er Strafen, deren Höhe über die Rangordnung im Untergrund mitbestimmte. Dieses Umkehren der Vorzeichen belegt, dass die Dissidentinnen und Dissidenten dem offiziellen Wertesystem in gewissem Maße verhaftet blieben. Sie erkannten den Rang an, die der Staat den Oppositionellen *vor* dem dissidentischen Leben zuwies: Personen wie Andrej Sacharov, die im Sowjetsystem Erfolg hatten, genossen auch in der Dissidentenbewegung Ansehen. Umgekehrt galt auch eine hohe Strafe, die von Staats wegen vergeben wurde, als Zeichen von „Erfolg". Durch das Leiden am System wurde die moralische Integrität verteidigt.[233]

Die „Hierarchie nach Leidensgrad" setzte unterschiedliche Standards für Männer und Frauen: Für Männer im Dissidentenmilieu gehörte die Inhaftierung anscheinend zum „Ehrenkodex"[234]. In ihren Lebensgeschichten steht die Gefangenschaft häufig im Zentrum der Erinnerungen. Die Memoiren tragen Titel, die Kampf, Revolte und Risiko assoziieren: *Aufzeichnungen eines Revolutionärs,*[235] *Besonders gefährlicher Verbrecher,*[236] *Gefährliche Gedanken.*[237] Nach Aussage Sof'ja Čujkinas hätten Dissidenten, die keine Strafe im Lager verbüßen mussten, unter einem „Minderwertigkeitskomplex" gelitten.[238] So soll Ivan Kovalev (geb. 1954), nachdem seine Frau Tat'jana Osipova verhaftet worden war, alles darangesetzt haben, möglichst schnell selbst verhaftet zu werden.[239] Während hohe Haftstrafen für Männer

---

[233] Allerdings darf nicht vergessen werden, dass es Dissidentinnen und Dissidenten gab, die nicht bereit waren, bis zum Äußersten zu gehen. Sie entzogen sich der Verhaftung durch Emigration, teilweise waren sie angesichts einer drohenden Haftstrafe oder nach der Entlassung aus der Haft dazu bereit, gegenüber den Staatsorganen auf künftige dissidentische Aktivitäten zu verzichten, so beispielsweise Gorbanevskaja nach ihrer Entlassung aus der psychiatrischen Klinik.

[234] Čujkina, Učastie ženščin, S. 72.

[235] Amalrik, Revolutionär.

[236] Lev Timofeev: Ja osobo opasnyj prestupnik. Odno ugolovnoe delo, Minsk 1990; Boris Vajl: Osobo opasnyj, London 1980.

[237] Orlov, Dangerous Thoughts.

[238] Čujkina, Učastie ženščin, S. 72.

[239] Interview Aleksandr Daniėl'. Von der Ehefrau eines politischen Häftlings wäre erwartet worden, dass sie sich in ihrer Aktivität zurücknehme und den Mann im Lager unterstütze.

als Normalität angesehen und männliche politische Gefangene als Helden verehrt wurden, galt die Inhaftierung von Frauen als „unnatürlich". Der Platz des Mannes sei in der ersten Reihe, der der Frau im „Hinterland".[240] Ljudmila Alekseeva geht sogar so weit, diese Haltung in der Sprache, die sie im amerikanischen Exil lernte, als Ausdruck von „männlichem *Politzek*-Chauvinismus"[241] zu bezeichnen. Die Furcht ihres Ehemannes vor ihrer Verhaftung bezeichnet sie als „chauvinistische Überzeugung, dass das Gefängnis kein Platz für eine Frau sei"[242].

Es zeigt sich erneut, dass zwei Bilder von der politisch aktiven Frau konkurrierten: die unterstützende Ehefrau des männlichen Helden und die Frontkämpferin, die selbst zur Heldin wurde. Wie schon das Beispiel Velikanovas zeigte, wurden Frauen, die in der Dissidenz hoch angesehen waren, mit männlich konnotierten Attributen versehen: Sie galten als *stojkie* (standfest), *semelye* (mutig), *mužestvennye* (tapfer), *tverdye* (hart, standhaft). Diese Attribute entsprachen den heldenhaften männlichen Vorbildern aus Revolution, Bürgerkrieg und „Großem Vaterländischen Krieg".[243] Anhand dieses Wertekanons fällt erneut die innere Nähe der Dissidentenbewegung zum System auf, denn die Heldenbilder der Oppositionellen entsprechen denen der sowjetischen Propaganda und offiziellen Geschichtsschreibung, wenngleich ihre Motivation des Heldentums eine andere war als die der sowjetischen Helden. Ferner ist es bezeichnend, dass die Verdienste einer Frau in der Dissidenz mit „männlichen" Attributen umschrieben wurden und dass eine Frau dann zu hohem Ansehen und einer führenden Position gelangte, wenn sie „männliche" Werte verkörperte. Dazu gehörte auch, die Lagererfahrung zu teilen. Anscheinend sahen sich Männer aber durch dieses „Aufsteigen" von Frauen in männliche Rollen in ihrer Führung in der Dissidentenbewegung gefährdet. Wollten die Männer also ihre Frauen und Mitstreiterinnen deswegen nicht in Haft gehen lassen, weil diese dadurch ihre eigene vorherrschende Rolle ins Wanken brachten? So zumindest

---

[240] Tchouikina, „Ich war keine Dissidentin", S. 213. Siehe auch Kapitel 5.1, die Abschnitte: „'Die Lager existieren noch!'" sowie „Organisierte Hilfe für politische Gefangene".

[241] *Politzek* ist der Audruck für „politischer Gefangener" im Lagerjargon, Alexeyeva, Thaw Generation, S. 270.

[242] Ebenda, S. 277.

[243] Für erstere siehe Scheide, Kinder, Küche, Kommunismus, S. 128–136; für die Helden des Zweiten Weltkriegs beispielsweise Sartorti, On Heroes, Heroines and Saints.

Alltag in der Dissidenz

könnte man Alekseevas Kritik an dem männlichen „Politzek-Chauvinismus" deuten.

Für Frauen gab es zwei Möglichkeiten, mit dem „Chauvinismus" umzugehen: Sie konnten ihn übernehmen und die Ansicht teilen, dass das „Gefängnis kein Platz für eine Frau" sei.[244] Ihr Selbstentwurf entsprach also eher dem Frauentyp der Wohltäterin und Unterstützerin, die bezeichnenderweise mit ihren, weiblichen, Attributen nicht so viel Achtung genoss. Die zweite Möglichkeit war, die für Frauen geltende Norm zu durchbrechen und einen Schritt zu tun, der im Milieu eher den Männern vorbehalten war. Diese Frauen stiegen zwar im Ansehen, standen aber gleichzeitig unter Rechtfertigungsdruck für ihr Tun, insbesondere wenn sie Kinder hatten.[245] So gab es im Dissidentenmilieu Diskussionen darüber, ob Frauen mit Kindern sich überhaupt in der Opposition engagieren sollten.[246]

Zum Teil entschieden sich Frauen nacheinander für die eine und dann für die andere Rolle. Ein Beispiel, wie die beiden konkurrierenden Frauenbilder in einer Person zusammengeführt wurden, sind die Erinnerungen Larisa Bogoraz': Sie stand ihrem Mann nach der Verhaftung Daniėl's trotz der Trennung der beiden als „gute Ehefrau" zur Seite. Zwei Jahre lang unterstützte sie ihn selbstlos und sicherte dadurch seine Verbindung zur Außenwelt. Nach dem Einmarsch in die Tschechoslowakei sah sie sich vor eine schwierige Entscheidung gestellt. Ihre Freundin Natal'ja Gorbanevskaja wollte dagegen demonstrieren. Was sollte sie selbst aber tun? Sollte sie teilnehmen, obwohl sie sowohl einen Mann im Lager hatte als auch einen halbwüchsigen Sohn? Ihre Entscheidung für die Demonstration stellte eine Normverletzung innerhalb ihres Milieus dar, die heftig kritisiert wurde. Wie sie erzählt, hätten ihre Freunde ihr Vorwürfe gemacht, sie handele selbstsüchtig, strebe nach Berühmtheit, gefährde Julij Daniėl' im Lager und setze das Wohl ihres Kindes aufs Spiel.[247] „Die Frau Daniėl's ist verrückt geworden, sie hat ihren Sohn aufgegeben und ihren Mann, der im Lager ist, im

---

[244] So beispielsweise Natal'ja Botvinik, Irma Kudrova, Natal'ja Roginskaja, Irina Uvarova. Siehe auch Čujkina, Učastie ženščin, S. 72, wo sie eine weibliche Interviewpartnerin zitiert: „Wenn ein Mann im Gefängnis ist, ist das eher normal als wenn eine Frau im Gefängnis ist. [...] Wenn eine Frau im Gefängnis ist, ist das fürchterlich. Wenn sie zu Hause bleibt und Kinder aufzieht, ist das natürlich."

[245] Mit ist keine Quelle bekannt, in der Männer angesichts ihres bevorstehenden Arrests Sorge um die Kinder äußern.

[246] Interview Gorbanevskaja sowie die Gespräche Botvinik, Roginskaja, Uvarova.

[247] Bogoraz, Une femme en dissidence, S. 119, ausführlicher: Interview Bogoraz.

Stich gelassen. Dafür hat sie gefordert, selbst eingekerkert zu werden"[248], notierte Kornej Čukovskij in sein Tagebuch. In ihrem Schlusswort vor Gericht rechtfertigte Larisa Bogoraz ihren Entschluss:

> Das öffentliche Leben ist für mich bei weitem nicht der interessanteste Teil des Daseins. Dies gilt umso mehr für die Politik. Um zur Demonstration zu gehen, musste ich meine Trägheit überwinden, ebenso meine Abneigung gegenüber jeglicher Prahlerei. Ich hätte bevorzugt anders zu handeln. Ich hätte bevorzugt Leute zu unterstützen, die dachten wie ich, aber berühmt sind [...]. Es fanden sich keine solchen Leute in unserem Land [...]. Ich stand also vor der Wahl, entweder zu protestieren oder zu schweigen.[249]

Ihr Handeln erklärt sie also damit, dass sie in die Bresche springen musste, nachdem sich keine einflussreichen (männlichen) Personen zum Protest überreden ließen. In ihren Erinnerungen führt Bogoraz dann einen zweiten Punkt an. Denjenigen, die ihr vorwarfen, sie habe ihr Kind im Stich gelassen, erklärt sie, dass gerade ihre Rolle als Mutter sie zu moralischem Handeln verpflichtet habe:

> In der Tat hatte ich lange über meinen Entschluss nachgedacht, sowohl über die Motivation meiner Handlung als auch über meine Mutterpflichten. Diese beschränkten sich nicht darauf warme Mahlzeiten zuzubereiten und Hemden zu bügeln. Ich musste dem Kind, das ich in die Welt gesetzt hatte, auch ein Leben ermöglichen, das besser und freier ist als das meine.[250]

Bogoraz begründet ihr Überschreiten der Norm also gerade mit ihre weiblichen Rolle. Auf der anderen Seite wurde anhand ihrer Erinnerungen an Gefängnishaft und Verbannung deutlich, dass sich durch diese Erfahrung ihr Selbstwertgefühl erhöhte. Sie zeigt sich stolz darüber, dass sie in der politischen Auseinandersetzung genauso „ihren Mann stehen" konnte. Sich an einer für männliches Handeln geltenden Richtschnur zu orientieren, bedeute-

---

[248] Zitiert nach Bogoraz, Une femme en dissidence, S. 120. Bogoraz wurde nicht nur für die Gefährdung von Mann und Sohn durch die Demonstration kritisiert. Einige aus dem Dissidentenmilieu waren gegen die Aktion an sich, weil sie fürchteten, zu viele wichtige Köpfe der Bewegung auf einmal zu verlieren. Amalrik, Revolutionär, S. 92; Bogoraz, Une femme en dissidence, S. 119.

[249] Poslednee slovo Larisy Bogoraz, in: Gorbanevskaja (Hrsg.): Pol'den, S. 210.

[250] Bogoraz, Une femme en dissidence, S. 120, siehe auch Interview Bogoraz.

Alltag in der Dissidenz

te für Frauen also auch ein Gewinn an persönlicher Stärke und Selbstachtung. Dennoch klingen in Bogoraz' Erinnerungen immer wieder Schmerz über die Trennung von ihrem Sohn Sanja[251] und ein schlechtes Gewissen an. Beispielsweise schildert sie, wie sie den Sohn überraschend in der Wohnung antraf, nachdem die KGB-Leute sie nach der Verhaftung noch einmal zur Durchsuchung zurück gebracht hatten. Als sie danach wieder ins Gefängnis gefahren wurde, sei ihr das Herz gebrochen beim Anblick Sanjas, wie er einsam auf der Straße stand und traurig dem abfahrenden schwarzen Volga nachsah.[252] Hier zeigt sich ein Konflikt zweier Rollenmuster.

Anstelle im Gefängnis oder Lager inhaftiert zu werden, wurden Frauen offenbar häufiger als Männer in der Psychiatrie interniert.[253] Eines der ersten Opfer war Natal'ja Gorbanevskaja, die nach ihrer Verhaftung an Weihnachten 1969 für anderthalb Jahre in eine psychiatrische Spezialklinik in Kazan' einwiesen wurde. Die Diagnose lautete „schleichende Schizophrenie" (*šizofrenija vjalotekuščaja*)[254]. Dies galt unter Dissidentinnen und Dissidenten als härteste Strafe.[255] In Kazan' lebte Gorbanevskaja im Zustand

---

[251] Sanja ist eine Kurzform für Aleksandr.

[252] Bogoraz, Iz vospominanij, S. 89; dies.: Une femme en dissidence, S. 124. Aleksandr Daniėl' berichtet übrigens, er habe die Inhaftierung beider Eltern ausgezeichnet verkraftet. Als Jugendlicher genoss er seine frühe Selbständigkeit und die „sturmfreie Bude". Allein die Freundinnen der Mutter seien mit ihrer Fürsorglichkeit bisweilen etwas aufdringlich gewesen. Interview Aleksandr Daniėl'.

[253] In den siebziger Jahren wurden aus Moskau Natal'ja Gorbanevskaja, Ol'ga Ioffe, Valerija Novodvorskaja, Julija Višnevskaja und Irina Kaplun in der Psychiatrie interniert. Siehe Alekseeva, Istorija inakomyslija, S. 278, S. 298, Anm. 365. In derselben Zeitspanne wurden deutlich weniger Dissidentinnen zu Gefängnis oder Lager verurteilt.

[254] „Schleichende Schizophrenie" war eine häufig gestellte Diagnose bei Dissidentinnen und Dissidenten. Ferner wurde ihnen „Unzurechnungsfähigkeit" oder „paranoide Persönlichkeitsentwicklung" unterstellt. Diese Diagnosen rechtfertigten nach außen hin, dass gesunde Menschen in Zwangsjacken gesteckt, in Gummizellen gesperrt und mit Psychopharmaka behandelt wurden. Siehe besonders die Schilderungen Bukovskijs: Bukowski, Wind vor dem Eisgang, S. 166–174. Über die psychiatrischen Kliniken als Mittel zur Bekämpfung der Dissidentenbewegung siehe die zusammenfassende Darstellung von Sydney Bloch/Peter Reddaway: Psychiatric Terror. How Soviet Psychiatry is Used to Suppress Dissent, New York 1977.

[255] Interview Al'pern mit Gorbanevskaja, Manuskript, S. 5, S. 8–11. Für die Memoiren weiterer in der Psychiatrie internierter Personen: Bukowski, Wind vor dem

völliger Entrechtung, ihre Post wurde abgefangen, sie war umgeben von Geisteskranken, allmählich begann sie zu zweifeln, ob sie selbst bei klarem Verstand sei. Im Gegensatz zu einem Lagerhäftling wusste sie nicht, wie lange ihr Freiheitsentzug noch andauern würde.[256] Gorbanevskajas Briefe aus der Psychiatrie sind ein erschütterndes Zeugnis über ihre zunehmende psychische Zerrüttung. Sie klagt über den stumpfsinnigen Alltag, die grenzenlose Einsamkeit, ihre Schuldgefühlen gegenüber der Familie, die tiefe Trauer über die Trennung von den Kindern und die Angst, den Verstand zu verlieren.[257] Im Rückblick betont Gorbanevskaja, sie würde lieber sieben Jahre im Lager verbringen als drei in der Psychiatrie.[258] Auch Valerija Novodvorskaja (geb. 1950) schreibt, wenn sie vor ihrer Internierung im berüchtigten Moskauer Serbskij-Institut eine Vorstellung gehabt hätte von dem, was sie in der Psychiatrie erwartete, dann hätte sie vor der Verhaftung Zyankali genommen. Auf das Lager sei sie gefasst gewesen, auf die psychiatrische Klinik nicht.[259] Während der Erfahrung von Lager und Gefängnis ein „Nutzen" beigemessen wird, ist die der Psychiatrie in den Erinnerungen vorwiegend traumatisch, oft so, dass sie gar nicht beschrieben werden kann. Vielleicht hängt das damit zusammen, dass es für die Lagerfahrung Vorbilder und Orientierungshilfen gab. So weisen Gorbanevskajas Erinnerungen

Eisgang, S. 166f.; Petr Grigorenko: Mysli sumasšedšego, Izbrannye pis'ma i vystuplenija Petra Grigor'eviča Grigorenko, Amsterdam 1973; Viktor Nekipelov: Škola durakov, Moskau, Samizdat 1976, veröffentlicht als: Institute of fools. Notes from the Serbsky, New York 1980. Novodvorskaja, Otčajanie, in: Karta.

[256] Im Gegensatz zur Inhaftierung in Lager und Gefängnis war die psychiatrische Behandlung zeitlich nicht begrenzt. Die Einweisung konnte ohne Zustimmung von Verwandten oder Personen des näheren Umfelds der Patienten erfolgen. Chronika tekuščich sobytij 28, 31. Dezember 1972, S. 28.

[257] Briefe Gorbanevskajas an Mutter und Kinder: Archiv NIC Memorial, Moskau, Fond 153: Kollekcija ličnych del, Brief Natal'ja Gorbanevskajas an die Mutter, ohne Datum (vermutlich Sommer/Herbst 1970), Brief an den Sohn, 16. Oktober 1970, Brief an die Mutter, 19. Oktober 1970, Brief an den Sohn, 4. November 1970, Brief an die Mutter, ohne Datum (vermutlich Herbst/Winter 1970/71). Im Interview begründet Gorbanevskaja ihr trotz Verhaftungsrisiko hohes Engagement übrigens ähnlich wie Bogoraz: Um der Kinder willen habe sie sich in der Dissidentenbewegung engagiert, um ihren Kindern eine bessere Zukunft zu ermöglichen und ihnen später aufrecht ins Gesicht sehen zu können. Interview Gorbanevskaja.

[258] Interview Al'pern mit Gorbanevskaja, Manuskript, S. 5.

[259] Novodvorskaja, Otčajanie, in: Karta, S. 44.

Alltag in der Dissidenz

an die Monate im Gefängnis, bevor sie in die Psychiatrie eingewiesen wurde, deutliche Ähnlichkeiten zu den übrigen Gefängniserinnerungen auf. Über das Gefängnis berichtet Gorbanevskaja in einem Interview mit der russischen Soziologin Ljudmila Al'pern viel ausführlicher als über die Psychiatrie. Im Gespräch mit mir wollte Gorbanevskaja gar nicht über die Zeit in der Klinik sprechen. Sie habe sich nach ihrer Emigration in Frankreich bei *Amnesty International* engagiert und öffentlich über die sowjetische Psychiatrie berichtet. Nachdem sie einige Male auf solchen Veranstaltungen aufgetreten sei, habe sie damit aufhören müssen, denn es sei ihr klar geworden, dass das Erzählen „für sie eine Folter"[260] sei. Offenbar fehlt Gorbanevskaja die Sprache, um über ihre Erfahrung so zu berichten, dass sie nicht immer wieder Schmerzen auslöst. Möglicherweise fällt das Erzählen über das Lager aufgrund der zahlreich vorhanden Topoi und literarischen Vorlagen leichter. Wenn Gorbanevskaja hingegen über die Psychiatrie berichtet, muss sie ihre eigenen Worte benutzen; das heißt sie muss das Erlebte nochmals durchmachen, so dass das Erzählen für sie zur Marter wird.

Das Berichten über die Lagererfahrung ist hingegen ein Einschreiben in das kulturelle Gedächtnis. Frauen schreiben sich in dieses Gedächtnis ebenso wie Männer ein, wobei ihr Selbstentwurf dabei brüchiger wirkt, denn es gibt anders als bei männlichen Heldenbildern konkurrierende Weiblichkeitsdiskurse. Ein geschlechtsspezifischer Unterschied zwischen Frauen- und Männererinnerungen an Hafterfahrungen besteht darin, dass Frauen sich für ihr „Frontkämpfertum" rechtfertigen müssen. Sie sehen sich gegenüber ihren Kindern und dem Partner in der Pflicht, ihr Tun moralisch zu begründen, während es unter Männern eher als verpönt gilt, der Familie wegen beim oppositionellen Engagement zurück zu treten.[261] Dafür legitimieren Frauen ihre Bereitschaft, aufs Ganze zu gehen, gerade mit ihrer Rolle als Frauen und Mütter.

Die Situation der Ehefrauen politischer Gefangener

Eine einschneidende Erfahrung für die Menschen der Dissidenz war nicht nur die eigene Verhaftung, sondern auch die eines Nahestehenden, beson-

---

[260] Interview Al'perns mit Gorbanevskaja, Manuskript, S. 11.
[261] Bukowski, Wind vor dem Eisgang, S. 182f.; Bogoraz, Une femme en dissidence, S. 164.

ders des Ehepartners oder Lebensgefährten. Mit seiner Inhaftierung waren spezifische materielle und psychologische Probleme verbunden. Da die Verhaftung bei dissidentischen Paaren vorwiegend die Männer traf, gelten die im Folgenden geschilderten Erfahrungen vor allem für Frauen. Wurde der Ehemann verhaftet, so bedeutete das für die Frau zunächst, dass sie bis zum Abschluss der Ermittlungen, die sich ein Jahr lang hinziehen konnten, keinen Kontakt zu ihm haben durfte. Im Untersuchungsgefängnis waren Briefkontakte und Besuche nicht erlaubt; der Austausch mit den Angehörigen konnte allenfalls über den Anwalt laufen. Einmal im Monat durften Ehepartner oder Verwandte ein fünf Kilo schweres Paket für den Gefangenen abgeben.[262] Über den Gesundheitszustand ihres Mannes, den Fortgang der Ermittlungen und die Versorgung im Gefängnis waren die Frauen nicht informiert. Teilweise wussten sie nicht einmal, wo sich die Männer befanden. So erzählt Nina Komarova (geb. 1937), sie habe aus einem kryptischen Schreiben der Gefängnisleitung, ihr Mann Viktor Nekipelov werde aus Vladimir nach Moskau verlegt, nur erahnen können, dass es sich um eine Einweisung in die psychiatrische Klinik des Serbskij-Instituts handelte.[263] Auch nach der Urteilsverkündung dauerten Warten und Unwissenheit an.[264] Es war unklar, in welches Lager der Partner gebracht wurde. Oft verbüßte er seine Haftstrafe nicht an einem einzigen Ort, sondern musste die Lager und Gefängnisse wechseln. Da er während der Etappe mit niemandem Kontakt aufnehmen durfte, bedeutete dies für die Angehörigen, erneut ohne Nachricht zu bleiben. Ausbleibende Briefe konnten bedeuten, dass dem Häftling wegen widerspenstigen Verhaltens die Korrespondenz verboten war, dass er im Šizo oder PKT saß, sich im Hungerstreik befand, an einer schweren Krankheit litt oder dass sich das Lager wegen einer Epidemie in Quarantäne befand.[265] Diese Informationslücken konnten nur gefüllt werden, wenn Besucher oder entlassene Häftlinge Nachrichten aus dem Lager schmuggelten oder Kontakt mit den Angehörigen aufnahmen.[266]

---

[262] Komarova, S. 105–107, S. 117, S. 168; Interview Salova.
[263] Komarova, S. 110f.
[264] Ebenda, S. 170.
[265] Über den Kampf gegen die Unwissenheit am eindrücklichsten: Komarova, S. 105–107, S. 168f., S. 293, S. 301–308, S. 321–332, S. 352, S. 393, S. 402; Bogoraz, Une femme en dissidence, S. 205–215.
[266] Komarova, S. 374. Siehe auch Kapitel 5.1, den Abschnitt: „Organisierte Hilfe für politische Gefangene".

Alltag in der Dissidenz

Im Vergleich zur Hafterfahrung Julij Daniėl's verschärften sich Anfang der siebziger Jahre die Bedingungen erheblich. Von 1970 an durften Lagerhäftlinge keine Büchersendungen mehr annehmen. Mit Zunahme der Defizitware wurde die Liste der erlaubten Lebensmittel eingeschränkt. Die medizinische Versorgung verschlechterte sich durch die Knappheit an Medikamenten. Immer häufiger wurden Häftlinge für renitentes Verhalten mit Entzug der Besuchserlaubnis, dem Abfangen von Briefen und Päckchen, dem Verbot im Lagergeschäft einzukaufen oder mit Einzelhaft bestraft. Die Ehefrau schwebte in ständiger Sorge um den Gesundheitszustand oder sogar das Leben ihres Partners, besonders wenn der Häftling ohnehin geschwächt war. Komarova berichtet, Nekipelov sei im Lager an Krebs erkrankt.[267] Aus seinen Briefen habe sie zwischen den Zeilen über seinen bedenklichen Zustand lesen können. Dennoch sei es ihr unmöglich gewesen, zuverlässige Informationen zu erlangen, geschweige denn die Lagerleitung zu fachgerechter medizinischer Betreuung zu bewegen.[268]

Wenn der Mann ins Gefängnis oder Lager kam, bedeutete das nicht nur einen persönlichen Verlust für Frau und Kinder, sondern auch materielle Schwierigkeiten. Die Frau blieb als Ernährerin allein. Möglicherweise verlor sie durch die Verhaftung des Mannes den Arbeitsplatz oder wurde beruflich degradiert.[269] Die Familie litt unter gesellschaftlicher Ausgrenzung, die sich auch auf die Kinder erstreckte.[270] Aleksandr Daniėl' etwa fand nach der Verhaftung seiner Eltern keinen Studienplatz.[271] Komarova erzählt, wie ihrem Sohn wenige Tage vor Schulbeginn die Einschulung verweigert wurde.[272] Angesichts der zahlreichen Verhaftungen in ihrem Bekanntenkreis habe eine „Vaterlosigkeit" (*bezotcovščina*) geherrscht „wie im Krieg"[273]. Ihre gesellschaftliche Isolation habe der Situation ihrer Mutter geglichen, nachdem ihr Vater in den dreißiger Jahren Opfer der „Säuberungen" gewor-

---

[267] Komarova, S. 324, S. 340–346, S. 362–369, S. 403f.
[268] Viktor Nekipelov, der 1987 im Alter von 59 Jahren entlassen und begnadigt wurde, erlag seinem Krebsleiden zwei Jahre nach seiner Entlassung im französischen Exil.
[269] Chuykina, Role of Women Dissidents, S. 194f.
[270] Bogoraz, Une femme en dissidence, S. 193–195; Komarova, S. 297, 312.
[271] Bogoraz, Iz vospominanij, S. 88; Interview Aleksandr Daniėl'.
[272] Komarova, S. 101–104.
[273] Komarova, S. 380.

den war.²⁷⁴ Umso wichtiger war es, sich mit Gleichgesinnten zusammenzuschließen. Die Unterstützung durch den Hilfsfonds für politische Gefangene und ihre Familien erleichterte nicht nur das Überleben im Alltag, sondern diente auch als psychische Stütze, denn es signalisierte Solidarität und Anteilnahme.²⁷⁵

Den Frauen fällt es heute schwer, ihre inneren Schwierigkeiten, die aus dem Dissidentinnenleben resultierten, in Worte zu fassen. Einen der ausführlichsten Berichte über die Stimmung einer Ehefrau nach der Verhaftung des Mannes liefert Bogoraz: Nachdem Marčenko zu zehn Jahren Freiheitsentzug verurteilt worden war, habe sie „Jahre im Nebel"²⁷⁶ verbracht. Mechanisch habe sie den Alltag erledigt. Sie könne sich an keine Chronologie der Ereignisse mehr erinnern, alles verschwimme zu „grauen Schatten"²⁷⁷. Als sie Schwierigkeiten hatte, eine neue Arbeit zu finden, sei ihr bewusst geworden, wie sehr sie an den Rand der Gesellschaft gerutscht sei, denn nicht einmal für die unqualifizierteste Arbeit wurde sie eingestellt. Ihr Selbstbewusstsein sei von Tag zu Tag geschwunden.²⁷⁸ Nina Komarova schreibt über den Verlust jeglicher Hoffnung, Lebensangst, grenzenlose Müdigkeit, Einsamkeit und schwere Erkrankung.²⁷⁹ Das endlose Warten habe sie zermürbt, sie habe keine Lust auf Sozialkontakte verspürt, und sich dennoch sehr einsam gefühlt.²⁸⁰ Elena Bonnèr thematisiert immer wieder ihre schwere Herzkrankheit und verknüpft sie mit ihrem Kampf für Andrej Sacharov. Umgekehrt kämpfte Sacharov in seiner Verbannung auch für sie, etwa mit Hungerstreiks, damit sie sich im Ausland der nötigen Operation unterziehen könne.²⁸¹ Es muss offen bleiben, ob die Krankheit ein Resultat der psychischen

---

[274] Komarova, S. 410. Über das Schicksal ihres Vaters erfahren wir auf S. 4: Er wurde 1937, kurz vor der Geburt Komarovas verhaftet und 1939 erschossen, was sie erst 1973 anlässlich eines Ausreisegesuchs erfuhr. Eine Parallele zum Schicksal der Mutter findet sich auch bei Bogoraz, Une femme en dissidence, S. 193.

[275] Komarova, S. 101. Sie schreibt, der Hilfsfonds habe ihr das Gefühl gegeben, nicht allein zu sein. Zudem habe sie mit seiner Unterstützung eine *njanja* für die Kinder anstellen können.

[276] Bogoraz, Une femme en dissidence, S. 193, S. 201.

[277] Ebenda, S. 193.

[278] Ebenda, S. 194.

[279] Komarova, S. 329f.

[280] Ebenda, S. 360, 367, 369, 376f.

[281] Bonnèr, Postskriptum.

Alltag in der Dissidenz

Angespanntheit und des kräftezehrenden Alltags ist oder ob sie ein Motiv darstellt, eine schwere Lebensphase in Worte zu fassen. Man kann vermuten, dass eine Krankheit einerseits eine Reaktion auf eine schwierige Situation darstellt und gleichzeitig beim Erzählen ermöglicht, über psychische Probleme zu sprechen.

Um den mit der Verhaftung des Partners verbundenen psychischen und materiellen Schwierigkeiten zu begegnen, suchten die Betroffenen den Kontakt mit Frauen, die sich in einer ähnlichen Lage befanden. Galina Salova erzählt, ihr geselliges Wesen habe ihr geholfen, die Situation zu bewältigen. Wenn sie sich in die Schlange vor dem Untersuchungsgefängnis einreihte, um ein Paket für ihren Mann abzugeben, habe sie die anderen Frauen gefragt, nach welchem Artikel des Strafgesetzbuches ihre Männer angeklagt seien. Mit den „Politischen" sei sie gleich ins Gespräch gekommen. Regelmäßig habe sich bei ihr ein Kreis von Frauen politischer Gefangener getroffen, um Informationen auszutauschen, sich gegenseitig zu beraten oder Tee zu trinken und zu plaudern. Um sich von Sorgen, Einsamkeit und Überforderung abzulenken, hätten die Frauen die Nachmittage mit Handarbeit, Basteln und gemeinsamer Lektüre verbracht.[282]

Einige Ehefrauen kanalisierten ihre Enttäuschung und Bedrückung, indem sie eine Flut von Beschwerdebriefen verfassten und sich bemühten, den Beamten der Sicherheitsbehörden das Leben so schwer als möglich zu machen.[283] Zahlreiche Quellen zeugen von dem verzweifelt Kampf der Ehefrauen und Mütter für ihre Männer und Söhne im Lager.[284] Junge Frauen

---

[282] Interview Salova.

[283] Ebenda.

[284] Siehe beispielsweise die Dutzenden bei Komarova abgedruckten Beschwerdebriefe sowie AS 1623: Nina Bukovskaja: Offener Brief an Amnesty International, Moskau, den 27. Februar 1974; AS 1664: dies.: Telegramm an das Präsidium des Obersten Sowjets der UdSSR, Moskau, den 9. März 1974; AS 2216: dies.: Offener Brief an Helvi Sipila, UNO-Beauftragte für das Jahr der Frau, Moskau 18. Juni 1975; AS 2522: Appell von Müttern und Ehefrauen von politischen Häftlingen des Gefängnisses von Vladimir an Amnesty International und die Europäische Kommission für Menschenrechte in Straßburg, 19. März 1976; AS 2852: Larisa Bogoraz: Žaloba v MVD SSSR na nezakonnye dejstvija komendanta po nadzoru za ssyl'nymi v Čunskom ROVD Irkutskoj oblasti Koruna v otnošenie ee muža A.M., Moskau, den 2. November 1976. Für eine große Sammlung der Briefe von Müttern und Ehefrauen: Archiv NIC Memorial, Moskau, Fond 101, opis 1: delo 23 (Gjuzel' Amal'rik), delo 104 (Larisa Bogoraz), delo

kämpften manchmal jahrelang dafür, von ihrem inhaftierten Mann ein „Lagerkind" zu bekommen: Sie versuchten mit allen Mitteln bei KGB und Lagerleitung einen mehrtägigen Besuch während ihrer fruchtbaren Tage zu erreichen. Es war nicht selten, dass sich Frauen nach der Verhaftung ihres Mannes verstärkt in der Bewegung engagierten und zum Teil dessen Aufgaben übernahmen.[285] So befand sich der *samizdatčik* Kronid Ljubarskij erst wenige Monate im Untersuchungsgefängnis, als seine Frau Galina Salova nach der Überwindung des ersten Schocks die Ärmel aufkrempelte, die für ihn arbeitenden *mašinistki* kontaktierte, seine *Samizdat*-Aktivitäten fortsetzte und sich zudem mehr und mehr im Fonds engagierte.[286] Arina Žolkovskaja leitete nach der Verhaftung Ginzburgs an seiner Statt den Solženicyn-Fonds.[287]

Nach der Entlassung eines Gefangenen aus Haft und Verbannung hörten die Schwierigkeiten keineswegs auf. Zum einen stand die Familie vor dem praktischen Problem, für den ehemaligen Häftling eine Aufenthaltsgenehmigung (*propiska*) zu bekommen und Arbeit zu finden.[288] Zum anderen kehrten die Gefangenen häufig mit bleibenden körperlichen oder seelischen Schäden zurück: Viktor Nekipelov verlor im Lager einen Teil seines Gedächtnisses. Er konnte sich an keines seiner Gedichte, nicht einmal an einige seiner Freunde erinnern, dafür wusste er alle 24 Akten seiner Fallunterlagen auswendig. Auf der Post benahm er sich, als würde er bei der Lagerleitung ein Päckchen entgegennehmen, das heißt er machte es umgehend auf und ließ sich sämtliche enthaltenen Gegenstände quittieren. Im Zug verhielt er sich wie auf der Etappe.[289] Diese Verhaltensweisen sind Ausdruck eines typischen „Gefangenenkomplexes" (*prisoner complex*), im Russischen spricht man von *poslevychodnaja gorjjačka*[290]. „Gefangenenkomplex"

---

114 (Elena Bonnėr), delo 141 und 142 (Nina Bukovskaja), delo 165 (Anna Golumbievskaja), delo 189 (Ol'ga Ioffe).

[285] Siehe beispielsweise Sacharow, Mein Leben, S. 656 (über die Aufgaben seiner Frau nach seiner Verbannung nach Gorkij).

[286] Siehe Kapitel 5.1, den Abschnitt „Organisierte Hilfe für politische Gefangene". Von verstärktem Engagement nach der Verhaftung des Mannes erzählt auch Lesničenko, Interview Čujkinas mit Lesničenko, Archiv NIC Memorial, SPb.

[287] Interview Žolkovskaja-Ginzburg.

[288] Ebenda, S. 214, 219f.

[289] Komarova, S. 414, 435–447.

[290] Übersetzt heißt dies etwa: „Wahn eines aus der Haft Entlassenen".

Alltag in der Dissidenz

bedeutet, dass sich die im Lager antrainierten Verhaltensmuster in der Freiheit fortsetzen.[291] Nach jahrelangem Kampf mit der Lagerverwaltung, den Hungerstreiks und der Bestrafung durch Karzer oder Šizo verfügten die ehemaligen Häftlinge über ein extremes Freund-Feind-Denken. Häufig nahmen sie die gesamte Umwelt als Gegner wahr. Sie hatten Schwierigkeiten, sich dem normalen Alltagsleben anzupassen, verloren auf der Straße die Orientierung oder trauten sich nicht, ohne Begleitung das Haus zu verlassen.[292] Wurde der entlassene Gefangene einerseits als Held und Märtyrer angesehen, so hatte sich andererseits seine Umgebung in den Jahren der Abwesenheit daran gewöhnt, ohne ihn zurecht zu kommen. Er fühlte sich überflüssig und musste um seinen Stand in der Familie oder im Freundeskreis kämpfen.[293] Das Gefühl der Entwurzelung sei so groß gewesen, schreibt Bukovskij, dass er Sehnsucht nach dem Gefängnis, sogar nach dem Irrenhaus verspürt habe.[294] Oft half die Wiederaufnahme des politischen Kampfes, den „Gefangenenkomplex" zu überwinden. Das bedeutete aber, sich und die Familie erneuter Verfolgung auszusetzen.

Das Heldenimage der politischen Gefangenen forderte nicht nur große eigene Opfer, sondern auch Opfer der Umgebung. Während männlichen Erinnerungen der Kampf der Frauen für ihre Männer nur wenige Worte wert ist[295], so wird aus den Lebensgeschichten ihrer Frauen deutlich, dass mit der Haftzeit des Partners leidvolle, zum Teil traumatische Erfahrungen verknüpft sind. Nichtsdestotrotz stellen die meisten Frauen das Opfer nicht in Frage. Bisweilen erfährt auch das weibliche Leiden Sinn durch die Einschreibung in einen autobiographischen Diskurs. Die Erinnerungen der Ehefrauen stehen in der Tradition der „Ehefrauen- und Witwenliteratur"[296]

---

[291] Chuykina, Role of Women Dissidents, S. 194f.

[292] Amalrik, Revolutionär, S. 354, Bukowski, Wind vor dem Eisgang, S. 180.

[293] Chuykina, Role of Women Dissidents, S. 194f.

[294] Bukowski, Wind vor dem Eisgang, S. 180.

[295] Siehe beispielsweise die Memoiren Bukowskis, S. 337, worin er die Bemühungen seiner Mutter für seine Freilassung mit einem einzigen Satz erwähnt. Siehe auch die Erinnerungen Amal'riks und Orlovs. Die Abwesenheit von Frauen in männlichen Lebensgeschichten scheint im Osten wie im Westen ein weit verbreitetes Phänomen zu sein. Zu den möglichen Erklärungen hierfür Trüeb, Von der merkwürdigen Absenz.

[296] Carl Proffer: The Widows of Russia and Other Writings, Ann Arbor 1987, mit Essays über Nadežda Mandel'štam, Elena Bulgakova und anderen; Beth Holmgren: Women's Works in Stalin's Time: On Lidiia Chukovskaia and Na-

aus den Kreisen russischer Aufständischer und politisch Verfolgter. Davon zeugen die Vergleiche mit der Situation der Ehefrauen in den dreißiger Jahren, so die Assoziationen mit den vor den Gefängnissen Schlange stehenden Ehefrauen, beschrieben in Achmatovas *Requiem*. Wie das Beispiel Komarovas zeigt, wiederholte sich in einigen Familien die Geschichte: Der Mann und Vater saß im Lager, während die Ehefrau verzweifelt versuchte, ihn zu unterstützen und die Kinder zu ernähren. Diese Erfahrungen hatte schon Komarovas Mutter in den dreißiger Jahren gemacht. Zwar finden sich explizit nur wenige Anspielungen auf literarische Vorbilder, vereinzelt wird an die Dekabristinnen oder an Achmatova erinnert,[297] aber implizit wird deutlich, dass die Schriften Bonnèrs und Komarovas oder die Ausführungen Salovas an die Tradition anknüpfen, im Erzählen der eigenen Biographie das Andenken an den Mann, sein Leiden, seinen Kampf und sein Werk zu wahren.[298]

6.4 Geschlechterverhältnisse und Dissidentinnenalltag

In der Dissidentenbewegung gab es typische Frauenaufgaben, die vor allem dem Aufbau und Erhalt der Infrastruktur und des Informationsnetzes dienten.[299] In der informellen Hierarchie waren solche Aufgaben niedriger angesiedelt als männlich konnotierte Arbeitsfelder wie die Herausgabe von *Samizdat* und der Kampf im Lager. Verschiedentlich wurde das männliche

---

dezhda Mandelstam, Bloomington u.a. 1993; dies.: For the Good of the Cause, S. 131–143, Hoogenboom, S. 86.

[297] Interview Sadomskaja; Čujkina, Učastie ženščin, S. 69; Vaissié, S. 115. Yuri Slezkine weist darauf hin, dass insbesondere Nekrasovs Biographie von Marija Volkonskaja Vorbildcharakter hatte und von vielen Generationen rezipiert wurde. So glichen die Beschreibungen von Häftlingsfrauen aus der Stalinzeit, insbesondere die Begegnungen mit dem Untersuchungskommissar bei der Tscheka, den Schilderungen Nekrasovs über die Haftzeit des Grafen Volkonskij und Maria Volkonskajas Umgang damit. Slezkine, Lives as Tales, S. 19. Siehe auch Clyman/Vowles: Russia through Women's Eyes, S. 15 und Catriona Kelly, A History of Russian Women's Writing. 1820–1992, Oxford 1994, S. 49f.

[298] Siehe hierzu Kapitel 5, die „Zusammenfassung".

[299] Siehe insbesondere Kapitel 5.

Alltag in der Dissidenz

Engagement mit dem Gefecht an der Front, das weibliche mit dem Wirken im Hinterland gleichgesetzt.³⁰⁰

In der Tat gab es ausgeprägte männliche Führungsfiguren in der Dissidentenbewegung, in Moskau etwa Andrej Sacharov, den ehemaligen General Petr Grigorenko, Aleksandr Esenin-Vol'pin, Aleksandr Ginzburg, Jurij Orlov und Sergej Kovalev. Im Anfangsstadium der Bewegung gehörten auch Pavel Litvinov und Petr Jakir zu den leitenden Persönlichkeiten. Neben Sacharov galten Vladimir Bukovskij und die Brüder Medvedev als „Ideologen" der Bewegung, wenngleich die neokommunistischen Ansichten der Medvedevs von vielen nicht geteilt wurden. Schließlich war auch Anatolij Marčenko, der Autor des bahnbrechenden *Samizdat*-Werkes *Meine Aussagen*, Aktivist der Helsinki-Gruppe und zweiter Ehemann Larisa Bogoraz', eine Autorität in der Dissidenz. Prominent in der Leningrader „Zweiten Kultur" waren der Poet und *Samizdat*-Herausgeber Viktor Krivulin (1944– 2001) und der *samizdatčik* Boris Ivanov (geb. 1928). Der religiöse Dissens wurde maßgeblich von Aleksandr Ogorodnikov und Vladimir Poreš, den Leitern der Gruppe und Zeitschrift *Obščina*, geprägt. Unter den politischen Dissidenten taten sich in Leningrad Revol't Pimenov und Sergej Maslov (1939–1982) besonders hervor.

Auf den ersten Blick erscheint es so, als hätten Frauen neben den männlichen Führungspersonen in der zweiten Reihe gewirkt.³⁰¹ Bei genauer Lektüre der Lebensgeschichten zeigt sich, dass die Rollenmuster vielschichtiger und flexibler waren. Die Dissidentenmilieus Moskaus und Leningrads brachten herausragende, oft charismatische Persönlichkeiten hervor, Männer wie Frauen. Wenngleich Felder wie „Ideologie" und Herausgebertätigkeit männlich dominiert blieben, beteiligten sich auch Frauen an ihnen.³⁰² Neben den genannten Männern waren Frauen wie Larisa Bogoraz, Natal'ja Gorbanevskaja, Tat'jana Velikanova, Tat'jana Chodorovič, Julija Voznesenskaja und Tat'jana Goričeva Führungspersonen der Bewegung.

---

[300] Siehe die zentrale Aussage in den Arbeiten Sof'ja Čujkinas: Čujkina, Učastie ženščin, S. 71–77; Chuykina: Role of Women Dissidents, S. 196f.; Tchouikina, „Ich war keine Dissidentin", S. 213–218.

[301] Čujkina, Učastie ženščin, S. 71–77; Chuykina: Role of Women Dissidents, S. 196f.; Tchouikina, „Ich war keine Dissidentin", S. 213–218.

[302] Siehe beispielsweise: AS 2995: Tat'jana Chodorovič: Čelovek roždaetsja svobodnym, Juni 1977; AS 5019: Irina Ratušinskaja, Moja rodina, ohne Ort, ohne Datum (um 1981); Mal'va Landa: Vmesto poslednogo slova. Predvaritel'nye samečanija, in: Mal'va Landa: V zaščitu prav čeloveka, New York 1976, S. 5–12.

Von der Küche auf den Roten Platz

Gerade durch die höhere Repressionsquote gegenüber männlichen Oppositionellen entwickelten Geschlechterhierarchien eine eigene Dynamik: Wenn Männer verhaftet wurden, übernahmen Frauen deren Aufgaben und rückten in Führungspositionen auf. Aufgaben, die eher weiblich konnotiert waren, blieben jedoch fest in Frauenhand, so das Päckchenpacken, Tippen, Verpflegung von Lagerhäftlingen, Betreuung von deren Kindern und ähnliche Aktivitäten. Selbst wenn der Wert dieser Aufgaben nicht von allen Dissidenten gleichermaßen anerkannt und geschätzt wurde, geht aus den weiblichen Lebensgeschichten hervor, dass die Aktivistinnen selbst ihre Lebensleistung zu würdigen wissen.[303] Besonders unter den Interviewpartnerinnen, die „nur" als „Ehefrauen", *mašinistki* oder Hilfsfonds-Mitarbeiterinnen auftraten, war die Resonanz auf mein Thema außerordentlich positiv. Die Frauen erzählten lange und enthusiastisch von ihren eigenen Tätigkeiten und ihrem Beitrag zum Widerstand.[304] Manche versicherten mir ausdrücklich, es sei erfreulich, dass sich endlich eine Forscherin den Frauenaktivitäten in der Dissidenz zuwende.[305] Frauen versäumen es in ihren Selbstzeugnissen selten, auf ihre eigenen Verdienste um die Sache aufmerksam zu machen. Bisweilen betonen sie sogar, in der Paarbeziehung die Initiatorin des dissidentischen Engagements gewesen zu sein.[306] So be-

---

[303] Siehe Kapitel 5, das sich hauptsächlich auf die Erinnerungen Ljudmila Alekseevas, Larisa Bogoraz', Natal'ja Sadomskajas und Natal'ja Gorbanevskajas stützt. Auch die Schriften Elena Bonnėrs zeugen von hohem Selbstbewusstsein, sowohl als „Dissidentin" als auch als „Dissidentengattin".

[304] Interviews Kudrova, Laškova, Salova, Žolkovskaja-Ginzburg.

[305] Interviews Kudrova, Sadomskaja, Salova, Žolkovskaja-Ginzburg.

[306] Insofern ist die Behauptung Sof'ja Čujkinas, die Lebensgeschichte von Frauen sei häufig auf den Ehemann zugeschnitten, die Teilnahme von Frauen an der Dissidenz oftmals durch eine Liebesgeschichte motiviert, nach meinem Befund zu relativieren (Čujkina, Učastie ženščin, S. 63–65; Chuykina, Role of Women Dissidents, S. 190). Čujkina bezieht sich hier auf Aussagen von Biographieforschern, die ihre Thesen auf der Grundlage autobiographischer Texte aus dem westlichen bürgerlichen Milieu entwickelten. Beispiele wären: Lehmann, S. 51, Bertaux/Bertaux-Wiame, S. 155, Trüeb, S. 83 sowie Ursula Lehr: Veränderungen der Daseinsthematik der Frau im Erwachsenenalter, in: Hans Thomae/Ursula Lehr (Hrsg.): Altern. Probleme und Tatsachen, Frankfurt am Main 1972, S. 469–504. Dabei ist allerdings die vom Westen unterschiedliche autobiographische Tradition zu berücksichtigen. Es zeigte sich in meiner Untersuchung, dass Dissidentinnen wie Dissidenten dem Diskurs der revolutionären Biographie folgen

Alltag in der Dissidenz

schreibt Nina Komarova, wie sie ihren späteren Mann Viktor Nekipelov mit dem *Samizdat* vertraut machte.[307] Sadomskaja erzählt, sie habe Šragin in den Kreis der Dissidenten eingeführt.[308] Allerdings gibt es auch das umgekehrte Muster, dass Frauen ihre eigenen Aktivitäten stets mit Bezug auf den Ehemann erzählen.[309] Durch die schärfere politische Verfolgung von Männern bildeten Dissidentenfamilien spezifische Rollenmuster heraus: Mehr Frauen als Männer gingen einer Erwerbsarbeit nach und ernährten die Kinder, was einer traditionellen patriarchalischen Aufgabenverteilung widersprach. Bisweilen konnte dies zu Spannungen führen. Natal'ja Sadomskajas Mann verlor nach ihrer Darstellung jegliches Selbstwertgefühl, als er nach seiner Entlassung arbeitslos zu Hause zu saß und davon abhängig war, dass seine Frau das Geld heimbrachte.[310] In ihrem Milieu hätten sich die Männer als *iždivency* gefühlt, also nicht verdienende abhängige Familienmitglieder.[311] Die Frauen habe es sehr belastet, wie die „Arbeitspferde" (*rabočie lošadi*)[312] zu schuften, während ihre Männer nichts taten als „die Helden zu spielen" (*gerojstvovat'*)[313]. Auch in satirischen Texten aus dem Dissidentenmilieu taucht das Motiv des nichtsnutzigen Müßiggängers (*bezdel'nik*) auf, der zu Hause sitzt, *Samizdat* schreibt, trinkt und dabei von seinem Umfeld als Märtyrer verehrt wird.[314] Andererseits wird auch die verkehrte Welt karikiert, in der die Männer auf das Einkommen der Frauen angewiesen sind, um sich oppositionellen Aktivitäten widmen zu können.[315]

Neben dem Muster „Der Mann ist Dissident, die Frau seine Unterstützerin" gab es Dissidentenpaare, in denen Frauen aktiver als ihre Männer in der

---

und ihre Lebensgeschichten in erster Linie auf die öffentlichen Aktivitäten hin strukturieren.

[307] Komarova, S. 47f.
[308] Interview Sadomskaja.
[309] Siehe Bonnėr, Postskriptum; an einigen Stellen auch Komarova sowie Teile des Interviews Salova.
[310] Siehe Kapitel 5.2; Interview Sadomskaja.
[311] Interview Sadomskaja.
[312] Ebenda.
[313] Ebenda. Siehe auch Interview Grigor'eva.
[314] Gerc, K vol'noj vole zapovednye puti.
[315] Lev Timofeev, Moskva. Molenie o Čaše. Komedija, in: ders.: Ja osobo opasnyj prestupnik. Odno ugolovnoe delo, Minsk 1990, S. 119–153.

Öffentlichkeit auftraten: Tat'jana Osipova und Ivan Kovalev, Ljudmila Alekseeva und Nikolaj Vil'jams, Zoja Krachmal'nikova und Feliks Svetov (geb. 1927). Der Anteil von Alleinerziehenden und Singles unter den Dissidentinnen war außerordentlich hoch.[316] Im Privatleben blieb die „klassische" Rollenverteilung zwischen Männern und Frauen ungebrochen. Der Frauenalltag in der Dissidenz war sehr anstrengend. Die Frauen mühten sich, Broterwerb, Haushalt, Kindererziehung und Dissidentenaktivitäten unter einen Hut zu bringen. Durch den Verlust des Arbeitsplatzes lebten viele Familien am Rand der Armut, was die Organisation zusätzlich erschwerte. So konnten sich die wenigsten eine Putzfrau oder ein Kindermädchen leisten, der Kauf von Lebensmitteln und Kleidern war aufwendig, Küchengeräte und andere Haushaltshilfen blieben unerschwinglich. Von dem Grad der Erschöpfung zeugen die Aussagen Velikanovas und Bogoraz', die erste Zeit im Gefängnis sei für sie die Möglichkeit zur „Erholung" und zum „Ausschlafen" gewesen.[317] Ein weiterer Stressfaktor war die Sorge, durch das eigene Engagement Familie und Kinder zu gefährden. Da in der Dissidentenbewegung die „öffentlichen" Aktivitäten stets den privaten Bereich berührten, war die Familie automatisch miteinbezogen, weshalb selbst Kleinkindern die Konspirationsregeln beigebracht wurden.[318]

Was die Wahrnehmung der Rollenverteilung anbelangt, so antworten die Interviewpartnerinnen, mit Ausnahme der Leningrader „Feministinnen", übereinstimmend, in der Dissidenz habe „Gleichberechtigung" (*ravnopravie*) zwischen Frauen und Männern geherrscht.[319] Was verstehen sie aber unter „Gleichberechtigung"? Gleichberechtigung heißt, dass es Frauen in der Dissidentenbewegung gab, die erstens die gleichen Aufgaben ausführten und zweitens ebenso hohes Ansehen genossen wie männliche Führungsfiguren. Dabei übernahmen die meisten Zeitzeuginnen jedoch die hierarchische Unterscheidung „Dissidentin", „Sympathisantin" und „Ehefrau".[320] Das Verständnis von Gleichberechtigung erstreckt sich also allein auf die öffent-

---

[316] So beispielsweise Chodorovič, Gorbanevskaja, Grigor'eva, Kallistratova, Landa, Laškova, Lazareva, E.
[317] Interviews Bogoraz, Velikanova.
[318] Für Beispiele für das Verhalten von Kindern in brenzligen Situationen: Interviews Salova, Velikanova.
[319] Interviews Bogoraz, Kudrova, Laškova, Sadomskaja, Salova, Velikanova.
[320] Interviews Laškova, Salova, Sadomskaja, Velikanova.

Alltag in der Dissidenz

lichen beziehungsweise „halböffentlichen" Aufgaben: die Funktion in der Dissidentenbewegung sowie die Gewährleistung des Familienunterhaltes durch Erwerbsarbeit. Alles, was eher dem privaten Bereich zugeordnet wird, bleibt selbstverständlich Frauensache. Aufschlussreich ist die Aussage Natal'ja Sadomskajas. Sie ist überzeugt, dass in der Dissidentenbewegung „absolute Gleichberechtigung" herrschte, „genauso wie bei uns in der Arbeitswelt"[321]. Im selben Atemzug sagt sie aber, die Frauen hätten unter der „Doppelbelastung" (*dvojnaja nagruzka*)[322] zu leiden gehabt. Sadomskaja spricht fast ebenso formelhaft wie die Sowjetpropaganda von der „faktischen Gleichberechtigung der Frauen in allen Lebensbereichen"[323]. „Gleichberechtigung" heißt in ihren Augen, dass Frauen in männliche Bereiche eindringen können und sollen, umgekehrt aber keine Angleichung der Rollenmuster stattfindet: *Byt* war und blieb Frauensache.

Mit der Emanzipation vom System war also keine Emanzipation im Alltag verbunden. Eine Ursache liegt vermutlich darin, dass die Dissidentinnen und Dissidenten in ihrem Wertesystem der Sowjetgesellschaft bis zu einem gewissen Grad verhaftet blieben. In der Übernahme von Geschlechterrollen zeigt sich ihre Vorprägung. Das Frauenbild der Dissidentinnen und Dissidenten entspricht dem Nebeneinander zweier Weiblichkeitsmuster in offiziellen Darstellungen: Einerseits ist die Frau befreit und fügt sich durch die Teilnahme am Erwerbsleben und die Ausübung öffentlicher Funktionen in ein männliches Leitbild ein, andererseits übt sie die traditionelle Rolle der Hausfrau und Mutter aus.[324] Auf der Suche nach Gründen für die Stabilität der Geschlechterrollen in der Dissidenz kann man noch einen Schritt weitergehen: Der Erhalt der klassischen Rollenverteilung im Alltag gewährleistete eine gewisse Sicherheit angesichts der Verhaftungen, auseinanderbrechenden Strukturen und materiellen Schwierigkeiten. Dadurch wurde die Bewegung im Inneren zusammengehalten; viele Jahr lang war es den Sicherheitsdiensten nicht möglich, sie zu unterdrücken. Möglicherweise hätte es die Bewegung gesprengt, wenn die Dissidentinnen in sämtlichen Lebensbereichen, auch in der Alltagsorganisation, „opponiert" hätten. Konventio-

---

[321] Interview Sadomskaja.
[322] Ebenda.
[323] Valentina Tereschkova: Einige Aspekte der Lage der Sowjetfrauen, hg. vom Komitee der Sowjetfrauen, Moskau 1979, S. 5.
[324] Attwood, Creating the New Soviet Woman, S. 11; Scheide, Kinder, Küche, Kommunismus, S. 192–195, 352.

nelle Rollenmuster im privaten Bereich und bis zu einem gewissen Grad auch im „öffentlichen" dissidentischen Leben brachten also die notwendige Beständigkeit, die die Dissidentenbewegung zum Selbsterhalt brauchte.

6.5 Zusammenfassung

In der zweiten Hälfte der sechziger Jahre bildete sich in der Sowjetunion ein zusammenhängendes Netz Andersdenkender heraus, das seit Anfang der siebziger Jahre „Dissidentenbewegung" genannt wurde. Unter dem Einfluss der Moskauer Bürger- und Menschenrechtler entstanden ein gemeinsames Informationssystem und ein gemeinsamer diskursiver Kontext. Die zentrale Forderung nach Einhaltung der Rechte wurde zum Grundkonsens der verschiedenen Partikularbewegungen, die Protestformen glichen sich einander an.

Als Herausgeberin der *Chronik der laufenden Ereignisse* nahm Tat'jana Velikanova seit Mitte der 1970er Jahre eine herausragende Stellung in der Dissidentenbewegung ein. Bei ihr liefen die Fäden zusammen, sie gehörte zu den Frauen, die in der Dissidenz eine Führungsrolle einnahmen und alle Kriterien erfüllten, um als „echte" Dissidentinnen zu gelten. Mit Hilfe ihrer Eingrenzung der Begriffe „Dissident", „Dissidentin", „Bürgerrechtler" und „Sympathisant" wurde die in der Einleitung gegebene Definition von Dissidenz mit dem Selbstverständnis der Akteurinnen und Akteure kontrastiert und erweitert. Aus den Selbstzeugnissen konnte nicht rekonstruiert werden, auf welche Weise aus der Fremdzuschreibung, die der Begriff „Dissident" anfangs darstellte, Selbstwahrnehmung wurde. Entscheidend ist die heutige Wahrnehmung, nach der diejenigen als „Dissidenten" bezeichnet werden, die damals zum inneren Kreis der Oppositionellen gehörten. „Dissident" war demnach nicht nur, wer „anders dachte" und „anders handelte", das Handeln musste auch regelmäßig und mit ähnlicher Intensität wie die Ausübung eines Berufes erfolgen, in der Öffentlichkeit stattfinden und mit Repressionen geahndet werden. Wer im Verborgenen handelte, dem Visier der Sicherheitsdienste entging, keine Verfolgung erlitt und den erlernten Beruf weiterhin ausüben konnte, galt meist nicht als „Dissident", sondern als „Sympathisant". Mittels der Repressionen und des damit verbundenen Ausschlusses aus der Gesellschaft trug das Regime dazu bei, die Einschluss- und Ausschlusskriterien zur Dissidenz festzulegen. Durch die der Ausgangsdefinition hinzugefügten Kriterien wird ersichtlich, dass Frauen oft deshalb nicht zum inneren Kreis der Dissidenten gehörten, weil sie konspirativer handelten und

Alltag in der Dissidenz

weniger Repressionen ausgesetzt waren. Die Erfüllung typischer Frauenaufgaben in der Bewegung definiert die Akteurinnen eher als „Sympathisantinnen" oder als „Ehefrauen der Dissidenten". Damit drückt sich eine geringere Wertschätzung des Beitrages von Frauen zur Bewegung im Vergleich zum Anteil der Männer am Widerstand aus. Ein Grund dafür könnte in den überlieferten Bildern von Kampf und Heldentum liegen, die in der Sowjetpropaganda immer wieder gezeichnet wurden. Diese Konstruktion von männlichen Helden umfasste keine Identifikationsangebote von und für Frauen als Widerstandskämpferinnen. Beiträge zum Alltagsleben und zur Vernetzung, die für das Funktionieren der Widerstandsbewegung nötig waren, wurden nicht mit Heldentum assoziiert. Mit Blick auf das weibliche Engagement müsste der Dissidentenbegriff erweitert werden, so dass auch Frauen, die das Überleben der Bewegung sicherten, zu ihren vollwertigen Mitgliedern hinzugezählt werden können. An der Wahrnehmung von Geschlechterrollen zeigt sich, in welchem Maße die Widerstandsbewegung Teil der Sowjetgesellschaft war, denn bestimmte Rollenmuster, etwa die Verantwortung der Frauen für den *byt*, wurden übernommen.

Ein oppositionell geprägtes kulturelles Deutungsmuster findet sich hingegen in den Erinnerungen an Gefängnis und Lager, die eine besondere Rolle im Bewusstsein der Dissidentinnen und Dissidenten spielten. Um die volle Anerkennung als „Dissident" zu erlangen, musste die betroffene Person in der Regel mindestens einmal verhaftet, verbannt oder zu Lagerhaft verurteilt worden sein. Die Verhaftung gilt in den Lebensgeschichten als Initiation. Die Hafterfahrung wird in den Erinnerungen durch die Brille früherer Häftlingsgenerationen betrachtet, insbesondere der politischen Gefangenen der Stalinzeit. Daran wird die Wirkungsmacht autobiographischer Diskurse und kollektiven Erinnerns deutlich. Mit ihren Lagererinnerungen schreiben sich Dissidentinnen und Dissidenten in das kulturelle Gedächtnis der Nation ein, und zwar als „kontrapräsentische" Darstellung zu offiziellen Geschichtsbildern.[325] Die poststalinistischen politischen Gefangenen vergleichen ihre eigenen Erfahrungen mit denen ihrer Vorläufer. In den Erinnerungstexten tauchen zahlreiche Topoi auf, die schon aus den Memoi-

---

[325] Das kulturelle Gedächtnis kann nach Assmann eine „kontrapräsentische" Funktion haben, indem es ein gegenüber den Herrschenden oppositionelles, alternatives Geschichtsbild transportiert. Die „Gegen-Geschichte" (S. 83), also der alternative Vergangenheitsentwurf, ist in seinen Augen ein maßgebliches Moment bei der Formierung von Widerstandsbewegungen. Siehe Assmann, kulturelles Gedächtnis, S. 78–86.

ren über die Stalinzeit bekannt sind. Es finden sich aber auch Passagen in den Erinnerungstexten, in denen das Ich deutlicher hervor- und weniger hinter Topoi oder formelhafte Phrasen zurücktritt. Zudem ist die eigene Einordnung der Erzählerinnen in die Tradition russischer Gefängnisliteratur ein wichtiges Moment zur Formierung ihrer individuellen wie kollektiven Identität. Lager- und Gefängnishaft unterstrich in der Dissidenz das hohe persönliche Opfer, das für die ideellen Ziele in Kauf genommen wurde. Das Lager war der Ort, an dem ihre Werte wie Kompromisslosigkeit, moralische Reinheit, Keuschheit, Standhaftigkeit und Askese am deutlichsten zu Tage traten. Mit der Einschreibung in dieses Wertesystem und der Deutung der Gefangenschaft als Martyrium und Moment der inneren Läuterung, greifen Dissidentinnen und Dissidenten auf den Memoiren-„Kanon" zurück. Gefangene der Dissidenz erinnern an die Erfahrungen mehrerer Generationen russischer Oppositioneller, von den Dekabristen über die Sozialrevolutionäre bis zu den Stalinopfern. Die von den Dissidentinnen benutzte christlich aufgeladene Metaphorik steht in der Tradition russischen autobiographischen Schreibens, das in der Hagiographie wurzelt.[326] Das eigene politische Handeln wird als Opfer für eine gerechte Sache dargestellt. Die Motive zum Verfassen von Lagermemoiren liegen im Wunsch nach Aufklärung und Wahrung des Gedächtnisses sowie im Drang zu zeigen, wie die eigene Menschenwürde erhalten blieb. Die Tradition hilft dabei, die moralische Integrität zu unterstreichen und dem Leiden einen Sinn zu verleihen.

Die Sinnstiftung durch das Leiden war gekoppelt mit der Verehrung der Leidenden. Es gab Tendenzen in Dissidentenkreisen, die informelle Rangordnung gemäß einer „Hierarchie nach Leidensgrad" festzulegen. Damit bestimmte das unterdrückende System mit über Ansehen und Autorität in der Dissidenz. Die Repression glich der Verleihung eines offiziellen Titels. Dadurch dass die Verhaftungspraxis bis Ende der siebziger Jahre deutlich zwischen Männern und Frauen unterschied, war die „Hierarchie nach Leidensgrad" zunächst eher für Männer bestimmend. Für sie galt es beinahe als „Ehrensache", eine gewisse Zeit in Haft zu verbringen. Umgekehrt wurde es als „widernatürlich" betrachtet, wenn Frauen im Gefängnis saßen. Indem sie selbst auf eine Verhaftung hin arbeiteten, überschritten Frauen oft eine Norm. Ihre Erinnerungen lassen jedoch Stolz darüber erkennen, in der Auseinandersetzung mit dem KGB genauso entschlossen und hart kämpfen zu können wie die Männer. Dafür ist es für Frauen schwieriger, ihren Ent-

---

[326] Holmgren, For the Good of the Cause, S. 129, Hoogemboom, S. 79.

Alltag in der Dissidenz

schluss aufs Ganze zu gehen, gegenüber den Kindern zu rechtfertigen. Meist lösen sie das Dilemma, indem sie ihre Risikobereitschaft gerade mit ihrer Mutterrolle begründen.

An dieser Stelle wird noch einmal ersichtlich, dass „Erfahrung" sich sowohl aus der Verarbeitung individueller Erlebnisse als auch kollektiver, kulturell bedingter Deutungen und Interpretationen speist. Anhand der dissidentischen Lebensgeschichten wird aber auch erkennbar, dass der Erfahrungsbegriff eine Handlungskomponente umfasst. Die Vorprägungen der Dissidentinnen und Dissidenten durch das sowjetische System beeinflussten nicht nur ihre Wahrnehmung und Erinnerung, sondern auch ihr politisches Handeln. Im Dissidentenmilieu wurden Heldenbilder und Vorstellungen von heroischen kriegerischen Auseinandersetzungen übernommen, die das Wirken im Widerstand bestimmten. Die Kindheits- und Jugenderinnerungen der Dissidentinnen zeigten ihre Ideale: die Begeisterung, für eine gerechte Sache zu kämpfen, für den Sieg der Revolution zu sterben, sich selbst zu opfern und dadurch das Überleben der Idee zu retten. Anhand der Weiterführung und Transformierung dieser Ideale für den Widerstand wird deutlich, dass die für die Kindheit geschilderten Prägungen das Handeln der erwachsenen Akteurinnen maßgeblich beeinflussten. Aus Erfahrungen erwachsen Handlungsmuster und Verhaltensweisen.

Das Heldenimage politischer Gefangener steht in Kontrast zu den nachhaltigen psychischen und physischen Schäden durch das Lagerregime und zu der leidvollen Erfahrung der in Freiheit verbliebenen Angehörigen, namentlich der Partnerin oder Ehefrau. Diese war gekennzeichnet von Monaten der Ungewissheit, des Sorgens und des Wartens während der Untersuchungshaft, vom Informationsdefizit über das Schicksal des Mannes, von materiellen Schwierigkeiten und der alleinigen Verantwortung für die Familie. Frauen überwanden ihre Verzweiflung, indem sie ihre Sorgen und Nöte mit Menschen in der gleichen Situation teilten, Beschwerdebriefe verfassten und einen persönlichen Kampf mit Lagerleitung und Sicherheitsdiensten ausfochten. Zum Teil übernahmen sie nach der Verhaftung ihrer Männer deren Aufgaben oder erschlossen sich eigene Tätigkeitsfelder in der Dissidentenbewegung.

Die anfangs einseitige Verhaftung männlicher Dissidenten führte zu einer besonderen Dynamik in der Rollenverteilung zwischen den Geschlechtern. Oftmals stiegen Frauen nach der Inhaftierung ihrer Ehemänner oder männlicher Kollegen in Führungspositionen auf oder wurden zum Zentrum des Protestes gegen die Verhaftungen. Zwar kannte die Bewegung von Anfang an starke und zentrale Frauenpersönlichkeiten, ihr Aufstieg in die

Von der Küche auf den Roten Platz

Schaltstellen fand jedoch häufig erst dann statt, wenn ein Mann diese aufgrund seiner Verhaftung aufgeben musste. Mit der Repression der Männer wuchs die Bedeutung der Frauen als wichtigste wirtschaftliche Stützen der Familien und oft Alleinverdienerinnen. Auf der einen Seite fand also eine Bewegung der Frauen „nach oben" statt, auf der anderen Seite wurde sie nicht von einer der Männer „nach unten" begleitet. Typische Frauenaufgaben wie *mašinistka*, Fonds-Helferin und Übermittlerin von Nachrichten wurden nicht von Männern übernommen, geschweige denn Haushalt und Kindererziehung. Trotz einer eindeutigen Rollenverteilung in diesen Sphären fühlten sich viele Frauen in der Dissidentenbewegung gleichberechtigt, weil ihre Vorstellung von Gleichberechtigung sich allein auf den öffentlichen Bereich beschränkte.

7. Die „unabhängige Frauenbewegung" in Leningrad
7.1 *Samizdat* von Frauen für Frauen

Im Herbst 1979 kursierte im Leningrader *Samizdat* eine Neuerscheinung. Sie hieß *Die Frau und Russland*. *Almanach von Frauen für Frauen*[1], war in einen leuchtend grünen Einband gebunden und datiert auf den 10. Dezember 1979, den Tag der Menschenrechte.[2] Der Almanach erschien als Organ der „Frauenbewegung", seine Mitarbeiterinnen bezeichneten sich als „Feministinnen"[3]. Herausgegeben wurde er von Tat'jana Mamonova (geb.

---

[1] Der russische Titel lautet: *Ženščina i Rossja*. *Al'manach Ženščinam o ženščinach*.
[2] Obwohl auf den 10. Dezember datiert, geben zahlreiche Quellen darüber Auskunft, dass der Almanach bereits im September 1979 herauskam. Tat'jana Mamonova: Women and Russia, S. xiii; Tat'jana Goričeva: Ved'my v kosmose, in: Marija 1, S. 9; Goritschewa, Rettung der Verlorenen, S. 84; Chronika tekuščich sobytij 55, 31. Dezember 1979, S. 71. Bei der Datierung auf den 10. Dezember handelte es sich vermutlich um einen Kunstgriff, um einerseits die Sicherheitsdienste zu täuschen und andererseits auf den 10. Dezember als „Tag der Menschenrechte" aufmerksam zu machen. (Goritschewa, Rettung der Verlorenen, S. 84). Zudem war der 10. Dezember der 44. Geburtstag der Herausgeberin Tat'jana Mamonova. Am Erscheinungsbild des Almanachs ist ferner bezeichnend, dass als Erscheinungsort nicht Leningrad, sondern St. Petersburg angegeben wird und von „Russland", nicht der „Sowjetunion" die Rede ist. Die *Tamizdat*-Ausgabe des Almanachs wurde bereits im Sommer 1980 in Paris veröffentlicht und sogleich in mehrere Sprachen übersetzt. (Deutsche Ausgabe: Die Frau und Russland, Basel 1980, darin enthalten: Almanach von Frauen für Frauen No. 1, Texte aus dem Almanach No. 2 „Rossijanka", Zeitschrift „Marija" No. 1). Für die vorliegende Arbeit wurde mit der russischen *Tamizdat*-Ausgabe gearbeitet. *Samizdat*- und *Tamizdat*-Fassung unterscheiden sich dahingehend, dass letztere einen Artikel Galina Grigor'evas über Frauen im Gefängnis enthält, der dem Almanach erst nach dem Erscheinen der ersten Samizdat-Ausgabe beigefügt wurde. Galina Grigor'eva: K istorii ženskogo dviženija vos'midesjatych godov. Almanach „Ženščina i Rossija" i „Marija", in: *Samizdat*. Po materialam koferencii ..., hg. von Vjačeslav Dolinin/Boris Ivanov, S. 120–123, hier S. 122; Julija Voznesenskaja: Ženskoe dviženie v Rossii, in: Posev 1981, Heft 4, S. 41–44, hier S. 41.
[3] Zum Selbstverständnis der Leningrader Frauenbewegung als „feministische Bewegung" siehe Kapitel 7.3. Da die Bezeichnung „Feministinnen" nicht von allen Vertreterinnen der Frauenbewegung als treffend empfunden wurde und sich ihr Verständnis von „Feminismus" wesentlich von dem Feminismus der „Neuen

1943)[4] in Zusammenarbeit mit Tat'jana Goričeva und Natal'ja Malachovskaja (geb. 1947). Neben diesen dreien veröffentlichten Žana Ivina, Natal'ja Mal'ceva (geb. 1951)[5], Sof'ja Sokolova, Elena Švarc (geb. 1948) und Julija Voznesenskaja ihre Beiträge. Im Editorial, *Diese guten patriarchalischen Stützen*, bezeichnet Tat'jana Mamonova die Lage der Frau in der Gesellschaft als „Hauptfrage der Gegenwart"[6]. Eine ausführliche Betrachtung über die Widersprüche der sowjetischen Frauenemanzipation schließt sich an: Formell sei die Gleichberechtigung der Geschlechter umgesetzt. Die dem Mann untertänige Hausfrau und Mutter der „guten alten patriarchalischen Zeit" (S. 11) existiere nicht mehr. Dennoch nehme die Frau nach wie vor einen niedrigeren gesellschaftlichen Rang ein. Sie habe weder Macht noch Einfluss, ihre Leistungen würden nicht anerkannt. Obgleich sie sowohl berufstätig sei als auch für Kinder und Haushalt sorge, woraus eine enorme Arbeitsbelastung erwachse, halte sich hartnäckig der Mythos der „weiblichen Schwäche" (S. 11). Die Würde der Frau werde verletzt durch männliche Gewalt, „vorsintflutliche Lebensbedingungen" (S. 12), die „erniedrigenden Verhältnisse in Geburtshäusern, Abtreibungskliniken und Kommunalwohnungen" (S. 12). Nicht nur in der offiziellen Sphäre gebe es eine „sexistische Haltung" (S. 13) gegenüber Frauen, sondern auch unter den Nonkonformisten. Die *intelligencija* pflege „Frauenhass" (S. 13) ebenso wie eine „phallokratische Kultur" (S. 13), von der die Frauen ausgeschlossen seien. Respekt werde den Frauen nur dann gezollt, wenn sie den Männern möglichst ähnlich seien (S. 12), was dazu führe, dass Frauen sich selbst verachteten, das „Weibliche" (S. 13) in ihrer Persönlichkeit ablehnten und sich weigerten, Kinder zu bekommen. Die wichtigste soziale Forderung bestehe daher in einer „wahren Emanzipation" (S. 12), keiner „oberflächlichen" (S. 12). Sinnvolle Ansätze habe es in der Sowjetunion durchaus gegeben: Gorkij habe gefordert, Mütter mit Kindern angemessen zu bezahlen, Lenin habe „niemals

---

Frauenbewegung" im Westen unterschied, setze ich den Begriff im Folgenden in Anführungszeichen.

[4] Tat'jana Mamonova unterzeichnete im ersten Almanach zwar das Editorial mit ihrem Namen, schrieb ihren Beitrag zum Almanach aber unter dem Pseudonym R. Batalova.

[5] Mal'ceva schrieb unter dem Pseudonym Vera Golubeva.

[6] Tat'jana Mamonova: Ėti dobrye patriarchal'nye ustoi, in: Ženščina i Rossija, S. 9–17, hier S. 11. Die folgenden Zitate dieses Abschnittes stammen sämtlich aus diesem Editorial, die Seitenzahlen werden daher in Klammern dahinter gesetzt.

Die „unabhängige Frauenbewegung" in Leningrad

die Frauen vergessen, wenn er sich an die Massen wandte" (S. 14). In den zwanziger Jahren habe man voller Enthusiasmus auf neue Zeiten und neue menschliche Beziehungen gehofft. Im Zweiten Weltkrieg hätten Frauen beispiellosen Mut im Kampf gegen den Faschismus bewiesen. Und schließlich sei in den sechziger Jahren die Textilarbeiterin Ekaterina Furceva zur

Natal'ja Malachovskaja (links) und Tat'jana Mamonova (Mitte) mit einer französischen Feministin, ohne Datum, wahrscheinlich 1980

Ministerin aufgestiegen und Valentina Tereškova als erste Frau in den Weltraum geflogen (S. 15). Ziel sei es nun, den Einfluss der Frauen auszuweiten. Die Missgunst gegenüber Frauen sei eine „Bremse des sozialen Fortschritts", demgegenüber vertrete die wachsende Frauenbewegung die „aktuellsten [...] Ideen" (S. 16). Im Nachwort rufen die Redakteurinnen ihre „lieben Schwestern"[7] dazu auf, ihre Vereinzelung zu überwinden und sich der Bewegung anzuschließen:

---

[7] Vozzvanie, in: Ženščina i Rossija, S. 123.

Von der Küche auf den Roten Platz

Nur wenn wir zusammenkommen, um all unsere Kümmernisse und Leiden zu diskutieren, nur wenn wir uns unserer Erfahrung bewusst werden und sie verallgemeinern, können wir einen Ausweg finden, uns selbst helfen und Tausenden Frauen, die genauso leiden wie wir. Zu diesem Zweck haben wir uns entschlossen, in unserem Land die erste freie Zeitschrift für Frauen herauszugeben. Auf den Seiten dieser Zeitschrift werden wir die Situation der Frau in der Familie, bei der Arbeit, im Krankenhaus und in der Geburtsklinik beleuchten, ferner die Lage unserer Kinder und den Stand der theoretischen Diskussion. Wir werden künstlerische und publizistische Werke von Frauen veröffentlichen und über konkrete Schicksale unserer Zeitgenossinnen berichten. Wir bitten Sie, uns alles zu schreiben, was Sie berührt und beunruhigt. [...] Wir hoffen, dass unsere gemeinsamen Anstrengungen dazu führen, die stagnierende Befreiung der Frau wieder in Gang zu bringen und das Schicksal der Frauen erträglicher zu machen. „Wenn das, was verborgen war, offenbar wird, wird es hell."[8]

Das neue Untergrundorgan griff Themen und Probleme auf, die zuvor kaum Eingang in den *Samizdat* gefunden hatten: Das Leitthema ist die Ungleichheit der Geschlechter nach sechzig Jahren „Frauenemanzipation durch den Sozialismus", besonders die alltäglichen Härten, Sorgen und Nöte der Frauen sind Gegenstände der Betrachtung. So beschreibt Tat'jana Mamonova ihre Erfahrung auf einer Entbindungsstation, ihre Einsamkeit und Hilflosigkeit, die Gleichgültigkeit der Hebammen und Ärzte, die mangelnde Hygiene und Knappheit von Arzneimitteln.[9] Ähnlich ungeschminkt werden in weiteren Artikeln Mängel der sozialistischen Gesellschaft thematisiert, mit denen in erster Linie Frauen konfrontiert waren: die Armut, das niedrige

---

[8] Ebenda, S. 123f.
[9] R. Batalova (Tat'jana Mamonova): Rody čelovečeskie, in: Ženščina i Rossija, S. 41–50. Die Geburt unterlag in der Sowjetunion in der Regel festen Bestimmungen: Frauen mussten obligatorisch ein Krankenhaus aufsuchen. Väter durften grundsätzlich nicht bei der Geburt anwesend sein. Die ersten zehn Tage nach der Geburt mussten die Wöchnerinnen zumeist in der Klinik bleiben. Während dessen war es ihnen – wegen der angeblichen Infektionsgefahr – verboten, Besuch zu empfangen. Väter bekamen ihre Kinder also erstmals nach zehn Tagen zu Gesicht. Mamonova ist in dieser Zeit nicht die einzige Frau, die die Situation während der Geburt mit dem dominanten Gefühl des Ausgeliefertseins und der Einsamkeit umschreibt. Siehe Holland/Mc Kevitt, Maternity Care in the Soviet Union, in: Holland (Hrsg.): Soviet Sisterhood, S. 164–169.

Die „unabhängige Frauenbewegung" in Leningrad

Kindergeld, der Mangel an Nahrungsmitteln und Konsumgütern, die Schlangen vor den Geschäften, die Situation alleinerziehender Mütter, die schlechte Versorgung der Kinder in den Krippen und Horten, die beengten Lebensverhältnisse in den Kommunalwohnungen, die Doppelbelastung der Frauen, die Hatz zwischen Beruf, Kindern und Haushalt, die fehlende männliche Unterstützung, der Zwang zur Erwerbsarbeit, die Geringschätzung von Frauenberufen, die ungenügenden Verdienstmöglichkeiten, der Mangel an Verhütungsmitteln, die Zustände in den Abtreibungskliniken, der steigende Alkoholismus und seine sozialen Ursachen. Die Frauen schreiben über gesellschaftliche Erscheinungen, die der sowjetischen Öffentlichkeit vorenthalten wurden: weibliche Kriminalität, Prostitution und Drogensucht[10]. Mit der Thematisierung von lesbischer Liebe und Bisexualität wagten sich die Mitarbeiterinnen des Almanachs an Tabus, die auch im oppositionellen Milieu aufrecht erhalten wurden.[11] *Die Frau und Russland* enthält ferner Poesie und Prosa von Frauen sowie mit dem *Brief aus Novosibirsk* eine Episode aus Julija Voznesenskajas Erlebnissen im Lager und im Gefängnis.[12] Sogar ein Kind kommt zu Wort: Vanja Pazuchin, der zehnjährige Sohn Malachovskajas, schreibt über seine Erfahrung mit gewalttätigen Jungen im Pionierlager.[13] Einzig der Artikel Tat'jana Goričevas *Befreit von den Tränen Evas – freue Dich!* fällt aus dem Rahmen.[14] Anlässlich des Festes Mariä Himmelfahrt berichtet Goričeva hier, wie ihr die Gottesmutter bei der Suche nach ihrer persönlichen Weiblichkeit geholfen habe. Einen Weg aus der Krise sieht sie einzig im Christentum.

Anhand von Goričevas Artikel zeichnen sich erste Differenzen und Interessensunterschiede innerhalb der Redaktion ab. Wenige Monate nach dem Erscheinen des Almanachs spaltete sich die „unabhängige Frauenbewegung" in zwei Lager: Das erste bestand im wesentlichen aus Tat'jana Mamonova und Natal'ja Mal'ceva, nebst vereinzelten Anhängerinnen. Mamonova

---

[10] Drogensucht wird allerdings erst im Almanach Nr. 3 thematisiert. Valerija Galitzkaja: Drogensüchtige, in: Die Frau und Russland. Almanach Nr. 3, hg. von Tat'jana Mamonova, Augsburg 1983, S. 23–38.

[11] Žana Ivina: S gomerovskim veličiem i safiričeskoj čistotoj, in: Ženščina i Rossija, S. 113–122; Galina Grigor'eva: Beseda s Zoej i Valeriej, in: Ženščina i Rossija, S. 125–141.

[12] Julija Voznesenskaja: Pis'mo iz Novosibirska, in: Ženščina i Rossija, S. 71–80.

[13] Vanja Pazuchin: Zolotoe detstvo, in: Ženščina i Rossija, S. 61–69.

[14] Tat'jana Goričeva: Radujsja, slez evinych izbavlenie, in: Ženščina i Rossija, S. 19–27.

orientierte sich an Ideen des westlichen Feminismus und nahm sich die dortigen Frauenbewegungen zum Vorbild. Zusammen mit Mal'ceva plante sie weitere Ausgaben von *Die Frau und Russland*, die zweite erschien konspirativ unter dem Titel *Rossijanka* („Die Russin")[15], die dritte nur noch im westlichen Ausland[16]. Die zweite Gruppe innerhalb der Frauenbewegung strebte unter Tat'jana Goričeva und Julija Voznesenskaja danach, Feminismus und Orthodoxie zu verbinden.[17] Im Frühjahr 1980 beschloss sie, einen „religiösen Frauenclub" zu gründen, der regelmäßige Diskussionsrunden für Frauen organisieren und ein eigenes *Samizdat*-Journal mit Namen *Marija* herausgeben sollte. Ein konstituierendes Treffen fand im März 1980 statt.[18] Nach Aussage Malachovskajas soll Mamonova dazu eingeladen gewesen, aber nicht gekommen sein, womit die Trennung besiegelt worden sei.[19] Neben den offenkundigen inhaltlichen Differenzen hatte die Spaltung der Frauenbewegung persönliche Gründe. Sowohl Mamonova als auch Goričeva

---

[15] Eine russische Original-Ausgabe von *Rossijanka* ist nicht erhalten. Es existieren lediglich eine französische Übersetzung: Rossijanka: Des Femmes russes. Par des femmes de Leningrad et d'autres villes, Paris 1980, sowie ein Auszug, der in deutscher Sprache veröffentlicht wurde: Texte aus dem Almanach Nr. 2: „Rossijanka", enthalten in: Die Frau und Russland, S. 115–140.

[16] Der Almanach Nr. 3 liegt nur in deutscher und französischer Sprache vor: Die Frau und Russland, Almanach Nr. 3, Berlin 1983; Des femmes russes, Paris 1981.

[17] Voznesenskaja, Ženskoe dviženie, S. 41; Interview mit Natal'ja Malachovskaja, geführt von Irina Jukina, St. Petersburg, ohne Datum, Archiv NIC Memorial, SPb, S. 27.

[18] Zur Chronologie der Ereignisse: Natal'ja Djukova: Istorija sozdanija feministskogo dviženija v načale 80-ch godov, Archiv NIC Memorial St. Petersburg, Sammlung *Ženskoe dviženie*; Grigor'eva, K istorii ženskogo dviženicja; Voznesenskaja: Ženskoe dviženie sowie: Chronik, in: Marija 1, deutsche Ausgabe, S. 247–250; Köbberling, Frauenbewegung, S. 70–82.

[19] Interview Jukinas mit Malachovskaja, Archiv NIC Memorial, SPb, S. 16f. Allerdings muss man berücksichtigen, dass trotz bestehender Differenzen die Trennung nicht absolut war. Unter den Aktivistinnen der Gruppe „Marija" hielten einige Frauen guten Kontakt zu Mamonova, manche schrieben sogar für beide Zeitschriften, so zum Beispiel Galina Grigor'eva, Alla Sariban und Kari Unksova. Siehe auch Interview Grigor'eva, die aussagt, sie sei stets gegen eine Spaltung der Frauenbewegung in zwei Lager gewesen. Selbst Tat'jana Mamonova veröffentlichte in ihrer *Tamizdat*-Zeitschrift Rossijanka noch Artikel von Goričeva und Voznesenskaja. Rossijanka. Des femmes russes, 1980.

Die „unabhängige Frauenbewegung" in Leningrad

und Voznesenskaja waren starke Führungspersönlichkeiten. Goričeva und Voznesenskaja spielten seit Mitte der siebziger Jahre eine tragende Rolle in der Leningrader „Zweiten Kultur". Da die Gründung des Almanachs auf

Von links nach rechts: Tat'jana Goričeva, Natal'ja Malachovskaja und Julija Voznesenskaja, Wien 1980 (Foto: dpa/SV-Bilderdienst)

Mamonovas Initiative zurückging, habe sie die Leitung des Projekts beansprucht, die übrigen Redakteurinnen hätten sich jedoch nicht unterordnen wollen.[20]

[20] Interview Jukinas mit Malachovskaja, Archiv NIC Memorial, SPb, S. 14; Interview Sokolova. Nach Angaben Malachovskajas habe zudem der KGB zur Spaltung der Frauenbewegung beigetragen: Tat'jana Mamonova stand nach der Veröffentlichung des ersten Almanachs unter starkem Druck. Als ihr die Verhaftung und der Entzug des Sorgerechts für ihren vierjährigen Sohn in Aussicht gestellt wurden, ließ sie sich ein Schuldeingeständnis abringen sowie eine schriftliche Erklärung, keine weitere Nummer des Almanachs herauszugeben (Tat'jana Ma-

Von der Küche auf den Roten Platz

Unter den Mitarbeiterinnen des Almanachs schlossen sich Galina Grigor'eva, Natal'ja Malachovskaja und Sof'ja Sokolova der Gruppe „Marija" an. Hinzu kamen Natal'ja Lazareva (geb. 1948), Alla Sariban (geb. 1948), Klavdija Rotmanova[21], Kari Unksova (1941–1983), Tat'jana Beljaeva (geb. 1946), Natal'ja Djukova (geb. 1946), Elena Šanygina (geb. 1957)[22], Natal'ja Savel'eva (geb. 1961), Renata Syčeva (geb. 1955), Elena Borisova, Ljudmila Levitina (geb. 1961) und Irina Žosan (geb. 1949).[23]. Insgesamt gruppierten sich um den Club „Marija" etwa dreißig Frauen.[24] Offenkundig stieß die Idee einer orthodox-geprägten Frauenbewegung auf größere Resonanz als Mamonovas Konzept. Das erste Heft der Zeitschrift *Marija* erschien am

monova: Zajavlenie v Prokuraturu g. Leningrada, Leningrad, 14. Dezember 1980, in: Ženščina i Rossija, S. 139–141). Nach Aussagen von Zeitzeuginnen habe der Club „Marija" in der Anfangszeit die absehbaren Repressionen weniger gefürchtet als Mamonova. Die Gruppe habe weniger konspirativ arbeiten und dadurch versuchen wollen, möglichst viele Frauen zu erreichen. Voznesenskaja, Ženskoe dviženie, S. 41; Djukova: Istorija sozdanija, Archiv NIC Memorial, St. Peterburg, Sammlung *Ženskoe dviženie*, Bl. 1; Interview Jukinas mit Malachovskaja, Archiv NIC Memorial, SPb, S. 9–11; Interview Sokolova.

[21] Sie schrieb unter den Pseudonymen Ksenija Romanova und Aja Lauva.

[22] Šanygina schrieb unter dem Pseudonym Elena Doron.

[23] Angaben nach Djukova: Istorija sozdanija, Archiv NIC Memorial, SPb, Sammlung *Ženskoe dviženie*, Bl. 3; Grigor'eva, K istorii ženskogo dviženicja, S. 122; Voznesenskaja: Ženskoe dviženie, S. 43f., Yuliya Voznesenskaya: The Independent Women's Movement in Russia, in: Religion in Communist Lands 10 (1982), Heft 3, S. 333–336, hier, S. 336. Vor Erscheinen der ersten Ausgabe von *Marija* soll der Club sieben Mitglieder gehabt haben. Im Mai 1980, nach Veröffentlichung der *Samizdat*-Ausgabe Marija 1 soll die Zahl sprunghaft angestiegen sein. Angabe nach: Chronik, in: Marija 1 (deutsche Ausgabe), S. 247.

[24] Neben den schon genannten werden in den Quellen angeführt: Anna Malonga (1953–1995), Sajda Magaj (geb. 1950), Natal'ja Mironova, Valentina Aven', Tat'jana Michajlova, Natal'ja Voronina, Galina Chamova, Tat'jana Judkovskaja, Ekaterina Žukova, Lia Vladimirova, Anna Alarčina, Valentina-Marija Til' sowie M. Čelnokova, L. Vasil'eva, N. Lukina, S. Belova und N. Samojlovič. Über diese Frauen liegen jedoch wenig bis gar keine weiteren Informationen vor. Ihre Namen tauchen in den Protokollen der Diskussionen des Clubs „Marija" auf, teilweise verfassten sie Artikel in der Zeitschrift *Marija*, oder sie werden von Zeitzeuginnen genannt.

Die „unabhängige Frauenbewegung" in Leningrad

5. Mai 1980[25], das zweite im Sommer 1980[26]. Daneben gab es regelmäßige Diskussionsveranstaltungen des Clubs „Marija". Die Protokolle wurden teilweise in der *Samizdat*-Zeitschrift gedruckt. Nachdem die führenden Köpfe der Frauenbewegung, Julija Voznesenskaja, Tat'jana Goričeva und Natal'ja Malachovskaja, zusammen mit Tat'jana Mamonova im Sommer 1980 ausgewiesen wurden, kamen die Aktivitäten der ersten Gruppierung um den Almanach *Die Frau und Russland* fast zum Erliegen.[27] „Marija" musste sich erst wieder konsolidieren. Die dritte Ausgabe der Zeitschrift erschien im Sommer 1981[28]. Infolge harscher Repressionen und der Emigration eines weiteren Teils der Gruppe in der zweiten Jahreshälfte 1981, konnten *Marija* Nummer 4 und 5 noch nicht einmal im *Samizdat* veröffentlicht werden. Die Gruppe sammelte zwar Material, dieses wurde jedoch immer wieder konfisziert, so dass nur einzelne Artikel im *Samizdat* kursierten und später im Westen veröffentlicht wurden.[29] Für das sechste Heft der Zeitschrift konnte Ende 1981 wieder eine vollständige Druckvorlage erstellt und zur Veröffentlichung im *Samizdat* vervielfältigt werden. Die Künstlerin Natal'ja Lazareva sollte die fertigen Exemplare zum Binden und Illustrieren bekommen. Sie wurde am 13. März 1982 verhaftet.[30] Das *Samizdat*-Manuskript des letzten Heftes von *Marija* wurde bei Wohnungsdurchsuchungen im Anschluss an die Verhaftung beschlagnahmt und erschien

---

[25] Nach Aussage Tat'jana Goričevas sollte die erste Ausgabe viel früher erscheinen. Da am 1. März die Wohnung Voznesenskajas durchsucht und eine Menge Materials beschlagnahmt worden sei, habe sich die Veröffentlichung entsprechend verzögert. Goritschewa, Hiobs Töchter, S. 18.

[26] Marija 2, hg. von Julija Voznesenskaja, Leningrad/Frankfurt am Main 1982.

[27] Die Freundinnen Mamonovas schrieben noch einzelne Artikel, die sie in den Westen schickten und die Mamonova dort veröffentlichte.

[28] Marija 3, hg. von Natal'ja Malachovskaja, Leningrad/Paris 1982.

[29] Djukova: Istorija sozdanija, Archiv NIC Memorial, SPb, Sammlung *Ženskoe dviženie*, Bl. 3. Interessanterweise war es Mamonova, die in ihrem Sammelband *Women and Russia* sowie in *Die Frau und Russland* 3 ein Teil des Materials publizierte. Gleichzeitig ließ sie es sich nicht nehmen, in den genannten Veröffentlichungen gegen die Gruppe „Marija" zu polemisieren: Mamonova, Actions and Couteractions, in: dies. (Hrsg.): Women and Russia, S. 235–244, deutsch: Redaktionskollektiv des Almanachs, Aktion und Reaktion, in: Die Frau und Russland 3, S. 120–130.

[30] Arrest Lazarevoj, in: Chronika tekuščich sobytij 64, Juni 1982, S. 13.

folglich weder im *Samizdat* noch im *Tamizdat*.[31] Mit der Verhaftung Lazarevas versiegte die „unabhängige Frauenbewegung" in Leningrad.

Die Leningrader Frauenbewegung war eine kurzzeitige Erscheinung, stellte in der Dissidenz aber ein völlig neues Phänomen dar. In der auf Bürger- und Menschenrechte ausgerichtete Dissidentenbewegung herrschte wenig oder gar kein Bewusstsein über die spezifische Probleme oder Diskriminierungen von Frauen in der Gesellschaft. Wer waren die Leningrader „Feministinnen"? Welche Faktoren führten zur Frauen-Initiative? Welche „Ideologie" prägte die Bewegung? Was waren ihre Interessen, Themen und Aktivitäten?

7.2 Die Entstehung der „unabhängigen Frauenbewegung"

Biographische Zugänge

Galina Grigor'eva wurde 1948 in Leningrad geboren und wuchs in einer verhältnismäßig wohlhabenden Familie auf.[32] Ihr Vater war leitender Angestellter in der Wirtschaftsverwaltung, ihre Mutter arbeitete als Buchhalterin. Nach eigener Darstellung habe ihre Familie *BBC* gehört, Kontakte zu ehemaligen Lagerhäftlingen gepflegt und „antisowjetische Witze"[33] erzählt. Einen Bezug zur ferneren Vergangenheit Sowjetrusslands habe Grigor'eva über ihren Großvater gehabt, einen Revolutionär und Tschekisten.[34] Schon früh sei ihr das bestehende System zuwider gewesen. Trotz glänzender

---

[31] Im Zuge des Rehabilitationsverfahrens wurde Marija 6 an Natal'ja Lazareva zurückgegeben. Sie stellte es dem Archiv des NIC Memorial, St. Petersburg, zur Verfügung. Dort ist das *Samizdat*-Exemplar für Forschende nur eingeschränkt zugänglich, da in Kürze eine Publikation erscheinen soll. Ich selbst durfte das etwa 200 Seiten starke Heft für knappe zwei Stunden einsehen und keine Kopie machen.

[32] Zum Lebensweg Grigor'evas: Grigor'eva, K istorii ženskogo dviženija; dies.: Sovremennye problemy religioznogo puti, in: Christianskij seminar. Vol'noe slovo, Bd. 39, Frankfurt am Main 1980, S. 20–33; Interview mit Galina Grigor'eva, geführt von Sof'ja Čujkina, ohne Ort, ohne Datum (wahrscheinlich St. Petersburg um 1995), Teil I: Archiv NIC Memorial St. Petersburg, Teil II: Gabe der Interviewerin; eigenes Interview mit Gigor'eva, St. Petersburg, 20. Februar 2002.

[33] Interview Čujkinas mit Grigor'eva, Teil I, Archiv NIC Memorial, SPb, S. 4.

[34] Ebenda, S. 1.

Die „unabhängige Frauenbewegung" in Leningrad

Noten habe sie sich in der Schule nicht wohlgefühlt, Sozialdruck und Kollektivgeist abgelehnt und statt dessen im Kreis ihrer Freunde, junger Leute aus der *intelligencija*, Gedichte rezitiert, musiziert und politisch diskutiert. Achmatova, Pasternak und Cvetaeva seien ihr seit der Schulzeit vertraut gewesen. Nach dem Schulabschluß 1965 habe sie Psychologie studiert, aus Neugier, denn es habe sich um einen Studiengang gehandelt, der gerade erst eingerichtet worden sei.[35] Obwohl sie sogar promovierte, sei sie von der Ausbildung enttäuscht gewesen. Daneben habe sie das Leben einer *bohémienne* geführt, sich einem Kreis freigeistiger Studierender aus dem Theaterinstitut angeschlossen, die avantgardistische Stücke inszenierten, Liebschaften pflegten und Lieder von Galič und Vysockij hörten. Kurz: Es sei ein „dissidentisches Nest"[36] gewesen. Von 1968 an habe sie das Café „Saigon" besucht und zur einer Literaturvereinigung (LITO) unter Leitung Viktor Sosnoras gehört. Die LITO (*literaturnoe ob"edinenie*) waren Vereinigungen junger Literaten und Interessierter, die sich in der Regel an Universitäten und anderen Bildungsstätten bildeten.[37] Grigor'evas Gruppe kam in den Räumen des Leningrader Schriftstellerverbandes zusammen. Neben Grigor'eva gingen zahlreiche spätere Dissidentinnen und Dissidenten aus ihr hervor: Tat'jana Goričeva, Viktor Krivulin (1944–2001), Natal'ja Malachovskaja, Bella Uljanovskaja (geb. 1942), Evgenij Pazuchin (geb. 1945), Sof'ja Sokolova, Natal'ja Djukova und Vladimir Djukov (geb. 1946). Bunter als in der LITO war das Publikum im Café „Saigon". An der Kreuzung zweier zentraler Boulevards gelegen, dem Nevskij- und dem Vladimirskij-Prospekt, war es zwischen 1964 und 1991 Anziehungspunkt für die Bohème, offizielle wie inoffizielle Künstler und Literaten, Aktivisten des *Samizdat*, aber auch Studierende sowie Vertreterinnen und Vertreter staatlicher Wissenschaftsinstitute.[38] Die kleine Leningrader Homosexuellen-Szene hatte im

---

[35] Ebenda, S. 12.
[36] Ebenda, S. 18.
[37] V.E. Dolinin/P.Ja. Severjuchin, Preodolen'e nemoty, in: Samizdat Leningrada, hg. von V.E. Dolinin u.a., S. 7–66, hier S. 13.
[38] Elena Zdravomyslova: The Café Saigon Tusovka. One Segment of the Informal Public Sphere of Late-Soviet society, in: Robin Humphrey/Robert Miller/Elena Zdravomyslova (Hrsg.): Biographical Research in Eastern Europe. Altered Lives and Broken Biographies, Aldershot u.a. 2003, S. 141–177; Stanislav Savickij: Semidesjatye: trudnoe utro posle šumnogo prazdnika, in: Pčela 1998, Heft 12, S. 22–24, hier S. 24.

„Saigon" ebenfalls ihren Treffpunkt.[39] Sogar Gestalten aus den kriminellen oder halbkriminellen Milieus tauchten dort auf, Schwarzhändler, Jugendbanden und Drogendealer.[40] Seit den späten siebziger Jahren war es das Zentrum der Hippie- und Rockkultur. Für Galina Grigor'eva und ihre Zeitgenossinnen und -genossen war das „Saigon" der Ort, wo Informationen ausgetauscht wurden, wo man von inoffiziellen Ausstellungen und Neuerscheinungen des *Samizdat* erfuhr. Man traf sich also nicht nur in der „Küche". Seiner Funktion nach war das „Saigon" eine Schnittstelle zwischen offizieller und informeller Sphäre, „erster" und „zweiter Kultur".[41]

Grigor'eva bewegte sich eine geraume Zeit in beiden „Kulturen". 1973 beendete sie ihre Doktorarbeit und bekam eine Stelle als Mitarbeiterin am Institut für Sozialpsychologie der Akademie der Wissenschaften. Sie gibt an, sich zunächst für eine „offizielle Karriere"[42] entschieden zu haben. Die Arbeitsbedingungen am Institut seien ausgezeichnet gewesen, es habe keine Anwesenheitspflicht gegeben, sondern die Möglichkeit, sich die Arbeit frei einzuteilen. Somit habe sie Zeit für ihr Kind gehabt, das Anfang der siebziger Jahre geboren wurde. Ferner sei genügend Spielraum geblieben, um sich in der inoffiziellen Sphäre zu bewegen, ihren künstlerischen und literarischen Interessen nachzugehen und Yoga zu praktizieren, das in dieser Zeit zu ihrer großen Leidenschaft wurde.[43]

Yoga habe für sie am Beginn eines neuen Lebensabschnittes gestanden: Nach einer langen Zeit der spirituellen Leere, begleitet von exzessivem Alkoholkonsum und sexuellen Ausschweifungen[44], habe sie sich auf einen neuen „geistigen Weg" (*duchovnyj put'*)[45] begeben. Sie habe sich mit fernöstlichen Kulturen beschäftigt, nach Beherrschung von Körper und Geist gestrebt, meditiert, das Rauchen aufgegeben, keinen Alkohol mehr getrun-

---

[39] Zdravomyslova, Café Saigon, S. 156.
[40] Ebenda, S. 157.
[41] Zdravomyslova bezeichnet dies als *informal-public sphere*, also „informell-öffentliche Sphäre", Zdravomyslova, Café Saigon, S. 142. Ein mit dem „Saigon" vergleichbarer Ort war das Café in der Malaja Sadovaja, das den gleichen Namen wie die Straße trug.
[42] Interview Čujkinas mit Grigor'eva, Teil II, Gabe der Interviewerin, S. 18.
[43] Ebenda; Interview Grigor'eva.
[44] Grigor'eva, Sovremennye problemy religioznogo puti, S. 29. Siehe auch Interview Čujkinas mit Girgor'eva, Teil I, Archiv NIC Memorial, SPb, S. 20.
[45] Interview Grigor'eva.

Die „unabhängige Frauenbewegung" in Leningrad

ken, sich vegetarisch ernährt.[46] Am Ende dieser Suche stand ihre Hinwendung zum Christentum. Seit 1974 sei sie regelmäßige Teilnehmerin am religiös-philosophischen Seminar unter Leitung Tat'jana Goričevas gewesen. Das Seminar habe Raum geboten für die Auseinandersetzung mit Religionen, Konfessionen und religionsphilosophischen Ansätzen.[47] Die Annahme des orthodoxen Glaubens begründet Grigor'eva damit, dass die Orthodoxie ihr näher sei als fernöstliche Spiritualität, weil sie ihrem eigenen Kulturkreis entspringe. Daher sei der russisch-orthodoxe Glaube für sie die naheliegende Religion, so wie ein Inder eine kulturelle Affinität zum Hinduismus besitze.[48] Ein Konversionserlebnis schildert sie für Ostern 1976.[49]

Sowohl ihr innerer Weg als auch ihre inoffiziellen kulturellen Aktivitäten seien mit der Arbeit im wissenschaftlichen Institut nicht mehr vereinbar gewesen. Ein neuer Institutsleiter habe die Anwesenheitspflicht eingeführt. Zudem habe es Druck gegeben, in die Partei einzutreten. Daher habe sie sich 1974 entschieden, ihre wissenschaftliche Laufbahn aufzugeben und sich statt dessen eine Stelle zu suchen, die ihr mehr Freiräume lasse.[50] Zunächst habe sie als Wächterin auf einem Parkplatz gearbeitet, danach weitere niedrig qualifizierte Tätigkeiten angenommen. So habe sie genügend Zeit für ihren Sohn, für die Teilnahme an inoffiziellen Seminaren und Ausstellungen und für das Schreiben gehabt. Am Wochenende habe sie zusammen mit Goričeva und deren Mann Viktor Krivulin Gemeinden und Klöster bereist.[51] Nach

---

[46] Grigor'eva, Sovremennye problemy religioznogo puti, S. 24f., S. 29ff.; Interview Grigor'eva.

[47] Siehe Interview Grigor'eva sowie Goritschewa, Rettung der Verlorenen, S. 64; dies.: Von Gott zu reden, S. 67–70. Zur Breite der Themen: Sergej Stratanovskij: Semidesjatye – preodolenie stracha, in: Pčela 1998, Heft 12, S. 25–27, hier S. 27.

[48] Grigor'eva, Sovremennye problemy religioznogo puti, S. 25. Ein ähnliches Argumentationsmuster findet sich auch bei Tat'jana Goričeva: Goritschewa, Hiobs Töchter, S. 80.

[49] Grigor'eva, Sovremennye problemy religioznogo puti, S. 29.

[50] Aus den Quellen wird nicht ersichtlich, ob sie entlassen wurde oder selbst kündigte. Ihre Aussagen widersprechen sich: Im Interview mit Čujkina erzählte sie, sie habe gekündigt. Mir gegenüber deutete sie an, sie sei entlassen worden. Interview Čujkinas mit Grigor'eva, Teil II, Gabe der Interviewerin, S. 18f.; Interview Grigor'eva.

[51] Interview Čujkinas mit Grigor'eva, Teil II, Gabe der Interviewerin, S. 19; Interview Grigor'eva. Zu den Kloster-Aufenthalten siehe auch Goritschewa, Ret-

eigener Aussage definierte sich Grigor'eva vor Mitte der siebziger Jahre noch nicht als Dissidentin. Sie habe sich nicht in der Menschenrechtsbewegung engagiert, sondern sich der „Zweiten Kultur" zugehörig gefühlt. Erst als Freunde und Bekannte verhaftet wurden, habe sie an Menschenrechtsaktivitäten teilgenommen, darunter an der Demonstration zum Jahrestag des Dekabristenaufstandes am 14. Dezember 1975, an der sich einige der späteren „Feministinnen" beteiligten: Tat'jana Goričeva, Natal'ja Malachovskaja und Julija Voznesenskaja.[52]

Mit dem Almanach *Die Frau und Russland* kam Galina Grigor'eva nach eigenen Angaben erst in Berührung, als die *Samizdat*-Ausgabe bereits in Leningrad zirkulierte. Die Lektüre habe sie frappiert und fasziniert. Sofort sei sie der Redaktion beigetreten.[53] Grigor'eva nennt mehrere Gründe für ihre Entscheidung sich der Frauenbewegung anzuschließen: Die Situation der Frauen in der „Zweiten Kultur" sei unbefriedigend gewesen. Sie hätten ihr kreatives Potential nicht ausschöpfen können. Im „traditionellen" männlich dominierten *Samizdat* seien die Arbeiten der Frauen wegen angeblicher „Unprofessionaliltät" (*neprofessional'nost'*) und „Zweitrangigkeit" (*vtorosortnost'*) häufig abgelehnt worden.[54] Aufgrund der „patriarchalischen Erziehung" hätten Frauen keine Führungsrollen übernehmen können. Vorhandene *Samizdat*-Organe seien kein Forum gewesen, um Themen und Probleme zu diskutieren, mit denen sich Frauen alltäglich konfrontiert sahen. Die „Zweite Kultur" habe sich „weit vom Volk entfernt". Daher sei die Idee eines Frauen-*Samizdat*s auf „fruchtbaren Boden" gefallen. Grigor'eva selbst habe sich seit ihrem Psychologiestudium immer für „Frauenthemen" interessiert, für Fragen der Mutterschaft, die Rolle des Vaters bei der Kindererziehung, Probleme in der Familie, die Lage Alleinerziehender. Als sie noch im Institut arbeitete, schrieb sie wissenschaftliche Artikel dazu.[55] Daher sei Grigor'eva sogleich Anhängerin der Frauenbewegung geworden. Sie habe ein Bedürfnis verspürt, ihre eigenen Erfahrungen und Probleme als Frau und

---

tung der Verlorenen, S. 28–52; dies.: Von Gott zu reden, S. 85; Interview Orlovas mit Goričeva, Archiv der FSO, Bremen, S. 6.

[52] Interview Grigor'eva.

[53] Grigor'eva, K istorii ženskogo dviženija, S. 120; Interview Grigor'eva.

[54] Alle Zitate in diesem Satz stammen aus: Grigor'eva, K istorii ženskogo dviženija, S. 122.

[55] Für sämtliche Zitate: Interview Grigor'eva.

Die „unabhängige Frauenbewegung" in Leningrad

Mutter anderen Frauen mitzuteilen: ihre Geldsorgen[56], die Belastung durch den Arbeitszwang[57], den Ärger mit dem Mann, der keine Verantwortung für die Kinder übernahm[58]. Die Geschichte Grigor'evas weist zahlreiche Ähnlichkeiten mit dem Werdegang weiterer späterer „Feministinnen" auf. Wie die meisten Mitarbeiterinnen beim Almanach und *Marija* entstammte Grigor'eva einer jüngeren Generation von Dissidentinnen und Dissidenten, die den Krieg nicht oder nicht bewusst miterlebt hatten und sich an die Stalinzeit kaum noch erinnern können.[59] Im Gegensatz zur „Tauwetter-Generation", den „Sechzigern", also den Mitte der 1920er bis Mitte der 1930er Jahre Geborenen, zeichneten sich die „Siebziger" durch eine frühe Distanz zum System aus. Mit Ausnahme von Tat'jana Goričeva, die während des Studiums noch begeisterte Komsomol-Organisatorin war[60], ist ihre Haltung gegenüber dem

---

[56] Interview Čujkinas mit Gigor'eva, Teil II, Gabe der Interviewerin, S. 4–7, 12, 19; Interview Grigor'eva.

[57] Nach der Gesetzeslage durfte eine Mutter seit 1973 einen Schwangerschaftsurlaub von 16 Wochen bei vollem Lohnausgleich nehmen. Unbezahlter Erziehungsurlaub durfte bis zu drei Jahren genommen werden. De facto konnte sich das aber kaum eine Familie leisten. Wenn Frauen nach der Baby-Pause nicht arbeiten gingen, konnte ihnen unter Umständen eine Klage wegen „Parasitentum" *(tunejadstvo)* drohen. Zur rechtlichen Situation: Schmitt, Zivilgesellschaft, S. 200–203; Stefanie Solotych: Die rechtliche Stellung der Frauen in Russland, in: Uta Grabmüller/Monika Katz (Hrsg.): Zwischen Anpassung und Widerspruch. Beiträge zur Frauenforschung am Osteuropa-Institut der Freien Universität Berlin, Berlin 1993, S. 43–61, hier S. 49–53.

[58] Interview Čujkinas mit Gigor'eva, Teil II, Gabe der Interviewerin, S. 4–7.

[59] Mit Ausnahme der ganz jungen Frauen Elena Šanygina (geb. 1957) und Ljudmila Levitina (geb. 1961) und einiger älterer Vertreterinnen wie Sof'ja Sokolova und Elena Borisova gehörten die meisten zu den Mitte der vierziger bis Mitte der fünfziger Jahre Geborenen. Zu Generationenfragen in der Dissidentenbewegung: Voronkov: Protestbewegung; Boris Groys: Paradigmenwechsel in der inoffiziellen Kultur der Sowjetunion, in: Beyrau/Eichwede (Hrsg.): Auf der Suche nach Autonomie, S. 53–64. Über die „Siebziger" siehe auch den Sammelband: L. Lur'e/E. Venzel'/S. Savickij, Iz archivov leningradskoj kontrkul'tury, in „Semidesjatye" kak predmet istorii russkoj kul'tury.

[60] Das Engagement als Komsomol-Organisatorin fand nach Goričevas Aussagen während des Erststudiums am Technikum statt. Sie habe erst begonnen, sich kritisch mit dem System auseinander zu setzen, als das Interesse für Philosophie in ihr geweckt wurde, sie das Zweitstudium der Philosophie an der Staatlichen Uni-

System gekennzeichnet von früher Desillusionierung und Hinwendung zur Alternativkultur.[61] Die meisten der Aktivistinnen der Frauenbewegung waren seit Anfang oder Mitte der siebziger Jahre engagiert in der inoffiziellen Kulturszene: Julija Voznesenskaja hatte als Herausgeberin verschiedener *Samizdat*-Zeitschriften und Organisatorin privater Ausstellungen eine prominente Stellung im Leningrader Dissens inne.[62] Ebenso wie sie gehörte auch Tat'jana Goričeva zu den führenden Köpfen der „Zweiten Kultur". Sie leitete das religiös-philosophische Seminar und gab zusammen mit Viktor Krivulin die literarisch und geisteswissenschaftlich orientierte Zeitschrift „37" heraus. Bei „37" arbeiteten auch Natal'ja Malachovskaja und ihr Ehemann Evgenij Pazuchin. Ferner organisierte Malachovskaja inoffizielle Lesungen und Kunstausstellungen. Elena Švarc war in der inoffiziellen Lyrik-Szene prominent. Sof'ja Sokolova veröffentlichte ihre Prosa im *Samizdat*. Tat'jana Mamonova, Natal'ja Lazareva und Kari Unksova schrieben Gedichte, malten und nahmen an inoffiziellen Kunstausstellungen teil. Natal'ja Djukova führte einen literarischen „Salon". Der Ort der Frauenbewegung war also weniger die Menschenrechtsbewegung als die Leningrader „Zweite Kultur".[63] Die Grenzen zwischen beiden Strömungen wurden aber mit der Zeit fließend. Vertreterinnen der „Zweiten Kultur" befassten sich oft spätestens dann mit Fragen der Menschenrechte, wenn sie oder ihr Umfeld von Repressionen bedroht wurden.

versität Leningrad aufnahm und anfing, im Café „Saigon" zu verkehren. Goritschewa, Rettung der Verlorenen, S. 13–18.

[61] Tat'jana Mamonova: Biographie, in: Die Frau und Russland 3, Berlin 1983, S. 131–132 sowie dies.: Tat'jana Mamonova, in: dies. (Hrsg.), Women and Russia, S. 271–272, (in französischer Sprache mit leichten Änderungen veröffentlicht unter: Autobiographie, in: Rossijanka. Des femmes russes. Par des femmes de Léningrad et d'autres villes, Paris 1980); Interview Jukinas mit Malachovskaja, Archiv NIC Memorial, SPb; Interview Dorutinas mit Lazareva, Archiv NIC Memorial, SPb; Interview Djukova.

[62] Siehe Kapitel 5.3, den Abschnitt: „‚Hierarchie nach Leidensgrad': Lager und Gefängnis in der Wahrnehmung der Dissidentinnen und Dissidenten".

[63] Mamonova, Biographie, in: Die Frau und Russland 3, dies.: Tat'jana Mamonova, in: dies. (Hrsg.), Women and Russia; Interview Orlovas mit Goričeva, Archiv der FSO, Bremen; Interview Dorutinas mit Lazareva, Archiv NIC Memorial, SPb; AS 4027: Natal'ja Malachovskaja, Avtobiographija, Leningrad Mai 1980; Interview Jukinas mit Malachovskaja, Archiv NIC Memorial, SPb; Interviews Djukova, Sokolova.

Die „unabhängige Frauenbewegung" in Leningrad

Die meisten der späteren „Feministinnen", vor allem diejenigen, die sich dem Club „Marija" anschlossen, nahmen am religiös-philosophischen Seminar unter der Leitung Tat'jana Goričevas teil und bekannten sich seit Mitte oder Ende der siebziger Jahre zur Orthodoxie.[64] Die Suche nach spiritueller Erneuerung war eine typische Erscheinung im Dissens der siebziger Jahre.[65] Sie äußerte sich zunächst darin, dass im *Samizdat* zahlreiche Publikationen über Zen-Buddhismus, mittelalterliche Mystik, Rudolph Steiner, Astrologie, Traumdeutung, Tiefenpsychologie, indische Weisheiten, die Lehre Krishnas sowie Yogalehrbücher und Gesundheitsratgeber kursierten.[66] Nach Ausflügen in die Esoterik oder fernöstliche Kultur, nach der Beschäftigung mit Existentialismus oder Psychoanalyse mündete für viele Zeitgenossinnen und -genossen die spirituelle Suche in der Hinwendung zur Religion, meist zum russisch-orthodoxen Glauben.[67] Auch in der Moskauer Dissidenz formierte sich in der zweiten Hälfte der siebziger Jahre eine

---

[64] Ausnahmen blieben Tat'jana Mamonova und Naltal'ja Mal'ceva, die sich „Marija" nicht anschlossen, sowie Sof'ja Sokolova, die zwar bei „Marija" mitmachte, den religiösen Ansatz der Gruppe aber nicht teilte.

[65] Grigor'eva, Sovremennye problemy religioznogo puti; Goritschewa, Rettung der Verlorenen, S. 14–27, S. 57–64; dies.: Von Gott zu reden, S. 22–33; Vjačeslav Dolinin: 1970e: rasširenie prostranstva svobody, Vortragsmanuskript, ohne Ort und Datum, www.memorial.inc.ru [Stand: Februar 2002] Als Manuskript in meinem Privatbesitz; Olga Tchepoumaya: The Hidden Sphere of Religious Searches in the Soviet Union: Independent Religious Communities in Leningrad from the 1960s to the 1970s, in: Sociology of Religion 64 (2003), Heft 3, S. 377–387.

[66] Dolinin, Rasširenie prostranstva svobody, S. 4 und 7; Goritschewa, Hiobs Töchter, S. 80; Grigor'eva, Sovremennye problemy religioznogo puti, S. 21–25.

[67] Andere entdeckten ihre jüdischen Wurzeln, wieder andere schlossen sich den Baptisten und anderen protestantischen Religionsgemeinschaften an oder versuchten, eine konfessionsungebundene christliche Religiosität zu leben. Die Wiederentdeckung der Religion in der Dissidenz geht einher mit einer „religiösen Renaissance", die seit Ende der sechziger Jahren breitere Teile der Bevölkerung erfasste. Hierzu John Anderson: Religion, State and Politics in the Soviet Union and Successor States, Cambridge 1994, S. 82–87. Die Wiederentdeckung der Religion sowie die Formen von Spiritualität und spiritueller Suche in der Sowjetunion sind noch wenig erforschte Themen und böten viele Möglichkeiten für künftige wissenschaftliche Untersuchungen. Für die Religiosität in Dissidenz und Dissens siehe Tchepoumaya sowie Jane Ellis: The Russian Orthodox Church. A Contemporary History, Bloomington 1986, S. 287–454.

christliche Strömung.[68] In den siebziger und frühen achtziger Jahren ließen sich zahlreiche Vertreterinnen und Vertreter der Menschenrechtsbewegung taufen.[69]

Aus den Reihen der „Feministinnen" weist einzig Tat'jana Mamonova in ihrer Biographie jegliche Auseinandersetzung mit religiösen Fragen zurück. Obwohl sie jahrelang mit Goričeva und Voznesenskaja bekannt war, nahm Mamonova nicht am religiös-philosophischen Seminar teil. In einem Aufsatz zeigt sie zwar Verständnis für die Restauration der Religion in der „Zweiten Kultur" und bezeichnet sie als „akzeptable Form des Protests gegen die bestehende Ordnung"[70], aber sie verwahrt sich gegen eine Vereinnahmung der Frauenbewegung durch die Religion. Orthodoxie und Feminismus hätten diametral entgegengesetzte Ansichten, zum Beispiel in Bezug auf Abtreibung und Homosexualität.[71]

Eine Gemeinsamkeit zwischen Mamonovas Lebensentwurf und den Lebensgeschichten der Anhängerinnen des Clubs „Marija" besteht jedoch darin, dass Mamonova in ihrer Selbstbeschreibung ebenfalls von jahrelanger Suche nach einer „inneren Befreiung" und „Selbstfindung"[72] spricht, wenn diese Suche auch weniger spirituell ausgerichtet war. Mamonova beschäftigte sich mit Kräuterkunde, malte und schrieb, befasste sich mit Theater und Pantomime, lernte im Selbststudium Fremdsprachen und bereiste entfernte Provinzen, wie die Karpaten, Zentralasien und die Kamčatka. Zudem vereint Mamonova und die übrigen Aktivistinnen der Frauenbewegung, dass Mamonovas Suche nach alternativen Lebensentwürfen früh darin mündete, die ursprünglich angestrebte Berufslaufbahn aufzugeben und statt dessen in der „Zweiten Kultur" aufzugehen. Wie Galina Grigor'eva beschreibt sie die Aufgabe der offiziellen Karriere als einen Akt der Selbstbefreiung: So habe sie ihr Pharmaziestudium abgebrochen und als Journalistin gearbeitet, weil sie die Kurse über Marxismus-Leninismus nicht länger ertragen konnte. Im Beruf sei es ihr schließlich leid geworden, mit Verlegern, Herausgebern und

---

[68] Eine prominente Vertreterin war Zoja Krachmal'nikova, die sich ab 1973 zum Christentum bekannte. Interview Krachmal'nikova.

[69] Eindrücklich schildert beispielsweise Larisa Bogoraz den Moment, in dem sie sich zur Taufe entschloss: Bogoraz, Une femme en Russie, S. 145f.

[70] Redaktionskollektiv des Almanach, Aktion und Reaktion, in: Die Frau und Russland 3, S. 124.

[71] Ebenda, S. 127.

[72] Mamonova, Tat'jana Mamonova, in: Die Frau und Russland 3, S. 131

Die "unabhängige Frauenbewegung" in Leningrad

der Zensurbehörde für die Veröffentlichung ihrer Gedichte zu kämpfen. Daher habe sie sich entschlossen, mit der freiwilligen Kündigung in der Redaktion der Jugendzeitschrift *Avrora* ihre offizielle Karriere zu beenden. Noch deutlicher wird Sof'ja Sokolova:[73] Als Radio-Ingenieurin habe sie nach beruflichem Erfolg gestrebt, bis ihr bewusst geworden sei, dass dieser Weg sie unglücklich mache. Sie habe weder Zeit für ihr Kind noch für ihr Schreiben gefunden. Schritt für Schritt sei sie daher von ihren beruflichen Zielen abgerückt und habe ein höheres Maß an Freiheit erlangt. Sie habe den Beruf aufgegeben und sich eine Teilzeitstelle außerhalb ihres Fachgebiets gesucht.[74] In anderen Fällen geschah die Absage an den Beruf nicht immer freiwillig: Tat'jana Goričeva wurde aufgrund ihres Engagements in der „Zweiten Kultur" entlassen.[75] Manchen Frauen gelang es gar nicht erst, in ihrem Fachgebiet einen Arbeitsplatz zu finden. Dies hatte nicht nur politische Gründe. In Leningrad gab es in den siebziger Jahren eine beträchtliche Zahl arbeitssuchender Akademiker, insbesondere Geisteswissenschaftler. Einer wachsenden Menge von Absolventen stand eine rückläufige Anzahl offener Stellen in der Wissenschaft und im Kulturbetrieb gegenüber.[76] So berichten Lazareva und Malachovskaja, dass sie lange vergeblich eine Stelle suchten, Gelegenheits- und Auftragsarbeiten annahmen, aber nirgendwo eingestellt wurden.[77] Ob entlassen, gekündigt oder nach erfolgloser Bewerbung, im Resultat befanden sich die meisten Frauen in einer ähnlichen Situation, sie suchten sich Arbeit als Putzhilfe, Hausmeisterin, Gärtnerin,

---

[73] Sof'ja Sokolova: Kak ja obrela v Rossii svobodu (očerk), in: Marija 2, S. 87–90.

[74] Ebenda, S. 88. Der nächste Schritt habe dann darin bestanden, die Angst vor Repression abzulegen und nach eigenem Gewissen zu handeln. Ebenda, S. 89.

[75] Goritschewa, Rettung der Verlorenen, S. 23; Interview Orlovas mit Goričeva, Archiv der FSO, Bremen, S. 8. Goričeva war vor ihrer Entlassung in der Soziologischen Abteilung des Russischen Museums in Leningrad tätig.

[76] Während es infolge von Krieg und Blockade in den vierziger und fünfziger Jahren zahlreiche Stellen in Wissenschaft, Kultur und Publizistik gab, fanden seit den sechziger Jahren immer weniger Geisteswissenschaftler eine Arbeit in dem Sektor, für den sie ausgebildet waren. Das lag nicht nur an der wachsenden Zahl von Universitätsabgängern, sondern auch an der Tatsache, dass Leningrad im Vergleich zu Moskau weniger Mittel zur Finanzierung kultureller Einrichtungen erhielt.

[77] Interview Dorutinas mit Lazareva, Archiv NIC Memorial, SPb, S. 1; Interview Jukinas mit Malachovskaja, Archiv NIC Memorial, SPb, S. 21f.; Malachovskaja, O zaroždenii, S. 73.

Pförtnerin, Liftführerin oder Heizerin. Diese Tätigkeiten waren unter Dissidentinnen und Dissidenten beliebt, weil sie es ermöglichten, aus der Not eine Tugend zu machen: Wenn man sich in der offiziellen Kultur nicht verwirklichen konnte, so suchte man sich eine Arbeit, die geistig nicht viel abverlangte und dafür Zeit und Muße ließ, persönliche Interessen zu verfolgen oder schöpferisch tätig zu werden.[78] Putzhilfen konnten oft frei über ihre Arbeitszeit verfügen. Nachtschichten, beispielsweise an der Pforte eines Krankenhauses, boten die Möglichkeit, die langen Stunden zum Schreiben, Dichten, Lesen und Zeichnen zu nutzen. Tat'jana Goričeva schildert, wie sie als Liftführerin bei der Feuerwehr Schichtdienste von je 24 Stunden absolvierte. Dabei habe sie nicht nur geistig tätig sein können, es sei sogar möglich gewesen, Freunde zu versammeln und Seminare abzuhalten.[79] Allerdings musste sie dafür geringen Verdienst in Kauf nehmen. Für ihre Arbeit als Liftführerin erhielt Goričeva nur achtzig Rubel im Monat, von denen sie allein 45 für die Miete ausgeben musste.[80] Dennoch ist an den Erinnerungen dieser Dissidentinnen-Generation bemerkenswert, dass die Arbeit in fachfremden und wenig angesehenen Berufen als Akt zur Erlangung „innerer Freiheit" gedeutet wird. Während sich die ältere Generation schwer damit tat, den Beruf zugunsten des oppositionellen Engagements aufzugeben, wurde für die Jüngeren die Absage an die Karriere Ausdruck eines dissidentischen Lebensstils. In den Augen der Teilnehmerinnen an der Frauenbewegung gilt die Aufgabe der angestrebten Berufslaufbahn außerdem als Ausweg aus dem für eine „Sowjetfrau" charakteristischen Dilemma, zwischen Erwerbsarbeit, Haushalt und Kindererziehung zerrieben zu werden.

Die Auseinandersetzung mit Doppel- und Dreifachbelastung wird in den Erinnerungen als einer der Gründe angeführt, warum die Frauen sich für die Frauenbewegung begeisterten. Als Erfahrungen, die den Boden für das „feministische" Engagement bereiteten, werden ferner angeführt: Schwierigkeiten in der Beziehung zu Männern[81], Frustration über eine unglückliche

---

[78] Siehe auch Dolinin, Leningradskij periodičeskij Samizdat, S. 14.
[79] Goritschewa, Die Kraft christlicher Torheit, S. 26; dies.: Rettung der Verlorenen, S. 23.
[80] Auskunft Vjačeslav Dolinin, Archiv NIC Memorial St. Petersburg. Goričeva lag damit knapp über dem gesetzlichen Mindestlohn von 70 Rubeln. Der Durchschnittsverdienst lag bei etwa 150 Rubeln.
[81] Interview Grigor'eva.

Die „unabhängige Frauenbewegung" in Leningrad

Heirat[82], Alkoholismus und Gewalttätigkeit des Ehemannes[83], die Konfrontation mit sozialen Problemen, Alkoholismus und Frauenverachtung[84], das Wirtschaftsdefizit, mit dem vor allem Frauen zu kämpfen hatten, der Mangel an Konsumgütern und an Verhütungsmitteln, die Zustände in Krippen und Kindergärten und schlechte medizinische Versorgung.[85] Tat'jana Mamonova und Natal'ja Malachovskaja nennen außerdem die Geburt ihrer Kinder in Geburtskliniken, in denen sie Schmutz, Gleichgültigkeit und Erniedrigung ausgesetzt gewesen seien.[86] Nach Malachovskaja und anderen hätten Frauen jedoch keinen Raum gefunden, ihrem Unmut über die sozialen Verhältnisse Luft zu machen. Die „traditionelle" *Samizdat*-Szene habe in ihrer Ausrichtung auf „hohe geistige Werte"[87] die „drängenden sozialen Probleme"[88] und allgemein Fragen, die das „konkrete Alltagsleben betrafen"[89], ignoriert. Frauen seien des „elitären Charakters"[90] des *Samizdat* überdrüssig gewesen. Als der Almanach *Die Frau und Russland* gegründet wurde, habe sich endlich die Gelegenheit ergeben, sich „den ganzen Albtraum des sowjetischen Lebens"[91] von der Seele zu schreiben.[92] Aber nicht nur in der Auswahl der Themen seien die Bedürfnisse der Frauen im *Samizdat* zu kurz gekommen. Wie Grigor'eva äußern zahlreiche Zeitzeuginnen

---

[82] Interview Jukinas mit Malachovskaja, Archiv NIC Memorial, SPb, S. 4f. und 15; Interview Sokolova.
[83] Interview Jukinas mit Malachovskaja, Archiv NIC Memorial, SPb, S. 4ff.; Malachovskaja, O zaroždenii, S. 73.
[84] Mamonova, Tat'jana Mamonova, in: dies. (Hrsg.), Women and Russia, S. 271.
[85] Malachovskaja, O zaroždenii; Interview Djukova.
[86] Mamonova, Biographie, in: Die Frau und Russland 3, S. 131; Interview Jukinas mit Malachovskaja, Archiv NIC Memorial, SPb, S. 5f.; Malachovskaja, O zaroždenii, S. 70f. Ebenso wie Mamonova und Malachovskaja schildert später auch Kari Unksova ihre Geburt als traumatische Erfahrung: Kari Unksova: Schlacht auf dem Weg, in: Die Frau und Russland 3 (deutsche Ausgabe), S. 81–95, englisch: An Uphill Battle, in: Mamonova (Hrsg.), Women and Russia, S. 93–105.
[87] Interview Jukinas mit Malachovskaja, Archiv NIC Memorial, SPb, S. 2.
[88] Malachovskaja, O zaroždenii, S. 69.
[89] Ebenda.
[90] Interview Orlovas mit Goričeva, Archiv der FSO, Bremen, S. 11.
[91] Ebenda.
[92] Siehe auch Goritschewa, Rettung der Verlorenen, S. 75; Interviews Djukova, Sokolova.

ihre Unzufriedenheit, von männlichen Herausgebern in die zweite Reihe verwiesen und als Autorinnen nicht ernst genommen worden zu sein.[93] So erzählt Malachovskaja, sie habe sich in einen Streit mit Viktor Krivulin, einem der führenden Köpfe der „Zweiten Kultur", verwickelt, weil sie nicht länger als *mašinistka* arbeiten, sondern ihre eigenen Erzählungen veröffentlichen wollte.[94] Mamonova erklärt, in der nonkonformistischen Künstlerszene seien ihr ähnlich „sexistische Tendenzen"[95] begegnet wie im offiziellen Kulturbetrieb. Frauen seien grundsätzlich als weniger begabt und kreativ angesehen worden. Wenn sie in der inoffiziellen Kultur dennoch reüssierten, so sei ihnen seitens der führenden *samizdatčiks* „männlicher Verstand" (*mužskoj um*) oder „männliches Talent" (*mužskoj talant*) attestiert worden.[96]

Einzig Sof'ja Sokolova führt aus, es seien keine frauenspezifischen Erfahrungen gewesen, die sie zum Engagement in der Frauenbewegung veranlasst hätten. Nicht der Feminismus habe sie interessiert, sondern die Möglichkeit, den Druck der Dissidenten auf die Herrschenden zu verstärken. Die Frauenbewegung sei für sie nur ein Instrument gewesen, um „der Sowjetmacht noch mehr zuzusetzen"[97]. Sokolova weist eine Identifikation mit den Zielen und Ideen der Frauenbewegung so weit zurück, dass sie sogar die Existenz des Clubs „Marija" bestreitet. Ihre Aussagen sind aber äußerst widersprüchlich: Während sie auf der einen Seite behauptet, „Frauenthemen" hätten sie überhaupt nicht interessiert, erzählt sie auf der anderen, sie beschäftige sich mit der Situation von Frauen in der Gesellschaft bis heute.[98] Die Auseinandersetzung mit ihrer Weiblichkeit, ihre Ehegeschichte und die Reflexion über die Rolle der Frau in der Gesellschaft nehmen in ihrer Lebensgeschichte einen breiten Raum ein. Vermutlich spielt Sokolova die Bedeutung der Frauenbewegung für ihr Leben bewusst herunter, weil ihr

---

[93] Interview Jukinas mit Malachovskaja, Archiv NIC Memorial, SPb, S. 2; Interview Grigor'eva. Siehe auch Čujkina, Učastie ženščin, S. 70f.; Fisher, S. 63.
[94] Malachovskaja, O zaroždenii, S. 69 und S. 81.
[95] Mamonova, Tat'jana Mamonova, in: dies. (Hrsg.), Women and Russia, S. 272.
[96] Voznesenskaja, Independent Women's Movement, S. 333f.; Malachovskaja, O zaroždenii, S. 6. Einer Frau „männliche" Eigenschaften zuzuschreiben, bedeutete und bedeutet in der russischen Kultur generell eine Aufwertung der Frau. So rühmte sich Achmatova, nicht als „Dichterin", sondern als „Dichter" zu gelten. Unter den Gesprächspartnerinnen für diese Arbeit zeigte sich Natal'ja Botvinik stolz, einen „männlichen Verstand" zu besitzen. Gespräch Botvinik.
[97] Interview Sokolova.
[98] Ebenda.

Die „unabhängige Frauenbewegung" in Leningrad

Verhältnis zur Gruppe „Marija" konfliktbehaftet war: Am Rande erzählt sie vom Zerwürfnis mit Goričeva, weil sie deren religiöse Ansichten nicht teilte.[99] Auch aus anderen Quellen geht hevor, dass Sokolova eine Zeit lang auf Distanz zur Gruppe „Marija" ging und versuchte, ein eigenes Samizdat-Journal mit dem Namen *Dalekie – blizkie* („Nahe und Ferne") herauszugeben.[100]

Bis auf Sokolova führen die Quellen lebensweltliche Erfahrungen als Begründung für ihr späteres Engagement in der Frauenbewegung an. Ob diese Erfahrungen tatsächlich als Ursache für die Entstehung der Leningrader Frauenbewegung verstanden werden können, bleibt fraglich. Es wurde mehrfach gesagt, dass die Lebensgeschichten auf Wendepunkte oder Konversionsmomente hin konstruiert sind. Die Frage nach Ursache und Wirkung muss offen bleiben. Entweder waren die spezifisch weiblichen Erfahrungen der Autorinnen *Ursache* der Frauenbewegung, oder das Erzählen dieser Erfahrungen *resultierte* aus dem Engagement in der Frauenbewegung. Oder anders ausgedrückt: Entweder waren es Erfahrungen, die die Frauen veranlassten, eine Frauenbewegung ins Leben zu rufen, oder ihre spezifisch weiblichen Erfahrungen haben in der Lebensgeschichte einen Platz, *weil* sich die Frauen in der Frauenbewegung engagierten. Wenn man auf Joan Scotts Erfahrungsbegriff zurückgriffe, böte sich letzterer Gedanke an. Scott begreift die in autobiographischen Texten beschriebenen Erfahrungen als Konstrukte, die sich aus der Zielgerichtetheit ihres Aufbaus ergeben und spätere diskursive Prozesse widerspiegeln.[101] In der Lebensgeschichte sei die als individuell und subjektiv ausgegebene Erfahrung von Diskursen derart überformt, dass es für Historikerinnen und Historiker unmöglich sei, Erfahrung als Grundlage politischen Verhaltens zu begreifen. Scott plädiert folglich dafür, Erfahrung nicht als Ursprung, sondern als Produkt politischer Bewegungen anzusehen. Für die Leningrader „Feministinnen" hieße dies, die von ihnen angeführten frauenspezifischen Erfahrungen dienten lediglich dazu, ihr politisches Handeln nachträglich zu legitimieren. So stellt sich erneut die Frage nach dem Verhältnis von Erfahrung und Handlung: Resultieren die Handlungen historischer Subjekte aus ihrer Erfahrung? Oder wird Erfahrung

---

[99] Ebenda.
[100] Voznesenskaja, Ženskoe dviženie, S. 43, Interviews Djukova, Dolinin.
[101] Zu den Thesen Joan W. Scotts siehe Kapitel 1.3, den Abschnitt: „,Erfahrung' und ,Diskurs', individuelle Erinnerung und ,kollektives Gedächtnis'" sowie Scott: Evidence of Experience; dies., Phantasie und Erfahrung; dies., Experience.

als Resultat diskursiver Prozesse im Nachhinein in die Lebensgeschichten interpoliert, um spätere Handlungen mit ihr zu begründen? Drei autobiographische Texte Leningrader „Feministinnen" – von Tat'jana Mamonova, Julija Voznesenskaja und Natal'ja Malachovskaja – sollen helfen, eine Antwort zu finden. Dabei ist zu fragen, ob sich trotz der Teleologie und Diskursivität der Texte Schlüsselerfahrungen rekonstruieren lassen, die die Frauen aktiv werden ließen.

Die Initiative, den Frauen-Almanach ins Leben zu rufen, lag nach übereinstimmender Aussage aller Quellen bei Tat'jana Mamonova. Ihre autobiographischen Zeugnisse sind jedoch die kürzesten und am wenigsten aussagekräftigen. Mamonova führt an, sie sei bereits in den sechziger und frühen siebziger Jahren für den „Feminismus" sensibilisiert gewesen, durch ihre Reisen, ihre missglückten Versuche, Gedichte in der offiziellen Presse zu veröffentlichen und die Vorurteile gegenüber Frauen in der „Zweiten Kultur".[102] Ausschlaggebendes Moment für die Initiative zum Frauen-Almanach sei aber ihre Beschäftigung mit westlichen feministischen Schriften gewesen, zu denen sie über ausländische Diplomaten und Touristen seit Mitte der siebziger Jahre Zugang hatte.[103]

In der Sowjetunion der siebziger Jahre waren feministische Schriften auf dem offiziellen Buchmarkt nicht erhältlich. Die westliche Frauenbewegung war kaum bekannt. Wenn sie in der offiziellen Presse überhaupt Erwähnung fand, wurde ihr unterstellt, sie vertrete „bourgeoise Klasseninteressen", da die Befreiung der Frau nicht losgelöst von der Befreiung der Arbeiterklasse betrachtet werden könne.[104] Insbesondere amerikanische Feministinnen galten in der Publizistik als männermordende Monster, die sich jeglichen Moralvorstellungen widersetzten und die Familie als Kern der Gesellschaft zerstörten.[105] Aber nicht nur die westlichen Frauenbewegungen wurden von der offiziellen Presse ignoriert oder diskreditiert, auch die historische russi-

---

[102] Mamonova, Tat'jana Mamonova, in: dies. (Hrsg.), Women and Russia, S. 272.

[103] Ebenda. Ihre ehemalige Mitstreiterin Natal'ja Malachovskaja führt aus, dass sich Mamonovas Kontakte zu Westlern vor allem über den inoffiziellen Kunstmarkt ergeben hätten, auf dem Mamonova ihre Bilder verkaufte. Malachovskaja, O zaroždenii, S. 72 sowie Goritschewa, Hiobs Töchter, S. 11.

[104] Z. A. Jankova: Razvitie ličnosti ženščiny v Sovetskom obščestve, in: Sociologičeskie issledovanija 1975, Heft 4, S. 42–51, hier S. 42; Einführung der Gruppe „Frauen und Osteuropa", in: Die Frau und Russland (deutsche Ausgabe), S. 7–25, hier S. 9; Buckley, Women and Ideology, S. 176.

[105] Jankova, S. 48; Buckley, Women and Ideology, S. 176.

Die „unabhängige Frauenbewegung" in Leningrad

sche Frauenbewegung war in Historiographie und Publizistik kein Thema.[106] Allenfalls wurde die Beteiligung der Frauen an der revolutionären, vorzugsweise sozialistischen Bewegung beachtet. Die Bewegung für Frauenrechte im ausgehenden 19. Jahrhundert erschien nicht der Rede wert, weil sie es angeblich auf eine Spaltung der Arbeiterklasse abgesehen hatte.[107] Weitgehend in Vergessenheit geraten waren selbst die Aktivitäten der „Frauenabteilungen" (*ženotdely*) in den zwanziger Jahren, die geprägt waren von großen Hoffnungen, den *byt*, die Geschlechterordnung und die Familienbeziehungen zu revolutionieren.[108] So erzählt Malachovskaja, sie habe erst Ende der achtziger Jahre erfahren, dass ihre Großmutter in den zwanziger Jahren eine Mitarbeiterin Nadežda Krupskajas und eine Freundin Aleksandra Kollontajs gewesen sei.[109]

In welchem Maße die Lektüre westlicher feministischer Literatur für Mamonova Schlüsselcharakter hatte, ist trotz der Knappheit ihrer autobiographischen Darstellung daran ersichtlich, dass sie viele westlich-feministische Begriffe und Argumentationsmuster übernahm.[110] Im Editorial

---

[106] Pietrow-Ennker, Russlands „neue Menschen", S. 13f. Pionierstudien zur russischen Frauenbewegung und zum Feminismus in Russland kamen aus dem Westen: Lois Rochelle Goldberg: The Russian Women's Movement: 1859–1917, Ph.D., University of Rochester 1976; Richard Stites: The Women's Liberation Movement in Russia. Feminism. Nihilism, and Bolshevism, 1860–1930, Princeton, New Jersey 1978; Linda Edmondson: Feminism in Russia, 1900–1917, London 1984. In der russischen Historiographie setzte sich G. Tiškin seit Anfang der achtziger Jahre dafür ein, die Geschichte der russischen Frauen zu erforschen. G. Tiškin: Zarubežnye avtory o ženskom dviženii i sem'e v Rossii XIX – načala XX v., in: Voprosy istorii 1981, Heft 11, S. 164–166; ders.: Ženskij vopros v Rossii v 50–60 gg. XIX v., Leningrad 1984. Weitere Forschungen zur feministischen Bewegung setzten erst nach der *perestrojka* ein. Pietrow-Ennker, Russlands „Neue Menschen", S. 369, Anm. 9.

[107] Buckley, Women and Ideology, S. 207; Edmondson, Feminism in Russia, S. ix.

[108] Zu den Aktivitäten der „Frauenabteilungen" grundlegend: Scheide, Kinder, Küche, Kommunismus, S. 40–88. Zum Vergessen der Frauenbewegung: Malachovskaja, O zaroždenii, S. 68f.

[109] Malachovskaja, O zaroždenii, S. 68.

[110] Es muss allerdings berücksichtigt werden, dass es nicht *die* westliche Frauenbewegung gibt, sondern eine Fülle von parallel existierenden Ansätzen und Gruppen, die von unterschiedlichen politischen Standpunkten, regionalen oder nationalen Unterschieden geprägt sind. Nichtsdestotrotz gibt es meines Erachtens einen gemeinsamen Sprachschatz und gemeinsame Grundüberzeugungen, bei-

des Almanachs spricht sie von „Sexismus"[111], übt fundamentale Kritik am „Patriarchat"[112] und der herrschenden „Phallokratie"[113]. Allein diese Ausdrücke lassen sich weder im *Samizdat* noch in der offiziellen Presse der Zeit finden. Aufgrund von Mamonovas Sprache und ihren Anknüpfungspunkten an westliche Ansätze, die so von keiner ihrer Mitstreiterinnen geteilt wurden, ist es wahrscheinlich, dass Mamonovas Gründungsidee tatsächlich auf ihre Lektüre zurückgeht. Sie konnte aber lange niemanden für die Idee begeistern.[114]

Nach Darstellung Voznesenskajas habe Mamonova ihr 1975 das erste Mal vorgeschlagen, ein Frauen-Journal im *Samizdat* zu publizieren.[115] Damals sei Voznesenskaja aber noch nicht dazu bereit gewesen. Diskriminierung von Frauen, auch seitens ihrer *Samizdat*-Kollegen, habe sie zwar wahrgenommen, nicht aber als zentrales gesellschaftliches Problem betrachtet: „Diese Männer waren unsere Freunde und Kameraden, wir hatten dasselbe Ziel und erlitten für unser ‚unabhängiges Denken' die gleichen Repressionen."[116] Erst 1979 habe sie die Idee des Frauen-Almanachs für gut befunden. Als Grund für ihr Umdenken zwischen 1975 und 1979 führt sie ihre Verhaftung an. Gefängnis und Frauenlager hätten ihr die Augen für die Situation der Frauen im Land geöffnet. Sie sei in Kontakt mit Tausenden

---

spielsweise die Patriarchatskritik oder die Wahrnehmung sexistischen Verhaltens, so dass ich es mir erlaube, pauschal von *dem* westlichen Feminismus zu sprechen. Zur Definition von Feminismus: Karin Offen: Feminismus in den Vereinigten Staaten und in Europa. Ein historischer Vergleich, in: Hanna Schissler (Hrsg.): Geschlechterverhältnisse im historischen Wandel, Frankfurt am Main/New York 1993, S. 97–138. Offen nennt drei Merkmale als kleinsten gemeinsamen Nenner feministischer Bewegungen: erstens die Forderung nach Umstrukturierung der historisch ungerechten Verteilung von politischer, gesellschaftlicher und wirtschaftlicher Macht zwischen den Geschlechtern, zweitens die Ablehnung patriarchalischer Strukturen und der Unterordnung von Frauen unter Männer in der Familie und der Gesellschaft, drittens die Forderung nach der Zerstörung männerdominierter Hierarchien, ohne den Dualismus der Geschlechter zu zerstören. Offen, S. 122ff.

[111] Mamonova, Èti dobrye patriarchal'nye ustoi, in: Ženščina i Rossija, S. 13.
[112] Ebenda.
[113] Ebenda.
[114] Mamonova, Tat'jana Mamonova, in: dies. (Hrsg.), Women and Russia, S. 272.
[115] Voznesenskaya: Independent Women's Movement, S. 334.
[116] Ebenda. Siehe auch Voznesenskaja, Ženskoe dviženie, S. 41; Curtis, S. 178.

Die „unabhängige Frauenbewegung" in Leningrad

von tatsächlich oder angeblich kriminellen Frauen gekommen, habe gesehen, in welchem Maße sie in den Lagern als billige Arbeitskräfte ausgebeutet worden seien, mit welcher Verachtung man ihnen begegnet sei. Oft habe sie die tragischen Umstände erfahren, die zur Inhaftierung geführt hatten. Die Härte der Urteile und die diesen zugrunde liegenden Schicksale hätten sie tief bewegt. Gleichzeitig habe sie eine solche Solidarität und Hilfsbereitschaft durch diese Frauen erlebt, dass sie sich im Lager geschworen habe, ihnen ihr künftiges literarisches Schaffen zu widmen. Mit dem Almanach habe sich die erste Möglichkeit geboten.[117] Nach ihrer Entlassung habe sie sich bereit gefühlt, sich für die Belange der Frauen zu engagieren.[118]

Die ausführlichste Schlüsselerfahrung findet sich schließlich bei Natal'ja Malachovskaja. Der Entscheidung sich am Almanach zu beteiligen, liegt in ihren Augen folgender Wendepunkt zugrunde: An einem der letzten Julitage des Jahres 1979 habe sie mit Tat'jana Goričeva auf der Landzunge der Vasilij-Insel gestanden.[119] Schon im Frühjahr habe sich ein gewisser Umbruch in ihrem Leben angekündigt. Sie sei unzufrieden mit ihrer „Sekretärinnen-Rolle" beim *Samizdat*-Journal „37" gewesen, habe lange für die Veröffentlichung ihrer Erzählung *Kerker ohne Ketten*[120] gekämpft, die eine typische „sowjetische" Jugend zum Thema hatte. Auf der Suche nach neuen Aufgaben habe Malachovskaja begonnen, Literatur- und Musikabende zu organisieren. An einem dieser Abende, im April 1979, seien Briefe Julija Voznesenskajas aus dem Lager vorgelesen worden, am 20. Mai habe sie selbst eine Erzählung vorgetragen. Die Stimmung sei frühlingshaft-heiter gewesen, sie habe sich voller Schaffenskraft gefühlt. Etwas Neues habe in der Luft gelegen. Im Mai habe sie neue Prosa zu schreiben begonnen, Anfang Juli sei ihre Bekannte Julija Voznesenskaja aus der Haft entlassen worden.[121] Ein paar Wochen später habe sie Goričeva auf der Vasilij-Insel getroffen. Goričeva habe zuvor Malachovskajas Erzählung *Kerker ohne Ketten* an Mamonova weitergegeben. Sie habe Mamonova so gut gefallen,

---

[117] Voznesenskaya, Independent Women's Movement, S. 334.
[118] Ebenda. Siehe auch Voznesenskaja, Ženskoe dviženie, S. 41.
[119] Für das Folgende: Malachovskaja, O zaroždenii, S. 69f., Interview Jukinas mit Malachovskaja, Archiv NIC Memorial, SPb, S. 11f.
[120] Ein Auszug ist veröffentlicht in Marija 1: Malachovskaja: Temnica bez okov, in: Marija 1, S. 68–78.
[121] Sie wurde bereits im Juni 1979 aus der Haft entlassen. Es kann aber sein, dass sie erst im Juli wieder in Leningrad war.

dass sie nun ihrerseits Goričeva darum bat, Malachovskaja ihren Artikel *Die humane Geburt* zu überreichen.[122] Zudem habe Mamonova über Goričeva anfragen lassen, ob Malachovskaja an der Mitarbeit am Frauen-Almanach interessiert sei.[123] Die Idee, eine Frauen-Zeitschrift zu gründen, gar eine Frauenbewegung loszutreten, sei Malachovskaja zunächst befremdlich vorgekommen. Nichtsdestotrotz habe sie noch auf dem Weg zur Straßenbahn begonnen, den Artikel über die *humane Geburt* zu lesen. Auf einmal seien die eigenen Erinnerungen an die Geburt ihres Sohnes wieder wach geworden, die sie als „schreckliches Trauma"[124] bezeichnet: „Wie im Nebel ging ich zur Straßenbahn und zwängte mich in den überfüllten Waggon, [...] und als die Bahn anfuhr, betrachtete ich plötzlich mein ganzes Leben von einer anderen Seite, mit anderen Augen."[125] Alle Erniedrigungen, Diskriminierungen und Gewalterlebnisse, die sie im tiefsten Inneren verschlossen hatte, seien hervorgebrochen: die Eingangsprüfung an der Universität, bei der es unterschiedliche Aufnahmekriterien für junge Frauen und Männer gegeben habe, das mangelnde Vertrauen in ihre intellektuellen Fähigkeiten, besonders auf dem Gebiet der Naturwissenschaften, das ihr infolge ihres Geschlechts entgegengebracht worden sei, ihre unglückliche Ehe, einen Gewaltausbruch ihres Ehemannes, als sie ihm eines Abends das Abendessen nicht zubereitet hatte, weil sie unter Lungenentzündung und vierzig Grad Fieber litt, schließlich das erniedrigende Erlebnis im Geburtshaus.[126] Bei der Lektüre des Artikels sei ihr plötzlich klar geworden, dass sie nicht allein sei mit ihren Erfahrungen, sondern dass diese von Millionen von Frauen geteilt würden. Sofort habe sie sich der Redaktion des Almanachs angeschlossen. Das Treffen auf der Vasilij-Insel könne in ihren Augen als „Geburtsstunde des Feminismus in Russland"[127] betrachtet werden. Innerhalb eines einzigen Monats hätten die Frauen den Almanach zusammengestellt, redigiert, vervielfältigt und gebunden.

---

[122] Dieser Artikel fand Eingang in den ersten Almanach *Die Frau und Russland*: R. Batalova (Tatjana Mamonova): Rody čelovečeskie, in: Ženščina; Rossija, S. 41–50.
[123] Malachovskaja, O zaroždenii, S. 70.
[124] Interview Jukinas mit Malachovskaja, Archiv NIC Memorial, SPb, S. 4.
[125] Malachovskaja, O zaroždenii, S. 70.
[126] Ebenda.
[127] Ebenda, S. 69.

Die „unabhängige Frauenbewegung" in Leningrad

Wir besitzen also drei Berichte, in denen die Zeitzeuginnen ihre Beweggründe für die Gründung der Frauenzeitschrift und ihr Engagement in der Bewegung darlegen. Ihnen ist gemeinsam, dass die Autorinnen auf Erfahrungen verweisen. Damit aus Erfahrung aber die Notwendigkeit zum Engagement abgeleitet wurde, bedurfte es eines Momentes der Bewusstseinsbildung. Hierzu führen die Berichte jeweils Schlüsselerlebnisse an. Es lässt sich auf den ersten Blick nicht erkennen, ob die Schlüsselerlebnisse sich mit echten Konversionsmomenten im Leben der Frauen decken oder ob sie im Nachhinein in die Lebensgeschichte eingefügt wurden, um das Folgende zu rechtfertigen. Eine abschließende Bewertung ist nicht möglich. Bei Mamonova und Voznesenskaja scheint es wahrscheinlich, dass die beschriebenen Erfahrungen eine große Bedeutung für ihren weiteren Werdegang und ihre Entwicklung zum „Feminismus" hatten. Letztlich kann man ihren Erzählungen aber nur glauben. Im Text Malachovskajas finden sich hingegen deutliche inhaltliche und sprachliche Indizien dafür, dass ihr Leben nach dem Treffen auf der Vasilij-Insel tatsächlich eine Wendung vollzogen hat: Auffällig ist die detailreiche Wiedergabe. Mit dem Schlüsselerlebnis werden zahlreiche genaue Erinnerungen verbunden. So referiert Malachovskaja sämtliche für sie wichtigen Erlebnisse des Frühjahrs und Sommers 1979, sie beschreibt die damalige Atmosphäre und Stimmung, kann sich an Ort und Zeit des Schlüsselerlebnises erinnern: Ende Juli, auf der Vasilij-Insel, auf dem Weg zur Straßenbahnhaltestelle.[128] Detailliert berichtet Malachovskaja über Erinnerungen und Gefühle, die der Artikel Mamonovas *Die humane Geburt* bei ihr hervorriefen. Die Genauigkeit und Lebendigkeit sowie der Detailreichtum der Passage lassen darauf schließen, dass im Leben Malachovskajas ein Wendepunkt vorliegt, den sie schon damals als solchen wahrnahm. Im Gedächtnis sind die Erlebnisse abrufbar, die mit der Schlüsselerfahrung verbunden werden. Malachovskajas Darstellung gibt einen Hinweis darauf, dass ihre Erinnerung hier eng mit dem Erleben verbunden ist. Zudem lässt sie darauf schließen, dass in diesem Fall Erfahrung Grundlage für politisches Handeln war. Für Malachovskaja bedurfte es eines „zündenden Funkens", damit sie sich ihre Unzufriedenheit und Diskriminierungserfahrung *bewusst* machen und handeln konnte.

---

[128] Nach der Schilderung Goričevas fand das Treffen allerdings nicht Ende Juli, sondern erst im August 1979 statt. Goritschewa: Die Rettung der Verlorenen, S. 74.

Von der Küche auf den Roten Platz

Die Generation der „Siebziger": Ausdifferenzierung und Pluralisierung der Dissidentenbewegung

Die Frauenbewegung mobilisierte nur eine kleine Minderheit von Frauen in der Leningrader „Zweiten Kultur". Die Mehrheit der Dissidentinnen blieb der Bürger- und Menschenrechtsbewegung verhaftet und begegnete der Fraueninitiative mit Indifferenz und Ablehnung.[129] Allerdings gehörten die Bürger- und Menschenrechtlerinnen mehrheitlich der Generation der „Sechziger" an. Die Leningrader „Feministinnen" waren jünger und durch andere Ereignisse und Erfahrungen geprägt. Dominierte in den sechziger und frühen siebziger Jahren die Bürger- und Menschenrechtsbewegung die Dissidenz, differenzierte sich die Bewegung in den Siebzigern. Nach der Niederschlagung des Prager Frühlings verlor der Marxismus-Leninismus im oppositionellen Milieu endgültig seine Deutungshoheit. In der Dissidentenbewegung etablierten sich verschiedene Ideologien, Weltanschauungen und Lebensstile nebeneinander. In der zweiten Hälfte der siebziger Jahre entwickelten sich Partikularbewegungen, die jeweils spezifische Interessen oder bestimmte soziale, religiöse und ethnische Gruppen vertraten. Initiatoren neuer dissidentischer Gruppierungen waren häufig Vertreter der „Siebziger"-Generation, Beispiele sind die Kommission gegen den Missbrauch der Psychiatrie, die Gruppe SMOT, die Vereinigungen für den Frieden, die Organisation für die Rechte Behinderter.[130]

Für die Generation der „Sechziger" war die „Entdeckung des Individuums" ein maßgeblicher Schritt in der persönlichen Entwicklung. Sie äußerte sich in Diskussionen über die Freiheit der Künste und Wissenschaften, über politische Reformen und die Verhinderung einer Rückkehr zum Stalinismus.[131] In den Lebensgeschichten der „Siebziger" wird weniger von Individualismus als von „Selbstverwirklichung" (*samorealizacija*) gesprochen. So sind die Erinnerungen der Leningrader Frauen von der Suche nach Selbstausdruck, geistigen Werten und spiritueller Erfüllung gekennzeichnet. Durch diese Suche entstand ein Klima der Offenheit und Aufgeschlossenheit gegenüber neuen Ideen. Da der „Eiserne Vorhang" längst durchlässig geworden war, nahmen insbesondere junge sowjetische Opposi-

---

[129] Zu den Reaktionen auf die Frauenbewegung innerhalb des oppositionellen Milieus siehe 7.4.

[130] Zur Herausbildung dieser dissidentischen Gruppierungen siehe Kapitel 1.2 sowie 6.1.

[131] Siehe Kapitel 4.4, den Abschnitt: „Die Entdeckung des Individuums".

Die „unabhängige Frauenbewegung" in Leningrad

tionelle und Nonkonformisten westliche Strömungen und Entwicklungen auf. Sie fühlten sich von der Hippie- und Rockkultur, von der Esoterik-Welle und der Existenzphilosophie angezogen. In Leningrad bildete sich sogar eine neomarxistische studentische Gruppe, die sich an der westeuropäischen „neuen Linken" orientierte, eine Kommune gründete und von 1978 an *Perspektiva*, die *Zeitschrift der Leningrader Linken* herausgab.[132] Ein Teil der Dissidenz lehnte wiederum eine Orientierung am Westen ab und suchte nach einem eigenständigen „russischen Weg".[133] In der Frauenbewegung fanden sich beide Strömungen wieder. Einerseits wurde der westliche Feminismus rezipiert, andererseits versucht, Frauenbewegung und orthodoxes Christentum zu verbinden.

Aufgrund der Ausdifferenzierung und Pluralisierung der Dissidentenbewegung sowie neuer geistiger Strömungen und Ideen war die Konstellation innerhalb der Dissidenz günstig für die Entstehung einer neuen Teilbewegung, die mehrheitlich von der jüngeren Generation getragen wurde. Neben der inneren Entwicklung der Dissidentenbewegung begünstigte ein weiterer Faktor die Entstehung der Frauenbewegung: Die Diskussion der „Frauenfrage" erreichte in den siebziger Jahren in den offiziellen Medien neue Aktualität.

Die Diskussion der „Frauenfrage" in den siebziger Jahren

Mitte der siebziger Jahre entspann sich in der offiziellen Presse eine Diskussion um die „ungelöste Frauenfrage". Ihre Ursachen waren vielfältig: Bereits Chruščev hatte im Zuge der Entstalinisierungskampagne darauf aufmerksam

---

[132] Der volle Titel lautete: *Perspektiva. Obščestvenno-političeskij žurnal leningradskich levych* („Perspektive. Gesellschaftspolitisches Journal der Leningrader Linken"). Beteiligt waren unter anderem Andrej Reznikov, Irina Reznikova, Aleksandr Skobov, Arkadij Curkov und Irina Curkova. A.A. Aleksandrova: Andrej Reznikov, in: Biographische Datenbank, NIC Memorial Moskau; Alekseeva, Istorija inakomyslija, S. 270 und 306; Dolinin, 1970e: rasširenie prostranstva svobody, S. 7. Insgesamt ist die Gruppe um *Perspektiva* noch wenig erforscht. Das einzige schriftlich vorliegende Selbstzeugnis ist: Irina Curkova: Tjur'mologija, in: Vestnik „Memoriala", St. Petersburg 1995, Heft 4/5, S. 57–79.

[133] Dies tat beispielsweise ein Großteil der nationalen und russisch-orthodoxen Gruppen.

gemacht, dass Frauen in politischen Ämtern unterrepräsentiert seien[134] und „Überreste von Ungleichheit im Alltagsleben"[135] existierten. Das Parteiprogramm des XXII. Parteitages von 1961 enthielt Maßnahmen zur Verbesserung der Vereinbarkeit von Mutterschaft, Haushalt und Erwerbsarbeit.[136] Nachdem Stalin die „Frauenabteilung" (*ženotdel*) hatte schließen lassen, wurden unter Chruščev Frauenorganisationen in Form von „Frauenräten" (*žensovety*) wieder zugelassen. Ihre Aufgabe war es, Frauen an die Politik heranzuführen und in soziale Maßnahmen einzubinden.[137] Insgesamt galt die „Frauenfrage" in der offiziellen Ideologie jedoch nach wie vor als „gelöst", wie es Stalin propagiert hatte.[138] Unter Brežnev änderte sich diese Wahrnehmung. Voraussetzung dafür war die Weiterentwicklung der marxistisch-leninistischen Doktrin, die es ermöglichte, öffentlich ein „ungelöstes Problem" einzugestehen. Während Chruščev nach dem Stufenmodell des Historischen Materialismus davon ausgegangen war, dass der Übergang vom Sozialismus zum Kommunismus unmittelbar bevorstehe, schuf Brežnev das Konzept des „entwickelten" oder „realen Sozialismus". Damit wurde die Stufe des Sozialismus unterteilt in ein Anfangsstadium, Stalins „Sozialismus in einem Lande", und ein Endstadium, den „entwickelten Sozialismus".[139] In der Vorstellung der Ideologen unterschied sich der „entwickelte Sozialismus" vom „Kommunismus" insofern, als in der Gesellschaft noch Widersprüche vorhanden gewesen seien, die auf dem Weg zum Kommunismus überwunden werden mussten. In der offiziellen Sprache hießen diese Widersprüche „nicht-antagonistische Widersprüche". Im Gegensatz zu den „antagonistischen Widersprüchen" zwischen Kapitel und Arbeit hätten die „nicht-antagonistischen" innerhalb des sozialistischen Systems existiert und hätten

---

[134] Siehe beispielsweise den Leitartikel: Voprosy priema v partiju (ohne Autor), in: Partijnaja žizn' 1956, Heft 8, S. 3–8, hier S. 8.

[135] Programma kommunističeskoj partii sovetskogo sojuza, in: Materialy XXII s"ezda KPSS, Moskau 1961, S. 323–428, hier S. 393.

[136] Ebenda, S. 393–395.

[137] Über die Arbeit der *žensovety*: Genia Browning: Women and Politics in the USSR. Consciousness Raising and Soviet Women's Groups, Sussex/New York 1987; dies.: Soviet Politics – Where are the Women?, in: Holland (Hrsg.): Soviet Sisterhood, S. 207–236; Buckley, Women and Ideology, S. 147–155.

[138] Buckley, Women and Ideology, S. 159.

[139] Alfred B. Evans Jr.: Developped Socialism in Soviet Ideology, in: Soviet Studies 29 (1977), Heft 3, S. 409–428.

Die „unabhängige Frauenbewegung" in Leningrad

ohne revolutionäre Umwälzung gelöst werden können.[140] Dieses ideologische Konzept war keine Grundlage für tiefgreifende Reformen – auch deshalb wird die Ära Brežnev als „Stagnationszeit" bezeichnet –, aber es eröffnete einen (engen) Raum für gesellschaftspolitische Diskussion. So konnte die „Frauenfrage" in Politik, Wissenschaft, Recht und Publizistik neu erörtert werden.[141] Triebfedern der Debatte waren wirtschaftliche, soziale und demographische Probleme, deren Tragweite die seit Ende der sechziger Jahre wieder zugelassene Soziologie empirisch erfassen konnte.[142] Grund zur Sorge gaben fallende Produktionsziffern, der Mangel an Arbeitskräften und das Sinken der Geburtenrate in Russland, Weißrussland, der Ukraine und den baltischen Republiken. Der Geburtenrückgang ließ eine Überalterung und weiteren Arbeitskräftemangel befürchten. Zudem kündigten sich Verschiebungen innerhalb des ethnischen Gefüges der Sowjetunion an, da die Geburtenrate in den nichteuropäischen Republiken deutlich höher war.[143] Das veranlasste die Parteiführung ab Mitte der siebziger Jahre zu sozialpolitischen Maßnahmen, um Familien zu stärken, die Vereinbarkeit von weiblicher Erwerbstätigkeit und Mutterschaft sowie die Arbeitsbedingungen von Frauen mit Kindern zu verbessern. So wurde 1973 der Schwangerschaftsurlaub auf sechzehn Wochen bei vollem Lohnausgleich verlängert und 1974 das Kindergeld für einkommensschwache Familien erhöht. Seit 1975 durften alleinerziehende Mütter mit Kindern unter sieben Jahren an bis zu zehn Arbeitstagen im Jahr zur Pflege kranker Kinder bezahlten Urlaub nehmen.[144] Parallel dazu sollte eine publizistische Kampagne die Frauen ermuntern, früh zu

---

[140] F. V. Konstantinov: The Fundamentals of Marxist-Leninist Philosophy, Moskau 1974, S. 589.

[141] Buckley, Women and Ideology, S. 162.

[142] Seit Beginn der Stalinzeit als „bourgeoise Disziplin" gebrandmarkt, erhielt die Soziologie erstmals 1967 wieder politische Legitimation durch eine Resolution des ZK über die „Weiterentwicklung der Sozialwissenschaften und die Aufwertung ihrer Rolle im kommunistischen Aufbau". Das erste *Institut für konkrete Sozialforschung* im Rahmen der Akademie der Wissenschaften, später umbenannt in *Institut für Soziologie*, wurde 1968 in Moskau eröffnet. Vladimir Shlapentokh: The Politics of Sociology in the Soviet Union, Boulder/London 1987, S. 36f.

[143] Ebenda, S. 171–176; siehe auch Köbberling, Klischee, S. 135; Lapidus, S. 292–322; Schmitt, Zivilgesellschaft, S. 193.

[144] Schmitt, Zivilgesellschaft, S. 200–203.

heiraten, Mutter zu werden und sich der Familie zuzuwenden.[145] Zahlreiche Artikel priesen die Freuden der Mutterschaft; die „natürlichen" Fähigkeiten von Frauen als Mütter und Hüterinnen eines Heimes wurden hervorgehoben. Die Publizistik griff Tendenzen auf, die in der Wissenschaft, besonders in Pädagogik, Biologie, Soziologie und Psychologie seit den sechziger Jahren populär waren: Dem Einfluss der genetischen Veranlagung auf die Persönlichkeitsentwicklung wurde nun größeres Gewicht zugesprochen, während zuvor im Einklang mit marxistisch-materialistischen und behavioristischen Ideen die Einwirkung der Umgebung betont worden war.[146] Als Gegenkonzept zur Gleichheit der Geschlechter befassten sich Untersuchungen mit ihrer „biologischen" Verschiedenheit und versuchten, die unterschiedlichen „angeborenen" Fähigkeiten und Eigenschaften herauszuarbeiten.[147] In den siebziger Jahren fanden diese Ansätze Eingang in auflagenstarke nicht-wissenschaftliche Zeitungen und Zeitschriften, die *Pravda*, das Frauenmagazin *Rabotnica*, die Kulturzeitschriften *Nedel'ja* und *Literatunaja gazeta*, die Jugendblätter *Junost'* und *Komsomol'skaja Pravda*.[148] In der Presse wurde vor der Gefahr einer „Feminisierung der männlichen" und „Maskulinisierung der weiblichen Persönlichkeit" durch eine Angleichung der Rollen im privaten und öffentlichen Leben gewarnt. Nach offizieller Darstellung existierte ein Zusammenhang zwischen dem Rückgang der

---

[145] Lynne Attwood: The New Soviet Man and Woman. Sex-Role Socialisation in the USSR, London 1990, S. 165–182; Buckley, Women and Ideology, S. 174f.; Köbberling, Klischee, S. 136–141; Schmitt, Zivilgesellschaft, S. 203f.

[146] Siehe Attwood, New Soviet Man and Woman, S. 32–66 sowie 133–164. Die Bolschewiki waren davon ausgegangen, dass nicht angeborene, sondern erworbene Fähigkeiten den Menschen prägten und man somit „neue Menschen" schaffen könne. Für die Geschlechterdifferenz hieß das, dass sie aus der Sozialisation resultiere und durch Veränderung der sozialen Verhältnisse „überwunden" werden könne. Seit der Stalinzeit fanden biologische Faktoren in der Verhaltenspsychologie vermehrt Beachtung, dennoch blieb die Vorstellung von der Formbarkeit des Menschen mittels der sozialen Umgebung dominant. Über die Entwicklung der psychologischen Forschung in Bezug auf Geschlechterdifferenz: Lynne Attwood: The New Soviet Man and Woman – Soviet Views on Psychological Sex Differences, in: Holland (Hrsg.): Soviet Sisterhood, S. 54–77.

[147] Attwood, New Soviet Man and Woman, S. 133–164.

[148] Diese Presseerzeugnisse zog Lynne Attwood für ihre systematische Studie heran, teilweise bildeten sie auch die Grundlage der übrigen zitierten Untersuchungen. Für Folgendes Attwood, New Soviet Man and Woman, S. 165–174; Buckley, Women and Idologoy, S. 174–179; Köbberling, Klischee, S. 142–162.

Die "unabhängige Frauenbewegung" in Leningrad

Geburtenrate und dem Verlust „weiblicher" Eigenschaften infolge der hohen Frauenerwerbstätigkeit. Die mangelnde Bereitschaft, viele Kinder zu gebären, wurde als Zurückweisung von Weiblichkeit gedeutet. Umgekehrt bescheinigte man den Männern „Verweiblichung" und „Verweichlichung", weil sie ihre Stellung als Ernährer und Beschützer der Familie eingebüßt hätten. Die Männlichkeit habe dadurch Schaden genommen, dass zahlreiche typisch männliche Aufgaben entweder vom Staat oder von Frauen übernommen worden seien.[149] Die Lösung sollte eine partielle Rückkehr zu traditionellen Rollenmustern sein: die verstärkte häusliche Bindung der Frau, ihre Unterordnung unter ein männliches Familienoberhaupt, die Reduzierung des beruflichen Engagements, die kinderreiche Familie, ja vereinzelt sogar die Absage an Berufstätigkeit zugunsten des Hausfrauendaseins.[150] Leitbild für Frauen war die *ženstvennost'*, ein Begriff der mit „Weiblichkeit" nur unzureichend übersetzt wäre. Er umfasst nahezu sämtliche positiv konnotierten Eigenschaften, die Frauen zugesprochen werden: Schönheit, Mutterglück, Emotionalität, Charme, Wärme und Fürsorglichkeit.[151] Im Vergleich zur Fülle der Artikel über Frauenrollen fand die Stellung des Mannes in Familie und Gesellschaft deutlich geringere Beachtung. Erst von Beginn der achtziger Jahre an wurde vereinzelt eine stärkere Beteiligung der Männer in der Familie und bei der Erziehung gefordert.[152]

Wenngleich Sozialpolitik und Pressediskussion in der zweiten Hälfte der siebziger Jahre von demographischen Argumenten und Produktionsfaktoren bestimmt waren, brachten sie doch die „Frauenfrage" auf die politische Agenda und in die Medien. Im Zuge der Pressekampagne zur Hebung der Geburtenrate wurden zahlreiche Probleme, von denen Frauen betroffen waren, bemerkenswert offen angesprochen: die Doppelbelastung und ihre Verstärkung durch den Mangel an Konsumgütern und Dienstleistungen, die Unterrepräsentation von Frauen in politischen Ämtern, die Diskrepanz zwischen ihren hohen Qualifikationen und ihrem vergleichsweise niedrigen

---

[149] Ebenda, S. 166–169.

[150] Wie Attwood herausarbeitet, gab es einige wenige Artikel, die divergierende Ansichten vertraten, indem sie zum Beispiel das biologistische Frauenbild zurückwiesen und die Erwerbsarbeit für Frauen ungebrochen propagierten. Attwood, New Soviet Man and Woman, S. 175–181.

[151] Köbberling, Klischee, S. 142–162.

[152] Buckley, Women and Ideology, S. 175, 182.

Von der Küche auf den Roten Platz

Einkommen[153], ihre geringen Weiterbildungs- und Karrieremöglichkeiten, körperliche Schwerarbeit, schlechte hygienische Bedingungen, mangelhafte Sicherheitsbestimmungen und nachlässige Gesundheitsvorsorge am Arbeitsplatz, die unzureichende Bereitstellung von Krippen- und Kindergartenplätzen[154] und die ungleiche Verteilung der Hausarbeit.[155]

Neben dem „Import" feministischen Gedankenguts aus dem Westen, den lebensweltlichen Erfahrungen der Akteurinnen sowie der Ausdifferenzierung und Pluralisierung der Dissidentenbewegung war vermutlich auch die Erörterung der „Frauenfrage" in der offiziellen Presse ein Faktor für die Entstehung der „unabhängigen Frauenbewegung". Zumindest ist auffällig, dass Tat'jana Mamonova 1975 mit ihrer Initiative zur Gründung einer Frauenzeitschrift scheiterte, während ihre Idee 1979 zahlreiche Anhängerinnen fand, nachdem die Diskussion über die „Frauenfrage" in den offiziellen Medien an Fahrt aufgenommen hatte.[156] Aber nicht nur die zeitliche Paralle-

---

[153] Obwohl Frauen im Durchschnitt besser ausgebildet waren als Männer, betrug ihr Durchschnittslohn nur zwei Drittel des männlichen Einkommens. Dies hängt mit der Feminisierung und Abwertung bestimmter Berufszweige zusammen, zum Beispiel der medizinischen Berufe und des Schulwesens, ferner mit der geringeren Anzahl von Frauen in Führungspositionen. Lapidus, S. 171–194.

[154] Obwohl die Möglichkeiten der Kinderbetreuung zwischen den fünfziger und siebziger Jahren enorm ausgebaut wurden, bekamen 1975 nur 37 Prozent aller Kinder einen Kindergartenplatz, einen Krippenplatz erhielten 25 Prozent der unter Dreijährigen und 10 Prozent der Kinder unter einem Jahr. Lapidus, S. 132, die sich auf Artikel der offiziellen Presse bezieht. Allerdings dürften diese Zahlen je nach Region stark variieren.

[155] So gab es in den siebziger Jahren eine Reihe von Studien, die sich der Verteilung von Hausarbeit und Kinderbetreuung in der Familie widmeten. Im Schnitt waren zu 80 Prozent die Frauen für das Baden, Wickeln, Füttern und Anziehen der Kinder zuständig, in über 90 Prozent der Fälle kümmerten sich allein Frauen um die Schulaufgaben, zu etwa 70 Prozent kochten die Frauen das Essen und kauften ein. Lapidus, S. 270, Anm. 70; siehe auch Buckley, Women and Ideology, S. 166–179; Köbberling, Klischee, S. 142–162.

[156] Voznesenskaja sagt, es sei 1975 auch noch nicht klar gewesen, ob man ein *Tamizdat-* oder ein *Samizdat*-Journal gründen wolle. Mamonova habe für ein *Tamizdat*-Journal votiert, während Goričeva und Voznesenskaja für ein *Samizdat*-Journal plädierten. 1979 habe schließlich Übereinkunft bestanden, es solle eine *Samizdat*-Zeitschrift entstehen. Voznesenskaya, Independent Women's Movement, S. 334. Mir scheint die ungeklärte Frage, ob *Samizdat* oder *Tamizdat*, kein hinreichender Grund für die Verzögerung des Projektes von fast fünf Jahren zu sein.

Die „unabhängige Frauenbewegung" in Leningrad

le springt ins Auge. Auch inhaltlich gibt es Gemeinsamkeiten zwischen der gelenkten Debatte über Geschlechterrollen und den Wahrnehmungsmustern der Leningrader „Feministinnen".

7.3 Ideologische Ansätze und Selbstverständnis der Leningrader „Feministinnen"

Über „Ideologie" und Selbstverständnis der Leningrader „Feministinnen" geben vor allem programmatische Artikel aus den *Samizdat*-Zeitschriften Aufschluss. Im Folgenden stütze ich mich vor allem auf das Editorial zur ersten Ausgabe von *Die Frau und Russland*[157], zwei Artikel Goričevas, *Befreit von den Tränen Evas – freue Dich!*[158] sowie *Hexen im Kosmos*[159], Malachovskajas Essay *Die Mutterfamilie*[160], Sokolovas Aufsatz *Das schwache Geschlecht? Ja, die Männer*[161] und Julija Voznesenskajas Diskussionsbeitrag *Das häusliche Konzentrationslager*[162]. Aus diesen Artikeln werden zentrale Aussagen und Wahrnehmungsmuster herausgefiltert, zueinander in Beziehung gesetzt, durch Selbstzeugnisse und weitere Texte ergänzt und mit den Diskussionsbeiträgen aus der offiziellen Presse verglichen. Zuvor eine quellenkritische Bemerkung: *Die Frau und Russland* sowie *Marija* 1 bis 3 liegen nur in Form der im Westen gedruckten Exemplare vor, die *Samizdat*-Ausgaben existieren nicht mehr.[163] Es ist nicht bekannt, wie viele Abweichungen der *Tamizdat* im Vergleich zum *Samizdat* aufweist. Vermutlich erfuhr *Die Frau und Russland* weniger redaktionelle Bearbeitung als *Marija*. Der Almanach wurde im Sommer 1979 in kürzester Zeit erstellt, gelangte im Herbst 1979 über Bekannte Mamonovas in den Westen, wo er nach wenigen Monaten gedruckt wurde. Bei *Marija* verhält es sich anders. Zum einen war

---

[157] Mamonova, Ėti dobrye patriarchal'nye ustoi, in: Ženščina i Rossija.
[158] Goričeva, Radujsja, in: Ženščina i Rossija.
[159] Tat'jana Goričeva: Ved'my v kosmose, in: Marija 1, S. 9–13. Ich möchte darauf hinweisen, dass die deutsche Fassung, veröffentlicht in: Die Frau und Russland, S. 144–149, im Vergleich zur russischen leicht gekürzt ist.
[160] Natal'ja Malachovskaja: Materinskaja sem'ja, in: Ženščina i Rossija, S. 31–40.
[161] Sof'ja Sokolova: Slabyj pol? Da, mužčiny, in: Marija 1, S. 43–44.
[162] Julija Voznesenskaja: Domašnij konclager', in: Marija 1, S. 13–19.
[163] Möglicherweise sind die *Samizdat*-Ausgaben noch in einem privaten Nachlass vorhanden, der bislang aber nicht in die Archive gelangte.

Von der Küche auf den Roten Platz

das Erstellen der *Samizdat*-Ausgaben größeren Schwierigkeiten ausgesetzt, zum anderen wurden die Manuskripte im Westen sorgfältiger redigiert. Nach dem Erscheinen des Almanachs stand die Frauenbewegung unter strenger Kontrolle des KGB. Immer wieder wurden die Wohnungen der „Feministinnen" durchsucht und wertvolle Unterlagen konfisziert, sowohl einzelne Artikel[164] als auch ganze Materialsammlungen wie die vollständigen Diskussionsprotokolle des Clubs „Marija"[165]. Beiträge mussten mehrmals geschrieben werden; von den Veranstaltungen wurden Gedächtnisprotokolle angefertigt. Die *Samizdat*-Ausgaben gelangten nur unvollständig in den Westen und wurden dort durch die mittlerweile ausgebürgerten Redakteurinnen *Marijas*, Voznesenskaja, Goričeva und Malachovskaja, bearbeitet und ergänzt. Auf diesem Weg gelangten neue Beiträge in die Zeitschrift, zum Beispiel ein Afghanistan-Dossier in *Marija* 2, das Julija Voznesenskaja mit Hilfe von Augenzeugenberichten afghanischer Flüchtlingsfrauen zusammen stellte, die sie in Deutschland bei der *Gesellschaft für Menschenrechte* kennen gelernt hatte.[166] Es ist davon auszugehen, dass die meisten der Artikel keine Original-*Samizdat*-Texte sind, sondern im Westen gründlich überarbeitet wurden. Gleichwohl erlauben sie es, sich ein Bild von der ideologischen Ausrichtung und den thematischen Schwerpunkten der Leningrader Frauenbewegung zu machen.

Tat'jana Mamonova skizziert im Editorial der ersten Ausgabe stellvertretend für das Redaktionskollektiv zu welchen Fehlentwicklungen die sowjetische Frauenemanzipation ihrer Meinung nach geführt hat. Aus der Analyse

---

[164] Beispielsweise spricht Malachovskaja von einem Artikel Tat'jana Goričevas mit dem Titel *Paradoksy ženskoj ėmancipacii* („Paradoxa der Frauenemanzipation"), der ursprünglich in Heft 2 enthalten war, dann aber abhanden kam. Natal'ja Malachovskaja: V nenasytnoj utobre, in: Marija 2, S. 38–44, hier S. 40. Malachovskaja selbst veröffentlichte in der zweiten Ausgabe von Marija einen Artikel mit dem Titel *Kak my živem?* („Wie leben wir?"), der in der gedruckten Ausgabe nicht enthalten ist, dafür als einzelner Artikel im *Archiv Samizdata* überliefert wurde: AS 4024: Kak my živem? November 1980.

[165] Marija 3, Vorwort von Malachovskaja, S. 3.

[166] Zemlja v ogne, in: Marija 2, S. 11–34; über die Entstehung des Dossiers: Voznesenskaja, Ženskoe dviženie, S. 43. In derselben Ausgabe findet sich auch ein Artikel über die Beteiligung von Frauen in der polnischen Solidarność-Bewegung, der ursprünglich in der *Russkaja mysl'*, einer in Paris erscheinenden Wochenzeitung der russischen Exilanten, veröffentlicht wurde. Siehe Pis'mo o Pol'še in: Marija 2, S. 3–9.

Die „unabhängige Frauenbewegung" in Leningrad

der zeitgenössischen Verhältnisse zieht sie die Schlussfolgerung, dass die Kombination aus haarsträubenden sozialen Verhältnissen und herrschender „Phallokratie" auf Seiten der Frauen zu einem „Verlust von Weiblichkeit" geführt habe: zur Weigerung der Frauen, Kinder zu kriegen, zur Ablehnung der eigenen Person und der eigenen Weiblichkeit sowie zur Imitation männlichen Verhaltens. So schreibt sie über die Frauen ihres eigenen Milieus: „Sie beschäftigen sich mit abstrakten Themen, rauchen, trinken und fluchen genauso wie Männer."[167]

Mit dem Verlust von „Weiblichkeit" beschäftigt sich im ersten Heft des Almanachs auch Tat'jana Goričeva in ihrem Artikel *Befreit von den Tränen Evas* ... Sie beschreibt ihre eigene Entwicklung, die Zurückweisung und Wiederentdeckung ihres eigenen Geschlechts, die in ihrer Wahrnehmung mit einer „geistigen Gesundung"[168] und der Hinwendung zum Glauben einherging. Goričeva, die sich jahrelang mit Existenzphilosophie und Psychoanalyse auseinander setzte, führt ihre Negation von Weiblichkeit auf zwei Ursachen zurück. Erstens habe sie zu den Mädchen gehört, die gemäß C. G. Jung unter einem „Elektrakomplex"[169] litten. Infolge ihrer Auflehnung gegen eine tyrannische Mutter habe sie ihren weiblichen Körper, die Ehe und die Mutterschaft abgelehnt und statt dessen „männliche" Züge entwickelt: Intellekt, Willen, Interesse für Wissenschaft und Politik.[170] Zweitens sei ihre Ablehnung der Frauenrolle auf die sowjetische Erziehung zurückzuführen, die Frauen angehalten habe, sich an einem „,pseudomännlichen' Persönlichkeitsideal"[171] zu orientieren. Vorbilder seien männliche „romantische Helden" (S. 23) gewesen, das „Weibliche" habe nichts gegolten: „Wussten wir denn in der Schule, dass ein Weg der Frau existiert und dass er dem männlichen ebenbürtig ist? Hatte man uns doch gelehrt, den Verstand [...] zu

---

[167] Mamonova, Ėti dobrye patriarchal'nye ustoi, in: Ženščina i Rossija, S. 13.

[168] Goričeva, Radujsja, in: Ženščina i Rossija 1, S. 22.

[169] Ebenda, S. 22. C. G. Jung entwickelte die Vorstellung vom „Elektrakomplex" des Mädchens als Analogie zum freudschen „Ödipuskomplex" des Jungen. Der „Elektrakomplex" resultiere nach Jung aus dem verdrängten Wunsch der Tochter, mit dem Vater eine enge (bis sexuelle) Beziehung einzugehen. Aus dem Komplex ergäben sich zwei Reaktionsmuster der Tochter: die Nachahmung der Mutter oder das Aufbegehren gegen die Mutter.

[170] Siehe auch Goritschewa, Rettung der Verlorenen, S. 11.

[171] Goričeva, Radujsja, in: Ženščina i Rossija 1, S. 23. Die folgenden Zitate sind allesamt aus diesem Artikel entnommen, die Seitenangaben werden daher in Klammern hinter die Zitate gesetzt.

bewundern und das Herz zu verachten." (S. 23) Sie habe mit einer Vorstellung die Schule verlassen, dass die „,weiblichen' Pflichten" (S. 24) langweilig und niedrig seien. Während sie jedoch eine einseitige Hochhaltung „männlicher" Ideale beklagt, behauptet Goričeva gleichzeitig, die Männer seien in der sowjetischen Gesellschaft „feminisiert" (S. 24). Ein Grund sei die mangelnde Freiheit und Selbständigkeit. In Familie und Produktion seien Frauen gezwungenermaßen die treibenden Kräfte, was sie infolge ständiger Überforderung zu „wahren Märtyrerinnen" (S. 24) mache. Durch die Aufhebung der Geschlechtergrenzen würden die Kräfte und Fähigkeiten des Menschen fehlgeleitet. Übrig bleibe der eindimensionale „geschlechtslose *homo sovieticus*" (S. 24). In ihrem Falle habe sich die „Erniedrigung der Weiblichkeit" in sexuellen Orgien, Hysterie und dem Aufstand gegen Konventionen geäußert. Erst im Gebet an die Gottesmutter sei ihr Erlösung und Heilung widerfahren. Maria habe sie mit ihrem Vorbild an Reinheit und Sittlichkeit von den „Sünden" befreit und ihr als Verkörperung des „weiblichen Prinzips" (S. 25) geholfen, ihre eigene Natur wieder zu entdecken. Als Weg aus der Krise beschreibt sie die Keuschheit, die christliche Ehe, die Unterordnung unter göttlichen Willen und die Opferbereitschaft vor Gott (S. 25f.).

Ihre Thesen spitzt Goričeva in ihrem Artikel *Hexen im Kosmos* zu, der aus einem Vortrag auf der ersten Konferenz „Marijas" hervorging: Sie wolle sich mit den „geistigen Voraussetzungen des [...] russischen Feminismus"[172] auseinander setzen. Ausgang ihrer Überlegungen ist das Zitat Simone de Beauvoirs (1908–1986), die Frau werde nicht als Frau geboren, sondern dazu gemacht. Diese Aussage sei auf die russische Gesellschaft nur schwer übertragbar, denn diese bestehe nicht aus Männern und Frauen, sondern aus „Hermaphroditen" (S. 10), geschlechtslosen Wesen, die nicht nur des Geistes, sondern auch ihrer Natur beraubt seien. Das Sowjetsystem lasse es nicht zu, dass Frauen und Männer die Wesenszüge ihres jeweiligen Geschlechtes auslebten. Zweifelsohne gebe es Errungenschaften der Frauenemanzipation, etwa die Befreiung der Frau aus ihrer sklavischen Abhängigkeit von der Familie, dem Ehemann und dem Haus. Aber die Verhältnisse hätten sich in eine „pseudomatriarchalische Antiutopie" verkehrt (S. 10). Der Mann habe seine Position im Leben verloren, die Köchin regiere den Staat, so wie es Lenin proklamiert habe. Vermännlichte „Sowjetfrauen" hätten als Richterinnen, Aufseherinnen und Verwaltungsangestellte Macht erlangt und zwängen

---

[172] Goričeva, Ved'my v kosmose, in: Marija 1, S. 9

den Opfern ihren Willen auf. Dies sei freilich nicht die Schuld der Frauen, sondern des Systems, in dem Herrschaft über andere die einzige Form des Selbstausdrucks sei.[173] Als Ausweg plädiert Goričeva dafür, die Natur und das Geschlecht der Menschen wieder herzustellen, die Frau solle das „Weibliche" (S. 12) für sich entdecken, der Mann „defeminisiert" (S. 12) werden.[174] Für die Frauenpolitik heiße das: Zwar sei der Einsatz für politische und soziale Rechte, für die Gleichberechtigung und die Gleichheit unerlässlich, Gleichberechtigung und Gleichheit könnten aber nicht in einer versklavten Gesellschaft existieren. Daher müsse die Befreiung der Frau mit einer „geistigen Revolution" (S. 12) einhergehen. Diese geistige Revolution bestehe in äußerer und innerer Freiheit. Zur Freiheit des Individuums weise Gott den Weg. Erst wenn sich die Menschen Gott zuwendeten, könne sich die Beziehung zwischen Männern und Frauen in Liebe und Harmonie neu entfalten.

Ebenso wie Goričeva führt auch Malachovskaja eine in ihrer Wahrnehmung existierende Krise der Geschlechterbeziehungen auf den Verlust von männlichen und weiblichen Eigenschaften zurück.[175] In einem Urzustand habe Gleichberechtigung der Geschlechter geherrscht, die gleichzeitig ihrer Verschiedenheit Rechnung getragen habe. Als Jäger und Krieger habe der Mann sein Leben riskiert, die Frau das ihre bei der Geburt der Kinder (S. 32). In der Epoche des „Patriarchats" sei die Gleichberechtigung abhanden gekommen. Die Arbeitsteilung zwischen Männern und Frauen in der patriarchalischen Familie sei zwar im Prinzip sinnvoll, aber sie gehe einher mit politischer und sozialer Benachteiligung der Frau (S. 32). Daher sei die formale Gleichberechtigung, die durch die Oktoberrevolution erlangt wurde, einerseits begrüßenswert, andererseits sei durch die Aufhebung der Arbeitsteilung das Gleichgewicht zwischen den Geschlechtern zerstört worden. Im Sowjetsozialismus dürften Männer keine Ernährer mehr sein und hätten in Folge dessen alle ihre männlichen Fähigkeiten verlernt.[176] Da die Frau die Schlüsselfunktionen der Familie inne habe, da sie die Kinder gebäre und

---

[173] Bezeichnenderweise nennt sie das System gleichzeitig „pseudomatriarchalisch" (S. 10) sowie ein „Superpatriarchat" (S. 11).
[174] Siehe auch Voznesenskaja, Domašnij konclager', in: Marija 1, S. 16.
[175] Malachovskaja, Materinskaja sem'ja, in: Ženščina i Rossija, S. 32.
[176] So schreibt sie: „Der Mann, der wenigstens einen ‚Nagel einschlagen' kann, ist heute eine biologische Seltenheit. Alle im Haushalt nötigen ‚Nägel' werden heute von Frauen eingeschlagen." (S. 32).

erziehe, den Haushalt führe und einen Gutteil des Familieneinkommens verdiene, seien Männer verantwortungslos geworden. Sie vernachlässigten ihre Vaterrolle und gäben sich dem Alkohol hin, wodurch die Familie als Basis der Gesellschaft zerstört werde.[177]

Die „Schwäche" des männlichen Geschlechts ist auch zentrales Thema des Aufsatzes von Sof'ja Sokolova *Das schwache Geschlecht? Ja, die Männer*[178]: „Schwach" sei der Mann, weil er in keiner gesellschaftlichen Sphäre eine aktive Rolle spiele, sondern nur „Schräubchen im staatlichen Getriebe" (S. 43) sei. Die Frau könne sich selbst wenigstens teilweise in der Mutterschaft verwirklichen, die ihr „keine Revolution, keine umwälzende Theorie und kein totalitäres Regime" (S. 43) habe wegnehmen können. Der Mann hingegen sei ohnmächtig: „Seiner Natur nach" (S. 43) müsse er gesellschaftlich und politisch aktiv sein, sich im literarischen Schaffen oder wissenschaftlichen Forschen verwirklichen. Der „Ruf der Natur" (S. 44) ziehe ihn nach draußen, „in die Ferne" (S. 44). Aber der Staat dulde weder das Reisen noch die freie Entfaltung der Künste und Wissenschaften. Freies staatsbürgerliches Engagement sei unerwünscht, und als Ernährer falle er aus, weil er nicht genug verdiene.[179]

Zusammengefasst finden sich die Ansätze Goričevas, Malachovskajas und Sokolovas im Beitrag Julija Voznesenskajas *Das häusliche Konzentrationslager*[180]. Hierin plädiert die Autorin für eine neue geistige Grundlage der gesellschaftlichen Beziehungen, die in der Freiheit und der Liebe zu Gott und den Menschen als Teil einer weiblichen Sendung besteht. Damit die Gesellschaft gerettet werden könne, brauche es „echte Männer" und „echte Frauen"[181].

Gemeinsam ist Mamonova, Goričeva, Malachovskaja, Sokolova und Voznesenskaja, dass sie die Frauenemanzipation als gescheitert und die Geschlechterbeziehungen in der sowjetischen Gesellschaft als krisenhaft begreifen. Als Krisensymptom wird der Verlust von „natürlichen" weiblichen und männlichen Eigenschaften genannt. Während Mamonova einzig die Weiblichkeit thematisiert, gehen Goričeva, Malachovskaja und Sokolova

---

[177] Ebenda. Siehe auch den Aufruf: K ženščinam Rossii, in: Marija 1, S. 7.

[178] Sokolova, Slabyj pol? Da, mužčiny, in: Marija 1.

[179] Siehe auch Voznesenskaja, Domašnij konclager', in: Marija 1, S. 14, die hier die Thesen Sokolovas übernimmt.

[180] Voznesenskaja, Domašnij konclager', in: Marija 1.

[181] Ebenda, S. 19.

Die „unabhängige Frauenbewegung" in Leningrad

einen Schritt weiter. In ihren Augen ist die Erosion der Geschlechterdifferenz, die „Vermännlichung" der Frau und „Verweiblichung" des Mannes, Merkmal einer pervertierten Gesellschaft. Die Argumentation beruht auf biologistischen Grundannahmen, die auch den offiziellen Diskurs dominierten und sich vom Menschenbild der frühen Sowjetunion, das bis in die sechziger Jahre fortlebte, radikal unterschieden. Geschlechterdifferenz wird als etwas Natürliches begriffen, Geschlecht gilt als essentielle Kategorie. Die „weibliche" Natur, „weibliche" Werte und „männliche" Fähigkeiten sind auch in den Augen der „Feministinnen" etwas Angeborenes und Wesenhaftes. Männlichkeit wird mit „Stärke", Weiblichkeit mit „Weichheit" und „Schwäche" assoziiert. Hier existiert eine auffällige Parallele zwischen offizieller und inoffizieller Diskussion. Ferner teilen die Diskutantinnen beider Ebenen die Auffassung, dass eine vermeintliche Aufhebung der Geschlechterdifferenz, insbesondere die Zurückweisung von Weiblichkeit, ein psychisches und soziales Problem darstelle. Selbst in der Bezeichnung der Krisensymptome bestehen Gemeinsamkeiten, etwa indem der Rückgang der Geburtenrate als Ausdruck beschädigter Weiblichkeit verstanden wird.[182] Die Parallelität der Wahrnehmungsmuster deutet darauf hin, dass die Frauenbewegung Leningrads, wiewohl oppositionell und „unabhängig", vom offiziellen Diskurs der „Frauenfrage" stark beeinflusst war.[183]

Gleichzeitig werden in den Schriften der Leningrader „Feministinnen" Gedanken sichtbar, die in westlicher feministischer Literatur, insbesondere von Simone de Beauvoir, artikuliert wurden. Indem sie die Dominanz „männlicher" Werte in der sowjetischen Gesellschaft beklagen, knüpfen sie an einen Grundgedanken von Beauvoirs *Le deuxième sexe* an, wonach die Frau in der patriarchalischen Gesellschaft als das „Andere" definiert wird, während der Mann die Norm setze, an der auch Frauen sich zu messen hätten.[184] Den zweiten Grundgedanken in Beauvoirs Werk teilen die Vertreterinnen der Leningrader Frauenbewegung hingegen nicht. Im Gegensatz zu Beauvoir begreifen sie Weiblichkeit als angeborene Wesenheit, nicht als historische Konstruktion. Das Zitat, die Frau werde nicht geboren, sondern gemacht[185], wird in ihren Schriften abgewandelt, indem sie Weiblichkeit als

---

[182] Siehe auch: K ženščinam Rossii, in: Marija 1, S. 7.
[183] Insofern würde ich die Leningrader Frauenbewegung auch nicht als „radikal andere Stimme zur Frauenfrage" bezeichnen, wie dies Anna Köbberling tut (Köbberling, Klischee, S. 142).
[184] Simone de Beauvoir: Le deuxième sexe, 2 Bde, Paris 1949, 2. Aufl. 1976.
[185] Ebenda, Bd. 2, S. 13.

Frauen innewohnender Wesenszug verstehen, der in der Sowjetgesellschaft keinen Ausdruck finde. Während offizielle und inoffizielle Publikationen „Geschlecht" gleichermaßen essentiell auffassen und eine „Krise der Geschlechterverhältnisse" konstatieren, so bestehen Unterschiede zwischen offizieller und inoffizieller Publizistik in der Analyse der vermeintlichen Ursachen für die Krise. Nach offizieller Darstellung gehen die „Feminisierung des Mannes" und „Maskulinisierung der Frau" auf die hohe Frauenerwerbstätigkeit und die Angleichung der privaten und öffentlichen Rollen zurück, wodurch der Mann seiner früheren Funktion als Oberhaupt der Familie und Lenker des Staates beraubt worden sei. Goričeva greift diesen Gedanken auf, deutet ihn aber um. Der Verlust von Macht und Einfluss des Mannes sei weniger auf die Emanzipation der Frau zurückzuführen als auf die allgemeine Unfreiheit des Einzelnen und die Unterdrückungsmechanismen des Systems. Der Absolutheitsanspruch des Staates habe so weit in das Leben seiner Untertanen eingegriffen, dass diese ihre „wahre" Persönlichkeit und damit auch ihr Geschlecht verloren hätten. Verkörperung der Staatsmacht sind in ihrer Wahrnehmung die Frauen, die aus einem Gefühl der eigenen Ohnmacht zu Machtausübenden geworden seien. Goričevas Ansatz wird von Sokolova weiterverfolgt, die für zahlreiche Bereiche der Gesellschaft konstatiert, dass die aktive Rolle des Mannes durch die Sowjetmacht verhindert werde. Bis auf Mamonova besteht offenbar Konsens unter den Autorinnen, dass der Mann das eigentlich bemitleidenswerte Geschlecht sei.[186] Verantwortlich sei das repressive System, das Männern nicht genügend Spielraum zur Selbstentfaltung lasse. Umgekehrt werden Frauen als verlängerter Arm der Staatsgewalt beschrieben. Darin manifestiert sich erstmals die Vorstellung von einem „Sowjetmatriarchat", das in der *perestrojka*-Zeit breiter diskutiert wurde[187]. Inwieweit diese Vorstellung die Wahrnehmung der Einzelnen beeinflusste, zeigte sich bereits an den Kindheits- und Jugenderinnerungen der Dissidentinnen, die, wiewohl viele von ihnen keine Verbindungen zur Leningrader Frauenbewegung hatten, den Verlust der eigenen Weiblichkeit

---

[186] Siehe auch das in Marija 1 abgedruckte Interview der Gruppe „Marija" mit der französischen Zeitschrift *L'Alternative*: Otvety na anketu žurnala „Alternativy", in: Marija 1, S. 22–30, hier S. 28f. Französische Fassung: Laetitia Cavaignals: Femmes de Léningrad. Une interview du Club Marie, in: *L'Alternative*, September-Oktober 1980, S. 14–18.

[187] Zum Diskurs über das „Sowjetmatriarchat" siehe Kapitel 2.5.

Die „unabhängige Frauenbewegung" in Leningrad

beklagten und die eigene Mutter als Vertreterin der Partei oder des Staates darstellten.[188] Welche Lösungswege aus der „Krise der Geschlechterverhältnisse" präsentierten die Vertreterinnen der Frauenbewegung? Es bestanden gravierende Unterschiede zwischen den beiden Lagern der Leningrader „Feministinnen", aber auch Gemeinsamkeiten. Gemeinsam war beiden Gruppen, dass sie die rechtliche und politische Gleichstellung von Männern und Frauen nach der Oktoberrevolution notwendig, aber nicht ausreichend fanden. Als Voraussetzung für „wahre" Emanzipation und Wiederherstellung des Gleichgewichts der Geschlechter betrachteten sie individuelle bürgerliche Freiheiten, eine Demokratisierung der Gesellschaft sowie umfassende Sozialleistungen für Frauen und Familien. Es bestand Übereinstimmung, dass die sozialen Probleme und der niedrige Lebensstandard – die Armut, die Versorgungskrise, die schlechten Wohnbedingungen und der Mangel an Dienstleistungen – die Entfaltung der Persönlichkeit, besonders der Frau, hemmte. Ferner teilten beide Lager der „feministischen Bewegung" die Auffassung, dass die Mutterschaft ein wichtiger Ausdruck von *ženstvennost'* sei. So schreibt Mal'ceva, die sich später Mamonova anschloss, die weibliche Bestimmung der Mutterschaft zu erfüllen, sei „das höchste Gut, das der Frau von der Natur gegeben ist"[189]. Beide Lager sahen die Mutterschaft als Ausgangspunkt für einen politischen Auftrag. Sowohl Mamonova als auch Vertreterinnen „Marijas" sehen im gesellschaftlichen „Fortschritt" ein zerstörerisches männliches Prinzip, während es die Funktion der Frauen und Mütter sei zu bewahren und zu schützen.[190] Während Männer in ihrer Unfähigkeit zu gebären verantwortlich seien für Krieg, Gewalt, Gefängnis, Gulag und Atombombe, leite sich die gesellschaftliche Verantwortung von Frauen aus ihrer Rolle als Lebensspenderinnen und Erzieherinnen ab. Wenn Frauen politisch etwas zu sagen hätten, würden sie sich „von Natur aus" für Frieden, Solidarität, Humanität und Nächstenliebe einsetzen.[191] Hätten Frauen mehr

---

[188] Ebenda.

[189] Vera Golubeva (Natal'ja Mal'ceva): Obratnaja storona medali, in: Ženščina i Rossija, S. 53–59, hier, S. 53.

[190] Batalova (Mamonova): Rody čelovečeskie, in: Ženščina i Rossija, Voznesenskaja, Domašnij konclager', in: Marija 1, S. 14 sowie Voznesenskaya, Independent Women's Movement, S. 335; Redebeitrag T. Michajlovas in der Diskussion um „Feminismus und Marxismus", Marija 1, S. 22.

[191] Voznesenskaya, Letters of Love, 1989, zitiert nach Curtis, S. 178; dies.: Domašnij konclager', in: Marija 1, S. 14 sowie dies.: Independent Women's Movement,

Mitbestimmungsrechte besessen, so hätten sie die Welt „heimeliger und glücklicher"[192] gemacht. Neben verschiedenen Ansichten über Religion bestanden Differenzen innerhalb der beiden Gruppen hinsichtlich des Marxismus und der Frauenerwerbstätigkeit. Tat'jana Mamonova, die stark von der westeuropäischen, linkspolitisch orientierten Frauenbewegung geprägt war, teilte die Idee der Frauenemanzipation durch Erwerbsarbeit, wie sie die marxistisch-sozialistische Frauenbewegung proklamiert hatte und sie die „neue Frauenbewegung" im Westen aufgriff.[193] Demgegenüber lehnte „Marija" das Modell der zwanziger Jahre als „erzwungene Gleichmacherei" (*prinuditel'naja upravnilovka*)[194] ab. Dem Marxismus stand die Mehrheit der Gruppenmitglieder skeptisch gegenüber.[195] Tat'jana Goričeva betrachtete ihn gar als „zerstörerische", ja „satanische Kraft"[196], die untrennbar mit dem Gulag verbunden war. Im Gegensatz dazu sah „Marija" in der Erwerbsarbeit von Frauen weniger das emanzipatorische Moment als den Zwang.[197] Einige kritisierten sogar die Aufhebung der patriarchalischen Arbeitsteilung. Neben

S. 335; Interviewausschnitt mit Tat'jana Mamonova im Artikel Robin Morgans: The First Feminist Exiles from the USSR, in: Ms (November 1980), S. 108, zitiert nach Holt, First Soviet Feminists, S. 250.

[192] Voznesenskaya, Letters of Love, 1989, zitiert nach Curtis, S. 178.

[193] Mamonova, Ėti dobrye patriarchal'nye ustoi, in: Ženščina i Rossija, S. 11–13 sowie Interview Mamonovas mit der französischen Frauenzeitschrift *Des Femmes en Mouvements Hebdo*, zitiert nach Alix Holt, First Soviet Feminists, S. 246; Siehe auch „In der Sowjetunion ist die Frau die Sklavin der Sklaven". Drei ausgewiesene Feministinnen berichten, in: *Frankfurter Allgemeine Zeitung*, 26. Juli 1980. Hier werden Tat'jana Mamonovas Positionen zitiert.

[194] Otvety na anketu žurnala „Alternativy", S. 24.

[195] Siehe die Dokumentation der Diskussion über „Feminismus und Marxismus" im ersten Heft der Zeitschrift *Marija*: Diskussija na temu „Feminizm i Marksizm", in: Marija 1, S. 19–22 sowie Otvety na anketu žurnala „Alternativy", in: Marija 1.

[196] Redebeitrag Goričevas in: Diskussija na temu „Feminizm i Marksizm", in: Marija 1, S. 20.

[197] Voznesenskaya, Domašnij konclager', in: Marija 1, S. 15; Otvety na anketu žurnala „Alternativy", S. 28f.; S. Belova: Pis'mo molodoj materi, in: Marija 2, S. 53–55; Galina Chamova: Reskie repliki, in: Marija 3, S. 54–56, hier S. 54. Übereinstimmung zwischen beiden Gruppen besteht allerdings darin, dass der faktische Arbeitszwang, wie er in der Sowjetunion existierte, abzulehnen sei. Golubeva (Mal'ceva): Obratnaja storona medali.

Die „unabhängige Frauenbewegung" in Leningrad

den Alltagsproblemen sei der Zwang zur Berufstätigkeit dafür verantwortlich, dass Frauen ihre Mutterrolle nicht erfüllen, oder, wie es Voznesenskaja ausdrückt, ihr „Bedürfnis nach mütterlicher Liebe"[198] nicht befriedigen dürften. Statt dessen würden sie „aus dem Haus gejagt, um den Lebensunterhalt zu verdienen"[199]. *Byt* und Arbeitszwang hielten Frauen zudem davon ab, „schöpferisch"[200] tätig zu werden und ihre „Rolle als Trägerinnen des Schönen"[201] auszufüllen.

Der gravierendste Unterschied zwischen den Lagern bestand in ihrer Haltung zur Religion. Während Mamonova die orthodoxe Kirche als Hindernis der Frauenemanzipation betrachtete[202], leitete „Marija" ihr Engagement aus religiösen Überzeugungen ab. Aus den Schriften Goričevas, der wichtigsten „Ideologin" der Gruppe, geht hervor, dass ihrer Meinung nach die Befreiung und Selbstfindung der Frau nur in Hinwendung zu Gott erfolgen könne. Eine besondere Rolle spiele die Gottesmutter. Wie sie in ihrem autobiographisch geprägten Text *Befreit von den Tränen Evas* ... erläutert, habe ihr die Mutter Gottes Hilfe bei der Wiederentdeckung ihrer Weiblichkeit gewährt. Nach dem Vorbild Marias propagiert sie Enthaltsamkeit und Reinheit. Grundlage der Geschlechterbeziehungen sei einzig die christliche Ehe zwischen Mann und Frau.[203] Nach Auffassung Voznesenskajas ist die Gottesmutter Leitfigur der russischen Frauenbewegung, weil sie über Jahrhunderte die wichtigste Ansprechpartnerin für russische Frauen gewesen sei. Nicht zufällig sei Marija der beliebteste Frauenname in Russland geworden.[204] Zusammenfassend heißt es im Editorial der ersten Ausgabe der Zeitschrift *Marija*:

---

[198] Voznesenskaja, Das häusliche Konzentrationslager, in: Marija 1, deutsche Ausgabe, S. 154. Dieser Passus ist in der russischen *Tamizdat*-Ausgabe nicht enthalten.

[199] Ebenda.

[200] Voznesenskaja, Domašnij konlager', in: Marija 1, S. 15.

[201] Zum Zusammenhang zwischen *byt* und fehlender schöpferischer Betätigung: Goričeva: Antiveselennaja sovetskoj sem'i, in: Marija 2, S. 35–37; Malachovskaja: V nenasytnoj utrobe, in: Marija 2, S. 38–44, Alla Sariban: Ženščina i byt, in: Marija 2, S. 44–46.

[202] Mamonova, Actions and Couteractions, in: dies. (Hrsg.), Women and Russia, S. 235–244, deutsch: Aktion und Reaktion, in: Die Frau und Russland 3, S. 120–130.

[203] Siehe auch Goričeva, Antiveselennaja sovetskoj sem'i, in: Marija 2, S. 36.

[204] Voznesenskaja, Independent Women's Movement, S. 334f.

Von der Küche auf den Roten Platz

Wir haben unseren Club und unsere Zeitschrift nach IHREM Namen benannt, von der die Rettung der Welt kam, nach dem Namen der himmlischen und irdischen Fürsprecherin Russlands. SIE hört jeden Seufzer, der von unserer Erde emporkommt. SIE steigt hinab in die Hölle des Lebens unserer Frauen und erhebt von dort die Seelen der Frauen, die schon verzweifelt und ohne Hoffnung waren. Schon lange schreitet SIE über unsere blutgetränkte Erde, und das Golgatha des russischen Lebens wird sich durch SIE in die Auferstehung verwandeln.[205]

Ergänzend unterstreicht Malachovskaja, dass „Marija" in der Gottesmutter vor allem die Göttin, die weibliche Seite und weibliche Kraft der Religion, gesucht habe.[206] Die Verbindung von Orthodoxie und Feminismus besteht nach Auffassung der Gruppe darin, dass Frauen die Speerspitze einer „geistigen Revolution" seien. Durch ihre „Fähigkeit zu lieben und alles für die Liebe zu opfern, […], ihre Fähigkeit, Gott zu dienen und ihm zu gehorchen, ihre Fähigkeit, durch das Herz, nicht den Verstand zu leben"[207], hätten Frauen den Missionsauftrag, den Menschen zu sich selbst und zu Gott zurückzuführen, und der Gewalt die Liebe entgegenzusetzen.[208] Es seien die Frauen, die in Russland eine geistige Wende herbeiführen und zur Befreiung der Persönlichkeit beitragen könnten. Wie Vertreterinnen des Clubs „Marija" ausdrücklich betonen, möchten die Frauen diese Aufgabe zusammen mit den Männern ausführen.[209] Zum Teil sehen sie sich als „Retterinnen"[210] der Männer. Zu den Veranstaltungen des Clubs luden sie befreundete Männer

---

[205] K ženščinam Rossii, in: Marija 1, S. 7.

[206] Interview Jukinas mit Malachovskaja, Archiv NIC Memorial, SPb, S. 26–28.

[207] K ženščinam Rossii, in: Marija 1, S. 7.

[208] Ebenda, S. 335. Siehe auch Interview Jukinas mit Malachovskaja, Archiv NIC Memorial, SPb, S. 25; Otvety na anketu žurnala „Alternativy", S. 29f.

[209] Grigor'eva, K istorii ženskogo dviženija, S. 122. Julija Voznesenskaja sieht in der unterschiedlichen Haltung gegenüber der Beteiligung von Männern an der Leningrader Frauenbewegung sogar einen Grund für die Spaltung in zwei Lager: In ihren Augen habe Mamonova nach der Befreiung der Frau gegen die Männer gestrebt, während die religiösen Feministinnen Männer als Partner und Verfechter einer gemeinsamen Sache betrachtet hätten. Voznesenskaja, Ženskoe dviženie, S. 42.

[210] Interview Čujkinas mit Grigor'eva, Teil II, Gabe der Interviewerin, S. 2.

Die „unabhängige Frauenbewegung" in Leningrad

ein.[211] Einige von ihnen durften ihre Artikel, teilweise unter weiblichen Pseudonymen, in *Marija* veröffentlichen.[212] In *Marija* 6 erschien die von Männern verfasste Rubrik „Männer über Frauen" (*mužčiny o ženščinach*).[213] Inwieweit kirchliche Dogmen sowie der Ausschluss von Frauen von höheren Ämtern innerhalb der orthodoxen Kirche der Forderung nach der „Befreiung der Frau" entgegenstehen, wird in den *Samizdat*-Schriften der Gruppe „Marija" wenig diskutiert. Diese Frage beschäftigt Goričeva in ihren späteren Texten, die sie im Westen nach der Auseinandersetzung zwischen „Marija" und westlichen Feministinnen verfasste. Goričeva kommt zu dem Schluss, dass die Forderung nach dem Priesteramt für Frauen typisch westlich sei, denn sie sei mit der Forderung nach weltlicher Macht verknüpft. Da der russische Mensch in viel geringerem Maße als der westliche von irdischen Dingen abhänge, seien für ihn Ämter und Machtpositionen weniger wichtig. Kennzeichen der russischen Frauenbewegung sei es, nach geistigen Werten und neuen menschlichen Beziehungen zu streben, nicht nach Macht und Einfluss.[214] Das Christentum sei in der Suche nach Freiheit konsequenter als der westliche Feminismus, denn wahre Freiheit könne nur in Demut vor Gott durch die Rettung der Seele erreicht werden.[215] Dass diese Ansicht von einem Großteil der Gruppe geteilt wurde, dokumentiert die Diskussion über die „moderne Frau und die Demut (*smirenie*)" im dritten Heft *Marijas*.[216] Für die Verbindung zwischen Orthodoxie und Feminismus gab es in der historischen russischen Frauenbewegung kein Vorbild.[217] Die Bedingun-

---

[211] Es gab einige Männer, zumeist Ehemänner der Aktivistinnen, die an den Diskussionsrunden des Clubs teilnahmen. Zur Teilnahme von Männern am Club „Marija": Iz pis'ma o leningradskich diskussijach kluba „Marija" konca 1980g., in: Marija 3, S. 34–37, hier S. 36; Editorial in Marija 6, S. 3.

[212] Grigor'eva, K istorii ženskogo dviženie, S. 122; Interviews Djukova, Dolinin. Ein Beispiel hierfür ist Vladimir Djukov, der seine Beiträge unter dem Pseudonym Marija Legenskaja, in *Marija* 6 veröffentlichte. Weitere Männer im Umkreis der Gruppe „Marija" waren: Sergej Šolochov, Dmitrij Akselrod und Boris Kudrjakov (Pseudonym: Mark Martynov). Grigor'eva, K istorii ženskogo dviženicja, S. 122; Interview Djukova.

[213] Marija 6, Archiv NIC Memorial, St. Petersburg.

[214] Goritschewa, Hiobs Töchter, S. 11–17.

[215] Ebenda sowie S. 90.

[216] Rabstvo ili svoboda? Diskussija na temu „Sovremennaja ženščina i smirenie", in: Marija 3, S. 8–37.

[217] Holt, First Soviet Feminists, S. 245.

Von der Küche auf den Roten Platz

gen für die religiöse Ausprägung der Leningrader Frauenbewegung müssten noch genauer untersucht werden, zum Beispiel durch eine Arbeit über die Besonderheit inoffizieller religiöser Gruppen und die Rolle, die Frauen darin spielten. Möglicherweise ist eine Wurzel der Verbindung von Religion und Feminismus in der materialistischen Orientierung der sowjetischen Frauenemanzipation zu suchen. Demgegenüber suchte „Marija" die Befreiung der Frau eher durch eine „seelisch-geistige" Emanzipation zu erreichen denn durch eine Eingliederung in die Produktion.[218]

Um ihre religiösen Ansätze in der politischen Aktivität sichtbar zu machen, entwickelte „Marija" eine besondere Gruppenidentität: Die Gruppe habe sich als enge Gemeinschaft von Gleichgesinnten verstanden, deren Beziehungen auf Liebe, gegenseitigem Respekt, Solidarität und Freundschaft basierten.[219] Ziel der Gruppe sei ein gemeinsames und gemeinschaftliches Leben gewesen, wie es in einer christlichen Gemeinde existiere. Innerhalb der Dissidentenbewegung habe „Marija" das christliche Seminar namens *Obščina* („Die Gemeinde") unter Leitung von Aleksandr Ogorodnikov (geb. 1950) und Vladimir Poreš (geb. 1949) als Vorbild gedient.[220] Im Gegensatz zu den meisten dissidentischen Gruppierungen, die in den Augen Voznesenskajas nach dem „Prinzip ‚Führer – Masse'"[221] organisiert gewesen seien, habe es in der Gruppe „Marija" keine hierarchischen Strukturen gegeben, keine Führerschaft, keine Chefredakteurinnen, kein Streben nach Autorität und Dominanz. Unter den Initiatorinnen der Gruppe hätten sich statt dessen „tiefe und, im christlichen Sinne, reine Beziehungen entwickelt, wie sie noch nie in anderen Gruppen oder Zirkeln beobachtet wurden"[222]. Die Solidarität unter den Frauen habe geholfen, das Streben nach einem

---

[218] Ajvazova, S. 96.

[219] Voznesenskaja, Domašnij konclager', in: Marija 1, S. 17f. sowie dies., Ženskoe dviženie, S. 42f.; Interview Jukinas mit Malachovskaja, Archiv NIC Memorial, SPb, S. 26 und 30; Diskussion zum Thema „Feminismus und Marxismus", in: Marija 1, S. 19–22.

[220] Voznesesnskaja, Domašnij konclager', in: Marija 1, S. 17; dies., Ženskoe dviženie, S. 42. Das christliche Seminar ist nicht zu verwechseln mit dem religiös-philosophischen unter Leitung Tat'jana Goričevas. Die beiden Seminare entstanden zeitgleich 1974, aber unabhängig voneinander. Während Goričevas Seminar allein in Leningrad stattfand, hatte *Obščina* eine Leningrader und eine Moskauer Filiale. Goritschewa, Rettung der Verlorenen, S. 58; Vaissié, S. 198–200.

[221] Voznesenskaja, Ženskoe dviženie, S. 42.

[222] Otvety na anketu žurnala „Alternativy", in: Marija 1, S. 25.

Die „unabhängige Frauenbewegung" in Leningrad

„männlichen Ideal"²²³ abzulegen und sich als Frauen zu verwirklichen. Bezeichnenderweise nennen Mitglieder „Marijas" ihre Gruppe „Bruderschaft" (*bratstvo*)²²⁴. Das knüpft an eine klösterliche Gemeinschaft an und erinnert an die Forderungen der Französischen Revolution nach „Freiheit, Gleichheit, Brüderlichkeit"²²⁵.

Abschließend stellt sich die Frage, welche Bedeutung die Selbstbezeichnung „Feminismus" für die Teilnehmerinnen der Frauenbewegung hatte. Wie kamen sie zu diesem Terminus? Er gelangte über Mamonova nach Leningrad und tauchte das erste Mal im Almanach auf. Anknüpfungen zur historischen Frauenbewegung in Russland existierten nicht. Aus den Texten der Frauenbewegung gehen nur vage Vorstellungen von „Feminismus" hervor. Mamonova setzt ihn einmal mit „Humanismus"²²⁶ gleich. Gleichzeitig versteht sie darunter den internationalen Zusammenschluss von Frauen zum Kampf gegen Sexismus, Chauvinismus und patriarchalische Traditionen, gegen Gewalt an Frauen, für „weibliche" Werte, die Gewährung sexueller Freiheiten, die Anerkennung eines Rechtes auf Abtreibung.²²⁷ Damit kommt Mamonova den Forderungen westlicher Frauenbewegungen recht nahe.²²⁸ „Marija" bleibt in ihrer Definition von „Feminismus"

---

[223] Ebenda.

[224] Interview Jukinas mit Malachovskaja, Archiv NIC Memorial, SPb, S. 31. Ebenso: Sof'ja Sokolova in der Diskussion über „Feminismus und Marxismus", in: Marija 1, S. 19. (Obwohl Sokolova im Diskussionsprotokoll mehrmals zitiert wird, streitet sie später übrigens eine Teilnahme an der Diskussion ab, Interview Sokolova).

[225] Interview Jukinas mit Malachovskaja, Archiv NIC Memorial, SPb, S. 31.

[226] Aktion und Reaktion, in: Die Frau und Russland 3, S. 120.

[227] Ebenda, S. 120–130.

[228] Beide Gruppen der Leningrader Frauenbewegung vertreten einen Feminismus, der, in westlicher Terminologie gesprochen, eher einem „Beziehungsfeminismus" denn einem „Individualfeminismus" entspricht. Sie betonen die Rechte der Frauen *als Frauen*, definiert durch Mutterschaft und „weibliche" Fähigkeiten. Der Beitrag der Frauen zur Gesellschaft entspricht in ihrer Vorstellung einer weiblichen Rolle. Im Gegensatz dazu weist die individualfeministische Position gesellschaftlich definierte geschlechtsspezifische Rollen zurück, ebenso wie Diskussionen über geschlechtsbezogene Qualitäten und Eigenschaften. Offen, Feminismus in den Vereinigten Staaten und in Europa, S. 108. Tat'jana Mamonova lehnt sich in ihren Ansichten aber in viel höherem Maße als die Gruppe „Marija" an die westeuropäische und amerikanische Frauenbewegung an.

schwammiger. Malachovskaja benutzt ihn als Synonym für Humanismus, Solidarität, christliche Nächstenliebe, „Brüderlichkeit" und Zivilisation.[229] Den Kampf gegen das Patriarchat bezeichnet sie als sein wichtigstes Ziel.[230] Für Goričeva bedeutet „Feminismus" nichts anderes als „Frauen-".[231] Daneben gab es zahlreiche Mitglieder „Marijas", die den Begriff „Feministin" als Selbstbezeichnung wenig treffend fanden.[232] Für ihren Geschmack war er zu sehr mit der westlichen Frauenbewegung verbunden, von der sich die Leningraderinnen abheben wollten.[233] Dennoch hielt „Marija" am „Feminismus" fest. Das hängt möglicherweise mit der großen Resonanz der russischen Frauenbewegung im Westen zusammen. Besonders im Frühjahr 1980, unmittelbar nachdem der Almanach im Westen bekannt geworden war, sowie nach der Ausweisung Voznesenskajas, Mamonovas, Goričevas und Malachovskajas im Sommer 1980 erschien einen Fülle von Beiträgen über die russische Frauenbewegung in westlichen Medien.[234] Vertreterinnen

---

[229] Interview Jukinas mit Malachovskaja, Archiv NIC Memorial, SPb, S. 31.

[230] Ebenda, S. 32.

[231] Goritschewa, Rettung der Verlorenen, S. 86.

[232] Interviews Djukova, Grigor'eva, Sokolova.

[233] Goritschewa, Rettung der Verlorenen, S. 86; Interview Grigor'eva.

[234] In Frankreich erschienen beispielsweise die Artikel: Almanach de la Révolte, in: *histoires d'elles*, Heft 20, Februar 1980, S. 1–3; Le *Samizdat* des femmes, in: *Le Nouvel Observateur*, 21. Januar 1980; Une revue féministe clandestine est diffusé en Union soviétique, in: *Le Monde*, 17. Januar 1980; „Femme et Russie 1980" par le collectif de l'Almanach. Des voix clandestines, presque féministes, in: *Le Matin de Paris*, 28. Februar 1980; Les féministes soviétiques sous la menace du K.g.b., in: *F Magazine*, Heft 24, Februar 1980, S. 42–44; Alice Braitverg: Les femmes en Union Soviétique, in: *Questions féministes*, Februar 1980; englischsprachige Presse: French Feminists to Sell Magazine of Soviet Women, in: *International Herald Tribune*, 12./13. Januar 1980; Ann Evans: Woman and Russia, in: *Socialist Press*, 4. Februar 1980; Vera Slutskaya: Woman and Russia, in: *Socialist Worker*, 5. Juli 1980; How the Russian Kind of Freedom has Turned Women into Monstrosities, in: *The Guardian*, 31. Juli 1980; Moscow Expels Feminists, in: *Time Magazine*, 4. August 1980; Robin Morgan: The First Feminist Exiles from the USSR, in: *Ms* (November 1980); Peter Reddaway: Russia puts First Feminist on Trial, in: The *Observer* 4, Jan. 1981; deutschsprachige Presse: Der Mann steht vor der Bierbude. „Frauen in Russland" – ein illegaler Almanach aus der Sowjetunion, in: *Frankfurter Rundschau*, 8. März 1980; Sowjetische Feministinnen ausgebürgert, in: *Süddeutsche Zeitung*, 22. Juli 1980; „In der Sowjetunion ist die Frau die Sklavin der Sklaven". Drei ausgewiesene Feministinnen

Die „unabhängige Frauenbewegung" in Leningrad

der westlichen Frauenbewegungen feierten ihre „russischen Schwestern" und boten Unterstützung an.[235] Besonders aktiv wurden französische Feministinnen und Menschenrechtsgruppen. Die erste Ausgabe des Almanachs gelangte über Mitarbeiterinnen aus dem Verlag *Des femmes* in den Westen.[236] Nach Gründung „Marijas" reisten Redakteurinnen der Zeitschrift *L'Alternative* nach Leningrad, um sie zu interviewen.[237] Es entstanden dauerhafte Kontakte zwischen französischen Frauengruppen und den Leningrader „Feministinnen". Das französische Konsulat wurde zu einem der wichtigsten Kanäle, um die *Samizdat*-Ausgaben der Zeitschrift *Marija* in den Westen zu schmuggeln, von wo sie gedruckt und in größerer Auflage zurück nach Leningrad gelangten.[238] Die Kontakte zum Westen verstärkten sich nach der Ausweisung Mamonovas, Goričevas, Malachovskajas und Voznesenskajas. Nach ihrer Ankunft in Wien wurden sie zu zahlreichen Veranstaltungen, Interviews und Vorträgen eingeladen.[239] Dadurch intensivierten sich die Kontakte zu deutschen, englischen und amerikanischen Gruppen. Da die Leningraderinnen im Westen „Feministinnen" genannt wurden und sich auf die Unterstützung westlicher Gruppen angewiesen fühlten, hätten sie laut Djukova und Grigor'eva die Selbstbezeichnung „Feministinnen" beibehal-

---

berichten, in: *Frankfurter Allgemeine Zeitung*, 26. Juli 1980; Mit der Gleichberechtigung der sowjetischen Frau ist es nicht weit her. Die Sklavinnen der Sklaven mucken auf, in: *Weltwoche*, 30. Juli 1980; „Die Sowjets haben uns zu Sklavinnen der Sklaven gemacht." Gespräch mit den vier aus der UdSSR ausgewiesenen Frauenrechtlerinnen, in: *Münchner Merkur*, 26./27. Juli 1980; Experiment Sozialismus durchgefallen, in: *Münchner Merkur*, 6. August 1980.

[235] Zu den Beziehungen zwischen der Leningrader „unabhängigen Frauenbewegung" und westlichen Feministinnen siehe auch Anke Stephan: Zwischen Ost und West: die unabhängige Frauenbewegung in Leningrad, 1979–1982, in: Archiv für Sozialgeschichte 45 (2005). Im Druck.

[236] Interview Sokolova.

[237] Cavaignals, Femme de Léningrad. Une interview du Club Marie, in: *L'Alternative*, (Otvety na anketu žurnala „Alternativy", in: Marija 1).

[238] Djukova: Istorija sozdanija, Archiv NIC Memorial, SPb, Sammlung *Ženskoe dviženie*, Bl. 1 und 2 sowie Interviews Djukova, Grigor'eva, Sokolova. Heft 1 und 3 wurden in Paris bei *Des femmes* gedruckt, Heft 2 bei *Posev* in Frankfurt.

[239] Siehe beispielsweise Goričeva: Iz pis'ma v Leningrad, in: Marija 3, S. 62–64; Goritschewa, Von Gott zu reden, S. 110; Interview Jukinas mit Malachovskaja, Archiv NIC Memorial, SPb, S. 42; Holt, First Soviet Feminists, S. 252f.

ten, wiewohl sie sie als zu westlich geprägt empfanden.[240] Nach Angaben Djukovas habe man den Ausdruck eher ironisch, mit einem gewissen Augenzwinkern, gebraucht.[241] Verstärkend für das Bekenntnis zum „Feminismus" wirkte schließlich die politische Verfolgung. So heißt es im Editorial zu *Marija* 6: Anfangs hätten sich nicht alle Aktivistinnen „Feministinnen" nennen wollen. Seit den Repressionen gegenüber der Frauenbewegung, den Verhaftungen Lazarevas und Mal'cevas, dem Druck seitens des KGB, sich vom „Feminismus" loszusagen, könne sich die Gruppe „gegen den Begriff ‚Feminismus' nicht mehr sträuben"[242]. Im Endeffekt sei er treffend gewählt, denn auf der ganzen Welt bezeichne „Feminismus" Frauenbewegungen verschiedener Richtungen, soziale, religiöse und kulturelle. Wie der Begriff „Dissidenten" ist auch die Bezeichnung „Feministinnen" ein Beispiel dafür, wie die Mischung aus westlichen Kontakten und Repressionen dazu beiträgt, dass aus der Fremdzuschreibung Selbstwahrnehmung wird.

7.4 Die weitere Entwicklung der Frauenbewegung: Aktivitäten, Themen, Reaktionen und Unterdrückung

Im Verlauf der ersten Monate des Frauenclubs „Marija", zwischen März und Juli 1980, wurden mehrere Versammlungen und Diskussionsrunden einberufen. Die Frauen erörterten die Themen „Feminismus und Marxismus", „Die Frau und die Familie", „Frauen und *byt*" sowie „Die moderne Frau und die Demut".[243] Sie organisierten inoffizielle Vorträge, zum Beispiel über Simone de Beauvoir,[244] beschäftigten sich mit dem Krieg in Afghanistan und verfassten ein Protestschreiben gegen die Invasion sowjetischer Truppen[245]. Die Ideen für weitere Aktivitäten und Veranstaltungen waren mannigfaltig:

---

[240] Interviews Djukova, Grigor'eva. Hierzu auch Stephan, Zwischen Ost und West.
[241] Interview Djukova.
[242] Editorial in Marija 6, S. 2.
[243] Siehe die Dokumentationen in Marija 1 bis 3 sowie Djukova, Istorija sozdanija, Archiv NIC Memorial, SPb, Sammlung *Ženskoe dviženie*, Bl. 1.
[244] Chronik, in: Marija 1 (deutsche Ausgabe), S. 249.
[245] Klub „Marija" protiv okkupacii Afganistana, in: Marija 2, S. 11–13, wo das Protestschreiben in Auszügen abgedruckt ist; im vollen Wortlaut findet es sich unter: AS 5400: Obraščenie „V komitet afganskich žensčin", Leningrad, 22. Mai 1980.

Die „unabhängige Frauenbewegung" in Leningrad

Nach Angaben Voznesenskajas begann die Gruppe, Daten zum Leben von Frauen in Leningrad und der Provinz zu sammeln, eine inoffizielle Statistik anzulegen und Interviews mit Frauen verschiedener Schichten und Gruppen zu führen.[246] Auch habe es eine Initiative gegeben, einen inoffiziellen Kindergarten und eine Krippe einzurichten.[247] Zwar behauptet Voznesenskaja, diese Projekte seien tatsächlich umgesetzt worden, in den übrigen Quellen findet sich aber kein Hinweis darauf, dass sie über das Anfangsstadium hinauskamen.[248] Unter zunehmendem Druck seitens des KGB musste die Gruppe immer konspirativer arbeiten.[249] Es wurde schwieriger, unüberwachte Treffpunkte zu finden, einer davon war die Datscha Elena Borisovas außerhalb von Leningrad.[250] Nach Angaben einer anonymen Briefeschreiberin gab es zahlreiche Vorschläge für weitere Gruppendiskussionen: die herrschende Abtreibungspraxis, die Situation kinderreicher Familien, das Altern und die Zustände in den Altersheimen in der Sowjetunion, das künstlerische Schaffen von Frauen, die matriarchalische sowjetische Familie.[251] Ob diese jemals stattfanden, ist ungewiss. Aus den Quellen ergeben sich keine gesicherten Informationen. Aufgrund von Hausdurchsuchungen und Repressionen konnten die Hefte 4 und 5 von *Marija* nur in Form einzelner Artikel erscheinen, die später im Westen gedruckt wurden. Nach Angaben Djukovas bestanden aufgrund der hohen Konspirativität zudem große Schwierigkeiten, fertige *Samizdat-* oder *Tamizdat*-Erzeugnisse zu verbreiten. Auch Versuche, neben *Marija* weitere Frauen-*Samizdat*-Organe ins Leben zu rufen, scheiterten infolge von Vorladungen und Wohnungsdurchsuchungen, so der von Sof'ja Sokolova initiierte Sammelband *Dalekie-*

---

[246] Voznesenskaya, Independent Women's Movement, S. 336.

[247] Ebenda.

[248] So sind in Marija 1 bis 3 einzelne Interviews oder Porträts von Frauen aus unterschiedlichen Gesellschaftsschichten veröffentlicht, aber von einer umfassenden Datensammlung oder Statistik ist keine Rede. Von einem Kindergarten spricht außer Voznesenskaja keine andere Quelle.

[249] Interviews Djukova, Grigor'eva.

[250] Die Beschreibung einer solchen Diskussion findet sich im Artikel: Iz pis'ma o leningradskich dikussijach kluba „Marija" konca 1980 g., in: Marija 3, S. 34–37; Djukova: Istorija sozdanija, Archiv NIC Memorial, SPb, Sammlung *Ženskoe dviženie*, Bl. 1 und 2; „Wir müssen mehr voneinander erfahren". Interview mit Jelena Borissowa, in: *Menschenrechte*, hg. von der Gesellschaft für Menschenrechte, Juli/August 1981, S. 19.

[251] Iz pis'ma o leningradskich dikussijach kluba „Marija", in: Marija 3, S. 34f.

blizkie[252] sowie eine von Natal'ja Savel'eva angeregte literarisch-künstlerische Anthologie mit Namen *Nadežda* („Die Hoffnung")[253]. Von den Ideen der Gruppe oder einzelner Vertreterinnen konnten nur wenige verwirklicht werden. Es war schwierig genug, die Zeitschrift *Marija* herauszugeben. Die Hefte, *Marija* 1 bis 3 sowie 6, sind trotz der widrigen Umstände von erstaunlicher Vielseitigkeit und Ausdruckskraft. Bis auf die religiöse Komponente ähnelt die Auswahl der Themen der des Almanachs.[254] Im Vordergrund stehen soziale Probleme und Mängel des Systems, von denen Frauen besonders betroffen waren: die hohe Arbeitsbelastung im Betrieb und im Privaten, Schwierigkeiten alleinerziehender Mütter, mangelnde sexuelle Aufklärung, eine hohe Abtreibungsrate infolge fehlender Verhütungsmittel, Unzulänglichkeiten des Gesundheitswesens, die einseitige Förderung der Rüstungs- und Schwerindustrie bei gleichzeitiger Armut und Unterversorgung mit Lebensmitteln und Konsumgütern.[255] Zunehmend wurden Frauen und Kinder porträtiert, die am Rand der Gesellschaft lebten: Heimkinder[256], Frauen in Arbeiterwohnheimen[257], Obdachlose[258] und *limitčicy*[259], das heißt

---

[252] Voznesenskaja, Ženskoe dviženie, S. 43, Interviews Djukova, Dolinin, Sokolova. Siehe auch 7.2, den Abschnitt „Biographische Zugänge". In dem Sammelband *Dalekie – bliskie* sollten schreibende Frauen zu Wort kommen sowie vermehrt soziale Themen aufgeworfen werden.

[253] Voznesenskaja, Ženskoe dviženie, S. 43. *Nadežda* ist nicht zu verwechseln mit der *Samizdat*-Zeitschrift *Nadežda. Christianskoe čtenie*, die Zoja Krachmal'nikova herausgab.

[254] *Marija* bestand aus den Rubriken: „Unsere Ansichten, Ideen, Positionen" (Materialien der Konferenzen), „Frau und Kirche", „Unser glückliches, glückliches, glückliches Leben" (Probleme des Alltagslebens), „Vorsicht Kinder!", „Frau und Gulag", „Poesie und Prosa". Im dritten Heft kamen „Frauenporträts" hinzu, im sechsten die Rubrik „Männer über Frauen".

[255] Julija Voznesenskaja: K našim čitatel'nicam, in: Marija 1, S. 79–84, hier S. 80. Der Aufruf ist in der deutschen Ausgabe nicht abgedruckt.

[256] Elena Doron: Kto vinovat?, in: Marija 3, S. 56–59.

[257] Aja Lauva: Happy end, in: Marija 2, S. 51–53.

[258] Galina Grigor'eva: Valentina Rjabinina, in: Marija 2, S. 47–50; Ksenija Romanova: Monolog bezdomnogo čeloveka, in: Marija 3, S. 42–45.

[259] Der Begriff bedeutet, dass jemand eine *propiska po limitu*, eine „begrenzte Aufenthaltsgenehmigung" in einer Metropole bekommen hat, weil seine Arbeitskraft oder Qualifikation in einem bestimmten Gebiet gebraucht wird. Die Person heißt in männlicher Form *limitčik*, in der weiblichen *limitčica*.

Die „unabhängige Frauenbewegung" in Leningrad

Frauen aus der Provinz, die um der Aufenthaltsgenehmigung in einer Großstadt willen körperliche, häufig gesundheitsgefährdende Schwerarbeit leisteten, zum Beispiel auf der Baustelle, bei der Eisenbahn und in der chemischen Industrie.[260] *Marija* 6 veröffentlichte ein Dossier zur Lage Behinderter und Kranker in der Sowjetunion.[261] Auch *Marija* suchte Tabubrüche in der Themenwahl. So veröffentlichte Ksenija Rotmanova unter dem Pseudonym Aja Lauva einen Artikel über häusliche Gewalt und Kindesmissbrauch in der Familie anhand von Gerichtsprozessen, über die sie in ihrer einstigen Tätigkeit als Journalistin erfahren hatte.[262] Damit griff sie ein Problem auf, dessen Existenz seitens der offiziellen Presse gänzlich geleugnet wurde. Julija Voznesenskaja umreißt in einem Aufruf tabuisierte Themenkomplexe, zu deren Aufarbeitung sie die Leserinnen um Material bittet: Wirtschaftskrise, Defizit, Hunger, Alkoholismus, die offiziell zwar nicht existente, aber real vorhandene Arbeitslosigkeit, die Lage der Frauen in den Provinzen und schließlich, interessanterweise der letzte Punkt der Aufzählung, Fragen des religiösen Lebens und der geistigen Situation des Landes.[263] Ein weiteres Auslandsthema neben Afghanistan war die Beschäftigung mit der *Solidarność*-Bewegung in Polen.[264] In der Rubrik „Frau und Gulag" wurden aktuelle Fälle politischer Verfolgung von Frauen thematisiert, die Prozesse gegen Tat'jana Velikanova[265] und Tat'jana Ščipkova (geb. 1930)[266], die Situation der Familie Poreš nach der Verhaftung des Ehemannes[267], die Verhaftung der eigenen Mitstreiterin Natal'ja Lazareva[268], die Inhaftierung Irina Seneks, einer ukrainischen Nationalistin, die bereits unter Stalin zehn Jahre im Lager verbracht hatte[269], sowie die Verhaftung Irina Curkovas[270].

---

[260] Alla Sariban: Radi propiski, in: Marija 3.
[261] Vsemirny god invalidov, in: Marija 6.
[262] Aja Lauva: Chozjain sem'i, in: Marija 1, S. 39–42.
[263] Voznesenskaja: K našim čitatel'nicam, in: Marija 1, S. 79–84.
[264] Pis'mo o Pol'še in: Marija 2, S. 3–9.
[265] Tat'jana Velikanova, in: Marija 1, S. 49–52.
[266] Tat'jana Ščipkova, in: Marija 1, S. 55f.
[267] Sem'ja Vladimira Poreša, in: Marija 1, S. 52–55.
[268] Tri portreta Natalii Laraevoj, in: Marija 2, S. 68–77.
[269] „Ja ne bojusja dantovogo pekla…" O sud'be Iriny Senek, in: Marija 3, S. 82–85.
[270] Dele Iriny Curkovoj, in: Marija 6.

"Frau und Gulag" war die einzige Rubrik, in der traditionelle Themen der Dissidentenbewegung zur Sprache kamen. Ansonsten hob sich *Marija* wie zuvor schon „Die Frau und Russland" von den literarisch-kulturellen und menschenrechtlich orientierten *Samizdat*-Publikationen radikal ab. Die Innovation des Frauen-*Samizdat* bestand nicht nur darin, Frauenleben und Geschlechterrollen in der Sowjetunion zu thematisieren. Die Frauenbewegung war neben der zeitgleich agierenden „freien Gewerkschaft" SMOT die erste Gruppe, die sich *sozialen* Problemen zuwandte. Während die meisten Vertreterinnen und Vertreter der bisherigen Dissidentenbewegung gar nicht erst versuchten, Menschen außerhalb des eigenen engen Kreises für ihre Ideen zu gewinnen, verstand sich die Frauenbewegung explizit als Bindeglied zwischen verschiedenen sozialen Schichten und verschiedenen Ethnien innerhalb des Vielvölkerstaates.[271] In diesem Sinne beschreibt Julija Voznesenskaja die Vision eines Bündnisses zwischen Frauenbewegung, religiöser Bewegung und freien Gewerkschaften als Gegenentwurf zur „elitären Introvertiertheit"[272] der Dissidentenbewegung. Zweifelsohne stand Voznesenskaja hier das Vorbild der *Solidarność* vor Augen.

Angesichts der offenkundigen Kritik am eigenen Milieu sowie der inhaltlichen Neuerung der oppositionellen Frauen-Zeitschriften stellt sich die Frage, wie die neuen Publikationen in der *Samizdat*-Szene aufgenommen wurden. Über die Reaktionen der Andersdenkenden liegen nur wenige Quellen vor, einige Stellungnahmen in Interviews[273] und einzelne Aussagen der „Feministinnen" selbst[274]. Der Leserinnenbrief einer Leningraderin wurde im *Samizdat* veröffentlicht[275], weitere Leserbriefe sind in *Marija* 2 und 3 abgedruckt.[276] Diese stammen jedoch ausnahmslos von russischen

---

[271] Otvety na anketu žurnala „Alternativy", in: Marija 1, S. 25; Voznesenskaja: K našim čitatel'nicam, in: Marija 1, S. 83.

[272] Ebenda, S. 82.

[273] Interviews Dolinin, Verblovskaja, Gespräch Botvinik.

[274] Interview Jukinas mit Malachovskaja, Archiv NIC Memorial, SPb, Voznesenskaja, Ženskoe dviženie; Otvety na anketu žurnala „Alternativy", in: Marija 1; Interviews Djukova, Grigor'eva.

[275] AS 4026: Brief Valentina Osipovas an die Redaktion von *Ženščina in Rossija*, Ende 1979.

[276] V. Jakubov: Razmyšlenija o žurnale „Marija", in: Marija 2, S. 96–100 sowie ebendort die Rubrik „Iz počty kluba ‚Marija', S. 101–105, mit einem Leserbrief Aleksandr Solženicyns. In Marija 3 sind abgedruckt: ein Leserbrief von Tat'jana

Die „unabhängige Frauenbewegung" in Leningrad

Exilanten, deren Verfasser vormals zum Dissidentenmilieu gehörten. Während die *Tamizdat*-Exemplare unter westlichen Lesern und russischen Emigranten auf breiterer Ebene rezipiert wurden, ist nicht klar, welche Verbreitung die Frauen-Zeitschriften in der Sowjetunion selbst erreichten. Hier sind die Aussagen widersprüchlich. Natal'ja Djukova spricht von einer sehr geringen Verbreitung aufgrund der strengen Überwachung und Verfolgung der Frauenbewegung. In der Regel seien die Zeitschriften im *Samizdat*-Format nur im eigenen Freundeskreis verteilt worden, die *Tamizdat*-Ausgaben habe noch nicht einmal sie selbst zu Gesicht bekommen.[277] Grigor'eva und Malachovskaja behaupten hingegen, die Frauen hätten auch außerhalb des eigenen Milieus die Werbetrommel gerührt. So habe Tat'jana Goričeva in verschiedenen Kirchen auf „Marija" aufmerksam gemacht, während Natal'ja Lazareva versuchte, Frauen aus der technischen Intelligenz für die Ideen des Clubs zu gewinnen.[278] In der *Chronika* wird im Dezember 1979 in der Rubrik *„Samizdat*-Neuheiten" auf das Erscheinen von *Die Frau und Russland* aufmerksam gemacht[279], Informationen über *Marija* erscheinen aber nur im Zusammenhang mit der Verfolgung der Gruppenmitglieder.[280] Weitere Nachrichten über die Leningrader Feministinnen erhielten Andersdenkende über die ausländischen Kurzwellensender, die ausführlicher über die Gruppe informierten.[281] Es ist jedoch fraglich, wie viele Dissidenten

---

Michajlova, S. 116 sowie Sergej Platonov: Duchovnoe vozroždenie Rossi i osvoboždedenie ženščiny, S. 117–122.

[277] Interview Djukova.

[278] Malachovskaja, O zaroždenii, S. 79; Interview Grigor'eva.

[279] Chronika tekuščich sobytij 55, 31. Dezember 1979, Rubrik: „Novosti Samizdata", S. 71 sowie der Bericht über die Verfolgung der „Feministinnen" Leningrads, ebenda, S. 60f.

[280] Über die Ausreise Goričevas siehe Chronika tekuščich sobytij 57, 3. August 1980, S. 80; über die Verhaftung Mal'cevas und die erste Verhaftung Lazarevas: Arresty Lazarevoj i Mal'cevoj, in: Chronika tekuščich sobytij 60, 31. Dezember 1980, S. 36; Sud nad Lazarevoj, in: Chronika tekuščich sobytij 61, 16. März 1981, über die zweite Verhaftung Lazravas: Arrest Lazarevoj, in: Chronika tekuščich sobytij 64, 30. Juni 1982, S. 13.

[281] Zeugnis hiervon geben die Sendungen von *Radio Liberty*: O klube „Marija", 5. August 1980, sowie: Zajavlenie kluba „Marija", 23./24. März 1982. Die Transkripte beider Sendungen sind im Archiv von *Radio Liberty* in Budapest vorhanden, das zu den *Open Society Archives* der *Central European University* in

die *Samizdat*-Journale je zu Gesicht bekamen. Zwar verfügte „Marija" über Verbindungsleute nach Moskau, aber abgesehen von einigen Exemplaren, die sich über Moskau verbreiteten, dürften *Die Frau und Russland* sowie *Marija* jenseits der Leningrader „Zweiten Kultur" kaum gelesen worden sein.[282]
Aus den wenigen Zeugnissen geht hervor, dass die Ansichten über den Frauen-*Samizdat* geteilt waren. Wie Vertreterinnen „Marijas" erklärten, seien die Reaktionen in jedem Fall „lebendig"[283] gewesen, entweder begeistert oder stark ablehnend. Diese Ansicht teilt Vjačeslav Dolinin (geb. 1946), der sich selbst als Sympathisanten der Gruppe bezeichnet: *Die Frau und Russland* und *Marija* hätten bei den Lesern einen „Schock"[284] hervorgerufen und in der *Samizdat*-Szene „Furore"[285] gemacht. Einige Vertreter der „Zweiten Kultur" fühlten sich ob der Vorwürfe ihrer Kolleginnen kompromittiert.[286] Laut Malachovskaja kursierten im Dissidentenmilieu bald Spottgedichte über die „Feministinnen".[287] Was den Inhalt anbelangt, so begrüßten die einen, dass das Alltagsleben als Thema endlich Eingang in den *Samizdat* fand.[288] Die anderen nahmen gerade daran Anstoß und sahen „Frauenthemen" nicht als angemessenen Gegenstand für den *Samizdat* an. Irina Verblovskaja erklärt, sie habe den Frauen-*Samizdat* langweilig gefunden, weil er „überhaupt nichts Neues"[289] beinhaltet habe. Die Informationen über

Budapest gehört. Für die freundliche Übersendung des Materials danke ich Iris Boysen.

[282] Kontakte nach Moskau bestanden vermutlich über Kari Unksova und Natal'ja Voronina. Nach der Verhaftung Lazarevas wurden in Voroninas Moskauer Wohnung Manuskripte für „Marija" konfisziert. Siehe: Arrest Lazarevoj, in: Chronika tekuščich sobytij 64, 30. Juni 1982.

[283] Otvety na anketu žurnala „Alternativy", in: Marija 1, S. 26

[284] Interview Dolinin.

[285] Ebenda.

[286] Malachovskaja: Smirenie – èto vnutrennjaja svoboda, in: Marija 3, S. 20–25, hier S. 23; Interview Dolinin. Besonders getroffen fühlte sich anscheinend Evgenij Pazuchin, der ehemalige Ehemann Natal'ja Malachovskajas.

[287] Interview Jukinas mit Malachovskaja, Archiv NIC Memorial, SPb, S. 8 und 30f.

[288] Jakubov, in: Marija 2, S. 96; Interview Dolinin. So sei es nach den Worten Dolinins ein Verdienst der Frauenbewegung, endlich den „Mythos über die sozialen Errungenschaften und die glücklichen Lebensbedingungen von Frauen und Kindern zerstört" zu haben.

[289] Interview Verblovskaja.

Die „unabhängige Frauenbewegung" in Leningrad

den Frauenalltag seien allen bekannt gewesen, man sei schließlich „jeden Tag mit der Nase daraufgestoßen"[290]. Als geradezu „lächerlich"[291] bezeichnet Natal'ja Botvinik die Frauen-Initiative. Die Probleme, die die Frauen in ihren Schriften aufgeworfen hätten, seien nicht die drängendsten gewesen. Solange Repressionen und strenge Zensur herrschten, solange Menschen in Lager gesperrt wurden, seien Frauenrechte, Feminismus und Alltagssorgen nicht die obersten Prioritäten der Oppositionsbewegung gewesen.[292] Nach den Aussagen Voznesenskajas und Grigor'evas waren die Reaktionen Verblovskajas und Botvniks charakteristisch für die Vertreterinnen der Menschenrechtsbewegung. Frauenrechte sahen sie angesichts der Unfreiheit und Unterdrückung im Land als zweitrangig an. Sie fühlten sich den Männern ebenbürtig und empfanden Probleme des „niedrigen" Alltagslebens im Vergleich zu den Menschenrechten, der hohen Kultur und moralischen Fragen als wenig diskussionswürdig.[293] Dass sich die Vertreterinnen und Vertreter der Dissidenz zum Teil schwer taten mit sozialen Themen, zeigt sich auch daran, dass selbst unter denen, die Sympathien für die Frauenbewegung hegten, Kritik laut wurde, die Beiträge seien zu „oberflächlich", zu „emotional", zu wenig „reflektiert" oder zu wenig „tiefgründig".[294] Dieser Vorwurf bezog sich vor allem auf die ungeschminkten Schilderungen eigener Erfahrungen oder der anderer Frauen.

Unabhängig von inhaltlicher Kritik erfuhren die Mitarbeiterinnen des Almanachs und *Marijas* Solidarität im Milieu, sobald ihre politische Verfolgung einsetzte.[295] Diese ließ nicht lange auf sich warten. Unmittelbar nach der Veröffentlichung des Almanachs im Herbst 1979 wurden zahlreiche Wohnungen durchsucht, Redakteurinnen verhört und Verwarnungen gegen

---

[290] Ebenda.

[291] Gespräch Botvinik.

[292] Ebenda.

[293] Voznesenskaja, Ženskoe dviženie, S. 42; Interview Grigor'eva.

[294] Siehe beispielsweise Interview Dolinin, sowie Jakubov, in: Marija 2, S. 99f. Einzig Goričeva wird für ihre Artikel „Reife" und „Durchdachtheit" bescheinigt, Jakubov, S. 97f.; Nečaev, S. 427. Es gab aber auch Stimmen in der Dissidenz, die den „elitären" Charakter des *Samizdat* kritisierten und für die stärkere Einbeziehung der Arbeiterschaft in die politische Aktivität sowie die Berücksichtigung sozialer Probleme im Forderungskatalog der Dissidenten eintraten. Schlögel, Der renitente Held, S. 186–192.

[295] Interview Jukinas mit Malachovskaja, Archiv NIC Memorial, SPb, S. 16 Interviews Dolinin, Grigor'eva.

sie ausgesprochen.[296] Nach der ersten Ausgabe von *Marija* verschärften sich die Repressionen gegen die Frauenbewegung.[297] Einzelne Redakteurinnen wurden nun gezielt unter Druck gesetzt: Julija Voznesenskaja, die bereits eine zweijährige Strafe im Lager verbüßt hatte, drohte eine zweite Inhaftierung. Außerdem wurde ihr Sohn von der Universität suspendiert, was bedeutete, dass er zur Armee eingezogen und nach Afghanistan geschickt werden konnte.[298] Als Alternative erhielt sie die Möglichkeit zur Ausreise, die sie am 11. Mai 1980 in Anspruch nahm. Der Sohn Sof'ja Sokolovas wurde ebenfalls von der Hochschule verwiesen und kurzerhand zur Armee eingezogen.[299] Natal'ja Malachovskaja sagt aus, ihr Kind sei eines Tages von einem KGB-verdächtigen Auto angefahren worden.[300] Am 23. Mai 1980 wurde Natal'ja Mal'ceva, Mitarbeiterin beim Almanach *Die Frau und Russland* verhaftet und nach Artikel 70 StGB angeklagt.[301] Tat'jana Goričeva, Natal'ja Malachovskaja und Tat'jana Mamonova wurden vor die Wahl gestellt, entweder auszureisen oder inhaftiert zu werden. Sie verließen das Land am 20. Juli 1980 anlässlich der Eröffnung der Olympischen Spiele in Moskau.[302] Zwei Monate später, am 24. September 1980, erfolgte die Ver-

---

[296] Chronika tekuščich sobytij 55, 31. Dezember 1979, S. 60f., Chronik, in: Marija 1 (deutsche Ausgabe), S. 247f., Mamonova: Zajavlenie v Prokuraturu in: *Ženščina i Rossija*, S. 139–141; Brief Galina Grigor'evas an internationale Frauen- und Menschenrechtsorganisationen, Leningrad, *Samizdat*, 16. September 1980 (aus dem Archiv von *Radio Liberty* in Budapest, Bestandteil der *Open Society Archives*, für die freundliche Übersendung danke ich Iris Boysen).

[297] Folgende Informationen sind entnommen aus: Djukova: Istorija sozdanija, Archiv NIC Memorial, St. Petersburg, Sammlung *Ženskoe dviženie*; Grigor'eva, K istorii ženskogo dviženija; Voznesenskaja, Ženskoe dviženie; Chronik, in: Marija 1, deutsche Ausgabe, S. 247–250.

[298] Djukova: Istorija sozdanija, Archiv NIC Memorial, St. Petersburg, Sammlung *Ženskoe dviženie*, Bl. 3.

[299] Interview Sokolova.

[300] Malachovskaja, O zaroždenii, S. 82.

[301] Natal'ja Mal'ceva war alleinerziehende Mutter und befürchtete, dass ihr das Sorgerecht für ihr Kind entzogen werde. Deshalb habe sie sich nach Angaben Voznesenskajas dazu entschieden, ein Schuldbekenntnis abzulegen und damit einen Freispruch zu erreichen. Voznesenskaja, Ženskoe dviženie, S. 44.

[302] In den meisten Quellen ist von „Ausweisung" (*vyslanie*) die Rede. Genau genommen wurden die drei Frauen vor die Wahl gestellt, entweder auszureisen oder verhaftet zu werden. Sie entschieden sich bewusst für die Ausreise. Allerdings ist es legitim von „Ausweisung" zu sprechen, da ihnen nach der Emigration

Die „unabhängige Frauenbewegung" in Leningrad

haftung Natal'ja Lazarevas, die nach Artikel 190–1 StGB zu zehn Monaten Haft verurteilt wurde. Im Februar 1981 wurde Natal'ja Savel'eva in eine psychiatrische Klinik eingewiesen. Nachdem weitere Verhaftungen drohten, emigrierten in der zweiten Jahreshälfte 1981 weitere Angehörige „Marijas" in den Westen, unter anderen Tat'jana Beljaeva, Elena Borisova, Elena Šanygina, Alla Sariban und Irina Žossan. Sof'ja Sokolova folgte im Januar 1982. Infolge der Verhaftungen und Ausreisen kamen die regelmäßigen Treffen und Diskussionen des Frauenclubs zum Erliegen. Die Redaktion *Marijas* arbeitete unter Leitung Galina Grigor'evas und Natal'ja Lazarevas noch weiter. Der finale Schlag gegen „Marija" erfolgte im Frühjahr 1982. Die *mašinistka* Tamara Kruglova wurde Anfang 1982 in die Psychiatrie eingewiesen.[303] Mit der Verhaftung Lazarevas im März 1982, der Konfiskation der sechsten Ausgabe von *Marija* und der Verurteilung Lazarevas zu vier Jahren Lager und zwei Jahren Verbannung erloschen sämtliche Aktivitäten der Frauenbewegung.[304]

Vermutlich gab es zwei Gründe für die harsche Reaktion der Sicherheitsdienste auf die „feministischen" Gruppierungen: Erstens fiel das Erscheinen der Frauenbewegung mit einer allgemeinen Verschärfung der Maßnahmen gegen die Dissidentenbewegung Ende der siebziger, Anfang der achtziger Jahre zusammen. Es wurde bereits erwähnt, dass gerade 1980, im Zusammenhang mit dem Afghanistan-Feldzug und den Olympischen Spielen, besonders hart gegen die Opposition vorgegangen wurde[305]. Der

---

wie üblich die Staatsbürgerschaft entzogen wurde. Zudem wurde ihnen seitens des KGB nur eine sehr kurze Frist bis zur Ausreise gestattet. Der Flug nach Wien war schon arrangiert.

[303] Djukova: Istorija sozdanija, Archiv NIC Memorial, SPb, Sammlung *Ženskoe dviženie*, Bl. 4.

[304] Die Repressionen gegen Natal'ja Djukova und Galina Grigor'eva fielen deutlich geringer aus. Vermutlich hängt das damit zusammen, dass beide kleine Kinder hatten, Lazareva aber nicht. Da Lazareva unverheiratet war und keine Eltern oder sonstige lebende Verwandte mehr hatte, liegt die Vermutung nahe, dass der KGB sich gezielt das ungeschützteste Mitglied der Gruppe aussuchte, um ein Exempel zu statuieren. Julija Voznesenskaja, die zu diesem Zeitpunkt seit zwei Jahren im Exil lebte, behauptet, nach der Verhaftung Lazarevas habe sich eine neuer Zweig der Gruppe „Marija" in Moskau gegründet, um die Aktivitäten fortzusetzen. Voznesenskaya, Independent Women's Movement, S. 336. Diese Aussage kann durch keine weitere Quelle gestützt werden.

[305] Siehe Kapitel 6.1.

zweite Grund für die rasche Zerschlagung der Bewegung scheint aber gewichtiger: *Die Frau und Russland* und die Zeitschrift *Marija* berührten heikle politische und soziale Fragen. Sie griffen Themen auf, die eine breite Schicht von Sowjetbürgerinnen betrafen, nicht nur die *intelligencija*. Vermutlich gab es nichts, was die Machthaber mehr fürchteten, als einen Zusammenschluss von Bürgerrechtsbewegung und Arbeiterschaft, wie dies in Polen der Fall war. Bevor es zu einer breiteren Resonanz auf den neuen *Samizdat* kommen konnte, musste die Bewegung erstickt werden.

7.5 Zusammenfassung

Die Leningrader Frauenbewegung zwischen 1979 und 1982 war eine neue Erscheinung, die in der Dissidentenbewegung keine Vorläufer kannte. Initiiert wurde sie im Spätsommer 1979 durch Tat'jana Mamonova und ihre Gründung des Almanachs *Die Frau und Russland*. Von Anfang an gab es unüberbrückbare Differenzen und Interessenskonflikte innerhalb der Redaktion, so dass sich die Fraueninitiative bereits nach einem knappen halben Jahr in zwei Lager spaltete. Eine Handvoll Frauen orientierte sich unter Tat'jana Mamonova an westlichen feministischen Strömungen. Die zweite, weitaus größere Gruppe suchte eine Verbindung zwischen Feminismus und Orthodoxie zu schaffen. Sie gründete den „religiösen Frauenclub" „Marija" sowie eine gleichnamige *Samizdat*-Publikation. Dem Club schlossen sich etwa dreißig Frauen an.

Das plötzliche Entstehen der Leningrader Frauengruppen erweist sich als multikausales und vielschichtiges Phänomen. Vier Faktoren trugen zur Fraueninitiative bei: erstens die lebensweltliche Erfahrung der Akteurinnen und ihrer Generation der „Siebziger", zweitens die Entwicklung innerhalb der Dissidentenbewegung und der „Zweiten Kultur" in den siebziger Jahren, drittens die Rezeption westlicher feministischer Schriften, viertens der offizielle Diskurs über die „Frauenfrage" in der Sowjetunion der siebziger Jahre.

Am Beispiel der Biographie Galina Grigor'evas zeigte sich, dass die Trägerinnen der Frauenbewegung zumeist der Generation der „Siebziger" angehörten, die ungefähr die Jahrgänge Mitte bis Ende der vierziger Jahre umfasste. Ihre Erfahrungen unterschieden sich grundlegend von denen der „Sechziger", die die Menschenrechtsbewegung geprägt hatten. Bewusst hatten die „Siebziger" weder die Stalinzeit noch den Zweiten Weltkrieg erlebt. Nicht ihre Eltern, sondern ihre Großeltern tradierten in der Familie

Die „unabhängige Frauenbewegung" in Leningrad

die Erinnerungen an Revolution und Bürgerkrieg. Insofern waren sie vom Enthusiasmus über den „Aufbau des Kommunismus" weit weniger beseelt als diejenigen, deren Kindheit und Jugend in die zwanziger und dreißiger Jahren fielen. Die „Säuberungen" und die damit verbundene Angst vor Repressionen kannten sie nur vom Hörensagen. In den Elternhäusern wurde teilweise Kritik am System geübt, *Samizdat* gelesen oder die *BBC* gehört. In ihren Selbstzeugnissen schildern die Frauen eine frühe Distanz zum System und ein Hineinwachsen in die Alternativkultur. Sie verkehrten im Café „Saigon" oder lernten ihre Gesinnungsgenossinnen und -genossen in den Leningrader Literaturvereinigungen (LITO) oder allgemein in der „Zweiten Kultur" kennen. Die späteren „Feministinnen" engagierten sich in der Dissidentenbewegung, als sich diese ausdifferenzierte und pluralisierte. In der kulturell und literarisch geprägten Leningrader Dissidenz existierten offenbar mehr Entfaltungsmöglichkeiten für innovative Strömungen als in der schon traditionsverhafteten Moskauer Menschenrechtsbewegung. Während die „Sechziger", besonders in Moskau, bereits über feste Wertvorstellungen und politische Rituale verfügten, war die Gruppe der „Siebziger" noch empfänglich für neue Ideen und Einflüsse, sowohl aus dem Westen wie aus der russischen Kultur. Ihre Suche nach alternativen Lebensentwürfen war im Unterschied zur älteren Generation weniger von der Sehnsucht nach der Befreiung von Zwängen und der „Entdeckung des Individualismus" gekennzeichnet, als durch einen spirituellen Weg, der sie oft über die Beschäftigung mit Yoga, Meditation, Zen-Buddhismus, Existentialismus oder Tiefenpsychologie zum russisch-orthodoxen Glauben führte. Bis auf Tat'jana Mamonova nahmen die meisten Vertreterinnen der Frauenbewegung am religiös-philosophischen Seminar unter Leitung Tat'jana Goričevas teil. Als Gründe für ihre Beteiligung an Frauenbewegung und Frauen-*Samizdat* führen die „Feministinnen" in der Regel eigene Diskriminierungen an, die sie *als Frauen* im Alltagsleben ebenso wie in der „Zweiten Kultur" erfuhren.

Anhand der autobiographischen Texte lässt sich meist nicht nachzeichnen, ob es tatsächlich Erlebnisse waren, die die Aktivistinnen zur Initiierung der Frauenbewegung führten. Lediglich ein Text wies in Inhalt und Aufbau darauf hin, dass der Beteiligung am Frauen-Almanach eine Schlüsselerfahrung zugrunde lag: Natal'ja Malachovskaja schildert in dichter Abfolge, wie sie einen *Samizdat*-Artikel Tat'jana Mamonovas las, der ihr schlagartig die Diskriminierung und Erniedrigung als Frau bewusst machte, an der sie jahrelang gelitten hatte. Die Detailliertheit ihrer Erinnerung, die genaue räumliche und zeitliche Verortung des Erlebnisses sowie seine Umrahmung

Von der Küche auf den Roten Platz

mit zahlreichen Informationen über die Begleitumstände lassen darauf schließen, dass die Schilderung dieser Episode nah an der tatsächlichen Erlebnisebene abgefasst ist. Gegen die in der Einleitung vorgestellten Annahmen Joan Scotts konnte so gezeigt werden, dass Erfahrung unmittelbar in Aktion umgesetzt werden *kann*. Aus den übrigen Erinnerungen ließ sich nicht rekonstruieren, in welcher Weise gelebte Erfahrung und politisches Handeln miteinander in Beziehung stehen. Es ist möglich, dass Erfahrungen in der Zielgerichtetheit der Lebensgeschichte erst *a posteriori* angeführt werden, um das eigene Handeln und das der Gruppe im Nachhinein zu legitimieren.

Den Anstoß zur Fraueninitiative gab die Beschäftigung mit feministischer Literatur aus dem Westen. Sprachlich und inhaltlich kann der Leningrader „Feminismus" aber auch in den Zusammenhang mit der offiziellen Diskussion über die „Frauenfrage" gestellt werden, die Mitte der siebziger Jahre in Gang kam. Ihre Ursachen sind im Rückgang der Geburtenrate und dem Arbeitskräftemangel sowie in einem älteren wissenschaftlichen Diskurs zu suchen, der im Gegensatz zu früheren, behavioristischen Modellen ein biologistisches Frauen- und Männerbild zeichnete. Die Unlust der Frauen Kinder zu gebären, wurde als Zurückweisung von „Weiblichkeit" gedeutet. Dem offiziellen Diskurs zufolge war die Frauenemanzipation durch Erwerbsarbeit und öffentliche Funktionen mit dafür verantwortlich. Eine Pressekampagne für Mutterschaft, Heirat und *ženstvennost* propagierte eine partielle Rückkehr zu traditionellen Rollenmustern.

Der offizielle Diskurs der „Frauenfrage" steht mit dem inoffiziellen zum einen in zeitlicher Beziehung, denn es ist auffällig, dass die „unabhängige Frauenbewegung" gerade dann ins Leben gerufen wurde, als die offizielle Diskussion ihren Höhepunkt erreichte. Zum anderen zeigten sich inhaltliche Parallelen zwischen den Beiträgen in der offiziellen Presse und den programmatischen Schriften der Leningrader „Feministinnen". Gemeinsam ist beiden Diskursen, dass der Geschlechterdifferenz biologistische Annahmen zugrunde gelegt werden. Geschlecht wird als essentielle Kategorie aufgefasst, männliche und weibliche Eigenschaften als angeboren und naturgegeben wahrgenommen. Die Geschlechterverhältnisse werden als krisenhaft skizziert, Ausdruck der Krise ist beiden Diskursen zufolge die Zurückweisung der Weiblichkeit und der Rückgang der Geburten. Stärker als im offiziellen Diskurs werden eine „Vermännlichung der Frau" und eine „Verweiblichung des Mannes" konstatiert, für die in den Augen der „Feministinnen" das sowjetische System verantwortlich ist.

Die „unabhängige Frauenbewegung" in Leningrad

Anhand der Ähnlichkeiten zwischen den Argumentationsmustern im offiziellen und inoffiziellen Diskurs zeigt sich erneut, wie sehr die Dissidentenbewegung von „sowjetischen" Denkschemata beeinflusst war. Die Bewegung wirkte nicht isoliert vom Rest der Gesellschaft, sondern war ein Teil von ihr. In ihrem Wertesystem blieb sie der Kultur, aus der sie hervorgegangen war, ein Stück weit verhaftet. Allerdings übernahmen die Dissidentinnen den offiziellen Diskurs nicht einfach, sondern sie übersetzten die Argumente in ihre Sprache und passten sie ihrer eigenen Realität an. Verantwortlich gemacht für die „Krise der Geschlechterverhältnisse" werden die allgemeine Unterdrückung und Unfreiheit im Sowjetsystem, die Orientierung an einem männlich geprägten Persönlichkeitsideal, der niedrige Lebensstandard und das „Sowjetmatriarchat", das heißt eine besondere Beziehung zwischen Frauen, Staat und Macht.

Die skizzierten Lösungswege aus der Krise differierten bei den „Feministinnen" stark. Die größten Unterschiede zwischen den beiden Gruppen innerhalb der Frauenbewegung bestanden hinsichtlich der Frage, ob der westliche Feminismus als Vorbild gelte oder ein eigener „russischer Weg" gesucht werden solle. Des weiteren gab es Differenzen bezüglich des Marxismus und vor allem in der Haltung gegenüber der Religion. Gemeinsam war beiden Lagern, dass sie herbe Kritik an der Situation der Frauen und den Lebensverhältnissen im Land übten und in den *Samizdat*-Organen *Die Frau und Russland* und *Marija* gleichermaßen tabuisierte Themen wie Armut, Obdachlosigkeit, Prostitution oder Kindesmissbrauch aufgriffen. Ideologisch gesehen, betrachteten beide Gruppen die Mutterschaft als wichtigsten Ausdruck von „Weiblichkeit" und leiteten die Rolle der Frau in der Gesellschaft daraus ab. Als Spenderinnen des Lebens seien Frauen dazu prädestiniert, Frieden, Solidarität, Humanität und Nächstenliebe in die Welt zu tragen. In westlicher Terminologie können die Ansätze beider Gruppen eher als „Beziehungs"- denn als „Individualfeminismus" charakterisiert werden. Der Beitrag von Frauen zur Gesellschaft entspricht in ihrer Vorstellung der „natürlichen" Rolle von Frauen. Im Gegensatz dazu weist die individualfeministische Strömung gesellschaftlich definierte Rollen ebenso wie Diskussionen über geschlechtsbezogene Qualitäten und Eigenschaften zurück.

Für „Marija" waren Religiosität und Zurückführung der Menschen zu Gott Bestandteil der besonderen weiblichen Mission. Die Gottesmutter wurde als Inkarnation von „Weiblichkeit" und Vorbild für „weibliche Tugenden" verehrt, für ihre Reinheit, Enthaltsamkeit, Opferbereitschaft und Demut. Nicht nur in ihren weltanschaulichen Ansätzen, sondern auch im Gruppenverhalten sollte sich die religiöse Verankerung der Gruppe „Marija" ausdrücken. Ihr Idealbild war die gleichberechtigte, unhierarchische Solidargemeinschaft von Frauen, die sich an einer Kirchengemeinde oder Klostergemeinschaft orientierte.

Für die Nachzeichnung der weiteren Entwicklung „Marijas" ist die Quellenlage dünn, was auch mit den harten Gegenmaßnahmen seitens der Sicherheitsorgane zusammenhängt. Während sich die Gruppe anfangs regelmäßig zu Diskussionsveranstaltungen traf, verlor die Frauenbewegung rasch an Personal. Zuerst wurden die wichtigsten Trägerinnen ausgewiesen; nach und nach folgte auch die zweite Reihe der Aktivistinnen in die Emigration. Sofern Quellen dies bezeugen können, war die Unterstützung für die Frauenbewegung in der traditionellen Dissidenz nicht besonders groß. Solidarität erfuhren die „Feministinnen" erst angesichts der Verfolgung, inhaltlich gesehen blieben ihre Ansätze in der Dissidentenbewegung umstritten. Von den *Samizdat*-Publikationen konnten nur zwei Nummern des Almanachs und vier der Zeitschrift *Marija* im Leningrader *Samizdat* herausgegeben werden. Zahlreiche Dokumente gingen bei Hausdurchsuchungen verloren. Als im Frühjahr 1982 eine letzte Offensive gegen die Frauenbewegung gestartet wurde, die mehrere Verhaftungen nach sich zog, endete die erste „unabhängige Frauenbewegung" in der Sowjetunion.

Wenngleich die Frauenbewegung neue, in der Dissidenz bisher nicht berührte Themen aufgriff und von Teilen der Dissidentenbewegung belächelt oder geschnitten wurde, so bestehen doch deutliche Parallelen zwischen den Weiblichkeitsentwürfen der „Feministinnen" und denen der Bürger- und Menschenrechtlerinnen, deren Selbstzeugnisse in den vorangegangenen Kapiteln untersucht wurden. Die einen wie die anderen kritisieren ein androgynes Frauenbild und eine Aufhebung der Geschlechterdifferenz. Bei den Bürger- und Menschenrechtlerinnen drückte sich diese Kritik beispielsweise in den Beschreibungen der Mütter aus, die sich zum Missfallen der Töchter männliche Wesenszüge zu eigen gemacht hatten.[306] Sowohl Menschenrechtlerinnen als auch „Feministinnen" prangerten den faktischen Arbeitszwang in der Sowjetgesellschaft an und forderten Wahlfreiheit, ob sie erwerbstätig sein oder sich um Haushalt und Kindererziehung kümmern wollten. Zudem suchten beide Gruppen von Frauen nach autonomen weiblichen Räumen und rangen um deren Anerkennung. Und schließlich leiteten Vertreterinnen der Menschenrechtsbewegung wie der Frauenbewegung ihre

---

[306] Hierzu die Kapitel 2.4 und 2.5.

Die „unabhängige Frauenbewegung" in Leningrad

Verantwortung für die Gesellschaft aus ihrer Rolle als Mütter ab und verbanden damit ein besonderes weibliches Sendungsbewusstsein.[307]

---

[307] Siehe beispielsweise die Rechtfertigungsstrategien der Menschenrechtlerinnen, warum sie sich trotz Familie und Kinder in der Dissidentenbewegung engagierten. Hierzu Kapitel 5.2 und Kapitel 6.3, den Abschnitt: „‚Hierarchie nach Leidensgrad': Lager und Gefängnis in der Wahrnehmung der Dissidentinnen und Dissidenten".

8. Epilog

Als das Politbüro im März 1985 Michail Gorbačev zum Generalsekretär der KPdSU wählte, war ein Großteil der Dissidentinnen und Dissidenten inhaftiert, verbannt oder emigriert. Ende 1982 war die letzte Ausgabe der *Chronika tekuščich sobytij* erschienen. Die Moskauer Helsinki-Gruppe hatte kurz zuvor ihre Arbeit eingestellt. Außer Elena Bonnėr (68), Sof'ja Kallistratova (74) und Naum Mejman (79) befand sich keines ihrer Mitglieder mehr in Freiheit und im Lande. Und selbst diese drei Pensionäre blieben nicht verschont. Schon Ende 1981 war gegen Sof'ja Kallistratova ein Strafverfahren wegen „antisowjetischer Aktivitäten" eingeleitet worden. Im Mai 1984 wurde Elena Bonnėr nach Gorkij verbannt, wo ihr Mann Andrej Sacharov schon seit 1980 in Verbannung lebte. Die Wahl Gorbačevs war der Auftakt zur *perestrojka*[1]. Mit diesem Schlagwort waren zunächst wirtschaftliche Reformen verbunden, die mittels verstärkter Eigenverantwortung, mehr Wettbewerb, betrieblicher Partizipationsangebote und einer „weiteren Demokratisierung der Gesellschaft"[2], etwa durch eine Reaktivierung der Sowjets, erzielt werden sollten. In der Haltung der Parteispitze gegenüber den Andersdenkenden war unter Gorbačev jedoch zunächst keine Veränderung erkennbar; wie unter seinen Vorgängern Jurij Andropov (1914–1984) und Konstantiv Černenko (1911–1985) hielt die politische Verfolgung an. 1985 soll, neben 1983, das Jahr der schärfsten Urteile gegen Regimegegner gewesen sein.[3] Im Frühjahr 1986 erklärte Gorbačev in einem Interview mit der französischen Zeitung *L'Humanité*, es gebe keine politischen Gefangenen in der UdSSR.[4]

Erst nachdem der Dissident Anatolij Marčenko am 8. Dezember 1986 im Gefängnis von Čistopol umgekommen war, wandelte sich die Haltung der Regierung gegenüber der Dissidentenbewegung. Einige Wochen vor seinem Tod war Marčenko in den Hungerstreik getreten. Er hatte die Freilassung

---

[1] Den Begriff verwendete Gorbačev erstmals im Dezember 1984 in einer programmatischen Rede. Hildermeier, Geschichte der Sowjetunion, S. 1023. Der Begriff lehnte sich an die Zeit des Stalinismus an, in der *perestrojka* die radikale Transformation der Gesellschaft in das stalinistische Machtsystem bedeutete. Haumann, Geschichte Russlands, S. 466.

[2] Zitat nach Hildermeier, Geschichte der Sowjetunion, S. 1023.

[3] Vaissié, S. 321.

[4] Das Interview ist abgedruckt in *L'Humanité* vom 8. Februar 1986, zitiert nach Vaissié, S. 321.

Von der Küche auf den Roten Platz

aller politischen Häftlinge in der UdSSR gefordert. Die genauen Todesumstände sind bis heute nicht geklärt.[5] Eine Woche nach diesem tragischen Ereignis rief Michail Gorbačev persönlich bei Andrej Sacharov in Gorkij an – am Tag zuvor war eigens ein Telefon in Sacharovs Wohnung installiert worden. Gorbačev bat den renommierten Bürgerrechtler, nach Moskau zurückzukehren und seine „patriotische Arbeit"[6] wieder aufzunehmen. Am 23. Dezember 1986 kam Sacharov mit dem Nachtzug in Moskau an. Auf dem Jaroslaver Bahnhof wurde er von einer Schar ausländischer Journalisten erwartet, die ein Unbekannter am Abend zuvor informiert hatte.[7] Noch auf dem Bahnsteig verlangte Sacharov die Freilassung aller politischen Gefangenen.[8]

Diese Forderung wurde von Anfang 1987 an erfüllt. Die Bedingungen für eine Freilassung stellten die Bürgerrechtlerinnen und Bürgerrechtler allerdings vor eine Zerreißprobe. Eine Generalamnestie für Verurteilte wegen „antisowjetischer Aktivitäten" wurde nicht verkündet, statt dessen wurden die Urteile einzeln überprüft. Um freizukommen mussten die Häftlinge und Verbannten ein Gnadengesuch an das Präsidium des Obersten Sowjets richten. Diese Auflage war Anlass für einen grundsätzlichen Streit zwischen den Dissidenten. Sacharov, Bonnèr und Kallistratova ermunterten ihre Freunde und Mitstreiterinnen zur Unterzeichnung. Eine Bitte um Begnadigung kam in den Augen vieler Inhaftierter jedoch einem Schuldgeständnis gleich. Der Kampf mit der Staatsmacht hatte sich so sehr verhärtet, dass es für sie unmöglich war, irgendein Papier zugunsten ihrer Freilassung zu unterzeichnen.[9]

Im Verlauf des Jahres 1987 wurde die *perestrojka* durch das Prinzip *glasnost'* ergänzt. Die wirtschaftliche Umstrukturierung sollte in den Augen Gorbačevs mit „Offenheit" und „Öffentlichkeit" einhergehen, um den Reformkurs transparent zu machen und die Bürger daran zu beteiligen. Dafür wollte die Regierung ein höheres Maß an politischen und bürgerlichen

---

[5] AS 5844: Bogoraz, Larisa: Zajavlenie v svjazi s končinoj ee muža Anatolija Marčenko; Bogoraz: Une femme en dissidence, S. 205–215; Vaissié, S. 325f.

[6] Sacharow, Mein Leben, S. 739.

[7] Einen Augenzeugenbericht des Ereignisses liefert Johannes Grotzky: Der Jaroslawer Bahnhof und die Rückkehr des Andrei Sacharow, in: Rüthers/Scheide (Hrsg.), Moskau, S. 223–226.

[8] Vaissié, S. 327.

[9] Ebenda, S. 330–336.

Epilog

Freiheiten gewähren. Im Zeichen von *glasnost'* wurde im Dezember 1987 endlich ein Gesetz zur Amnestie der politischen Gefangenen verabschiedet. Ein Gnadengesuch war nun nicht mehr nötig. Ein Großteil der Gefangenen kehrte in die Heimat zurück. Einige weigerten sich trotzdem, die Begnadigung anzuerkennen. Zu ihnen gehörte Tat'jana Velikanova Velikanova, die nach ihrer Entlassung aus dem Lager in der Verbannung in Kasachstan lebte, wurde eines Tages von der örtlichen Miliz vom Begnadigungsgesetz unterrichtet und aufgefordert, ihren Pass abzuholen, um nach Moskau zurückzukehren. Sie antwortete dem zuständigen Milizionär, dass sie niemanden um Gnade ersucht habe, seitens der Staatsmacht keine Begnadigung annehme und daher ihren Pass nicht abholen werde, sondern die Strafe bis zum Ende absitzen wolle.[10] Sie lebte noch ein halbes Jahr in der Verbannung. Schließlich kehrte sie im Juli 1988 doch drei Monate vor dem Ende ihrer Freiheitsstrafe nach Moskau zurück, weil ihre Schwester sterbenskrank war.[11]

Die letzten politischen Gefangenen wurden erst Ende 1991 entlassen, nachdem im Oktober desselben Jahres ein Gesetz zur Rehabilitation von Repressionsopfern verabschiedet worden war. Die Verfahren zogen sich aber in die Länge. Die ehemaligen Häftlinge mussten oft bis Mitte der neunziger Jahre warten, bis sie offiziell rehabilitiert wurden, manche sogar länger. Durch die zögerliche Entlassung und Rehabilitierung der politischen Gefangenen verpasste die Regierung die Chance, die Dissidenten in die demokratische Umgestaltung des Systems einzubinden. Es blieb ein tiefer Graben zwischen Staatsgewalt und Andersdenkenden bestehen.

Nur wenige der ehemaligen Bürgerrechtlerinnen und Bürgerrechtler gelangten nach der *perestrojka* in politische Ämter. Einer davon war Andrej Sacharov, der sich bis zu seinem plötzlichen Tod im Dezember 1989 auf verschiedenen Ebenen für demokratische Reformen einsetzte. Er wurde im April 1989 als parteiloser Abgeordneter in den Kongress der Volksdeputierten gewählt und beteiligte sich an der Ausarbeitung einer neuen Verfassung. Unter Sacharovs Vorsitz gründete sich Anfang 1989 die Bürgerrechtsvereinigung *Memorial*, die sich bis heute für die Aufarbeitung der Repressionen, für die Entschädigung ihrer Opfer und die Einhaltung der Bürger- und Menschenrechte in Russland engagiert.[12] Elena Bonnèr wurde

---

[10] Interview Velikanova.
[11] Ebenda; Vaissié, S. 334.
[12] Über die Gesellschaft *Memorial* siehe: Carmen Scheide: „Memorial heißt Erinnerung", in: Rüthers/Scheide (Hrsg.), Moskau, S. 227–230; Elke Fein: Geschichtspolitik in Russland. Chancen und Schwierigkeiten einer demokratisieren-

unter Präsident El'cin Mitglied der Menschenrechtskommission der Regierung, trat aber 1994 aus Protest gegen den Tschetschenien-Krieg zurück. Danach war sie in verschiedenen Menschenrechtsorganisationen aktiv und gehörte zeitweise dem Direktorium des UNO-Menschenrechtsrates an. Zudem verwaltet sie bis heute das Erbe ihres Mannes. Unter ihrer Ägide entstanden die Moskauer Sacharov-Stiftung und das Sacharov-Zentrum. Zu den wenigen früheren Oppositionellen, die in staatlichen Strukturen aktiv wurden, gehört auch Valerija Novodvorskaja. Sie gründete 1988 die Partei *Demokratičeskij sojuz* („Demokratische Union"). Mehrmals kandidierte sie, erfolglos, für einen Sitz in der Staatsduma der Russischen Föderation.

Nach dem Augustputsch von 1991 verbanden viele Bürgerrechtlerinnen und Bürgerrechtler ihre Hoffnungen mit Boris El'cin (geb. 1931). Der 1994 begonnene erste Tschetschenienkrieg bedeutete für die meisten aber, dass sie auch der neuen Regierung desillusioniert den Rücken kehrten. In der Legislaturperiode zwischen 1999 und 2003 stammten noch drei Abgeordnete der Duma aus der früheren Bürger- und Menschenrechtsbewegung. Nach der Wahl vom Dezember 2003 ist die Dissidentenbewegung durch niemanden mehr im Parlament vertreten.

Die meisten der früheren Dissidentinnen engagieren sich heute, wenn überhaupt, in Nicht-Regierungs-Organisationen (NGOs). Ljudmila Alekseeva wurde nach ihrer Rückkehr aus dem amerikanischen Exil Vorsitzende der wiedergegründeten Moskauer Helsinki-Gruppe. Larisa Bogoraz war zeitweise ihre Stellvertreterin. Bogoraz arbeitete auch bei *Memorial* mit und gab in den neunziger Jahren Seminare über Menschenrechte für gesellschaftliche Organisationen in Russland und der GUS. Bei der St. Petersburger Gesellschaft *Memorial* engagiert sich die frühere „Feministin" Natal'ja Lazareva. Sie organisiert internationale Workcamps für Jugendliche auf den Solovki-Inseln im Weißen Meer, wo sich zwischen 1923 und 1939 ein berüchtigtes Straflager befand. *Memorial* wurde zur wichtigsten Nachfolgeorganisation der dissidentischen Gruppierungen. Sie engagiert sich heute in zwei zentralen Bereichen: Eine Abteilung setzt sich für Bürger- und Menschenrechte in Russland ein; zu den wichtigsten Themen gehören der Krieg in Tschetschenien sowie die Einschränkung demokratischer Freiheiten unter Präsident

den Aufarbeitung der sowjetischen Vergangenheit am Beispiel der Tätigkeit der Gesellschaft Memorial, Münster 2000; Nanci Adler: Victims of Soviet Terror. The Story of the Memorial Movement, Westport 1993, Memorial. Aufklärung der Geschichte und Gestaltung der Zukunft, hg. von der Heinrich-Böll-Stiftung; Köln 1989.

Epilog

Putin. Eine zweites großes Aktivitätsfeld von *Memorial* ist die Aufarbeitung der sowjetischen Vergangenheit. Die Organisation sammelt Materialien über die Geschichte der Straflager und der Dissidentenbewegung, befragt Zeitzeugen, berät die Repressionsopfer und unterstützt sie bei Entschädigungs- und Rehabilitierungsverfahren. *Memorial* trägt dazu bei, das Andenken an die Opfer des Unterdrückungsapparates zu wahren, beispielsweise baut sie das ehemalige Lager Perm' als Gedenk- und Begegnungsstätte aus. Ein jährlicher Wettbewerb animiert Schüler, sich mit der Geschichte des Landes und den damit verbundenen Einzelschicksalen oder Familiengeschichten zu beschäftigen.[13]

Zum Teil haben sich die früheren Dissidentinnen nach der *perestrojka* neuen Aufgaben zugewandt. Natal'ja Sadomskaja kehrte 1994 aus dem amerikanischen Exil nach Moskau zurück. Heute arbeitet sie als Dozentin für Anthropologie an der Staatlichen Geisteswissenschaftlichen Universität in Moskau (RGGU). Vor einiger Zeit veröffentlichte sie ein Buch mit Erinnerungen und Essays ihres 1990 verstorbenen Mannes Boris Šragin.[14] Tat'jana Velikanova unterrichtet seit ihrer Rückkehr aus der Verbannung Mathematik und russische Literatur an einer Schule. Ihr Hauptinteresse gilt jetzt der Entwicklungspsychologie und Pädagogik. Zu ihren alten Freunden hält sie über *Memorial* Kontakt. Galina Salova lebte mit ihrem Mann Kronid Ljubarskij bis Mitte der neunziger Jahre im Exil in München, danach kehrte das Paar nach Moskau zurück. Heute erteilt Salova Nachhilfeunterricht in Mathematik und Physik und gibt Computerkurse. Vor einiger Zeit gab sie ein Buch zur Erinnerung an Ljubarskij heraus, der 1996 tödlich verunglückte.[15] Mal'va Landa ist Rentnerin. Wie Zoja Krachmal'nikova arbeitete sie bis Ende der neunziger Jahre als freie Journalistin und Publizistin. Irina Verblovskaja ist ebenfalls in Rente. In Nebentätigkeit leitet sie Stadtführungen in St. Petersburg. Vor einiger Zeit hat sie ein Buch über Anna Achmatova geschrieben.[16] Auch Irma Kudrova beschäftigt sich mit der

---

[13] Ein Sammelband mit preisgekrönten Beiträge Jugendlicher ist vor kurzem in deutscher Sprache erschienen: Irina Scherbakova (Hrsg.): „Russlands Gedächtnis". Jugendliche entdecken vergessene Lebensgeschichten, Hamburg 2003.

[14] Boris Šragin. Mysl' i dejstvie. Filosofija istorii. Ėstetika. Kritika. Publicistika. Vospominanija. Pis'ma, hg. von Natal'ja Sadomskaja, Moskau 2000.

[15] Kronid: Izbrannye stat'i K. Ljubarskogo, hg. von Galina Salova (Ljubarskaja), Moskau 2001.

[16] Irina Verblovskaja: Gor'koj ljubov'ju ljubimyj. Peterburg Anny Achmatovoj, St. Petersburg 2002.

Literatur des „Silbernen Zeitalters", besonders mit Leben und Werk Marina Cvetaevas.[17] Natal'ja Djukova arbeitet wieder als Ingenieurin für Technische Optik. Ihr Hobby ist die Psychologie. Die Politik hält sie in der heutigen Zeit für eine „Sache der Profis"[18].

Zahlreiche frühere sowjetische Oppositionelle leben immer noch im Exil, Dina Kaminskaja und Tat'jana Osipova in den Vereinigten Staaten, Natal'ja Gorbanevskaja und Arina Žolkovskaja-Ginzburg in Paris. Gorbanevskaja kehrte nach ihrer Ausreise 1975 nie mehr nach Russland zurück. Sie besitzt immer noch den Nansen-Pass für staatenlose politische Flüchtlinge, während Žolkovskaja-Ginzburg inzwischen französische Staatsbürgerin geworden ist. Bis vor kurzem arbeiteten sowohl Gorbanevskaja als auch Žolkovskaja bei der russischen Exilzeitung *Russkaja mysl'*. Sof'ja Sokolova pendelt zwischen Paris und St. Petersburg, wo sie sich von ihrer französischen Pension vor kurzem eine Wohnung gekauft hat. Sie schreibt Erzählungen[19] und beteiligt sich als Mitglied der Organisation „Soldatenmütter" an Protesten gegen den Krieg in Tschetschenien.

Die führenden Köpfe der Leningrader „Feministinnen" schlugen nach ihrer erzwungenen Ausreise im Sommer 1980 unterschiedliche Wege ein. Tat'jana Mamonova lebt in den Vereinigten Staaten, schloss sich der dortigen Frauenbewegung an und gab in den achtziger Jahren mehrere Bücher über die Lage der Frauen in der Sowjetunion heraus. Mittlerweile ist sie Präsidentin der internationalen Organisation *Woman and Earth – Global Eco-Network* und Herausgeberin der gleichnamigen Zeitschrift. Tat'jana Goričeva lebt als freie Autorin in Deutschland und Russland. In Deutschland veröffentlichte sie zahlreiche religionsphilosophische Werke und autobiographische Schriften.[20] Natal'ja Malachovskaja ließ sich nach der Emigration in Salzburg nieder. Sie unterrichtete Russisch an einer Waldorfschule, forschte über russische Märchen und über matriarchalische Elemente in der russischen Kultur. Mit einer Arbeit über Märchenelemente in der religiö-

---

[17] Irma Kudrova: Prostory Mariny Cvetaevoj. Poėzija, proza, ličnost', St. Petersburg 2003; dies.: Put' komet. Žizn' Mariny Cvetaevoj, St. Petersburg 2002; dies.: Gibel' Mariny Cvetaevoj, Moskau 1995 (englische Ausgabe: The Death of a Poet. The Last Days of Marina Tsvetaeva, Woodstock u.a. 2004).

[18] Interview Djukova.

[19] Sof'ja Sokolova: Ja, ty, oni. Sbornik rasskazov, St. Petersburg 1992.

[20] Tatjana Goritschewa: Die Kraft christlicher Torheit, Freiburg 1985; dies.: Rettung der Verlorenen; dies.: Hiobs Töchter; dies.: Von Gott zu reden ist gefährlich.

Epilog

sen Literatur Russlands im 19. und 20. Jahrhundert wurde sie 1995 an der Universität Salzburg promoviert. Ihre Forschungen machte sie auch für einen Roman fruchtbar.[21] Julija Voznesenskaja arbeitete nach ihrer erzwungenen Ausreise zunächst bei der *Gesellschaft für Menschenrechte* in Frankfurt, dann bei *Radio Liberty* in München. Neben ihren journalistischen Arbeiten veröffentlichte sie einige Romane, ihr bekanntester ist *Das Frauen-Dekameron*. Darin erzählen sich zehn sowjetische Frauen in zehn Tagen ihre Lebensgeschichten, während sie nach der Katastrophe von Tschernobyl auf einer Entbindungsstation unter Quarantäne gesetzt sind.[22] Im *Frauen-Dekameron* finden sich Ansätze der Leningrader Frauenbewegung wieder: Die Frauen stellen fest, dass sie trotz unterschiedlicher sozialer Herkunft und politischer Standpunkte viele gemeinsame Themen und Probleme haben, materielle Entbehrungen, Doppel- und Dreifachbelastung, ähnliche sexuelle Erfahrungen und auch das Erleiden von Missbrauch und Gewalt. In der praktischen Arbeit beschäftigt sich heute noch Galina Grigor'eva mit frauenpolitischen Themen. Neben ihrer Anstellung an einer Schule ist die Mutter von sieben Kindern Beraterin einer Kommission für Frauen, Familien und Kinder der Stadt St. Petersburg. Sie arbeitete bei verschiedenen sozialen Projekten mit, unter anderem als pädagogische Psychologin in einem Zentrum für behinderte Kinder. Ehrenamtlich engagiert sie sich in einem Verein für kinderreiche Familien.[23]

Die meisten der ehemaligen Dissidentinnen sind unzufrieden mit ihrer wirtschaftlichen und sozialen Lage im heutigen Russland. Abgesehen von den Heimkehrerinnen aus dem Exil erhalten die meisten nur eine winzige Rente. Obwohl viele der früheren Dissidentinnen fortgeschrittenen Alters und infolge von Lager oder Verbannung gesundheitlich angeschlagen sind, müssen die meisten immer noch arbeiten, weil ihre Renten zum Leben nicht ausreichen. Entschädigungen für die Repressionen haben sie zumeist gar nicht oder nur in sehr geringem Umfang erhalten. Politisch sind viele der ehemaligen Dissidentinnen enttäuscht. Mit Fassungslosigkeit verfolgen sie den blutigen Krieg in Tschetschenien. Bei den Interviews, die zwischen Herbst 2001 und Frühjahr 2002 geführt wurden, äußerten sie großenteils

---

[21] Anna Natal'ja Malachovskaja: Vozvraščenie k Babe-Jage: roman v 3 častjach, St. Petersburg 1993.
[22] Julija Voznesenskaja: Ženskij dekameron, Moskau 1992 (deutsche Ausgabe: Julia Wosnesenskaja: Das Frauen-Dekameron, München 1985).
[23] Interview Grigor'eva.

tiefe Sorge über den wachsenden Einfluss des Geheimdienstes FSB sowie die bedrohte Presse- und Informationsfreiheit unter Präsident Putin. Nach der Schließung des privaten Fernsehsenders NTV im Herbst 2000 wurde im Frühjahr 2002 TV6, dem letzten unabhängigen Kanal im russischen Fernsehen, die Sendeerlaubnis entzogen.

Angesichts der heutigen politischen Verhältnisse und ihrer schwierigen materiellen Situation erscheint vielen Zeitzeuginnen die Zeit der Dissidentenbewegung in rosigem Licht. Es sind für sie Erinnerungen an die „gute alte Zeit", an die „goldene Jugend". Heute sind einige ihrer früheren Bindungen und Freundschaften auseinandergegangen. Gerne erinnern sie sich daher an die Zeit des gemeinsamen Kampfes, des Zusammenhalts und der Solidarität untereinander. Obwohl das Engagement in der Dissidentenbewegung mit Opfern und Entbehrungen verbunden war, erzählen die Zeitzeuginnen oft fröhlich und leicht über ihre dissidentische Vergangenheit. Schwierige und traumatischen Erlebnisse treten häufig hinter die positiven Erinnerungen zurück.

9. Schluss

Welche Erkenntnisse sind aus einer lebensweltlichen Studie über sowjetische Dissidentinnen zu gewinnen? Das Konzept der „Lebenswelt" umfasst den Lebensweg der Menschen, ihre soziale Herkunft, die politischen und wirtschaftlichen Bedingungen, ihre mentalen Prägungen und Erfahrungen, ihre kollektiven und individuellen Erinnerungen, ihre Sprech- und Denkweisen sowie die Diskurse, die sie beeinflusst haben. Hier wurde gezeigt, wie sich die Dissidentenbewegung herausbildete, welche Entscheidungssituationen und Weichenstellungen die Individuen auf ihrem Weg in die Opposition durchliefen, wie die Selbstwahrnehmung als „Dissidentinnen" entstand, wie sich die Zugehörigkeit zur Dissidenz konstituierte, wie der Mikrokosmos der Dissidentenbewegung funktionierte und welche Rolle Frauen darin spielten. Es wurde sichtbar, welche Bedeutung menschliche Bindungen, Freundschaften und Liebesbeziehungen in der Dissidentenbewegung besaßen. Wir gewannen Einblicke in die Organisationsstrukturen der Andersdenkenden, ihre sozialen Netze und ihre Umgangsformen untereinander. Ihre Aktivitätsfelder und Aufgabenverteilungen wurden beleuchtet, ihre Normen, Werte und Regeln, ihre Geschlechterverhältnisse und Rollenvorstellungen, ihr Kampf ums materielle und physische Überleben sowie ihre Bewältigungsstrategien im Alltag. Schließlich ist im Konzept der „Lebenswelt" auch die Erinnerung der Individuen enthalten. In diesem Zusammenhang wurde der Frage nach dem Aussagewert ihrer Selbstzeugnisse nachgegangen.

Anhand der Selbstzeugnisse der Frauen, die zwischen den sechziger und achtziger Jahren in der Dissidentenbewegung aktiv waren, konnten die wichtigsten Stationen, Entwicklungen und gruppendynamischen Prozesse in der Bewegung nachgezeichnet werden: Schon in den späten vierziger Jahre formierten sich außerhalb von Partei und Komsomol sogenannte *kompanii*, kleine informelle Zirkel junger Menschen, die Selbststudien betrieben, sich mit Literatur und Geschichte beschäftigten und über die „Rückkehr der Partei zum Leninismus" nachdachten. Ihren Rückzug aus offiziellen politischen Strukturen Ende der vierziger Jahre begründeten die Zeitzeuginnen mit ihrer Enttäuschung über ausbleibende Liberalisierungen, aufflammende Repressionen und offenen Antisemitismus. Die politische Verunsicherung wurde durch die Kriegsheimkehrer und ihre Berichte aus dem Westen verstärkt. In den kleinen Zirkeln der späten vierziger und frühen fünfziger Jahre manifestierte sich erste Unzufriedenheit in der „Aufbaugeneration des Sozialismus". Der Boden für die spätere Dissidentenbewegung wurde im „Tauwetter" nach Stalins Tod bereitet. Die künftigen Dissidentinnen nahmen von der zweiten Hälfte der fünfziger Jahre an aktiv am offiziellen und inoffiziellen kulturellen Leben teil. Sie besuchten Diskussionsveranstaltungen, lasen *Samizdat* und diskutierten in, nun größeren, *kompanii* von Gleichgesinnten nächtelang über Literatur, Geschichte und Philosophie, sie begeisterten sich für Lyrik, für abstrakte Kunst und Hemingway. Sie entdeckten den Individualismus und führten ein lustbetontes Leben. Eine Schlüsselerfahrung im „Tauwetter" war für viele Zeitzeuginnen die Auseinandersetzung mit den stalinistischen „Säuberungen". Die meisten kamen in Kontakt mit ehemaligen Lagerhäftlingen oder erfuhren nach dem XX. Parteitag von den Schicksalen ihrer in den dreißiger Jahren verschwundenen Nachbarn, Freunde und Verwandten. Besondere Auswirkungen auf das politische Bewusstsein der Zeitzeuginnen hatte seit der „Tauwetterzeit" die „Lagerliteratur", also Erinnerungen und autobiographische Erzählungen ehemaliger Häftlinge. Da die aus dem Lager Heimgekehrten auch nach dem XX. Parteitag in der Öffentlichkeit kein Forum für ihre Erlebnisse fanden, schrieben sie ihre Memoiren für den *Samizdat* und erzählen sie im Privaten. Durch die im Untergrund weit verbreiteten Schriften Evgenija Ginzburgs, Aleksandr Solženicyns und Varlam Šalamovs wurde die Erinnerung an die Lager „kanonisiert" und teilweise mythologisiert, was für die späteren Dissidentinnen und ihre eigene Auseinandersetzung mit politischen Repressionen eine große Rolle spielen sollte. Das Beispiel der Zeitzeugin Natal'ja Sadomskaja zeigte, wie im „Tauwetter" ein Netz verschiedener *kompanii* entstand, die durch Studium, Freundschaften, Verwandtschaften und Familienbeziehungen miteinander verknüpft waren. Dieses Netz war die Basis der Protestbewegung, die sich nach 1965 gegen politische Verfolgung formierte. Auftakt war die Verhaftung Julij Daniėl's und Andrej Sinjavskijs im Herbst 1965, ein Jahr nach der Absetzung Nikita Chruščevs von seinem Amt als Generalsekretär der KPdSU. Dem „Schauprozess" gegen Daniėl' und Sinjavskij folgten weitere politische Prozesse, Gegenstand der Anklagen waren meist *Samizdat*-Aktivitäten oder Veröffentlichungen literarischer Werke im Ausland.

Anfangs waren die Opfer der Verfolgung überwiegend männlich. Offenbar scheuten sich die Sicherheitskräfte im Hinblick auf die westliche Öffentlichkeit davor, Frauen ins Lager zu sperren, und gingen wohl, wie unter Stalin, davon aus, dass sie leichter zu disziplinieren seien. Frauen leisteten jedoch einen maßgeblichen Beitrag zur Entstehung der Bürger- und Menschenrechtsbewegung. Eine Schlüsselrolle kam zunächst den Ehefrauen und Partnerinnen der Angeklagten zu. Sie bildeten das Zentrum der Proteste, ihre Wohnungen waren wichtige Anlaufstellen. Sie sammelten Geld zur Unter-

Schluss

stützung politischer Gefangener und initiierten Briefkampagnen. Ehefrauen und nahe Angehörige waren die einzigen, die beim Prozess zugelassen wurden; als Einzige hatten sie das Recht, den Häftling zu besuchen und von ihm Briefe zu empfangen. Daher war die Ehefrau häufig das Bindeglied zwischen dem Gefangenen und der Außenwelt. Sie überwachte den Prozess, protokollierte ihn und gab die Nachrichten aus dem Gerichtssaal an den *Samizdat*, an westliche Korrespondenten und „feindliche" Kurzwellensender weiter. Durch die Ehefrauen erfuhren die *kompanii* in Moskau und Leningrad, dass es auch nach dem XX. Parteitag noch Straflager für politische Gefangene gab. Über die Lagerbesuche der Frauen entstanden Verbindungen zwischen Oppositionellen verschiedener ideologischer Richtungen, Ethnien und Religionen. Ukrainische Nationalisten, litauische Katholiken, jüdische Auswanderungswillige und unter Stalin deportierte Krimtataren fanden so unter dem Dach der Bürger- und Menschenrechte zusammen. Die Dissidentenbewegung wurde von einem Netz persönlicher Beziehungen zusammengehalten, das zum Großteil von Frauen geknüpft und gepflegt wurde.

Vor 1968 konnte jedoch noch nicht von einer „Dissidentenbewegung" gesprochen werden. Zunächst handelte es sich um konkrete Hilfe für Verfolgte, für die der jeweilige Freundeskreis mobilisiert wurde. Die meisten der Unterstützer waren bis zu diesem Zeitpunkt etablierte Sowjetbürger. Sie arbeiteten in angesehenen Berufen und wollten sich nicht außerhalb des Systems stellen, sondern es innerhalb der bestehenden Strukturen menschlicher machen. Bis zur Niederschlagung des „Prager Frühlings" im August 1968 teilten die meisten eine sozialistische Grundüberzeugung. Die Teilnehmenden an der Protestbewegung nannten sich *podpisanty*, also Unterzeichner von Protestbriefen. Sie versuchten, mit den Machthabern in einen Dialog zu treten und durch treffende Argumente zu überzeugen. Die Angeklagten in den politischen Prozessen betrachteten den Gerichtssaal als Forum, um für Bürgerrechte und die Einhaltung der sowjetischen Verfassung einzutreten. Ein Dissidentenmilieu entstand erst, als sich die politische Verfolgung gegen diejenigen richtete, die gegen politische Verfolgung protestierten. Die *podpisanty* wurden entlassen oder der Universität verwiesen, zum Teil kam es auch zu erneuten Verhaftungen und Verurteilungen. Die persönliche Entscheidung, in dieser Situation an der eigenen Position festzuhalten, keine Reue zu zeigen, sondern weiterhin für Bürger- und Menschenrechte zu kämpfen, war eine Weichenstellung auf dem Weg in die Dissidenz. Die Zugehörigkeit zum oppositionellen Milieu manifestierte sich zunächst durch den Ausschluss der *podpisanty* aus der Gesellschaft. Der Begriff „Dissidenten" gelangte erst Anfang der siebziger Jahre über ausländische Korrespondenten in die Sowjetunion und ging von der Mitte der siebziger Jahre an in den Sprachgebrauch der bisherigen *podpisanty* über. Sie selbst begannen sich als „Dissidenten" zu bezeichnen, weil dieser Begriff in der Verbindung von „Andersdenken" und „Repressiert-Werden" am ehesten ihre Situation charakterisierte.

Die Auseinandersetzungen zwischen Staatsmacht und Protestbewegung nahmen an Härte zu. Oppositionelle wurden an den Rand der Gesellschaft gedrängt, sie wurden entlassen, degradiert, ihre akademischen Titel wurden aberkannt, ihre Post wurde überwacht, ihre Gespräche belauscht. Ihre Wohnungen waren nie sicher vor Durchsuchungen, teilweise wurde ihr Eigentum zerstört. Menschen, die vormals privilegierten Schichten angehört hatten, lebten mit ihren Familien in Armut und litten unter sozialer Diskriminierung. Sie wurden in Lagern und psychiatrischen Kliniken interniert. Das Damoklesschwert der Verhaftung schwebte über allen. Viele sahen sich gezwungen, ihre Heimat zu verlassen. Für ihre Forderungen nach Demokratie und Menschenrechten, erteilten sie ihren Berufen eine Absage, sie setzten ihre Gesundheit aufs Spiel, teilweise auch ihr Leben.

Im Zuge sich verschärfender Repressionen und zunehmender gesellschaftlicher Isolation radikalisierte sich die Bewegung. Dissidentinnen und Dissidenten distanzierten sich immer mehr vom Staat. Die Distanzierung ging so weit, dass sie ihr Handeln als „apolitisch" verstanden, und die meisten eine Teilhabe an der Macht auch nach der *perestrojka* ausschlossen. Die Dissidentinnen und Dissidenten begannen immer mehr, sich in einer Subkultur einzurichten. Sie suchten sich niedrig qualifizierte Berufe, die genügend Spielräume für dissidentische Tätigkeiten oder künstlerisches Schaffen ließen. Wenn es ihnen gelang, durch Freunde oder Verwandte eine Pro-Forma-Anstellung zu erhalten, konnten sie ihren Lebensunterhalt auch mit dem Vervielfältigen und Verbreiten von *Samizdat*, mit Nachhilfestunden oder Privatunterricht verdienen. Im Umgang miteinander entwickelten die Andersdenkenden eigene Rituale, Konspirationsregeln, ethische Grundsätze und Normen für das Verhalten im Alltag. Auf die Geschlechterbeziehungen im Milieu wirkte sich die staatliche Verfolgung und Ausgrenzung so aus, dass als Beziehungsform anstelle der „freien Liebe" der „Tauwetterzeit" wieder die Ehe dominant wurde, denn Ehepartner waren die wichtigsten Stützen bei einer Verhaftung. Insbesondere für die Ehefrauen von „Politischen" entwickelten sich feste Verhaltensnormen. Die „Frau an seiner Seite", die mit ihren eigenen Erinnerungen dem Freiheitskämpfer ein Denkmals setzt, ist ein dominantes Frauenbild aus dem 19. Jahrhundert, mit dem die Dissidentinnen sich zu identifizieren begannen. Das zweite dominante

Schluss

Frauenbild in der Dissidenz stammte aus derselben Zeit: Es war die unabhängige Revolutionärin, die, den Männern gleich, ihr Leben an der Front aufs Spiel setzte und in ihren Erinnerungen ein Bild von sich als entschlossener Kämpferin malt. Beide Bilder sind mit dem Mythos der vorrevolutionären *intelligencija* verknüpft, an dem sich die Dissidentinnen in ihrem Selbstverständnis orientierten. In Anlehnung an die *intelligencija* des 19. Jahrhunderts grenzten sie sich von der „neuen" technischem Intelligenz der Sowjetgesellschaft ab, sie verbanden Bildung mit Gesinnungsethik und sahen ihre gesellschaftliche Rolle als Aufklärerinnen und Vorreiterinnen für neue Ideen.

Diese Ideen beschränkten sich in erster Linie auf die Forderung nach Einhaltung der geschriebenen Gesetze sowie der Bürger- und Menschenrechte. Die Bewegung war eine Reaktion auf die Verhaftungen und Prozesse. Es gab kaum Ansätze, die auf eine grundlegende Veränderung der politischen, wirtschaftlichen und sozialen Strukturen abzielten. Zwar verstanden sich die meisten Bürgerrechtlerinnen als Demokratinnen oder Liberale. Dies war allerdings eher eine Werthaltung. Vorstellungen zur konkreten Umsetzung politischer Ziele blieben vage.

Der Protest gegen staatliche Repressionen führte zu einer „Heldenverehrung" der Repressierten. Insbesondere den Lagerhäftlingen wurde ein märtyrerhafter Status zuerkannt. In den Selbstzeugnissen kommt die Inhaftierung sogar einer Art „Initiationsritus" gleich. Durch die Weitergabe der Lagererlebnisse im Freundeskreis und im *Samizdat* schrieben sich die Dissidentinnen und Dissidenten in das kulturelle Gedächtnis der Nation ein. Durch die Einordnung der eigenen Lagererfahrung in das Genre der „Lagerliteratur" und den Vergleich der eigenen Erlebnisse mit denen der Häftlinge unter Stalin erhielt das Lager eine sinnstiftende Funktion im oppositionellen Milieu. Zum Teil war das Ansehen einer Person innerhalb der Dissidentenbewegung sogar an den Grad der Verfolgung gekoppelt. Anhand dieses, zum Teil selbstzerstörerischen, Denkens wird ersichtlich, dass die Dissidentinnen und Dissidenten ihr Selbstverständnis vom Status der Ausgeschlossenen aus der Gesellschaft ableiteten. Dies war ein Grund dafür, dass sie sich nach der *perestrojka* schwer taten, den Transformationsprozess politisch mitzugestalten.

Gleichwohl kam der Dissidentenbewegung eine entscheidende Wirkung bei der gesellschaftlichen Entwicklung hin zu *perestrojka*, Demokratisierung und Transformation zu. Die Entstehung der Bewegung kann als Zeichen für ein Aufbrechen und eine Pluralisierung der Sowjetgesellschaft gedeutet werden. Zunächst entstanden kleine Gruppen und informelle Netze; kulturelle Nischen wurden besetzt und nonkonforme Lebensformen gesucht. Durch unabhängige Organisationen und den *Samizdat* schufen die Dissidenten erste zivilgesellschaftliche Strukturen. Dass die Aktivitäten der Andersdenkenden langfristige Auswirkungen auf Veränderungsprozesse innerhalb der Sowjetunion hatten, lässt sich daran ablesen, dass Michail Gorbačev ihre zentrale Forderung nach *glasnost'* in sein politisches Programm aufnahm und damit einen gesellschaftlichen Aufbruch einleitete.

Frauen hatten maßgeblichen Anteil daran, dass die Bürger- und Menschenrechtsbewegung über zwanzig Jahre lang trotz der massiven staatlichen Unterdrückungsversuche im Herzen der Sowjetunion aktiv sein konnte. Sie übernahmen verantwortungsvolle Aufgaben bei der *Chronika*, in den dissidentischen Organisationen und im *Samizdat*. Die Aktivistinnen gründeten Hilfsfonds zur Unterstützung der politischen Gefangenen und ihrer Familien, sie trugen Informationen über bedürftige Häftlinge und deren Angehörige zusammen und schufen ein effizientes Versorgungssystem. Nach der Gründung des Solženicyn-Fonds in der Schweiz kümmerten sich vor allem Frauen, trotz persönlichen Risikos, um den Geldtransfer aus dem Westen, um den Umtausch der überwiesenen Devisen in Rubel oder Bezugsscheine für Importwaren sowie um die Beschaffung von lebenswichtigen Gütern und Nahrungsmitteln für Lagerhäftlinge und Verbannte. Als *mašinistki* und Herausgeberinnen hatten Frauen einen wichtigen Anteil an der Erstellung und Verbreitung unzensierter Literatur. Ältere Damen leisteten ihren Beitrag zur Dissidentenbewegung, indem sie „Salons" unterhielten, in denen sich Andersdenkende trafen. Dort wurden Aktionen geplant, die *Chronika* verbreitet und *Samizdat*-Bibliotheken zusammengestellt. Die „offenen Häuser" boten nonkonformen Künstlern Ausstellungsräume und private Bühnen, wo inoffizielle Literaten, Sänger und Schauspieler auftreten konnten. Es waren also vor allem Frauen, die das Netz der Andersdenkenden zusammenhielten und die für die „Infrastruktur" der Bewegung verantwortlich waren. Ohne ihre Tätigkeiten wäre ein Überleben der Bewegung über den langen Zeitraum hinweg, von Mitte der sechziger Jahre bis zur *perestrojka*, unmöglich gewesen.

Trotz ihres großen Engagements wurden viele Frauen, die an der Dissidentenbewegung mitwirkten, nicht als „Dissidentinnen" wahrgenommen. Zwar ist der Dissidentenbegriff als Zuschreibung von außen und von oben problematisch, dennoch verinnerlichte ihn im Laufe der Zeit ein Großteil der Bürger- und Menschenrechtler. Heute bezeichnen sich als „Dissidenten" diejenigen, die zum inneren Kreis der Andersdenkenden gehörten, Aktivisten, die mit ihren Protesten an die Öffentlichkeit gingen, die zumeist Füh-

Schluss

rungspositionen im Widerstand innehatten und für ihr Handeln „repressiert" wurden. Der Dissidentenbegriff schließt mithin einen Großteil der Teilnehmerinnen an der Bewegung aus. *Dissidentki* waren nur die exponierten Frauen, für die die Kriterien „Auftreten in der Öffentlichkeit", „Führungsaufgaben" und „Repressionen" galten. Diejenigen, die im Hintergrund beschäftigt waren, galten eher als „Sympathisantinnen" (*sočuvstvujuščie*), wenn nicht gleich als „Ehefrauen der Dissidenten" (*ženy dissidentov*). Die Betrachtung der Dissidentenbewegung durch das Prisma der Geschlechterbeziehungen zeigt also, dass es einer Erweiterung des Begriffs bedarf, will man die Aktivitäten und Tätigkeitsfelder von Frauen miteinbeziehen. Dissidentinnen und Dissidenten waren nach einer Neudefinition nicht nur diejenigen, die in der *Öffentlichkeit* „anders dachten", „anders handelten" und für ihr Handeln mit dem Ausschluss aus der Gesellschaft bestraft wurden. Es gab auch Andersdenkende und Andershandelnde, die im *Verborgenen* wirkten, die nicht von der Staatssicherheit erfasst wurden und dennoch maßgeblichen Anteil an der Oppositionsbewegung hatten. Entscheidend für die Zugehörigkeit zur Dissidentenbewegung ist meiner Auffassung nach, dass eine Person kontinuierlich über längere Zeit in der Bewegung aktiv war und mit ihrem Engagement zu deren Funktionieren und Fortbestand beitrug.

Die Unterscheidung der Begriffe „Dissident", „Dissidentin", „Ehefrau" und „Sympathisantin" offenbart, dass dem Selbstbild und den Handlungsmustern der Oppositionellen hierarchisch gegliederte Geschlechtskonstruktionen zugrunde lagen. Männliches Handeln wurde vorwiegend mit Heldentum, „Fronteinsatz", Kampf und Märtyrertum assoziiert. Frauen stiegen dann zu Rang und Ansehen in der Dissidenz auf, wenn sie bewiesen, dass sie ebenfalls diese männlich geprägten Vorstellungen verkörperten. Indem sie sich als *smelye* (tapfer), *tverdye* (hart, standfest), *stojkie* (standhaft) und *mužestvennye* (mutig) erwiesen, zeigten sie, dass auch sie „ihren Mann stehen" konnten. Nachdem die Staatsmacht von der zweiten Hälfte der siebziger Jahre an begonnen hatte, mit immer härteren Mitteln gegen die Dissidentenbewegung vorzugehen, wurden zunehmend Frauen verhaftet und zu hohen Freiheitsstrafen verurteilt. Ihren Überlebenskampf im Lager, den Hunger, die Kälte und die oft lebensbedrohlichen Krankheiten deuten die Dissidentinnen in ihren Erinnerungen als „nützliche Erfahrung". Sie stellten damit unter Beweis, dass sie Tapferkeit, Standhaftigkeit und Kampfbereitschaft besaßen und den Männern ebenbürtig waren. Allerdings sahen sich Frauen in ihren Lebensgeschichten zumeist dazu genötigt, gegenüber den Kindern ihre Entschlossenheit zu rechtfertigen, für ihr Tun ins Lager zu gehen. Zur Rechtfertigung beriefen sie sich oft auf ihre Mutterrolle und die damit verbundene Verantwortung für die nachfolgende Generation.

Anhand der Assoziation der oppositionellen Aktivitäten mit einem „heldenhaften Kampf" und den damit verbundenen Rollenvorstellungen wird ersichtlich, dass die Andersdenkenden eine gewisse innere Verbundenheit zum sowjetischen System auch im Widerstand wahrten. Sie verinnerlichten Werte und Wahrnehmungsmuster, die sie durch ihre Sozialisation in der Sowjetgesellschaft erworben hatten. So wies auch die dissidentische Vorstellung von der „Gleichberechtigung der Geschlechter" (*ravnopravie polov*) deutliche Parallelen zu offiziellen Konzepten auf. Gemäß dem sowjetischen Modell der Frauenemanzipation bedeutete das Ziel der Gleichberechtigung, dass Frauen durch Erwerbsarbeit und öffentliche Aufgaben *den Männern* gleichgestellt werden sollten. Auf Propagandaplakaten waren durch die gesamte Sowjetzeit hindurch Frauen zu sehen, die männlich konnotierte Funktionen ausübten: die Metallarbeiterin, die im „Blaumann" an der Maschine sitzt und „wie ein Mann" arbeitet, die stämmige Bauarbeiterin mit dem Presslufthammer in der Hand, die Kranführerin, die Traktoristin sowie die Bomberpilotin und die Partisanin im „Großen Vaterländischen Krieg". Ebenso wie in offiziellen Darstellungen galten in der Dissidenz Frauen, die „männliche" Aufgaben erfüllten als „den Männern ebenbürtig"[24]. Zu ihnen zählten Larisa Bogoraz, Tat'jana Velikanova, Natal'ja Gorbanevskaja, Julija Voznesenskaja und Tat'jana Goričeva. Oft wurde diesen Frauen eine führende Position in der Dissidentenbewegung zuteil, wenn sie in die Leerstellen aufrückten, die ihre männlichen Mitstreiter nach ihrer Verhaftung oder Emigration hinterlassen hatten. „Gleichberechtigung" bedeutete in den Augen der Dissidentinnen, dass Frauen männliche Aufgaben übernahmen, nie umgekehrt, dass Männer weiblich besetzte Funktionen ausübten. Die Gleichstellungspolitik in der Sowjetunion war einseitig auf Frauen ausgerichtet. Emanzipation war immer Sache der Frauen, nicht der Männer. Richtlinie blieb stets eine männliche Norm. Diese Ausrichtung der Frauenemanzipation implizierte feste Vorstellungen von „männlichen" und „weiblichen" Aufgaben. Eine „Gleichberechtigung" konnte dann erfolgen, wenn Frauen sich die männlich geprägten Bereiche zu eigen machten. Umgekehrt blieben die als weiblich erachteten Sphären in der Verantwortung der Frauen. Dazu zählten Haushalt und Kindererziehung sowie bestimmte Berufszweige wie Krankenschwester und Kindergärtnerin. In der Übernahme

---

[24] Interview Salova.

Schluss

dieser Rollenmuster unterschied sich die Dissidentenbewegung kaum vom Rest der Gesellschaft. Es waren immer Frauen, die sich um Hausarbeit und *byt* kümmerten. Zudem blieben bestimmte dissidentische Tätigkeitsfelder fest in ihrer Hand: Abtippen von *Samizdat*, Versorgung von politischen Gefangenen, die Betreuung von deren Familien, Päckchenpacken, kurz: alles, was zur Alltagsorganisation innerhalb der Dissidentenbewegung gehörte.

Allein das Beispiel der Geschlechterrollen zeigt, dass die Dissidentenbewegung durchaus „sowjetisch" geprägt war. Die Opposition war ein Spiegelbild der Gesellschaft, aus der sie hervorgegangen war. Sowjetische Dissidentinnen waren Kinder des Systems. Größtenteils wurden sie von loyalen Parteianhängern aufgezogen. Besonders die Generation der Mitte der zwanziger bis Mitte der dreißiger Jahre Geborenen wuchs noch mit Revolutions- und Bürgerkriegsmythen auf und begeisterte sich für den „Aufbau des Sozialismus in einem Lande". Im „Großen Vaterländischen Krieg" erwarben sich ihre Vertreterinnen hohe moralische Ideale; sie identifizierten sich mit der kollektiven Anstrengung zur Rettung der Heimat und des Kommunismus. Die Erfahrungen, die sie in Kindheit und Jugend machten, schlugen sich in ihrem späteren Handeln als Oppositionelle nieder. Besonders die offiziellen Geschichtsbilder von Revolution, Bürgerkrieg und „Großem Vaterländischen Krieg" erwiesen sich als prägend. Auch die Dissidentinnen pflegten ein „Kriegsheldentum" und forderten von sich und ihren Mitstreitern die Aufopferungsbereitschaft für die Rettung des Vaterlandes oder den Sieg der gerechten Sache. „Gesellschaftlich aktiv" zu sein, war nach Auffassung ihrer Eltern und Lehrer ein wichtiger Lebensinhalt, den die Andersdenkenden unter umgekehrtem Vorzeichen in der Dissidenz reproduzierten. Auch in der Dissidentenbewegung hingen sie noch „fortschrittlichen" Ideen an und setzten sich für eine „lichte Zukunft" ihrer Kinder ein. Die Dissidentinnen und Dissidenten hatten im Elternhaus, bei den jungen Pionieren und im Komsomol gelernt, sich als Einzelne den Interessen einer Gemeinschaft unterzuordnen und im Kollektiv aufzugehen. Wenngleich ihre Erinnerungen einen scharfen Gegensatz von Individuum und Kollektiv zeichnen und die Autobiographinnen die „Tauwetterzeit" mit der Entdeckung des Individualismus assoziieren, entwickelte sich im Dissidentenmilieu ein „Kollektivismus", der in vielem an das sozialistische Kollektiv erinnerte und die Individuen mit steigendem Druck von außen immer mehr an feste Regeln und Normen band. Zwischen System und Opposition bestand also eine besondere, ambivalente Beziehung. Während sich die Auseinandersetzung mit der Staatsmacht, auf beiden Seiten, im Laufe der Zeit verhärtete, blieben die

Dissidentinnen und Dissidenten in Denkstil und Habitus der sowjetischen Gesellschaft verhaftet.

Anhand der Selbstzeugnisse der Frauen konnten Innenansichten in die Dissidentenbewegung gewonnen werden, die in dieser Form durch keine andere Quellengattung überliefert sind. Ego-Dokumente geben Aufschluss über individuelle und kollektive *Erfahrungen*. Der Erfahrungsbegriff umfasst zwei zentrale Aspekte: Erstens ist Erfahrung mit *Handlung* verknüpft. Aus den Handlungen der historischen Subjekte können wir auf ihre Erfahrungen schließen und umgekehrt. Die Wechselwirkung von individuellem Denken und Handeln sowie den Strukturen wird hier sichtbar. Indem gezeigt wurde, wie das politische Handeln der Dissidentinnen von ihren Erfahrungen geprägt war, konnte sowohl der Einfluss des Systems deutlich gemacht werden, in dem sie aufwuchsen und lebten, als auch ihr eigener Anteil am historischen Prozess. Zweitens ist Erfahrung untrennbar mit *Erinnerung* verbunden, mit dem Prozess der Gedächtnisleistung, Sinnkonstruktion, retrospektiven Deutung und Erzählung von Vergangenheit. Hier wurde versucht, einen Zusammenhang zwischen dem lebensgeschichtlichen Hintergrund, dem Weg in die Opposition, der Lebensgeschichte und *gender* herzustellen. Es stellte sich die Frage, inwieweit die Emanzipation vom System mit einer Emanzipation *als Frau* verbunden war. Um dieser Frage nachzugehen, war es zunächst nötig, die Gestalt und Struktur der Lebensgeschichte zu analysieren und Einblicke in zugrunde liegende Erinnerungsprozesse zu gewinnen.

Die Erzählung der Lebensgeschichte ist ein Moment, das eigene Leben und die eigene Geschichte zu ordnen, zu deuten und ihnen Sinn zu verleihen. Eine kohärente Lebensgeschichte ist für das Individuum Voraussetzung für eine intakte Ich-Identität. Damit Wendepunkte nicht als Brüche erscheinen, werden vorausgegangene Erlebnisse so interpretiert, dass sie sich zum späteren Selbstbild stimmig verhalten und sich in einen linearen Lebenslauf integrieren lassen. Die Lebensgeschichten der Dissidentinnen sind daher teleologisch, auf das spätere Dasein in der Dissidenz hin konstruiert. Dies zeigte sich beispielsweise daran, dass bereits in die Kindheitserinnerungen frühe Zweifel an Parteiideologie und Propaganda eingestreut wurden, obwohl die Zeitzeuginnen vermutlich als überzeugte Kommunistinnen aufwuchsen. Als Leitmotiv zog sich der Konflikt zwischen dem alles beherrschenden Kollektiv und dem Freiheitsstreben des Individuums durch die Erinnerungstexte. Damit wurden der spätere Einsatz für die Bürger- und Menschenrechte sowie die selbstdefinierte Zugehörigkeit zur russischen

Schluss

intelligencija vorweggenommen. Im Rückbezug auf die vorrevolutionäre *intelligencija* hob sich der Konflikt zwischen Individuum und Kollektiv in den Erinnerungen der Zeitzeuginnen auf, sobald sie sich im Kampf für Freiheit und Menschenrechte mit Gleichgesinnten zusammenschlossen. Die Lebensgeschichten der Dissidentinnen sind Konversionsgeschichten. Sie stellen dar, wie aus überzeugten jungen Pionierinnen freigeistige Erwachsene und schließlich Oppositionelle, Ausgestoßene und Verfolgte wurden.

In der Erinnerung wird das Erlebte durch neu gewonnene Erkenntnisse und Erfahrungen ständig verändert und den jeweiligen Lebensumständen und Selbstbildern angepasst. Die Konstruktion der Lebensgeschichte auf die spätere Identität hin spiegelt einerseits ein psychologisches Bedürfnis des Menschen nach einem stimmigen Lebensweg wider. Konversionsgeschichten haben im russischen Kontext aber auch eine literarische Tradition, deren Wurzeln in der Hagiographie liegen. Eine besondere Bedeutung hatten die Memoiren von Oppositionellen aus dem 19. Jahrhundert, die aus gehobenen Gesellschaftsschichten stammten und sich nach einem inneren Wandlungsprozess demokratischen oder sozialrevolutionären Bewegungen anschlossen. Auf diese Vorlagen können die Dissidentinnen bei der Gestaltung ihrer eigenen Lebensgeschichte zurückgreifen. Darüber hinaus knüpfen sie auch insofern an die Gattungskonvention russischer Memoiren an, als sie sich selbst in ihren Erinnerungen als Chronistinnen historisch bedeutsamer Entwicklungen darstellen. Ihr eigenes Leben, ihr Handeln und ihr Selbst beleuchten sie vor dem Hintergrund politischer Ereignisse, die daher auch die wichtigsten Gliederungspunkte ihrer Lebensgeschichten darstellen. Gemäß der autobiographischen Tradition beschreiben sich die Zeitzeuginnen vor allem als öffentliche Personen. Erlebnisse, die in ihren Augen eher dem Privaten zugeordnet werden, ihre Partnerschaften, ihre sexuellen Erfahrungen, ihre Heiraten, Schwangerschaften und Abtreibungen, ihre Erziehungsprinzipien und ihr Verhältnis zu den Kindern bilden keine eigenen Erzählstränge und haben in den Erinnerungen wenig Platz.

Wenngleich der Erinnerungsprozess eine fortwährende Umstrukturierung und Umdeutung von Erfahrungen bedeutet, so lassen die Lebensgeschichten doch verschiedene Schichten erkennen, die unterschiedliche Zeitebenen zum Vorschein bringen. Lebensgeschichten spiegeln also nicht ausschließlich Interpretationen der Individuen *zum Zeitpunkt des Erzählens* wider, sondern geben auch Auskunft über *frühere* Wahrnehmungs- und Deutungsmuster sowie die Wechselwirkungen zwischen individueller Verarbeitung und kultureller Deutung. So ließ sich durch den Vergleich der Lebensgeschichten mit zeitgenössischen Quellen ermitteln, welche Diskurse und Denkstile für die Individuen *zum Zeitpunkt des Erlebens* vermutlich prägend waren. Häufig vermischen sich auch damalige und heutige Diskurse und fließen gleichermaßen in den Erinnerungstext ein. Es wurde anhand zahlreicher Erzählsequenzen gezeigt, wie sich zeitgenössische und gegenwärtige Deutungsmuster, autobiographische Diskurse und Strukturen kollektiven Erinnerns in der Lebensgeschichte miteinander verbinden und zu einem kohärenten Ganzen zusammen gefügt werden. Es wurde versucht, Indizien zu ermitteln, die für frühere Wahrnehmungen sprachen und Hinweise auf Schlüsselerfahrungen und lebensgeschichtliche Wendepunkte geben: textimmanente sprachliche Merkmale, Vergleiche mit zeitgenössischen Quellen, Episoden, die sich nicht in den linearen Erzählduktus einfügen lassen, Spuren „unbearbeiteter Erfahrung", emotionale Nähe, detaillierte Wiedergabe des Geschehens oder auch Schweigen.

Über Erinnerungsprozesse sowie das Verhältnis von Erinnerung und autobiographischem Text wissen wir trotz intensiver Forschungen der letzten Jahre noch wenig. Vor allem stellt sich bei der Arbeit mit Lebensgeschichten die Frage, wie Erinnerung in einen Text transformiert wird, wie sich Erleben, Erinnern und Erzählen zueinander verhalten. Was die Erforschung von Selbstzeugnissen aus dem russischen Kulturraum betrifft, mangelt es an Epochen übergreifenden Untersuchungen zu den Traditionen autobiographischen Erzählens, den intertextuellen Bezügen, den immer wiederkehrenden Strukturen, Topoi, Metaphern und Symbolen. Forschungen in diesem Bereich könnten weitere Erkenntnisse über die Entwicklung von Ich-Entwürfen und deren Bedeutung für historische Prozesse im russischen und sowjetischen Kontext liefern. Durch vergleichende Studien könnte auch deutlicher als bisher herausgearbeitet werden, welche Vorstellungen von Männlichkeit und Weiblichkeit sich in autobiographischen Texten manifestieren.

Was die Strukturierung der Lebensgeschichten anbelangt, so fanden sich in den autobiographischen Texten der Dissidentinnen zwei dominierende Muster: die Erzählung der „Ehefrau" und die der „Revolutionärin". In ihren Gestaltungsprinzipien unterscheiden sich die Lebenserinnerungen letzterer von denen ihrer männlichen Mitstreiter kaum, nur dass die Männer in noch höherem Maße den Kampf und das „Heldentum" betonen. Die Lebensgeschichten beider Frauentypen beschreiben, wie die der Männer, meist „öffentliche" Personen. Allerdings weisen sie in Bezug auf die Erzähltradition auch subversive Elemente auf. Vordergründig fügen sich die Frauen in die Gattungskonvention ein, aber sie finden Wege, diese Konvention subtil zu unterlaufen. Wenn sie über private Erfahrungen und ihr weibliches Selbst sprechen, so tun sie dies häufig, indem sie persönliche Erlebnisse in die

Schluss

Erzählung über politische Entwicklungen einflechten. Dadurch entsteht ein Subtext, der eine andere Erlebnisebene zum Vorschein bringt als die vordergründig erzählte.

Reflexionen über das Geschlecht und die damit verbunden Rollenmuster fanden in die Erzählungen der Frauen auch auf einer symbolischen Ebene implizit Eingang. In den Kindheitserinnerungen wurde die Opposition zur herrschenden Gesellschaft in der Entfernung von der Mutter und deren Wertvorstellungen ausgedrückt. Indirekt fand auf diese Weise eine Auseinandersetzung mit dem sowjetischen Modell der Frauenemanzipation statt. Gegen den Lebensentwurf der Mutter bauten viele Dissidentinnen eine oppositionelle Identität auf, die sich bewusst vom Bild der ehrgeizigen Parteiarbeiterin und berufstätigen Sowjet-Mutter distanzierte. Ihre Geschlechtsidentität blieb dabei dennoch widersprüchlich. Als Frauen aus der *intelligencija* definierten sich die Dissidentinnen einerseits als Revolutionärinnen in der Tradition Vera Figners, die es den Männern in der Bewegung gleichtun wollten. Andererseits orientierten sie sich an traditionellen Frauenrollen und sahen sich selbst als Hüterinnen einer bedrohten Kultur, kritisierten die in der Sowjetunion übliche weibliche Erwerbsarbeit, lehnten „Gleichmacherei" ab und reklamierten autonome weibliche Räume für sich. Engagement für Bürger- und Menschenrechte war für die meisten Dissidentinnen jedoch nicht mit frauenpolitischen Forderungen verknüpft.

Frauenrechte wurden erst Ende der siebziger Jahre in der „unabhängigen Frauenbewegung" Leningrads zum Thema gemacht, durch Dissidentinnen aus einer jüngeren Generation, die zuvor in der literarischen, künstlerischen und religiös-spirituellen „Zweiten Kultur" gewirkt hatten. Ihre Gesellschaftskritik reichte weit über die Auseinandersetzungen mit dem sowjetischen Frauenbild hinaus, die in den Erinnerungen der älteren Bürger- und Menschenrechtlerinnen angeklungen waren. Die Kritik wurde zudem nicht zwischen den Zeilen formuliert, sondern in einem eigenen *Samizdat*-Organ. Erstmals wurden hier Tabu-Themen angesprochen, von denen breite Schichten, insbesondere die Frauen, betroffen waren: Armut, Wirtschaftskrise, Alkoholismus, Doppel- und Dreifachbelastung, häufige Abtreibungen und Mangel an Verhütungsmitteln. Die Ansätze der Leningrader Feministinnen stießen in der Bürger- und Menschenrechtsbewegung auf Skepsis und Missfallen, teilweise auch bei den Frauen. Frauenpolitische und soziale Themen wurden angesichts der Unfreiheit und Repressivität des Systems als zweitrangig angesehen. Allein die Sicherheitskräfte erkannten, welcher sozialer Sprengstoff von den Leningrader „Feministinnen" ausging, denn sie forderten neben bürgerlichen Freiheiten auch *soziale* Rechte. Sie prangerten

Missstände in der Gesellschaft an, die alle Schichten und Volksgruppen gleichermaßen betrafen. Dies war ein Grund, weshalb die „unabhängige Frauenbewegung" innerhalb von nur zwei Jahren zerschlagen wurde.

Im Zuge der *perestrojka* kam es zu einem frauenpolitischen Aufbruch. In Moskau und Leningrad, aber auch in vielen Provinzstädten bildeten sich Fraueninitiativen, deren Aktivitäten in den unterschiedlichsten Bereichen angesiedelt waren. Sie reichten von karitativ tätigen und religiösen Gruppen über pazifistische Vereinigungen bis zu radikalen Feministinnen westlicher Prägung.[25] Heute gibt es in Russland ein breites Spektrum an Frauenorganisationen. Zu den prominentesten gehört die Organisation der „Soldatenmütter".[26] Bis auf eine Zeitzeugin, die an den Aktivitäten der „Soldatenmütter" teilnimmt, gibt es jedoch keine Verbindungen zwischen den ehemaligen Dissidentinnen und heutigen russischen Frauengruppen. Der erste Versuch einer „unabhängigen Frauenbewegung" ist in Vergessenheit geraten. Nicht einmal Frauen-Aktivistinnen erinnern sich daran. Dabei haben die Bürger- und Menschenrechtlerinnen, die Leningrader „Feministinnen" und ein Großteil der im heutigen Russland politisch engagierten Frauen in ihrem Selbstverständnis einen gemeinsamen dominierenden Zug: Sie berufen sich auf ihre Mutterrolle und leiten ihr bürgerschaftliches Engagement aus einem weiblichen Sendungsbewusstsein ab.

Die Mutter ist in den Erinnerungen der Dissidentinnen ein Symbol für den gescheiterten Versuch, durch Sozialismus und Frauenbefreiung eine gerechtere und freiere Welt zu schaffen. Die Mütter, die sich nach der Oktoberrevolution emanzipierten und sich für den Aufbau des Sozialismus

---

[25] Zur Entwicklung der Frauenbewegung im Zuge der *perestrojka* und im postsowjetischen Russland exemplarisch: Schmitt, Zivilgesellschaft; Köbberling, Frauenbewegung; Anastasia Posadskaya (Hrsg.): Women in Russia. A New Era in Russian Feminism, London/New York 1994; Elisabeth Cheauré: „Eine Frau ist eine Frau …" Beobachtungen zur russischen Feminismus-Diskussion, in: Christine Engel/Renate Reck (Hrsg.), Frauen in der Kultur. Tendenzen in Mittel- und Osteuropa, Innsbruck 2000, S. 129–140; dies.: Feminismus à la russe. Gesellschaftskrise und Geschlechterdiskurs, in: dies. (Hrsg.), Kultur und Krise: Russland 1987–1997, Berlin 1997, S. 151–178; Valerie Sperling: Organizing Women in Contemporary Russia. Engendering Transition, Cambridge 1999; Brigitta Godel: Auf dem Weg zur Zivilgesellschaft. Frauenbewegung und Wertewandel in Russland, Frankfurt/New York 2002.

[26] Eva Maria Hinterhuber: Die Soldatenmütter Sankt Petersburg. Zwischen Neotraditionalismus und neuer Widerständigkeit, Hamburg 1999 [Osteuropa. Geschichte, Wirtschaft, Politik, hg. von Wolfang Eichwede u.a., Bd. 21].

Schluss

einsetzten, wurden in den dreißiger und vierziger Jahren zu Opfern des Systems. Ihre Männer wurden verhaftet, teilweise sie selbst ebenfalls. In den sechziger bis achtziger Jahren ereilte ihre Töchter, als Dissidentinnen, dasselbe Schicksal. Im Gegensatz zu den Müttern wussten sie aber, wofür sie das Opfer brachten. Sie wurden dafür bestraft, dass sie lasen, was ihnen gefiel, dass sie Freundschaften pflegten, mit wem sie wollten, dass sie sagten, was sie dachten. Sie forderten Freiheiten für sich und verschafften diesen Forderungen durch ihre „freie" Presse und ihre unabhängigen Organisationen Gehör. Ihre Opfer dafür waren immens, aber nicht vergebens. Selbst wenn die Situation im heutigen Russland die Hoffnungen der ehemaligen Dissidentinnen in vielerlei Hinsicht enttäuscht, ist die russische Gesellschaft liberaler und demokratischer geworden. Die Dissidentenbewegung hat dafür das Fundament gelegt.

10. Quellen- und Literaturverzeichnis

10.1 Quellen

Gedruckte Quellen und Quellensammlungen

Akte Solženicyn: geheime Dokumente des Politbüros der KPdSU und des KGB, hg. von A. Korotkow, Berlin 1994.

Alexeyeva, Ludmilla/Goldberg, Paul: *The Thaw Generation. Coming of Age in the Post-Stalin Era*, Boston 1990.

Amalrik, Andrei: *Aufzeichnungen eines Revolutionärs*, Berlin 1983 (russische Ausgabe: Amal'rik, Andrej: *Zapiski dissidenta*, Moskau 1991).

Amalrik, Andrei: *Unfreiwillige Reise nach Sibirien*, Hamburg 1970 (russische Ausgabe: Amal'rik, Andrej: *Neželannoe putešestvie v Sibir'*, New York 1970).

Bogoraz, Larisa: Iz vospominanij, in: *Minuvšee. Istoričeskij Al'manach* 2 (Paris 1986), S. 81–140.

Bogoraz, Larisa: Političeskaja, in: *Golos. Ėkologija. Ėkonomika. Politica. Kultura. Obščestvenno-političeskij i chudožestvenno-publicističeskij sbornik*, hg. von Ju. M. Balev und G.K. Sapronov, Irkutsk 1990, S. 14–30.

Bogoraz, Larisa: *Russie: Une femme en dissidence. Larissa Bogoraz*, hg. von Cécile Vaissié, Paris 2000.

Bokštejn, Il'ja: Ploščad' Majakovskogo – Tel' Aviv, in: *Zvezda* 1996, Heft 4, S. 154–168.

Bonnėr, Elena: *Vol'nye zametki k rodoslovnoj Andreja Sacharova*, Moskau 1996.

Bonner, Jelena: *In Einsamkeit vereint: meine Jahre mit Andrei Sacharow in der Verbannung*, München 1991 (russische Ausgabe: Bonnėr, Elena: *Postskriptum: kniga o gor'kovskoj ssylke*, Moskau 1990).

Bonner, Jelena: *Mütter und Töchter. Erinnerungen an meine Jugend 1923 bis 1945*, München/Zürich 1992 (russische Ausgabe: Bonnėr, Elena: *Dočki – materi*, New York 1991).

Boris Šragin. Mysl' i dejstvie. Filosofija istorii. Ėstetika. Kritika. Publicistika. Vospominanija. Pis'ma, hg. von Natal'ja Sadomskaja, Moskau 2000.

Bukowski, Wladimir: *Wind vor dem Eisgang*, Berlin 1978 (russische Ausgabe: Bukovskij, Vladimir: *I vozvraščaetsja vetr ...*, New York 1979).

Čalidze, Valerij: *Prava čeloveka i Sovetskij Sojuz*, New York 1974.

Čukovskaja, Lidija: Pamjati Fridy, in: *Zvezda* 1997, Heft 1, S. 102–144.

Čukovskaja, Lidija: *Sočinenija* v 2 tomach, Moskau 2000.

Curkova, Irina: Tjur'mologija, in: *Vestnik „Memoriala"*, St. Petersburg 1995, Heft 4/5, S. 57–79.

Daniėl', Aleksandr/Roginskij, Arsenij (Hrsg.): *Pjatoe dekabrja 1965 goda v vospominanijach učastnikov sobytij*, materialach Samizdata, dokumentach partijnych i komsomol'skich organizacij i v zapiskach Komiteta gosudarstvennoj bezopasnosti v CK KPSS, Moskau 1995.

Daniėl', Julij: *„Ja vse sbivajus' na literaturu ..."*. *Pis'ma iz zaključenija. Stichi*, hg. von Aleksandr Daniėl', Moskau 2000.

Denisov, V. (Hrsg.): *Kremlevskij samosud: Sekretnye dokumenty politbjuro o pisatele A. Solženicyne*, Moskau 1994 (engl. *The Solzhenitsyn Files: Secret Soviet Dokuments Reveal One Man's Fight Against the Monolith*, Chicago 1995).

Dodnes' tjagoteet. Vypusk 1: Zapiski vašej sovremennicy, hg. von Semen Vilenskij, Moskau 1989 (englische Ausgabe: *Till my Tale is Told. Women's Memoirs of the Gulag*, hg. von Simeon Vilensky, Bloomington, Indiana 1999).

Dokumenty Komiteta prav čeloveka, hg. von der International League for the Rights of Man, New York 1972.

Dostoevskaja, Anna Grigor'evna: *Vospominanija*, hg. von S. V. Belov, Moskau 1971 (deutsche Ausgabe: Dostojewski, Anna Grigorjewna: *Erinnerungen. Das Leben Dostojewskis in den Aufzeichnungen seiner Frau*, hg. von Friedrich Eckstein und René Fülöp-Miller, München 1980).

Durova, Nadežda: *Zapiski kavalerist-devicy*, Moskau 1962.

Esenin-Vol'pin, Aleksandr: *Pamjatka dlja tech, komu predstojat doprosy* (1969), http://www.hro.org/editions/volpin/volpin.htm. Ausdruck im eigenen Besitz.

Figner, Vera: *V bor'be. „Zapečatlennyj trud" v sokraščenii*, Moskau 1934 (deutsche Ausgabe: *Nacht über Russland. Lebenserinnerungen einer russischen Revolutionärin*, Reinbek bei Hamburg 1988).

Quellen- und Literaturverzeichnis

Fitzpatrick, Sheila/Slezkine, Yuri (Hrsg.): *In the Shadow of Revolution: Life Stories of Russian Women from 1917 to the Second World War*, Princeton, New Jersey 2000.

Gercen, Aleksandr: *Byloe i dumy*, London 1854–1858 (deutsche Ausgabe: Herzen, Alexander: *Erlebtes und Gedachtes*, Leipzig 1981).

Ginzburg, Aleksandr (Hrsg.): *Belaja kniga po delu A. Sinjavskogo i Ju. Danielja*, Frankfurt am Main 1967 (deutsche Ausgabe: *Weißbuch in Sachen Sinjawskij/Daniel*, zusammengestellt von Alexander Ginsburg, Frankfurt am Main 1967).

Ginzburg, Evgenija: *Krutoj maršrut*, Franfurt am Main 1967. Vollständige Ausgabe: *Krutoj maršrut. Chronika vremen kul'ta ličnosti*, Moskau 1990 (deutsche Übersetzung: *Marschroute eines Lebens*, München/Zürich 1992 und *Gratwanderung*, München/Zürich 1997, 7. Aufl.)

Glazov, Jurij: *Tesnye brata. Vozroždenie russkoj intelligencii*, London 1973.

Glazov, Jurij: *V kraju otcov. Chronika nedavnogo prošlogo*, Moskau 1998.

Gorbanevskaja, Natal'ja (Hrsg.): *Polden'. Delo o demonstracii 25 avgusta 1968 goda na Krasnoj ploščadi*, Frankfurt am Main 1970.

Gorbanevskaja, Natal'ja: Ira Jakir i „Chronika tekušich sobytij", in: *Zvezda* 1999, Heft 9, S. 182–183.

Goritschewa, Tatjana: *Die Kraft christlicher Torheit*, Freiburg 1985.

Goritschewa, Tatjana: *Die Rettung der Verlorenen. Bekenntnisse*, Wuppertal 1982.

Goritschewa, Tatjana: *Hiobs Töchter*, Freiburg 1988.

Goritschewa, Tatjana: *Von Gott zu reden ist gefährlich: meine Erfahrungen im Osten und im Westen*, Freiburg 1984.

Grigor'eva, Galina: K istorii ženskogo dviženija 80-ch godov. Al'manach „Ženščina i Rossija", žurnal „Marija", in: *Samizdat* (po materialam konferencii „30 let nezavisimoj pečati. 1950–80 gody". Sankt-Peterburg, 25–27 aprelja 1992 g.), hg. von V. Dolinin und B. Ivanov, St. Petersburg 1993, S. 120–123.

Grigor'eva, Galina: Sovremennye problemy religioznogo puti, in: *Christianskij seminar. Vol'noe slovo*, Bd. 39, Frankfurt am Main 1980, S. 20–33.

Grigorenko, Petr: *Erinnerungen*, München 1981 (russische Ausgabe: *V podpol'je možno vstretit' tol'ko kryc ...* , Moskau 1997).

Grigorenko, Petr: *Mysli sumasšedšego. Izbrannye pis'ma i vystuplenija Petra Grigor'eviča Grigorenko*, Amsterdam 1973.

Grivnina, Irina: Lefortovskie sobesedniki, in: *Vremja i my* 1985, Heft 85, S. 183–201.

Grivnina, Irina: Popytka memuarov, in: *Oktjabr'* 1993, Heft 7, S. 144–152.

Iniciativnaja Gruppa po zaščite prav čeloveka v SSSR. Sbornik dokumentov, New York 1976.

Ioffe, Nadeschda: *Rückblende. Mein Leben. Mein Schicksal. Meine Epoche*, Essen 1997.

Jakir, Petr: *Kindheit in Gefangenschaft*, Frankfurt am Main 1972.

Jankova, Z.A.: Razvitie ličnosti ženščiny v Sovetskom obščestve, in: *Sociologičeskie issledovanija* 1975, Heft 4, S. 42–51.

Janov, Aleksandr: Čelovek „dlja ljudej" i čelovek „dlja sebja", in: *Voprosy literatury* 11 (1967), Heft 7, S. 41–64.

Kaminskaja, Dina: *Als Strafverteidigerin in Moskau*, Weinheim/Basel 1985 (russische Ausgabe: *Zapiski advokata*, Benson, Vermont 1984).

Kim, Julij: Delo Petra Jakira, in: *Zvezda* 1997, Heft 3, S. 190–203.

Kim, Julij: *Sočinenija. Pesni. Stichi. P'esy. Stat'i i očerki*, Moskau 2000.

Komarova, Nina: *Kniga ljub'vi i gneva*, Paris 1994.

Komitet zaščity Tat'jany Velikanovoj (Informacionnyj bjulleten' Nr. 1), in: *Vol'noe Slovo. Samizdat. Izbrannoe.* Bd. 38, S. 73–75.

Kopelew, Lew/Orlowa, Raisa: *Wir lebten in Moskau*, München 1987 (russische Ausgabe: Kopelev, Lev/Orlova, Raisa: *My žili v Moskve, 1956–1980*, Ann Arbor 1981).

Kopelew, Lew: *Aufbewahren für alle Zeit*, Hamburg 1976 (russische Ausgabe: Kopelev, Lev: *Chranit' večno*, Ann Arbor 1975).

Kopelew, Lew: *Tröste meine Trauer. Autobiographie 1947–1954*, Hamburg 1981 (russische Ausgabe: Kopelev, Lev: *Utoli moi pečali*, Ann Arbor 1981).)

Kopelew, Lew: *Und schuf mir einen Götzen. Lehrjahre eines Kommunisten*, München 1981 (russische Ausgabe: Kopelev, Lev: *I sotvoril sebe kumira*, Ann Arbor 1979).

Quellen- und Literaturverzeichnis

Kowaljow, Sergei: *Der Flug des weißen Raben: von Sibirien nach Tschetschenien; eine Lebensreise*, Berlin 1997 (russische Ausgabe nur in Auszügen vorhanden: Kovalev, Sergej: Polet beloj vorony. Glavy vospominanij, in: *Novoe vremja* 1997, Heft 19, S. 36–38, Heft 20, S. 34–37).

Krachmal'nikova, Zoja: *Slušaj, tjur'ma!*, Moskau 1995.

Krasin, Viktor: *Sud*, New York 1983.

Kronid: Izbrannye stat'i K. Ljubarskogo, hg. von Galina Salova (Ljubarskaja), Moskau 2001.

Kudrova, Irma: *Gibel' Mariny Cvetaevoj*, Moskau 1995 (englische Ausgabe: *The Death of a Poet. The Last Days of Marina Tsvetaeva*, Woodstock u.a. 2004).

Kudrova, Irma: *Prostory Mariny Cvetaevoj. Poèzija, proza, ličnost'*, St. Petersburg 2003.

Kudrova, Irma: *Put' komet. Žizn' Mariny Cvetaevoj*, St. Petersburg 2002.

La Génération de 56. Entretien avec Natacha Gorbanevskaïa, in: *Magazine littéraire* 125 (Juni 1977), S. 18–21.

Landa, Mal'va: *V zaščitu prav čeloveka*, New York 1976.

Larina-Bucharina, Anna: *Nezabyvaemoe*, Moskau 1989 (deutsche Ausgabe: *Nun bin ich schon weit über zwanzig. Erinnerungen*, Göttingen 1989).

Lert, Raisa: *„Ne pominajte lichom ... "*, Paris 1986.

Litvinov, Pavel (Hrsg.): *Delo o demonstracii na Puškinskoj ploščadi 22 janvarja 1967 goda. Sbornik dokumentov*, London 1968.

Litvinov, Pavel (Hrsg.): *Process četyrech. Sbornik materialov po delu Galanskogo, Ginzburga, Dobrovol'skogo i Laškovoj*, Amsterdam 1971.

Lubarskaja, Galina: *Wie können Sie helfen? Zur Betreuung politisch Verfolgter in der Sowjetunion*, hg. von Amnesty International, Sektion Bern, Bern 1981.

Malachovskaja, Anna-Natal'ja: O zaroždenii russkogo feminističeskogo al'manacha Ženščina i Rossija (Inter'vju s Mariej Zav'jakovoj), in: *Solanus* 14 (2000), S. 68–90.

Mamonova, Tatjana (Hrsg.): *Women and Russia. Feminist Writings from the Soviet Union*, Oxford 1984.

Mandelstam, Nadjeschda: *Das Jahrhundert der Wölfe. Eine Autobiographie*, Frankfurt am Main 1971; dies.: Generation ohne Tränen. Erinnerungen, Frankfurt am Main 1975 (russische Ausgabe: Mandel'štam, Nadežda: *Vospominanija*, New York 1970; dies.: *Vtoraja kniga*, New York 1971).

Martschenko, Anatolij: *Meine Aussagen. Bericht eines sowjetischen Häftlings*, Frankfurt am Main 1969 (russische Ausgabe: Marčenko, Anatolij: *Moi pokazanija*, Frankfurt am Main 1969, Neuauflage Moskau 1991).

Materialy XXII s"ezda KPSS, Moskau 1961.

Materialy XXV s"ezda KPSS, Moskau 1976.

Nekipelov, Viktor: *Institute of fools. Notes from the Serbsky*, New York 1980.

Neumann-Hoditz, Reinhold/Kusenberg, Kurt: *Alexander Solschenizyn in Selbstzeugnissen und Bilddokumenten*, Reinbek bei Hamburg 1974.

Novodvorskaja, Valerija: *Nad propast'ju vo lži*, Moskau 1998.

Novodvorskaja, Valerija: Po tu storonu otčajanija, in: *Karta* 19/20 (1997), S. 37–45.

Novodvorskaja, Valerija: *Po tu storonu otčajanija*, Moskau 1993.

O smerti Elizavety Denisovny Voronjanskoj: istorii uničtoženii rukopisi A. I. Solženicyna „Archipelag GULag", in: *Zvezda* 1994, Heft 6, S. 81–83.

Obščestvennaja gruppa sodejstvija vypolneniju Chel'sinskich soglašenij. Sbornik dokumentov, Bd. 1, 2 und 3, New York 1977.

Orlov, Yuri F.: *Dangerous Thoughts: Memoirs of a Russian Life*, New York 1991 (deutsche Ausgabe: Orlow, Juri: *Ein russisches Leben*, München 1994; russische Ausgabe: Orlov, Jurij: *Opasnye mysli. Memuary iz russkoj zizni*, Moskau 1992).

Orlowa, Raissa: *Die Türen öffnen sich langsam. Eine Moskauerin erlebt den Westen*, Hamburg 1984 (russische Ausgabe: Orlova, Raisa: *Dveri otkryvajutsja medlenno*, Moskau 1994).

Orlowa, Raissa: *Eine Vergangenheit, die nicht vergeht. Rückblicke aus fünf Jahrzehnten*, München und Hamburg 1985 (russische Ausgabe: *Vospominanija o neprošedšem vremeni*, Ann Arbor 1983).

Orlowa, Raissa: *Warum ich lebe*, Göttingen 1990.

Osipov, Vladimir: *Tri otnošenija k rodine. Stati, očerki, vystuplenija*, Frankfurt am Main 1978.

Quellen- und Literaturverzeichnis

Pamjati Iriny Jakir, in: *Zvezda* 1999, Heft 9, S. 179–183.

Pervyj redaktor. Interv'ju s Natalej Gorbanevskoj, in: *Express-Khronika* 19.–26. April 1993, Heft 17.

Polikovskaja, Ljudmila (Hrsg.): *„ My – predčuvstvie, predčeta ...". Ploščad' Majakovskogo: 1958–1965*, Moskau 1997.

Politische Gefangene in der UdSSR. Ihre Behandlung und ihre Haftbedingungen, hg. von Amnesty International, Bonn 1977.

Rapoport, Jakov: *Na rubeže dvuch epoch. Delo vračej*, Moskau 1988 (engl. Ausgabe: Yakov Rapoport: *The Doctors' Plot of 1953*, Cambridge/Mass. 1991).

Ratuschinkskaja, Irina: *Grau ist die Farbe der Hoffnung. Bericht aus einem Frauenlager*, Hamburg 1988 (russische Ausgabe: Ratušinskaja, Irina: *Seryj – svet nadeždy*, London 1989).

Sacharow Andrei: *Wie ich mir die Zukunft vorstelle. Gedanken über Fortschritt, friedliche Koexistenz und geistige Freiheit*, Zürich 1969 (russische Ausgabe: Sacharov, Andrej: *Memorandum. Razmyslenija o progresse, mirnom sosuščestvovanii i intellektual'noj svobode*, Frankfurt am Main 1968).

Sacharow, Andrei: *Mein Leben*, München 1991 (russische Ausgabe: Andrej Sacharov: *Vospominanija*, New York 1990).

Sacharow, A.D. *Ausgewählte Texte*, hg. von Hans Christian Meiser, München 1986.

Sacharow, Andrej: *Furcht und Hoffnung. Neue Schriften bis Gorki 1980*, Wien u.a. 1980.

Serge, Viktor: *Leo Trotzkij. Leben und Tod*, München 1981.

Sinjavskij, Andrej: Dissidentsvo kak ličny opyt, in: *Sintaksis* 15 (1986), S. 131–147 (gekürzte Fassung auch in: *Junost'* 1989, Heft 5, S. 88–91).

Solschenizyn, Alexander (Hrsg.): *Stimmen aus dem Untergrund. Zur geistigen Situation in der UdSSR*, Frankfurt am Main u.a. 1976.

Soviet Jews and the Establishment of Israel: Letters and Appeals to the Jewish Anti-Fascist Committee. Introduced and annotated by Shimon Redlich, in: *Soviet Jewish Affairs* 21 (1991), S. 73–91.

Tereschkova, Valentina: *Einige Aspekte der Lage der Sowjetfrauen*, hg. vom Komitee der Sowjetfrauen, Moskau 1979.

The Party and Popular Reaktion to the „Doctors' Plot". Introduced by Mordechai Altshuler and Tat'iana Chentsova, in: *Jews in Eastern Europe* 21 (1993), S. 49–65.

Till my Tale is Told. Women's Memoirs of the Gulag, hg. von Simeon Vilensky, Bloomington, Indiana 1999.

Turčin, Valentin: *Inercija stracha*, New York 1978.

Ulanovskaja, Maija/Ulanovskaja, Nadežda: *Istorija odnoj sem'i*, New York 1982.

Ulanovskaja, Maja/Fromer, Vladimir (Hrsg.): *Počva i sud'ba*. Anatolij Jakobson, Vilnius/Moskau 1992.

Unksova, Kari: Nikogda, in: *Soglasie* 1993, Heft 3, S. 56–72.

Vachtina, Polina: Ob Irine Jakir, in: *Zvezda* 1999, Heft 9, S. 179–182.

Vajl, Boris: *Osobo opasnyj*, London 1980.

Verblovskaja, Irina.: Ot zvonka do zvonka. Bospominanija PZK (1957–1962), in: *Zvezda* 1995, Heft 11, S. 200–212.

Verblovskaja, Irina: *Gor'koj ljubov'ju ljubimyj. Peterburg Anny Achmatovoj*, St. Petersburg 2002.

Vidre, K.: Kakaja ona byla, Frida Vigdorova, in: *Zvezda* 2000, Heft 5, S. 111–118.

Voprosy priema v partiju, Leitartikel, ohne Autor, in: *Partijnaja žizn'* 1956, Heft 8, S. 3–8.

Voznesenskaja, Julja: *Briefe über die Liebe*, München 1987 (englische Ausgabe: *Letters of Love: Women Political Prisoners in Exile and the Camps*, London/New York 1989).

Voznesenskaja, Julja: Romaška belaja, in: *Poiski* 1982, Heft 4, S. 153–182, Fortsetzung in: *Poiski* 1983, Heft 5–6, S. 303–335.

Voznesenskaja, Julja: Zapiski iz rukava, in: *Poiski* 1979, Heft 1, S. 149–206.

Voznesenskaja, Julja: Ženskij lager' v SSSR, in: *Grani* 1980, Heft 117, S. 204–231.

Voznesenskaja, Julja: Ženskoe dviženie v Rossii, in: *Posev* 1981, Heft 4, S. 41–44.

Voznesenskaya, Yuliya: The Independent Women's Movement in Russia, in: *Religion in Communist Lands* 10 (1982), Heft 3, S. 333–336.

Za vašu i našu svobodu, Interview mit Natal'ja Gorbanevskaja, in: *Obščaja gazeta* Nr. 44/69, 4.–10. Novembre 1994.

Zapiski knjagini M.N. Volkonskoj, hg. von B. G. Kokoško, Moskau 1960 (deutsche Ausgabe: *Fürstin Maia Wolkonskaja*: Erinnerungen, hg. von Lieselotte Remané, Berlin 1979).

Zastupnica. Advokat S.V. Kallistratova (1907–1989), hg. von E.Ė. Pečuro, Moskau 1997.

Unveröffentlichte autobiographische Schriften und biographische Interviews aus dem Privatbesitz der Zeitzeuginnen

Interview mit Natal'ja Gorbanevskaja, geführt von Ljudmila Al'pern, Paris 9. Oktober 2002, Gabe Gorbanevskajas.

Kudrova, Irma: Bol'šoj Dom, verfasst in St. Petersburg, Sommer 2000, Privatbesitz, Gabe der Autorin.

Landa, Mal'va: Avtobiographija, verfasst in Moskau, ohne Datum (Anfang der 1990er Jahre), Privatbesitz, Gabe der Autorin.

Landa, Mal'va: O stanovleniem moego otnošenija k kommunistam i kommunističeskoj vlasti: o bor'be za prava čeloveka v SSSR, ob učastii v dejatel'nosti pervoj Chel'sinskoj gruppy, ohne Datum (Anfang der 1990er Jahre), Privatbesitz, Gabe der Autorin.

Verblovskaja, Irina: Ot tiur'my da, ot sumy ne zarekajsja, ohne Datum, Privatbesitz, Gabe der Autorin.

Archivmaterial

Archiv der Forschungsstelle Osteuropa (FSO), Bremen

Fond 3: Raisa Orlova

Fond 4: Noėmi Botvinik

Fond 26: Natal'ja Gorbanevskaja

Fond 84: Julija Višnevskaja

Info-Archiv (Pressearchiv)

Interviewsammlung: Transkripte der Interviews Raisa Orlavas mit sowjetischen Emigrantinnen und Emigranten zum Thema „Samizdat", 1983 bís 1986:

Interview mit Vera Čalidze, London, 16. März 1983

Von der Küche auf den Roten Platz

Interview mit Marija Rozanova und Andrej Sinjavskij, Paris, den 17. 4. 1983
Interview mit Ljudmila Alekseeva, New York, 13. September 1983
Interview mit Dina Kaminskaja, Washington, 29. September 1983
Interview mit Tat'jana Goričeva, Paris, 26. März 1985
Interview mit Natal'ja Pokrovskaja, ohne Ortsangabe, 28. November 1985

Naučno-Informacionnyj Centr (NIC) Memorial, Moskau

Fond 101: Fond Izdatel'stva „Chronika"
Fond 125: Elena Il'zen (Grin)
Fond 112: Irina Kaplun
Fond 153: Bjulleten' „Chronika tekuščich sobytii"
Fond 155: Fondličnych del
Fond 161: Spiski Russkogo obščestvennogo fonda pomošči politzaključennym
Biographische Datenbank mit 200 Kurzbiographien ehemaliger Dissidentinnen und Dissidenten aus dem Gebiet der RSFSR

Archiv der Sacharov-Stiftung, Moskau

Fond 2: Elena Bonnėr

Centr Dokumentacij Narodnyj Archiv, Moskau

Fond 92: Jurij Grimm
Fond 93: Michail Gefter
Fond 280: Leonard Ternovskij
Fond 286: Vladimir Geršuni

Quellen- und Literaturverzeichnis

Naučno-Informacionnyj Centr (NIC) Memorial, St. Petersburg

Sammlung *Ženskoe dviženie* (Frauenbewegung):

Archiv Galina Grigor'eva (darin: Vortragsmanuskript „Bor'ba za prava ženščin vo vremja zastoja i sejčas", Fotographien, Gedichte, Zeitungsausschnitte)

Archiv Tat'jana Goričeva

Archiv Natal'ja Djukova (darin: „Istorija sozdanija feministskogo dviženija v načale 1980-ch godov", Fotographien)

Marija. Žurnal rossiskogo nezavisimogo ženskogo religioznogo kluba „Marija" Nr. 6, Leningrad (Samizdat) 1981

Sammlung *Ustnaja istorija* (Oral History):

Interview mit Ljudmila Klimanova (Sof'ja Čujkina), St. Petersburg, 13.3.1994

Interview mit Irina Verblovskaja (Sof'ja Čujkina), St. Petersburg, Mai 1994

Interview mit Galina Grigor'eva (Sof'ja Čujkina), St. Petersburg, ohne Datum

Interview mit Natal'ja Malachovskaja (Irina Jukina), St. Petersburg, ohne Datum

Interview mit Niele Bogomolova, ohne Ortsangabe, ohne Datum

Interview mit Natal'ja Lazareva (Tat'jana Dorutina), St. Petersburg, 9.8.1999

Interview mit Natal'ja Lesničenko (Sof'ja Čujkina), St. Petersburg, April 1994

Periodika, gedruckte Samizdat-Zeitschriften und Presseartikel

Almanach de la Révolte, in: *histoires d'elles*, Heft 20, Februar 1980, S. 1–3.

Archiv Samizdata. Sobranie dokumentov Samizdata, hg. von Radio Liberty, München.

Batalova, R. (Tat'jana Mamonova): Rody čelovečeskie, in: *Ženščina i Rossija*, Paris 1980, S. 41–50.

Belova, S.: Pis'mo molodoj materi, in: *Marija* 2, Leningrad/Frankfurt am Main 1981, S. 53–55.

Braitverg, Alice: Les femmes en Union Soviétique, in: *Questions féministes*, Februar 1980.

Cavaignals, Laetitia: Femmes de Léningrad. Une interview du Club Marie, in: *L'Alternative*, September-Oktober 1980, S. 14–18.

Chamova, Galina: Reskie repliki, in: *Marija* 3, Leningrad/Paris 1982, S. 54–56.

Chronika tekuščich sobytij, 1969–1988, vollständig erhalten im Archiv des NIC Memorial, Moskau, veröffentlicht im Internet unter http://www.memo.ru/history/DISS/chr

Demokratija i my, Leningrad (Samizdat). Archiv NIC Memorial, St. Petersburg.

Die Frau und Russland, Almanach Nr. 3, Berlin 1983.

Die Frau und Russland. Almanach von Frauen für Frauen No. 1. Texte aus dem Almanach No. 2 „Rossijanka". Zeitschrift „Marija" No. 1, München 1980.

Diskussija na temu „Feminizm i Marksizm", in: *Marija* 1, Leningrad/Frankfurt am Main 1981, S. 19–22.

Dispot, Laurent: „Femme et Russie 1980" par le collectif de l'Almanach. Des voix clandestines, presque féministes, in: *Le Matin de Paris*, 28. Februar 1980.

Doron, Elena: Kto vinovat?, in: *Marija* 3, Leningrad/Paris 1982, S. 56–59.

Evans, Ann: Woman and Russia, in: *Socialist Press*, 4. Februar 1980.

Express-Khronika, New York/Moskau.

French Feminists to Sell Magazine of Soviet Women, in: *International Herald Tribune*, 12./13. Januar 1980.

Golubeva, Vera (Natal'ja Mal'ceva): Obratnaja storona medali, in: *Ženščina i Rossija*, Paris 1980, S. 53–59.

Goričeva, Tat'jana: Antiveselennaja sovetskoj sem'i, in: *Marija* 2, Leningrad/Frankfurt am Main 1981, S. 35–37.

Goričeva, Tat'jana: Iz pis'ma v Leningrad, in: *Marija* 3, Leningrad/Paris 1982, S. 62–64.

Goričeva, Tat'jana: Radujsja, slez evinych izbavlenie, in: *Ženščina i Rossija*, Paris 1980, S. 19–27.

Quellen- und Literaturverzeichnis

Goričeva, Tat'jana: Ved'my v kosmose, in: *Marija* 1, Leningrad/Frankfurt am Main 1981, S. 9–13.

Grigor'eva, Galina: Beseda s Zoej i Valeriej, in: *Ženščina i Rossija*, Paris 1980, S. 125–141.

Grigor'eva, Galina: Valentina Rjabinina, in: *Marija* 2, Leningrad/Frankfurt am Main 1981, S. 47–50.

How the Russian Kind of Freedom has Turned Women into Monstrosities, in: *The Guardian*, 31. Juli 1980.

„Ich habe meine Meinung nicht geändert", Interview mit Julij Daniėl', in: *Stern* 1970, Heft 41, 4. Oktober 1970, S. 79–80.

Ivina, Žana: S gomerovskim veličiem i safiričeskoj čistotoj, in: *Ženščina i Rossija*, S. 113–122.

Iz pis'ma o leningradskich dikussijach kluba „Marija" konca 1980 g., in: *Marija* 3, Leningrad/Paris 1982, S. 34–37.

Jakubov, V.: Razmyšlenija o žurnale „Marija", in: *Marija* 2, Leningrad/Frankfurt am Main 1981, S. 96–100.

K ženščinam Rossii, in: *Marija* 1, Leningrad/Frankfurt am Main 1981, S. 7–8.

Kischke, Martina I.: Der Mann steht vor der Bierbude. „Frauen in Russland" – ein illegaler Almanach aus der Sowjetunion, in: *Frankfurter Rundschau*, 8. März 1980.

Klub „Marija" protiv okkupacii Afganistana, in: *Marija* 2, Leningrad/Frankfurt am Main 1981, S. 11–13.

Kontinent. Literaturnyj, obščestvenno-političeskij i religioznyj žurnal, hg. von Vladimir Maksimov, Berlin/Moskau.

Lauva, Aja: Chozjain sem'i, in: *Marija* 1, Leningrad/Frankfurt am Main 1981, S. 39–42.

Lauva, Aja: Happy end, in: *Marija* 2, Leningrad/Frankfurt am Main 1981, S. 51–53.

Le Samizdat des femmes, in: *Le Nouvel Observateur*, 21. Januar 1980.

Malachovskaja, Anna-Natal'ja: Materinskaja sem'ja, in: *Ženščina i Rossija*, Paris 1980, S. 31–40.

Malachovskaja, Anna-Natal'ja: Smirenie – ėto vnutrennjaja svoboda, in: *Marija* 3, Leningrad/Paris 1982, S. 20–25.

Malachovskaja, Anna-Natal'ja: Temnica bez okov, in: *Marija* 1, Leningrad/Frankfurt am Main 1981, S. 68–78.

Malachovskaja, Anna-Natal'ja: V nenasytnoj utbore, in: *Marija* 2, Leningrad/Frankfurt am Main 1981, S. 38–44.

Mamonova, Tat'jana: Ėti dobrye patriarchal'nye ustoi, in: *Ženščina i Rossija*, Paris 1980, S. 9–17.

Mamonova, Tat'jana: Zajavlenie v Prokuraturu g. Leningrada, Leningrad, 14. Dezember 1980, in: *Ženščina i Rossija*, Paris 1980, S. 139–141.

Marija. Žurnal rossiskogo nezavisimogo ženskogo religioznogo kluba „Marija", .

Nr. 1, hg. von T. Goričeva, Leningrad/Paris 1980.

Nr. 2, hg. von Julija Voznesenskaja, Leningrad/Frankfurt am Main 1981,

Nr. 3, hg. von Natal'ja Malachovskaja, Leningrad/Paris 1982.

Nr. 6, Leningrad (Samizdat) 1981, Archiv NIC Memorial, St. Petersburg, Sammlung *Ženskoe dviženie*.

Meier, Viktor: „In der Sowjetunion ist die Frau die Sklavin der Sklaven". Drei ausgewiesene Feministinnen berichten, in: *Frankfurter Allgemeine Zeitung*, 26. Juli 1980

Mikus, Marion: Experiment Sozialismus durchgefallen, in: *Münchner Merkur*, 6. August 1980.

Minuvšee. Istoricheskii al'manach, Paris.

Morgan, Robin: The First Feminist Exiles from the USSR, in: *Ms*, November 1980.

Moscow Expels Feminists, in: *Time Magazine*, 4. August 1980.

Nadežda. Christianskoe čtenie, Heft 1–13, hg. von Zoja Krachmal'nikova, Frankfurt am Main

Otvety na anketu žurnala „Alternativy", in: *Marija* 1, Leningrad/Frankfurt am Main 1981, S. 22–30.

Pamjat': Istoričeskij sbornik, hg. von Natal'ia Gorbanevskaja, New York/Paris.

Pazuchin, Vanja: Zolotoe detstvo, in: *Ženščina i Rossija*, Paris 1980, S. 61–69.

Pčela, St. Petersburg.

Pis'mo o Pol'še in: *Marija* 2, Leningrad/Frankfurt am Main 1981, S. 3–9.

Rabstvo ili svoboda? Diskussija na temu "Sovremennaja ženščina i smirenie", in: *Marija* 3, Leningrad/Paris 1982, S. 8–37.

Reddaway, Peter: Russia puts First Feminist on Trial, in: *The Observer*, Heft 4, Januar 1981.

Romanova, Ksenija: Monolog bezdomnogo čeloveka, in: *Marija* 3, Leningrad/Paris 1982, S. 42–45.

Rossijanka: *Des Femmes russes. Par des femmes de Leningrad et d'autres villes*, Paris 1980.

Russkaja mysl', Paris.

Salhi, Yasmina: Les féministes soviétiques sous la menace du K.g.b., in: *F Magazine*, Heft 24, Februar 1980, S. 42–44.

Santer, Inge: Mit der Gleichberechtigung der sowjetischen Frau ist es nicht weit her. Die Sklavinnen der Sklaven mucken auf, in: *Weltwoche*, 30. Juli 1980.

Santo, Inge: „Die Sowjets haben uns zu Sklavinnen der Sklaven gemacht." Gespräch mit den vier aus der UdSSR ausgewiesenen Frauenrechtlerinnen, in: *Münchner Merkur*, 26./27. Juli 1980.

Sariban, Alla: Radi propiski, in: *Marija* 3, Leningrad/Paris 1982, S. 48–54.

Sariban, Alla: Ženščina i byt, in: *Marija* 2, Leningrad/Frankfurt am Main 1981, S. 44–46.

Sintaksis. Publicistika. Kritika. Polemika, hg. von Marija Rozanova und Andrej Sinjavskij, Paris.

Slutskaya, Vera: Woman and Russia, in: *Socialist Worker*, 5. Juli 1980.

Sokolova, Sof'ja: Kak ja obrela v Rossii svobody (očerk), in: *Marija* 2, Leningrad/Frankfurt am Main 1981, S. 87–90.

Sokolova, Sof'ja: Slabyj pol? Da, mužčiny, in: *Marija* 1, Leningrad/Frankfurt am Main 1981, S. 43–44.

Sowjetische Feministinnen ausgebürgert, in: *Süddeutsche Zeitung*, 22. Juli 1980.

SSSR: Vnutrennie protivorechiia, hg. von Valerij Čalidze, New York/ Benson.

Strana i Mir, hg. von Kronid Ljubarskij, München.

Une revue féministe clandestine est diffusé en Union soviétique, in: *Le Monde*, 17. Januar 1980.

Vol'noe slovo. Samizdat. Izbrannoe, Frankfurt am Main.

Voznesenskaja, Julija: Domašnij konclager', in: *Marija* 1, Leningrad/-Frankfurt am Main 1981, S. 13–19.

Voznesenskaja, Julija: K našim čitatel'nicam, in: *Marija* 1, Leningrad/-Frankfurt am Main 1981, S. 79–84.

Voznesenskaja, Julija: Pis'mo iz Novosibirska, in: *Ženščina i Rossija*, Paris 1980, S. 71–80.

Wir müssen mehr voneinander erfahren. Interview mit Jelena Borissowa, in: *Menschenrechte*, hg. von der Gesellschaft für Menschenrechte, Juli/August 1981, S. 19.

Zemlja v ogne, in: *Marija* 2, Leningrad/Frankfurt am Main 1981, S. 11–34.

Ženščina i Rossija. Al'manach Ženščinam o ženščinach, Paris 1980.

Literarische Quellen

Bogoraz, Larisa: Melkie besy, in: *Kontinent* 12 (1977), S. 213–225 (Rezension von Anna Gerc', K vol'noj vole zapovednye puti ...).

Buriaševa, Katja (Tat'jana Fedotova): *Bez Adama. Liričeskaja antiutopija v dvuch častjach*, Leningrad, Samizdat, ohne Datum (Mitte 1970er Jahre), Privatbesitz, Gabe der Autorin.

Čukovskaja, Lidija: *Opustelyj dom*, Paris 1965 (deutsche Ausgabe: *Ein leeres Haus*, Zürich 1970, neue russische Ausgabe: *Sof'ja Petrovna. Spusk pod vodu. Povest'*, Moskau 1988).

Datnova, Eva: Dissdentočki. Povest', in: *Literaturnaja učeba* 1994 (6), S. 3–71.

Dovlatov, Sergej: Zona, in: ders.: *Sobranie prozy v trech tomach*, Bd. 1, St. Petersburg 1993, S. 25–172.

Ėrenburg, Il'ja: *Sobranie sočineii*, 9 Bde., Moskau 1962–1967.

Gerc, Anna (Maja Zlobina): K vol'noj vole zapovednye puti ..., in: *Novyj Žurnal*, 1975, Heft 120, S. 31–77, Heft 121, S. 25–70, 1976, Heft 122, S. 27–77, Heft 123, S. 15–38, Heft 124, S. 45–72.

Kim, Julij: Natal'ja Egorova, in: ders.: *Sočinenija. Pesni. Stichi. P'esi. Stat'i i očerki*, Moskau 2000, S. 454–460.

Maksimov, Vladimir: Kočevanie do Smerti, in: *Kontinent* 79 (1994), S. 37–108.

Malachovskaja, Anna Natal'ja: *Vozvraščenie k Babe-Jage: roman v 3 častjach*, St. Petersburg 1993.

Šalamov, Varlam: *Kolymskie rasskazy*, London 1978, Magadan 1989 (deutsche Ausgabe: Schalamow, Warlam: *Geschichten aus Kolyma*, Frankfurt am Main u.a. 1983).

Sokolova, Sof'ja: *Ja, ty, oni. Sbornik rasskazov*, St. Petersburg 1992.

Solženicyn, Aleksandr: *Archipelag Gulag*, Paris 1973–1975, 3 Bde. (deutsche Ausgabe: Solschenizyn, Alexander: *Der Archipel GULAG*, 3 Bde, Bern 1974/75).

Solženicyn, Aleksandr: *Odin den' Ivana Denisoviča. Povest'*, Moskau 1963 (deutsche Ausgabe: Solschenizyn, Alexander: *Ein Tag im Leben des Iwan Denissowitsch*, München/Zürich 1963).

Solženicyn, Aleksandr: *V kruge pervom*, London 1968 (deutsche Ausgabe: Solschenizyn, Alexander: *Der erste Kreis der Hölle*, Frankfurt am Main 1968).

Timofeev, Lev: Moskva. Molenie o Čaše. Komedija, in: ders.: *Ja osobo opasnyj prestupnik. Odno ugolovnoe delo*, Minsk 1990, S. 119–153.

Ulanovskaja, Bella: Ličnaja neskromnost' palina, in: *Mansarda. Literaturno-chudožestvennyj žurnal*, Bd. 1, St. Petersburg1996, S. 29–31.

Ulanovskaja, Bella: *Osennij pochod ljagušek*, St. Petersburg 1992.

Vladimov, Georgij: *Vernyj Ruslan. Istorija karaul'noj sobaki*, Moskau 1989.

Volek, Anastasija: Moja Boginja, in: *Čego chočet ženščina ...: sbornik ženskich raska*zov, hg. von Nina Gorlanova, Moskau 1993.

Voznesenskaja, Julja: *Ženskij dekameron*, Moskau 1992 (deutsche Ausgabe: Wosnesenskaja, Julia: *Das Frauen-Dekameron*, München 1985).

Eigene Interviews

Interview mit Tatjana Michajlovna Velikanova, Moskau, den 6. Dezember 2001.

Gespräch mit E., Moskau, den 7. Dezember 2001, (die Zeitzeugin wollte ungenannt bleiben).

Gespräch mit Irina Pavlovna Uvarova, Moskau, den 10. Januar 2002.

Interview mit Natal'ja Nikolaevna Sadomskaja, Moskau, den 11./12. Januar 2002.

Interview mit Vera Iosifovna Laškova, Moskau, den 16. und 23. Januar 2002.

Interview mit Galina Il'inična Salova, Moskau, den 19. und 22. Januar 2002.

Interviw mit Larisa Iosifovna Bogoraz, Moskau, den 26. Januar 2002.

Interview mit Zoja Aleksandrovna Krachmal'nikova, Moskau, den 1. Februar 2002.

Interview mit Mal'va Noevna Landa, Moskau, den 3./4. Februar 2002.

Interview mit Aleksandr Julevič Daniėl', Moskau, den 7. Februar 2002.

Gespräch mit Natal'ja Markovna Botvinik, St. Petersburg, den 12. Februar 2002.

Interview mit Sof'ja Arnol'dovna Sokolova, St. Petersburg, den 15. Februar 2002.

Interview mit Irina Savel'evna Verblovskaja, St. Petersburg, den 16., 19. und 23. Februar 2002.

Gespräch mit Natal'ja Andreevna Roginskaja und Boris Arsenevič Roginskij, St. Petersburg, den 17. Februar 2002.

Interview mit Vjačeslav Ėmanuilovič Dolinin, St. Petersburg, den 18. Februar und 1. März 2002.

Interview mit Galina Valentinovna Grigor'eva, St. Petersburg, den 20. Februar 2002.

Interview mit Natal'ja Michajlovna Djukova, St. Petersburg, den 24. Februar 2002.

Interview mit Bella Jur'evna Ulanovskaja, St. Petersburg, den 28. Februar 2002.

Interview mit Irma Viktorovna Kudrova, St. Petersburg, den 1. März 2002.

Interview mit Natal'ja Evgen'eva Gorbanevskaja, Paris, den 9. Mai 2003.

Interview mit Arina Sergeevna Žolkovskaja-Ginzburg, Paris, den 10. Mai 2003.

Filmmaterial

Les témoins du Goulag, Canal histoire, 23.–29. November 2002, 28. November 2002: Alexandre Guinzbourg (Interview mit Aleksandr Ginzburg und Arina Žolkovskaja-Ginzburg).

Quellen- und Literaturverzeichnis

Stalin, ZDF-Serie, Teil I: Der Mythos, 4.3.2003, Teil II: Der Kriegsherr, 11.3.2003, Teil III: Der Tyrann, 18.3.2003.

10.2 Sekundärliteratur

58–10. Nadzornye proizvodstva prokuratury SSSR po delam ob antisovetskoj agitacii i propagande. Annotirovannyj katalog mart 1953 - 1991, hg. von O.V. Édel'man, Moskau 1999.

Abovin-Egides, Petr: *Andrej Sacharov (tragedija velikogo gumanista)*, Paris 1985.

Abramovič, Aron: *Učastie i rol' evreev SSSR v vojne protiv nacisma*, St. Petersburg 1999.

Adler, Nanci: *The Gulag Survivor: Beyond the Soviet System*, New Brunswick/London 2002.

Adler, Nanci: *Victims of Soviet Terror. The Story of the Memorial Movement*, Westport 1993.

Ajvazova, Svetlana: *Russkie ženščiny v lavirinte ravnopravija: Očerki političeskoj teorii i istorii. Dokumenty. Materialy*, Moskau 1998.

Al'čuk, Anna (Hrsg.): *Ženščina i vizual'nye znaki*, Moskau 2000.

Alekseeva, Ljudmila: *Istorija inakomyslija v SSSR – Novejšij period*, Benson, Vermont 1984 (engl. Ausgabe: Alexeeva, L.: *Soviet Dissent. Contemporary Movements for National, Religious and Human Rights*, Middletown/Connecticut 1985).

Alltagskultur, Subjektivität und Geschichte: zur Theorie und Praxis von Alltagsgeschichte, hg. von der Berliner Geschichtswerkstatt, Münster 1994.

Alpern Engel, Barbara/Evans Clements, Barbara/Worobec, Christine (Hrsg): *Russia's Women. Accomodation, Resistance, Transformation*, Berkeley u.a. 1991.

Alpern Engel, Barbara/Posadskaya-Vanderbeck, Anastasia (Hrsg.): *A Revolution of their Own. Voices of Women in Soviet History*, Boulder, Colorado 1998.

Alpern Engel, Barbara/Rosenthal, Clifford (Hrsg.): *Five Sisters: Women Against the Tsar*, New York 1975.

Alpern Engel, Barbara: *Mothers and Daughters: women of the Intelligentsia in Nieneteenth-Century Russia*, Cambridge 1983.

Anderson, Barbara A.: The Life Course of Soviet Women born 1905–1960, in: James R. Millar (Hrsg.): *Politics, Work and Daily Life in the USSR. A Survey of Former Soviet Citizens*, Cambridge 1987, S. 203–240.

Anderson, John: *Religion, State and Politics in the Soviet Union and Successor States*, Cambridge 1994.

Applebaum, Anne: *Gulag. A History*, New York 2003.

Aralovec, N.: Poteri naselenija v 30-e gody, in: *Otečestvennaja istorija* 1995, Heft 5, S. 135–145.

Arendt, Hannah: *Vita activa oder Vom tätigen Leben*, München/Zürich 1996 (8. Aufl., Erstauflage Stuttgart 1960).

Armborst, Kerstin: *Ablösung von der Sowjetunion: Die Emigrationsbewegung der Juden und Deutschen vor 1987*, Münster 2001 [Arbeiten zur Geschichte Osteuropas, Bd. 10].

Arnold, Sabine R.: *Stalingrad im sowjetischen Gedächtnis. Kriegserinnerung und Geschichtsbild im totalitären Staat*, Bochum 1998.

Assmann, Aleida / Friese, Heidrun (Hrsg.): *Identitäten*, Frankfurt am Main 1998 [Erinnerung, Geschichte, Identität, Bd. 3].

Assmann, Aleida: *Erinnerungsräume. Formen und Wandlungen des kulturellen Gedächtnisses*, München 1999.

Assmann, Jan: *Das kulturelle Gedächtnis. Schrift, Erinnerung und politische Identität in frühen Hochkulturen*, München 2002 (4. Aufl., 1. Aufl. 1992).

Assmann, Jan: Kollektives Gedächtnis und kulturelle Identität, in: ders./ Tonio Hölscher (Hrsg.): *Kultur und Gedächtnis*, Frankfurt am Main 1988, S. 9–19.

Atkinson, Dorothy/Dallin, Alexander/Lapidus, Gail (Hrsg.): *Women in Russia*, Hassocks, Sussex 1978.

Attwood, Lynne: *Creating the New Soviet Woman. Women's Magzines as Engineers of Female Identity*, 1922–53, Hampshire/London 1999.

Attwood, Lynne: The New Soviet Man and Woman – Soviet Views on Psychological Sex Differences, in: Barbara Holland (Hrsg.): *Soviet Sisterhood. British Feminists on Women in the USSR*, London 1985, S. 54–77.

Quellen- und Literaturverzeichnis

Attwood, Lynne: *The New Soviet Man and Woman. Sex-Role Socialisation in the USSR*, 1990.

Azhgichina, Nadezhda/Goscilo, Helena: Getting under their Skin: the Beauty Salon in Russian Women's Lives, in: Helena Goscilo/Beth Holmgren (Hrsg.): *Russia – Women – Culture*, Bloomington/Indianapolis 1996, S. 94–121

Baberowski, Jörg: *Der rote Terror. Die Geschichte des Stalinismus*, München 2003.

Baberowski, Jörg: Wandel und Terror: Die Sowjetunion unter Stalin 1928–1941, in: *Jahrbücher für Geschichte Osteuropas* 43 (1995), S. 97–127.

Bailey, George: *Sacharow. Der Weg zur Perestroika*, Frankfurt am Main/Berlin 1991 (2. Aufl.).

Baranov, V.A./Davydov, S.G./Korolev, L.A.: Vlast', političeskij sysk i dissidentstvo v SSSR v 60–70-e gg., in: *Političeskij sysk v Rossii: istorija i sovremennost'. Sbornik materialov meždunarodnoj naučnoj konferencii „Političeskij sysk v Rossii: istorija i sovremennost'"*, St. Petersburg 13.–15. Mai 1996, hg. von V. Makosij, S. 215–220.

Barber, John/Harrison, Mark: *The Soviet Homefront*, London 1991.

Barker, Francis: *Solzhenitsyn. Politics and Form*, London/Basingstoke 1977.

Baum, Ute: *Andrej Sacharow. Ein Porträt aus Dokumenten, Erinnerungen und Fotos*, Leipzig/Weimar 1991.

Beauvoir, Simone de: *Le deuxième sexe*, 2 Bde, Paris 1949, 2. Aufl. 1976.

Bergman, Jay: Soviet Dissidents on the Russian Intelligentsia, 1956–1985: The Search fot a Usable Past, in: *Russian Review* 51 (1992), S. 16–35.

Bertaux, Daniel/Bertaux-Wiame, Isabelle: Autobiographische Erinnerung und kollektives Gedächtnis, in: Lutz Niethammer (Hrsg.): *Lebenserfahrung und kollektives Gedächtnis: die Praxis der „oral history"*, Frankfurt am Main 1985 (2. Aufl.), S. 108–122.

Beyme, Klaus von: Intellektuelle, Intelligenz, in: *Sowjetsystem und demokratische Gesellschaft*, Bd. 3, Freiburg 1969, S. 186–208.

Beyrau, Dietrich/Bock, Ivo (Hrsg.): *Das Tauwetter und die Folgen. Kultur und Politik in Osteuropa nach 1956*, Bremen 1988.

Beyrau, Dietrich/Eichwede, Wolfgang (Hrsg.): *Auf der Suche nach Autonomie. Kultur und Gesellschaft in Osteuropa*, Bremen 1987.

Beyrau, Dietrich: *Intelligenz und Dissens. Die russischen Bildungsschichten in der Sowjetunion 1917 bis 1985*, Göttingen 1993.

Beyrau, Dietrich: Sowjetische Intelligenz und Dissens, in: ders./Wolfgang Eichwede (Hrsg.): *Auf der Suche nach Autonomie. Kultur und Gesellschaft in Osteuropa*, Bremen 1987, S. 21–52.

Bezborodov, A.B./Mejer, M.M./Pivovar, E.I.: *Materialy po istorii dissidentskogo i pravozaščitnogo dviženija v SSSR 50-ch– 80-ch godov*, Göttingen 1994.

Biographical Dictionary of Dissidents in the Soviet Union: 1956–1975, hg. von S.P. De Boer/E.J. Driessen/H.L. Verhaar, Den Haag u.a. 1982.

Bland-Spitz, Daniela: *Die Juden und die jüdische Opposition in der Sowjetuniojn 1967–1977*, Diessenhofen 1980.

Bloch, Sydney/Reddaway, Peter: *Dissident oder geisteskrank? Missbrauch der Psychiatrie in der Sowjetunion*, München 1978 (englische Ausgabe: Terror. *How Soviet Psychiatry is Used to Suppress Dissent*, New York 1977).

Bock, Gisela: Geschichte, Frauengeschichte und Geschlechtergeschichte, in: *Geschichte und Gesellschaft* 14 (1988), S. 364–391.

Bogoraz, Larisa/Daniėl', Aleksadr: V poiskach nesuščestvujuščej nauki: Dissidentstvo kak istoričeskaja problema, in: *Problemy Vostočnoj Evropy* 37/38 (1993), S. 142–161.

Bogoraz, Larisa/Golycin, Vladimir/Kovalev, Sergej: Političeskaja bor'ba ili zaščita prav? Dvadcatiletnij opyt nezavisimogo obščestvennogo dviženija v SSSR: 1965–1985, in: T.A. Notkina (Hrsg.): *Pogruženie v trjasinu. Anatomija zastoja*, Moskau 1991, S. 501–544.

Bonwetsch, Bernd: Die „Leningrad-Affäre" 1949–1951: Politik und Verbrechen im Spätstalinismus, in: *Deutsche Studien* 28 (1990), S. 306–322.

Bos, Marguérite/Vincenz, Bettina/Wirz, Tanja (Hrsg.): *Erfahrung: Alles nur Diskurs? Zur Verwendung des Erfahrungsbegriffs in der Geschlechtergeschichte*; Zürich 2004 [Schweizerische Historikerinnentagungen, Bd. 11].

Bourdieu, Pierre: «L'illusion biographique», in: *Actes de la recherche en sciences sociales*, 62 (1986), S. 69–72 (deutsche Übersetzung in *BIOS* 1 [1990], S. 91/93).

Bourdieu, Pierre: *Praktische Vernunft: zur Theorie des Handelns*, Frankfurt am Main 1998.

Boym, Svetlana: *Common Places: Mythologies of Everyday Life in Russia*, Cambridge, Mass. 1994.

Breckner, Roswitha: Von den Zeitzeugen zu den Biographen. Methoden der Erhebung und Auswertung lebensgeschichtlicher Interviews, in: *Alltagskultur, Subjektivität und Geschichte*: zur Theorie und Praxis von Alltagsgeschichte, hg. von der Berliner Geschichtswerkstatt, Münster 1994, S. 199–222.

Brieskorn, Norbert: Dissidenten, in: *Lexikon für Theologie und Kirche*, hg. von Walter Kasper, Bd. 3, Freiburg u.a. 1995, Sp. 270.

Browning, Genia: *Women and Politics in the USSR. Consciousness Raising and Soviet Women's Groups*, Sussex/New York 1987.

Brüggemeier, Franz Joseph: Aneignung vergangener Wirklichkeit. Der Beitrag der Oral History, in: Voges, Wolfgang (Hrsg.): *Methoden der Biographie und Lebenslaufforschung*, Opladen 1987, S. 145–169.

Buckley, Mary: Soviet Religious Feminism as a Form of Dissent, in: *Journal of the Liberal Arts* 1986, S. 5–12.

Buckley, Mary: *Women and Ideology in the Soviet Union*, New York u.a. 1989.

Budde: Gunilla-Friederike: *Auf dem Weg ins Bürgerleben. Kindheit und Erziehung in deutschen und englischen Bürgerfamilien 1840–1914*, Göttingen 1994.

Budde: Gunilla-Friederike: Das Geschlecht in der Geschichte, in: Thomas Mergel/Thomas Welskopp (Hrsg.): *Geschichte zwischen Kultur und Gesellschaft*, München 1997, S. 125–150.

Burg, Bernd David/Feifer, George: *Solzhenitsyn*, London 1972.

Butler, Judith: *Das Unbehagen der Geschlechter*, Frankfurt am Main 1991.

Butler, Judith: *Körper von Gewicht: die diskursiven Grenzen des Geschlechts*, Frankfurt am Main 1997.

Canning, Kathleen: Feminist History after the Linguistic Turn: Historicizing Discourse and Experience, in: *Signs* 19, 1.2 (1993/94), S. 368–404.

Canning, Kathleen: Problematische Dichotomien. Erfahrung zwischen Narrativität und Materialität, in: *Historische Anthropologie* 10 (2002), S. 163–182.

Caplin, V.: Statistika žertvy stalinisma, in: *Voprosy istorii* 1989, Heft 4, S. 175–181.

Chatterjee, Choi: Ideology, Gender and Propaganda in the Soviet Union: A Historical Survey, in: *Left History* 6 (1999), Heft 2, S. 11–28.

Cheauré, Elisabeth Feminismus à la russe. Gesellschaftskrise und Geschlechterdiskurs, in: dies. (Hrsg.), *Kultur und Krise: Russland 1987–1997*, Berlin 1997, S. 151–178.

Cheauré, Elisabeth: „Ein Mensch, der viel erlebt, erfahren und gesehen hat ....": Zu den Erinnerungen von Vera Lourié (1901–1998), in: Cheauré, Elisabeth/Heyder, Carolin (Hrsg.): *Russische Kultur und Gender Studies*. Deutsche Gesellschaft für Osteuropakunde. Fachgruppe Slawistik. Tagung (November 2000), Berlin 2002.

Cheauré, Elisabeth: „Eine Frau ist eine Frau ..." Beobachtungen zur russischen Feminismus-Diskussion, in: Christine Engel/Renate Reck (Hrsg.), *Frauen in der Kultur. Tendenzen in Mittel- und Osteuropa*, Innsbruck 2000, S. 129–140.

Cheauré, Elisabeth: Ko-Referates zum Vortrag von Anke Stephan: *Larisa Bogoraz (geb. 1929): Streiterin für Menschenrechte und Humanität. Überlegungen zu Weiblichkeitsentwürfen in der sowjetischen Dissidentenbewegung der 1950er bis 1980er Jahre*, gehalten auf der Nachwuchstagung der „Basler Initiative für Gender und Osteuropa", Basel, den 13.7.2001. Unveröffentlichtes Vortragsmanuskript.

Chlevnjuk, Oleg: 1937-j: *Stalin, NKVD i sovetskoe obščestvo*, Moskau 1992.

Chodorow, Nancy: *Das Erbe der Mütter. Psychoanalyse und Soziologie der Geschlechter*, München 1990 (3. Aufl.).

Chuykina, Sofia: siehe Čujkina, Sof'ja.

Claus, Katja: *Die Entstehung der Zweiten Kultur in Leningrad am Beispiel der Zeitschrift „Časy"* (1976–1990), Forschungsstelle Osteuropa Bremen. Arbeitspapiere und Materialien Nr. 58 – März 2004.

Clyman, Toby W./Greene, Diana (Hrsg.): *Women Writers in Russian Literature*, Westport/London 1994.

Clyman, Toby W./Vowles, Judith: *Russia Through Women's Eyes. Autobiographies from Tsarist Russia*, Chelsea, Michigan 1996.

Clyman, Toby W.: Women Physicians' Autobiography in the Nineteenth Century, in: dies./Diana Greene (Hrsg.): *Women Writers in Russian Literature*, Westport/London 1994, S. 111–125.

Cole, Elisabeth Ann: *Towards a Poetics of Russian Prison Literature: Writings on Prison by Dostoevsky, Chekhov and Solzhenitsyn*, Diss. Yale University 1991.

Quellen- und Literaturverzeichnis

Conquest, Robert: *Courage of Genius. The Pasternak Affair: a Documentary Report on its Literary and Political Significance*, London 1961.

Conquest, Robert: *Stalin and the Kirov Murder*, New York 1989.

Conquest, Robert: *The Great Terror. A Reassessment*, London 1990.

Conquest, Robert: *The Great Terror. Stalin's Purges of the Thirties*, London 1968.

Conquest, Robert: *The Harvest of Sorrow. Soviet Collectivization and the Terror-Famine*, New York u.a. 1986.

Conrad, Anne: Frauen- und Geschlechtergeschichte, in: Michael Maurer (Hrsg.): *Neue Themen und Methoden der Geschichtswissenschaft*, Stuttgart 2003 [Aufriss der Historischen Wissenschaften, Bd. 7], S. 230–293.

Conze, Susanne: *Sowjetische Industriearbeiterinnen in den vierziger Jahren. Die Auswirkungen des Zweiten Weltkrieges auf die Erwerbstätigkeit von Frauen in der UdSSR 1941–1950*, Stuttgart 2001.

Conze, Susanne: Weiblichkeit und Männlichkeit im sowjetischen Industriebetrieb der vierziger Jahre, in: Carmen Scheide/Natali Stegmann (Hrsg.): *Normsetzung und -überschreitung. Geschlecht in der Geschichte Osteuropas im 19. und 20. Jahrhundert*, Bochum 1999 [Interdisziplinäre Frauenforschung, Bd. 2], S. 119–133.

Craveri, M./Formosow, N.: La résistance au Goulag. Grèves, révoltes, évasions dans les camps de travail soviétique de 1920–1956, in: *Communisme* 42–44 (1995), S. 197–209

Čujkina, Sof'ja (Chuykina, Sofia): The Open House and its Hostess (From the History of the Participants of the Dissident Movement), in: *Feminist Theory and Practice: East – West. Papers presented of international Conference. St. Petersburg, Repino. June 9–12 1995*, S. 201–208.

Čujkina, Sof'ja (Chuykina, Sofia): The Role of women Dissidents in Creating the Milieu, in: Anna Rothkirch/Elina Haavio-Mannila (Hrsg.): *Women's Voices in Russia Today*, Aldershot u.a. 1996, S. 189–205.

Čujkina, Sof'ja (Tchouikina, Sofia): Anti-Soviet Biographies: The Dissident Milieu and ist Neighbouring Milieux, in: Robin Humphrey/Robert Miller/Elena Zdravomyslova (Hrsg.): *Biographical Research in Eastern Europe. Altered Lives and Broken Biographies*, Aldershot u.a. 2003, S. 129–139.

Čujkina, Sof'ja (Tschouikina, Sofia): „Ich war keine Dissidentin": Politische Biographien der antisowjetischen Dissidentenbewegung, in: Ingrid Miethe/Silke Roth (Hrsg.): *Politische Biographien und sozialer Wandel*, Gießen 2000, S. 205–224.

Čujkina, Sof'ja: Učastie ženščin v dissidentskom dviženie (1956–1986). Slučaj Lenigrada, in: Elena Zdravomyslova/Anna Temkina (Hrsg.): *Gendernoe izmerenie social'noj i političeskoj aktivnosti v perechodnyj period*, St. Petersburg 1996, S. 61–81.

Curtis, Julie: Iuliia Vozensenskaia: A Fragmentary Vision, in: Rosalind March (Hrsg.): *Women and Russian Culture. Projections Self-Perceptions*, New York/Oxford 1998, S. 173–187.

Dahl, Robert A. (Hrsg.): *Regimes and Oppositions*, New Haven 1973.

Dallin, Alexander: *The Khrushchev and Brezhnev Years*, New York 1992.

Dalos, György: *Archipel Gulasch: Entstehung der demokratischen Opposition in Ungarn*; mit vielen Dokumenten, Bremen 1986.

Daniel, Ute: Clio unter Kulturschock. Zu den aktuellen Debatten der Geschichtswissenschaft, in: *Geschichte in Wissenschaft und Unterricht* 48 (1997), S. 195–219, 259–278.

Daniel, Ute: Erfahrung – (k)ein Thema in der Geschichtstheorie?, in: *L'Homme* 11 (2000), Heft 1, S. 120–123.

Daniėl', Aleksandr: Dissidentstvo: Kul'tura uskol'zajuščaja ot opredelenija, in: *„Semidesjatye" kak predmet istorii russkoj kul'tury*, hg. von K. Ju. Rogov, Moskau 1998, Bd. 1, S. 111–124.

Daniėl', Aleksandr: *Istoki i korni dissidentskoj aktivnosti v SSSR*, unveröffentlichtes Manuskript. Gabe des Autors.

Dausien, Bettina: Erzähltes Leben – erzähltes Geschlecht? Aspekte der narrativen Konstruktion von Geschlecht im Kontext der Biographieforschung, in: *Feministische Studien* 19 (2001), S. 257–273.

Dernedde, Renate: *Muttergestalten und Mutter-Tochter-Beziehungen in deutschsprachiger Prosa, 1979–1990*, New York 1992.

Derrida, Jacques: *L'oreille de l'autre*, Montreal 1982.

Dissidentskoe dviženie v SSSR 1950e–1980e gg. Predmet issledovanija. Istočniki. Metodika izučenija. Meždunarodnaja naučnaja konferencija, Moskva, 24–26 avgusta 1992 g. Materialy, Moskau 1992.

Dolinin, V.E./Severjuchin, P.Ja., Preodolen'e nemoty, in: *Samizdat Leningrada, 1950e–1980-e. Literaturnaja ėnciklopedija*, hg. von V.E. Dolinin u.a., Moskau 2003, S. 7–66, hier S. 13

Dolinin, Vjačeslav: 1970e: *rasširenie prostranstva svobody*, Vortragsmanuskript, ohne Ort und Datum, http://www.memorial.inc.ru, Ausdruck im eigenen Besitz.

Dolinin, Vjačeslav: Bor'ba za prava čeloveka v Leningrade v 1950–80-e gody, in: *Peterburgskij ombudsman*, St. Petersburg 1999 [Razvitie instituta upolnomočennogo po pravam čeloveka v rossijskich regionach, Bd. 1], S. 9–23.

Dolinin, Vjačeslav: Desjat' let nazad, in: *Demokratija i my* 14, Leningrad (Samizdat) 1990, S. 6–7.

Dolinin, Vjačeslav: Leningradskij periodičeskij samizdat serediny 1950–80-ch godov, in: *Samizdat*. (Po materialam konferencii „30 let nezavisimoj pečati. 1950–80 gody". Sankt-Peterburg 25–27 aprelja 1992), hg. von V. Dolinin/B. Ivanov, St. Petersburg 1993, S. 3–21.

Dolinin, Vjačeslav: Nepodcenzurnaja literatura i nepodcenzurnaja pečat', Leningrad 1950–1980-ch godov, in: Boris Ivanov/Boris Roginskij (Hrsg.): *Istorija Leningradskoj nepodcensurnoj literatury: 1950–1980-e gody. Sbornik statej*, St. Petersburg 2000, S. 10–16.

Družnikov, Jurij: *Donosčik 001, ili voznesenie Pavlika Morozova*, Moskau 1995.

Duskin, James E.: *Stalinist Reconstruction and the Confirmation of a New Elite* 1945–1953, Basingstoke u.a. 2001.

Eakin, Paul John: *Fictions in Autobiography. Studies in the Art of Self-Invention*. Princeton/New Jersey 1985.

Edmondson, Linda (Hrsg.): *Women and Society in Russia and the Soviet Union*, Cambridge 1992.

Edmondson, Linda: *Feminism in Russia*, 1900–1917, London 1984.

Eggeling, Wolfram: *Die sowjetische Literaturpolitik zwischen 1953 und 1970: Zwischen Entdogmatisierung und Kontinuität*, Bochum 1994 [Dokumente und Analysen zur russischen und sowjetischen Kultur, Bd. 4].

Elbaz, Robert: *The Changing Nature of the Self. A Critical Study of the Autobiographic Discourse*, London u.a. 1988.

Ellis, Jane: *The Russian Orthodox Church. A Contemporary History*, Bloomington 1986.

Engel, Christine/Reck, Renate (Hrsg.): *Frauen in der Kultur. Tendenzen in Mittel- und Osteuropa nach der Wende*, Innsbruck 2000.

Engelbrecht, Jörg: Autobiographien, Memoiren, in: *Einführung in die Interpretation historischer Quellen. Schwerpunkt Neuzeit*, hg. von Bernd-A. Rusinek/Volker Ackermann/Jörg Engelbrecht, Paderborn u.a. 1992, S. 61–80.

Engelstein, Laura (Hrsg.): *Self and Story in Russian History*, Ithaca 2000.

Evans Clements, Barbara: *Bolshevik women*, Cambridge 1997.

Evans Clements, Barbara: *Daughters of Revolution. A History of Women in the USSR*, Arlington 1994.

Evans, Alfred B. Jr.: Developped Socialism in Soviet Ideology, in: *Soviet Studies* 29 (1977), Heft 3, S. 409–428.

Falkenstein, Henning: *Alexander Solschenizyn*, Berlin 1975.

Fein, Elke: *Geschichtspolitik in Russland. Chancen und Schwierigkeiten einer demokratisierenden Aufarbeitung der sowjetischen Vergangenheit am Beispiel der Tätigkeit der Gesellschaft Memorial*, Münster 2000.

Feldbrugge, Ferdinand: Die Rechtslage der Kirche in der UdSSR. Das Pressegesetz und der Samizdat, in: *Kirche im Osten* 19 (1976), S. 29–36

Fieseler, Beate/Schulze, Birgit (Hrsg.): *Frauengeschichte gesucht – gefunden? Auskünfte zum Stand der Historischen Frauenforschung*, Köln u.a. 1991.

Fieseler, Beate: *Frauen auf dem Weg in die russische Sozialdemokratie 1890–1917; eine kollektive Biographie*, Stuttgart 1995.

Figge, Susan G.: „Father Books": Memoirs of Children of Fascist Fathers, in: Susan G. Bell u.a. (Hrsg.): *Autobiography, Biography and Gender*, New York 1990, S. 193–202.

Filtzer, Donald: *Die Chruschtschow-Ära. Entstalinisierung und die Grenzen der Reform in der UdSSR, 1953–1964*, Mainz 1995.

Filtzer, Donald: *Soviet Workers and Late Stalinism: Labour and the Restauration of the Stalinist System after World War II*, Cambridge 2002.

Fisher, Ruth: Women and Dissent in the USSR: The Leningrad Feminists, in: *Canadian Woman Studies/Les cahiers de la femme* 10 (1989), Heft 4, S. 63–64.

Quellen- und Literaturverzeichnis

Fisher-Ruge, Lois: *Alltag in Moskau*, Frankfurt am Main 1986.

Fitzpatrick, Sheila (Hrsg.): *Stalinism. New Directions*, London/New York 2000.

Fitzpatrick, Sheila: *Education and Social Mobility in the Soviet Union 1921– 1934*, Cambridge 1979.

Fitzpatrick, Sheila: Lives and Times, in: Sheila Fitzpatrick/Yuri Slezkine (Hrsg.): *In the Shadow of Revolution: Life Stories of Russian Women from 1917 to the Second World War*, Princeton, New Jersey 2000, S. 3– 17.

Fitzpatrick, Sheila: New Perspectives on Stalinism, in: *The Russian Review* 4 (1986), S. 357–373.

Fitzpatrick, Sheila: Suppliants and Citizens: Public Letter-Writing in Soviet Russia in the 1930s, in: *Slavic Review* 55 (1996), Heft 1, S. 78–105.

Foucault, Michel: *Archäologie des Wissens*, Frankfurt am Main 1973.

Foucault, Michel: *Die Ordnung des Diskurses*, Frankfurt am Main 2003 (9. Aufl.).

Frankel, Edith: *Novy Mir: a Case Study in the Politics of Literature 1952 – 1958*, Cambridge 1981.

Frevert, Ute: *„Mann und Weib, und Weib und Mann". Geschlechter-Differenzen in der Moderne*, München 1995.

Geertz, Clifford: *Dichte Beschreibung. Beiträge zum Verstehen kultureller Systeme*, Frankfurt am Main 1987.

Gerhard, Ute: Kommentar zu Joan W. Scott, in: *Feministische Studien* 19 (2001), Heft 1, S. 89–94.

Gerlant, Uta-Ulrike: *Dissidenz in der Sowjetunion*. Unveröffentlichte Magisterarbeit, Freie Universität Berlin.

Gerstenmeier, Cornelia: *Die demokratische Bewegung in der Sowjetunion*, Stuttgart 1971.

Gerstenmeier, Cornelia: *Die Stimme der Stummen. Die Bürgerrechtsbewegung in der Sowjetunion*, Hannover 1976.

Gessen, Masha: *Dead again. The Russian Intelligentsia after Communism*, London/New York 1997.

Getty, J. Arch/Manning, Robert T. (Hrsg.): *Stalinist Terror. New Perspectives*, Cambridge 1993.

Getty, J. Arch/Rittersporn, Gábor T./Zemskov, Viktor N.: Victims of the Soviet Penal System in the Prewar Years: A First Approach on the Basis of Archival Evidence, in: *American Historical Review* 98 (1993), Heft 4, S. 1017–1049.

Getty, J. Arch: *The Origins of the Great Purges. The Soviet Communist Party Reconsidered*, 1933–1938, Cambridge 1985.

Geyer, Dietrich (Hrsg.): *Die Umwertung der sowjetischen Geschichte*, Göttingen 1991.

Gilboa, Yehoshua: *The Black Years of Soviet Jewry*, 1935–1953, Boston 1971.

Gildenmeister, Regine/Wetterer, Angelika: Wie Geschlechter gemacht werden. Die soziale Konstruktion der Zweigeschlechtlichkeit und ihre Reifizierung in der Frauenforschung, in: Gudrun-Axeli Knapp/Angelika Wetterer (Hrsg.): *Traditionen, Brüche, Entwicklungen feministischer Theorie*, Freiburg 1992, S. 201–254.

Gleixner, Ulrike: Die „Tonart des Unbedingten" und die Abwesenheit der Frauen- und Geschlechtergeschichte, in: *Werkstatt Geschichte* 18 (1997), S. 83–88.

Glinka, Hans-Jürgen: *Das narrative Interview. Eine Einführung für Sozialpädagogen*, München 1998.

Godel, Brigitta: *Auf dem Weg zur Zivilgesellschaft. Frauenbewegung und Wertewandel in Russland*, Frankfurt am Main/New York 2002.

Golczewski, Frank/Pickhan, Gertrud: *Russischer Nationalismus. Die russische Idee im 19. und 20. Jahrhundert. Darstellung und Texte*, Göttingen 1998

Golczewski, Frank: Gulag – die Geschichte der Erinnerung als politischer Konflikt, in: Hans Loewy/Bernhard Multmann (Hrsg.): *Erlebnis – Gedächtnis – Sinn. Authentische und konstruierte Erinnerung*, Frankfurt am Main/New York 1996, S. 265–275.

Goldberg, Lois Rochelle: *The Russian Women's Movement: 1859–1917*, Ph.D., University of Rochester 1976.

Goldman, Wendy Zeva: *Women, the State and Revolution: Soviet Family Policy and Social Life, 1917–1936*, Cambridge 1993.

Goodman, Katherine R.: Weibliche Autobiographien, in: Hiltrud Gnüg/ Renate Möhrmann (Hrsg.): *Frauen Literatur Geschichte. Schreibende Frauen vom Mittelalter bis zur Gegenwart*, Stuttgart 1999 (2. Aufl.), S. 166–176.

Gorelik, Genadij: *Andrej Sacharov: nauka i svoboda*, Moskau 2000.

Goscilo, Helena/Holmgren, Beth (Hrsg.): *Russia – Women – Culture*, Bloomington/Indianapolis 1996.

Grabmüller, Uta/Katz, Monika (Hrsg.): *Zwischen Anpassung und Widerspruch. Beiträge zur Frauenforschung am Osteuropa-Institut der Freien Universität Berlin*, Berlin 1993.

Grele, Ronald J.: Ziellose Bewegung. Methodologische und theoretische Probleme der Oral History, in: Lutz Niethammer (Hrsg.): *Lebenserfahrung und kollektives Gedächtnis: die Praxis der „oral history"*, Frankfurt am Main 1985 (2. Aufl.), S. 143–161.

Grotzky, Johannes: Der Jaroslawer Bahnhof und die Rückkehr des Andrei Sacharow, in: Monica Rüthers/Carmen Scheide (Hrsg.): *Moskau. Menschen Mythen Orte*, Köln u.a. 2003, S. 223–226.

Groys, Boris: Paradigmenwechsel in der inoffiziellen Kultur der Sowjetunion, in: Dietrich Beyrau/Wolfgang Eichwede (Hrsg.): *Auf der Suche nach Autonomie. Kultur und Gesellschaft in Osteuropa*, Bremen 1987, S. 53–64.

Günther, Dagmar: „And now for something completely different". Prolegomina zur Autobiographie als Quelle der Geschichtswissenschaft, in: *Historische Zeitschrift* 272 (2001), S. 25–61.

Habermas: *Theorie des kommunikativen Handelns*, Frankfurt am Main 1981.

Halbwachs, Maurice: *Das kollektive Gedächtnis*, Frankfurt am Main 1985 (frz. 1950).

Halfin, Igal: From Darkness to Light: Student Communist Autobiography During NEP, in: *Jahrbücher für Geschichte Osteuropas* 45 (1997), Heft 2, S. 210–236.

Hansson, Carola/Liden, Karin: *Unerlaubte Gespräche mit Moskauer Frauen*, München 1983.

Harris, Jane Gary: Diversity of Discourse: Autobiographical Statements in Theory and Praxis, in: dies. (Hrsg.): *Autobiographical Statements in Twentieth-Century Russian Literature*, Princeton 1990, S. 3–35.

Hartewig, Karin: „Wer sich in Gefahr begibt, kommt [nicht] darin um", sondern macht eine Erfahrung! Erfahrungsgeschichte als Beitrag zu einer historischen Sozialwissenschaft der Interpretation, in: *Alltagskultur, Subjektivität und Geschichte. Zur Theorie und Praxis von Alltagsgeschichte*, hg. von der Berliner Geschichtswerkstatt, Münster 1994, S. 110–124.

Haumann, Heiko / Schaffner, Martin: Überlegungen zur Arbeit mit dem Kulturbegriff in den Geschichtswissenschaften, in: *uni nova. Mitteilungen aus der Universität Basel* 79 (1994), S. 19–34.

Haumann, Heiko: *Geschichte der Ostjuden*, München 1999 (5. Aufl.).

Haumann, Heiko: *Geschichte Russlands*, Zürich 2003 (Neuauflage, 1. Aufl. München 1996).

Haumann, Heiko: Lebensweltlich orientierte Geschichtsschreibung in den Jüdischen Studien: Das Basler Beispiel, in: Klaus Hödl (Hrsg.): *Jüdische Studien. Reflexionen zu Theorie und Praxis eines wissenschaftlichen Feldes*, Innsbruck 2003, [Schriften des Centrums für Jüdische Studien, Bd. 4], S. 105–122.

Haumann, Heiko: Rückzug in die Idylle oder ein neuer Zugang zur Geschichte? Probleme und Möglichkeiten der Regionalgeschichte, in: *Alemannisches Jahrbuch* 1984/86 (1988), S. 7–22.

Haumann, Heiko: Utopie einer herrschaftsfreien Gesellschaft und Praxis gewalthafter Verhältnisse. Offene Fragen zur Erforschung der Frühgeschichte Sowjetrusslands (1917–1921), in: *Archiv für Sozialgeschichte* 34 (1994), S. 19–34.

Hausen, Karin / Wunder, Heide (Hrsg.): *Frauengeschichte – Geschlechtergeschichte*, Frankfurt am Main 1992.

Hausen, Karin: Die Nicht-Einheit der Geschichte als historiographische Herausforderung. Zur historischen Relevanz und Anstößigkeit der Geschlechtergeschichte, in: Hans Medick / Ann-Charlott Trepp (Hrsg.): *Geschlechtergeschichte und Allgemeine Geschichte. Herausforderungen und Perspektiven*, Göttingen 1998, S. 15–55.

Hausen, Karin: Öffentlichkeit und Privatheit. Gesellschaftspolitische Konstruktionen und die Geschichte der Geschlechterbeziehungen, in: Karin Hausen / Heide Wunder (Hrsg.), *Frauengeschichte – Geschlechtergeschichte*, Göttingen 1993, S. 40–70.

Hedeler, Wladislaw (Hrsg.): *Stalinscher Terror 1934–41. Eine Forschungsbilanz*, Berlin 2002.

Hellbeck, Jochen: Fashioning the Stalinist Soul. The Diary of Stepan Podlubny, 1931–1939, in: Fitzpatrick (Hrsg.): *Stalinism. New Directions*, London/New York 2000, S. 77–116.

Hilberg, Raul, *Die Vernichtung der europäischen Juden*, 2. Aufl., Bd. 2, Frankfurt am Main 1990

Hildermeier, Manfred, Die jüdische Frage im Zarenreich. Zum Problem der unterbliebenen Emanzipation, in: *Jahrbücher für Geschichte Osteuropas* 33 (1984), S. 321–357.

Hildermeier, Manfred: *Geschichte der Sowjetunion. Entstehung und Niedergang des ersten sozialistischen Staates*, München 1998.

Hildermeier, Manfred: Osteuropäische Geschichte an der Wende. Anmerkungen aus wohlwollender Distanz, in: *Jahrbücher für Geschichte Osteuropas* 46 (1998), S. 244–255.

Hinterhuber, Eva Maria: *Die Soldatenmütter Sankt Petersburg. Zwischen Neotraditionalismus und neuer Widerständigkeit*, Hamburg 1999 [Osteuropa. Geschichte, Wirtschaft, Politik, Bd. 21].

Hof, Renate: Die Entwicklung der Gender Studies, in: Hadumod Bußmann/Renate Hof (Hrsg.): *Genus. Zur Geschlechterdifferenz in den Kulturwissenschaften*, Stuttgart 1995, S. 3–33.

Holdenried, Michaela (Hrsg.).: *Geschriebenes Leben. Autobiographik von Frauen*, Berlin 1995.

Holdenried, Michaela: *Autobiographie*, Stuttgart 2000.

Holdenried, Michaela: *Im Spiegel ein anderer. Erfahrungskrise und Subjektdiskurs im modernen autobiographischen Roman*, Heidelberg 1991.

Holland, Barbara (Hrsg.): *Soviet Sisterhood. British Feminists on Women in the USSR,* London 1985.

Holmgren, Beth: For the Good of the Cause: Russian Women's Autobiography in the Twentieth Century, in: Toby W. Clyman/Diana Greene (Hrsg.): *Women Writers in Russian Literature*, Westport/London 1994, S. 127–148.

Holmgren, Beth: *Women's Works in Stalin's Time. On Lidiia Chukovskaia and Nadezhda Mandelstam*, Bloomington/Indianapolis 1993.

Holt, Alix: The First Soviet Feminists, in: Barbara Holland (Hrsg.): *Soviet Sisterhood. British Feminists on Women in the USSR*, London 1985, S. 237–265.

Hoogenboom, Hilde: Vera Figner and revolutionary autobiographies: the influence of gender on genre, in: Rosalind Marsh (Hrsg.): *Women in Russia and Ukraine*, Cambridge 1996, S. 78–92.

Hübinger, Gangolf: Die „Rückkehr" der Kulturgeschichte, in: Christoph Cornelißen (Hrsg.): *Geschichtswissenschaften. Eine Einführung*, Frankfurt am Main 2000, S. 162–177.

Humphrey, Robin/Miller, Robert/Zdravomyslova, Elena (Hrsg.): *Biographical Research in Eastern Europe. Altered Lives and Broken Biographies*, Aldershot u.a. 2003.

Hunt, Lynn (Hrsg.): *The New Cultural History*, Berkely 1989.

Hutching, Megan: *Talking History. A Short Guide to Oral History*, Wellington 1993.

Iofe, Venjamin: Ideologija političeskogo protesta v SSSR. 1930–1960 gody, in: ders.: *Novye ėtjudy ob optimizme. Sbornik statej i vystuplenij*, St. Petersburg 1998, S. 45–52.

Iofe, Venjamin: Leningrad. Geschichte des Widerstandes im Spiegel der Repression 1956–1987, in: *Halbjahresschrift für Südosteuropäische Geschichte, Literatur und Politik* 8 (1996), Sonderheft 1a: *Opposition und Reppression im Realsozialismus*, S. 79–85.

Iofe, Venjamin: Političeskaja oppozicija v Leningrade 50–60-ch, in: *Zvezda* 1997, Heft 7, S. 212–215.

Ivanov, Boris/Roginskij, Boris (Hrsg.): *Istorija Leningradskoj nepodcensurnoj literatury: 1950–1980-e gody*, St. Petersburg 2000.

Ivanova, Galina: *Der Gulag im totalitären System der Sowjetunion*, Berlin 2001.

Jakovleva, A. N. (Hrsg.): *GULAG: Glavnoe upravlenie lagerej. 1918–1960*, Moskau 2000.

Jancar, Barbara W.: *Women under Communism*, Baltimore/London 1978.

Jansen, Mechthild M./Walch, Regine (Hrsg.): *Frauen in Osteuropa*, Wiesbaden 1993.

Jelavich, Peter: Poststrukturalismus und Sozialgeschichte – aus amerikanischer Perspektive, in: *Geschichte und Gesellschaft* 21 (1995), S. 259–289.

Jureit, Ulrike: *Erinnerungsmuster. Zur Methodik lebensgeschichtlicher Interviews mit Überlebenden der Konzentrations- und Vernichtungslager*, Hamburg 1999 [Forum Zeitgeschichte, Bd. 8].

Quellen- und Literaturverzeichnis

Keep, John: *Last of the Empires. A History of the Soviet Union 1945–1991*, Oxford/New York 1995.

Kharkhordin, Oleg: *The Collective and the Individual in Soviet Russia. A Study of Background Practices*, Cambridge, Massachusets 1999.

Klein, Joachim: Lagerprosa: Evgenija Ginzburgs „Gratwanderung", in: *Zeitschrift für Slawistik* 37 (1992), Heft 3, S. 378–389.

Klein, Judith: Am Rande des Nichts. Autobiographisches Schreiben von Überlebenden der Konzentrationslager: Jaqueline Saveria und Charlotte Delbo, in: Holdenried, Michaela (Hrsg.): *Geschriebenes Leben. Autobiographik von Frauen*, Berlin 1995, S. 278–286.

Köbberling, Anna: *Das Klischee der Sowjetfrau. Stereotyp und Selbstverständnis Moskauer Frauen zwischen Stalinära und Perestroika*, Frankfurt am Main/New York 1997.

Köbberling, Anna: *Zwischen Liquidation und Wiedergeburt. Frauenbewegung in Russland von 1917 bis heute*, Frankfurt am Main/New York 1993.

Koenker, Diane: Urbanization and Deurbanization in the Russian Revolution and the Civil War, in: *Journal of Modern History* 57 (1985), S. 424–450.

Konstantinov, F.V.: *The Fundamentals of Marxist-Leninist Philosophy*, Moskau 1974.

Korolev, A.A.: Dissidentstvo kak obščestvenno-političeskij fenomen, in: *Problemy političeskoj i ėkonomičeskoj istorii Rossii. Sbornik statej k 60-letiju professora V.V. Žuravleva*, Moskau 1998, S. 216–232.

Koselleck, Reinhard: Erfahrungsraum und Erwartungshorizont, in: ders.: *Vergangene Zukunft: Zur Semantik geschichtlicher Zeiten*, Frankfurt am Main 1984, S. 349–375.

Kostyrčenko, Genadij/Redlich, Shimon (Hrsg.) *Evrejskij Antifašistskij Komitet v SSSR 1941–1948: dokumentirovannaja istorija* (Dokumentsammlung), Moskau 1996.

Kotkin, Stephen: *Magnetic Mountain. Stalinism as a Civilization*, Berkely 1995.

Kretzschmar, Dirk: *Die sowjetische Kulturpolitik 1970–1985. Von der verwalteten zur selbstverwalteten Kultur. Analyse und Dokumentation*, Bochum 1993 [Dokumente und Analysen zur russischen und sowjetischen Kultur, Bd. 4].

Kröhle, Birgit: *Geschichte und Geschichten. Die literarische Verarbeitung von Auschwitz-Erlebnissen*, Bad Honnef 1989.

Krusenstjern, Benigna von: Was sind Selbstzeugnisse? Begriffskritische und quellenkundliche Überlegungen anhand von Beispielen aus dem 17. Jahrhundert, in: *Historische Anthropologie* 2 (1994), S. 462–471.

Kuchenbecker, Antje: *Zionismus ohne Zion. Birobidžan. Idee und Geschichte eines jüdischen Staates in Sowjet-Fernost*, Berlin 2000.

Kuhr, Corinna: Kinder von „Volksfeinden" als Opfer des stalinistischen Terrors 1936–1938, in: Stefan Plaggenborg (Hrsg.): *Stalinismus. Neue Forschungen und Konzepte*, Berlin 1998, S. 391–417.

Kurt, Sibylle: Wortspiel und Chat-ähnliche Mermale in Julij Daniėl's Briefen aus der Haft, in: Patrick Sériot (Hrsg.): *Contributions suisses au XIIIe congrès mondial des slavistes à Ljubljana*, août 2003/ Schweizerische Beiträge zum XIII. Internationalen Slavistenkongress in Ljubljana, August 2003, Bern u.a. 2003, S. 119–142.

Laak, Dirk van: Alltagsgeschichte, in: Michael Maurer (Hrsg.): *Neue Themen und Methoden der Geschichtswissenschaft*, Stuttgart 2003 [Aufriss der Historischen Wissenschaften, Bd. 7], S. 14–78.

Landwehr, Achim: *Geschichte des Sagbaren. Einführung in die historische Diskursanalyse*, Tübingen 2001.

Lapidus, Gail: *Women in Soviet Society. Equality, Development and Social Change*, Berkeley/Los Angeles/London 1978.

Le Goff, Jacques: *Geschichte und Gedächtnis*, Frankfurt am Main/New York 1992.

Lehmann, Albrecht: *Erzählstruktur und Lebenslauf. Autobiographische Untersuchungen*. Frankfurt am Main u.a. 1983.

Lehmann, Jürgen: *Bekennen – Erzählen – Berichten. Studien zu Theorie und Geschichte der Autobiographie*, Tübingen 1988.

Lehr, Ursula: Veränderungen der Daseinsthematik der Frau im Erwachsenenalter, in: Hans Thomae/Ursula Lehr (Hrsg.): *Altern. Probleme und Tatsachen*, Frankfurt am Main 1972, S. 469–504.

Lejeune, Philippe: *Le pacte autobiographique*, Paris 1975.

Lewytzkyj, Borys: *Politische Opposition in der Sowjetunion 1960–1972. Analyse und Dokumentation*, München 1972.

Liljeström, Marianne/Rosenholm, Arja/Savkina, Irina (Hrsg.): *Models of Self. Russian Women's Autobiographical Texts*, Helsinki 2000.

Liljeström, Marianne: Regimes of the Truth? Soviet Women's Autobiographical Texts and the Question of Censorship, in: Markku Kangaspuro (Hrsg.): *Russia: More Different than Most*. Helsinki 1999, S. 113–134.

Lissjutkina, Larissa: Matriarchat ohne Feminismus. Ein Essay zu den Rahmenbedingungen der Frauenbewegung im postkommunistischen Rußland, Berliner Debatte Initial: *Zeitschrift für sozialwissenschaftlichen Diskurs* 9 (1998), Heft 2/3, S. 180–188.

Lissjutkina, Larissa: Mütter-Monster? Auseinandersetzung mit der Vergangenheit in Texten jüngerer russischer Autorinnen, in: *Feministische Studien* 17 (1999), Heft 1, S. 35–48.

Lourie, Richard: *Sacharow. Biographie*, München 2003.

Lubarsky, Cronid: *Soziale Basis und Umfang des sowjetischen Dissidententums*, Köln 1979 [Berichte des Bundesinstituts für ostwissenschaftliche und internationale Studien 1979, 9].

Luchterhand, Otto: Die Rechtsstellung der jüdischen Minderheit, in: Georg Brunner/Allan Kagedan (Hrsg.): *Die Minderheiten in der Sowjetunion und das Völkerrecht*, Köln 1988, S. 77–114.

Lüdtke, Alf (Hrsg.): *Alltagsgeschichte. Zur Rekonstruktion historischer Erfahrungen und Lebensweisen*, Frankfurt am Main/New York 1989.

Lüdtke, Alf: Alltagsgeschichte, Mikro-Historie, historische Anthropologie, in: Hans-Jürgen Goertz (Hrsg.): *Geschichte. Ein Grundkurs*, Reinbek bei Hamburg 1998, S. 557–578.

Luks, Leonid (Hrsg.): *Der Spätstalinismus und die „jüdische Frage"*. Zur antisemitischen Wendung des Kommunismus, Köln u.a. 1998.

Lustiger, Arno: *Stalin und die Juden: die tragische Geschichte des Jüdischen Antifaschistischen Komitees und der sowjetischen Juden*, Berlin 1998.

Maier, Robert: „Die Frauen stellen die Hälfte der Bevölkerung unseres Landes". Stalins Besinnung auf das weibliche Geschlecht, in: Stefan Plaggenborg (Hrsg.): *Stalinismus. Neue Forschungen und Konzepte*, Berlin 1998, S. 243–266.

Maihofer, Andrea: Geschlecht als Existenzweise. Einige kritische Anmerkungen zu aktuellen Versuchen zu einem neuen Verständnis von „Geschlecht", in: *Geschlechterverhältnisse und Politik*, hg. vom Institut für Sozialforschung Frankfurt, Frankfurt am Main 1994, S. 168–187.

Man, Paul de: Autobiography as Defacement, in: *Modern Language Notes* 94 (1979), S. 918–938.

Margolina, Sonja: Herrschaft der Frau. Das sowjetische Matriarchat und das Ende des Totalitarismus, in: Mechthild M. Jansen/Regine Walch (Hrsg.): *Frauen in Osteuropa*, Wiesbaden 1993, S. 50–88.

Margolina, Sonja: Russland: *Die nichtzivile Gesellschaft*, Reinbek bei Hamburg 1994.

Marsh, Rosalind (Hrsg.): *Women in Russia and Ukraine*, Cambridge 1996.

Martin, André/Falke, Peter: *Andrej Sacharow. Friedensnobelpreis 1975. Eine dokumentarische Biographie*, Aschaffenburg 1976.

Mason, Mary G.: The Other Voice: Autobiographies of Women Writers, in: James Olney (Hrsg.): *Autobiography. Essays Theoretical and Critical*, Princeton 1980, S. 207–235.

Maurer, Michael (Hrsg.): *Neue Themen und Methoden der Geschichtswissenschaft*, Stuttgart 2003 [Aufriss der Historischen Wissenschaften, Bd. 7].

Maurer, Michael: Historische Anthropologie, in: Michael Maurer (Hrsg.): *Neue Themen und Methoden der Geschichtswissenschaft*, Stuttgart 2003 [Aufriss der Historischen Wissenschaften, Bd. 7], S. 294–387.

May, Georges: *L'Autobiographie*, Paris 1979.

McCauly, Martin (Hrsg.): *Khrushchev and Khrushchevism*, Basingstoke 1987.

McCauly, Martin: *The Khrushchev Era*, 1953–1964, London 1995.

McLoughlin, Barry: *Die Massenoperationen des NKWD*. Dynamik des Terrors 1937/38, in: Wladislaw Hedeler (Hrsg.): *Stalinscher Terror 1934–41. Eine Forschungsbilanz*, Berlin 2002, S. 33–50.

Medick, Hans: „Missionare im Ruderboot". Ethnologische Erkenntnisweisen als Herausforderung an die Sozialgeschichte, in: Alf Lüdtke (Hrsg.): *Alltagsgeschichte: Zur Rekonstruktion historischer Erfahrung und Lebensweisen*, Frankfurt am Main, New York 1989, S. 48–84.

Medick, Hans: Quo vadis Historische Anthropologie? Geschichtsforschung zwischen Historischer Kulturwissenschaft und Mikro-Historie, in: *Historische Anthropologie* 9 (2001), S. 78–92.

Medvedev, Roj: *Let History Judge. The Origins and Consequences of Stalinism*, New York 1989.

Medvedev, Roj: *Solženicyn i Sacharov*, Moskau 2002.

Memorial. Aufklärung der Geschichte und Gestaltung der Zukunft, hg. von der Heinrich-Böll-Stiftung, Köln 1989.

Menschenrechte. Dokumente und Deklarationen, hg. von der Bundeszentrale für politische Bildung, Bonn 1999 (3. Aufl.).

Mergel, Thomas / Welskopp, Thomas (Hrsg.): *Geschichte zwischen Kultur und Gesellschaft*, München 1997.

Merl, Stefan: *Die Anfänge der Kollektivierung in der Sowjetunion. Der Übergang zur staatlichen Reglementierung der Produktions- und Marktbeziehungen im Dorf (1928–1930)*, Wiesbaden 1985 [Veröffentlichungen des Osteuropa-Institutes München, Reihe Geschichte, Bd. 52].

Merl, Stefan: Entstalinisierung, Reformen und Wettlauf der Systeme 1953–1964, in: *Handbuch der Geschichte Russlands Bd. V: Vom Ende des Zweiten Weltkrieges bis zum Zusammenbruch der Sowjetunion*, hg. von Stefan Plaggenborg, Stuttgart 2002, S. 175–318.

Merl, Stefan: Wie viele Opfer forderte die „Liquidierung der Kulaken als Klasse"?, in: *Geschichte und Gesellschaft* 14 (1988), S. 534–550.

Miethe, Ingrid / Roth, Silke (Hrsg.): *Politische Biographien und sozialer Wandel*, Gießen 2000.

Müller, Otto: *Intelligencija. Untersuchungen zur Geschichte eines politischen Schlagwortes*, Frankfurt am Main 1971.

Naumov, Vladimir (Hrsg.): *Nepravednyj sud: poslednyj stalinskij rasstrel. Stenogramma sudebnogo processa nad členami Evrejskogo Antifašistskogo Komiteta*, Moskau 1994.

Nečaev, Vadim: Golosa russkich ženščin. Obzor samizdatskich žurnalov „Ženščina i Rossija" i „Marija", in: *Kontinent* 26 (1980), S. 426–431.

Neumann, Bernd: *Identität und Rollenzwang. Zur Theorie der Autobiographie*, Frankfurt am Main 1970.

Niethammer, Lutz (Hrsg.): *„Die Jahre weiß man nicht, wo man die heute hinsetzen soll". Faschismuserfahrung im Ruhrgebiet*, Berlin/Bonn 1982 [Lebensgeschichte und Sozialkultur im Ruhrgebiet Bd. 1].

Niethammer, Lutz (Hrsg.): *Lebenserfahrung und kollektives Gedächtnis*: die Praxis der „oral history", Frankfurt am Main 1985 (2. Aufl.).

Niethammer, Lutz: Fragen – Antworten – Fragen. Methodische Erfahrungen und Erwägungen zur Oral History, in: Lutz Niethammer/Alexander von Plato (Hrsg.): *„Wir kriegen jetzt andere Zeiten". Auf der Suche nach der Erfahrung des Volkes in nachfaschistischen Ländern*, Berlin/Bonn 1985, S. 392–445.

Niva, Georges: *Solženicyn*, London 1984.

O'Brien, Patricia: Michel Foucault's History of Culture, in: Hunt, Lynn (Hrsg.): *The New Cultural History*, Berkely 1989, S. 26–46.

Offen, Karin: Feminismus in den Vereinigten Staaten und in Europa. Ein historischer Vergleich, in: Hanna Schissler (Hrsg.): *Geschlechterverhältnisse im historischen Wandel*, Frankfurt am Main/New York 1993, S. 97–138.

Olney, James (Hrsg): *Autobiography. Essays Theoretical and Critical*, Princeton 1980.

Olney, James: *Metaphors of Self: The Meaning of Autobiography*, New York 1988.

Ossokina, N.: Žertvy goloda 1933. Skol'ko ich?, in: *Otečestvennaja istorija* 1995/1, S. 18–26.

Oxen, Valentina: *Russland in seinen Frauenschicksalen: Von den Anfängen der Kiewer Rus bis in die Zeiten der Postperestroika*, Stuttgart 1999.

Parchemenko, Walter: *Soviet Images of Dissidents and Noncomformists*, New York 1986.

Parnell, Christina: Weiblichkeit als Differenz. Erkundungen in der Prosa russischer Gegenwartsautorinnen, in: Christine Engel/Renate Reck (Hrsg.): *Frauen in der Kultur. Tendenzen in Mittel- und Osteuropa nach der Wende*, Innsbruck 2000, S. 159–175.

Passerini, Luisa (Hrsg.): *Memory and Totalitarism*, Oxford 1992.

Pietrow-Ennker, Bianka: *Russlands „neue Menschen". Die Entwicklung der Frauenbewegung von den Anfängen bis zur Oktoberrevolution*, Frankfurt am Main/New York 1999.

Pinkus, Benjamin: Soviet Campaigns against Jewish Nationalism and Cosmopolitism 1946–1953, in: *Soviet Jewish Affairs* 2 (1974), S. 53–72.

Pinkus, Benjamin: *The Jews of the Soviet Union. The History of a National Minority*, Cambridge u.a. 1988.

Quellen- und Literaturverzeichnis

Plaggenborg, Stefan (Hrsg.): *Handbuch der Geschichte Russlands Bd. V: Vom Ende des Zweiten Weltkrieges bis zum Zusammenbruch der Sowjetunion*, Stuttgart 2002.

Plaggenborg, Stefan (Hrsg.): *Stalinismus. Neue Forschungen und Konzepte*, Berlin 1998

Plato, Alexander von (Hrsg.): *„Wir kriegen jetzt andere Zeiten". Auf der Suche nach der Erfahrung des Volkes in nachfaschistischen Ländern. Lebensgeschichte und Sozialkultur im Ruhrgebiet 1930 bis 1960*, Berlin/Bonn 1985.

Plessix Gray, Francine du: *Drahtseilakte. Frauen in der Sowjetunion*, München 1990.

Pollack, Michael: *Die Grenzen des Sagbaren. Lebensgeschichten von KZ-Überlebenden als Augenzeugenberichte und als Identitätsarbeit*, Frankfurt am Main 1988.

Posadskaya, Anastasia (Hrsg.): *Women in Russia. A New Era in Russian Feminism*, Oxford 1994.

Pulte, Peter/Reinartz, Ingomar: *Die Verfassung der Sowjetunion*, München 1975.

Puškareva, Natalia: *Women in Russian History from the Tenth to the Twentieth Century*, hg. von E. Levin, Armonk u.a. 1997.

Racevskis, Karlils: The Literary Experience of the Gulag: Loss and Recovery of Identity, in: *Germano-Slavica* 8 (1994), Heft 2, S. 17–22.

Racioppi, Linda/O'Sullivan See, Katherine: Organising Women before and after the Fall: Women's Politics in the Soviet Union and Post-Soviet Russia, in: *Signs* 20 (1995), S. 818–850.

Raschke, Joachim: *Soziale Bewegung. Ein historisch-systematischer Grundriss*, Frankfurt am Main 1985.

Reddaway, Peter: *Uncensored Russia: Protest and Dissent in the Soviet Union*, New York 1972.

Redlich, Shimon: *Propaganda and Nationalism in Wartime Russia. The Jewish Antifascist Committee in the USSR 1941–1948*, Colorado 1982.

Redlich, Shimon: *War, Holocaust and Stalinism: a Documented Study of the Jewish Antifascist Committee in the USSR*, Luxembourg 1995.

Ritter, Martina: Kulturelle Modernisierung und Identitätskonzeptionen im sowjetischen und postsowjetischen Rußland, in: *Feministische Studien* Heft 1/1999, S. 8–22

Rittersporn, Gábor T.: *Simplifications staliniennes et complications soviétiques. Tensions socials et conflits politiques en U.R.S.S. 1933–1953*, Paris 1988.

Robel, Gert: Sowjetunion, in: Wolfgang Benz (Hrsg.): *Dimension des Völkermords: die Zahl der jüdischen Opfer des NS*, München 1991, S. 460–499

Ročko, V. N.: *Andrej Dmitrievič Sacharov: fragmenty biografii*, Moskau 1991.

Rosenthal, Gabriele: Die erzählte Lebensgeschichte als historisch-soziale Realität. Methodologische Implikationen für die Analyse biographischer Texte, in: *Alltagskultur, Subjektivität und Geschichte: zur Theorie und Praxis von Alltagsgeschichte*, hg. von der Berliner Geschichtswerkstatt, Münster 1994, S. 125–138.

Rosenthal, Gabriele: *Erlebte und erzählte Lebensgeschichte. Gestalt und Struktur biographischer Selbstbeschreibungen*, Frankfurt am Main/New York 1995.

Rosenthal, Gabriele: Geschichte in der Lebensgeschichte, in: *BIOS* 1 (1988), Heft 2, S. 3–15.

Rubinstein, Joshua (Hrsg.): *Stalin's Secret Pogrom: the Postwar Inquisition of the Jewish Anti-Fascist Committee*, New Haven u.a. 2001.

Rubinstein, Joshua: *Soviet Dissidents: Their Struggle for Human Rights*, Boston 1980.

Rüthers, Monica/Scheide, Carmen (Hrsg.): *Moskau. Menschen Mythen Orte*, Köln u.a. 2003.

Rytkönen, Marja: Voicing M/other in Russian Women's Autobiographies in the 1990, in: Marianne Liljeström/Arja Rosenholm/Irina Savkina (Hrsg.): Models of Self. *Russian Women's Autobiographical Texts*, Helsinki 2000, S. 171–184.

Samizdat – Alternative Kultur in Zentral- und Osteuropa; die 60er bis 80er Jahre, hg. von Wolfgang Eichwede/Forschungsstelle Osteuropa an der Universität Bremen, Bremen 2000 [Dokumentationen zur Kultur und Gesellschaft im östlichen Europa; Bd. 8].

Samizdat (po materialam konferencii „30 let nezavisimoj pečati. 1950–80 gody". Sankt-Peterburg, 25–27 aprelja 1992 g.), hg. von V. Dolinin und B. Ivanov, St. Petersburg 1993 (deutsche Ausgabe: *Samizdat*. Materialien der Konferenz „30 Jahre unabhängige Presse. 1950 – 80er Jahre", St. Petersburg, 25.–27. April 1992, hg. von Vjačeslav Dolinin und Boris Ivanov, Berlin/St. Petersburg 2001).

Samizdat Leningrada, 1950e–1980-e. Literaturnaja ènciklopedija, hg. von V.E. Dolinin u.a., Moskau 2003.

Sarasin, Philipp: Diskurstheorie und Geschichtswissenschaft, in: Reiner Keller u.a. (Hrsg.): *Handbuch Sozialwissenschaftliche Diskursanalyse*, Bd. 1: Theorien und Methoden, Opladen 2001, S. 53–79.

Sarasin, Philipp: *Geschichtswissenschaft und Diskursanalyse*, Frankfurt am Main 2003.

Sarasin, Philipp: Subjekte, Diskurse, Körper. Überlegungen zu einer diskursanalytischen Kulturgeschichte, in: Wolfgang Hardtwig/Hans-Ulrich Wehler (Hrsg.): *Kulturgeschichte heute*, Göttingen 1996, S. 131–164.

Sartorti, Rosalinde: On the Making of Heroes, Heroines, and Saints, in: Richard Stites (Hrsg.): *Culture and Entertainment in Wartime Russia*, Bloomington/Indianapolis 1995, S. 176–193.

Saunders, George: *Samizdat. Voices of the Soviet Opposition*, New York 1975 (3. Aufl.).

Savickij, Stanislav: Semidesjatye: trudnoe utro posle šumnogo prazdnika, in: *Pčela* 1998, Heft 12, S. 22–24.

Scammell, Michael: *Solzhenitsyn. A Biography*, New York u.a. 1984.

Schattenberg, Susanne: *Stalins Ingenieure. Lebenswelten zwischen Technik und Terror in den 1930er Jahren*, München 2002 [Ordnungssysteme. Studien zur Ideengeschichte der Neuzeit, Bd. 11].

Scheide, Carmen: *Kinder, Küche, Kommunismus. Das Wechselverhältnis zwischen sowjetischem Frauenalltag und Frauenpolitik von 1921 bis 1930 am Beispiel Moskauer Arbeiterinnen*, Zürich 2002 [Basler Studien zur Kulturgeschichte Osteuropas, Bd. 3].

Scheide, Carmen: Memorial heißt Erinnerung, in: Rüthers, Monica/Scheide, Carmen (Hrsg.): *Moskau. Menschen Mythen Orte*, Köln u.a. 2003, S. 227–230.

Scherbakowa, Irina (Hrsg.): *„Russlands Gedächtnis". Jugendliche entdecken vergessene Lebensgeschichten*, Hamburg 2003.

Scherbakowa, Irina: Geschlechtsspezifische Dimensionen in Erinnerungen an den GULAG, in: Gabriella Hauch (Hrsg.), *Geschlecht – Klasse – Ethnizität*, Wien 1993, S. 134–142.

Scherbakowa, Irina: *Nur ein Wunder konnte uns retten. Leben und Überleben unter Stalins Terror*, Frankfurt am Main/New York 2000.

Schissler, Hanna (Hrsg.): *Geschlechterverhältnisse im historischen Wandel*, Frankfurt am Main/New York 1993.

Schlögel, Karl: *Der renitente Held. Arbeiterprotest in der Sowjetunion 1953–1983*, Hamburg, 1984.

Schlögel, Karl: *Literatur der Dissidenz als Ansatz einer Theoriebildung zur sowjetischen Gesellschaft*, Köln 1982.

Schlögel, Karl: *Opposition sowjetischer Arbeiter heute. Berichte des Bundesinstituts für ostwissenschaftliche und internationale Studien (BIOst)*, Heft /81, Köln 1981.

Schlögel, Karl: *Überdetermination und Selbstbestimmung. Die Intelligencija- Diskussion sowjetischer Dissidenten in den 70er Jahren*, Köln 1982 [Berichte des Bundesinstituts für ostwissenschaftliche und internationale Studien, Bd. 23].

Schmid, Ulrich: *Ichentwürfe: die russische Autobiographie zwischen Avvakum und Gercen*, Zürich/Freiburg i.Br. 2000 [Basler Studien zur Kulturgeschichte Osteuropas, Bd. 1].

Schmidt, Isabel: *Zur literarischen Bewältigung der Lagererfahrung im autobiographischen Text: Evgenija Ginzburgs „Krutoj maršrut". Mit einem Exkurs zu Irina Ratušinskajas „Seryj – cvet nadeždy"*. Unveröffentlichte Magisterarbeit, Universität Freiburg i. Br., 1999.

Schmitt, Britta: *Zivilgesellschaft, Frauenpolitik und Frauenbewegung in Russland von 1917 bis zur Gegenwart*, Königstein/Taunus 1997.

Schöttler, Peter: Mentalitäten, Ideologien, Diskurse. Zur sozialgeschichtlichen Thematisierung der „dritten Ebene", in: Alf Lüdtke (Hrsg.): *Alltagsgeschichte. Zur Rekonstruktion historischer Erfahrung und Lebensweisen*, Frankfurt am Main, New York 1989, S. 85–136.

Schröder, Hans Henning: *Arbeiterschaft, Wirtschaftsführung und Parteibürokratie während der Neuen Ökonomischen Politik. Eine Sozialgeschichte der Bolschewistischen Partei 1920–1928*, Wiesbaden 1982 [Forschungen zur osteuropäischen Geschichte, Bd. 31].

Schröder, Hans-Henning: *Industrialisierung und Parteibürokratie. Ein sozialgeschichtlicher Versuch über die Anfangsphase des Stalinismus (1928–1934)*, Berlin 1988 [Forschungen zur Osteuropäischen Geschichte, Bd. 41], S. 265–279.

Schröder, Hans-Henning: Upward Social Mobility and Mass Repression: Communist Party and Soviet Society in: Nick Lampert/Gábor Rittersporn (Hrsg.): *Stalinism: its Nature and Aftermath. Essays in Honour of Moshe Lewin*, New York 1992, S. 157–183.

Schröder, Wilhelm Heinz: Kollektive Biographien in der historischen Sozialforschung. Eine Einführung, in: ders. (Hrsg.): *Lebenslauf und Gesellschaft. Zum Einsatz von kollektiven Biographien in der historischen Sozialforschung*, Stuttgart 1985, S. 7–17.

Schudel, Sophie: Das Moskau der Barden. Ein Blick auf Gassen, Hinterhöfe und Anti-Helden, in: Monica Rüthers/Carmen Scheide (Hrsg.): *Moskau. Menschen Mythen Orte*, Köln u.a. 2003, S. 187–195.

Schulze, Winfried (Hrsg.): *Ego-Dokumente. Annäherungen an den Menschen in der Geschichte*, Berlin 1996.

Schütze, Fritz: Biographieforschung und narratives Interview, in: *Neue Praxis* 3 (1987), S. 283–294.

Schütze, Fritz: *Die Technik des narrativen Interviews in Interaktionsfeldstudien*. Arbeitsberichte und Forschungsmaterialien Nr. 1 der Universität Bielefeld, Fakultät für Soziologie 1977.

Schwarz, Hans: Freikirche, in: *Theologische Realenzyklopädie*, hg. von Gerhard Krause, Bd. 11, Berlin u.a. 1993, S. 550–563.

Schwarzbuch des Kommunismus. Unterdrückung, Verbrechen und Terror, hg. von Stéphane Courtois u.a., München/Zürich 2000 (3. erw. Aufl.).

Schwendtke, Arnold: *Arbeiter-Opposition in der Sowjetunion. Die Anfänge autonomer Gewerkschaften. Dokumente und Analyse*, Reinbek 1980.

Scott, Joan W. (Hrsg.): *Feminism and History*, Oxford 1996.

Scott, Joan W.: Experience, in: Judith Butler/Joan W. Scott (Hrsg.): *Feminists Theorize the Political*, London/New York 1992, S. 22–40.

Scott, Joan W.: *Gender and the Politics of History*, New York 1988.

Scott, Joan W.: Gender: A Useful Category of Historical Analysis, in: *The American Historical Review* 91 (1986), S. 1053–1075.

Scott, Joan W.: *Only Paradoxes to Offer. French Feminists and the Rights of Man*, Cambridge, Mass./London 1996.

Scott, Joan W.: Phantasie und Erfahrung, in: *Feministische Studien* 19 (2001), Heft 1, S. 74–88.

Scott, Joan W.: The Evidence of Experience, in: James Chandler/Arnold I. Davidson/Harry Harootunian (Hrsg.): *Questions of Evidence: Proof, Practise and Persuasion across the Disciplines*, Chicago 1994, S. 363–387 (Erstveröffentlichung in: *Critical Inquiry* 17 [1991], S. 773–797).

Šechter, T.: *Neoficial'noe iskusstvo Peterburga (Leningrada) kak javlenie kul'tury vtoroj poloviny XX veka*, St. Petersburg 1995.

Segbers, Klaus: *Die Sowjetunion im Zweiten Weltkrieg*, München 1987.

Sellin, Volker: Politik, in: *Geschichtliche Grundbegriffe*, hg. von Otto Brunner/Werner Conze/Reinhart Koselleck, Bd. 4, Stuttgart 1978, S. 789–874.

Serbyn, Roman/Krawchenko, B. (Hrsg.): *Famine in Ukraine*, 1932–1933, Edmonton 1986.

Shatz, Marshall: *Soviet Dissent in Historical Perspective*, New York 1980.

Sherbakova, Irina (siehe auch Scherbakowa): The Gulag in Memory, in: Luisa Passerini (Hrsg.): *Memory and totalitarism*, Oxford 1992, S. 103–115.

Shifrim, Avram: *UdSSR Reiseführer durch die Gefängnisse und Konzentrationslager in der Sowjetunion*, Uhldingen 1987, 3. Auflage.

Shlapentokh, Vladimir: *Love, Marriage, and Friendship in the Soviet Union. Ideals and Practices*, New York 1984.

Shlapentokh, Vladimir: *Soviet Intellectuals and Political Power: the Post-Stalin Era*, London 1990.

Shlapentokh, Vladimir: *The Politics of Sociology in the Soviet Union*, Boulder u.a. 1987.

Slezkine, Yuri: Lives as Tales, in: Sheila Fitzpatrick/Yuri Slezkine (Hrsg.): *In the Shadow of Revolution: Life Stories of Russian Women from 1917 to the Second World War*, Princeton, New Jersey 2000, S. 18–30.

Soden, Kristine von (Hrsg.): *Lust und Last: Sowjetische Frauen von Alexandra Kollontai bis heute*, Berlin 1990.

Solotych, Stefanie: Die rechtliche Stellung der Frauen in Russland, in: Uta Grabmüller/Monika Katz (Hrsg.): *Zwischen Anpassung und Widerspruch. Beiträge zur Frauenforschung am Osteuropa-Institut der Freien Universität Berlin*, Berlin 1993, S. 43–61.

Sovel'ev, Aleksandr: Političeskoe svoeobrazie dissidentskogo dviženija v SSSR 1950-ch–1970-ch godov, in: *Voprosy istorii* 1998, Heft 4, S. 109–121.

Spechler, Dina: *Permitted Dissent in the USSR: Novy Mir and the Soviet Regime*, New York, 1982.

Sperling, Valerie: *Organizing Women in Contemporary Russia*, Cambridge 1999.

Spuhler, Gregor u.a. (Hrsg.): *Vielstimmiges Gedächtnis. Beiträge zur Oral History*, Zürich 1994.

Stark, Meinhard: *„Ich muß sagen, wie es war": deutsche Frauen des GULag*, Berlin 1999 [Reihe Dokumente, Texte, Materialien/Zentrum für Antisemitismusforschung der Technischen Universität Berlin, Bd. 29].

Stark, Meinhard: *Frauen im Gulag. Alltag und Überleben; 1936 bis 1956*, München/Wien 2003.

Stephan, Anke: Andersdenkende. Auf den Spuren der Dissidentenbewegung der 1950er bis 1980er Jahre, in: Monica Rüthers/Carmen Scheide (Hrsg.): *Moskau. Menschen Mythen Orte*, Köln u.a. 2003, S. 206–222.

Stephan, Anke: Erinnertes Leben: Autobiographien, Memoiren und Oral-History-Interviews als historische Quellen, in: *Virtuelle Fachbibliothek Osteuropa, Digitales Handbuch zur Geschichte und Kultur Russlands und Osteuropas. Themen und Methoden*: http://www.vifaost.de/w/pdf/stephan-selbstzeugnisse.pdf (2004, 30 S.).

Stephan, Anke: Von Dissidenten, Ehefrauen und Sympathisantinnen: Das Entstehen und Funktionieren dissidentischer Netzwerke in der Sowjetunion der 1960er bis 1980er Jahre, in: Christian Giordano/Klaus Roth (Hrsg.): *Soziale Netzwerke und soziales Vertrauen in den Transformationsländern*, Münster 2005. Im Druck.

Stephan, Anke: Zwischen Ost und West: die unabhängige Frauenbewegung in Leningrad, 1979–1982, in: *Archiv für Sozialgeschichte* 45 (2005). Im Druck.

Stettner, Ralf: *„Archipel GULag". Stalins Zwangslager – Terrorinstrument und Wirtschaftsgigant; Entstehung, Organisation und Funktion des sowjetischen Lagersystems 1928–1956*, Paderborn 1996.

Stevanovic, Boris/Wertsman, Vladimir: *Free Voices in Russian Literatur, 1950s–1980s. A Bio-Bibliographical Guide*, hg. von Alexander Sumerkin, New York 1987.

Stites, Richard: *The Women's Liberation Movement in Russia. Feminism, Nihilism and Bolshevism, 1860–1930*, Princeton 1978.

Strasser, Ulrike: Intime Antagonisten: Postmoderne Theorie, Feministische Wissenschaft und die Geschichte der Frauen, in: *Traverse* 7 (2000), Heft 1, S. 37–50.

Strasser, Ulrike: Jenseits von Essentialismus und Dekonstruktion: Feministische Geschichtswissenschaft nach der Linguistischen Wende, in: *L'Homme* 11 (2000), Heft 1, S. 124–129.

Stratanovskij, Sergej: Semidesjatye – preodolenie stracha, in: *Pčela* 1998, Heft 12, S. 25–27.

Straub, Jürgen: Personale und kollektive Identität. Zur Analyse eines theoretischen Begriffs, in: Aleida Assmann/Heidrun Friese (Hrsg.): *Identitäten*, Frankfurt am Main 1998 [Erinnerung, Geschichte, Identität, Bd. 3], S. 73–104.

Studer, Brigitte/Unfried, Berthold: *Der stalinistische Parteikader. Identitätsstiftende Diskurse in der Sowjetunion der dreißiger Jahre*, Köln u.a. 2001.

Swayze, Harold: *Political Control of Literature in the USSR, 1946–1959*, Cambridge/Massachusetts 1962.

Tauger, Mark B: The 1932 Harvest and the Famine of 1933, in: *Slavic Review* 50 (1991), S. 70–90.

Tchepoumaya, Olga: The Hidden Sphere of Religious Searches in the Soviet Union: Independent Religious Communities in Leningrad from the 1960s to the 1970s, in: *Sociology of Religion* 64 (2003), Heft 3, S. 377–387.

Tchouikina, Sofia: siehe Čujkina, Sof'ja.

Tebben, Karin: *Literarische Intimität: Subjektkonstitution und Erzählstruktur in autobiographischen Texten von Frauen*, Tübingen 1997.

Thomas, Donald M.: *Solschenizyn. Die Biographie*, Berlin 1998.

Thurston, Robert W.: *Life and Terror in Stalin's Russia. 1934–1941*, New Haven u.a. 1996.

Thurston, Robert W.: The Soviet Family during the Great Terror, 1935–1941, in: *Soviet Studies* 43 (1991), Heft 3, S. 553–574.

Tiškin, G.A.: Zarubežnye avtory o ženskom dviženii i sem'e v Rossii XIX – načala XX v., in: *Voprosy istorii* 1981, Heft 11, S. 164–166.

Tiškin, G.A.: *Ženskij vopros v Rossii v 50–60 gg. XIX v.*, Leningrad 1984.

Quellen- und Literaturverzeichnis

Toker, Leona: *Return from the Archipelago. Narratives of Gulag Survivors*, Bloomington u.a. 2000.

Tőkés, Rudolf (Hrsg.): *Dissent in the USSR: Politics, Ideology and People*, Baltimore 1975.

Tolczyk, Dariusz: *See no Evil. Literary Cover-ups and Discoveries of the Soviet Camp Experience*, Diss. Harvard University 1994.

Tompson, William: *The Soviet Union under Brezhnev*, London 2003.

Trüeb, Kuno: Von der merkwürdigen Absenz der Frauen in männlichen Lebensgeschichten, in: Gregor Spuhler u.a. (Hrsg.) *Vielstimmiges Gedächtnis. Beiträge zur Oral History*, Zürich 1994, S. 79–94.

Tschouikina, Sofia: Siehe Čujkina, Sof'ja.

Tschudi, Daniela: *Auf Biegen und Brechen. Sieben Fallstudien zur Gewalt im Leben junger Menschen aus dem Gouvernement Smolensk. 1917–1926*, Zürich 2004.

Vainshtein, Ol'ga: Female Fashion Soviet Style: Bodies of Ideology; in: Helena Goscilo/Beth Holmgren (Hrsg.): *Russia – Women – Culture*, Bloomington/Indianapolis 1996, S. 64–93.

Vaissié, Cécile: *Pour votre liberté et pour la notre. Le combat des dissidents de Russie*, Paris 1999.

Vajl', Peter/Genis, Aleksandr: *60-e. Mir sovetskogo čeloveka*, Moskau 1996.

Varner Gunn, Janet: *Autobiography: Toward a Poetics of Experience*, Philadelphia 1982.

Vierhaus, Rudolf: Die Rekonstruktion historischer Lebenswelten. Probleme moderner Kulturgeschichtsschreibung, in: Hartmut Lehmann (Hrsg.): *Wege zu einer neuen Kulturgeschichte*, Göttingen 1995, S. 7–28.

Vogel, Elisabeth: *Die Frauen erleuchteten Russland – zur Wechselwirkung der Kategorien Gender und Nation in Erzählungen von Nikolaj M. Karamzin (1766–1826) und Anna P. Bunina (1774–1829)*, Freiburg 2003.

Voges, Wolfgang (Hrsg.): *Methoden der Biographie und Lebenslaufforschung*, Opladen 1987.

Vorländer, Herwart: *Oral history: mündlich erfragte Geschichte*, Göttingen 1990.

Voronkov, Viktor: Die Protestbewegung der „Sechziger"-Generation. Der Widerstand gegen das sowjetische Regime 1956–1985, in: *Osteuropa* 43 (1993), Heft 10, S. 939–948.

Wachtel, Andrew Baruch: *The Battle for Childhood. Creation of a Russian Myth*, Stanford 1990.

Wagner-Egelhaaf, Martina: *Autobiographie*, Stuttgart/Weimar 2000.

Waldenfels, Bernhard: *Der Spielraum des Verhaltens*, Frankfurt am Main 1980.

Warneken, Bernd Jürgen: *Populare Autobiographik*, Tübingen 1985.

Weber, Max: Politik als Beruf, in: *Gesammelte politische Schriften*, hg. von Johannes Winckelmann, Tübingen 1971 (3. Aufl.), S. 505–560.

Wecker, Regina: Frauengeschichte – Geschlechtergeschichte, in: *Schweizerische Zeitschrift für Geschichte* 41 (1991), S. 308–319.

Wecker, Regina: *Zwischen Ökonomie und Ideologie. Arbeit im Lebenszusammenhang von Frauen im Kanton Basel-Stadt 1870–1910*, Zürich 1997.

Wehler, Hans-Ulrich/Hardtwig, Wolfgang (Hrsg.): *Kulturgeschichte heute*, Göttingen 1996.

Weinberg, Anne: *The Development of Sociology in the Soviet Union*, London 1974.

Weiss, Florence: Eine Beziehung als Kontext der Datengewinnung. Ethnopsychoanalytische Gesichtspunkte im Forschungsprozess, in: Gregor Spuhler u.a. (Hrsg.): *Vielstimmiges Gedächtnis. Beiträge zur Oral History*, Zürich 1994, S. 23–47.

Welzer, Harald (Hrsg.): *Das soziale Gedächtnis. Geschichte, Erinnerung, Tradierung*, Hamburg 2001.

Welzer, Harald: *Das kommunikative Gedächtnis. Eine Theorie der Erinnerung*, München 2002.

Werth, Nicolas: Ein Staat gegen sein Volk. Gewalt, Unterdrückung und Terror in der Sowjetunion, in: *Schwarzbuch des Kommunismus. Unterdrückung, Verbrechen und Terror*, hg. von Stéphane Courtois u.a., München/Zürich 2000 (3. erw. Aufl.), S. 51–295.

Wierling, Dorothee: Oral History, in: Michael Maurer (Hrsg.): *Neue Themen und Methoden der Geschichtswissenschaft*, Stuttgart 2003 [Aufriss der Historischen Wissenschaften, Bd. 7], S. 81–151.

Quellen- und Literaturverzeichnis

Winko, Simone: Diskursanalyse und Diskursgeschichte, in: Heinz Ludwig Arnold/Heinrich Detering (Hrsg.): *Grundzüge der Literaturwissenschaft*, München 1997 (2. Aufl.), S. 463–478.

Wischermann, Clemens: Geschichte als Wissen, Gedächtnis oder Erinnerung? Bedeutsamkeit und Sinnlosigkeit in Vergangenheitskonzepten der Wissenschaften vom Menschen, in: ders. (Hrsg.): *Die Legitimität der Erinnerung und die Geschichtswissenschaft*, Stuttgart 1996, [Studien zur Geschichte des Alltags, Bd. 15], S. 55–85.

Women's Oral History: Gender Studies, hg. von Andrea Peto u.a., 2 Bde., Bishkek, 2004 und 2005 [Women's Network Program of the Open Society Institute].

Wood, Elisabeth: *The Baba and the Comrade. Gender and Politics in Revolutionary Russia*, Bloomington 1997.

Zdravomyslova, Elena: Die Konstruktion der „arbeitenden Mutter" und die Krise der Männlichkeit. Zur Unterscheidung von Öffentlichkeit und Privatheit im Kontext der Geschlechterkonstruktion im spätsowjetischen Rußland, in: *Feministische Studien*, Heft 1, 1999, S. 23–34.

Zdravomyslova, Elena: The Café Saigon Tusovka. One Segment of the Informal public Sphere of Late-Soviet society, in: Robin Humphrey/Robert Miller/Elena Zdravomyslova (Hrsg.), *Biographical Research in Eastern Europe. Altered Lives and Broken Biographies*, Aldershot u.a. 2003, S. 141–177.

Zelnik, Reginald E.: Before Class: The Fostering of a Worker Revolutionary, the Construction of his Memoir, in: *Russian History* 20 (1993), S. 61–80.

Zimmermann, Michael: Zeitzeugen, in: *Einführung in die Interpretation historischer Quellen. Schwerpunkt Neuzeit*, hg. von Bernd-A. Rusinek/Volker Ackermann/Jörg Engelbrecht, Paderborn u.a. 1992, S. 12–26.

Zubkova, Elena: *Poslevoennoe sovetskoe obščestvo: politika i povsednevnost', 1945–1953*, Moskau 2000.

Zubkova, Elena: *Russia after the War: Hopes, Illusions, and Dissappointments, 1945–1957*, Armonk/New York 1998.

Žuravlev, V.V. u.a. (Hrsg.): *Vlast' i oppozicija. Rossijskij političeskij process XX stoletija*, Moskau 1995.

11. Anhang

Glossar und Abkürzungsverzeichnis

avtobiografija	Lebenslauf
AS	Archiv Samizdata: Samizdat-Archiv, München
beskompromisnost'	Kompromisslosigkeit
besprizornik	Straßenkind
BUR	barak usilennogo režima: Baracke für verschärfte Haftbedingungen (Karzer oder Isolationshaft)
byt	Lebensstandard; Alltag; Lebensstil
byvšie ljudi	„Gestrige": im Sprachgebrauch der Bolschewiki Personen oder Gruppen, die die vorrevolutionäre Ordnung repräsentierten, etwa Aristokraten, Vertreter des Wirtschaftsbürgertums oder Priester
Centrosojuz	Central'nyj sojuz potrebitel'skich obščestv: Zentralverband der Konsumgenossenschaften
Chronika tekuščich sobytij, kurz: Chronika	Chronik der laufenden Ereignisse (Samizdat-Bulletin)
čistki	„Säuberungen"
CK	Central'nyj komitet: Zentralkomitee
delo	Akte; Fall; Affäre
demokratičeskoe dviženie, abegekürzt demdviženie	Demokratiebewegung
dissident	Dissident
dissidentka	Dissidentin
dissidentskoe dviženie	Dissidentenbewegung

Von der Küche auf den Roten Platz

dissidentstvo	Dissidenz, Dissidententum
dokumental'naja literatura	wörtlich: „dokumentarische Literatur", gemeint sind Memoiren
ėtap	„Etappe": Transport vom Gefängnis ins Lager oder in die Verbannung
Ežovščina	Synonym für die Massenverhaftungen, Verurteilungen und Hinrichtungen der Jahre 1936 bis 1938 (unter dem damaligen Geheimdienstchef Nikolaj Ežov, 1895–1938)
frontovik	Kriegsheimkehrer, Veteran
FSB	Federal'naja služba bezopasnosti Rossijskoj Federacii: Bundesagentur für Sicherheit der Russländischen Föderation (Inlandgeheimdienst, Nachfolgeorganisation des KGB)
FSO	Forschungsstelle Osteuropa der Universität Bremen
GARF	Gosudarstvennyj Archiv Rossijskoj Federacii: Staatsarchiv der Russländischen Föderation
gender (engl.)	kulturelles Geschlecht
glasnost'	Offenheit, Transparenz; Öffentlichkeit
GUS	Gemeinschaft unabhängiger Staaten
Helsinki-Gruppe	Obščestvennaja gruppa sodejstvija vypolneniju Hel'sinskich soglašenij v SSSR: Gruppe zur Unterstützung der Umsetzung der Beschlüsse von Helsinki in der UdSSR (inoffizielle Menschenrechtsvereinigung, gegründet 1976 nach Unterzeichnung der KSZE-Schlussakte von Helsinki durch die UdSSR)
IFLI	Institut filosofii, literatury, istorii: Institut für Philosophie, Literatur und Geschichte

Anhang: Glossar und Abkürzungsverzeichnis

inakodejstvie	Andershandeln
inakomyslie	Andersdenken
inakomysljaščij	Andersdenkender
Iniciativnaja gruppa po zaščite prav čeloveka v SSSR	Initiativgruppe zur Verteidigung der Menschenrechte in der UdSSR (Menschenrechtsgruppe, gegründet in Moskau 1969)
Initiativgruppe	siehe Iniciativnaja gruppa po zaščite prav čeloveka v SSSR
Inostrannaja literatura	„Ausländische Literatur": Zeitschrift für Literatur
ITU	Ispravitel'noe trudovoe upravlenie: Besserungs- und Arbeitsanstalt (Lager, Strafkolonie)
javočnym porjadkom	aus eigener Initiative, aus eigener Überzeugung
kandidat nauk	Doktor der Wissenschaften
KGB	Komitet gosudarstvennoj besopasnosti: Komitee für Staatssicherheit
Komintern, KI	Kommunistische Internationale
kommunalka	Kommunal'naja kvartira: Kommunalwohnung
Komitet prav čeloveka	Komitee für Menschenrechte (Menschenrechtsorganisation, gegründet in Moskau 1973)
kompanija	Freundeskreis, Zirkel, Clique
Komsomol	Kommunističeskij sojuz molodeži: Kommunistischer Jugendbund
komsorg	komsomol'skij organizator: Leiter(in) einer Komsomol-Gruppe

Von der Küche auf den Roten Platz

„Kosmopolitentum", „Kampagne gegen Kosmopolitentum"	antisemitisch gefärbte Kampagne der Jahre 1948 bis 1953
KPdSU	Kommunistische Partei der Sowjetunion
Krasnaja krest'	Rotes Kreuz: steht auch für eine inoffizielle Stiftung zur Unterstützung politischer Gefangener
KSZE	Konferenz für Sicherheit und Zusammenarbeit in Europa
Küche	als Begriff oftmals stellvertretend für alle privaten Räume und Treffpunkte benutzt
Ličnyj fond	„Persönlicher Bestand", das heißt Nachlass oder Dokumentsammlung aus Privatbesitz, die dem Archiv zur Verfügung gestellt wurden
Literaturnaja gazeta	„Literatur-Zeitung": Zeitschrift für Literatur
mašinistka	Schreibkraft, Sekretärin (in der Dissidentenbewegung eine Frau, die Samizdat-Texte abtippte)
MChG	Moskovskaja Chelsinskaja Gruppa: Moskauer Helsinki-Gruppe, siehe Helsinki-Gruppe
memuary	Memoiren
meščanskij	kleinbürgerlich, spießig
NGO	Non-governmental organization: Nicht-Regierungs-Organisation
NIC Memorial	Naučno-informacionnyj centr: Wissenschaftliches Informationszentrum der Gesellschaft Memorial
nizkopoklonstvo pered zapadom	„Kriecherei vor dem Westen": Kampagne gegen ausländische Einflüsse, die etwa 1948 begann und bis zu Stalins Tod andauerte

Anhang: Glossar und Abkürzungsverzeichnis

njanja	Kinderfrau, Erzieherin
NKVD	Narodnyj komitet vnutrennich del: Volkskommissariat für innere Angelegenheiten
Novyj Mir	„Neue Welt": Zeitschrift für Kultur und Literatur
nravstvennaja vysota	Hochherzigkeit, sittliche Überlegenheit
Obščestvennaja gruppa sodejstvija vypolneniju Hel'sinskich soglašenij v SSSR	Gesellschaftliche Gruppe zur Unterstützung der Umsetzung der Beschlüsse von Helsinki in der UdSSR, siehe Helsinki-Gruppe
opis	Inventar (im Archiv)
OUN	Organizacija ukrainskich nacionalistov: Organisation ukrainischer Nationalisten
otkazniki (von otkaz: Ablehnung)	Emigrationswillige, deren Ausreiseantrag abgelehnt wurde (zumeist Juden oder Deutsche)
partijnost'	Parteilichkeit, Loyalität gegenüber der Partei
partkom	Partinyj komitet: Parteikomitee
perestrojka	„Re-Strukturierung, Umbau": wirtschaftliche und politische Reformen nach der Wahl Michail Gorbačevs zum Generalsekretär der KPdSU im März 1985
personal'noe delo	„persönliches Verfahren", entspricht in etwa unserem Disziplinarverfahren
PKT	pomeščenie kamernogo tipa: wörtlich: „zellenartiger Raum", Isolationshaft im Lager, die bis zu sechs Monaten dauern konnte
podpisanty	wörtlich: „Unterzeichnende", diejenigen, die Protestbriefe unterzeichneten
politzaključennyj	političeskij zaključennyj: politischer Gefangener
politzek	Lagerjargon für „politischer Gefangener"

pravozaščitnik	wörtlich: „derjenige, der das Recht verteidigt", Bürger- oder Menschenrechtler
pravozaščitnoe dviženie	Bürger- und Menschenrechtsbewegung
propiska	polizeiliche Aufenthaltserlaubnis
prozba	Bitte, Bittschreiben
rabfak	rabočij fakul'tet: Arbeiterfakultät
ravenstvo	Gleichheit
ravnopravie polov	Gleichberechtigung der Geschlechter
RGALI	Rossisskij Gosudarstvennyj Archiv Literatury i Isskustvo: Staatliches Archiv der Russländischen Föderation für Literatur und Kunst
RGANI	Rossijskij Gosudarstvennyj Archiv novejšej istorii: Russländisches Staatsarchiv für Neueste Geschichte
RGASPI	Rossijskij Gosudarstvennyj Archiv social'no-političeskoj istorii: Russländisches Staatsarchiv für Sozial- und Politikgeschichte (früheres Parteiarchiv)
RGGU	Rossijskij Gosudarstvennyj Gumanitarnyj Universitet: Staatliche Russländische Geisteswissenschaftliche Universität
RSFSR	Russische Sozialistische Föderative Sowjetrepublik
Samizdat	„selbstverlegt": bezeichnet im Selbstverlag herausgegebenes nicht zensiertes Schrifttum
samizdatčik	Herausgeber von Samizdat-Literatur
sex (engl.)	biologisches Geschlecht
ŠIZO	štrafnyj izolator: Strafisolator im Lager, Einzelhaft, vergleichbar mit dem Karzer, in die der Häftling bis zu zwei Wochen eingesperrt werden konnte

Anhang: Glossar und Abkürzungsverzeichnis

smelost'	Mut
SMOG	Abkürzung steht wahlweise für Smelost', mysl', obraz, glubina („Kühnheit, Gedanke, Bild, Tiefe") oder Samoe molodoe obščestvo geniev („Jüngste Gesellschaft von Genies"), Vereinigung junger Künstler und Literaten in den 1960er Jahren
SMOT	Svobodnoe mežprofessional'noe ob"edinenie trudjaščichsja: Freie interprofessionelle Werktätigenvereinigung (freie Gewerkschaftsgruppe, gegründet 1978)
Solženicyn-Fonds	eigentlich: Russkij obščestvennyj fond pomošči politzaključennym: Russischer gesellschaftlicher Fonds zur Unterstützung politischer Gefangener (inoffizielle Stiftung, gegründet 1974 von Aleksandr Solženicyn)
staruška	Mütterchen, alte Frau
stojkost'	Standfestigkeit
subbotnik	unbezahlter Arbeitseinsatz außerhalb der regulären Arbeitszeit am Samstag
Tamizdat	wörtlich etwa: „Dortverlag" (im Ausland verlegte Schriften, die zurück in die UdSSR gelangten und dort gelesen wurden)
Tscheka	Siehe VČK
Tschekist	Angehöriger der Tscheka, siehe VČK
trebovanie	Forderung
tunejadstvo	Müßiggang, „Parasitismus" (Straftatbestand nach dem Strafgesetzbuch der RSFSR)
tverdost'	Härte, innere Festigkeit
UdSSR	Union der Sozialistischen Sowjetrepubliken (Sojuz sovetskich socialističeskich respublik, SSSR)

UPA	Ukrainskaja povstančeskaja armija: Ukrainischen Aufständischenarmee
Ustnaja istorija	Oral History, mündlich erzählte Geschichte
VČK, Kurzform: ČK, Tscheka	Vserossijskaja črezvyčajnjaja kommissija po bor'be s kontrrevoljuciej i sabotažem: Allrussische Außerordentliche Kommission für den Kampf gegen die Konterrevolution und Sabotage
VOKS	Vsesojuznoe obščestvo kul'turnogo sotrudničestva: Allunionsgesellschaft für kulturelle Zusammenarbeit (mit dem Ausland)
Voprosy istorii	„Fragen der Geschichte": Fachzeitschrift für Geschichtswissenschaft
vospominanija	Erinnerungen, Memoiren
Vtoraja kul'tura	„Zweite Kultur" (Alternativkultur, nonkonformistische Kultur)
vydvižency	„Beförderte": gesellschaftliche Aufsteiger aus der Klasse der Arbeiter und Bauern in den frühen 1930er Jahren
žaloba	Beschwerde
ZAGS	otdel zapisi aktov graždanskogo sostojanija: Standesamt
zajavlenie	Erklärung (Presseerklärung oder Protestbrief)
žaloba	Beschwerde
Ždanovščina	Kampagne gegen Autonomie der Kunst und Literatur (1946–1948), die auf Inititiative Andrej Ždanovs (1896–1948), Leiter der Agitations- und Propagandaabteilung beim ZK der KPdSU, zurückgging
zek	Lagerjargon für Häftling

Anhang: Glossar und Abkürzungsverzeichnis

ženotdel	ženskij otdel: Frauenabteilung innerhalb der KpdSU (aufgelöst 1930)
Ženščina i Rossija	„Die Frau und Russland" (Samizdat-Almanach)
ženstvennost'	Weiblichkeit
ZK	Zentralkomitee, eigentlich: CK für Central'nyj Komitet
zona	„Zone": Jargon-Wort für Straflager. Im Lagerjargon wurde unterschieden zwischen der „kleinen Zone" (dem Straflager) und der „großen Zone" (der Welt außerhalb des Lagers).

Biographische Steckbriefe

ALEKSEEVA, LJUDMILA, GEB. SLAVINSKAJA (GEB. 1927)
Moskauerin, Tochter überzeugter Kommunisten, Studium der Geschichte, 1951 Eintritt in die Partei, Arbeit als Propagandistin und Agitatorin, Verlagslektorin, von Mitte der 1960er Jahre an Teilnehmerin an der Bürger- und Menschenrechtsbewegung, 1968 Ausschluss aus der Partei und Entlassung von der Arbeit, 1976 Gründungsmitglied der MChG, 1977 Emigration in die USA, Historikerin der Dissidentenbewegung, 1994 Rückkehr nach Moskau, Vorsitzende der MChG. Zweimal verheiratet, zwei Kinder.

BOGORAZ, LARISA (1929–2004)
Aufgewachsen in Char'kov/Ukrainische SSR, Tochter von Parteifunktionären jüdischer Abstammung, Philologiestudium in Char'kov, 1936 Verhaftung des Vaters, Verurteilung zu fünf Jahren Haft mit anschließender Verbannung, 1950 Tod der Mutter, 1951 Heirat mit Julij Daniėl', 1964 Promotion, Dozentin für Linguistik an der Universität Novosibirsk, 1965 Verhaftung Julij Daniėl's, 1968 Demonstration auf dem Roten Platz gegen die Niederschlagung des „Prager Frühlings", Verurteilung zu vier Jahren Verbannung, 1974 Heirat mit Anatolij Marčenko, 1986 Tod Marčenkos im Gefängnis von Čistopol', in den 1990er Jahren Engagement bei *Memorial*, Seminare über Menschenrechte. Zweimal verheiratet, zwei Kinder.

BONNĖR, ELENA (GEB. 1923)
Geboren in Merv/Turkmenistan, aufgewachsen in Moskau und Leningrad, Tochter hoher Parteifunktionäre jüdischer Herkunft, 1937 Verhaftung beider Eltern, Erschießung des Vaters 1938, 1941 Kriegsfreiwillige, Krankenpflegerin, nach 1945 Medizinstudium, Kinderärztin und freiberufliche Autorin, 1964 Eintritt in die KPdSU, 1972 Austritt aus der KP, Engagement in der Menschenrechtsbewegung, 1972 Heirat mit Andrej Sacharov, 1984 Verbannung nach Gorkij, 1989 Tod Sacharovs, in den 1990er Jahren Angehörige der Menschenrechtskommission unter Präsident El'cin, 1994 Rücktritt von diesem Amt, Aufbau des Sacharov-Archivs und der Sacharov-Stiftung, Hannah-Arendt-Preis 2000. Zweimal verheiratet, zwei Kinder.

CHODOROVIČ, TAT'JANA (GEB. 1921)
Studium der Philologie in Moskau, Promotion, wissenschaftliche Mitarbeiterin beim Institut für Russische Sprache der Akademie der Wissenschaften, 1969 Gründungsmitglied der Initiativgruppe, 1971 Entlassung aus dem

Anhang: Biographische Steckbriefe

Institut, 1974 Herausgeberin der *Chronika* mit Tat'jana Velikanova und Sergeij Kovalev, 1977 Vorsitzende des Solženicyn-Fonds zusammen mit Mal'va Landa und Kronid Liubarskij, 1977 Emigration nach Frankreich, heute wohnhaft bei Paris. Mutter von vier Kindern.

GORBANEVSKAIA, NATAL'JA (GEB. 1936)
Kindheit und Jugend in Moskau, Studium der Philologie in Leningrad, 1950er Jahre Publikation ihrer Gedichte im *Samizdat*, 1968 Herausgeberin der *Chronika*, Demonstration auf dem Roten Platz gegen die Niederschlagung des „Prager Frühlings", 1969 Gründungsmitglied der Initiativgruppe, 1970–72 Verhaftung und Internierung in der Psychiatrie, 1975 Emigration nach Frankreich, Redakteurin bei *Kontinent* und *Russkaja mysl'*, wohnhaft in Paris. Mutter von zwei Kindern.

GORIČEVA, TAT'JANA (GEB. 1947)
Leningraderin, Tochter eines Offiziers, Studium der Philosophie, ab 1974 Organisatorin des religiös-philosophischen Seminars, Herausgeberin des *Samizdat*-Journals „37" mit Viktor Krivulin, 1979 Redakteurin bei *Ženščina i Rossija* und *Marija*, 1980 Ausweisung aus der UdSSR, Exil in Frankreich und Deutschland, heute freie Autorin.

GRIGOR'EVA, GALINA (GEB. 1948)
Leningraderin, Studium der Psychologie, Promotion, Veröffentlichungen in „37", Aktivistin der „unabhängigen Frauenbewegung", Mitarbeit bei *Ženščina i Rossija* und *Marija*, 1990er Jahre Lehrerin, Beraterin der Kommission des *Petrosovet* für Familie, Kinder, Gesundheit. Mutter von sieben Kindern.

IL'ZEN (GRIN), ELENA (1918–1991)
Aufgewachsen in Kiew, Studium der Medizin und Literatur, 1937 Verhaftung und Hinrichtung des Vaters, Tod der Mutter im Lager, 1941 Kriegsfreiwillige, 1947 Verhaftung und Verurteilung zu zehn Jahren Freiheitsstrafe, nach acht Jahren im Lager entlassen und rehabilitiert, seit den sechziger Jahren Führung eines „offenen Hauses" in Moskau, *Samizidat*-Aktivitäten. Mutter einer Tochter, nach der Lagerhaft Heirat mit Žorž Grin.

KALLISTRATOVA, SOF'JA (1907–1989)
Tochter eines Priesters, der 1936 verhaftet und ermordet wurde, Jurastudium in Moskau, Anwältin, ab 1967 Verteidigung von Angeklagten in politischen Prozessen, 1976 Pensionierung, Engagement in der Menschenrechtsbewe-

gung, juristische Beratung, Mitglied in der MChG, Gründungsmitglied von *Memorial*. Mutter einer Tochter.

KAMINSKAIA, DINA (GEB. 1920)
Tochter eines hohen Regierungsbeamten, aufgewachsen in einer Familie jüdischer Abstammung aus Char'kov/Ukrainische SSR, Jurastudium in Moskau, Anwältin, Verteidigerin von Menschenrechtlern, 1968 Entzug des Mandats für politische Prozesse, juristische Beratung von Dissidenten, 1977 Ausschluss aus der Anwaltskammer, Emigration in die USA. Verheiratet, ein Sohn.

KOMAROVA, NINA (GEB. 1937)
Aufgewachsen auf der Krim, 1937 Verhaftung des Vaters, Studium der Pharmazie in Char'kov, Arbeit in Uman'/Ukrainische SSR, Bekanntschaft mit Ekaterina Olickaja, Abtippen ihrer Lagermemoiren, *Samizdat*-Aktivitäten, 1965 Heirat mit Viktor Nekipelov, 1970 Entlassung von der Arbeit wegen Verteilung von Flugblättern gegen die Invasion in der ČSSR, 1972 Umzug ins Moskauer Gebiet, 1973–1975 erste Haftstrafe Nekipelovs, 1977 Verhaftung und Verurteilung Nekipelovs zu sieben Jahren Lager und fünf Jahren Verbannung, 1987 Begnadigung Nekipelovs, Emigration nach Paris, 1989 Tod Nekipelovs. Mutter zweier Kinder.

KRACHMAL'NIKOVA, ZOJA (GEB. 1929)
Geboren in Char'kov/Ukrainische SSR als Tochter einer Ökonomin aus jüdischer Familie, 1937 Verhaftung und Hinrichtung des Stiefvaters, Studium der Literatur in Moskau, Promotion, Journalistin, Literaturkritikerin, 1971 Konversion zum Christentum, 1974 Entlassung aus der Arbeit, ab 1976 Herausgabe des Samizdat-Journals *Nadežda*, 1982 Verhaftung, ein Jahr Gefängnis, fünf Jahre Verbannung. Zweimal verheiratet, Mutter zweier Kinder.

KUDROVA, IRMA (GEB. 1929)
Leningraderin aus einer Ingenieursfamilie, Studium der Literaturwissenschaft in Leningrad, Promotion, 1956/57 Involvierung in die „Affäre Pimenov", entgeht knapp einer Verhaftung, 1960er und 1970er Jahre *Samizdat*-Aktivitäten, Unterstützung der Menschenrechtsbewegung, heute Beschäftigung mit dem „Silbernen Zeitalter", Autorin mehrerer Werke über Marina Cvetaeva. Mutter einer Tochter.

Anhang: Biographische Steckbriefe

LANDA, MAL'VA (GEB. 1918)
Geboren in einer jüdischen Familie in Odessa, Tochter eines Professors für Tiermedizin, der 1938 verhaftet und erschossen wurde, Studium der Geologie in Moskau, seit Anfang der 1970er Jahre Menschenrechtlerin, Mitarbeit bei der *Chronika*, zahlreiche Publikationen im *Samizdat*, 1976 Gründungsmitglied der MChG, Leiterin des Solženicyn-Fonds zusammen mit Tat'jana Chodorovič und Kronid Liubarskij, 1977 Verurteilung zu zwei Jahren Verbannung, 1980–1985 erneute Verbannung. Heute wohnhaft in Moskau. Mutter eines Sohnes.

LAŠKOVA, VERA (GEB. 1944)
Moskauerin, Tochter eines Eisenbahners und einer Köchin, religiöse Prägung durch den Vater, bis zur Verhaftung im dritten Studienjahr Studium der Theaterwissenschaften in Moskau, *Samizdat*-Aktivitäten seit Mitte der 1960er Jahre, 1967 Verhaftung und Anklage wegen Mitarbeit am *Weißbuch* und an *Sintaksis*, ein Jahr Gefängnis, nach der Entlassung Mitarbeit beim Solženicyn-Fonds und bei der *Chronika*, *mašinistka*, Arbeit als Fahrerin, erneute Verbannung in den 1980er Jahren, in den 1990er Jahren Mitarbeit bei der Sacharov-Stiftung.

LAZAREVA, NATAL'JA (GEB. 1948)
Geboren im Leningrader Gebiet, aufgewachsen im Kinderheim, Studium am Institut für Theater, Musik und Film, Arbeit am Kindertheater, ab Frühjahr 1980 Mitarbeit in der unabhängigen Frauengruppe *Marija*, September 1980 Verhaftung und Verurteilung zu 10 Monaten Frauenlager, März 1982 erneute Verhaftung, Verurteilung zu 4 Jahren Lagerhaft in Mordvinien, März 1986 Entlassung, 1992 Rehabilitation, heute freie Künstlerin und Mitarbeiterin bei *Memorial*.

MALACHOVSKAIA, NATAL'JA (GEB. 1947)
Studium der Literaturwissenschaft in Leningrad, Aktivitäten im *Samizdat* seit Anfang der 1970er Jahre, Mitarbeit bei „37", Redakteurin bei *Ženščina i Rossija*, Gründung des Clubs „Marija", 1980 Ausweisung aus UdSSR, danach wohnhaft in Salzburg, Russischlehrerin, Märchenforscherin und Literatin. Mutter eines Sohnes.

MAMONOVA, TAT'JANA (GEB. 1943)
Aufgewachsen in Leningrad, abgebrochenes Pharmaziestudium, Publizistin, Redakteurin bei der Jugendzeitschrift *Avrora*, seit den 1970er Jahren Enga-

gement in der inoffiziellen Kunst- und Literaturszene, Lektüre westlicher feministischer Schriften, 1979 Initiatorin von *Ženščina i Rossija*, 1980 Ausweisung mit Goričeva und Malachovkaja, heute Publizistin und freie Autorin in den USA, Präsidentin der Organisation *Woman and Earth*. Verheiratet, Mutter eines Sohnes.

ORLOVA, RAISA, GEB. LIBERSON (1918–1989)
Tochter einer jüdischen Familie aus Kiew, Übersiedlung der Familie nach Moskau, wo der Vater hoher Regierungsbeamter wurde, Philologin, Studium am renommierten IFLI in Moskau, Parteimitglied, im Zweiten Weltkrieg Arbeit bei der VOKS, Auslandseinsätze in Bukarest und Tallin, ab Mitte der 1950er Jahre Redakteurin bei der *Inostrannaja literatura*, 1956 Heirat mit Lev Kopelev, Unterstützung der Menschenrechtsbewegung, *podpisantka*, 1980 Ausschluss aus der Partei und dem Schriftstellerverband, Emigration nach Deutschland, wo sie zahlreiche Bücher und ein umfangreiches autobiographisches Werk veröffentlichte. Dreimal verheiratet, zwei Töchter.

SADOMSKAIA, NATAL'JA (GEB. 1928)
Moskauerin jüdischer Herkunft, 1934 Erschießung des Vaters in der Ukraine, 1938 Inhaftierung der Mutter (Freilassung nach zehn Monaten Haft), Studium der Geschichte, zuerst Lehrerin, dann Arbeit am Institut für Ethnographie, Promotion, Engagement in der Menschenrechtsbewegung seit Mitte der 1960er Jahre, *podpisantka*, 1974 Emigration in die USA mit ihrem Ehemann Boris Šragin, dort Hochschullehrerin für Anthropologie, Anhängerin der US-amerikanischen Frauenbewegung, Beschäftigung mit feministischer Theorie und *Gender Studies*, 1994 Rückkehr nach Moskau, heute Dozentin für Anthropologie an der RGGU. Zweimal verheiratet, keine Kinder.

SALOVA, GALINA (GEB. 1934)
Moskauerin, Tochter eines Offiziers, Astro-Physikerin, Promotion in Alma-Ata, danach Arbeit in Ašchabad, Rückkehr nach Moskau Anfang der 1970er Jahre, 1972–1975 Lagerhaft ihres Mannes Kronid Ljubarskij, *Samizdat*-Aktivitäten, Arbeit im Solženicyn-Fonds, 1978 Emigration in die BRD, Mitarbeit bei Radio Liberty in München, 1994 Rückkehr nach Moskau, 1996 Tod Ljubarskijs bei einem Badeunfall. Mutter einer Tochter.

Anhang: Biographische Steckbriefe

SOKOLOVA, SOF'JA, GEB. RŽAVSKAJA (GEB. 1933)
Aufgewachsen in einer jüdischen Familie in Kiew, Physikstudium, 1958 Übersiedlung nach Leningrad, Teilnahme an der Menschenrechtsbewegung, Samizdat-Autorin, 1979 Mitarbeit bei *Ženščina i Rossija* und *Marija*, Frühjahr 1982 Ausreise nach Frankreich. Heute Mitarbeit bei den „Soldatenmüttern", freie Autorin. Verheiratet, ein Sohn.

VELIKANOVA, TAT'JANA (GEB. 1932)
Moskauerin, Tochter eines Professors für Hydrologie (Mitglied der Akademie der Wissenschaften), das älteste von sieben Kindern, Mathematikerin, Programmiererin, seit 1968 *podpisantka*, 1968 Verhaftung des Ehemannes Konstantin Babickij wegen der Demonstration auf dem Roten Platz gegen die Niederschlagung des „Prager Frühlings", Verurteilung Babickijs zu drei Jahren Verbannung, 1969 Gründungsmitglied der Initiativgruppe, 1974 Herausgeberin der *Chronika tekuščich sobytij* mit Tat'jana Chodorovič und Sergej Kovalev, November 1979 Verhaftung, Verurteilung zu vier Jahren Lager und fünf Jahren Verbannung, Sommer 1988 Rückkehr nach Moskau. Heute Arbeit als Lehrerin. Mutter von drei Kindern.

VOZNESENSKAIA, JULIJA, VERH. OKULOVA (GEB. 1940)
Tochter eines Offiziers, der in ihrer Kindheit fünf Jahre in Berlin stationiert war, Studium am Institut für Theater, Musik und Film, Lyrikerin, Publizistin und Herausgeberin im *Samizdat*, 1964 Verhaftung und Verurteilung zu einem Jahr Fabrikarbeit wegen Beleidigung eines Polizisten, 1976 Verurteilung zu fünf Jahren Verbannung (wegen politischer Wandschmierereien), die wegen illegaler Rückkehr nach Leningrad in zwei Jahre Lagerhaft umgewandelt wurden, 1979 Mitarbeit bei *Ženščina i Rossija* und *Marija*, Mai 1980 Ausreise nach Deutschland, Mitarbeit bei *Radio Liberty*, freie Autorin.

ŽOLKOVSKAJA (GINZBURG), ARINA (GEB. 1937)
Moskauerin aus adeliger Familie, Philologin, Russisch-Dozentin für ausländische Studierende, 1966 Verhaftung ihres Verlobten Aleksandr Ginzburg, 1967 Verurteilung Ginzburgs zu fünf Jahren Haft, 1969 Lagerheirat, Aufbau eines Hilfsfonds, der zur Grundlage des Solženicyn-Fonds wurde, 1977 Verurteilung Ginzuburgs zu acht Jahren Haft, Žolkovskaja wird zusammen mit Mal'va Landa und Sergej Chodorovič Leiterin des Solženicyn-Fonds, 1979 Ausweisung Ginzburgs in den Westen per Gefangenenaustausch, wohin ihm Žolkovskaja mit den Kindern folgt, Niederlassung in Paris,

Von der Küche auf den Roten Platz

1980–1997 stellvertretende Herausgeberin der Zeitung *Russkaja mysl'*, 2002 Tod Aleksandr Ginzburgs. Mutter von zwei Söhnen.

Verzeichnis der Tabellen

Tabelle 1
(S. 32)
Altersgruppen unter den Vertreterinnen und Vertretern der Bürger- und Menschenrechtsbewegung Moskaus und Leningrads

Tabelle 2
(S. 94)
Berufe der Eltern

Abbildungsnachweis

S. 13
Larisa Bogoraz in der Verbannung in Čuna ohne Datum, wahrscheinlich Anfang der 1970er Jahre (Foto: Archiv der Forschungsstelle Osteuropa der Universität Bremen, Fonds 36).

S. 72
Stalin und das Mädchen im Matrosenhemd, 1936, entnommen aus: Ludmilla Alexeyeva/Paul Goldberg, The Thaw Generation. Coming of Age in the Post-Stalin Era, Boston 1990.

S. 78
Ljudmila Alekseeva im Alter von elf Jahren, entnommen aus: Ludmilla Alexeyeva/Paul Goldberg, The Thaw Generation. Coming of Age in the Post-Stalin Era, Boston 1990.

S. 79
Ljudmila Alekseeva 1989 in Washington, entnommen aus: Julij Daniėl', „Ja vse sbivajus' na literaturu ...". Pis'ma iz zaključenija. Stichi, hg. von Aleksandr Daniėl', Moskau 2000, mit freundlicher Genehmigung des Herausgebers.

S. 88
Elena Bonnėr im Alter von 17 Jahren, entnommen aus: Jelena Bonner, Mütter und Töchter. Erinnerungen an meine Jugend 1923 bis 1945, München/Zürich 1992, mit freundlicher Genehmigung der Autorin.

S. 89
Elena Bonnėr, Moskau 1991 (Foto: dpa/SV-Bilderdienst).

Von der Küche auf den Roten Platz

S. 132	Raisa Orlova als Jugendliche, ohne Datum (Foto: Archiv der Forschungsstelle Osteuropa der Universität Bremen, Fonds 3).
S. 155	Larisa Bogoraz in den 1950er Jahren, entnommen aus: Julij Daniėl', „Ja vse sbivajus' na literaturu ...". Pis'ma iz zaključenija. Stichi, hg. von Aleksandr Daniėl', Moskau 2000, mit freundlicher Genehmigung des Herausgebers.
S. 157	Julij Daniėl' und Boris Zolotarevskij in den 1940er Jahren, entnommen aus: Julij Daniėl', „Ja vse sbivajus' na literaturu ...". Pis'ma iz zaključenija. Stichi, hg. von Aleksandr Daniėl', Moskau 2000, mit freundlicher Genehmigung des Herausgebers.
S. 235	Natal'ja Sadomskaja und Julij Daniėl', Kaluga 1970 (Foto: AP).
S. 239	Raisa Orlova und Lev Kopelev, Moskau 1979 (Foto: Archiv der Forschungsstelle Osteuropa der Universität Bremen, Fonds 3).
S. 283	Vera Laškova in den 1970er Jahren (Foto: Archiv der Forschungsstelle Osteuropa der Universität Bremen, Fonds 24).
S. 309	Ein Bezugsschein für einen Devisenladen, Gabe von Natal'ja Botvinik, St. Petersburg.
S. 309	Arina Žolkovskaja-Ginzburg mit ihren Söhnen Aleksandr und Aleksej, Moskau 1978 (Foto: Archiv der Forschungsstelle Osteuropa der Universität Bremen, Fonds 81).
S. 330	Natal'ja Gorbanevskaja mit Venjamin Iofe, Leningrad 1975 (Foto: Foto: Archiv der Forschungsstelle Osteuropa der Universität Bremen, Fonds 36).
S. 343	Tat'jana Velikanova in den 1970er Jahren (Foto: Archiv der Forschungsstelle Osteuropa der Universität Bremen, Fonds 4).

Anhang: Abbildungsnachweis

S. 371   Julija Voznesenskaja 1986 in München, (Foto: Archiv der Forschungsstelle Osteuropa der Universität Bremen, Fonds 142, mit freundlicher Genehmigung des Fotografen Ludwig Hubl, München).

S. 415   Natal'ja Malachovskaja und Tat'jana Mamonova mit einer französischen Feministin, wahrscheinlich 1980 (Foto: Archiv der Forschungsstelle Osteuropa der Universität Bremen, Fonds 143).

S. 419   Tat'jana Goričeva, Natal'ja Malachovskaja und Julija Voznesenskaja, Wien 1980 (Foto: dpa/SV-Bilderdienst).

12. Personenverzeichnis

Achmadulina, Bella 214
Achmatova, Anna 83, 154, 156, 163, 213, 224, 243, 272, 299, 402, 423, 434
Adamova-Sliozberg, Ol'ga 49, 223, 226
Ajchenval'd, Jurij 236
Alekseeva, Ljudmila 30, 73–87, 90, 95, 102, 106–108, 109, 110, 112, 114–116, 123, 136, 143, 144, 163, 164, 169, 181, 182, 185–188, 191–194, 202, 203, 213, 215, 218, 219, 221, 234–237, 242, 245, 252, 256, 259–261, 266, 269, 273–279, 281, 282, 286, 287, 294–296, 301, 304, 305, 312, 314, 315, 317, 321, 322, 329, 333, 334, 341, 354, 367, 390, 391, 406, 486
Alichanov, Gevork 88, 104, 123
Amal'rik, Andrej 325, 354, 359, 388,
Andropov, Jurij 366, 483
Armand, Elena (Alena) 308
Armand, Inessa 308
Augustinus 45
Babickij, Konstantin 238, 302, 341, 342
Barac, Galina 355
Beauvoir, Simone de 452, 455, 466
Beecher-Stowe, Harriet 106
Beljaeva, Tat'jana 420, 475
Belogorodskaja, Irina 321
Berija, Lavrentij 204
Blok, Aleksandr 106
Bogoraz, Iosif 87, 158, 176

Bogoraz, Larisa 11–14, 26, 87, 91, 92, 95, 100–104, 111, 112, 113, 114, 116–119, 123, 137–139, 142, 153–159, 162, 166, 167, 169, 174, 175, 176, 191–194, 217, 222, 237, 238, 239, 256, 259, 261, 265–272, 275, 277, 279, 281, 284, 286, 287, 298, 291, 292, 294, 296, 301–305, 307, 315, 316, 317, 318, 321, 323, 324, 325, 326, 329, 341, 342, 358, 363, 364, 365, 367, 372, 383, 384, 391, 392, 398, 403, 404, 406, 486, 498
Bokštejn, Il'ja 380
Böll, Annemarie 307
Böll, Heinrich 307
Bonnėr, Elena 14, 71, 88, 90, 95, 102, 104, 107, 111, 112–116, 121, 123, 124, 136, 140, 142, 143, 144, 146, 150, 193, 306, 321, 398, 402, 483, 484, 485
Bonnėr, Ruf 88
Borisov, Vladimir 329
Borisova, Elena 329, 420, 467, 475
Botvinik, Natal'ja 307, 310, 475
Botvinik, Noėmi 307
Brežnev, Leonid 189, 252, 265, 366, 444
Brodskij, Iosif 214, 272, 282
Bruchman, Marija 88, 176
Bukovskij, Vladimir 236, 284, 311, 315, 324, 325, 326, 354, 401, 403
Bulgakov, Michail 214
Čalidze, Valerij 347
Černenko, Konstantin 483

579

Chaustov, Viktor 284, 311, 326
Chodorovič, Sergej 306
Chodorovič, Tat'jana 306, 332, 344, 348, 354, 360, 403
Chruščev, Nikita 50, 189, 204, 205, 209, 216–218, 229, 231, 232, 252, 263, 264, 265, 270, 271, 272, 443, 444, 492
Čičibabin, Boris 159
Cizin, Jurij 234
Cooper, Fenimore 106
Cukerman, Boris 345
Čukovskaja, Lidija 32, 238, 272
Čukovskij, Kornej 272, 392
Cvetaeva, Marina 213, 288, 299, 423, 488
Daniėl', Aleksandr 32, 238, 261, 298, 318, 349, 353, 358, 397
Daniėl', Julij 12, 25, 42, 51, 154–157, 160–162, 174, 185, 235, 237, 238, 240, 261, 264–298, 300–303, 305, 307, 311, 320, 323, 324, 327, 330, 339, 357, 373, 391, 397, 492
Delone, Vadim 284, 321
Dickens, Charles 106
Đilas, Milovan 183, 214
Djukov, Vladimir 423
Djukova, Natal'ja 420, 465, 466, 467, 471, 488
Dobrovol'skij, Aleksej 282, 284, 326
Dostoevskaja, Anna 336
Dostoevskij, Fedor 106
Dudincev, Vladimir 92, 206, 208, 209, 211
Dumas, Alexandre 106
El'cin, Boris 486
Ėrenburg, Il'ja 205

Esenin, Sergej 236
Esenin-Vol'pin, Aleksandr 236, 237, 268, 270, 276, 311, 313, 347, 402
Evtušenko, Evgenij 214, 236
Figner, Vera 48, 336, 382, 503
Galanskov, Jurij 214, 236, 282, 284, 293, 305, 311, 312, 322, 326, 327, 331, 341, 352
Galič, Aleksandr 239, 306, 328, 345, 423
Gastev, Jurij 234
Gercen, Aleksandr 80, 86, 106, 189, 295
Ginzburg, Aleksandr 236, 237, 276, 282, 284, 293, 297, 305, 306, 311, 322, 323, 326, 327, 330, 331, 341, 352, 354, 400, 402
Ginzburg, Evgenija 214, 222, 223, 224–226, 227, 228, 229, 383, 384, 386, 387, 492
Ginzburg, Ljudmila 328
Glazkov, Nikolaj 213
Goethe, Johann Wolfgang von 46
Gorbačev, Michail 27, 315, 356, 482, 483, 496
Gorbanevskaja, Natal'ja 11, 12, 149, 210, 214, 236, 261, 312, 313, 326, 330–332, 335, 341, 342, 344, 346, 354, 365, 382, 391, 393, 394, 395, 403, 488, 498
Goričeva, Tat'jana 350, 365, 403, 414, 417, 418, 419, 421–433, 435, 439, 440, 449–454, 456, 458, 461, 464, 465, 471, 474, 477, 488, 498

Personenverzeichnis

Grabar', Slava 234, 238
Grankina, Nadežda 223
Grigor'eva, Galina 361, 420, 422–427, 433, 465, 471, 473, 475, 476, 489
Grigorenko, Andrej 238
Grigorenko, Petr 32, 190, 238, 325, 326, 329, 366, 402
Gumilev, Nikolaj 213
Hemingway, Ernest 214, 243, 492
Hugo, Victor 106
Il'zen-Grin, Elena 328
Iofe, Venjamin 330
Ioffe, Ol'ga 324
Ioffe, Nadežda 223
Isakova, Valerija 307
Ivina, Žana 414
Jakir, Irina 32, 308, 321, 331, 347, 351
Jakir, Jona 92
Jakir, Petr 92, 329, 346, 347, 403
Jakobson, Anatolij 238, 321, 324, 332, 344, 347
Jung, C. G. 451
Kabo, Ljubov' 207, 231
Kafka, Franz 214, 290
Kallistratova, Sof'ja 32, 325, 326, 367, 483, 484
Kaminskaja, Dina 90, 137, 175, 177, 184, 326, 354, 488
Kaplun, Irina 324
Karavanskij, Svjatoslav 292
Kim, Julij 321, 331
Kistjakovskij, Andrei 306
Kollontaj, Aleksandra 247, 437
Komarova, Nina 318, 396, 397, 398, 399, 401, 402, 404

Kopelev, Lev 14, 32, 224, 238, 239
Kopeleva, Lena 238
Kopeleva, Maja 239, 321, 323
Kosmodemjanskaja, Zoja 82, 144, 269, 336
Kosterin, Aleksej 325
Kosygin, Andrej 265
Kovalev, Ivan 398, 405
Kovalev, Sergej 26, 344, 348, 353, 365, 373, 380, 389, 402
Krachmal'nikova, Zoja 90, 105, 110, 111, 116, 117, 139, 350, 355, 405, 487
Krasin, Viktor 329, 346, 347
Krasnopevcev, Lev 229, 292
Krasnov-Levitin, Anatolij 373
Krivulin, Viktor 403, 423, 425, 428, 434
Kudrova, Irma 90, 97, 102, 104, 106, 111, 113, 121, 123, 208, 209, 217, 244, 245, 251, 254, 255, 487
Landa, Mal'va 306, 327, 355, 487
Larina Bucharina, Anna 336
Laškova, Vera 99, 215, 236, 282, 283, 284, 318, 311, 324, 372, 380, 381
Lavut, Aleksandr 355
Lazareva, Natal'ja 356, 405, 420, 421, 422, 428, 431, 466, 469, 471, 475, 486
Lenin, Vladimir 98, 158, 159, 196, 203, 217, 414, 452
Lermontov, Michail 106
Lert, Raisa 32, 325
Levitina, Ljudmila 420
Lisovskaja, Nina 308, 327

Litvinov, Maksim 93
Litvinov, Pavel 92, 239, 284, 304, 321, 323, 324, 331, 342, 354, 403
Litvinova, Flora 304
Ljubarskij, Kronid 30, 306, 348, 354, 400, 487
London, Jack 106
Lysenko, Trofim 165, 167
Mal'cev, Jurij 347
Mal'ceva, Natal'ja 414, 417, 418, 457, 466, 474
Malachovskaja, Anna-Natal'ja 414, 415, 417–421, 423, 426, 428, 431, 433, 434, 436, 437, 439–441, 449 450, 453, 454, 460, 464, 465, 471, 472, 474, 477, 488
Malenkov, Georgij 203
Malkin, Lev 234
Mamonova, Tat'jana 413–421, 428, 430, 433, 434, 436, 437, 440, 439, 440, 441, 450, 449–451, 454, 456–459, 463–465, 474, 476, 477, 488
Mandel'štam, Nadežda 224, 228, 336
Mandel'štam, Osip 213, 224, 243
Marčenko, Anatolij 12, 301, 302, 303, 316, 321, 334, 398, 403, 483
Markizov, Ardan 219
Markizova, Engelsina (Gelja) 219
Maupassant, Guy de 106
Medvedev, Roj 347, 403
Medvedev, Žores 347, 403
Mejman, Naum 483
Mikojan, Anastas 142

Mjuge, Sergej 353, 354
Molotov, Vjačeslav 206
Morozov, Pavlik 75, 82, 83, 84, 261
Nabokov, Vladimir 214
Nekipelov, Viktor 305, 368, 396, 397, 400, 404
Nekrasov, Nikolaj 106
Nikol'skaja, Adel' 276, 277
Nikol'skij, Valerij 277
Nikolaus I. 47
Novodvorskaja, Valerija 394, 486
Ogorodnikov, Aleksandr 403, 462
Okudžava, Bulat 239
Olickaja, Ekaterina 224
Orlov, Jurij 93, 345, 402
Orlova, Raisa 14, 90, 97, 109, 111, 119, 120, 132, 133, 137, 138, 144, 147, 152, 176, 177, 212, 217, 219, 238, 239, 245, 251, 260, 323
Orwell, George 214
Osipova, Tat'jana 355, 356, 377, 389, 405, 488
Panova, Vera 206, 244
Pasternak, Boris 156, 229, 237, 238, 292, 423
Pazuchin, Evgenij 423, 428
Pimenov, Revol't 209, 212, 230, 251, 403
Pomerancev, Vladimir 205, 206, 244
Poreš, Vladimir 403, 462, 469
Puškin, Aleksandr 106
Pustyncev, Boris 229
Putin, Vladimir 487, 490
Rachlina, Marlena 159

Ratušinskaja, Irina 355, 355, 356, 375, 380, 388
Rendel', Leonid 229, 292, 296
Repin, Valerij 307
Rotmanova, Klavdija 420, 469
Rousseau, Jean-Jacques 46, 260
Rudenko, Raisa 356
Rybakov, Julij 370
Sacharov, Andrej 14, 39, 147, 306, 321, 326, 327, 347, 348, 355, 388, 498, 402, 403, 483, 484, 485, 486
Sadomskaja, Natal'ja 97, 102, 107, 111, 113, 116, 118, 119, 122, 138, 141, 142, 148, 152, 174, 181, 192, 202, 207, 208, 220, 231–238, 240, 241, 243, 246–251, 253–255, 258, 259, 262, 263, 269, 270, 273–277, 281, 286, 287, 294, 298, 301, 304, 312, 313, 321, 322, 324, 347, 357, 387, 404–407, 487, 492
Šalamov, Varlam 223, 228, 386, 492
Salova, Galina 98, 108, 120, 173, 308, 348, 354, 364, 499, 400, 402, 487
Šanygina, Elena 420, 475
Sariban, Alla 420, 475
Savel'eva, Natal'ja 420, 468, 475
Ščaranskij, Anatolij (Nathan) 351
Ščipkova, Tat'jana 469
Sedova, Natal'ja 336
Senek, Irina 469
Šerbakova, Irina 225
Sidorkina, Elena 224
Simonov, Konstantin 83

Sinjavskij, Andrei 25, 42, 51, 97, 237, 238, 240, 264–277, 282–283, 286, 287, 295, 303, 305, 307, 311, 324, 327, 330, 339, 492
Sluckij, Boris 83, 196
Sokolova, Sof'ja 90, 92, 111, 113, 414, 420, 423, 428, 431, 434, 435, 449 454, 456, 474, 475, 488
Solženicyn, Aleksandr 14, 222–226, 238, 305–308, 310, 319 347, 381–383, 386, 400, 492
Šostakovič, Dmitrij 272
Šragin, Boris 220, 221, 286, 312, 321, 322, 347, 404, 487
Stalin, Iosif 23, 24, 25, 31, 50, 72, 73, 75, 78, 82, 87, 96, 97, 102, 104, 107, 116, 141, 153, 158, 159, 173, 184, 193, 196, 201, 202–205, 213, 216, 217, 218, 219, 221, 231, 232, 248, 251, 252, 262, 270, 272, 326, 330, 352, 366, 385, 386, 444, 469, 490, 491, 492, 493, 495
Steiner, Rudolph 429
Stevenson, Robert Louis 106
Strokata (Strokatova), Nina 292, 293
Švarc, Elena 414, 428
Svetlova (Solženicyna), Natal'ja 14, 236, 306
Svetov, Feliks 405
Syčeva, Renata 420
Timofeeva, Ol'ga 322
Tolstoj, Lev 126, 260
Trockij, Lev 336
Trofimov, Viktor 229
Tul'činskij, Moisej 231, 249

Turčin, Valentin 348
Turgenev, Ivan 106
Tvardovskij, Aleksandr 83, 212, 223, 238
Tverdochlebov, Andrej 345
Twain, Mark 106
Ulanovskaja, Bella 423
Ulanovskaja, Maja 96, 113, 141, 196, 197, 238, 321, 347, 367
Unksova, Kari 420, 428
Uvarova, Irina 245, 259, 273, 275, 287, 297, 300
Velikanova, Ekaterina 238
Velikanova, Ksenija 238, 353, 354
Velikanova, Tat'jana 90, 108, 119, 120, 167, 181, 192, 238, 257, 302, 308, 332, 333, 341–357, 358, 359, 362, 363, 365, 374, 390, 403, 406, 408, 469, 485, 487, 498
Verblovskaja, Irina 113, 136, 202, 209, 210, 211, 212, 472, 473, 487
Verne, Jules 106
Vigdorova, Frida 238, 272, 282
Vil'jams, Nikolaj 234, 236, 321, 322, 405
Višnevskaja, Julija 284, 324,
Volkonskaja, Marija 336, 402
Voznesenskaja, Julija 365, 369–385, 403, 414, 417–421, 426, 428, 430, 436, 440, 439, 441, 449, 450, 454, 459, 462, 464, 465, 467, 469, 470, 473, 474, 489, 498
Voznesenskij, Andrej 214, 236
Vysockij, Vladimir 239, 423
Zasulič, Vera 48, 336

Ždanov, Andrej 154, 156, 163, 172
Zimina, Ol'ga (Alla) 328
Zlobina, Maja 252
Zola, Emile 106
Žolkovskaja-Ginzburg, Irina (Arina) 236, 282, 305, 306, 309, 322, 323, 364, 400, 488
Zorin, Leonid 206
Zoščenko, Michail 154, 156
Žossan, Irina 475

Basler Studien zur Kulturgeschichte Osteuropas

Herausgegeben von Andreas Guski, Heiko Haumann und Ulrich Schmid

1 Ulrich Schmid: *Ichentwürfe. Russische Autobiographien zwischen Avvakum und Gercen.* 2000.

3 Carmen Scheide: *Kinder, Küche, Kommunismus. Das Wechselverhältnis zwischen sowjetischem Frauenalltag und Frauenpolitik von 1921 bis 1930 am Beispiel Moskauer Arbeiterinnen.* 2002.

4 Martin Trančik: *Abgrund – Brückenschlag. Oberschicht und Bauernvolk in der Region Dubrovnik im 19. Jahrhundert.* 2002.

5 Tanja Popović: *Die Mythologisierungdes Alltags Kollektive Erinnerungen, Geschichtsbilder und Vergangenheitskultur in Serbien und Montenegro seit Mitte der 1980er Jahre.* 2003.

6 Anton Seljak: *Ivan Turgenevs Ökonomien. Eine Schriftstellerexistenz zwischen Aristokratie, Künstlertum und Kommerz.* 2004.

7 Irina Černova Burger: *«Obrazy z Rus» (1843–1846). Карела Гавличека Боровскогою Вопросы чешского и русского национального просвещения в первой половине 40-х годов XIX века.* 2005.

8 Andreas Guski, Ulrich Schmid (Hgg.): *Literatur und Kommerz im Russland des 19. Jahrhunderts. Institutionen, Akteure, Symbole.* 2004.

9 Jochen-Ulrich Peters, Ulrich Schmid (Hgg.): *Imperium und Intelligencija. Fallstudien zur russischen Kultur im frühen 19. Jahrhundert.* 2004.

10 Daniela Tschudi: *Auf Biegen und Brechen. Sieben Fallstudien zur Gewalt im Leben junger Menschen im Gouvernement Smolensk 1917–1926.* 2004

11 Annette Luisier: *Nikolaj Nekrasov. Ein Schriftsteller zwischen Kunst, Kommerz und Revolution.* 2005

12 Monica Wellmann: *Zwischen Militanz, Verzweiflung und Disziplinierung. Jugendliche Lebenswelten in Moskau 1920–1930.* 2005

13 Anke Stephan: *Von der Küche auf den Roten Platz. Lebenswege sowjetischer Dissidentinnnen.* 2005

14 Elisabeth von Erdmann, Aschot Isaakjan, Roland Marti, Daniel Schümann (Hgg.): *Tusculum slavicum. Festschrift für Peter Thiergen.* 2005